中华枭雄大传

将帅枭女卷

[主编] 邹 博

线装书局

卷 首 语

男儿何不带吴钩，收取关山五十州。请君暂上凌烟阁，若个书生万户侯。

长卿牢落悲空舍，曼倩诙谐取自容。见买若耶溪水剑，明朝归去事猿公。

这是唐代诗鬼李贺的《南园十三首》的两首绝句，读上去令人热血沸腾。遥想当年，每当民族危亡，国运飘摇的时候，多少古人投笔从戎，为君谈笑净胡沙，他们心怀远大，志向高远，文人也罢，商贾也罢，农夫也罢，名将崛起，沙场厮杀，显示了男儿本色。保家卫国，是每个男子汉不可逃避的责任和义务。所谓危难节乃现，沧海横流方显英雄本色，恐怕就是最好的写照。

古往今来，多少名将？中国历史典籍，浩如烟海，真正能发出光辉来的，恐怕寥寥无几，真正能让现在人记得清楚的，恐怕除了关云长单刀赴会之类的，那些名将也逐渐被湮灭在历史的风尘中了。风尘淹没了无定河的千万白骨，也吹散了一代代将军的辉煌，但是他们留下的巨大功绩，无论什么时候想起那些碧血横飞浩气四塞的时刻，都会令人热血澎湃，壮志不已。

很多朋友经常讨论中国历史上哪位将军武力最霸道、谋略最出色、心机最缜密、胸襟最广阔。古人已作古，当然是任由我们评说，主席也赋词"惜秦皇汉武略输文采，唐宗宋祖稍逊风骚。"而随着时间的推移历史上的英雄人物已经"俱往矣，数风流人物，还看今朝"。

英雄配美人，将帅配美女。郎才女貌，这是本卷图书的特色所在。本卷的第二部分内容是"枭女"，她们有美女，有才女，有妓女，她们或显贵，或落魄，但是在历史上同名将一样都留下了可圈可点的重彩一笔。

目　　录

中华传世藏书

中华枭雄大传

将帅枭女卷

3

枭女篇

中
华
传
世
藏
书

中華臬雄大傳

将帅臬女卷

5

中华传世藏书

中华枭雄大传

将帅枭女卷

将帅篇

姜子牙：百家宗师　千古武圣

【人物档案】

姓名：姜尚

别名：吕望，吕牙，吕尚，姜望，太公望，师尚父，姜太公，齐太公

字号：字子牙，号飞熊。

生卒：约前1156年~约前1017年

籍贯：商末东海上人士（现今河南许昌，另一说法是安徽临泉姜寨）

朝代：西周

职务：历任或兼任大司马、军师、丞相、"三公"之太师，是周代齐国的创建者、始祖。

主要作品：《周书》《六韬》。

主要成就：辅佐周武王灭商建周，建立齐国。

评价：商末周初时期政治家、军事家，周朝开国功臣，兵家奠基者，被民间称为"姜太公"，被尊为"百家宗师"。

墓葬：陕西省咸阳市周陵镇（待考证）

姜子牙

【枭雄本色】

非常之人，必有非常之际遇。前半生怀才不遇，穷困潦倒，七十多岁仍一事无成；后半生得遇明主，大展宏图，伐商灭纣，兴周八百年之基业。这就是被后人奉为神祇的历史巨人——姜子牙。

子牙追往古而知来今，通古今之变，知胜败之势，晓民众之意，精文武之道，操攻取之术，为文王、武王之师，倾商立周，兴周盛齐，救民于水火，为后世开创了吊民伐罪，恩及百姓的范例。百世而下，被尊为武圣，太公兵家宗师，堪称当之无愧的千秋军师第一人！

命运多舛　志向远大——在朝歌的岁月

姜太公姓姜,名尚,字牙,尊称子牙,后文王得之渭滨,云"吾先君太公望子久矣",故号太公望。武王尊之号为师尚父。

关于姜太公的世系,根据史籍记载可知,姜太公是炎帝神农氏的远裔,是伯夷的后裔。舜、禹之世,洪水泛滥,伯夷佐助禹治水有功,被舜举为四岳,封国于吕。姜姓一支从伯夷起为吕氏,故姜太公为吕尚、吕望。所以司马迁所云:姜太公其先祖为四岳,"本姓姜氏,从其封姓,故曰吕尚",是有历史根据的。

姜尚年轻时,即身强力壮,聪明好学,尤好兵法。其时正值商朝末期。商王朝最后一个王叫纣,他是一个极其残暴的君主,整日只知道饮酒作乐,大肆挥霍。为了满足其奢侈荒淫的生活,他命成千上万的工匠在陪都朝歌(今河南洪县)建造了一座长三里、高千尺的"鹿台",寻欢作乐。为讨好美女妲己的欢心,他还在院内挖了个方池子,池中灌满美酒,称作"酒池",池边的树林上挂上肉块,称作"肉林"。纣王见酒池肉林也未博妲己一笑,就让许多男女赤裸着在池中嬉戏。

商纣王日夜宴饮,荒淫无度,广大奴隶和平民却衣不蔽体,食不果腹。为了镇压那些敢于反抗的奴隶和平民,同时也为了制裁那些经常扫他兴的大臣,他除了沿用以前的黥、劓、刖、宫、辟等五刑外,还新设了一些更为残酷的刑罚。他让工匠造了一个空心铜柱,先让人把铜柱烧红,把"囚犯"衣服剥光,绑在铜柱上烫烙,称之为"炮烙"。

商纣王的倒行逆施,激起了广大奴隶和平民屡次的反抗,然而都因力量过于悬殊而被商纣王的军队残酷镇压下去了。另外,商纣王还对不服"王命"的东夷部族进行血腥讨伐,以姜尚为首的吕氏部族带领鱼氏、桑氏、林氏、郎氏、田氏、栾氏、杞氏、薄姑氏等东夷部族对纣王的攻伐进行了顽强抵抗。尽管姜尚足智多谋,勇猛非常,终因寡不敌众,被纣王的军队无情镇压下去了,吕氏根据地营丘也被纣王付之一炬,夷为平地。姜尚因武艺高强,力大无穷,十万商军的重重,侥幸杀出重围逃脱。辗转月余,最后流落到朝歌,以屠牛为业。

在朝歌的日子是姜子牙一生最艰难的岁月。尽管子牙长于治国,却短于谋身,他穷困潦倒,颠沛流离,在牧野一带谋生。他曾在朝歌屠过牛,卖过肉,又在孟津开酒店卖过饭。因时运不济,卖肉无人买,卖饭无人吃,无奈又改行去卖面。一次他在朝歌大街卖面,一天到晚不发市,又饥又渴正欲收挑子,突然武成王黄飞虎的惊马跑过来,把白面全给踢翻了,心里又气又急,仰天长叹,却被老鸹屙包屎掉在嘴里,去捡石头掷老鸹,又被蝎子蜇了手指头,可谓命运背到了极点。姜子牙此时已是快60岁的人,他又娶了一个老婆,名叫马珠,然而这也是一门不幸的婚姻。

人说"新媳妇有三日勤"。马珠过门之后,开始也还说得过去,谁料时间一长,真面目也就渐渐暴露出来。原来,那马珠是个好吃懒做的女人:她整天在西家串门子,东家扯闲话,不理家务;晚上不愿入睡,要子牙与她取乐;早上不起床做饭,日上三竿还在被窝里做着梦。那姜子牙每天一大早就要做事,无奈只好带一个冷馒头而去。午时归来,马珠胡乱弄些饭菜,如同打发叫花子一般,应付了事。幸亏子牙惯于吃苦,也不与她争论,倒还相安无事。

如此凑凑合合,又过了一年,马珠为姜子牙生了一个女孩,取名邑姜。小邑姜生得聪明伶俐惹人喜爱。长到7岁时,更加天资聪颖,善解人意。子牙见她如此可爱,就把一颗心全都放在了女儿身上。闲暇时节,便教她些诗文书画,邑姜一学就会,日渐出息。她还常常握着父亲的那把青龙剑,指指画画,十分喜爱。姜子牙也就因势利导,指导她学习剑术。

一日,姜子牙从屠场回来,时辰尚早,便约马氏说话。马氏隔着房门嚷道:"有什么屁就放!老娘在这里听着!"姜子牙说:"你我夫妻一场,也算有缘,现在都上了年纪,且女儿邑姜伶俐,也算有了结果,还是和和睦睦地过日子为好,何必天天发火?"

马氏说:"自从嫁到你家,没吃过一顿好饭,也没穿过一件好衣,这种日子我再也过不下去了。我已想了很久,和你的缘分已尽,只有和你离婚,各走各的路。"姜子牙苦苦相劝,但马氏离意已决,无可奈何之下,姜子牙只好写了休书。念及马氏与他夫妻一场,且生下一个女儿,便将平生积蓄全部送给马氏,以备后用,女儿邑姜便跟父亲子牙一起过日子。

后来姜子牙遇到文王,一下子当上了文王的太师,荣耀非常。此时马珠后悔不迭,便亲自来到太师府,要和姜子牙复婚。姜子牙虽然尚未续弦,但对马氏在他最困难的时候与他离婚,怎么也不能原谅,他从厨下端来一盆冷水,"哗"的一声泼在地上,问马氏:"你能把泼在地上的水再收起来吗?"马氏见状,心知子牙对她已经死心,复婚已不可能,遂泪如雨下,回至家中,关起门来吊死了。姜子牙听到马氏自缢身亡的消息,想起她与自己夫妻一场,不禁流下了几滴眼泪。他命人将马氏的棺椁运回西周故地,举办了隆重的安葬仪式。

姜子牙在商都朝歌宰牛屠羊,卖面贩猪,亲眼看到商纣王的倒行逆施,目睹了老百姓的斑斑血泪,深感腐败的商朝灭亡是迟早的事。此时的商纣王更加残暴,为了讨好宠妃妲己,竟不惜制造出惨绝人寰的"虿盆"。

有一次,妲己为纣王歌舞,场中人很多,三宫六院齐声喝彩,七十二嫔妃赞不绝口。妲己舞得愈是起劲,纣王也就愈是高兴。但是,竟有一队宫娥沉默不语,有的还流下两行泪来。妲己见了,心中不悦。

妲己对身边的奉御官说:"奉御官,快查考,宫娥何事带悲容?"

奉御官说:"是,小的马上去查清。"

奉御官两只贼眼转个不停,把场中之人一一看了个遍,而后又轻轻走到妲己身边,口把皇娘国母称:"奴婢奉命查考,查出宫娥七十四名,这七十四人都是昭阳院姜娘娘手下的御侍正宫。"

"原来如此。"

"她们眼里只有姜娘娘,没有你这皇娘。"

妲己听了心里好恼,紧皱蛾眉,杏眼圆睁大叫:"这些人都好大胆,竟敢无法无天地轻视我,都不想活了。"

妲己把这事奏与纣天子。

"快把她们都拖出去杀了。"

"大王,不可,这如今,妾有一计,管保后来之人闻见此刑魂梦都惊。"妲己又说:"先不必将这些恶党打死,暂且将她等送下冷宫。"

纣王传旨,七十四位宫娥立刻入了冷宫。

妲己说:"陛下可降旨将摘星楼下方圆刨二十四丈,深要五丈。再传一道旨让城外百姓每一户要纳四条长蛇,都放此坑之内,将这些宫人剥脱精光,扔于坑内喂此毒蛇,此坑名叫虿盆,好叫后人不敢作弊。"

纣王听了哈哈大笑道:"好主意!"

纣王传旨,不几日,虿盆造成。又过几日,万民来朝歌献蛇,因捉蛇而被蛇咬死者不计其数。然而,生者且偷生,死者长已矣!百姓们把蛇倒在虿盆内,那些蛇都饿极了。七十四宫娥衣服被脱尽,双手被缚住,被投进虿盆,大多数宫娥都天生胆小怕蛇,一见虿盆里的蛇都吓得晕死过去。盆里顿时血肉模糊,其状惨不忍睹。

纣王又命人建造鹿台,此台工程浩大,累死人丁数万,尽填鹿台之内。子牙闻之怒道:"反了,反了,殷商不灭,天理何在!"

砖溪石上垂竿钓　自有高明请大贤

姜子牙与马氏离婚之后,又过了几年,觉得在朝歌居住也没多大意思了,便和女儿邑姜商议,打算到岐周之地谋生。邑姜这时已十四五岁了,出落得如花似玉,而且文武双全。她早听说西岐有个周文王,仁德有道,礼贤下士。她也知道父亲虽年纪大了,却是老骥伏枥,志在千里。于是她同意了父亲的意见。

父女俩离开朝歌,到达陕西西部一个名叫磻溪的地方。

这磻溪夹在秦岭山脉的两峰之间,又名凡谷,青山苍苍,白云缭绕,一条伐鱼河水,从两山间蜿蜒而出,淙淙而下,向北注入滑水。伐鱼河边有一个滋泉,泉水清冽,银波荡漾。此处山势雄峻,翠柏森森,山灵水秀,幽雅清静。父女俩一看这地方,大喜,就在河畔结草庐,筑石屋,收拾了一块安身之所。此后,姜子牙便垂钓磻溪度日。姜子牙在磻溪垂钓好些年,并没有引起人们的特别注意,大家都以为他是一个流浪到此的穷苦人家。

说来也怪,子牙钓鱼,线上拴针直而不曲,他更不挂香饵诱惑锦鳞。为何?且听姜子牙作歌唱道:

> 宁在直中取,
>
> 不在曲中求;
>
> 不为锦鳞设,
>
> 只钓王与侯……

子牙在这块大石头上垂钓已久,年复一年,日复一日。滔滔渭水,淙淙滋泉,流进黄河,泻入东海。浪尖上托起几多思情?波谷里传来几多心声?平平青石,印痕凹陷,长长钓竿,栉风沐雨。印痕中刻下多少梦幻?钓竿上挂满多少珠泪?

有一天,姜子牙正在溪边钓鱼,忽听有人唱着山歌自山上下来。他回头一看,原来是一位樵夫。那樵夫30出头,长得英武有力,将一副重约四五百斤的柴担放下,走至子牙身旁,坐下休息,并主动与子牙搭话。

樵夫说:"老丈,我这些年常见你在这里垂钓,却从来没有见你钓上一条鱼来!"

子牙一听,既惊且喜:"看来这位樵夫已经对我注意很久了。我居此地数年,很少有人主动和我打招呼,更没有人关注我的行踪。今天,这位樵夫不仅走到我身边,而且还说出了我的秘密,看来,我出头的日子不久了。"

那樵夫不等子牙答话,就要过他的钓竿,指着钓线上的那根直而无曲的钓钩说:"你这是钓钩吗?这明明是一根缝衣服的针嘛,我传你一法,将这针用火烧红,折成弯钩,穿上鱼饵,鱼一定能上钩。"

子牙被这位直爽的小伙子感染了,忍不住哈哈大笑:"那我也干脆地告诉你吧!我宁在直中取,不在曲中求;不为锦鳞设,只钓王与侯。"说罢,又口中念念有词:"短杆长钓守磻溪,这个机关哪个知?只钓当朝君与臣,何尝意在水中鱼!"

那樵夫也大笑起来:"你整天坐在这溪边,连只王八都钓不出来,岂能钓出什么王与侯?"

子牙见樵夫有趣,便询问其住址姓名。

那樵夫答道:"我姓武,名吉,家住在渭河岸边的集贸村,家中只有一位八旬老母,全靠我打柴度日。"说话间,他抬起头看了看快落山的太阳,便告辞道:"老丈,天色不早了,明天再见,老母亲还等着我回去做晚饭呢!"便挑起柴担,朝山下走去。

第二天,那武吉又挑着一担柴,来到子牙身旁。放下柴担,一边用草帽扇着风一边说:"老丈,我昨夜细细琢磨了你昨天讲的那些话,我是一个粗人,但还是觉得你倒像一位道行高深的人。你能卜卦算命吗?"

子牙笑道:"卜卦算命,乃雕虫小技也。你先说说有什么事,需要我给你算一卦?"

武吉指着那担柴说:"你算我今日进城卖柴生意怎样?"

子牙看了看他的脸说:"你面色正,运气红,今天卖柴出手顺,一担能挣两担银。"

武吉听了子牙的话,只当是老渔夫恭维他,并不放在心上。哪知他把柴担到西岐集市上以后,还未放下担子,就上来好几个买主争着要买他的柴。还没等他开价,又上来一位衣着华丽的人对他说:"柴担不要放下,请挑到我家,我付你双倍柴价。"武吉把柴挑到那人家中,那家办喜事急需柴火。不等武吉开口,那人便掏出了一个红包,对他说道:"今日家中大办喜事,正好缺柴,老弟雪中送炭,喜上加喜。这银两你收了,不要嫌少。"武吉接过一数,果然是昨天两担的柴钱,不禁暗暗称奇。

次日,武吉又担着柴来到姜子牙身边,他并不言昨日之事,开口便问:"老丈,你算我今日运气如何?"

子牙在他的脸上看了半天,手捋胡须说道:"你左眼青,右眼红,进城必然打死人。"

武吉听了不喜,但一想昨日之事,还是暗自嘀咕:我进城得处处小心,看你明天怎么说。于是便担着柴走了。

武吉一路谨慎,见坎绕坎,见人躲人,连一句多话都不敢说。他挑着柴担,来到西岐城门跟前,刚刚进得门洞,守城兵士便上前拦住他,命令他退出去,说:"周文王的车驾要立刻出城,路人要一律回避。"武吉力大身壮,担的柴又多又重,回转起来不大方便。他正准备转身,文王一行已经像一阵风一样从城内奔驰而来。

守城兵士见状,朝武吉大喊:"赶快闪开!"武吉连忙向左侧躲闪,不料动作过猛，肩后那捆柴撞在城洞墙上，柴担失去平衡，肩前头的那捆柴滑出担头，恰恰砸在那守城兵士的后脑上，顿时七窍出血而亡。

文王见樵夫脱担伤了门军，下令将樵夫抓住，等他回来时再行审问。说完，便驱车而去。

周兵抓住武吉，画地为牢，命令他老老实实在圈里待着，等文王明日审问。那时候，周人没有专门的牢房，在地上划一个圆圈，就算是牢房了，正所谓"画地为牢"。又因为文王会演八卦，因此谁也不敢从那圈子里逃跑。如果逃跑了，文王会算出逃到何处，再抓回去就要加倍惩罚。

武吉在圈子里站到半夜，心想："自古道，杀人者偿命。我砸死了守门军士，一定要以命抵命。可我有80岁的老母，谁来养老送终？不如悄悄逃回，再作打算。"于是便跳出圈子，连夜逃回家中，向母亲说明原委。母亲说："儿呀，既然那老翁算得这么准，那他肯定有解救你的办法，你速去磻溪，求他救你性命。"

武吉不敢怠慢，连夜赶往磻溪，从草庐中叫醒姜子牙，哭诉了昨日发生的事情，并且后悔昨天未听老翁之言，闯下大祸，恳求老翁搭救。

姜子牙早就喜欢上这位老实耿直的小伙子了。见他跪在地上苦苦哀求，又念及他家里还有八旬老母，就笑着对他说："我救你可以，但有一个条件，我要收你为徒。"武吉赶忙跪下再拜，连声说愿意拜子牙为师。

子牙说："我授你一法：你回去在你家后院挖一个坑，扎一个草人放入坑内，用土埋了，就可以保你平安。"武吉牢记在心，拜谢了师傅，连夜赶回家中，依法炮制。

次日，兵士向文王报告，说昨日以柴砸死门军的那个犯人夜里越圈逃跑了。文王听罢，演起八卦，屈指一算，叹了口气说："这个樵夫也太愚蠢了。我知道他是误伤人命，本不想杀他抵命，谁料他却畏罪自杀了，可怜啊可怜。"从此，便了却了这桩公案。

武吉此后一边打柴养母度日，一边跟姜子牙学习兵法武艺。一晃三年过去。

这一年，姜子牙已经80多岁了。大约是姜子牙认为自己出头的日子到了，他吩咐武吉挑柴到西岐城里出卖。武吉担心被文王认出来，子牙说："认出来也不必害怕，你可跟他如实讲说，他不但不会伤害你性命，还要封你作将军呢！"

武吉遵从师父的吩咐，挑着柴担，唱着山歌，又在西岐城里叫喊卖柴了。当天正值当年守城门的另一名兵士值班，他一眼就认出了武吉，立即报告了上司。

兵士们把武吉抓住，去见文王。文王一见，大为惊奇，心想："当年我算定他自杀了，为何到现在他还活着？"

武吉便把姜子牙解救他的过程，向文王一一做了介绍。文王听后称赞道："这真是天外有天，人上有人！姜子牙能破我八卦，一定是一位十分了不起的人才。我姬昌求贤若渴，原来大贤近在咫尺，却没有发现。"于是，立即宣布武吉无罪，而且封他为武德将军。同时决定，三天之后，由武吉带路，亲自去磻溪访贤。

恰在此时，文王又做了一个吉梦，这便是著名的"渭水飞熊"之梦。

有一天夜里，文王梦见一只白颈猛熊，肋生两翅，自东南飞入殿内，顷刻侍立于一边，群臣拜伏。忽然惊醒，原来是一梦，次日，文王以问群臣。大夫散宜生先解梦说："熊本良兽，又生飞翼，其贤可知；侍立君侧，百官拜伏，他必定是群臣之表，不是帅就是相，匡扶朝政。自东南飞入殿陛，贤人当出东南，主公可到东南方向打猎，以求贤者。"

次日一早,文王斋戒沐浴之后,带着儿子姬发、周公旦、大夫散宜生、大将军南宫适、武德将军武吉等一班文武大臣,率领大队人马,浩浩荡荡,去磻溪打猎。

正午时分,一干人等渡过渭河,来到离磻溪5里的地方。周文王怕这么多的兵马车辆涌至磻溪,惊扰了姜子牙钓鱼,便让队伍在此驻扎下来。他准备只带少数几个人前去会见姜子牙。

这时,太子姬发建议:"父亲暂且勿动,先让孩儿前去探明消息,如果姜子牙确实在那里钓鱼,父亲再去不迟。"

文王一听也对,便郑重地对儿子说:"姜子牙定是一个才智非凡的大贤,我们要完成兴周大业,非他莫属。你一定要谨慎从事,切勿莽撞。"

太子领命,只带了几名侍卫,直奔磻溪。进了凡谷,行至不远便望见那乱草丛间,一位老翁跪坐石上,专心垂钓。那钓鱼的钩线离水三尺,直钩无饵。

太子姬发觉很可笑,便悄悄站在老翁身后观看。突然,一条小鱼跃出水面,直吞那只悬钩,那老翁伸手捉住小鱼,在那里仔细端详着。太子姬发不胜惊异,忙向前施礼道:"老翁请见礼!"

姜子牙似乎没有听见,却自言自语地说道:"钓钓钓,大的不到小的到,老朽送你还泉沼。"说罢,将刚才钓到的那条小鱼随手丢入滋泉。只听"噗"的一声,那鱼摇头摆尾地去了。

太子姬发是聪明人,闻弦歌而知其意。他知道要请此老,非父王亲临不可。故而悄悄返回营寨,将情况禀明了文王。

文王一听,拍着自己的后脑勺连声说道:"是我一时糊涂,险些错过大贤,待我亲自前去就是了。"

于是,文王沐浴更衣之后,和太子姬发一同向凡谷走去。

文王进入凡谷,只见翠柏青青,紫烟淡淡,流水潺潺,鸟鸣嘤嘤,一派仙气,不禁叹道:"深山藏猛虎,仙境出圣贤,真个好所在!"

太子姬发带着文王来到老翁垂钓之处,只见跪石空空,不见刚才垂钓之人。太子姬发心想,莫非是那老翁有意不见,躲藏起来不成?便对文王说:"父亲在此等候,待孩儿四处去找。"

文王拦住他说:"不可鲁莽!隐居之人,最好清静。听武吉说,向南5里,有一所石洞静室,乃姜翁安歇之处,我们慢慢去寻。"

父子俩踏着山路,来到静石台下。文王此时已是气喘吁吁,汗流浃背,不能前行。太子姬发劝道:"父亲在此歇息片刻,待孩儿上去看看。"说着便登上台阶,来到静室门前。

姬发正欲敲门,门却开了。一位美丽少女,面若桃花,亭亭玉立地站在门口,启齿问道:"请问公子找谁?"那声音如同莺声燕语,婉转清脆。太子发觉她如此姣美动人,不觉怔住,半晌不能自语。

那女子正是姜子牙的女儿邑姜。她自幼随父流浪,从朝歌辗转来到磻溪,抛头露面惯了,并不像那些深阁闺秀,羞羞答答。见眼前这位英俊的公子这副模样,不觉好笑,又问道:"莫非你是找我父亲姜子牙?"

太子姬发此时才如梦方醒,自知失态,连忙答道:"我是文王的儿子姬发,我父亲和我特来拜访大贤姜子牙,不知他老人家往何处去了?"

邑姜笑着用手一指,只见台下溪流中,一位老翁驾着一叶方舟,唱着山歌,顺流而下。那老翁正是姜子牙。

太子姬发别过邑姜,和父亲一同返回滋泉,抬眼看时,姜子牙已跪坐在那块石头上,又在肃然垂钓了。

文王父子不敢惊动,蹑手蹑脚地走到姜子牙身后,悄悄地看着他钓鱼。见姜子牙依旧举直钩悬空垂钓。突然有一大一小两条金鱼,"嗖嗖"跳上钓钩,挂在那直钩上,活蹦乱跳。子牙自言自语地念道:"钓钓钓,大的小的一齐到,文武相与共,日头当头照。"说完,将两条金鱼从钩上取下放入鱼篓。

文王心知时机已到,轻声说道:"贤士甚喜钓鱼吗? 姬昌特来向您问好!"

姜子牙忙向文王父子施礼,说道:"不知文王驾到,有失远迎,死罪死罪!"

文王连忙将子牙扶住,赔礼道:"方才姬昌没有亲来相请,还望贤士原谅。"当下叫过儿子姬发,拜见子牙。

文王抓住子牙的手说:"先王太公曾经预言,日后会有一位大贤从东方来,辅佐周室,周室自此而旺,莫非这位大贤就是你吗? 先王太公盼望你已经很久了,你就是太公望啊!"此后,姜子牙就称作"太公望"。

姜子牙见文王父子如此重贤爱才,心中十分感动。说道:"文王如此厚爱老朽,老朽岂能不动心! 不过我如今已经年过八旬,恐怕力不从心,难以担当文王的重托,还望文王三思。"

文王忙说:"有志不在年高。我看姜公鹤发童颜,体魄健壮,英气勃勃,定能匡扶周室,担当大任。姜公如果能应允我的请求,周室幸甚!"

子牙叹道:"文王如此不弃,老朽定当为你效犬马之劳,只是我在滋泉苦苦垂钓多年,两腿僵硬,行动不便,这当如何是好?"

文王忙答:"姜公不必为此事忧虑,只要你辅佐我兴国,我父子就是背也要背你下山。现在,我的车就离此不远,你就坐我的车走吧!"文王立刻命令太子将自己的车驾来,扶着姜子牙坐在车上。太子姬发还惦着邑姜,忙向父亲提醒:"石室中还有一人。"

姜子牙说:"哦,那就是小女。"

文王听说子牙还有个女儿,就命太子姬发驱车前往迎接。

文王为表敬意,让驭手将车驾上的马全部卸掉,要亲自为子牙拉车。姜子牙也不谦让,只说了一句:"那就太难为你了!"便眼看着文王把套绳套在自己身上,拉辇出山。下坡迅速,一会儿便至集贤庄。这时山势突起,变成上坡,文王使劲拉辇,用力过猛,只听"嘣"的一声响,将绳拉断,文王几乎摔倒。

这时,姜子牙呵呵大笑,说道:"你拉着我走了808步,我就该保你周室江山808年矣!"

文王一听拉多少步就能保江山多少年,心想,我何不再拉着你继续走,保我周室江山永固? 于是便重接套绳,还要再拉。子牙道:"天有定数,不可违也。"

文王把姜子牙请到西岐,拜为太师,执掌周室军权。姜子牙忠心耿耿辅佐周室,终成伐纣灭商的重任,开创了周室800多年的基业。

文王夜访太公　天下尽在掌中

文王请来姜子牙以后,如同久旱的禾苗遇到了春雨,干渴的鱼儿遇到了河水,又是高兴,又是心急。他立即封姜子牙为太师,把周的军权交给了他。并希望姜子牙能马上为他出谋献策,使周迅速强大起来,早日完成歼灭商朝,统一天下的宏图大业。因此,他经常亲临太师府,主动与子牙商讨国家大事,虚心听取子牙的意见。文王抱负远大,他的目的是要得天下。姜子牙是一位满腹经纶、文韬武略兼备的贤才,他要报文王知遇之恩,忠心辅佐周室准翻商纣王的统治,因此他们志同道合,心心相印,畅所欲言,常常谈得十分投机,徔快就成为推心置腹的好朋友了。

一日,周王于晚饭后在后院信步。这时正值秋高气爽,一轮明月,挂在中天,吐着银亮的光辉。文王抬头仰望满天繁星 心头涌起无限感慨。他在想,周人虽然经过多年休养生息,人民过着丰衣足食的日子,但周与商朝相比,不仅地域很小,而且国力也很弱小。如果不能迅速发展壮大。就谈不上推翻商朝,统一天下。但是,怎样才能加快速度,使国力强大起来呢? 这是很久以来萦绕他心头的一件大事。念及此处,他觉得心乱如麻,一时头绪难理 便仰天长叹了一声。

忽然,天上有一颗巨大的流星由西向东,划破夜空,呼啸而去,消失在茫茫夜空中。这使文王受到了极大的触动。是啊 人生如梦,转眼就是百年,我今年已是70多岁的人了,难保哪一天就会像这颗流星一样,溘然长逝。流星在陨落之前,还要发出最后的光芒,我也不能默默而逝,我要在这晚年里有所作为,即使不能亲眼看到扫灭商朝的那一天,也要为我的后人开创基业。

于是他不想散步了,他要立即去见大师,和太师推心置腹地深谈一次。临走,忽然想起,要把太子姬发带上,一同去太师府造访。

文王和太子夜间来访,这使姜太公大惊。待文王和太子姬发坐定之后,太公忙问:"文王深夜至此,不知有何吩咐?"

文王道:"我方才在宫院散步,见一流星溘然长逝,触发了心事,故而难以入睡,特来与太公闲聊解闷。"

太公一听,心下会意。说道:"老臣也有许多想法,欲向主公倾诉,这真是不谋而合。"遂命侍者献上茶茗水果,边饮边谈。

文王说:"商纣昏庸无道,理应天诛地灭。但商有 600 多年基业,有几十万军队。而我岐周只是一个小小的邦国,与商朝相比,有天壤之别。请问太师,如何才能改变这种状况,使我岐周迅速强盛起来呢?"

姜太公思忖一下,说道:"商面积虽广,且已传多代,它所积累的那些东西,终究要烟消云散;不声不响,暗中准备的周国,它的光辉必定会普照四方。圣人的德行,就在于独创地、潜移默化地收揽人心,圣人常虑之事,就在于建立收揽人心的方法。"

文王听罢,连连点头:"太对了! 太对了! 商纣王暴虐至极,滥杀无辜,人民处于水深火热之中,请你助我灭纣,以拯救天下,你以为如何?"

太公说:"君主先要自修其德,礼贤下士,施惠于民,收揽人心,再察天道人道之变。当天道还没有征兆的时候,不可以倡导征讨;当人道还没有出现祸乱的时候,不可先策划兴师。必须看到既出现天灾,又发生了人祸时,才能策划征伐。目前商纣虽然暴虐昏庸,但还没有达到那种一触即发的程度。而我们这一面,力量也还没有达到一举就能灭商朝的力量,因此,万万不可操之过急行事。"

文王点头称是。又说:"请太师讲讲应当如何推行政令?"

姜太公将将胡须,说道:"政令的推行,要在不知不觉中潜移默化,如同时间在不知不觉中自然推移一样。君主必须反复探索无为而治的思想。比若天与地,它并不宣告自己的规律,而万物却都会按其规律生长;圣人也不必宣告自己无为而治的思想,而自然会显示其辉煌的成就。最好的政治为顺应人心来治理人民,宣扬政教以感化人民,人民就会被潜移默化而服从政令,天下就能安宁,此为圣人之德政。"

"好!好!"文王连声叫道。

文王又问:"怎样才能保持清醒头脑,使国家长治久安呢?"

"商纣王只知其国家仍存,不知其已面临灭亡;只知纵情享乐,不知已面临祸殃。国家能否长存,在于能否居安思危;君主能否长乐,在于能否乐不忘忧。你已经考虑到关系国家存亡的许多根本问题,还能有什么事呢?"

文王闻此深感大悟,他已经对姜太公佩服得五体投地了。此时,他顾不得君臣之礼,对着自己的太师倒身下拜,连声道:"太师所言,太精辟了,太深刻了,太正确了!我一定朝夕不忘,用它作为治理天下的原则。"他又转过头对太子姬发说:"你要牢记太师的这些话,此为千古不易的真理啊!"

姜太公见文王父子都跪倒在他面前慌忙跪下,说:"主公和太子快快请起,折杀老臣了!"

文王起身说道:"听君一席话,胜读十年书!我想让姬发受教于尚父,请太师允诺。"

姜太公连说不敢。但经文王再三请求,也只得应允了。太子姬发对太公行父子之礼,太公受拜,说道:"臣本是一个流浪荒野的村夫,主公和太子对老夫如此厚爱,子牙当替周室效犬马之劳,鞠躬尽瘁,死而后已!"说着,竟流出了热泪。

文王激动地说:"我得太师,如虎之生翼,鱼之得水也!"

此时,东方已然泛白,一轮红日冉冉升起,晨曦从窗棂里照射进来,正好映在文王、太子和太公那激动而兴奋的脸上。

辅佐圣君为相父 临终托孤握兵权

周文王采纳了姜太公的"卑事殷纣,剪其羽翼"的计策,先是降服了泾水流域的密须国,消除了周的后顾之忧,又攻灭沣水流域的崇国,将周的都城由西岐迁至崇城,改名丰都,打通了向东发展的道路。这样,就全部控制了关中平原。在此基础上,姜太公亲自率师远征,攻打吕梁山区的黎国和河南的邗国,逐步蚕食商朝的疆土,不断扩展周国的疆域。

文王的大业逐步实现,他深知这功劳归于太师姜子牙。他知道自己年事已高,要实现灭商的宏愿是不太可能了。这项重任,只能靠自己的儿子姬发去完成了。但是,没有姜太公,姬发是难以挑起这副重担的。于是,他想,必须进一步密切太子和太师的关系，使姜子牙忠心耿耿地为周国服务。听说太师有一个女儿，名唤邑姜，才貌出众，文武兼备，至今未聘。若把她聘为太子之妻，太师不就成为太子的岳父了吗？如果太子成为太师的女婿，姜太公岂能不尽心尽力，保他的江山？念及此，他禁不住笑出声来。

正好这时文王的妻子——皇后端着茶进来，问他为何发笑。文王便把刚才的想法告诉了皇后，皇后亦表同意。

当下，文王和皇后立即唤来太子姬发，说了要为他聘太师之女为妻的事。太子姬发早就有意于邑姜了，只不过摸不清文王的心意，一直未敢提起。如今父王和母后主动提出这事，正中他的下怀，便喜不自禁地应允了。

第二天，文王亲自来到太师府，向姜太公提出要聘邑姜为太子妻之事。太公也很高兴地答应了。然而又说："小女乃村俗之人，不识大礼，诚恐有辱天子之尊。完婚之后，如有不到之处，还望文王和皇后多多见教。"

文王说道："邑姜才貌双全，文武具备，我已早有所闻。如能与姬发联姻，实乃珠联璧合，天公作美也。"于是定下佳期。由大夫散宜生为媒，纳了聘礼，只待喜期一到，迎亲完婚了。

不几日，喜期即到，文王降旨，虽是皇家娶亲，仍须依照民间风俗办事，以示与民同乐。西岐百姓听到这一消息，交口相传，一时成为美谈。

是年四月，是周文王80寿辰和姜太公90寿辰。太子姬发等有意要隆重庆贺，为两位老人一起做寿，名曰："双翁寿。"是日，丰都大摆筵席，鼓乐齐鸣。文王心情特别高兴，与姜太公频频举杯，开怀畅饮。酒过三巡之后，太子姬发、周公旦、召公奭及其夫人等一上前给双翁拜寿敬酒。然后，太子姬发的弟弟叔鲜、叔度、叔武等亦向文王和太公祝寿敬酒。当文王接过叔鲜的酒时，忽然一股心事从胸中直冲头顶，霎时间天旋地转，头重脚轻，不能自持，翻身便倒，慌得太子姬发等慌忙扶住，抱至卧榻，召御医诊治。御医诊过脉之后，出来向姜太公、太子姬发等众人说："大王为气血两虚之症，脉细弱无力且结滞，当以活血化瘀、理气止疼之方治之。但因年事已高，心力衰竭，也须做好不测的准备，不可大意。"遂开药方让人拿去煎煮。

文王几日后苏醒。姜太公见文王苏醒，长出一口气道："大王可醒过来了，醒过来了啊！吓死老臣了！"

文王睁眼一看，姜太公、太子姬发及皇后都在榻前，就要挣扎坐起。太子姬发忙阻止，说御医交代，不能乱动，必须绝对静卧。文王不听，定要坐起不可，太子姬发只好将父王扶起，给他背后垫上厚褥，让文王半坐半卧。

文王示意皇后和太子姬发出去，他要与太公独谈。皇后和太子姬发便悄悄退了出去。

文王抓住姜太公的手说："太公啊，我恐怕将要去见父王季历去了。自从磻溪得遇太公，我周朝日益强盛。你辅佐我东征西讨，先后攻击崇国、黎国、邘国等，降伏密须，现在三分天下，其二归周。其二曰周者，奇谋多出自太公也。现在，老天爷要我走了，我再不能与太公共事，完成灭商大业了，这件重担，就全靠你与太子去完成了。我现在最担心的就是我死后，子孙们在继承问题上作乱。因此，我意欲和你商量周室继承大事，请你全力支持我！如果万一叔鲜等作乱，你就把他们除掉。"说罢已气喘不止。

姜太公说:"承继为大王家事,老臣是外人,不敢对此参言。"

文王泣涕道:"太公乃太子之岳父,又是师尚父,情同手足,何言外人? 太公不言,我死不瞑目!"

姜太公说道:"非老臣不给大王出主意,只是王位承继乃国之大事,只能由大王自裁,外人参与,会遗后患。既然大王执意问计于老臣,老臣就冒昧进言,望大王秘而勿宣。"

文王面有悦色,道:"那是自然。"

太公道:"太子姬发忠厚仁德,勇武刚强,韬略过人,立为太子,乃大王之福,周室之瑞也。大王可立下遗诏,明令宣布,立太子姬发为储君。同时宣布废除'兄终弟继'之制,明示这是殷商乱国之因;明令周室日后要实行嫡长继承之制。姬发之后,也由姬发嫡长子继承王位。若是,则可避免后世在承继之事上节外生枝,产生祸乱。至于叔鲜、叔度、叔处等,可封于外地为诸侯,使之分散,而且不让他们直接参与朝政,这样就难以为患了。至于太子之弟旦和奭,乃正人君子,绝对可以信任,就让他们辅佐太子。如此安置,则万无一失也。"

文王大喜,说:"真乃肺腑之语,金石之言也。请你通知太子,明日设朝,宣王室所有成员和文武大臣进见,我有话说。"

按照文王旨意,次日文王举行最后一次会议,解决王位继承制度和诸子分封事宜。

文王靠在厚厚的衾枕上,太公坐在身旁,以下为太子姬发和大夫散宜生。散宜生担任记录。其他参会的依次有叔鲜、叔旦、叔度、叔武、叔处、叔振铎、叔康、太孙剑、伯禽、庶子奭、南宫适、闳夭等。

文王环视了其儿孙,然后缓缓地向太公说:"我以国事家事托尚父姜太师,尔等有违命者,由尚父议处。"诸子唯唯听命。

文王接着说:"太子姬发继承王位,尔等子孙,当齐心协力,共同协助,以成大业。以后王位承继制度,宜废除'兄终弟继'之制,而确立嫡长继承之法。殷商王位兄终弟继之制,乃致乱之源,我周人万万不可效仿。后嗣子孙,谁敢违嫡长继承之法者,以叛逆论处,宗室共弃之。"闻此言,叔鲜、叔度、叔处等,都颓丧地垂下头来。

文王继续说:"周室的宗族子孙,宜分封建国,以屏藩王室。叔鲜可封于管,叔度封于蔡,叔武封于成,叔处封于霍,叔振铎封于曹,叔康封于卫。"说到这里,文王已觉心慌气短。他停了停,接着说道:"以上可算我的遗嘱,由大夫散宜生记录在案,由太公望执行我的遗嘱。如有违我命者,由太公处置。"

文王刚说完,便觉得头晕目眩,心悸气闷,无法自持,竟昏了过去。诸子见状一片慌乱。姜太公立刻命众人退下,请御医进上参汤。不多时,文王又醒过来,对太公说:"速传姬发进见!"

太子姬发连忙来见父王,只见父王此刻却面泛红光,异常兴奋,与方才判若两人。太子姬发心知这是回光返照,连忙跪于榻前,听候命令。

文王抚着太子之背,说:"我就要死了,周国的江山,就托付给你和太公。我死后,太公就是你的亚父。外事你要与尚父商议,内事要与你弟弟旦和奭商议。"

太子姬发泣答道:"孩儿记住了,孩儿记住了。"站在一旁的姜太公此时已是老泪纵横,泣不成声。

这时,文王觉得胸前一阵剧痛,眼前发黑。喘息了一阵后,笑微微地望着太公和姬发仿佛在说:"现在我一切放心了!"便缓缓闭上了眼睛。

诸侯会合逢戊甲　孟津观兵定大计

周文王死后,周武王(即太子姬发)便加紧了伐纣灭商的准备工作。一日,他与太公商议灭纣事宜。

姜太公对武王说:"灭商的事,老臣时时刻刻都在准备着。但是,目前的时机尚不成熟。我们派往朝歌的密探,几次送来情报,都说商朝贵族内部的矛盾虽然很大,仍未全面暴发。大王您也知道,商朝虽然十分腐败,但它毕竟是个大国,拥有几十万军队;若我们只靠武力去征伐,那付出的代价就太大了。因此,我们要等待商朝内部发生混乱,然后乘虚而入,这样就能够以弱胜强,用较少的代价获得巨大成功。"

武王听了太公对当前形势的分析后,说:"尚父说得极是。然众将士灭商心切,而且许多诸侯邦国也要求我们带头伐商灭纣,如果我们没有什么举动,一怕挫伤我军将士的锐气,二怕冷了诸侯们的心。因此,我想借今秋狩猎之际,采取一个大的行动。"

不等武王说毕,太公忙说:"老臣也有个主意,尚未与主公商量。现请主公先不要说出你的意见,我们把各自的想法写在手心里,看看是否相合。"武王说:"好!"于是各自用朱笔在手心里写出四个字,然后同时伸到对方面前,相互一看,竟然不谋而合。原来二人所写的字均为:"孟津观兵。"两人禁不住哈哈大笑。

姜太公说道:"主公的想法很是英明。采取孟津观兵的办法,一可以试探一下各诸侯邦国对我们的态度,做到心中有数;二可以看看纣王对我们这次行动做何反应,试探一下商纣的虚实;三可以利用这次观兵,对我军进行一次战前演练,此乃一举三得的好事。"

于是,武王决定,十月底在孟津观兵,并将此决定传布给四方诸侯。

是年,十月初,武王和太公亲率甲士3万,虎贲3000,战车千乘,离开镐京,出临潼,过渑池,声势浩大向东进发,队伍长达20多里。

几日后,三军到达洛邑,离孟津已很近了。姜太公亲自指挥3万大军和粮草辎重渡河。一路由大将军南宫适率领,充当左军;一路由将军闳夭率领,充当右军;太公和武王居于中军,大将武吉护驾。只见在宽阔的河面上,三路舟船,如三条巨龙,由南向北开进,很是壮观。

此次诸侯会盟,武王发出的请柬不到100个,但闻风前来会盟的有800多个诸侯,共率数十万士兵。各诸侯国对于商纣王的倒行逆施,早已忍无可忍。西周的崛起,像一把熊熊的火炬,点燃了各诸侯国的希望;又如同一块巨大的磁石,吸引着各诸侯国向他靠拢。因此,接到武王请柬的,无不欢喜雀跃;没有接到请柬的,也闻风而来,自愿参加会盟。然而中原地区的许多诸侯,虽然承认岐周强大,却认为岐周乃西方落后部族,对周仍心存顾虑。他们前来会盟,是想趁此机会查看周武王究竟如何。

武王和太公的大船马上就要靠岸了。太公放眼望去，只见各诸侯国的首领和兵士早在北岸列队迎候武王了。太公知道今日会盟对西周很重要，他也深知，中原的一些诸侯倚仗自己经济发达，有点瞧不起西岐。因此，他提议："大船靠岸后，请武王乘马落落大方地接受各路诸侯的欢迎。要有盟主的风度，不要被人小瞧了。为了壮声势，老臣在马前为大王牵马，请周公在马后为大王执鞭，以让诸侯知晓，我国文武大臣对大王多么敬重，以此加威于各路诸侯。"武王哪里肯让太公为他牵马？可是周公等文武文臣都说太公言之有理，今日这等盛大场面，不能太随便，要搞得庄重严肃。武王只好同意。

武王乘着马，在各路诸侯国队伍组成的奕道中前行。他不断向各诸侯国挥手致意，表示慰问，显得彬彬有礼而气度不凡。诸侯们观武王相貌堂堂，威风凛凛，一派帝王风采，钦羡之情油然而生。又见赫赫有名的姜太公为武王牵马，周公在后执鞭，尤其惊讶不已。心想，连太师都给武王牵马，可见武王虽然年轻，却深孚众望，必然是一个有韬略，有威望的天子。因此，武王所到之处，群情振奋，欢呼声四起。

武王接受了诸侯欢迎之后，和800诸侯国首领一起，进了孟津，这时已近黄昏。是夜，武王在孟津大摆宴席，款待800诸侯。武王的部队和诸侯国带来的10多万部队就驻扎在城外。议定于次日于孟津城西盟誓。

次日一早，各路诸侯带领兵马来到孟津城西大校场。场内场外布满了10多万兵马，场面甚是壮观。校场中心筑起一座高台，上设天地神位。高台两边设有800多名诸侯首领的座席。午牌时分，800多位诸侯从西门鱼贯而入，依次分坐两侧。此时，武王在18名甲士护卫下，走进校场，登上高台，祭拜了天地诸神。随后，姜太公全副甲胄，牵着白马，周公全副甲胄，牵着乌牛，从高台后出来，在台前站定。这时全场肃然。

武王环顾左右片刻之后，举起右手，大声说道："诸位友邦首领、全体将士们！小子姬发遵从先王之遗命，率师东来，观兵孟津只为共商灭纣大计。今来会者800余诸侯，敌忾同仇，可见天命所归，人心所向。"语音刚落，会场立刻爆发出雷鸣般的欢呼声。过了半晌，欢呼声浪才慢慢平息下来。

文王接着说："今商纣淫奢无度，暴虐残忍，穷兵黩武，使百姓处于水深火热之中。如果各位友邦首领认为商纣可伐，请与我一同盟誓！"

武王语音一落，台下又爆发出一阵欢呼呐喊声。此时，姜太公和周公抽出利剑，宰了白马乌牛，命人抬放在桌上，武王走下高台，左手抓着牛耳，右手持刀，在牛耳上割了一刀。然后武王和800诸侯一同饮了血酒，指天盟誓："吊民伐罪，躬行天讨，齐心灭纣，祸福与共！"

誓毕，800诸侯和岐周的文武官员群情激奋，请求趁热打铁，就此杀向朝歌，消灭商纣。武王要姜太公向众人解释。

姜太公说道："商纣王昏庸无道，人神共怒，早该天诛地灭了。然而商纣有600年统治之基，它拥有几十万军队。尽管殷商已经很腐败，内中矛盾重重，但还没有到土崩瓦解的地步。因此，对待这样一个庞然大物，我们不可轻举妄动。况且，对我们今日孟津观兵这样如此宏大的举动，商朝必然有所警惕，定会加强防御。因此我们要等待有利时机，要战，就要有一举成功的把握。"

各路诸侯听了太公之言，认为有理，遂约定，加强互相联系，互通消息，一旦时

（竖排右侧）中华传世藏书 中华枭雄大传 将帅枭女卷

15

机到来,愿听从武王差遣,同心协力,讨伐商纣。

应天命吊民伐罪　独夫死姬周代商

孟津观兵之后,又过了两年,公元前 1064 年周武王觉及各方面时机均已成熟,可以发兵东征,消灭商纣了。于是,他请来太师、周公、召公、南宫适等朝中文武大臣,一起商讨。

姜太公首先说:"我过去对文王说过,君王先要修德,要礼贤下士,要施惠于民,使国家日益强盛;同时,要观察天道的吉凶,必须既看到出现了天灾,又发生了人祸时,才能够策划征讨。

现在,商纣王作酒池肉林,造炮烙虿盆,剖忠臣比干之心,逼兄长微子出走,弄得朝野不安,民怨沸腾。他如今已经是众叛亲离了。国人甚至王公贵族都叛逃而去。最近,东夷和南方的邦国纷纷起来造反,纣王只好调集大军前去镇压,甚至把他的御林军'三百六十夫'也调往东南打仗去了。所以朝歌现在很空虚。目前的商朝,百姓疑虑,动乱不止,而纣王仍然荒淫无度,这是亡国的征兆。我观察他的田野,野草盖过了禾苗;我观察他的群臣,奸佞邪僻的压倒了公平正直的;我观察他的官吏,都是暴虐残忍,违法乱刑。不过,他们上下还仍执迷不悟,这是该亡国的时候了。因此,我十分赞成立刻发兵,讨伐商纣。"

周公、召公、南宫适等一班大臣,也极赞成姜太公的意见。

武王见大家意见一致,大喜,便命令太史占卜吉凶。

太史焚起香案,祝告了天地之后,便摇了一卦,抽出卦签。大家都着急地等待着卜卦的结果。

太史卜得师卦六五之爻,展开卜辞一看,那上边写着这样八个字:"长子帅师,弟子舆尸。"意思是说,若武王帅师出征,将会出现以舆车装载将士尸首归来的现象。太史不禁大惊失色。

看了卜辞,武王脸色大变。周公、召公、南宫适等人也都面面相觑,不知如何是好。霎时,一股疑惧不安的气氛,代替了方才大家意见统一时出现的同仇敌忾的局面。

这种气氛持续了许久。周公见天意如此,已是不可违背了,便说道:"不如暂缓出兵之事,稍后再议。"

武王早已性急,冲着周公怒问:"我们准备了多年,等的就是此日。现在纣王倒行逆施,已弄得天怒人怨,人神共怒了,难道老天爷还会保佑他吗?!"

武王的话音刚落,天上轰隆隆一声巨响,顿时电闪雷鸣,狂风大作,下起倾盆大雨。暴雨中还夹着鸡蛋大的冰雹,打得房瓦破裂,树枝断落——这种现象发生在初冬,实属怪异!

文武大臣都被此天象吓坏了,连武王也吓得面如土色。难道老天果真震怒了吗? 难道纣王果真不可讨伐吗?

此时,只见姜太公面色坦然,从容地说道:"风、雪、雨、雹,天道之常,不必惊骇。我国征伐殷纣,乃是替天行道,恭行天讨,吊民伐罪之义举,天公定会助我成功的。我有一个建议,另择一黄道吉日,请武王祭天,亲自占卜吉凶,那时再做定夺,不知各位认为如何？"

武王等人闻言心定，遂议另择吉期，由武王祭天亲占。

祭天之日，武王登上天坛，焚了香火，暗暗对天祝告："姬发举兵伐纣，恭行天讨，吊民伐罪，愿上苍助我成功！"祝罢，亲自卜了一卦。启开一看，乃是泰卦初九爻。卦辞言："拔茅茹，以其汇，征吉。"意思是说，如同拔草一样，出征大吉。武王心中大喜，当下将卜辞遍示群臣，群臣观后无不欢喜雀跃。

武王如释重负，当即传令：迅速做好出师准备，同时传示四方诸侯，于甲子日前会师孟津，讨伐商纣。

冬腊月，武王亲率兵车 300 乘，虎贲 3000 人，甲士 450000，命姜太公为前锋大将，浩浩荡荡向东出发。兵到孟津，蜀、庸、羌、卢、微、彭、濮等 800 诸侯约 10 万人已在此会合等候。武王亲作《泰誓》，激励自己的将士及 800 诸侯之兵，团结战斗，同德同心。

甲子日清晨，日夜兼程的 10 余万大军，突然出现在商都郊外 140 里的牧野。

武王在牧野再次举行誓师大会，念了《牧誓》，逐条列数了纣王的罪状，鼓励全军决一死战。当是时，10 万大军群情激奋，个个摩拳擦掌，跃跃欲试，人人争先恐后，要杀敌立功。

前锋大将姜太公率领 4 万多甲士，如下山之猛虎，出水之蛟龙，以迅雷不及掩耳之势，杀向仓促应战的商军阵中。纣王措手不及，连忙调兵遣将，可惜精锐部队已被他派往东夷征战，城内空虚，不得不拼凑奴隶去抵挡。殷商毕竟是大国，七拼八凑，竟调集了 17 万军队，来迎战武王的大军。

但是，姜太公早已派人混入殷商军中，进行瓦解工作。那些假扮商军的周人，看到周军大兵压境，商军皆无心应战，就趁机高喊："武王已杀进朝歌了，纣王自杀了！"本来就不愿意为纣王卖命的奴隶军，闻此全部倒戈，转过头引导武王军队杀向殷都朝歌。商、周军队合为一股，势如破竹，呼啸呐喊之声震天，直杀得血流成河，尸横遍野。

纣王如丧家之犬，连夜逃回朝歌。他见大势已去，慌忙穿上宝玉衣，登上鹿台，自焚而死。那鹿台是商纣王搜刮民财耗时七载修建的百丈高台，大火一烧，就像一把巨大无比的火炬，照得满城如同白昼。

朝歌城内城外的商民，连夜集于郊外，焚香跪拜，迎武王进城。武王当众宣布了安民告示，命令大部分军队驻扎城外，自己和姜太公等只率 3000 虎贲进入朝歌城。武王和太公军队扑灭了大火，一同登上已经烧毁了的鹿台。姜太公见纣王虽被大火烧成干尸，依旧二目圆睁，死不甘心，便指着纣王大骂："无道昏君啊，无数生灵因你而遭涂炭，我要亲自砍下你的头颅，为天下百姓报仇，为我的父母和东夷九族报仇！"说完，挥剑用力一砍，将纣王的头颅砍了下来。武王命令军队将纣王的头悬在一根高杆上，亲自对着纣王的头射了三箭，以示商朝的统治从此结束。

齐国开山鼻祖　千秋传其美名

牧野决战后第五天，周武王即举行开国大典，建都镐京，正式建立了周王朝，史称西周。

他请来姜太公、周公、南宫适等一班重臣,商议怎样处置刚刚失败而并不甘心的殷商遗民,怎样控制刚刚取得的广大疆土,以巩固新建立的政权。研究的结果是,分封诸侯,将有功之臣和周室的叔伯子侄、姻亲贵戚中有才干者封到全国各地,兴邦建国,让他们治理自己的封地,向周王定期贡赋,提供军队,夹辅王室。于是,周公的儿子禽封于鲁,康叔封于卫,叔虞封于晋,召公奭封于燕……形成"封建亲戚,以藩屏周"之势。

然而,在封纣王的儿子武庚时,姜太公和武王、周公等人的意见发生分歧。武王的弟弟周公主张封武庚于商都,实行所谓"以商治商"。姜太公建议把商朝的后人杀掉,斩草除根,以绝后患。但是武王却支持周公的意见,封武庚为商后,留居朝歌,管理殷商遗民。以防武庚作乱,他又派自己的三个弟弟管叔、蔡叔、霍叔对武庚进行监督,史称"三监"。姜太公见武王主意已定,也不好再说什么,只是在心里暗自担心。

武王特地征求太公意见,询问其意欲分封何地。

姜太公说:"老臣故地在山东营丘(今山东临淄),那年纣王发兵东征,差不多将营丘夷为平地,杀死了我的父母亲族。我已经早有誓约,要在推翻商纣之后,重返家园,复我邦国。因此,老臣恳请主公封我回山东故土。"

武王非常高兴,说:"师尚父所言,正合孤意。一则,尚父去营丘可以完成当年誓愿,恢复旧邦;二则东方九夷自古以来不断侵扰中华,师尚父若去山东建国,则可尽服东方诸夷,从此可保东方太平。"遂把渤海与泰山之间的薄姑氏故地封给太公,国号为齐,都营丘。姜太公谢恩回府,打点行装,预备赴任就国。

姜太公是西周的开国元勋,功劳卓越,又是武王的岳父。因此,武王特意为太公举行盛宴,欢送太公赴任。周王室成员和满朝文武大臣,全部出席,欢送宴会十分隆重热烈。酒至面红耳热之际,周武王突然拉住姜太公的手说:"师尚父为我周室兴起,东杀西闯,北战南征,功居第一。明日尚父即将赴任山东,此一去不知何年何月才能再见,寡人实在不舍你走啊!"说着,竟热泪盈眶。

当时,周武王已经60多岁,姜太公也已是100岁的高龄了。须发皆白,鹤发童颜。他见武王动了感情,也禁不住心头一酸,老泪夺眶而出,说道:"主公不必担忧,老臣虽然年迈,但早年学过养生益寿之道,还能再活它几十年。此去山东,老臣一定尽心尽力,治理齐国,成为主公的坚强后盾。"武王和周公、召公等闻言,无不为之感动流涕。

次日一早,武王和周公、召公、南宫适、武吉等文武官员一齐出动,直送姜太公于镐京以东20里的灞上,这才洒泪而别。谁知此为太公与武王之最后诀别。两年之后,武王就因病去世了。

周武王去世以后,依照嫡长继承之制,由武王的长子成王继承王位,当了天子。此时周王朝初建,各方面百废待兴,形势仍很严峻。武王的弟弟周公恐成王缺乏经验,误了国家大事,便不顾大臣们可能产生的猜忌和非议,自代成王摄政。

周公的这一举动,立刻在朝野内外引起了轩然大波。不少人认为周公有野心,意欲取代天子之位。这消息纷纷扬扬,四处传播,越传越玄,引起了大臣和各诸侯国的不安。

周公是武王的弟弟,监督武庚的管叔、蔡叔、霍叔同样是武王的弟弟。三叔见周公将他们远封在外地,自己却摄政称王,独揽朝中大权,心存不满。此事早被纣王的儿子武庚看在眼里,心想,要报灭国杀父之仇,此其时矣!

武庚并非等闲之辈,当年周武王封他为商后时,他曾感激涕零,表示要誓死忠于周室。周武王封他的三个弟弟来监视他,他明白周人对他很不放心,因此,他表面上装得非常忠诚老实,在"三监"面前毕恭毕敬。他每一个月都要向管、蔡、霍三叔请安问好,汇报情况,请求指示。还不时地给三叔送去金银珠宝和美女,贿赂其心。时间一久,三叔觉得此人还挺不错,对其戒心渐失。后来竟把他看作自己的知心朋友,连有些心里话也向他诉说,从几年的接触中,武庚知道三叔都对周公不满,尤其是管叔,非常恨周公。他说,当年武王分封诸侯时,周公自己不去鲁国,却让他的儿子伯禽代劳,其目的就是要留在朝中,伺机篡夺大权。他还说,周公把他和蔡、霍二叔远封于殷商故地,是由于周公怕他们弟兄三人妨碍自己的野心。他认为,武王死后,按照文王托孤时定下的制度,王位理应归于武王的长子成王。何况成王并不年幼,完全有能力亲自处理朝中大事。周公却以成王缺乏经验为借口,自己摄政称王,企图取代天子之位,这完全违背了文王的遗愿。周室亲族应当遵从文王遗训,共同诛灭周公,还政于成王。蔡、霍二叔也同意管叔的意见。

武庚把管叔的这些话迅速传给他的亲信,让他们迅速把这些话传播到东方各国。据传,姜太公听后,都对周公产生了怀疑。

管、蔡、霍三叔看到各诸侯国人心浮动,大家全部在咒骂周公,心中十分得意。而武庚此时乘机加紧联络殷商旧部,假言要协助三叔,以清君侧,终于发动了叛乱。管、蔡、霍三叔以为武庚是自己的知心朋友,是去帮助自己讨伐周公,因此,便与他相互勾结,撑腰打气。管叔亲自率军,这就大大助长了武庚叛乱的气焰。武庚又事先派人到东方各国进行了大量的阴谋活动,因此,响应武庚叛乱的诸侯竟多达17国。一时间,周室朝野震动,连周人所居住的西土也骚动不安,马上就有波及全国之势。

在有朝廷重臣参加的紧急会议上,周公力主武力平定叛乱,但王室内的一些贵族却犹疑不决,非常害怕。他们有的说东方夷人向来不安定,殷商时代,朝廷的统治就没有实际涉及那里,所以不如派人去安抚一下,维持现状算了。有的说西周方立,财力物力人力不充足,劳师远征恐怕会招致失败。还有一些人听信了谣言,怀疑周公是想借东征来扩充自己的实力,为自己篡夺大权进行准备。

周公明了,局面持续将不可收拾。于是,他立即给远在山东的姜太公写了一封秘信,命心腹火速送往齐国。他在信中深刻分析了目前的严峻形势,推心置腹地陈述了他为什么要摄政称王,衷心地希望姜太公顾全大局,帮助他力挽狂澜,全力维护文王、成王和太公等奋斗一生打下的万里江山。他在信中还授命姜太公:"东至海,西至河,南至穆陵,北至无隶,五侯九伯,均可征伐。"

姜太公看罢周公的秘信,被周公大义凛然,光明磊落,忠心报国的精神深深地感动了。他立即认识到自己以前对周公的怀疑是错误的。与此同时,他还接到女儿邑姜(武王之妻)的来信。邑姜对他说:周公称王摄政以来,治国兢兢业业,生怕失掉天下贤人。如有贤人前来投奔,即使正在沐浴,也要用手握着正在盥洗的头发立刻接见;即使正在吃饭,也要立刻放下筷子接见来访的贤士。甚至"一沐三握发,一饭三吐哺"。周公摄政,纯粹为西周江山而非天子之地。成王得了一次大病,几乎病死,周公写了一篇祷词,向上天祈祷,愿意以自己的死换取成王的生。这足以证明周公是衷心维护成王的。成王虽然并不年幼,但的确缺乏治国的经验。在当前非常严峻的形势下,周公如果不出来支撑这危难局面,周朝就会发生更大的灾难。因此,她劝父亲助周公平乱。

在这危急关头,姜太公当机立断,发倾国人马,迅速出兵平乱。他一方面派大将吕豹、吕虎领精兵1万,去平定徐、奄等邦国的叛乱;另一方面,决定亲自率领两万精兵南下,协助周公平息武庚和东南17国的叛乱。他把自己的计划写信告知了周公,并且建议周公率领大军东征,趁这次机会,彻底征服东南叛邦,使西周江山永固。

周公收到姜太公的信后,神情振奋。他立即把太公的意见向王室成员作了传达,使那些动摇害怕的贵族增强了信心。周公采纳了太公的意见,亲率5万大军东征,并且以天子的身份作了《大诰》,鼓舞将士士气。他东征路过楚国时,亲自说服了楚人不要参与叛乱。周公和姜太公从两翼协同作战,使军威进一步大振。

姜太公虽年纪已大,但仍能驰骋疆场,与周公形成犄角之势,奋力剿灭东南一带的叛匪。经过整整三年时间的艰苦征战,终于彻底平复了这场声势浩大的叛乱。此次平叛先后扫灭东南方的叛国50个,战争规模远远大于武王伐纣。叛乱首犯武庚和管叔被周公诛杀,蔡叔、霍叔被流放,关东诸国彻底被征服。经过这次战争,西周才真正征服了关东,从而使周朝在全国的统治得以巩固。

叛乱平息后,姜太公又回到封地齐,继续他大规模的经济建设。首先,他制定了"大农、大工、大商"的政策,通商工之业,便渔盐之利。将农人组织起来,聚居一方,互相合作,垦荒种田,发展农业生产,使粮食渐渐得到充足;把工匠们组织起来,聚居一方,互相协作,打造各种用具什物,使人民得到满足;将商贩们组织起来,聚居一方,开设集市,互通有无,使财货得到繁荣。农业"什一而税",减轻农人的负担,鼓励农业生产。

姜太公自己称这三项事业为治国的"三宝"。并且此"三宝",只能由国君一人独掌,不能交给他人去管。因此,不到三年功夫,就使齐国得到大治。消息传到镐京,代成王摄政的周公听说姜太公在这么短的时间内,就把齐地治理得繁荣昌盛,井井有条,大喜。他无限感慨地说:"太公真是老当益壮,盖世无双也!"

吕尚(即姜太公)根据齐国土地辽阔、物产丰盈的自然环境,以及生产水平相对先进和异族势力较为雄厚的经济、政治条件,及时确立了治齐的重大策略原则:"因其俗,简其礼,通商工之业,便渔盐之利。"为此,他"修道术,尊贤智,尚有功",前后仅用五个月的时间,便报政(述职)于周公。这充分表现了吕尚的惊人胆略和远见卓识,以及不拘形式、务求实际、得时勿怠的开国创业精神。由于吕尚注重发挥治国之士的聪明才智,较多地保留了东方的习俗和传统文化,全面发展农工商各业,结果,远近人民相率归心,齐国迅速强大起来,创造出具有"泱泱乎大国之风"的发达的经济和灿烂的文化。《史记·货殖列传》在评述吕尚的治绩时写道:"太公望封于营丘,地泻卤(低洼盐咸),人民寡。于是,太公劝其女功,极(尽)技巧,通渔盐,则人物归之,繈至(接连而来)而辐辏(如车辐条集中于车轴),故齐冠带衣履天下,海岱之间敛袂而往朝(整理衣袖前往朝拜)焉。"

吕尚为齐国的发展奠定了雄厚的政治、经济、军事基础,使之在较长时期内一直突飞猛进，遥遥领先于其他诸侯国家和地区。西周时期，齐国是周王朝在东方的最重要支柱，到了春秋中期，周王室衰微，齐国最先崛起，成为纵横中原、左右天下局势的"五霸"之首。直至战国时期"田氏代齐"之后，齐国依然跻身"七雄"行列。后世所谓"太公之圣，建国本；桓公之盛，修善政"，看到了齐国发展中的前后因果和联系，诚为确评。

与之相映成趣的是，周公受封于商、奄之地，建立鲁国，由其子伯禽前往统治。鲁国分有祝、宗、卜、史，具备周王室的各种文物制度，是享有最高政治特权的东方大国。但伯禽受封后，三年才报政于周公。周公问："为何这么迟缓？"伯禽回答："变其俗，革其礼，丧三年然后除之，故迟。"对照齐国的为政，饶有经验的周公当即感叹鲁国的失策，说道："呜呼，鲁后世其北面事齐（听命于齐国）矣！夫政不简不易，民不有近（为政不简便易行，难为民众接受）。平易近民，民必归之。"历史证实了周公的预见。其后，鲁国江河日下，最终远远地落后于齐国。

司马迁在《史记·齐太公世家》中，对吕尚的谋略思想及其历史地位有一段概括评价："……其事多兵权与奇计，故后世之言兵及周之阴权，皆宗太公为本谋。"这就是说，吕尚一生多谋善断，长于用兵，工于奇计，因此，周代及后世的兵家和谋略家，皆尊他为祖师。

战国时，有人托名吕尚辑成《六韬》（分为文、武、龙、虎、豹、犬六韬，亦即用兵的六种谋略）一部兵书，共计六十篇，二万余言。其后，另有许多关于吕尚著述行世的传说，不胫而走。这些都反映了他的政治、军事建树对后人的影响。

唐玄宗开元十九年（731年），下令长安、洛阳和诸州为吕尚立庙，以张良等"十哲"（中国历史上十位杰出的政治家、军事家、谋略家）配享。唐肃宗上元元年（760年），追谥吕尚为"武成王"。

中華枭雄大傳

将帅枭女卷

孙武：乱世英杰　千古兵圣

【人物档案】

姓名：孙武

别名：孙子、孙武子、兵圣（兵家至圣）。

字号：字长卿

生卒：约前 552 年～前 470 年

籍贯：齐国平原厌次（今山东惠民）

朝代：春秋吴国

职务：军师

主要作品：《孙子兵法》

主要成就：著《孙子兵法》兵学圣典，"柏举之战"曾率领吴国军队大破楚国军队，占领了楚的国都郢城，几乎灭亡楚国。

评价：孙武子以兵为不得已，以久战多杀非理，以赫然之功为耻，岂徒谈兵之祖，抑庶几立言君子矣。（毛泽东）

孙　武

《孙子兵法》问世已两千余年，这部含有对战略、外交和战争深刻认识的兵法在今天依然是一部军事思想经典，在 20 世纪中国内战时期，毛主席就出神入化地运用了孙子的法则。（基辛格）

墓葬：江苏省苏州市相城区元和镇境内，即历史记载的孙武墓所在地。

【枭雄本色】

春秋时期，诸侯争霸，群雄逐鹿。一代兵圣孙武隐居于山野，闭门研读兵法。

伍子胥慧眼识才，向吴王大力举荐。兵神横空出世，率三万吴军五战五胜，大破十余倍的楚军，楚昭王落荒而逃，孙武之谋西破强楚，北威齐、晋，南服越人，最终淡泊名利，飘然而去。

一部《孙子兵法》更令孙武名垂千古，成为中华文化史上最为绚丽的军事艺术之花。不仅照亮了中华兵学的长空，更突破了传统，走向了人类社会各个层面的文明：经济、体育、医学、哲学、文学，都被孙武的人生智慧刻上了或深或浅的烙印。

流亡伦敦的德国皇帝威廉二世读到孙子兵法后，不禁喟然长叹："我如果早 20 年读《孙子兵法》，就不至于饱尝亡国的惨痛了！"

潜心研兵法　隐居姑苏待时机

孙武,字长卿,齐国厌次(今山东博兴北,一说惠民)。约活动于公元前6世纪末至前5世纪初。春秋末期为吴国将军。他生卒年代各种史书均无详细记载。

孙武的祖先原居陈国,是陈国公子陈完的后裔。公元前672年,陈国发生内乱,陈完逃奔到齐国避难。齐桓公委之以"工正"之职,让他管理手工业生产。陈完后来又改姓名为田完。田氏在齐国发展很快,田完几代之后,便发展为齐国新兴势力的代表,同以国君为首的大贵族相对立。到齐景公时,田完的四代孙田桓子已是齐国的大夫。他为了增加自己的实力,与淫侈残暴的国君争民,便采取了与国君相反的办法:借给穷民粮食时用大斗,收回时用小斗,其山海所产树木鱼盐蜃蛤到市上出卖,价格也同其他产地一样。于是民众像流水般地归附田氏门下,从而壮大了田氏的力量。

齐国在攻打莒国(今山东莒县)的战争中,田完的五世孙、孙武的祖父田书立了战功。齐景公为了嘉奖他,便把乐安(今山东惠民)封给他,作为他的采邑,并赐姓孙氏。春秋时代,姓是全族的共同称号,而氏只是某一支派的称号。田书这一支即是以田为姓,而又以孙为氏的。后来姓氏不分,人们也就把孙武的氏作为他的姓了。

公元前532年夏,齐国发生"四姓之乱"。田氏联合鲍氏,趁执政的旧贵族栾氏、高氏宴饮方酣方际,突然包围了他们,几经激战,栾氏、高氏战败,其主要人物栾施、高强两人逃往鲁国,而田氏、鲍氏取得了胜利。这样,田氏的势力进一步壮大。到战国时,田氏灭姜齐,建立田姓的齐国。

孙武正是生活在这个时代,这种纵横捭阖的斗争,势必在客观上为他提供了洞察统治集团上层斗争的机会,锻炼了他善于应变的机智才能。同时,作为军事世家的田氏家庭,无疑为孙武继承和学习先人的军事典籍提供了良好的条件。孙武在青年时期就注重兵事,善于击剑。在"四姓之乱"之后,头脑敏锐的孙武,看到齐国国君昏庸,国力日下,认为在齐国不会有所作为,而南方的吴国,国势日盛,将来可能有自己施展才能的机会,于是他便离齐至吴,隐居在吴国都城姑苏(今苏州)附近的一个山村,他一面种地,一面潜心研究兵法,观察吴国的政治动向。

孙武研究战争、战略和战术,目的不是去游说诸侯从而获取高官厚禄。他没有名利之欲,完全出于个人的兴趣。他只希望自己能够平平安安地度过一生。然而,许多事情并不像预料的那样一帆风顺,命运偏偏和孙武开了一个玩笑。早先来到吴国的伍子胥对孙武的才干和学说十分欣赏,他认定孙武是个人才,迟早有一天会脱颖而出,干出一番轰轰烈烈的大事来的。正所谓:"大鹏一日冲天起,扶摇直上九万里。"因此,他拜访孙武,共同探讨一些军事问题,如此一来二往,时间一长,两人竟成了莫逆之交。

那伍子胥也是一员战将,读了孙武兵法,深为其严密的论证、深邃的思维、精妙的高见所折服,但觉字字珠玑,处处都闪耀智慧的火花,将那战争中大到战略、小到战术都揭示得清清楚楚,传播出去,必将成为用兵者常习之文。

伍子胥看完之后,赞不绝口,连称:"人言孙兄是隐逸大贤,果不虚也。大作字字千钧,铁打金铸,均为不移永恒之真理,兄日后必有鹏程之日,何愁大名不永垂。"

孙武道:"要在时人能识罢了,不然终得抱璞山中。"

伍子胥道:"卞和当年得璞,两献王而不被识为玉,两足被刖,然而既然是玉,最终仍被认定为玉。吾兄勿多虑为是。"

看看日已西垂,伍子胥便告别孙武,临走之时,他告诉孙武,就暂在此隐居,所缺食用均由他送来,并一再叮嘱,如云游他国,务要让他知其去处,孙武一一答应。

子胥献兵书　吴王重金聘奇才

周敬王四年(前 516 年),楚平王去世,年幼的楚昭王即位。第二年春天,吴王僚看准楚国君弱小又忙于治办丧事的机会,任命胞弟公子盖余、公子烛庸为将,统领大军,兴兵伐楚。二公子求胜心切,领兵贸然深入,结果被楚军切断了后路。

公子光见大军被困在外,国内兵力不足,便把专诸找来计议说:"机不可失,时不再来,不举大事,君位难得!"于是,由公子光谋划,让专诸在酒席上刺杀了吴王僚。公子光夺得了王位,称为吴王阖闾。阖闾是一位奋发图强励精图治的君主,他决心要使落后的吴国赶上中原各国,摆脱长期以来遭受楚国压迫的屈辱地位。为此,他"食不二味,居不重席,室不崇坛,器不彤缕",不迷恋安逸,不贪图享受,不追求玩好,立志要振兴吴国。因此,吴王迫切希望聚集人才,以佐自己成就富国强兵的伟业。

阖闾即位之初,既怕国人不服,又担心诸侯不相信自己。为了保住王位,他一面施恩行惠,笼络人心,一面礼贤下士,网罗人才。阖闾首先选中了伍子胥,任命他做了行人。

行人本是掌管朝觐聘问的官,伍子胥这个行人却不同一般。吴王器重他的内政外交才干,经常同他探讨军国大事。有一次,吴王问道:"我国地处偏远,蜗居东南;地势低湿,江海为害;国无城防守御,民无衣食之藏。这种贫弱状况,如何改变?"

伍子胥沉默片刻,回答说:"凡是想图霸称强的君主,必须修城郭,设守备,练士卒,广积蓄。"

吴王很赞同伍子胥的意见,并委托他去依次处理。国都在姑苏(江苏苏州)建成以后,吴王还特意把西向的"闾阖门"称为"破楚门",以示自己伐楚的决心。

吴、楚两国势不两立,是世代的仇家。吴王有心派伍子胥、伯嚭率军伐楚,又对他俩放心不下,怕他们到时只顾公报私仇、滥杀无辜,误了自己的大事。一天,吴王站在宫苑中的高台上,望着远方,慨然长叹。群臣都不解其意,唯有伍子胥心中明白,这是吴王在为选将而忧虑。于是他趁机向吴王推荐孙武,并向吴王介绍了孙武的家世、人品和才干,认为孙武是个文可安邦,武能定国的旷世奇才。可是,孙武自从来到吴国后,只忙于勘察战史,隐居著书,吴王从未听说过孙武,甚至认为一个农夫不会有多大的本事。伍子胥奏道:"此人精通韬略,有鬼神不测之机,天地包藏之妙。诚得此人为军师,虽天下莫敌!何况楚国?"尽管伍子胥极力举荐,吴王仍然无动于衷，反而转变话头，同伍子胥谈论起军旅之事。伍子胥一边应对，一边找机会举荐孙武。整整一个上午，伍子胥借论兵之机，前后七次向吴王推荐孙武。到后来，吴王不耐烦了，便嗔怪说："我看你是以举荐人才为名，实际上是想呼朋引类，结党营私，以加强自己的势力和地位！"伍子胥见口说无凭打动不了吴王，便将孙武写的兵法拿来，呈给吴王看。

吴王将孙武的竹简兵书放在几案上，逐简翻阅。每看一简，吴王便情不自禁地叫好。他越看越爱看，兴致盎然。从《始计篇》《作战篇》《谋攻篇》《军形篇》《兵势篇》《虚实篇》《军争篇》《九变篇》《行军篇》《地形篇》《就地篇》《火攻篇》，一直看到《用间篇》，一字不漏，看到一些名言警句时，还击节赞叹。吴王看了兵法之后，感到非常满意，便急不可待地要见其本人。伍子胥奏道："孙武此人不轻易进仕，非寻常可比，必须以礼聘请，方肯来见。"吴王答应，命取黄金十镒，白璧一双，使伍子胥驾车前往，接孙武前来一见。

演练斩美女　治军有术拜将军

伍子胥乘车来到孙武住处，寒暄之后，恭恭敬敬地做了长揖，带着亲切的微笑问候他的起居饮食，然后取出礼物送给孙武。见孙武十分高兴，伍子胥又转达了吴王准备聘请他为将军的意思，激励他说："先生饱学，满腹韬略，弃之乡野，岂不太可惜了吗？"

孙武非常冷静："我研究兵法只是一种爱好，并非想借此荣登官场，享受荣华富贵。而且就我个人而言，我是一个拙于辞令的人，怎能担当大王的重任呢？"他婉拒了伍子胥的好意。

不料伍子胥完全掌握了他的心态，并不急于求成，以更温和的口气说："先生的清廉我向来钦敬，您不愿出仕为官也在我的意料之中。不过吴王求贤若渴，一心礼聘先生，如果我将先生的话转达吴王，他也未必相信，反会认为我办事不力。还是先生辛苦一趟，如果您要拒绝，请当大王之面禀告。希望先生体谅我的苦衷。"

孙武无言以对，遂和伍子胥一起前往吴都。

一日早晨，孙武正在客馆等候召见，没料到吴王亲自来登门拜访。

见面以后，吴王对他十分赞赏说："先生的兵法，寡人已经逐篇拜读，实是耳目一新，受益匪浅。"

孙武谦谢道："草野之民，学疏才浅。承蒙大王错爱，实不敢当。"

吴王说："先生不必过谦，你的兵法确是前所未见，博大精深，但不知实行起来如何，可否为孤王小规模地实验一番，让我们见识见识？"

"可以。"孙武回答。

"先生打算用什么样的人去演练？"吴王问。

"随君王的意愿，用什么样的人都可以。不管是高贵的还是低贱的，也不论是男的还是女的，都行。"孙武对此充满信心。

吴王想给孙武出个难题。便问道："用宫女可以吗？"

"可以。"孙武坚定地回答。

吴王大笑道："先生是在和寡人开玩笑吧？天下岂有妇人女子，可使其操戈习战的？太可笑了！"

孙武激动起来，站起来斩钉截铁地说道："大王如果信得过臣，请将后宫的宫女交给臣，如果不能使其操戈习战，臣愿受欺君之罪！"

吴王即将后宫美女180人组织起来，把王宫变成了训练场，自己和群臣兴致勃勃地坐在望云台上观看。

孙武征得吴王同意后，将吴王的两个宠姬左姬和右姬充作队长，然后要求说："军旅之事，必须号令严明，赏罚分明。虽然是训练，也是应该有的。请立一人为执法官，二人为军吏，负责传达命令；二人负责击鼓；力士数人，充作牙将，拿上各种兵器，列于坛上，以壮军威！"吴王下达命令在王宫卫队中选用。孙武更换戎装，头戴兜鍪，将宫女分为两队，右姬统领右队，左姬统领左队，全部换上戎装，右手操剑，左手握盾，表面看来也还算整齐。

准备完毕，孙武宣布命令："一不许混乱队伍；二不许笑语喧哗；三不许故意违反军令。"然后亲临场地画好绳墨，布成阵势。命令传令官授予二队长每人一面黄旗，执之为队伍前导，众宫女跟随队长之后，五人为一伍，十人为一总，步伐要整齐，距离有标准。听从军鼓来决定进退，左转右转，寸步不乱。孙武把命令讲完之后，问众宫女："听明白没有？"众宫女们嘻嘻哈哈，参差不齐地回答："明白了。"

接下来，孙武下令说："听到第一遍鼓时，两队要一齐前进；听到第二遍鼓时，左队要右转，右队要左转；听到第三遍鼓时，所有将士都要挺剑持盾做出争战之势；听到锣声，左队和右队即回复原地。"宫女们觉得新鲜而又好玩，皆掩口嬉笑。

鼓吏禀报："鸣鼓一通。"

宫女或起或坐，参差不齐。

孙武站起来严肃地说："约束不明，法令不严，这是将领之过，是我之过。"遂命令军吏再一次地宣布军法、军令，强调说，如果再有不听从命令的，就要斩首示众。

鼓吏再次击鼓。

宫女们倒是都站起来了，但东倒西歪，嘻嘻哈哈。

孙武亲自拿起鼓槌，再次重申军法和军令，并用力击鼓。

左姬、右姬和宫女们看见孙武那副认真的样子，觉得甚是好玩，倚仗吴王对自己的宠爱，更加放肆，甚而索性趴在地上不动。

孙武见此情景，心想，如果再不来真的，眼下的局面将难以收拾，我也将被天下耻笑。于是两目圆张，大怒道："执法官安在？"

执法官立刻走上前来，跪下听候命令。

孙武厉声说道："约束不明，军之不忌，既已再三约束，士兵不听从命令，那就是士兵的过错了。军法上是怎样规定的？"

"当斩！"执法官回答说。

孙武说："士兵难以尽诛，可将二位队长斩首示众。"

执法官见孙武严肃认真，不敢违令，便将左、右二姬绑上，准备行刑。两位宠妃见孙武要杀她们，霎时间魂飞天外，号啕大哭，众美女全都大惊失色，惊恐万分。

哭声惊动了吴王阖闾，他见孙武真的要斩自己的两位宠妃，忙派人急驰校场，命令孙武道："寡人已经相信将军用兵的能力了，但左右二姬甚合寡人之意，如果二姬有所不测，寡人将食不甘味，请将军手下留情！"

孙武坚定地回答说:"军中无戏言。臣已授命为将,将在外,君命有所不受。如果我徇私而释放有罪者,何以服众?"命令左右:"速斩二姬!"然后将二姬之首示众。

孙武把吴王的两名爱姬枭首以后,又命令两队的排头充当队长,继续练兵。宫女们个个如同换了个人一样,鼓声令左,就一齐向左;鼓声令右,便一齐向右;不管鼓声如何指令,众宫女前后左右,进退回旋,跪爬滚起,全都合乎规矩。人人全神贯注,紧张严肃;个个目不斜视,口不出声。整个练兵场上,只听到齐刷刷的脚步声和器械撞击声。孙武见已训练整齐,就派人进宫去报告吴王说:"队伍已经训练好了,请君王前去检阅。这样的军队,君王愿意怎么支配都行。就是让她们去赴汤蹈火,也不成问题。"

由于宠妃被杀,吴王非常不高兴,但又不便发作,只好强忍怨气,对军士说:"你去告诉孙武,他很辛苦,回去休息吧,我也不想去检阅了。"

坐在一旁的伍子胥连忙躬身说道:"臣曾听说过,军中最重要的是军律,军律不严明,兵法就无法执行。戏而起兵,没有不失败的。希望大王前去检阅,成大业的人不能偏执于儿女私情,请大王明察。"

吴王听了伍子胥的一番谏诤后,恍然大悟,于是率领群臣前去检阅。宫女们娇艳的面庞,此时却变得十分严肃,君王驾临,仍然目不斜视,聚精会神地听着孙武的号令,动作协调一致,丝毫不敢苟且,真的变成了一群军纪严明,赴汤蹈火也在所不辞的勇士了。

检阅完毕后,吴王带着孙武和伍子胥来到王宫,连声夸赞道:"孙先生,今天看到您优异的表现,真是大开眼界,不愧为难得的将才啊!"

孙武先是向吴王谢罪,接着便申述杀姬的理由。他说:"令行禁止,赏罚分明,这是兵家取胜之本,为将治军之通则。用众以威,责吏从严,只有三军遵纪守法,听从号令,才能克敌制胜。"听了孙武的一番解释,吴王不再恼怒,便丢掉杀姬之恨,拜孙武为将军。在孙武的严格教导下,吴军很快便成为一支纪律严明、训练有素的部队。

旗开得胜灭二国　突然袭击败楚军

吴王是个有见识、有雄心的君主,又有伍子胥、孙武两员重臣,真是如鱼得水,如虎添翼,不下几年功夫,吴国便由一个贫弱的小邦,一变成为府库充实、兵强马壮的国家。吴王凭借不断增长的政治、经济和军事实力,开始同强楚争夺东南之地。

阖闾即位时,领兵在外的公子盖余和公子烛庸,分别逃到徐国(在今安徽泗县)和钟吾国(在今江苏宿迁东北)避难去了。公元前512年(吴王阖闾三年)夏,吴国派出使臣,责令徐国和钟吾国交出二公子。二国依仗有强大的楚国作后盾,抗命不从,私自放走了二公子,让他们去投奔楚国。楚国十分得意,立即派出大员隆重迎接二公子,楚昭王下令,请二公子在养地(在今河南沈丘县)暂住。接着,又命令莠尹然、左司马沈尹戍重修养城,把养城东北边的城父、东南边的胡田两块地方封给二公子,企图利用二公子为害吴国。

徐国和钟吾国的放肆行为,楚国的挑衅行动,大大激怒了吴国君臣,给吴国出兵提供了口实。这年冬天，吴王派孙武、伍子胥兴师伐讨。钟吾国国小民贫，一触即溃，很快灭亡。吴王即以得胜之师，回兵伐徐。徐国君臣一面固守城池，一面火速派人向楚国求援。楚国当即派沈尹戍率兵救徐。孙武主张兵贵神速，他见强攻一时难以取胜，怕日久天长，楚兵来援，于己不利，便下令士卒日夜修筑堤防，堵截山水，灌淹徐国。楚国救兵还未赶到，徐国城池已被大水冲泡，徐国军队迅速灭亡，国君章禹领着夫人和近臣向吴军投降。

孙武旗开得胜，马到成功，连灭二国。吴王得意忘形，想乘势移兵伐楚，扩大战果。孙武认为不妥，进谏说："楚军是天下的一支劲旅，与徐国和钟吾国不可同日而语。我军已连灭二国，人马疲劳，军资消耗巨大，不如暂且收兵，养精蓄锐，再等良机。"吴王听从了孙武的劝告，下令班师。

大军回国之后，吴王向伍子胥征求伐楚的策略，伍子胥献计说："楚国政出多门，意见分歧，难以统一，谁也不愿承担责任。假如把我军分成三支，轮番去骚扰它，彼出我归，彼归我出，楚军必然疲于应付。待楚军疲惫之后，我们通过外交、间谍等途径影响他们的决策，造成他们的失误。然后再大举伐楚，定会大获全胜。"吴王采纳了伍子胥"疲楚误楚"的计谋，并责成伍子胥、孙武去具体实行。

吴王阖闾四年（前511）秋，吴军用一支人马围攻楚国六（今安徽六安县北）、潜（今安徽霍山县南）二城。楚国闻讯，马上派沈尹戍率大军救援。伍子胥、孙武估计楚国救兵快赶到了，便主动撤兵。楚军扑了空，白跑一趟，将潜城人迁到南岗（今安徽霍山县北）以后，只好回军。

楚军人未解甲，马未下辕，吴军的第二支人马又包围了弦城（在今河南息县南）。楚昭王大怒，命令左司马戍、右司马稽两员大将领兵出征。楚军连夜奔赴前线，才赶到豫章地区，离弦城还有一段路程，吴军就已自动撤走，楚军再一次赴空，士兵怨天尤人。

吴军两次袭扰楚国，都曾请求越国助战。越国一向与楚国交好，根本不予理会。吴王打算伐越国，又担心一支人马兵力单薄难以取胜。正在吴王踌躇的时候，孙武对吴王说："兵在精而不在多。依臣愚见，一支人马就足够了。越军虽众，我们可以用计谋使之分散，他们兵力再多也于事无补。"在孙武的策划下，公元前510年（吴王阖闾五年）夏，吴王又取得了伐越的胜利。

公元前508年（吴王阖闾七年）夏，桐国（在今安徽桐城市北）背叛了楚国。桐国的北面，原来有个小国叫舒鸠（在今安徽舒城县），很早以前就被楚国吞并了，因此，舒鸠人对楚一直怀恨在心。于是，吴国派出间谍，唆使舒鸠人说："如果你们想办法诳骗楚军来攻打我国，我军便佯装惧怕楚军，假意代楚伐桐，使楚国对我不存戒心，这样就可以寻找机会消灭它。"

舒鸠人为了报复楚国，便听从了吴国的误楚之计。他们故意散播假消息，去蒙骗楚国。楚国君臣利令智昏，竟然听信了舒鸠人的谎言，在这年秋天，派令尹（楚国的最高官职，掌握军政大权）囊瓦（字子常）率大军伐吴。囊瓦得报吴军战船摆满桐国以南的江面，便误以为吴军胆虚，想用伐桐来讨好自己，于是把大军屯驻在豫章地区，坐等时机。这时吴军却在巢城（在今安徽淮南市南）附近暗中集结，等待时机。楚军从秋天一直驻扎到冬天，日子一长，士气便日益低沉，防备也松懈下来。孙武抓住时机，指挥吴军发起突然袭击，在豫章地区大败楚军。吴军在胜利而归，又顺手牵羊攻其不备，楚国守卫巢城的大夫公子芈胜也只好束手就擒。

班师回吴后，吴王阖闾说："这次虽然挫败楚军，但未拿下楚都，功劳不足挂齿。"

伍子胥说道："这次虽未大败楚军，但臣等做梦都想拿下楚都。只是楚乃天下劲旅，不可轻敌。令尹囊瓦虽丧失了民心，但其他大臣尚很贤良，尚未引起诸侯的痛恶。听说囊瓦贪得无厌，日久必招致众叛亲离，诸侯反目成仇，届时再乘机西进，楚都可下。"遂使孙武在长江下游演练水军，同时派人终日打探楚军消息。

知己知彼　吴楚大战显名声

楚昭王即位以后，楚国江河日下。内部奸人专权，忠良被害。外则兵祸连年，东困于吴。楚的附庸时有叛离，各国诸侯也纷纷打楚的主意。

公元前506年（吴王阖闾九年）夏，晋国支持蔡国吞并楚的附庸沈国（在今河南汝南东南）。这年秋天，楚国发兵围攻蔡国，为沈国雪耻。

蔡国同吴国交好，吴王打算借此机会大举伐楚，便去征询伍子胥、孙武的意见。

吴王问道："当年寡人主张伐楚，二位认为时机未到。经过这五六年的准备，现在出兵，二位认为怎样？"

伍子胥、孙武回答道："楚将囊瓦贪婪无道，得罪了不少诸侯，唐、蔡二君对他疾恶如仇，君王如果想大举攻楚，要得到唐、蔡二国的帮助才行。"

吴王赞同他们的意见，便派伍子胥去联合唐、蔡。唐成公、蔡昭侯一口答应，一致表示要鼎力相助。原来唐、蔡二国都是楚的属国，岁岁朝贡，按时觐见。有一年，蔡昭侯带着一双晶莹的玉佩和两件华贵的皮袄去朝楚。蔡昭侯将一件皮袄和一块玉佩奉献给楚昭王，令尹子常见物眼开，向蔡昭侯索要剩下的玉佩和皮袄。蔡昭侯对子常的贪得无厌，十分愤恨，不肯答应，结果被软禁起来。不久，唐成公骑了两匹名贵的宝马，也去朝楚。子常又贪婪地向唐成公索要名马，偏偏唐成公也是个倔性子，不吸取蔡昭侯的教训，硬是不给，结果也被囚禁起来。但是毕竟不是对手。三年后，还是二君服软，交出了名马宝物，才被释放。归国途中，蔡昭侯指着淮河发誓说："寡人不报此仇，誓不为人！"

蔡昭侯归国之后，曾经联晋、宋、齐、鲁、卫、陈等国，以晋国为首，共同伐楚。其间因路遇大雨，连绵不断，晋国首先班师归国。晋国一走，其他国家亦无心恋战，也纷纷归国，伐楚计划不了了之。蔡昭侯失望之际，想到吴国，遂约会唐国，共同投靠吴国，希冀三国并力，共同破楚，以雪昔日之耻。

这一年的冬天，吴王阖闾亲自出马，拜孙武为将军，伍子胥、伯嚭为副将，胞弟夫概为先锋，征集全国兵力，并联合唐、蔡二国，总计数百辆战车，3万多兵马，数万随军民夫，浩浩荡荡出师伐楚。

孙武采取"攻其所必救"的战略方针，大军北上，溯淮河西进，有意给楚军造成吴军救蔡的假象。吴军越过了蔡国，孙武传令："军士登陆，徒步前进，将战船尽留于淮水弯道。"伍子胥问其故，孙武道："兵贵神速，战船逆流而上，速度太慢。这样会给楚军充分的时间，让其得到准备，如此，则楚不可破矣！"伍子胥觉得很对。于是吴军舍舟登陆，人衔枚，马摘铃，昼夜兼程，向楚国东北边境急速前进。

　　楚国得知吴军大军来犯，马上召集大臣举行紧急军事会议，商议选将御敌。有的主张任命公子结为将，有的认为令尹子常合适，双方争论不休，没料到，这一绝密军情被吴国的间谍获知，吴军大营立即做出反应。伍子胥在楚多年，深知二人的情况，于是放出风声说："如果让公子结为将，我们就等着取他的人头，让令尹子常率兵，我们只好退避三舍。"楚国得知后，果然中计，拜贪婪无能的令尹子常为将，而不用有勇有谋的公子结。

　　子常统辖沈尹戍、部将史皇、武城黑等战将，指挥20万大军，星夜赶赴前线。楚军刚刚在汉水南岸驻扎下来，哨探即来报告说，吴军已经在汉水以北出没。

　　孙武见楚军已经作了应战部署，不敢贸然渡水强攻，便略施小计，调动楚军。他特地卖个破绽，下令全军在豫章地区安营扎寨，休整待命。

　　楚将子常原来断定：吴军千里远征，军资接济十分困难，最利速战速决，最忌持久恋战，没料到，吴军却按兵不动，跟自己隔河相持。子常一时摸不清吴军的作战意图，不知吴军葫芦里卖的什么药，只得命令部队暂时扎营，处处设防，严加戒备。

　　正在子常犹豫之际，左司马沈尹戍前来献策说："兵法上说，千里馈粮，士有饥色。吴国远征，重在速战速决。现在孙武按兵不动，正是犯了兵家之大忌。孙武这一失策，乃是上天保佑楚国。将军在此暂拖住吴军，使他们不敢冒险渡河。末将率领本部兵马，绕道吴军后方，征调方城以外民众，烧毁他们的战船，然后我即扼守大隧（今鄂豫交界之九里关）、直辕（今鄂豫交界之武胜关）、冥陌（今鄂豫交界之平靖关）三关。等吴军疲惫不堪之时，将军再迎头痛击，末将从后掩袭，使其首尾不能相顾。这样，吴军进退两难，插翅难飞，我军必大获全胜。"

　　二人计议妥当，左司马沈尹戍立刻分兵行动。孙武故意显露自己的"失误"，本来就是为了引诱楚军中计，促使楚方分散兵力，造成军力对比上有利于己的变化，然后再趁机发起进攻。

　　左司马沈尹戍领兵走后，武城黑进见子常说："吴军战车纯用木料做成，久经风雨。我军战车外包皮革，用胶固定，遇到阴雨天，胶化筋脱容易损坏。相持不下，对我军不利，不如速战。"

　　武城黑刚走，部将史皇又悄悄来到帐中，悄悄对子常说："国人憎恶将军，爱戴左司马。假使左司马此去毁舟成功，那就等于是他独自战胜吴军。将军定要赶在左司马行动之前行动，不然的话，难免出师不利。"

　　令尹子常听了二位部将的话，觉得有道理，遂不顾与左司马沈尹戍之约定，倚仗自己兵多势众。下令立即强渡汉水，在大小别山一带，连营数十里，摆出一副大战的架势。哪知一着不慎，全盘皆输。

　　楚军的错误行动，正是孙武梦寐以求的。吴军早就秣马厉兵，准备厮杀。孙武乘楚军立足未稳，先声夺人，击鼓进兵。吴方前有大军堵截，后有包抄的军队，正是陷于"死地"，所以个个奋勇冲杀，无不以一当十。楚方背水作战，也想死里求生。双方在大小别山地区，大战三次。楚军人数虽多，然而素质却低，指挥无方；吴军虽少，但却训练有素，指挥得当。故而吴胜楚败。主将子常见首战败北，心无斗志，无心恋战，想要临阵脱逃，被部将史皇劝止。

　　楚军且战且退，向西退到柏举（在今湖北麻城以东）。子常在柏举重新集结兵力，企图孤注一掷，同吴军决一死战。两军相持数日，先锋夫概向吴王请战说："楚将子常不得人心，他的部下皆无斗志。如果我军先声夺人，发起进攻。楚军必乱，而后我军再大举进攻，必能取胜。"吴王阖闾认为，楚军虽败，实力尚存，不同意夫概的意见。

夫概回到自己的营帐，对部下说："君王既然任命我做先锋，我就有权调动本部军士。军事以利为上，我趋利而动，随机应变，见机行事，君令有所不受！"于是，夫概亲自率领自己的5000劲卒，乘楚军尚未开饭之机，发起突然袭击。楚军早已成了惊弓之鸟，见吴军突然杀来措手不及，被杀得不辨东西。孙武见夫概突击得手，当即指挥大军掩杀过去。吴军以排山倒海之势，呐喊着冲进楚营。鼓声震天，人喊马嘶，车毂交错，刀光剑影，血肉横飞，两军在柏举展开了一场轰轰烈烈的鏖战。吴军攻势凶猛，楚军抵敌不住，纷纷奔逃。子常见败局已定，也乘乱逃命。楚军失去主帅，成为一盘散沙，结果一败涂地。部将史皇死于乱军之中。

吴军乘胜追击，在柏举西南的清发水（今湖北安陆西的涢水）追上了楚军。大败而逃的楚军，正在抢舟夺船，争相渡河逃命。吴王正要下令发起攻击，夫概说："困兽犹斗，何况人呢。楚军见我急攻，知道只有死路一条。必然死里求生，与我拼死一战，我军未必能胜。如果给那些先渡河的楚军一条生路，没有渡河的楚军便士气低迷，只顾逃命。我军乘其半渡发起攻击，定会大胜。"吴王听从了夫概的建议，乘楚军半渡之际发起猛攻，在清发水又大败楚军。楚军死伤很多，溺水者不计其数，河水为之变赤。

侥幸过河的楚军，饥饿无比，慌忙埋锅造饭。饭刚造好，吴军又已追赶而至。楚军只得丢下做好的饭食，忍饥逃命。吴军饱食一顿，继续跟踪追杀。

楚军残部一直向西南败退到雍澨（在今湖北京山县西南）。这时，前有波涛汹涌的汉水，后有吴国大军的威胁，楚军饥肠辘辘，疲惫不堪，眼看就要全军覆没，成为吴军的俘虏。正在这千钧一发之际左司马沈尹戌领兵赶到，见楚军败得如此凄惨，便不顾长途跋涉的疲劳，鼓起勇气，奋力击退了吴军的先头部队，救出了大批人马和车辆。

原来，左司马沈尹戌领兵潜行到息城（在今河南息县西南）时，忽然得报子常战败。他不敢怠慢，立刻回师增援，一路上马不停蹄，连夜赶路，正好赶到雍澨救急。他杀退吴军先头部队后，又赶忙收集子常残部，准备迎战吴军主力。等孙武大军赶到后，双方在雍澨又三次交战。楚军终因军心涣散，士无斗志，人困马乏，又被吴军打败。左司马沈尹戌见大势已去，心如死灰，乃自杀身亡。

孙武指挥吴军不给楚军一点休息的机会，迅速抢渡汉水，直捣郢都。郢都的左右各有一个属城，即表城和纪南城，三城互为犄角。孙武率兵攻打纪南城。

孙武引兵过了虎牙山，转入当阳阪。这时孙武望见漳河之水滔滔而过，水势汹涌。纪南城地势低下，距离纪南城不远的郢都地势亦低下。孙武看在眼里，记在心里，命令吴兵在高处驻扎，然后准备畚锸等工具，限一夜之间，掘开深壕一道，直逼纪南城。天明时深壕已经掘好，孙武下令凿开漳河河堤，江水进入壕沟，一泻千里，泻到纪南城中。守城将领还以为江水暴涨，遂命城中百姓向郢都逃命。不料江水浩大，连郢都城下都是一片汪洋。

孙武命人在山上砍竹造筏，吴军乘筏，以势如破竹之势杀到郢都城下。

郢都人心惶恐不安，十分恐惧，各自逃生。楚昭王知郢都难守，只带爱妹乘舟从西门逃走,向西北方向狼狈逃去。孙武派人堵住漳河决口,又使人掘开水坝,放水归江,重兵把守郢都四郊。这时伍子胥已经攻下麦城的捷报传来,吴将簇拥着阖闾进入郢都。

在这场吴楚大战中,孙武指挥吴国大军,在大小别山地区初战得势,在柏举取得了彻底的胜利,在清发水大败楚军残部,在雍澨消灭了左司马沈尹戍的回援部队,以3万精兵,击败楚军20万大军,五战克郢。经此一战,吴国声名显赫,楚国受到了立国以来最沉重的打击。后来秦国出兵,帮助楚国收复了郢都。楚国君臣唯恐吴军再来,便将国都迁到都城(在今湖北宜城市东南)。

激流勇退　跳出是非务田园

阖闾大会群臣,论破楚之功,首推孙武,并要加官晋爵,光耀门第。然而孙武却坚辞不就,并且提出了辞官还乡的请求:"臣本一介平庸之士,承蒙大王厚爱,一定要臣出仕,在无法推辞的情况下,只好勉强从命。十几年来,臣竭尽绵薄为大王效力,如今大王的霸业已成,声名显赫。各国诸侯,无不慑服,这都是大王无与伦比的威德所致,臣亦与有荣焉。无奈臣体弱多病,年事已高,处理政事,感觉力不从心,为此日夜焦虑,诚惶诚恐,恳求大王准臣辞官还乡,以终老天年。"

阖闾非常惊讶,马上派伍子胥亲往孙府,劝他打消这个念头。孙武不改初衷,说:"您不知道,当初出仕并非我的本意,完全是大王恩宠和您的友情所致。弹指一挥间已经做了10多年官,有这么长的时间让我有研究、实习兵法的机会,我已经很满足了。这是我的兴趣所在,功劳是不敢当的。如今,我的健康和能力已经一天不如一天,我恳托您,替我在大王面前说明原委,完成我的夙愿,我将感激不尽。"

孙武去意已定,已经没有回旋调和的余地,伍子胥无奈,只得如实向阖闾汇报。阖闾也不好再勉强,同意了他的请求,为了酬答他在奠定吴国基础和伐楚争霸大业中所建立的殊勋,把邻近越国的一个叫作富春的地方赠送给他,作为他世居的领地。

孙武终于如愿以偿,归隐田园。对于兵法的研究渐渐地淡下来了,大部分时间用来务农和处理家务。当年出仕的时候,他只有几根白发,为官十几年,虽然也只有50多岁,却已满头银丝了。他对世俗的功名利禄之所以如此淡泊,是因为他对官场生涯有着清醒而深刻的认识。尔虞我诈、阿谀逢迎,嫉妒和憎恨、阴谋与权变,如履薄冰,战战兢兢,稍有不慎就可能身败名裂,实在是太险恶了。特别是阖闾登基为王和伐楚胜利后那种残忍、骄横、奢侈的做法,使他不寒而栗。激流勇退是最佳的选择,否则前景不可预料。

孙武的妻子死去后,孙武听说越王允常去世,他儿子勾践即王位,阖闾趁越国丧的时机,准备发兵伐越。孙武皱起了眉头,喃喃地自言自语:"乘人之危乃不仁之至,上天绝不会助佑的,子胥为什么不谏净呢?"他真想去找伍子胥,让他说服阖闾息兵,让老百姓休养生息。转念一想,自己已经退出政界,还是不要再去参与了。

吴国终于召集了数万大军,向南开发,勾践亲自带兵迎敌,在醉李双方交锋,展开了一场大战。阖闾被越国大将灵姑浮砍断脚趾,不久死去。因太子波已死,阖闾死前把王位传给了夫差。夫差是个轻淫、傲慢而薄情的人。孙武为子胥的命运担心忧虑。

三年后，伍子胥专门到富春来拜会孙武。寒暄过后，子胥说出了来意。夫差俟大孝三年期满，准备大举伐越，以报醉李之仇。夫差和伍子胥等人多次商议，拟请孙武再次出山，借他的智力和才华击败越国。

孙武感叹于子胥这样一个聪明人，却又终日摆脱不了名利权势之争，反而对人生最重要的事情视而不见，于是委婉地说："我是个过时的人物了，好比四季所穿的衣服，春有春装，夏有夏装，如果夏天却穿皮裘，不是太荒谬了吗？我只希望把世事忘得一干二净，也希望世人把我忘得一干二净。聪明的人不但要合乎时宜，还要尽量把个人和世界接触的范围缩小。"孙武所说的是真心话，同时也在暗示子胥，要他隐退林泉，终享天年。然而子胥一门心思要动员孙武出山，并不理会他的这些话，只是一个劲劝说他为国效力。

孙武已经看出子胥态度的坚决了，强行拒绝似乎于公于私都不太好，于是建议说："再度出仕可能性不大了。不过，既然您专程来到富春，我就贡献一点伐越的战策吧，好吗？"

子胥无奈，只得答应。

孙武想了想，慢慢地说："夫差为了征越而锐意练兵，越王勾践肯定会有所防备。勾践年少气盛，又在三年前击败了吴军，一定心骄气傲，不以为意，不过越国的大夫文种、将军范蠡却都是聪明绝顶的人物，他们又一定会阻止勾践轻举妄动而以固守为其策略。问题的关键是要千方百计地激怒勾践，使文种、范蠡的约束失败。我有一个办法可以达到这一目的。"

他沉默了片刻，然后继续说："我们可以派出一支轻骑兵，人数不要很多，五六千名即可，先从太湖渡船南下，在越的西北方登岸，不断地向越军挑衅，转战南北，灵活机动，意在惹恼勾践，即使文种、范蠡谏止，他也会出击的。只要勾践离开越都会稽，我军主力则由东直驱南面，轻取会稽。不管勾践是否回师往救越都，我军那支轻骑队伍都要不断地扰乱他们，当双方主力接触的时候，骑兵队可在敌人后方鼓噪呐喊，使他们惊慌失措，并不断地突击，这样，越军首尾受敌，加上吴军本来就比较强大，胜利是有把握的。注意不要堵住越兵的退路，不要把他们逼到绝路做困兽之斗，而是让他大败而逃，然后趁机追赶，务必全歼敌军，以绝后患。"

孙武喝了一口茶，最后强调说："这次战役有三个要点，其一为首先以骑兵队为诱饵，其二为不塞住敌军退路，其三为穷追不舍。我的这些策略，只是纸上谈兵，仅供吴王和您参考吧。"

后来的战争进程，果如孙武所料，吴军取得全面胜利，越王勾践夫妇被作为人质带到吴国为奴。只是由于伯嚭受越人贿赂，没有对越"穷追不舍"，并说服夫差放越国一马，以致10年后越又灭吴并称霸于世，发生了翻天覆地的巨大变化。

夫差获得大胜，凯旋回国后，派伍子胥前往富春酬谢孙武，然而孙武已不知去向。空留一座缥缈的山庄，静静地矗立在青山绿水之间。

孙武归隐后的去向，由于史无明载，已成为一个永远难以索解之谜。一般人的推测是，他依旧留在吴国，隐居乡间修订其兵法著作，直到默默去世。死后也葬于吴都郊外。《越绝书·记吴地传》载："巫门外大冢，吴王客，齐孙武冢也，去县十里。善为兵法"，这似乎可以引为一个佐证，然而这终究是一种推测罢了。孙武的归宿或许也可能是另外一种情况,即他因怀念桑梓故土而辗转返回齐国隐居。从其后人孙膑他年"生于阿、鄄之间"等情况来看,这种可能性不是不存在的。

归隐后的孙武有可能活到眼见吴国灭亡的这一天。公元前482年,吴王夫差率领精兵劲旅,进抵黄池(今河南封丘县南),与晋、鲁等诸侯国君会盟。在这次会盟上,夫差以强大的军事力量为后盾,争得霸主的地位。可惜好景不长,伍子胥、孙武等人所一直担忧的情况终于发生了,越国乘夫差和吴军主力北上,国内空虚之际,突袭吴都,俘虏吴太子友,给吴国以沉重的打击。从此之后,吴越战争的胜利天平倒向了越国的这一边,越军步步进逼,屡战屡胜,夫差大势尽去,一蹶不振。到了公元前473年,越军占领吴国都城,夫差走投无路,自刎而死,一个曾经一度欣欣向荣的强国就此彻底灭亡了。

最后,值得特别大书一笔的是,孙武在临终前的最后一段日子里,尽管思想苦恼,精神上备受煎熬,可是却依然始终没有放弃对战争规律的执着探索、理论总结,以求为后人们提供有益的启示。这在他的兵法著作中有明显的反应。《孙子兵法·作战篇》说:"夫钝兵挫锐,屈力殚货,则诸侯乘其弊而起,虽有智者,不能善其后矣。"这显然是他对夫差放松对世仇越国的警惕,举兵北上,争当盟主,导致越国乘隙进攻,亡国破军历史悲剧的深刻总结。

由此可见,伟人的生命是有限的,伟人的精神却是不死的,它超越时空,永放光彩!

有的人死了,但依然活着。孙武正是如此。

白起:纵横天下　谁与争锋

【人物档案】

姓名:白起

别名:公孙起

字号:号称"人屠"

生卒:? ～公元前 257 年

籍贯:郿(今陕西郿县东北)人

朝代:秦国

职务:官居秦国尉,受封秦国
武安君。主要作品:《阵图》《神妙
行军法》等。

主要成就:赵楚慑服,不敢攻
秦,使秦业帝。

白　起

评价:论打歼灭战,千载之下,
无人出其右。(毛泽东)

墓葬:陕西咸阳城东郊,渭河北岸任家咀,秦时此地称杜邮。

【枭雄本色】

　　战国时代是我国历史上剧烈动荡的时代,在那烽烟四起、群雄争霸的岁月里,
涌现出了一大批叱咤风云的军事统帅,其中最著名的,当数秦国名将——白起。

　　白起,郿(今陕西眉县)人,在其数十年的军旅生涯中,参加了秦国兼并魏、韩、
赵、楚等国的几十次大小战斗,并且攻无不克,战无不胜,为秦国争城 70 余座,扩地
数千里,也为后来秦始皇统一天下奠定了基础。

【风云叱咤】

初露锋芒

　　白起生活在战国末期,当时社会剧烈动荡,群雄争霸不休,人们崇拜的英雄,自
然是那些驰骋沙场,能征善战的大将军。白起的父亲曾经随秦军四处征战,建立过
不少战功。自从有了儿子,他便给儿子起名为"起",希望儿子将来能够像战国名
将吴起那样所向披靡,屡立战功。为此,他经常向白起讲述历史上英雄人物的故

事,尤其爱讲司马穰苴、孙武、吴起、孙膑的故事。当白起刚刚成年的时候,父亲就把他送进军营,使他从小就受到军旅的熏陶。白起不负父望,从小就酷爱军事,加上他聪明好学,勤于思考,喜欢研究各家兵法,又长期生活在军旅之中,既有军事理论,又具实践经验,久而久之,便熟练掌握了军事这门艺术,成了一位用兵如神的杰出将领。

公元前294年,秦昭王任命白起为左庶长,统率秦军进攻韩国。白起抓住这千载难逢的展示自己军事才华的机会,精心策划,突出奇兵,以迅雷不及掩耳之势一举攻占了新城(今河南伊川西南),使魏国受到直接威胁。捷报传回秦国,秦昭王大喜,下令嘉奖白起。此后不久,经丞相魏冉推荐,昭王又命白起为将,带兵与韩、魏联军大战于伊阙(今河南洛阳南)山下。

当时,韩魏联军将多兵广,而秦军还不及他们一半。但韩魏联军同床异梦,互相推诿,都想把对方推到前面迎战秦军,而自己退居后面隔岸观火,坐收渔利。白起抓住敌军的心理,先设疑兵麻痹韩军,然后出其不意以精锐猛攻魏军,魏军大败,韩军自然也不战自溃。白起乘胜追击,杀敌24万,血流成河,还俘虏了魏将公孙喜,攻陷五个城池。白起打了一个以少胜多的大胜仗。战斗结束,白起因功官至国尉。伊阙之战,是韩魏两国遭到最大损失的一次战役。

韩、魏地靠秦国,是秦国“蚕食”的首要目标。所以,在秦昭王十五年(前292年),秦国又向韩、魏发动了进攻。这次秦昭王仍派白起为将,攻下了魏的垣(今山西垣曲县东南)。由于白起屡建奇功,被秦昭王提升为大良造(战国时秦的最高官职,掌握军政大权,也是尊贵的爵位)。第二年,白起率军攻占了韩国的宛(今河南南阳)。宛是中原的重镇,是重要的产铁基地,又是冶铁业中心。与此同时,秦国另一支由司马错率领的军队也占领了韩国另一炼铁基地邓(今河南孟州市西)。宛、邓的被夺取,对秦国有重要的经济、军事价值,大大增强了秦国的国力,尤其增强了秦国的兵器制造工业,为秦之后吞灭六国打下了物质基础。

秦昭王十七年(前290年),韩、魏两国在秦国大军连续不断的打击下,深感不是强秦的对手,遂被迫向秦割让土地以求苟安。在得到秦国应诺之后,韩国割让武遂(今山西垣曲东南黄河以北地区)200里地给秦,魏割让河东400里地给秦。韩、魏割地求和,并不能满足秦国的雄心,自然不可能阻止秦国向外扩张。

秦昭王十八年(前289年),白起再次率领大军浩浩荡荡杀向魏国,势如摧枯拉朽,连下蒲阪(今山西永济市蒲州镇)等61城,使魏国再次遭到沉重的打击。

至此,秦国认为韩、魏已不堪一击,对秦国已不构成威胁。决定暂缓对他们的进攻,把主攻方向改向北方的赵国和南方的楚国。

在加兵赵国、楚国之前,秦国于公元前284年,曾联合韩、赵、魏、燕五国军队大败齐军。事情是这样的:当秦国在白起统帅下战必胜,攻必克,所向披靡之际,东方的齐国在齐湣王统治下也蒸蒸日上,国力强盛,打败了南方的楚国,杀死楚国将领唐眜,在西边于观津(今山东观城)摧毁了三晋的官兵,之后又与三晋联合攻击秦国,帮助赵国灭了中山国。公元前286年,齐湣王又发动战争,攻破宋国,宋偃王逃奔到魏国,死在温城(今河南孟州市)。

这时的齐湣王,不可一世,攻楚、击三晋之后,目标直接指向已分裂为二的周王朝,扬言要把周天子赶下台,由他来做天子。大臣狐咺指责他荒唐,齐湣王将他绑到街市上斩首。陈举规劝他,齐湣王又把他绑到临淄(齐国都城)东门处决。齐湣王的胡作非为,使齐国民怨沸腾。

燕昭王得知齐国臣民对齐王的怨恨,认为时机已到,日夜加强战备,准备伐齐。燕昭王问乐毅伐齐之事。乐毅说:"齐国是霸主的后代,疆土广大,人口众多,以我们燕国的兵力,单独攻击,不容易成功。要想成功,就必须与赵国、楚国、魏国结成联盟,共同出兵。"于是,燕昭王就派乐毅前往赵国拜见赵惠文王,再派其他使节分别出使楚国、魏国,又请赵国去联络秦国,向秦申明伐齐的利害关系,承诺事成之后分给秦国相当的利益。秦昭王心想,如能借此机会击败齐国,秦国不是又少了一个竞争对手。这对今后秦国争霸,并进而吞灭六国,统一天下不是很有利吗,于是便很痛快地同意了使者的请求。其他各国因受齐国侵略,早已对齐湣王的蛮横自大恨之入骨,巴不得立即联合起来讨伐齐国。他们听说强大的秦国也加入了讨齐的行列,更是欢欣鼓舞,跃跃欲试。

公元前 284 年,燕国集结了全国的兵力,跟秦、赵、魏、韩军队会合,乐毅兼任五国联军总指挥官,以泰山压顶之势向齐国发动进攻。齐湣王征召全国武装力量,在济西(今山东阳信)与联军会战。齐将触子见联军势大,一下没了斗志,一战就下令退兵,只身乘车溜走,齐军大败。部将达子统率余部,继续与联军作战,于秦周(临淄雍门)又战败,达子战死。至此,齐军败局已定,乐毅见胜利在望,遂请秦军、韩军先行班师,请魏军前往占领原来宋国的领土,请赵军前往夺取河间(今山东高堂、堂邑)。乐毅亲自率领燕国远征军,深入齐国国土,不久即攻下齐国首都。

破齐成功,从此消除了一个足以与秦抗衡的东方大国。秦军班师不久,即把进攻的矛头指向楚国。在进攻楚国的战斗中,白起一马当先,所向无敌,屡建奇功。

为给进攻楚国创造有利的外部环境,消除后顾之忧,公元前 279 年,秦昭王与赵惠文王在河南渑池相会,两国修好停战,秦国的北面得到了稳定。一切准备就绪,秦国便集中优势兵力,对楚国发动了大规模的进攻。

威名大振

秦军兵分两路,一路由白起率领主力部队,由汉北地区南下,先夺鄢之后再夺楚都郢;另一路由蜀守张若率领侧翼部队,由四川出发,进攻巫、筸、黔中一带,然后沿长江东下,配合主力部队,牵制楚国兵力,使楚军顾此失彼,首尾无法接应,同时夺取楚国西部地区。

白起率领秦兵包围鄢城后,受到了楚国军民的奋力抵抗,使战斗一时无法向纵深发展。鄢是楚的别都,距离楚国都城郢很近。鄢是郢的西大门,鄢城失守,郢将不保,楚国势在必守。楚王为了保卫京师,调集了大量精兵,加强守卫。白起深知鄢城战略地位的重要,他决心攻下鄢城,以打开进军楚都的通道。

身经百战,具有丰富作战经验的白起临危不乱,镇定自若,他详细审查了鄢城附近的地理形势后,毅然定下了水攻的策略。

原来鄢城西有一条鄢水,发源于荆山与康限山之间,向东南注入汉江。白起就命士兵在鄢城以西修筑堤堰,拦截鄢水,积水为湖。待水蓄积到一定高度时,他就下令决堤放水。滔滔洪水,遮天盖地汹涌而来,一下子就吞没了鄢城。大水从城西灌入，从城东北角溃出。楚国军民猝不及防，一时阵脚大乱。被大水淹死的达数十万。大量尸体随水漂至城东，时值夏日，尸体腐烂，臭气冲天，人们把那里称为臭池。

白起以水淹之计不战而胜楚军，顺利地占领了鄢城。又乘胜疾进，攻下安陆（今湖北安陆）。接着以雷霆万钧之势占领了楚都郢。楚军狼狈溃逃，秦军穷追不舍，一直追到洞庭湖边，并占领沿湖地区。秦兵过西陵（今湖北宜昌市）时，将楚先王之墓夷陵烧毁。楚王在秦军的强大压力下，把国都迁往陈（今河南淮阳）地。公元前278年，秦设置了南郡，治所郢，管辖新占领的地区。白起因这次攻楚立了大功，被秦昭王封为武安君。

白起拔郢胜利，标志着楚国的全面衰落，楚国从此失去了强国的地位，已不再作为秦国的强劲对手而存在了。白起为秦国最后统一天下扫除了一个最大的障碍，其功劳是很大的。

秦国打败楚国之后，即把兵锋指向赵国和魏国。赵国是秦国进行兼并战争中所剩下的唯一强敌。秦昭王三十四年（前273），白起率军长途奔袭，昼夜兼程，与赵、魏联军大战于华阳（今河南郑州南）。秦军不顾长途行军的疲劳，以迅雷不及掩耳之势猛攻敌阵。赵、魏联军听说与之对阵的是所向无敌、百战百胜的武安君白起，先已怯了三分，在秦军的迅猛攻击下，大败而逃。秦军乘胜追击，俘虏魏军三名大将领，斩首13万，乘势占领华阳，随后，白起指挥军队进攻贾偃率领的赵军。赵军失去魏军的支持，士气大落，毫无斗志，与秦军未战数合，即大败而逃。秦军穷追不舍，结果使2万赵军溺毙水中。

史留酷名

秦昭王四十一年（前266），秦相魏冉命白起为将，率军远征齐之刚、寿，以扩大自己的封地陶。恰在这时，魏国人范雎来到秦国，针对秦相魏冉舍近求远，劳师远征，假公济私的做法，他对秦王说道："穰侯（魏冉封号）命武安君为将，越韩国、魏国而攻齐之刚、寿，其计差矣。齐地离秦甚远，中间夹有韩、魏二国。出兵太少，则不足以害齐，若出师太多，则对秦不利。昔日魏越赵而伐中山国，既克其地，旋即为赵占有。为什么呢？因为中山国与赵相连而远离魏国也。如今伐齐若不克，则为秦师之大辱；若伐齐而克，秦军班师，则所克之地就会被韩、魏所占，如赵之占中山也，于秦有何好处？"接着，范雎向秦王建议道："于今之计，莫如远交而近攻。远交以离人之欢，近攻以广我之地，自近而远，如蚕食叶，渐渐地，天下不难归秦矣。"

秦王听了范雎的一番宏论，拍手称快，乃细问如何施行远交近攻之策略。

范雎答道："远交莫如齐、楚，近攻莫如韩、魏。既得韩、魏，齐、楚能独存乎？齐、楚已下，则燕国唾手可得，天下归一矣。"

秦王鼓掌称善，即拜范雎为客卿，号为张卿。不久又拜范雎为丞相，以代魏冉之职，号为应侯。并用其计东伐韩、魏，命白起伐齐之师回朝。

在范雎"远交近攻"总原则指导下，公元前264年，秦昭王命白起率军攻韩，斩首5万，占领了韩国重镇陉城（今山西曲沃）等5座城池，进而夺取了晋南大部地区。在接二连三的克敌制胜的大好形势下，白起再接再厉，把他的军事指挥艺术发挥到了顶点，指挥了他一生中最重要的一次大战，也是我国古代军事史上的经典之作——长平大战。

秦赵长平之战，是战国史上最大也是最著名的一次战争。这次大战的前哨战，是上党之战。

公元前262年，白起攻韩，势如破竹，很快占领了野王城（今河南沁阳），切断了韩上党郡（今山西东南部）与韩国都城（今河南新郑）的联系通道，使驻守上党的韩军成为孤军，引起了韩国上下的无限恐惧。

上党守臣冯亭见大势已去，情急之中竟想出一条"嫁祸"之计，企图把秦国大军引向他国，自己从中渔利。他对上党军民说道："秦军占据野王，则上党非韩所有。与其降秦，不如降赵。一旦上党归赵，秦怒赵得地，必移兵于赵。赵受秦兵，必与韩结好，韩、赵同盟，共抗强秦，或许可以取胜。届时再见机行事，上党也许能再回到韩国手里。"军民无不赞同。

于是冯亭便派遣使者持书并上党地图，献于赵孝成王。

一日，赵孝成王夜得一梦，梦见自己身穿一件左右异色的新衣，正好有一条飞龙自天而降，来到自己身前，赵王乘之，龙即迅即飞去。正飞之际，自己突然从龙身掉了下来。落地之后，原以为必死，不料竟然无恙，睁开眼睛一看，见两旁有金玉两座大山，光彩夺目，甚是辉煌。赵王正得意之际，不料梦醒，即召大夫赵禹，以梦告之。赵禹听后，对赵王说："左右异色者，合穿也。乘龙上天，有升腾之象。坠地者，象征得地也。金玉成山者，象征货财充足也。大王眼下必有扩地增财之喜，此梦大吉。"

赵王听后非常高兴，但又不踏实，又召专管卜筮的官吏敢解之。敢对赵王说："异衣者，残也，乘龙上天，不至而坠者，事多中变，有名无实。金玉成山，可观而不可用也。此梦不吉，请大王谨慎从事。"

赵王因崇信赵禹之言，对筮吏之言不以为然。三日之后，上党太守冯亭派使者携书至赵。使者说明来意，将书信呈给赵王，赵王发书观之，书中略曰："秦攻韩急，上党将入于秦矣。其吏民不愿附秦，而愿附赵。臣不敢违吏民之愿，谨将所辖十七城，再拜献之于大王。惟望大王辱收之！"

赵王观罢，大喜道："赵禹所言广地增财之喜，今日验证矣！"

平阳君赵豹谏阻道："臣闻不劳而获，无故受利，必遭祸殃，请大王三思，切莫轻易接受韩国之礼。"

赵王不以为然地道："上党之人惧怕强秦而心向赵国，故而来归，怎么能说无故受利？"

赵豹对道："秦蚕食韩国土地，力拔野王城。断绝上党与其国都之道，不使相通。秦眼下自视上党为掌中之物，唾手可得。一旦上党为赵所有，秦干戈苦心经营数年，岂容他人坐收渔利，必然加兵于赵。此臣所谓'无故受利'也。且冯亭所以不纳地于秦，而纳于赵者，企图嫁祸于赵，以解韩之困也。惟大王详察。"

赵王再召平原君赵胜商量，赵胜乃战国四大公子之一，平生最喜招贤纳士、广收门客，门客最多时有数千人，他对他们始终以礼相待，深受门客的称赞。然而在这件事上他却犯了一个严重的错误，使赵国招致灭顶之灾。

他对赵王说道："以前我们发百万大军，去攻打他国，经岁历年，甚至得不到一城一地。如今我们不费一兵一卒，不战而得十七城，如此大利，千载难逢，此时不得，更待何时？"

赵王道："君之言，正合寡人之意。"

乃使平原君赵胜率兵5万，前往上党受地，封冯亭以三万户，号华陵君，仍为上党太守。其县令17人，各封以三千户，皆世袭称侯。

平原君来到冯亭府前，让人通报冯亭。不料冯亭闭门而泣，不愿见平原君。平原君莫明其意，坚决要求相见，冯亭让人传话道："吾有三不义，不可以见使者。为主人守地未死即降，一不义也；卖主人之地而得富贵，二不义也；未得主人命令，擅自做主，将地献给赵国，三不义也。"平原君叹道："冯亭真忠臣也！"遂在其府前等候三日，不愿离去。

冯亭被平原君的诚意感动，乃出来与之相见。见面时，犹垂泪不止。平原君对之抚慰一番，劝其保重身体，莫太内疚。冯亭表示感谢，并提出就此交割手续，自己不愿再为上党之守，请另选良守。

平原君再三劝慰道："君之心事，胜已知之，胜深钦佩君之为人。除君之外，无人能孚上党吏民之望。故请君莫再推辞，仍为上党之守。"

冯亭无奈，只得再领太守之印，而不受华陵君封号。

过了数日，公事办完，平原君将要离开回国。临别之际，冯亭对平原君说道："上党所以能投降赵国，是因为上党韩军力量太小，抵挡不住秦军的进攻。公子回国，还望奏闻赵王，速发大军，急遣名将，方为上策。"

平原君道："请太守放心，我一旦回到邯郸，即刻便向赵王奏请，请求发兵来上党。"

平原君回报赵王，赵王不胜其喜，遂大摆筵席，一为平原君接风洗尘；二为赵国兵不血刃，不战而得韩国之地庆贺。他怎么也想不到，大祸即将降临到赵国头上了。

秦王得知冯亭投奔赵国，大怒，即命王龁率军进兵上党，务要拿下上党，生擒冯亭。冯亭率上党军民，与秦军浴血奋战，坚守上党达两月之久，期待赵军前来增援。然赵军迟迟未至。最后，韩军终于不支，冯亭遂率残部向赵国方向退去。上党遂为秦军占领。

当此之时，赵王才拜廉颇为上将，率兵20万来援上党。行至长平关（今山西高平市境），遇见冯亭，方知上党已失，秦兵已尾追而来。廉颇乃命在山下列营扎寨，东西各数十个，如列星之状。又分兵1万，使冯亭守光狼城（在高平市南25里）。再分兵2万，使都尉盖负、盖同分领之，守东西二鄣城，又使裨将赵茄刺探秦军消息。

赵茄领军5000，出长平关向西20里，正遇秦军先锋司马梗，亦行探来到。赵茄见司马梗兵少，便催马上前与之搏斗。正在交锋，秦军第二哨探张唐率兵赶到。赵茄见秦兵又至，一时心慌手慢，乱了方寸，被司马梗一刀斩于马下。秦兵见主将得胜，士气大增，奋勇向前，乱杀赵兵。赵军大败而逃。

廉颇闻报，知秦兵眼下士气正旺，锐不可当，不可与之争锋，遂传令各营："用心把守，勿与秦战！"同时命士卒在营中掘上很深的土坑，并注满水，军中都不解其意。

王龁大军赶到,距赵营所在金门山10里下寨。王龁先分军攻二鄣城,赵军盖负、盖同分别出战,皆被秦军打败,守东西鄣城之赵军全部投降。王龁乘胜攻光狼城,司马梗奋勇先登,大军随后掩杀。冯亭出兵与战,未战几合,即败下阵来,只得率残部奔金门山赵营而来,廉颇收纳了他。

　　未几,探马来报,秦兵又来攻垒,廉颇传令:"出战者,虽胜亦斩!"王龁久攻不入,便把秦军大营向前移动,逼近赵营,仅5里左右。王龁又派秦兵前往赵营搦战,并百般在赵营前辱骂。但任凭秦兵如何,赵兵就是不出。正所谓:你有你的千条计,我有我的老主意。秦兵一时性急,图血气之勇想一举冲破赵营,不料未近营寨,即被营内赵军弓弩手射杀一大片,只得退回。王龁见此,叹道:"廉颇老将,久经沙场,其行军持重,无隙可乘,未可破也!"

　　偏将王陵献计道:"金门山下有条小河,名曰杨谷,秦赵两军都从此河中取水饮用。赵营在河水之南,而秦营在其西,水势自西而流向东南。若能断绝此水,使水不东流,赵军无水可饮,用不了几日,其军心必乱。届时乘乱击之,可破赵军。"

　　王龁听后,大加称赞,遂命军士将河水阻绝,改流他方。谁知廉颇事先预掘深坑,注水有余,日用不乏。王龁绝断河水,静等赵军缺水自乱。不料等了四个月,赵营依然如故,秩序井然。后来得知廉颇预掘深坑,注水有余,乃大骂王陵,钦佩廉颇老谋深算,有先见之明。无可奈何之下,只得派人将情况入告秦王。

　　秦王接到报告,甚是焦急,便召范睢商议对策。范睢道:"廉颇乃赵国良将,老谋深算。他知道秦军眼下士气正旺,不敢与之争锋,故而回避之。他以为秦军跨国远征,深入异地,不得地利,又失人和,粮饷、武器、兵源补充均极困难,故最利速战速决,最忌旷日持久。只要深沟高垒,待秦师力穷气竭,便可徐图之。依臣之见,此人不去,赵军难破矣!"

　　秦王道:"卿有何计,可以去廉颇?"

　　范睢屏退左右,对秦王说:"要去廉颇,须用反间计,如此恁般,非费千金不可。"

　　秦王大喜,即从国库中提取千金交付范睢。范睢乃派其心腹门客,从间道入邯郸,用千金贿赂赵王左右,让其到处散布流言,曰:"赵将惟马服君(赵奢)最善统兵打仗,闻其子赵括勇过其父,若使赵括为将,定能打败秦军。廉颇年老胆怯,屡战屡败,失亡赵卒三四万,今为秦兵所逼,不久将要投降秦国。"赵王先闻赵茄等被秦兵斩杀,连失三城,使人往长平督促廉颇出战。廉颇坚决主张深沟高垒,不肯出战。赵王已怀疑廉颇胆怯。及听到左右反间之言,信以为实,遂召赵括问道:"卿能为我分忧,击败秦军乎?"

　　赵括对道:"秦若使武安君为将,尚费臣筹划,如王龁乳臭未干,不足道矣。"

　　赵王道:"为何?"

　　赵括道:"武安君白起统帅秦军数载,先败韩、魏于伊阙,斩首24万。再攻魏,取大小61城。又南攻楚,拔鄢、郢,定巫黔。又复攻魏,走芒卯,斩首13万。又攻韩,拔5城,斩首5万。又斩赵将贾偃,沉其卒2万人于河。战必胜,攻必克,其威名远播,军士望风而栗。臣若与对垒,胜负居半,故尚费筹划。如王龁新为秦将,乘廉颇胆怯,故敢于深入。若是臣,如秋叶之遇狂风,吾当迅扫秦兵也!"

　　赵王大悦,即刻拜赵括为上将,赐黄金彩帛,使持节往代廉颇。同时再拨20万兵卒给赵括,命其率军前往长平。

赵括检阅军毕，满载金帛，归见其母。其母说道："你父亲临终留下遗命，告诫你切勿为将，你难道忘了？还不快去向赵王辞之？"

赵括说道："不是我不愿辞将，无奈朝中没有人能比得上我！"

赵母见说服不了儿子，乃上书谏曰："我儿赵括徒能读其父之书，而不知随机应变。绝非将才，愿大王不要重用他。"

赵王召见其母，问其根由。其母对道："括父奢为将，所得赏赐，尽赐予军吏。受命之日，即宿于军中，从不问及家事，与士卒同甘苦。每事必博采大家意见，不敢独断专行。今赵括为将，所赐金帛悉归私家，为将岂能如此？其父临终曾告诫我曰：'括若为将，必败赵兵！'我谨记其言，愿大王别选良将，切不可用括！"

赵王道："寡人意决，请勿复言。"

赵括母道："大王既不听我言，倘将来兵败，请免我一家连坐之罪。"

赵王答应赵母的要求。赵括遂引大军出邯郸，望长平进发。

范雎所派门客，在邯郸备细打听，得知赵括向赵王所说之语，赵王已拜其为大将，择日启程，遂连夜奔回咸阳报信。秦王与范雎计议道："秦赵僵持长平，非武安君不能了结此事！"于是秦王委任白起为上将。王龁为副将，传令军中秘密其事，严令："有敢泄漏武安君为将者，立斩不饶！"

再说赵括率军来至长平，廉颇验过符节，即将军籍交付赵括，自引亲兵百余人，回邯郸去了。赵括接掌帅印，将廉颇的所有约束尽行更改，军垒合并成大营。时冯亭在军中，固谏不听。与此同时，赵括又以自己所带将士，易去旧将。严令秦兵若来，各要奋勇争先，如果得胜，便行追逐，务使秦军一骑不返！

白起来到军中，听说赵括更改廉颇之令，先派3000秦兵出营挑战。赵括辄出万人来迎战，秦军大败而回。白起登高远望赵军，对王龁说："我知道如何胜赵军了！"

赵括胜了一阵，不禁手舞足蹈，忘乎所以，使人至秦营下战书。白起使王龁批："来日决战！"于是命退军10里，把大营扎在王龁旧屯之处。赵括见秦兵退后，笑道："秦兵害怕我矣！"乃命杀牛置酒，犒赏军中将士。同时传令："来日决战，定要生擒王龁，让诸侯多个笑话。"

为了最大限度地迷惑敌人，滋长赵括的轻敌思想，白起向诸将发令：命将军王贲、王陵率万人列阵，与赵括轮番交战，只许输，不许赢，只要引得赵兵来攻秦营，便算一功；命大将司马错、司马梗二人，各引兵一万五千，从间道绕到赵军之后，绝其粮道；命大将胡伤引兵2万，屯于附近，只等赵军开营追击秦军，便立即杀出，务将赵军截为二段；命大将蒙骜、王翦，各率轻骑5000，随时准备接应。白起与王龁坚守老营。部署完毕，白起脸上露出一丝常人不易觉察的微笑，正是：安排地网天罗计，待捉龙争虎斗人。

再说赵括吩咐军中，四鼓造饭，五鼓收拾行装，平明列阵前进。行不到5里，便遇见秦兵，两阵对峙。赵括派先锋傅豹出马，秦将王贲接战。大战约30余合，王贲故意败走，傅豹不知是诈，纵马追之。赵括再命王容率军帮助，又遇秦将王陵。王陵略战数合，即败走。赵括见赵军连胜，乃亲率大军来追，企图一举击败秦军。上党守冯亭谏阻道："秦人多诈，其败不可信也。请元帅勿急于追赶！"赵括不听，急追10余里，直至秦军大营。

王贲、王陵绕营而走，秦营不开。赵括传令，一齐攻打，务要踏破秦营。连打数日，无奈秦营坚固，秦军亦顽强坚守，赵军死伤累累，秦营竟固若金汤，稳如泰山。

赵括使人催取后军，移营齐进。正在此时，只见赵将苏射飞骑来报："后营被秦将胡伤引兵杀出阻断，不得前来！"

赵括大怒道："胡伤如此无礼，吾当亲往讨之！"

赵括派人再探听秦军行动，回报道："秦军西路军马源源不断，东路无人。"赵括遂命令大军从东路转移。

行不上二三里，大将蒙骜率军从斜刺里杀出，大叫："赵括小儿，你中了我武安君之计，还不下马投降！"

赵括大怒，挺戟欲战蒙骜，偏将王容说道："无须劳驾元帅，让我前往建功！"王容便接住蒙骜厮杀。

正在难分难解之际，王翦大军又至，与蒙骜合兵一处，共杀赵兵，赵兵死伤甚众。

赵括见秦军勇猛，料难取胜，乃鸣金收军，就近择水草处安营。冯亭又谏道："我军目前虽然失利，但元气尚存。倘与秦军力战，或许还能冲出重围，回到大营。若在此扎营，腹背受敌，后果不堪设想，请元帅三思！"赵括不听，命士兵筑起高垒，坚壁自守。一面派人飞奏赵王求援，一面催取后队粮饷。谁知运粮之路，又被司马梗引兵截断。白起大军遮其前，胡伤、蒙骜等大军截其后，秦军每日传武安君将令，招赵括投降。赵括此时方知白起真在军中，吓得心胆俱裂。

再说秦王得到武安君捷报，知赵军数十万人马被围在长平，乃亲自来到河内（今河南沁阳一带），命令当地凡年满15以上的男丁，皆须从军，以补充秦军之不足。同时让各路人马，配合主力行动，分途拦抢赵军粮草，阻挡赵军的增援部队。

赵军被秦军围困了46日，军中早已断粮，士兵自相残杀以食，赵括屡禁不止。赵括见援军迟迟不至，再这样下去，无须秦军动手，自己就会消耗殆尽。与其坐以待毙，何如拼死突围，或许能杀开一条血路。赵括乃把军队分为四队：傅豹一队向东，苏射一队向西，冯亭一队向南，王容一队向北。吩咐四队一齐鸣鼓，夺路杀出。如一路打通，赵括便招引其他三路随后跟走。谁料武安君白起早有防范，吩咐四面八方预埋弓箭手，凡见赵营中冲出来者，不管兵将俱射。故而四队兵马冲突三四次，俱被秦军如蝗之箭射回。赵括无奈，只好下令停止突围。这样又熬过了一个月，一月之内，赵军士卒残杀相食者不计其数。赵括不胜其愤，乃精选身强力壮者5000人，号称敢死队，皆穿重型铠甲，乘坐骏马。赵括握戟一马当先，傅豹、王容紧随其后，企图孤注一掷，冒死突围。王翦、蒙骜二将见状，一齐迎上，接住赵括便行厮杀。大战30余合，赵括渐渐力怯，忙虚晃一戟，掉转马头，向赵营奔去。不料马失前蹄，自己亦从马背上摔了下来，秦兵见状，一齐射箭，赵括霎时身如刺猬，一代"纸上名将"，就这样凋谢在太行山下。

赵军群龙无首，傅豹、王容亦相继战死，顿时混乱不堪。苏射引冯亭共走，冯亭道："我数谏赵括而不从，今至于此，天意亡我。又何逃乎？"乃自刎而死。只有苏射，乘混乱之时，硬是杀开一杀血路，向北逃到胡地去了。

白起见赵军已溃不成军，乃在高地上竖起一面招降旗，赵军见旗，皆弃兵解甲，跪拜三呼"万岁！"白起招降了赵兵，乃使人割下赵括之首，往赵营招抚。此时赵营中士卒尚有 20 余万,见主帅被杀,也无心恋战,亦愿投降。一时间,甲胄器械堆积如山,营中辎重悉为秦有。白起与王龁计议道:"前不久我军拔野王,上党在我掌握中,此地军民不愿降秦,而愿归赵。今赵卒先后投降者,总计将近 40 余万,倘一旦哗变,我等如何防之?"白起乃下令将降卒分为 10 营,使 10 将分别看管,配以秦军 20 万。同时向赵降卒赐以牛酒,声言:"明日武安君将筛选赵军,凡上等精锐能战者,给以器械,带回秦国,随征听用;其老弱不堪或力怯者,俱遣回赵国。"赵军大喜。是夜,武安君密传一令于 10 将:"起更时分,但是秦兵,都要用白布一片裹首。凡首无白布者,即为赵卒,当尽杀之。"

秦兵奉令,一齐发作,降卒不曾准备,又无器械,只好束手受戮。其逃出营门者,又有蒙骜、王翦等引军巡逻,见了就砍。40 万赵军,一夜俱尽。血流淙淙有声,杨谷(当地的一条河)之水皆变为丹色,至今号为丹水。武安君命收取赵卒头颅,聚于秦营之前,谓之头颅山。通计长平之战,连同王龁先前投降士卒,前后斩赵卒约 45 万人,只存年少者 240 人未杀,放归邯郸,使宣扬秦国之威。

却说赵王初时接得赵括捷报,心中大喜。再后闻赵军困于长平,正要商量派兵救援,忽报赵括已战死,40 万赵军全部降秦,被白起一夜坑杀,只放 240 人还赵。赵王大惊失色,群臣无不惊惧。一时间,邯郸城里子哭其父,父哭其子,兄哭其弟,弟哭其兄,妻哭其夫,沿街满市,号哭之声不绝。惟赵括之母不哭,自言:"自括为将时,我已知道他必败无疑,难以生还了。"赵王因括母有言在先,并未连坐加诛,反赐粮食绸缎以安慰她。又派人到老将廉颇家致歉感谢,表示当初不该换将。

赵国正在惊惶之际,边吏又报:"秦王攻下上党,17 城尽皆降秦。今武安君亲率大军前来,声言欲拿下邯郸。"赵王急召集群臣,问道:"谁能为寡人退秦兵?"群臣面面相觑,无人能应。

平原君回家,遍问门客,门客也无人能应。恰好苏代此时亦在平原君门下为舍人,闻知此事,乃对平原君说道:"代若至咸阳,必能止秦兵不攻赵。"平原君问其办法,苏代乃将自己的详细计划相告,平原君认为可行,便将苏代的计划告知赵王,赵王也认为可以,于是厚赐金币于苏代,作为其在秦国的活动经费。

苏代晓行夜宿,不日即到咸阳。往见范雎,范雎揖之上坐,问道:"先生为何而来?"

"为君而来。"苏代回道。

范雎一怔,心想,我有何难? 对方何出比言。既然对方不远千里而来,定有其根由,我不妨问他个究竟,乃问道:

"苏先生何以教我?"

"武安君已杀马服子乎?"苏代问道。

"是的。"范雎道。

"今日欲围邯郸乎?"苏代又问。

"是的。"范雎回答。

"武安君用兵如神,身为秦将,攻夺 70 余城,斩首近百万,虽伊尹、吕望之功,也不过如此。今又乘大胜之余威,举兵围攻邯郸,邯郸必破,赵必亡矣! 赵亡,则秦成帝业,秦成帝业,则武安君为头等功臣,如伊尹之于汤,吕望之于周。君虽然权势很高,但不能不居其下矣。"苏代详细分析道。

范雎一听，觉得对方说得不无道理，乃倾身向前问道："以先生之意，我该如何是好？"

苏代不急不忙，沉着回答道："君不如允许韩、赵割地以求和于秦。韩、赵割地，则为君之功劳，又解除武安君之兵权，如此一来，君在秦国之地位就无人能比，稳如泰山了。"

范雎听后大喜，盛宴款待苏代。到了第二天，即对秦王说道："秦兵在外征战已久，疲惫不堪，宜休养一段时间。现在不如使人晓谕韩、赵，命其割地以求和。"

秦王道："既如此，那就劳烦相国办理此事。"

范雎于是大出金帛，以赠苏代之行，使往说韩、赵。韩、赵二王惧秦，巴不得割地求和，故都愿听从苏代之计。韩许割垣雍一城（在今河南原阳境内），赵许割六城，并各遣使求和于秦。秦王初嫌韩只一城太少，韩使者说："上党 17 县，都是韩国的土地，如今都归秦有。"秦王乃笑而受之。同时下诏令武安君班师。

名将饮剑

白起连战皆捷，正欲携长平之余威，挺进邯郸，本指望一战而平赵国，为秦国再立新功，忽闻班师之诏。初还不信，待接到诏书，方知是真。白起初怨秦王不知时势，不想退师，但王命如山，白起不得不班师回国。待后来得知班师乃是范雎的馊主意，便怒不可遏，说道："赵自长平大败，元气大伤，邯郸城中一夜十惊，如惊弓之鸟，惶惶不可终日。若一鼓作气，乘胜往攻，最多不过一个月，邯郸城即可拔下。可惜应侯（范雎）不知时势，主张班师，失此大好时机，真不知他是怎么想的！？"

此话传到秦王耳中，秦王大悔道："白起既知邯郸可拔，何不早奏？"乃复命白起为将，欲使其重新伐赵。白起此时刚好犯病，一时难以痊愈，故不能承命。秦王无奈，便命大将王陵率 10 万秦军伐赵，往攻邯郸城。

赵王自长平大战惨败后，一下子清醒了许多。他吸取往日的教训，再次启用老将廉颇，使廉颇为将，负责邯郸城的守卫工作，抵御秦军。廉颇从各地迅速招募新兵，严加训练，又以全部家财招募敢死队员。这些敢死队员常常乘夜下城偷袭秦营，秦军疲于应付，屡吃败仗。

情况传到咸阳，秦王见王陵一时难以取胜，想让白起往代王陵。时白起病已痊愈，白起奏道："邯郸此时实不易攻也。前者赵军长平大败之后，百姓震恐不宁，如再接再厉，乘胜往攻，彼守则不固，攻则无力，用不了多久，即可拿下邯郸。今二岁有余，其已有了充分的准备，又兼老将廉颇，老谋深算，非赵括可比。再者，诸侯见秦刚刚许赵割地求和，今又复攻之，会认为秦不可信，必将合纵，而来救赵，我看秦取胜的希望很是渺茫。"

秦王不听，强令其行，白起坚辞不受。秦王复使范雎往请，武安君因恨范雎前阻其功，得知范雎要来，干脆称疾不见。范雎吃了个闭门羹。

范雎来到秦王府，秦王问范雎："武安君真的病了吗？"范雎道："是否病了不知道，然武安君不肯为将，其志已坚。"

秦王听了，命范雎再去责备白起说："以前楚国地方千里，兵士百万，你率领数万秦军入楚，拔鄢、郢，焚宗庙，东至竟陵，楚人震恐，东徙而不敢西向，那时的你是多么英勇。秦和韩魏在伊阙交战，你所将之兵不及韩魏的一半，却大破二国之军，流血漂橹，斩首24万，使韩魏至今都称藩臣服，这都是你的功劳。如今赵国之军在长平之战中已死了十之七八，国内空虚，而我军人数几倍于赵，你过去能以少击众，取胜如神，何况现在以强击弱，以众击寡呢？"

白起说："那时楚国恃其国大，不恤其政，而群臣又互相妒忌，争权夺利，钩心斗角，良臣受斥，小人受用，百姓离心，城池不修。在既无良臣，又无守备的情况下，我才能引兵深入，大胜建功。伊阙之战时，韩魏互相推诿，都想避兵锋保实力，所以我得以设疑兵，以待韩军，集中兵力对付魏军。魏军既败，韩军自溃，乘胜逐北，因此建功。这些功勋的建立，皆是天时、地利、人和的因素所造成，自然而然，何神之有？秦破赵军于长平后，不乘势一鼓作气消灭赵国。却让赵国有了休养生息的时间，更何况现在赵国已经君臣一心，上下同力，像当年勾践困于会稽的时候那样。今若伐赵，赵必固守；挑战其军，必不肯出；围其国都，必不可克；攻其列城，未必可拔；掠其郊野，必无所得。兵出无功，诸侯生心，外救必至。与其劳民伤财，打一场毫无把握的战争，何如就此休兵罢战，等待下一次机会，再出兵不迟。"

总而言之，任凭秦昭王怎么劝说，白起软硬不吃。就是不愿领兵出征，往代王陵。

秦王见白起态度坚决，很不高兴，说道："白起居功自傲，目中无人，他自以为秦国别无良将，非他莫属。昔长平之胜，初用兵者王龁也，王龁难道不如他吗？寡人之所以再三请他出征，是看在他为国出征多年的面子上。他既然不愿出征，我们也不必强求，就让王龁去好了。"

于是秦王又增兵10万，命王龁往代王陵。王陵归国，秦王免其官。

王龁率军围攻邯郸，5个月不能拔之。武安君白起闻之，对客人说："我早就预言邯郸不易攻下，秦王不听我言，今竟如何？"

来客中有与范雎关系亲密的，将其言泄漏给范雎，范雎再将其言告知秦王。秦王听后，很不高兴。亲自面见白起，强行要白起挂帅出征，并警告白起："如君不行，寡人恨君，后果不堪设想。"

性格耿直的白起见秦王动怒，依然坚持己见，不愿出征。他对秦王说："我知道这次出征，无功也不会受罪，如果不出征，无罪也要受诛。但我宁肯伏罪受诛，也不愿为辱军之将。"

秦王无奈，快快而去。

不久，白起被革职免官，贬为士伍。迁居阴密（今宁夏固原）。因为生病，暂时未行。

秦王既贬白起，复发精兵5万，令范雎的恩人郑安平为将，往助王龁，必欲攻下邯郸方已。赵王听说秦国又增加兵力来攻邯郸，非常害怕，乃遣使分路求救于诸侯。平原君赵胜说："魏国是我的亲家，平素与赵国亲善，其救必至。楚国大而距离远，除非用'合纵'游说之，否则楚救兵难来，我当亲往游说。"

于是，平原君在其门下食客中，想找文武兼备者20人同往，以壮行色。不料三千门客中，选来选去，只得19人，不足20之数。平原君叹道："我养门客数十年，想要20位文武兼备之士，竟如此之难？"话音未落，但见门客中有一人站出，出言道："像我这样的人，不知可以充数乎？"平原君问其姓名，对道："臣姓毛名遂，大梁人，在君门下当食客三年矣。"

平原君笑道："贤士处世，犹如锥之处于囊中，其颖立露。今先生在胜门下三年，胜未有所闻，难道是先生文武一无所长乎？"

毛遂道："往日没有机会，今日臣请处于囊中。假使早处囊中，臣将尽脱而出，岂特露颖而已。"

平原君见毛遂言辞非凡，便让他凑足20人之数。即日辞了赵王，望陈都（时楚都于陈）进发。

来到楚都，即命人先通春申君黄歇。黄歇平素与平原君交厚，便为其转通于楚考烈王。平原君黎明入朝，相见礼毕，楚王与平原君坐于殿上，毛遂与19人等均立于阶下。平原君从容言及"合纵"退秦之事。

楚王道："'合纵'之事，最先发起者是赵国，后来因受张仪游说，'合纵'之事渐渐淡弱。起初楚怀王为'纵约长'，伐秦不克；后齐湣王复为'纵约长'，因其另有动机，诸侯遂背叛了他。由于上述原因，至今列国忌谈'合纵'，此事说来话长，三言两语难以说清。"

平原君说："自苏秦倡议'合纵'，六国约为兄弟，盟于洹水，共抗强秦，秦兵不敢出函谷关者15年。其后齐、魏受犀首（公孙衍）之欺，欲与秦国共同伐赵，怀王受张仪之欺，与秦共同伐齐，故而'纵'约渐解。假使齐、魏、楚三国坚守洹水之誓，不受秦欺，秦能奈何哉？齐湣王名为'合纵'，实欲兼并他国，壮大自己，是以诸侯背之，这难道是'合纵'之错吗？"

楚王道："今日之势，秦强而列国俱弱，但可各图自保，安能有所作为？"

平原君说："秦国虽强，分制六国则不足；六国虽弱，团结起来，合制秦则有余。若各图自保，不思相救，一强一弱，胜负已分，最终将被秦国各个击破，全皆不保！"

楚王又道："秦兵一出而拔上党17城，坑赵卒40余万，合韩、赵二国之力，不能敌一武安君。今又进逼邯郸，楚国僻远，即便出兵，能解决问题吗？"

平原君道："赵王用人不当，致有长平之败。今王陵、王龁20余万之众，屯于邯郸城下，已有年余，却不能损赵之分毫。若救兵一集，必大挫秦军，从而换来数年之安也。"

楚王道："秦新通好于楚，君欲寡人'合纵'救赵，秦必迁怒于楚，是代赵而受怨也。"

平原君说："秦之通好于楚者，是欲专心解决三晋问题。三晋既亡，楚其能独存乎？"

楚王因有畏秦之心，虽然觉得平原君讲得在理，但始终犹豫不决。毛遂在阶下顾视日晷，见已当午，乃按剑沿阶而上，谓平原君道："'合纵'之利害，两言可决。今自日出入朝，日中而议犹未定，这是为何？"

楚王怒问道："他是何人？"

平原君道："此臣之门客毛遂。"

楚王道："寡人与平原君议事，你为何在此插言？"当下叱之使去。

毛遂走上几步，按剑而言道："'合纵'乃天下大事，天下人皆得议之！我君在上，你呵斥什么？"

楚王态度稍缓，问道："你有何言，请讲出来。"

毛遂道："楚地五千余里，自武、文称王，至今雄视天下，号为盟主。一旦秦人崛起，数败楚兵，怀王囚死。白起竖子，一战再战，鄢、郢尽没，被逼迁都。此百世之怨，三尺童子犹以为羞，大王难道忘记了吗？今日'合纵'之议，是为楚而不是为赵国也，大王难道不想趁此以雪前耻吗？"

楚王道："言之有理。"

毛遂道："大王之意已决乎？"

楚王道："寡人意已决。"

毛遂让左右取歃血盘，跪进于楚王之前，说道："大王为'纵约长'，应当先歃，次则吾君，次则臣毛遂。"于是"纵"约遂定。

楚王既许"合纵"，即命春申君黄歇率8万人救赵。平原君归国，叹道："毛先生三寸之舌，强于百万之师！胜鉴别人才多年，今失之于毛先生，自今之后胜不再鉴别天下人才矣。"

自此平原君以毛遂为上宾，凡事均与之协商，征求其意见。

此时魏王遣大将晋鄙率兵10万救赵。秦王闻诸侯救兵将至，亲至邯郸督战。使人谓魏王道："秦攻邯郸，旦暮且下矣。诸侯有敢救之者，必移兵先击之！"

魏王大惧，遣使者追上晋鄙军，让暂停救赵，就地待命。晋鄙乃屯军于邺下。春申君见魏军不进，亦屯兵于武关，观望不进。

再说邯郸城中盼望救兵，望眼欲穿，却无一至者。眼看秦兵攻打日急，城中军民精疲力竭，投降之议一浪高过一浪。赵王如热锅上的蚂蚁，万分焦虑。这时，有个叫李同的舍人对平原君说："邯郸百姓日夜守城，而您却在家里安享富贵，长此下去，谁还肯为国尽力？您若能令夫人以下所有之人，编于行伍之中，干一些力所能及的活，再将家中所有财帛，尽散给予敌血战的将士，将士在危困艰苦之际，易于感恩，重赏之下，拒秦必竭尽全力。"

平原君从其计，遂尽散家财，募得敢死队员3000人，使李同领之，缒城而出，乘夜袭营，杀秦兵千余人。王龁大惊，不得不退兵30里下寨。城中人心稍定。李同身负重伤，回城而死。平原君恸哭不已，命厚葬李同。

再说信陵君无忌见魏王惧秦，无意救赵，乃令人窃得虎符，星夜前进，来到邺下，见过晋鄙，说道："大王因将军长期在外，十分辛苦，特遣无忌前来代劳。"说罢，使随从朱亥捧虎符交与晋鄙验证。

晋鄙接符在手，心下踌躇，想道："魏王以10万之众托我，我虽愚陋，未有败军之罪。今魏王无尺寸之书，而公子只是手捧虎符前来，代将此事，岂可轻信？"乃对信陵君说道："公子暂请消停几日，待某把军伍造成册籍，明白交付，如何？"

信陵君道："邯郸形势垂危，当星夜赴救，岂能耽搁时刻？"

晋鄙道："实不相瞒，此军机大事，我还要再行奏请，方敢交军。"

说犹未毕，朱亥厉声喝道："元帅不奉王命，便是反叛了！"晋鄙方问得一句："你是何人？"只见朱亥袖中出铁锤，重40斤，向晋鄙当头一击，脑浆迸裂，登时气绝。

信陵君握符，对诸将道："魏王有命，使我代晋鄙将军救赵，晋鄙不奉命，今已诛死。三军安心听命，不得妄动！"营中肃然。

待到卫庆追至邺下，信陵君已杀晋鄙，统帅魏军了。卫庆见信陵君救赵之志已决,便想辞去。信陵君道:"君已至此,看我破秦之后,请回报魏王也。"卫庆无奈,只得先让人把情况密报魏王,自己遂留在军中。

信陵君犒赏三军,下令:"父子俱在军中者,父归;兄弟俱在军中者,兄归;独子无兄弟者,归养父母;有疾病者,留下就医。"总计告归者,约十分之二,得精兵8万人,整齐队伍,申明军法。一切料理就绪,信陵君乃亲率宾客,身先士卒,猛攻秦营。

王龁不料魏兵突至,仓促应战。魏兵奋勇向前,平原君亦开城接应,里应外合,大战一场。王龁折兵一半,向汾水大营奔去。秦王见败局已定,乃下令秦军解围而去。郑安平以2万人扎营于邯郸东门,为魏兵所阻,不能撤回。情急之中,他想起自己原是魏人,遂投降魏军。春申君所率之楚军,见邯郸之围已解,秦师已退,也班师而回。韩王见秦师已退,也乘机收取上党之地。

秦军丧师失地,大败而归,秦王心中郁闷,乃迁怒于白起。遂命白起马上出发,不得留在咸阳城中。白起接到王命,叹道:"范蠡有言:'狡兔死,走狗烹'。我为秦攻下70余城,故当烹矣!"于是抱病出咸阳城西门,至于杜邮这个地方,暂歇以待行李。

范雎对秦王说道:"白起此行,心中怏怏不服,大有怨言。其托病非真,恐到他国为将,成为秦的祸患。"秦王一惊,沉思片刻,便赐利剑一把,命白起自裁。

使者携剑至杜邮,传秦王之命。武安君持剑在手,对天叹道:"我什么地方得罪了苍天而落得如此下场?"良久,又叹道:"我固当死!长平之役,赵卒40万来降,我用欺骗的手段一夜坑杀了他们。他们何罪之有,为何非要坑杀他们?我是罪该万死啊?"言罢,乃自刎而死。一代名将,就这样结束了自己的生命,饮血杜邮,成为上层统治者互相倾轧的牺牲品。

长平之战后,白起主张一举灭赵,其战略方针是完全正确的,其主张如能实现,秦军可以事半功倍,秦国统一六国的战争也可以提前完成,可惜范雎妒贤嫉能,使白起的计划化为泡影。在此之后,白起主张暂缓对邯郸的进攻,待时机成熟,再卷土重来,这也是完全正确的。但在封建时代,罪莫大于犯上,白起性格耿直,出言不逊,拒不领兵,得罪了秦王和范雎,其无罪也就有罪了。一代名将功成身死,其遭遇是令人同情的,也很令人深思。白起的死,使秦国失去了一位杰出的将领,这对正在进行伟大的统一事业的秦国,无疑是莫大的损失。

白起戎马一生,指挥过数十次重大战役,为秦国争城70余座,扩地数千里,有大功于秦。在军事上,他料敌如神,战法灵活多变,攻无不克,战无不胜,是一位常胜将军,也是我国古代难得的军事天才。不过他又有嗜杀成性,残忍过甚的缺点,水淹鄢城,坑卒长平,杀人动辄几万,几十万,是不足取的。

王翦：智勇战将　举世无双

王　翦

【人物档案】

姓名：王翦

生卒：不详

籍贯：频阳东乡（今陕西省富平县东北）人

朝代：秦国

封号：武成侯

职务：大将军

主要成就：平定六国，南征百越。

评价：王翦为秦将，夷六国，当是时，翦为宿将，始皇师之，然不能辅秦建德，固其根本，偷合取容，以至笈身。（司马迁）

墓葬：陕西省富平县到贤镇东门外3里许的纪贤村永和堡北

【枭雄本色】

秦王政二十六年（前221年），秦扫平六国，统一天下，秦王政自称为秦始皇。他大宴群臣，论功行赏。在封赏时，始皇问群臣："你们说，今六国一统，谁的功劳最大呢？"

赵高抢先答道："若论平定天下之功，文莫如尉缭李斯，武莫如王贲蒙武。"始皇说："你之文臣所推，朕并无异议，但你之武功所推，我以为当首推王贲之父王翦才是。若非王翦平定长安君、樊於期之叛，镇压吕不韦、缪毒之乱，破赵城而退齐师，平赵燕而俘赵王，攻荆楚而虏楚王负刍，何来天下之统一呢？所以，论天下之武功，必须首推老将王翦。"于是，始皇即封王翦为武成侯，凡频阳周围之10万户，尽为王翦所属。始皇对王翦亦以师称之。王贲封为万户侯，论功行赏封侯之后，王翦父子，名声大振。

不仅仅是春秋战国时期，王翦老将军，佃是举世公认的一员智勇战将。

获魏齐之首

秦昭王四十九年（前 278 年）正月，秦派五大夫王陵率兵进攻赵都邯郸，但收获不大。昭王又派了军队协助王陵，还是打了败仗。他欲派武安君白起代替王陵统兵，可武安君拒不执行王命，并有不少怨言，后终被昭王赐剑自刎。

白起自杀后，昭王拜王翦为将，让其伐赵。拜将之日，王翦对昭王说："我知道，大王仍恼武安君，但武安君之言不无道理。赵国虽新有长平之败，但集中倾国之兵也不下五六十万，足以与秦抗衡。更何况，各国救兵，源源而至。今秦军远征，兵力困乏，宜速决而不宜久持。依臣之见，莫如大王随军亲征，一可鼓舞士兵，二可了解敌情，能战则战，不能战则退，即使此番攻不下邯郸，我们仍可根据实际情况以作后图，不知大王意下如何？"昭王说："将军之言，正合我意。好吧，我随你亲征就是。"

王翦又说："但凡出兵，应师出有名。我们此番出兵，该找个正当理由才是。"

昭王说："王陵兵败，损兵五营。王龁又败，损兵逾万。我们为报仇雪恨而去，理由还不够充分吗？"

王翦笑曰："以此为理，谬理也！跨千里而攻彼之国都，虽胜亦不能赢得人心，败则诸国拍手叫好，其不足以作为出兵的理由。吾向闻应侯范雎曾为魏须贾门下，须贾使其于齐，范雎从之。至齐后，因齐襄王闻范雎之才，曾赐金赏银，欲留其于齐，但范雎固辞之。须贾得知此事，以为范雎出使期间，曾经泄密于齐，归国后，他将自己的猜测告于魏相国魏齐。魏齐大怒，即使舍人笞打范雎，要他招认泄密之事，范雎实无此事，不予招认，魏齐便命将范雎加力笞打，折断了他的肋骨，打落了他的牙齿，直把他活活打死过去，还弃尸于茅厕，撒尿于面门，真是残忍至极。幸范雎是假死，经万千曲折，才有缘来找秦国，被大王慧眼识之，给其封侯拜相。后须贾出使于秦，应侯便捎话须贾，让他取魏齐之首，否则秦大军伐魏。魏齐闻言，弃相印而走赵国，投在平原君赵胜门下。我们此番出兵，只以擒拿丞相仇人魏齐为名，岂不就名正言顺了。"

"好，好，好主意。"昭王十分高兴地说。"就以此为理由，胜则破赵都邯郸，退则擒丞相仇人，确是良策。"于是，他亲率大军 20 万，以王翦为主将，浩浩荡荡，杀奔赵城而来。秦军此来，一因昭王亲征，二因王翦为将，兵势极盛，锐不可当，入赵境，即连拔三城，大胜。

其时，赵惠文王新逝，太子丹立，称之为孝成王。孝成王年少，惠文太后用事。惠文太后闻秦军深入，甚怯。恰是蔺相如病笃告老，虞卿代为相国。虞卿建议以廉颇为将御敌，惠文太后准之。廉颇固守待战，与秦军相持不下，但秦军兵势太盛，赵军败迹已露，于是，赵求救于齐，齐以田单为大将，发兵 10 万，前来救赵。齐国发兵，形势大变，赵军并前抗衡秦诸国之兵接应于内，齐国大军进攻于外，秦军进则难突破廉颇拒守之势，退则恐齐赵诸国军马内外夹击，显得进退两难。王翦认真分析了两军形势，对昭王说："现今秦赵交兵多日，秦军已显疲惫，赵国有平原君廉颇诸多名将，我军急切间难以取胜。若齐田单大军骤至，内外夹击，我军危矣！为今之计，不若班师，我有拔赵三城之捷，可全师而归！"

昭王说："此番发兵，以获魏齐之首为名。应侯与魏齐，有不共戴天之仇，应侯之仇人，即我之仇人，今不得魏齐，我有何面目归秦见应侯？"

王翦说："今欲擒魏齐，只需向平原君晓以利害，他献魏齐我即班师退兵，不献魏齐我则另想万全之策。"

昭王从其计，遣使对平原君说："秦之伐赵，为取魏齐。魏齐小人，曾笞击秦相范雎至死，还弃其尸，溺其面，真是罪该万死！只要君献出魏齐，秦国即予退兵，决不延误。"

平原君说："魏齐昔为魏相，也曾有功于魏，即使现今弃相不做，偌大魏国，岂无他一人容身之处。且天下之大，魏齐他处处皆可容身，又为什么独独找到我平原君门上呢？你回去告诉秦王，魏齐确实不在我府，所以难以绑送。"使者几番赴赵，言及有人看见魏齐曾在平原君府之事。平原君闻言变色："你言下之意，秦王欲遣兵来搜吾府不成？真是岂有此理！"言毕，拂袖而去。使者无趣而归，向昭王言及前情。

昭王怒极，欲再进兵攻赵。王翦急拦："大王，两军决战，胜败只在一瞬之间，为将师者瞬间的一念之差，决定着十万、数十万以至于百万雄师的生存死亡。臣以为，骄兵必败，躁兵必败，疲兵必败。似此三大必败因素，我军现具备其二，进军必败无疑。如今，不就是平原君拒交魏齐吗？赵胜不交魏齐，不见得赵王不交，如修书于赵王，魏齐指日可擒。"

昭王从其言，便修书赵王，略曰——

寡人与君，兄弟也。寡人偶听道路之言，说魏齐藏在赵平原君赵胜的住所。因魏齐是秦相范雎的仇人，他曾经将范雎鞭笞致死，肋骨折断，苇席抛尸，实非人之所为。寡人发誓为相国报仇雪恨。此番出兵不为别的，只为擒拿魏齐。否则的话，我们怎会轻涉赵境呢？已取得赵国的三座城池，是不得已而为之。如赵能绑送魏齐或献魏齐之首，虘将三城仍还归于赵。寡人愿秦赵重归旧好，不知你们是否愿意？

书即送出，秦国大军即退，并以三城归还赵国。田单闻秦师已退，便亦率军归齐。此时，昭王退兵于函谷关，又问计于王翦："依卿之计，已退兵修书还城，可仍未擒得魏齐，为今之计，当如何呢？"

王翦说："我军退，齐军亦退，双方均无伤亡，此亦为我们的成功。今欲擒魏齐，还须如此如此。"他俯耳低言，向昭王说了一条妙计。原来，他要昭王修书平原君，请他来函谷关赴宴，借机扣留平原君，胁迫他交出魏齐。秦昭王依计而行，果然使平原君上钩，并将其押至咸阳。他又遣使邯郸，称不得魏齐，便不放平原君归赵。

赵孝成王畏秦如虎，便发兵围平原君府，欲擒魏齐。魏齐逃走，去找赵相虞卿。虞卿情急，捐弃相印，同魏齐赴魏投奔信陵君无忌。信陵君畏秦，不敢相纳，魏齐便引佩剑自刎。赵孝成王将魏齐之首，星夜送往咸阳。秦昭王将其赐给范雎。范雎令漆其头为溺器，曰："汝使宾客醉而溺我，今令汝于九泉之下，好常含我溺。"既得魏齐之首，秦昭王遂以礼送平原君还赵，赵王任平原君为相国，以代虞卿之位。

此番，王翦初为大将，未伤一兵一卒，即获相国范雎的切齿仇人魏齐之首，退齐赵两国之兵，秦昭王甚是高兴，称赞说："昔武安君善于用兵，威震天下，但他过于刚愎自用，不遵王命，所以不能善终。今王翦将军既善于用兵，又善于用智，真乃智勇将军也!"自此,王翦便获"智勇将军"之美称。

平长安君之叛

秦昭王五十六年(前251年),薨,太子安国君立为王,华阳夫人为王后,子楚(异人)为太子。

秦王立一年,谥为孝文王,太子子楚(异人)代之,为庄襄王。

庄襄王元年,以吕不韦为相国,封为文信侯,食河南雒阳十万户。

庄襄王即位三年,薨,太子政为王,尊吕不韦为"仲父"。自昭王薨至秦王政登基,王翦将军作为四朝元老,他始终为秦国的得力干将。

庄襄王时,即拜吕不韦为相国,将蓝田12县一并加封给了吕不韦作为封邑,之后,又将河南雒阳10万户的大片土地封给了吕不韦,使吕不韦成了十万户侯,权势显赫,不可一世。自扶年仅13岁的太子政登上王位宝座,吕不韦的权势,真是到了登峰造极的地步。他又效仿那"齐之孟尝君、赵之平原君、魏之信陵君、楚之春申君"四大公子,广散钱财,遍设宾宴。招徕门客,接纳知己。不几月,门客逾万,名震诸国。这个时候,对吕不韦最有戒心的莫过于老将军王翦了。作为王翦,他自然知道落难王孙异人如何成为秦国君王,自然知道作为韩国大商人后代的吕不韦何以能跃居秦国丞相,自然知道当今的秦王及赵姬太后与吕不韦有着一种什么样的特殊关系,也自然知道文信侯吕不韦名曰广招门客实欲谋权篡位的狼子野心……可是,他牢牢记取着商鞅的教训:不搞变法,何以能得罪秦惠文王?不割公子虔之鼻刺公孙贾之字,何以能得罪秦朝权贵?不搞酷刑,何以能使自己"五马分尸"满门被灭?……"他更是牢牢记取着武安君白起的教训:不争战不息功盖群臣,何以能得罪相国范雎?不拒王命征伐赵,何以能由大将降之为士兵?不迟走阴密不发怨言,何以能有杀身之祸?……所以,王翦有王翦的处世原则:有功则已,不压群臣;唯王命是听,不议论王非;常思退而善知足,不过分计较名誉地位。正是由于王翦抱着这样一种处世原则,所以,他虽为四朝元老,朝廷重臣,但威信极高,人缘极好,别人对他非议极少,无论是昭王时的相国范雎也罢,还是孝文王时相国蔡泽也罢,以至于庄襄王时的相国吕不韦也罢,还有其他文武大臣,都对王翦老将军十分尊重。但是,王翦对秦王朝演变,宫廷秘史,诸文武大臣的心思禀性,他是了若指掌的。

秦王政八年,21岁的秦王政出落得一表人才:他身高八尺,魁梧雄壮,炯炯的双眼内蕴藏着无限的生机与活力,英俊的面庞上透露出君王应有的威仪与尊严。他想实现发兵东征,统一天下的宏图意愿,并与仲父吕不韦进行商议。他说:"秦要平定六国,应先向哪一国开刀呢?"

吕不韦说:"当今诸侯各国,除秦以外,唯赵国最强,射人先射马,擒贼先擒王,如能先打败赵国,其他诸国,闻风丧胆,挥戈麾兵,各处击破,也就不在话下了。"

秦王政说:"仲父之言,正合我意。但是,赵国现由名将庞煖领兵,我们选派哪位大将,才可与庞煖抗衡呢?是不是,需要老将王翦出马呢?"

吕不韦说:"这次,仅是杀赵个下马威而已,又不灭国平邦,就无须王老将军出马了。我看,可以兵分两路,一路以蒙骜为主将,张唐副之,另一路以王弟长安君成

中华传世藏书

中華梟雄大傳

将帅枭女卷

53

峤为主将,樊於期副之,各率兵 5 万,共大军 10 万,对付庞煖绰绰有余了。"

秦王政摇摇头说:"我弟成峤,年少无知,怎能担此重任?"

吕不韦说:"成峤虽年少,但他是王弟,对大王不会有二心,而樊於期勇冠三军,对秦忠心耿耿,有他二人做搭档,哪有不打胜仗的道理呢?你就放心让他们去吧!"

王翦说:"此番出兵,必败无疑。就蒙骜张唐一路,二人均勇有余而谋不足,难以与庞煖抗衡,且深入大国赵境,5 万兵就显得兵寡将微了。"

秦王政急说:"不还有成峤樊於期率军 5 万作接应吗?"

王翦说:"接应接应,接上去就赢,接不上去就输。吾观樊於期其人,有野心矣!彼若尽心尽力,秦军不致大败。彼若不尽心尽力,秦军有全军覆灭之危。"

秦王政闻言,将信将疑,忙使人去前方打探消息。军情果不出王翦所料:蒙骜前军出函谷关,取路上党,庞煖率军 10 万拒敌。庞煖先派扈辄抢占了庄都北的最高点尧山,于山头下寨。张唐引军 2 万前来争山,被赵军杀得大败。幸有蒙骜军到,将其接应回都山。然后,他们急催成峤樊於期前来救援。不料,樊於期非但按兵不动,反而以吕不韦纳妾盗国为由,说动长安君成峤举兵反叛,发檄文,传号令,率军反杀奔秦地而来。他们在屯留招兵买马,悉编入伍,很快攻下了长子壶关,兵势颇为雄壮。蒙骜闻变,只得班师。庞煖率军急追。于太行山林木深处,庞煖败秦军,但蒙骜奋力死战,亲自箭射庞煖而中其肋。庞煖挥军乱箭射之,可惜这员秦国名将,今日死于太行山下。庞煖得胜,班师回赵,箭疮不痊,不久去世。

秦王政一闻成峤樊於期反叛,大怒,即拜王翦为大将,桓齮王贲为左右先锋,率军 10 万,往讨长安君。在屯留,与张唐合兵一处,兵力胜于成峤樊於期。

成峤闻之大惊,对樊於期说:"樊将军,这下可怎么办呢?"

樊於期一听王翦领兵,心里也自是慌张,但还是给成峤打气:"而今,王弟已骑于虎背,却难了,不过也不要紧,咱们的兵逾 15 万,并不少于王翦军马,怕什么呢?"

次日,王翦大军,兵临城下,列阵以待。樊於期引军出迎。阵前,王翦指着樊於期说:"秦国有哪一点对不起你的,你为什么要策动长安君造反呢?"

樊於期站在战车上,欠身答道:"秦王政是吕不韦私生子,谁人不知,哪个不晓?我等世受国恩,怎能眼睁睁看着嬴氏江山被吕氏篡夺?长安君乃先王真正的骨血,故而我拥立他起义,将军若还念及先王洪恩,该与我们一同举义,杀向咸阳,诛吕不韦,推翻秦王政,扶立长安君为王。到那时,将军功高日月,将不失封侯之位,这不是很美的事吗?"

"真是一派胡言!"王翦怒斥道,"谁人不知,哪个不晓,太后怀大王整整 10 月,谁敢说大王不是先王的骨血!你无中生有,造谣诽谤,滋扰生事,别有用心,犯下了灭门大罪,却还要花言巧语,扰乱军心,等我逮住了你,非将你碎尸万段不可!"

樊於期恼怒至极,大喝一声,挥动长刀,冲进王翦阵内,大杀大砍起来。秦军见樊於期勇猛,纷纷披靡。樊於期左冲右突,如入无人之境。王翦命将士奋力围捕,几次都不能取胜,眼见天色已晚,只得鸣金收兵。

王翦见樊於期过分骁勇,心想只能智取了。智取,又怎么取呢?他仔细分析了成峤和樊於期:前者年幼无知,胆小怕事,缺少主见,是被逼爬虎背,上也不易下也难;后者一勇之夫,勇有余而谋不足,但却死心塌地,誓与秦朝为敌,视死如归。似此,前者易破,后者费力,欲破成峤樊於期,只有在长安君身上下功夫了。如若有一个人打进长安君军内部，那破他们10万之众并不费力。当夜，他即召集众将领商议，说了自己的打算。他话未说完，末将杨端和早挺身而出，他说："我曾在长安君手下当过门客，与他交往甚密，将军如有什么差遣，我甘愿效力。"

王翦一听，大喜过望。他让众将先回去歇息，独留下杨端和，吩咐说："我马上写封信，你一定要把它亲手交给成蟜，劝他迷途知返，早日归顺，否则会自取灭亡！"

"是，将军。"杨端和说。"可末将如何进得了城呢？"

"那好办。明天，我们还与樊於期交锋，等各自鸣金收兵时，你就改穿敌装，伺机混进城去。你进城之后，一定要留意，如果你发现我们的攻势越来越猛，你就去见长安君传书，那时，就有好戏看了。这个时候，你必须见机行事，软硬兼施，一定要牢牢控制住长安君，迫使他立即投降。"

第二天，王翦一方面让杨端和依计行事，另一方面让桓齮、王贲各领一支人马，分别去攻打壶关城，自己依然攻打屯留，兵分三路，使樊於期无法对付。

一切准备就绪，王翦披挂上阵，亲自迎战樊於期，未及几个回合便败退下来。樊於期洋洋得意地说："王翦老儿，你素来足智多谋，骁勇善战，今日如何不济？"王翦说："胜败乃兵家常事，今日算是输给你樊於期了。可以后之战，胜负还难以预料。"樊於期怕王翦有诈，并不穷迫，只是喜滋滋地得胜回营。杨端和也就乘机混进了城去。他本是当地人，进了城，先在亲戚家住了下来，然后坐观形势，等待机会。

此时，桓齮已破长子城，王贲已得壶关。消息传到屯留，成蟜已经六神无主，惶惶不可终日。这天，一见樊於期，他即语无伦次地说："将军，下一步，我们该怎么办呢？我还真有点怕，怕极了！"樊於期闻知长子壶关失守，心里也十分惊慌，但他却强作镇静地说："王弟不必过虑，若他们打上门来，我将率军同他们决一死战，如果打胜，咱们挥军西进，大军直逼咸阳。万一战败，我们可以北走燕赵，联合他们，共图大计未为不可。"

成蟜颤声说："这次起兵，本是将军倡议谋划，当然听凭将军做主。只是以后万一有什么事儿，求将军别扯上我。"

"你这是什么意思？"樊於期冷笑说："我本是一片好意，要帮你雪家族之耻，报深仇大恨，夺显贵王位，岂料你中途生出懊悔之意，实实令人寒心！实话对你说吧，为今之计，我们除拼一死外，再无路可走了……"

成蟜默默无语。正说着，城外杀声大震。樊於期知道秦军攻城，急急披挂迎战。几个回合，就将秦军杀得落花流水。秦军溃退，樊於期穷追不舍。

城外，樊於期率军追杀；城里，杨端和正伺机用计。他一见樊於期挥军远去，觉着是最佳时机。于是，他匆匆来见长安君。门口，有军士阻挡，杨端和报上姓名，说有机密大事求见。

军士急忙前去通报。长安君一听是当年的门客，随即唤来接见。一见杨端和，成蟜也知来意，他让左右退下，开门见山地问："你是来劝降的吧？"

"不错。"杨端和直言不讳。"我曾为君之门下客，一直无以回报，今冒死前来劝降，无非是不忍心见你越陷越深，自取灭顶之灾罢了。降与不降，当然在你，不过你至今还不回心转意、悬崖勒马，怕就晚了。"

成蟜色厉内荏地说："我现在拥兵十几万，有屯留之固，樊於期之勇，怕什么呢？要我投降王翦这个老匹夫，休想！"

"这是你的真心话吗?"杨端和十分轻蔑地说。"秦国的强盛,你又不是不知道,纵然六国一齐下手,恐怕也奈何不了秦国。王翦将军的谋略,你又不是不晓得,他曾破赵城,退齐师,获魏齐之首,当今七国名将,公论首推王翦。以樊於期匹夫之勇,又怎能与王老将军抗衡呢? 如今,你仅凭屯留这弹丸之地,与强秦对抗,岂非以卵击石,能有什么好结果呢?"

"那……假若我投奔燕赵,然后合纵各国,再与秦国对抗呢?"成蟜依然嘴硬。

"想得天真!"杨端和淡然一笑,不屑地说:"合纵抗秦这件事,赵国的肃侯,齐国的滑王,魏国的信陵君,楚国的春申君,哪个没试过呢? 成了吗? 没有! 都不是散了想合,合了就散。试想'一家十五口',还会'七嘴八舌头',难得有个统一的意见。天下太大,人心太散,各国又都想着各国的利益,怎会有长期持久的合纵呢? 既然六国是一盘散沙,哪一个国家又敢与强秦相抗衡呢? 他们一个个畏秦犹如鼠畏猫,羊惧狼,像这样,无论你逃到哪个国家,秦国派人去要,谁敢不乖乖地将你绑着送回来? 这你还能活得了吗?"

成蟜听了这番话,好似冷水猛浇心头,他一下傻眼了,赶紧向杨端和老老实实交了底:"这件事情,我本不愿这么做,是樊於期让我干的。他说秦王政不是先王生的,让我起事,也只怪我年幼无知,轻信了他的鬼话,干了这么一场蠢事。现在,事情已到了这般地步,依你看我该怎么办呢?"

杨端和说:"王翦将军也知道你受了樊於期的诱惑,所以他写了封密信,托我转交给你,你自个儿看吧!"

成蟜好像捞住了救命的稻草,赶紧拆阅,只见信上说——

你与大王本是亲兄弟,大王封你为长安君,够显贵的了,你还有什么不满足的? 却要听信那些无稽之谈,做那些令亲者痛仇者快的事,自取灭亡,岂不可惜? 如果你能将首犯樊於期亲手斩了,你自己悔过认罪,我一定在大王跟前保你,大王当然会饶恕你的罪,如果你迟疑不决,恐怕到时后悔就来不及了。

成蟜读罢,泪流满面地说:"樊将军是个勇敢正直的人,我怎忍心杀了他呢?"

杨端和叹息说:"你这堂堂男子汉,怎么像个妇道人家,你再不当机立断,我就要走了!"

成蟜一把扯住杨端和说,"请先别走,容我再想想!"

"来不及了。"杨端和说:"咱干脆上城头看看去,说不定王翦将军的兵马快打进来了。"说着,不管三七二十一,拉了成蟜,直上城墙。

此时,只见樊於期正拍马败回,欲进城来。原来,樊於期在拼命追杀之际,突然中了王翦的埋伏,被杀得大败而归。

到了城下,樊於期扯开嗓门大叫:"快快开门,放我进城!"

成蟜刚要吩咐军士去开门,不料杨端和已拔剑在手,逼住了成蟜,对城下的樊於期厉声喝道:"长安君已率全城投降,樊将军何去何从,请自便吧!"

杨端和又从袖中扯出一面早就准备好的降旗,递给了成蟜,逼令他让军士快快升起。成蟜见大势已去,无可奈何,照办了。守城将士见此情景,纷纷缴械。

樊於期见城内降旗冉冉升起,成蟜无动于衷,默然呆立,好一阵,才稍稍清醒过来,直气得破口大骂:"好个成蟜小儿,好你个没用的东西,你以为你投降了就有活路了? 你等着好果子吃吧! 秦王要能饶你,我倒着走给你看!"骂毕,气哄哄回身杀去。

王翦兵马层层围着樊於期，本可以轻而易举致樊於期于死地，只因秦王有令，务必活捉樊於期，他要亲自手刃。加之樊於期十分骁勇，他左冲右突，无人可挡，王翦的兵马又不敢轻易伤他，竟被他杀开一条血路，直奔燕国而去。

长安君归降了。城门大开了。王翦兵马入城了。

长安君成蟜被软禁在公馆里。王翦派辛胜将军前往咸阳告捷，并请示如何发落成蟜？成蟜的心里，尚残存着一线生机。

但秦王政龙颜震怒了，他下令，以金千斤、食邑10万户的重赏捉拿樊於期！马上灭樊於期的九族！对于成蟜，辛胜将军转达了王翦将军的求情之意，这不仅没有平息他心头的愤怒，反而促使他痛下杀心，这种兄弟，留之何益？他下令："迅速将成蟜就地正法！"

太后闻讯而至，她卸却了头面装饰，披头散发，代儿子长安君领罪来了。但成蟜大错已经铸成，秦王政杀心已决，岂能改口？所以，无论太后怎么说，他就是不允。

吕不韦又来到了。吕不韦来干什么？按他的心思，倒真像樊於期说的，他原来就想除了长安君，省得碍手碍脚的，所以他建议让成蟜领兵打仗，将成蟜支出去算了，让他生死由命去吧！没想到，事情弄得一塌糊涂，正是这个成蟜，伙同那樊於期，揭了他的老底。但逢着这个时候，他因摸不透秦王政的真正心思，且又有太后出面为儿子讨饶，自己也只能出面为成蟜求情。可秦王政连听也不听恼怒地说："你们都别再求情了，求情全是白搭！如果连这种反贼都不杀的话，恐怕所有的皇亲国戚都会起来造反。"

秦王政的使者和辛胜将军来到屯留，向王翦传达了秦王要就地处斩长安君的旨意。成蟜即被绑赴刑场，由王翦将军亲自监斩。临刑前，成蟜哭求于王翦："将军不是再三说，只要我能够投降，不与樊於期来往，将军一定会在大王面前保我吗？可如今，为什么还要杀我呢？"

王翦正色说道："我是答应过要在大王面前保你的，而且的确这样做了，非但是我，连太后、吕丞相，他们全都给你求情了，大王执意不听，我们有什么办法呢？为臣者，只有忠实执行王者的旨意，岂能有半点违背之意。所以，我心是尽了，力是出了，你之生死，全在于大王定夺，我再也无能为力了。"

成蟜一听，仰天长叹："王兄行事如此绝情，莫非他真的不是先王骨血？苍天啊，难道我嬴氏江山，真的要落入吕氏手中不成？！天意，这全是天意呵！"

听得这话，王翦的心头微微一震，他思谋着，大约又有新的重大问题将要发生了。

除两侯之乱

秦王政九年（前238年），接在雍城"避祸"的母后之书，欲赴雍城，接受加冕仪式。其时，原吕不韦门下舍人嫪毐，只因为服侍太后有功，被封为长信侯，秦王政将整个山阳的大片土地封给了他。嫪毐得势，他效仿吕不韦，招徕门客，培植亲信，一时间，他的权势，似乎已超过了文信侯吕不韦。

　　对于嫪毐的得势，众人颇有非议，但将军王翦心明如镜：大王此举，不外乎是抑制文信侯吕不韦。可是，养狼防虎，终为其害啊！他不能不为秦国的前途和命运担忧。所幸，秦王政对自己深信不疑，让自己执掌着全国的兵权。今有兵权在手，我一定得防患于未然，以报大王知遇之恩，他常常这样告诫自己。

　　这时，秦王政欲赴雍城。临行之前的一个晚上，咸阳上空有彗星出现，太史占卜，说有刀兵之灾。群臣皆劝秦王政放弃赴雍城的打算，秦王政执意不听。

　　当天晚上，秦王政单独召见王翦，对他说："我欲赴雍城，群臣皆有非议，你缘何不表明自己的态度呢？以将军之见，到底是去好还是不去好？"

　　王翦沉思了一阵，说："有句俗话是这么说的，'是福不是祸，是祸躲不过。'大王赴雍祭祀，以禳无妄之灾，未尝不是件好事。更何况，举行加冕仪式乃是件大事，亦不宜再拖。问题是，得做好充分的准备呢！"

　　秦王政紧紧追问："将军所指，是指内还是指外？"

　　"指内。"王翦说。"当今七国，唯秦最强，诸国唯求自保，无一斗胆相犯。可是，如果秦国内部出了问题，那就不好收拾了。"说到这里，话戛然而止。

　　秦王政说："今唤将军来，正为此事。我今欲西行，最放心不下的，便是怕吕不韦生事。他挂相封侯，权倾内外，一旦生事，难以收拾。为此，我又封嫪毐为长信侯，以削弱吕不韦之势，只不知能否达到预期的目的。当然，这样的做法，其实也是很消极的，最直接最关键的还是兵权。这样，你恐怕就知道自己肩负的重任了。"

　　王翦跪拜答道："大王之信任重托，为臣无日无时不敢推辞，但凭大王安排就是了。"

　　秦王政赶紧双手扶起王翦，说："你我之间，不必行此大礼。从君臣关系的角度讲，我是君，你是臣，可从征战治国的角度讲，我则是你的学生，你却是我的老师呢！"

　　王翦忙说："为臣不敢，臣才疏学浅，焉敢对大王以师自居，真是羞煞为臣了。"

　　"好了好了，我们都不用客套了，还是先赶快安排正事吧！"秦王政说，"我走之后，国事政事，由吕不韦负责，调兵遣将，由你负责。万一吕不韦有什么不规，你可以以兵制之。"然后，他交给王翦密诏一道，上书："王翦者，寡人之师也！寡人赴雍，托王翦代掌军权国事，见王翦如见寡人面，百官皆应尊之。"

　　王翦说："谨遵大王旨意。"他略略沉思了一下，又说："不过，大王此番西行，亦有万千风险，当格外谨慎小心才是呢！"

　　秦王政说："我最担心的，便是文信侯吕不韦了。将军在咸阳制约住了吕不韦，我也就完全放心了，还有什么可担心的呢？"

　　王翦说："除了虎还要防狼，防了一侯，还有一侯。长信侯嫪毐，实是一个比文信侯更为危险的人物，望大王对他小心才是。"

　　秦王政不以为然地说："长信侯乃一粗鲁之夫，目不识丁，武不过人，没有什么了不起的。"

　　王翦说："大王只知其一，不知其二。嫪毐者，小人也。小人一旦得势，与常人更是不同。而且，嫪毐广招门客，只为培植羽翼；拉拢权贵，只为收买人心，其心不可测也。大王不可不防。"

　　秦王政仍是笑曰："怕只怕，将军太多考虑了！"

王翦仍十分固执地说:"不管怎么,有备方能无患。大王赴雍,务请带兵而行。"秦王政答应了。

几天后,秦王政赴雍,将国事政事托于吕不韦,调兵遣将托于王翦,这才动身而行。随行,有王翦选派的大将桓齮及3万精锐之师,声势极是盛大。

秦王政车驾,缓缓而行。两日后,才到达岐山。大队人马还欲开进,秦王政却挥手止住了队伍。桓齮忙上前询问何事? 秦王政说:"寡人赴雍,是为看望母后。大队军马若去,只怕惊扰了她。我看,你们就先驻扎在这里,我和随员们去就行了。"

桓齮面有难色:"临行,王翦将军一再交代,叫我们务必紧随大王,谨记守卫保护之责,可大王的安排,是否有点欠妥呢?"

"不要紧的,不要紧的!"秦王政说,"我是去见母后,又不是入龙潭、下虎穴,不必过分小心。况且,岐山离雍城,仅仅数十里之遥,没事便罢,有事招之即来,还有什么放心不下的呢!"

桓齮不好再说些什么,只是又调整了一下秦王政的侍卫人员,让机警过人的偏将熊飞带领侍卫队。他又向熊飞交代了一番,这才挥手相别。

事情果不出王翦所料。秦王政至雍城,果然发生了嫪毐之乱。亏得熊飞飞骑传令,至岐山召来桓齮3万铁骑,他们横扫乌合之众,犹如砍瓜切菜,全都死的死,逃的逃,降的降,亡的亡。不一阵,嫪毐与李肆、戈竭等20余人,统统被生擒活捉。秦王政怒极,让掼杀嫪毐和太后的两个私生子,将嫪毐车裂处死,将李肆、戈竭等20余人斩首示众,以儆效尤。其他门客舍人,凡参与叛乱的,统统诛杀;没参与的,统统发配四川充军。迁母于械阳宫,废去国母的称号及待遇,减除俸禄,派兵日夜看守。

嫪毐之乱平息,但事情扯到了吕不韦。秦王政即将吕不韦罢免丞相,让他到河南雒阳的封地去居住。

吕不韦既至雒阳,本也无事,但列国闻文信侯被罢秦相、回到封地,均慕其名,竞相请之,争拜相位。王翦闻之,速报秦王政。秦王政问:"似此,当如何处置。"

王翦说:"大王不记得当年昭王处置武安君的事吗?"

秦王政眼前一亮,说:"对,如此处置,最为妥当。"他即修书一封,遣送文信侯府。吕不韦拆书,但见——

君何功于秦,而封户10万? 君何亲于秦,而号称仲父? 秦之施君者厚矣! 长安君之乱,嫪毐大逆,太后之事,皆你始之。寡人不忍加诛,听君就国。君不悔祸,又与诸侯使者交通,非寡人所以宽君之意也。其与家属徙居蜀郡,以郫一城,为君终老。人云,两先王薨,君之所为。若如此,君之罪孽,无与伦比,乃赐君鸩羽,以供欣赏。

看罢此信,吕不韦绝望了。他关闭门窗,闷头独坐,半晌,缓缓站起,用金杯盛酒,以鸩毛搅之,再颤颤举之,猛然饮之。疼,翻肠搅肚的疼;叫,撕人心肺的叫。权重无比、名震诸侯的文信侯吕不韦,终于走向了另一个世界。至此,秦两侯之乱,才告平息。

斩杀太子丹

秦王政十七年,秦王政恼韩非之逝,欲怪罪于忌韩非之才的李斯。李斯不得已,忙荐治国奇才魏国大梁人尉缭。秦王政闻尉缭之名,并未急于召见,而先去征求王翦的意见。王翦说:"尉缭者,确奇才也!他深通兵法,能文能武,不可多得,只是他人在魏国,大王何以见得?"

秦王政说:"据李斯讲,尉缭现客居咸阳,要见他,马上就能见到。"

王翦以手加额道:"真是天助秦也!大王,可速见尉缭,若失良机,彼为别国所用,必为秦之劲敌也!"

"这不要紧,"秦王政说,"我拟一诏,将他唤来也就是了。"

"不可,万万不可!"王翦忙止住道,"尉缭其人,非比常人,以国宾之礼相请,仍恐其未必肯来,何敢再礼仪不周呢?"

"好,那咱们去请吧!"于是,秦王政和王翦一起,又唤来李斯,三人同去请尉缭。

尉缭见秦王政,长揖不拜。秦王政置之上座,呼为先生,并问及天下之事。尉缭说:"今列国之于强秦,犹如郡县也,散则易尽,合则难攻。昔三晋合而智伯亡,五国合而齐湣走。对此,大王不可再虑。"

秦王政问:"欲使其散而不复合,有何良策?"

尉缭说:"今国家之计,皆决于豪臣,要利用豪臣,不过是多费些钱财而已。大王不必爱护府库所藏金银,如以其厚赂诸国豪臣,以乱其君臣,大不了只用 30 万金,诸侯将尽归秦矣。"

秦王政大悦,即封尉缭为上客,让他对自己废除一切君臣礼仪,有事求教,与之同吃同住。群臣皆惊,尉缭则不以为然,对秦王政仍一副不冷不热的样子。

王翦早慕尉缭之名,今见尉缭的确谈吐不凡,处事不俗,便单独前去拜见。尉缭一见王翦便说:"吾知君的来意,一为秦王,二为自己。吾观秦王此人,他鼻梁过大,眼眉过长,肩胛耸起,声如豺狼,胸中藏有虎狼之心,必残暴成性,刻薄寡恩,用着人的时候,容易屈就于对方,用不着人的时候,马上会反目为仇。而今列国争强,为了统一霸业,秦王完全可以屈尊纡贵,可一旦天下统一,遂其志愿,只怕天下之人,全都要成他的奴隶呢!知道了秦王是怎样的一个人,你自然就知道你自己的处境和结局了。还是韩非说的好,他将君王比作龙,说龙的喉头下有倒鳞,不触动倒鳞,君王便不会怪罪于你。否则,时时会有杀身之祸。所谓'伴君如伴虎',大约就是这个意思。"

王翦心悦诚服地说:"说内心话,我根本不想触摸龙的倒鳞,可恐怕稍不小心碰上了它,如何才能避免这种危险呢?"

剧缭说:"我方才不是说了,现今列国争强,为统一霸业,秦王完全可以屈尊纡贵。这就是说,在这样一种时候,他需用你们这些打天下的人,斜说顺说都会依着你们,但却不必过分冲撞了他。天下愈近统一,他的倒鳞会愈来愈显,臣民们触动他倒鳞的可能性也就愈大。范蠡亦有名言:'狡兔死,走狗烹;敌国破,谋臣亡。'这就是说,像你这种功盖群臣的功臣,其退引的时间,必须选择在天下统一之前这一最佳时机。而在此之前,你一样要注意:没功的时候,你必须争取建立功勋;有功的时候,你千万不要自负骄傲;功劳过小的时候,你必须争取建大功立大业;功劳过于显赫的时候,你必须伺机激流勇退。只有这样,方保你能功成名就,且不触龙的倒鳞,使你能在一种平静的环境中,舒舒服服地度过自己的晚年。"

尉缭一番说辞,王翦佩服得五体投地,他跪而谢道:"今听先生的一片教诲,王翦胜读十年诗书。先生之言,铭刻于心,句句照办,永生不忘。"他欲拜尉缭为师,尉缭辞之,说,"君已为秦王之师,岂能再拜我为师。今秦王也欲拜我为师,君再师之,岂不是摸'倒鳞'了?"

王翦醒悟,笑而不语,只是轻轻拍了拍自己的嘴巴,以示告诫之意。半晌,才说:"先生,乃神人也!"

次日,尉缭及弟子们竟不辞而别,杳无音讯。

秦王政闻报,命人四处寻找,但是没有一点消息。秦王政怒极,命将尉缭公馆的所有侍卫人员一律绑起,大小数百余人,说是找不见尉缭,便将他们一律处死。偏是这个时候,尉缭不找而至,他笑对秦王政说:"我只不过是去渭河边上散了散步,大王你急什么呢?我即使走了,其责任在我,与这些侍卫下人有什么关系呢?更何况,我根本就未走。"

秦王政见说,忙让放了尉缭公馆的所有侍卫人员。他紧紧拉住尉缭的手说:"如果寡人有什么对不住你和弟子们的地方,你只管说,寡人只管改就是了,为什么一定要离开寡人呢?眼看扫平六国在望,统一天下不远,正是需要我们携手干一番事业的时候,先生千万不能离开寡人呵!"

王翦在旁,忙对秦王政说:"先生之才,强我十倍,何不将兵事政事皆予托之。"

秦王政即拜尉缭为太尉,让执掌全国军事,其弟子,均加封大夫之职。他又对天盟誓:"寡人与尉缭,生死与共,情同手足。将来如得天下,必与先生分享,如若不然,人神共诛。"这还不够,他即按尉缭计策,命从国库取金30万斤,一次交给尉缭,让实施其统一六国的计划。

饭后,秦王政又和王翦一起来找尉缭,共商统一六国大计。

尉缭说:"别老是只让我一人哇啦,还是先听听王老将军的高见吧!"

王翦推辞不过,遂说:"老夫斗胆班门弄斧,依老夫之见,破六国,当由近渐远,由弱到强,分兵攻之,各个击破。"

尉缭接过话说:"此话,也符合我的意思。不过,也不一定将最强的国家放在最后,还有句'擒龙擒首,打鸟打头'的俗话呢!依我之见,破六国宜先破韩,再攻赵魏,这三国在一条线上。灭掉韩赵魏,再平楚燕齐。"秦王政又依尉缭之计,先遣桓齮率兵10万伐魏。与此同时,派尉缭弟子王敖,携黄金5万两先游说于魏,让魏王割地求救于赵。魏王从其计。王敖又急忙赶至赵国,以黄金3000两赂赵王宠臣郭开,让赵王答应魏割地求救的要求。赵王即遣扈辄率师5万,接受了魏国所割邺郡等三城。秦国这下正好找到了用兵的理由,秦王政忙命桓齮急攻邺郡。秦赵大战于东崮山,扈辄兵败。桓齮乘胜追击,攻战邺郡,连破九城。扈辄退兵宜安,遣人向赵王告急。赵王聚群臣商议御敌之策,皆称当今赵国诸将,唯廉颇堪当重任。但郭开又谗言廉颇年迈,精力不济,赵王遂不用廉颇,老将军含恨离赵至魏,被楚王召而用之,因楚兵战斗力远不如赵军,他忧忧而不得志,不久逝去。

其时,赵王因秦兵犯境,忧惧成疾,急病逝去。桓齮乘赵之国丧,攻克了宜安,大军直逼赵都邯郸。新赵王急,有人荐代城守将李牧。他急召李牧为将,并以15万大军让其统之。李牧先拒守不战,桓齮则分兵出击,他亲率一路攻打甘泉。李牧更是棋高一着,他兵分三路,其中一路去抄了秦国大营。桓齮猝不及防,回兵途中又中埋伏,便大败而归。

秦王政见桓齮失利败归,气得暴跳如雷,将桓齮削职为民,另派王翦、杨端和两人为将,分两路伐赵。然而李牧早有准备,秦军无法推进。消息传到秦宫,秦王根据王翦建议,又派王敖再次赴赵找郭开,让郭开向新赵王进言,说李牧与王翦私下有来往,欲背叛赵国。与此同时,王翦又给李牧下书,约定双方交战时间,并让李牧务必回信。李牧不知是计,便亲笔予以回复。稍后,王翦又写信给李牧讲和,信使往来,颇为频繁。

赵王听得郭开密报,打听之下,果然李牧与王翦有往来,也就信以为真了,问郭开谁能代替李牧,郭开说赵葱就可以,于是新赵王发令让赵葱去替李牧。新赵王又问:"今李牧率有重兵,如生变,不遵王命,又当如何?"郭开说:"假说许以其相国之职,彼必不生疑。"新赵王便如此如此,嘱咐司马欣一番,让其持节至灰泉山军中,宣以赵葱代李牧之命。

李牧见军情正处紧急关头,不肯执行王命,他对司马欣说:"目前两军对垒,正处于关键时候,国家安危,全系于灰泉山战场主将一身,虽王有命,但将在外,不由帅,君命可以不受。"遂不让赵葱接印。

司马欣又以朋友的身份对李牧说:"今郭开在朝,谗言将军欲反,王信其言,所以相召。恐将军不信,又假说让将军回朝拜相,此谎言耶!"李牧听罢,十分气愤地说:"郭开奸贼,先谗言廉颇,今又谗言我。吾这就带兵入朝,先斩郭开除君王侧,然后再直来御敌。"郭开又给新赵王进言说李牧不听调动,图谋反叛。

司马欣又劝李牧说:"如果按将军的意见办,知情的人说将军忠义,不知情的人说先生叛逆,恰让郭开谗言得到了证实。以将军之才,到处都可以立功,何必死守着赵国呢?"李牧叹道:"吾尚恨乐毅廉颇为赵将不终,不意今日自己亦如此。"又说:"赵葱不堪代将,吾不可以将印授之。"是夜,他悬印于军帐之中,微服遁去,欲往魏国。但消息为赵葱所知,赵葱遣力士急捕李牧,于一旅店将其捕之,乘其醉,缚而斩之。赵兵闻讯,全无斗志,一夜间逃散俱尽,赵葱不能阻挡。

王翦闻李牧已死,大喜,便对杨端和说:"天幸李牧为赵葱所杀,破赵之机,只在目下,今你我可兵分两路,即刻推进,一路攻狼孟,一路取常山,使赵军首尾不能相顾,攻破邯郸,指日可待矣!"杨端和依计领兵行事。王翦又修书于秦王政,称:李牧已死,赵葱无能,赵兵军心不稳,破赵只是时间问题。如秦王能御驾亲征,邯郸指日可破,俘赵王也只是唾手可得之事。然后,他大军推进,直逼狼孟。

赵军营中,赵葱正与颜聚商议:"今秦军正急攻太原常山二处,我们莫如兵分两路,分别救之。"

颜聚说:"我军新易大将,军心不稳,若合兵犹足以固守,倘分兵势必弱矣,恐难以与秦军抗拒。"

说话间,有哨马来报:王翦大军攻狼孟甚急,破城只在旦夕。赵葱大惊:"狼孟一破,秦军将长驱井陉,合攻常山,邯郸危矣,不能不救之。"他不听颜聚之谏,传令赵军,拔寨俱起。

赵军行动,王翦早已探明,便预伏兵于深谷,专候赵兵到来。他又遣人于当地最高处眺望赵兵,待赵兵过了一半后,取放起号炮。秦伏兵听得炮响,便一齐杀出,立将赵兵截作两段。眨眼间,王翦亲率大军,翻江倒海一般杀了过来。赵葱急忙迎敌,但难挡秦军之锐,大败。赵葱急逃,王翦飞马追来,斩赵葱于马下。赵军见主将已死,军心大乱,纷纷逃窜。颜聚急忙收拾残军,急奔邯郸赵王报信。这样,王翦军便轻取狼孟,由井陉进兵,攻取下邑。杨端和也已攻下了常山等地,率军围攻邯郸。

秦王政闻王翦、杨端和两路军俱胜,便命内史腾移兵往韩受地。韩王安大怯,尽献其城,人为秦臣。同时,秦王政又由李斯率3万兵马护驾,御驾亲征赵国。三路兵马,合围邯郸,昼夜攻打,总不停歇。

邯郸城内,颜聚悉兵拒守,虽兵寡将微,但秦军也急切难下。赵王下书燕魏,恳求救援。王翦又献计于秦王政:"欲破邯郸,一半在外,一半在内,外用秦兵,内联内应,如再加压于郭开,郭开传言于赵王迁,赵王迁惧,必降,邯郸便不攻自破矣!"秦王政依其言,使人假扮赵国百姓,混入邯郸城中,见郭开说:"秦国大军,兵临城下,邯郸之破,只在旦夕。君若说动赵王降,秦王必授君以上卿之位。"郭开曾收过王敖代转秦王所赠万斤黄金,也曾答应有助于秦。今秦王既使人来,他即满口应允降秦之事。于是,郭开便去见赵王迁说:"今韩王对秦已俯首称臣,燕魏自保不暇,岂能发兵救赵。现秦王政亲征,兵势盛大,即日城破,玉石俱焚,万众遭殃,以臣之愚见,莫如全城归降,王亦不失封侯之位。"

赵王迁欲从其言,公子嘉伏地痛哭曰:"先王以社稷宗庙传于王,你为什么要轻易放弃呢?臣愿和颜聚竭力效死,以保邯郸。万一城破,代郡拥地数百里,尚可为国,以作后图,奈何束手为他人俘虏?"

郭开插言:"邯郸城破,大王即为俘虏,怎么能顾及代郡呢?"

公子嘉拔剑在手,指着郭开大骂:"覆国谗臣,尚敢多言!吾必斩之!"赵王迁急拦劝解方散。

赵王迁回宫,无计可施,唯有饮酒取乐而已。郭开欲约会秦兵献城,怎奈公子嘉率其宗族宾客,帮助颜聚加意守城,水不泄,不能通信。且城中广有积粟,食之不乏,秦军急切难以攻下。而城外因年遇灾荒,又逢战事,民人逃之一尽,秦军掠无所得。王翦对杨端和说:"我军兵力乏,粮草不足,可暂退50里外,休兵一时,备齐粮草,再奋力攻城,邯郸必破矣!"杨端和曰:"正需如此。"他们请示于秦王政,秦王准之。于是,秦军便后退50余里安营。

邯郸城中,因见秦军退去,防范稍松,每日都开一次城门。乘此机会,郭开修密书一封,遣心腹送入王翦营中。书中云:"我久有献城之意,奈何没有机会。今赵王迁已有降意,奈何公子嘉不从。今秦军可以猛攻南北东三门,让秦王大军,屯于西门。我可说动赵王,伺机开城出降。西门破,另三门不可守矣。"王翦接信,速亲送秦王政。他让秦王移兵于西门,军中遍树"秦王"大旗。尔后,他和杨端和挥兵南北东三门,猛力攻打。公子嘉颜聚见状,急忙聚兵守城。乘此机会,郭开对赵王迁说:"秦不加害韩王,又怎么能加害于大王你呢?如以和氏之璧和邯郸地图出献,秦王必喜,定封大王侯位。"赵王应允。郭开匆匆写就降书。请赵王过目后曰:"降书虽写,但公子嘉必然阻拦。今秦王大营扎在西门,大王如以巡城为名,乘驾到彼,亲自开门献降书,秦王怎么能不高兴呢?"赵王果然依此而行,为秦王所纳。

公子嘉闻赵王降，急与颜聚商议，聚兵突围出北门于代，公子嘉自立为代王，表李牧之功，复其官爵，亲自设祭，以收代人之心，再遣使东与燕和，屯军于上谷，以防秦兵。

秦军大军进入邯郸，秦王政居赵王宫。赵王以臣礼相见，秦王政坐而受之，他命以赵地为钜鹿郡，安置赵王于房陵，封郭开为上卿。赵王方悟郭开卖国之罪，悔之无及。

秦灭赵之后，王翦即向秦王政建议："按照我们和尉缭先生议定的策略，破赵之后，便应考虑灭魏燕楚齐了。据臣所知，燕太子丹为质于秦，向有不规，不若杀之，以绝后患。"

秦王政并不在意，说："太子丹素有狂言，定要报衍水之战的仇恨，我倒要看看，他这仇究竟怎样个报法。待我军平燕擒燕王喜之日，再押太子丹至衍水河畔，就在那里令其自裁，那该是一幅多么有趣的画面呢！"遂不听王翦之言。

几日后，燕太子丹蓬头垢面，逃离咸阳，回到燕都蓟。因太子丹对秦王政有切齿之恨，便寻得勇士荆轲，让其以燕督亢地图和樊於期之首进献秦王政，以期接近秦王政将其刺之。结果，刺杀未成，荆轲和副手秦舞阳均为秦王政所杀。秦王政大怒，先命王翦大军立即伐燕，又以王贲为将，让他增援其父。

燕太子丹聚众抗秦，在易水之西顽强拒守，但终不敌王翦大军，夏扶守意等勇士皆战死。太子丹退守蓟城，10月蓟都被王翦攻破。太子丹又急保燕王喜东行，退保辽东，迁都平壤。

燕都蓟城既破，王翦因征战劳累，身体有病，而关键时他想起尉缭之语，便上表告老。表曰——

吾本频阳一游子。蒙先王恩典，16为士，20为偏将，30为大将。历经昭王、庄襄王、孝文王及至大王，徒有四朝元老虚名。自大王始，更委臣以重任，甚至王谦以师称。臣有何德能，敢妄称大王之师？臣有何功劳，敢于挂将封侯？托大王英明，臣平赵燕，略建微功。然臣今已七十又九，近八旬矣。以一八旬老人，仍位居大将之职，古亦少之。破蓟后，臣连连犯病，大约是老年之疾矣！今韩赵燕既平，六国而平其一半，楚齐魏之灭，指日可待。且王已有尉缭、李斯之贤，李信、蒙武之勇，他们均胜臣多矣。臣愿以老朽之躯回归乡里，而使年轻勇将能当以重任，则天下一统加速，秦之江山社稷永固。敬请大王准臣之奏，臣不胜感激矣！

秦王政见奏书，对群臣说："太子丹之仇，寡人不能不报。然王翦确实老矣，必须以年轻勇武将军代之。王翦提及李信，他确是员年轻勇将，寡人欲用之。"于是，秦王政遣李信取代王翦，召王翦归，厚赠而使之回归乡里。王翦临行前，秦王政召而问之："老将军，你走之后，大将军之职，谁人可委？"王翦说："王贲、蒙武、杨端和，皆可委之。"

秦王政问："李信如何？"王翦说："臣对其了解不深，不好过多评说。"秦王政说："将军力荐王贲而轻视李信，莫非有私？岂不闻马服君及夫人劝赵王勿用赵括之说。"王翦说："臣子贲与马服君子括，完全是两个样子。昔赵括母进言赵王，括与其父，大是不同：括父奢为主将，所得赏赐，尽给军吏；受命之日，即宿于营，不问及家事，与卒同甘苦；每事必与众将商议，从不自专。今括一日为将，东乡而朝，军吏莫敢仰视；所赐金帛，悉归私家。为将岂能如此？而关键是括虽幼读兵书，背得烂熟,但只死记硬背,不知其变,此为为将之大忌。而臣子贲之所为,颇有马服君之风,而臣教贲兵书,常教其应变之法。长平之战后,臣每每举例赵括,教贲切勿纸上谈兵。贲既为大将,实战中已熟知兵法之变。大约是臣之妄言,子贲之才,在臣之上矣!这些,大约只是臣管窥之见,大王还可听听大家的意见。今我初退,也不宜以贲为将,待观察许久,行则委以重任,不行则许以适宜之职。敬请大王明察,量才而用人!"

秦王政叹曰:"知子莫如其父,知女莫如其母。老将军了解子王贲,可谓深矣!其实,寡人亲政多年,焉何不知大将王贲之才矣!以寡人之见,平六国之武功,将非你们王氏父子莫属矣!"

王翦既归频阳,秦王政遣使于蓟,命李信出兵伐辽取太子丹之首。大军骤至,太子丹仓促应战,但难敌李信勇猛,大败而归。秦王政遣使于辽,逼燕王交出太子丹。燕王被逼无奈,只好杀了太子丹,献其首向秦王谢罪求和。其时,突然天降大雪,寒不可禁,人皆谓太子丹怨气所致。李信上书并送太子丹之首于秦王政,称:"五月降雪,十分罕见,我军苦寒多病,请暂许班师。"秦王政持信问于尉缭,尉缭说:"燕避于辽,譬如游魂,不久自散。今日之计,宜先下魏,次及荆楚,二国既定,燕代可不劳而下。"秦王从其计,便暂许李信班师。

俘楚王负刍

秦王政二十二年,秦以王贲为大将,引军10万,出函谷关伐魏。

自秦攻燕时,魏王假已令增筑大梁之城,内外俱挖深沟,进行层层守备。他又使人结好于齐,使者去对齐王建说:"魏与齐乃唇齿之国,唇亡则齿寒。魏亡,则祸必于齐,愿同心协力,互相救援。今王贲大军攻魏,恳请齐出兵救援,否则,魏齐均危矣!"但是,此时齐国的大权,掌握在相国后胜手里。后胜像郭开一样,曾受了王敖所送的重金,便处处替秦国说话了。他对齐王建说:"秦向不负齐,齐何必有负于秦呢?秦攻魏,赵援之,始为秦攻赵之理由,秦遂先破赵而再加兵于魏。齐援魏,岂不像赵国的下场一样?"齐王建听信后胜之言,遂拒绝了魏国之请求,不发魏救兵。

魏王见齐不发援兵,甚慌,幸大梁城高沟深,尽管秦军连战连捷,但大梁城急切难下,王贲一时亦无良策。正在这时,频阳来人传书,王贲急忙跪接。拆开书,别无它字,仅有父王翦亲手所书的一个"水"字。王贲百思不得其解。这时,天突降大雨,王贲看着看着,突然心里开窍:噢,父亲所指,莫不就是要我用水攻吗?他心中大喜,即乘油幙车去访求水势,知黄河在大梁城之西北,而汴河从荥阳发源来,亦经由城西而过。知水情,他即命军士于大梁城西北不远处筑坝。大坝筑好,连下十几天雨,王贲又命士兵修渠从黄汴二河引水。待水蓄满,他让将大坝开口,洪水滚滚,直逼大梁,不到3天,大梁城墙便被冲坍。借着水势,秦军大军涌进了大梁城。因防于水患,且军无斗志,魏王假正与群臣商议着写降表,便为秦军所虏。王贲令将魏王假押上囚车,与宫属重臣俱送往咸阳。途中,魏王假病死。既破大梁,王贲便尽取魏地,遵秦王政命,设立为三川郡。并收野王地,废卫君为庶人。

秦王政二十三年,秦王政欲攻楚国,问于尉缭,平楚派哪个将军最为合适?尉缭答:"荆楚乃大国,欲破,非王翦老将军不可!"秦王政便召回了王翦。秦王政问王翦:"我想攻打楚国,并想派你为将,你看得多少人马?"王翦答:"臣今年已80高龄,80岁的老人还怎么可以为将呢?不过,大王一定要用老臣的话,那我也就最后一次在战场上为大王尽力了。若问我需多少人马,非60万不可,请大王慎重考虑。"

秦王政既未说行,也未说不行,只说他考虑考虑再说,他又问于曾几败楚军、在衍水大败燕太子丹的青年将军李信。李信答:"平楚何须60万人马,20万足矣!请大王给我20万人马,我即去踏平楚国。"秦王政对李信说:"看来,王将军高龄,胆确实小矣!平一楚,必非兵60万,此举为秦倾国之兵。秦若倾国攻楚,后方一旦有事将如之奈何!还是你去攻楚,胜则以让王老将军看看。"于是,秦王政便拜李信为大将、蒙武为副将,率军20万南伐荆楚。初入楚境,秦军连战连捷,李信攻克平舆,蒙武攻克寝地。李信接着又攻克鄢郢,于是率军西进,准备与蒙武会师城父。其时,楚为负刍执政。负刍在位3年,闻秦兵深入楚地,乃拜项燕为大将,率兵20万,水陆并进。探马报李信兵出申城,项燕便亲率大军迎于西陵,让副将屈定,设下七路埋伏。李信不知,仍贸然挺进,项燕率兵相阻。李信挥兵,与项燕酣战。突然间,七路伏军俱起,李信军抵敌不住,大败溃逃。秦军一直逃了三天三夜,但还没有逃出楚军的包围。这一战,秦军的将军死了七个,秦兵死伤无数,一直败退到了平舆。蒙武还没有到城父,听说李信军大败,连忙退到赵国,火速派人向秦王报告。

见李信军大败,秦王政才深知王翦所说在理,便亲自骑马来到频阳,去见了王翦。他对王翦说:"寡人只为轻信李信,误以为他率20万兵伐楚必胜所说在理,结果大败,丧军而辱国,寡人之过也!将军虽然有病,能否代寡人南行,出伐荆楚,以雪秦败军之恨矣!"

王翦说:"上次臣言,以一八旬病躯,怎可以为将出征?万一再辱秦师,吾有何面目见大王和秦国父老矣?请大王还是选派年轻的将军去吧!"

秦王政说:"既有李信之败,何必再有张信王信之败呢?楚在南国,数千里之距,以数十万军,逾数千里地,每每讨败军之师,将军于心能安吗?所以,不管怎么说,这次必须将军出面,今寡人并一国之托,皆系将军一身矣!"

王翦见推辞不过,这才说:"如果大王一定要我伐楚的话,那我还是非要60万人马不可。"

秦王政说:"历来打仗,一般都没有超过10万人的。如今虽说人马增加了,可也没听说过一次动用60万人马的仗啊!你看能否少带一些人马呢?"

王翦说:"年月不同了,使用兵力的多少也就不同了。如今,围攻一座城,也许要几年功夫,夺过来的地方又得派人驻扎。似这样几十万人马哪儿够分配呢?再说,楚国为东南大国,地大人多,楚王号令一出,要发动100万人也不太难。我说60万人马,还是很保守的数字,如果低于这个数字,恕老臣难以从命。"

秦王政十分赞叹地说:"古今名将,并不少见,可出征之前,像将军这样把敌人的情况看得这么透的并不很多。就照将军的意见办吧!"他用自己的车马,亲自把王翦迎接到咸阳,拜为大将,交给了他60万大军,仍以蒙武为副将。

出兵的那天,秦王政亲自送王翦到灞上,在那儿摆上酒席,给他送行。王翦斟满了一杯酒,捧给秦王政说:"请大王干了这杯,我还有事相求呢?"秦王政接酒,一饮而尽,说:"将军有什么尽管说吧!"王翦从袖口里掏出一张单子来,上头写着请求秦王赏赐的清单,里面有咸阳最好的田地几亩,上等的房子几所,等等。秦王政看后说:"将军功成而来,寡人方与将军同享富贵,何忧于贫困?"王翦说:"臣老矣,大王虽以封侯劳臣,然臣犹如风中之烛,光耀几时?所以,荣誉于臣,不及美田宅,此为子孙世世代代受大王之恩耳!"

秦王政不语,私下,他对尉缭说:"王老将军,何以如此小家子气矣?"尉缭说:"年迈之人,虑事多矣,专以利己,也合乎人之常情。"

王翦领着60万大军,浩浩荡荡,杀奔楚国。队伍出发只两三日,王翦便派人找秦王政,让在咸阳给他修一个上好的花园。过了几天,他又派人去求秦王,说他还想要个鱼池,里头饲养些鱼、虾、鸭、鹅……副将蒙武笑着说:"将军请房屋、田地足矣,干嘛复请园池?功成归将军必封侯,何必讨封多矣!"王翦咬着耳朵对蒙武说:"大王素来多疑,今以60万兵于我,是空国而相托。我多请田宅园池,为子孙业,是安大王心耳!"蒙武十分佩服地说:"将军高见,吾所不及。"

秦军抵楚,项燕守东冈以拒之。他见秦兵众多,遣使驰报于楚王,求增兵助将。楚王复起兵20万,以将军景骐为将,以助项燕。王翦则屯兵于天中山,连营十余里,坚壁固守。项燕每日使人挑战,秦军均不予出迎。项燕以为王翦怯,笑谓众将:"王翦老矣,怯战是很自然的。"这时,秦军不仅不交战,还成天饮酒作乐,玩耍洗沐,王翦竟亲自教士兵们跳远、跳高、扔石头玩儿。投石超距的游戏最为有趣:将12斤重的石块,立木为对;机而发之,300步远者为胜,不及者为负,其有力者,竟以手飞石,则多胜一筹;横木为将一木横之,高置七八尺,让士兵跳跃而过,以赌胜负。这既是游戏,又不似游戏,因为王翦每日都要让认真统计决赛胜负,以知士兵力之强弱。内戏之愈胜外守之愈紧,并不许秦军以楚界樵采,如逮住楚人,以酒肉犒劳后放还。项燕屡屡叫战,王翦只是不理,仍整日教军士跳高掷石而戏之。不知不觉,半年有余。

秦王政既以倾国之兵托于王翦,心里亦时时放心不下,每每派人探听消息。王翦久不出战,秦王政等之不及,更有人谗言于秦王政:"王翦老而怯战,何太盛矣!如其伐楚不归,自立为王,秦兵尽其所属,秦危矣!"秦王政亦虑,便遣使催王翦出战。王翦接秦王书,已知有人谗言,便回书曰:

今伐楚,老朽固辞而王必欲托之。王既已倾国之兵相托,何生疑耳!王翦军屯天中山,虽未出战,亦未损一兵一卒。王若有疑即另选一勇将而更之,翦仍归频阳。不疑,即翦自决之。今翦之举,意避楚锋耳!我不动则已,动则尽全力,动则胜之!昔有乐羊伐中山,三月不动,有人谗之,言羊因子事中山故,或言羊欲事中山,或言中山王欲与羊平分江山,但魏文侯均不予理睬,封置厢内。逾三月,中山不降,羊全力攻之,中山破。羊之子舒因之亡。羊胜归魏,文侯大宴庆功,亲捧以赐羊。羊饮之,有功之色。宴毕,文侯命左右将一箱封固赐羊,羊以为是金银珠宝类,让抬回在府第中堂,启开箱,尽是说羊反叛之奏。羊大惊:"原来朝中如此造谤!若非吾君相信之深,不为所惑,怎得成功?"遂入朝谢恩。文侯以灵寿封羊,称灵寿君。臣自知不如乐羊,但王胜文侯多矣!王何不效文侯,将奏臣之书,封于箱内,臣归而赐之,臣奉而归频阳矣!

接王翦书,秦王政遂对王翦深信不疑,并以御酒赐之,还故意放风于楚,让王翦军据守于中天山,以防楚军之侵犯。项燕闻讯,知王翦名曰伐楚,实则驻扎,遂不以为备。

整整过了一年，秦楚两军，相安无事，楚不以秦为患，秦不以楚相犯。但忽一日，王翦大宴将士，言："常言养兵千日，用兵一时。此一时，即今日也！今日我与诸君共同破楚，请尽力耳！"秦军休息多日，士气正足，闻王翦说，个个摩拳擦掌，争先奋勇。王翦选骁勇有力者，约2万人，谓之壮士，别为一军，作为先锋。再分军数支，命待楚军败时，各个分头进入战略要地。楚军毫无准备，被秦军壮士队伍冲锋，大败而走，将军屈豆战死。项燕与景骐俱败，率败兵东走。王翦挥军乘胜追击，再战于永安城，复大败之。遂攻下西陵，荆襄大震。王翦又分军一半，让蒙武率之，屯于鄂渚，传檄湖南各郡，宣布秦王威德。他自率大军径赴淮南，直捣寿春。进军之际遣使奔往咸阳报捷，此时，项燕因兵力不足，在淮上募兵未归，王翦乘虚急攻，破寿春。景骐见城破，自刎于城楼，楚王负刍被虏。

秦王政闻寿春破，大喜，发驾亲至樊口受俘，责负刍以弑君之罪，废为庶人。命王翦合兵鄂渚以收荆襄。

项燕募壮丁二三万，至徐城遇王兄昌平君，知城破王虏之败讯。项燕对昌平君说："吴越有长江天堑，拥地千余里，当立国。"他率众渡过长江，立昌平君为楚王，准备死守江南。

昌平君、项燕退守江南，秦王政虑。王翦对秦王政说："楚之形势，在于江淮，今全淮皆为吾有，彼残喘仅存，大兵至，即就缚耳。何足虑哉？"秦王政说："将军虽年迈，志何壮也！"次日秦王政驾回咸阳，仍留王翦用兵让其平江南。王翦命蒙武造船于鹦鹉洲，边造船边训练水兵，一年后，船造成，兵亦练成。王翦挥大队水兵，顺流而下，急攻江南楚军。楚守军兵寡将微，不堪敌秦大军，秦兵遂登陆。王翦留兵10万屯于黄山，以断江口。大军自东方进围兰陵，四面列营，军威大振。附近椒山、君山、荆南山诸处，兵皆布满，以绝越中救兵。项燕倾城中之兵，与秦军交战，初战，秦军避其锋而退之，楚兵小胜。项燕恐有诈，正待退军，不意王翦已驱壮士分左右二队，各持短兵器，大呼而突入楚阵。蒙武勇猛无比，手斩裨将一人，复生擒一人，更助秦军士气。项燕军大败，退入城中，进行固守。王翦挥军用云梯攻城，项燕以火箭射之。急切不下。蒙武说："项燕乃釜中之鱼，若筑垒与城齐，周围攻急，我众彼寡，守备不周，不一月，其城必破。"王翦从其计，攻城愈急。昌平君亲自巡城，为流矢所中，夜半身死。项燕见状，仰天长号，拔剑自刎。项燕死，城中大乱，秦兵遂登城启门，王翦整军而入，抚定居民。

在兰陵稍事休整，王翦即挥军南下，至无锡兵。军士埋锅造饭，掘得石碑一块，刻字云："有锡兵，天下争；无锡兵，天下清。"王翦召人问之，知此山乃慧山之东峰，自周平王东迁于雒，此山遂产铅锡，因名锡山。40年来，取用不竭。近日出产较少。王翦叹曰："此碑出露，天下从此宁矣！"便以此地定为无锡。

王翦兵抵姑苏，守军全城出降。遂渡浙江，平定大部分越地。越王子孙，闻秦王威德，都来归降。王翦让飞报秦王政，并定豫章之地，立九江、会稽二郡。至此，楚灭，楚地尽归于秦。

秦王政二十五年，王翦灭楚回咸阳。秦王政赐黄金千镒，欲再使其破燕。王翦固辞："臣今年八十有一，年逾八旬的老人，仍居大将之位，古已稀之。今托大王洪福，平楚而荣归，臣自庆幸。征战之人，持以血气之勇，今回咸阳，臣自觉气力不足，何敢再自领大任而误国家大计呢？请准臣告退，回频阳养老。已有王赐臣之美宅良田，万千金银，臣愿足矣！"秦王政沉思后说："既然将军固辞，寡人便准奏。但将军走后，谁人可代寡人伐燕？"王翦说："蒙武、王贲，皆可为将，他们胜老朽多矣！"于是，王翦告退频阳，秦王政拜王贲为大将，攻燕王于辽东。王贲兵渡鸭绿江，破平壤城，虏燕王喜。遵秦王命，王贲又移师西攻代。代王兵败，欲走匈奴，王贲率军追至猫儿庄，擒而囚之，代王嘉自杀。王贲捷报传至咸阳，秦王政大喜，亲自复信于王贲，略云——

　　将军一出而平燕及代，奔驰2000余里，几与父的功劳不相上下。所谓将门虎子，用于王氏父子，毫不为过矣！今六国平其五，独留齐，譬如风中残烛，不自保也！虽然，自燕而齐，归途南北便道也。齐在，譬如人尚缺一臂。愿将军以平燕破代之余威，归秦时，以闪电之势，突袭于齐。乘齐不备，灭之。这样，将军父子的功劳，还有谁人可与之比拟呢？

　　王贲得书，遂引兵到燕山，往河间一路南行。其时，齐王建信相国后胜之言。昔韩魏求救，不予救之。秦平四国，每灭一国，齐王不仅不忧，反遣使入秦贺之。秦王政复以黄金厚贿使者，其归后均言秦王相待甚厚，齐王以为和好可持久，便不以为备。及至燕灭，齐王才开始惧怕，发兵让守西界。不料王贲兵已过吴桥，直犯济南。秦军数十万众，以泰山压顶之势，由历下直逼临淄。所过之地，长驱直捣，如入无人之境。秦大军骤至，临淄城内一片慌乱，齐王建无力抵抗，只得出降。就这样，春秋战国时期的最后一个国家——齐，灭亡了。六国之地，尽归于秦。秦王政二十六年，六国归秦，天下统一，秦王政自称秦始皇，王翦被召回咸阳，封10万户武成侯。其时，王翦已八十又二。此日，秦王政欲封尉缭，但尉缭与弟子王敖等，竟一夕遁去，不知所往。有人说，尉缭并弟子离咸阳，曾在频阳小住。秦始皇问及王翦，王翦曰："未遇。"始皇并不细究，只是问王翦："尉缭弃朕而去，何也？"王翦曰："人各有志，不能强为。尉缭设计为陛下定四海，平天下，其功最大，但彼之志，在于朝野，喜云游四海，不在朝廷受土封侯。而陛下既已平天下，尊号已定，谋臣功勋退引，乃大势之所趋耳！昔臣上书乐羊事，今尉缭悄然已走，臣之受封频阳，正如乐羊之受封于灵寿，何必再每每念及？请大王以江山社稷为重，勿再念及其他。"秦始皇客套一番，遂不再提及尉缭、王翦事。王翦上书，仍归频阳。

　　尉缭、王翦既走，无有巨功大臣守于秦始皇左右，始皇便趾高气扬，一无所忌，他焚书坑儒，游巡无度，筑万里长城，修阿房之宫，建骊山陵墓……王翦闻之，不甚忧郁，然已退引，不宜上书。秦始皇三十三年（前214），正当始皇所行无忌，暴敛至极，百姓嗷嗷，民不聊生时，王翦虑秦之社稷，忧郁而死。终年高龄90，为秦之文武重臣最高寿者。

　　秦始皇三十七年（前209），薨，太子胡亥立。

　　赢子婴元年（前206），刘邦破咸阳，赢子婴系带，持秦始皇玉玺、兵符和节杖，率文武大臣出降。

　　自王翦逝世至秦始皇薨，时不及5年；复至秦王朝灭亡，仅8载。大约，这只是时间的巧合而已。

韩信：生死一知己 存亡两妇人

【人物档案】

姓名：韩信

生卒：约前231年~前196年

籍贯：淮阴（今江苏省淮安市淮阴区码头镇）人

朝代：西汉

职务：淮阴侯、韩国太尉

主要作品：《韩信兵法》

主要成就：暗度定秦，暗度灭魏，背水灭赵，降燕，灭齐，水攻龙且，楚歌灭楚。

评价："国士无双""功高无二，略不世出"是时人对其的评价。

墓葬：韩信的墓地有三座。一是，位于山西省灵石县南焉乡高壁村的高壁岭山的"山西韩信墓"；二是，位于西安市灞桥区新筑镇新农村的"陕西韩信墓"；三是，淮阴的"江苏韩信墓"。

韩信

【枭雄本色】

"生死一知己，存亡两妇人"。

韩信墓前祠庙上的这副对联，生动形象地概括了他坎坷曲折的一生。萧何既有举荐之恩，偏偏又是夺命的无常。漂母救命在前，吕雉诛杀于后。观其一生，功莫大焉，然而憾事亦多也。忍辱胯下，成就千古佳话。舍项羽，投刘邦，堪称识时务之俊杰。而后登坛拜将，奇兵渡陈仓，以闪电战接连平定了三秦、魏、赵诸地，攻城掠地成为汉初名将之首，一跃成为手握雄兵的实力派人物。值此千载难逢的良机，是拥军自立，与楚汉三分天下，还是继续愚忠于刘邦？曾经雄心万丈的韩信选择了后者。四面楚歌起，逼死项霸王。敌国既破，功臣又是何等寂寞。可惜了一颗好头颅，枉送于妇人之手！

受辱胯下

　　秦始皇嬴政年代,在江苏淮阴县韩家村,有位少年姓韩名信。幼年时家中虽不太富裕,但父亲是个勤劳明理之人,节衣缩食也要供韩信读书识字。韩信自幼聪明,他不辜负父亲期望,对所学知识都能一一牢记。他的勤奋好学深得老师的器重。一次,老师对其学生言道:"我一生所教的学生中,唯有韩信日后能成大器,有所作为。"可惜韩信12岁时,其父因劳成疾,不幸早逝。韩母又百病缠身,家中渐渐一贫如洗。韩信15岁时母亲病故,他不得已而辍学。从此他无依无靠,孤苦伶仃,靠在河边钓鱼谋生。他生性喜爱武功,便向村里一位武师学了点拳脚剑法,师父看他聪明好学,便将自己的佩剑赠送于他,他非常感激,便常常佩戴在身上。

　　韩信16岁时,秦皇暴政,民不聊生。又因淮阴天旱无雨,河水下降,水中鱼少。他常因钓不到鱼、换不来银两而饿饭。一日,他头顶烈日在河边钓鱼,由于腹中无食,再加天热不觉倒在河边,昏了过去。在下游不远处,一位面目清秀的中年妇人带着她14岁的女儿紫娟在河边为人洗衣,当洗完最后一件衣服时,紫娟姑娘站起理了理秀发,忽然发现饿昏在岸边的韩信,她用手一指连忙喊道:"娘,你看!"

　　中年妇人是靠洗衣为生,人称漂母,她顺着女儿手指的方向望去,见河边倒着一位少年,急忙和女儿跑到韩信身边,紫娟姑娘连声呼喊:"这位大哥你醒醒。"韩信仍昏迷不醒。紫娟又对娘说:"娘,看这位大哥咋了?"

　　漂母扶起韩信看看脸色说道:"想必是饿昏了,不要紧,灌点米粥就会好的。快将他搀扶到我们家中。"漂母与紫娟将韩信搀扶到自己家中。韩信躺在床榻上,漂母一勺一勺地给韩信灌进米粥。韩信渐渐苏醒,睁开双眼,见眼前一位面目慈祥的妇人和一位年轻姑娘,便问道:"我这是在哪儿?"紫娟见韩信苏醒,高兴地说道:"适才你在河边钓鱼昏倒在地,我与娘发现后,将你搀扶到我家中,现在你好些了吧?"韩信非常感激地说:"好些了,多谢伯母、小姐的救命之恩!""不必客气。你姓啥,家住何处,因何饿成这样?"漂母问道。韩信惭愧地讲述了自己的身世和近况。漂母起了怜悯之心,又见韩信英俊年少,质朴淳厚,便说道:"既然你无依无靠,如若不嫌弃我这破烂茅屋,粗茶淡饭,就住在我这吧。她叫紫娟,我还有个小女儿叫文娟,你们就当兄妹相称吧!"

　　韩信见这茅屋虽然简陋,但屋内收拾得非常整洁,又见漂母善良热情,便点了点头说:"多谢伯母厚意,信若日后得志,必报母恩。"

　　从此,韩信就寄食在漂母家中,帮助漂母干些体力活。漂母待韩信如亲儿子一般。

　　转眼一年过去,在一个隆冬,韩信上山打柴,阴霾的天空飘起了一朵朵小雪花。他打完一担柴禾准备回家,忽然抬头见一老翁鹤发童颜,在一块不大的平地上练习武功,他不由自主放下柴担走到老翁跟前观看,老翁剑术已登峰造极,利剑上下飞舞,雪花竟然飘落不到老翁身上。韩信情不自禁地喝彩:"好剑法!"老翁闻声立即收剑,抬头见是一少年后生,便转身要走。韩信慌忙上前跪拜在老翁脚下:"请老伯收我为徒!"

老翁上下打量着韩信,见他眉清目秀,眉宇间透着一股英气,心中已有几分喜欢,沉思片刻问道:"你喜爱武功?"韩信见老翁发问,急忙答道:"我自幼喜文爱武,但家中贫寒,因此习武造诣不深。今日有幸巧遇高人,请师父收我为徒,不然我就跪到天黑。"老翁微微一笑:"呵!你真有诚意,那你习武是为了什么?"韩信沉思片刻:"为了将来报效国家,除暴政,辅佐明主创建太平!"老翁诧异地望望韩信,心中思量:"他年龄不大,志向却不小,竟有如此雄心,日后必是国家栋梁之材。"便说:"既然如此,我就收你为徒,教你武功,传你韬略。"韩信高兴地急忙叩头谢恩:"谢师父!"老翁又道:"你先起来,今日先挑柴回家,三日后来此等候。"言罢转身而去。韩信望着老翁的背影消失后,才起身挑起柴担下山。途中,见好友南亭慌慌张张跑来,韩信急忙问道:"南亭兄,何事如此惊慌?"

南亭与漂母是邻居,和韩信结为好友,因他长韩信9岁,韩信称之为兄。他气喘吁吁跑到韩信跟前说:"贤弟,快……快不好了,秦皇选美,紫娟、文娟姊妹俩都被抢走,伯母被官兵踢成重伤。"

"啊!"韩信大吃一惊,放下柴担与南亭飞奔下山……

官兵掠走姊妹俩后,南亭夫妇急忙跑进漂母家中将漂母扶在榻上,南亭飞奔上山去找韩信。韩信和南亭气喘吁吁跑回,推开家门。漂母躺在床上已昏迷不醒,韩信上前声泪俱下:"伯母,伯母!"

南亭妻在一旁催促道:"信弟,伯母伤势不轻,得赶快请医生来治啊!"韩信用袖擦了擦泪水转身出门请来一位山村郎中,郎中给漂母包扎好伤口,又给漂母诊脉,并不时摇头叹气。开好药方交给韩信,韩信送走郎中再伸手一摸,怀中竟无分文了,他毫不犹豫地从墙上摘下宝剑挎在腰间对南亭夫妇说道:"烦兄嫂在此照料,我去去就来。"

韩信匆匆来到淮阴街头,因无钱抓药,只好手捧宝剑在街头插草卖剑。日迫西山仍无人问及。韩信心急如焚便满街叫卖,他来到小河桥头,一班浪汉恶棍竟挡住他的去路,其中县令恶少快步上前趁韩信不备,抢走韩信怀里抱着的宝剑,又交于另一浪汉。并且双手叉腰喊道:"你这穷汉,在哪偷的宝剑在此叫卖,你若缺钱老子给你,不过,你得从我胯下钻过,如若不然你这剑嘛,休想拿回,我拉你去见我爹,告你个偷盗之罪,你看怎样?"

这班浪汉望着韩信哈哈嗤笑,韩信大怒,紧握双拳欲想动手痛打恶少,忽然眼前浮现出漂母重伤在床、等药治病的身影。他只好强忍怒火,沉思片刻说道:"好!拿钱来,这把剑就算卖你。"

恶少从怀中取出一锭银子,在手中掂掂:"剑算我买了,不过得从我胯下钻过。"说着双腿一叉,嘻嘻地望着韩信,韩信稍做迟疑便伏身在地从恶少胯下钻过。然后站起来取过恶少手中银子,匆匆去街上药铺抓药。他抓好药飞奔到家,将药煎好倒在小碗里,吹凉端到漂母床前,南亭夫妇搀扶起漂母,韩信轻声喊道:"伯母,请喝药!"

漂母微睁双眼,摇摇头颤微微地说道:"我怕不行了,信儿……你与紫娟是天生一对,你……你一定设法救出她啊!并……并一定要找到文娟,我……我把她俩托付……你了!"漂母嘱完双目已闭。

"啪",韩信手中药碗落地,他扑在漂母身上失声痛哭:"伯母,您死得好惨,信一定替您老人家报仇雪恨,不忘您的嘱托。"南亭夫妇也泪水涟涟,并帮助韩信安葬了漂母。

第三日韩信来到漂母坟前,摆好酒肉焚香祭拜,祭奠完毕,韩信来到南亭家中,向南亭夫妇告别,然后含着悲痛进山跟着师父学习文韬武略。

几年以后,韩信已是满腹经纶的青年,他怀着远大志向,告别师父下山。就在韩信学艺几年里,秦王朝却发生了翻天覆地的变化。公元前209年,秦始皇在巡游途中沙邱驾崩,少子胡亥在奸人赵高相助之下,取得帝位,称为二世皇帝。胡亥是个昏庸无能之辈,朝中之事全委托赵高处理,结果导致天下大乱,百姓苦不堪言。陈胜、吴广在二世苛法下被逼无奈,在大泽乡揭竿而起,点燃了反秦烈火。随后楚将后裔项梁、项羽叔侄在会稽起兵反秦,刘邦在沛县起兵反秦。两支队伍在反秦浪朝中很快崛起,秦王朝摇摇欲坠。

韩信下山后,闻听项梁大将军率军渡淮,怀着满腔热忱与南亭一起仗剑从戎,楚军有战将百员,项梁根本看不起韩信,只是给了个"薄秩"之职,(薄秩是押粮运草帮助记账的士卒)。一次韩信随项梁攻打定陶时,他见楚军一路屡战屡胜,已有傲气。又洞察到秦军连日增兵,志在定陶决战,当晚便进账斗胆向项梁献计,让项梁提防秦将章邯夜晚偷袭。然而未得到项梁重视,结果遭秦军夜袭,项梁阵亡。项羽继承叔父项梁之职,但也没重视韩信,只是升了个持戟郎中(就是给项羽抬戟的卫士)。项羽统兵百万在巨鹿大败秦军主力,迫使大将章邯投降,彻底摧毁了秦军主力。刘邦不久也率军攻占咸阳,秦王朝覆没。然而刘邦人马只有10万,惧怕楚军,便封府库,闭宫室,与民约法三章,退守咸阳城郊灞上。以待楚军项羽到来。项羽率雄兵百万到了咸阳,屯兵鸿门,号令天下,自封为西楚霸王,然后又大封诸侯。刘邦被项羽封为汉王,然而刘邦心中不服,因此楚汉相争开始。

弃楚投汉

关中平原的鸿门镇,连日来楚军大营大摆筵宴,三军将士开怀畅饮,庆贺胜利。韩信心烦无心饮酒,走出帐外,站立在夕阳下,凝视着远处咸阳城中滚滚浓烟火光,他心情显得沉重,按剑伫立,凝目苍穹。

阿房宫,金碧辉煌,雕梁画栋,奇山异石,百花争艳,自从楚军进入咸阳城后,连日来成千上万的楚兵烧杀抢掠。韩信与偏将南亭入宫内见到如此情景,心里不快,紧锁双眉退出阿房宫,来到宫外,见项庄又押着一批批宫女及一车车财物运回楚营,此时项羽在项伯、钟离昧等众将佐簇拥下来到广场之上,项羽身后跟着十几名高举火把的士卒,项羽望了望金碧辉煌的阿房宫,傲慢地把手一挥:"烧!"韩信见此情况顾不得许多,上前"扑通"一声跪在项羽面前:"大王这不能烧啊!"项羽一怔:"嗯!为何不能烧!"韩信眼含热泪:"它是百姓们的血和汗啊!""大胆!一个小小持戟郎中也敢在大王面前多言!"项伯一旁厉声呵道。项羽见是韩信阻拦不由大怒,抬起一脚将韩信踢倒:"滚开,这阿房宫乃是犬地狼窝,将它焚尽方解吾恨!"韩信爬起又跪前几步:"大王,这万不能烧啊,纣王罪满天下,武王灭商也不曾火烧纣宫;吴王恶遍越国,越王勾践也不曾尽焚吴台。罪恶在人,而不在物!"项羽轻蔑地望了一眼韩信,然后把手一挥:"给我烧!烧!"举着火把的楚兵立即涌进阿房宫、上林苑、万人厅。片刻烈焰冲天,火光四起。项羽望着这冲天大火,高兴地哈哈大笑,并高声说道:"秦始皇你万没想到吧,你强暴一世,兵踏六国,享尽了人间荣华富贵,你儿孙们却拜倒在孤王脚下,今日孤王烧了你这王八窝,还要掘你的陵,这样方能平六国百姓之怨,解孤王心头之恨。"韩信望着这冲天火光心里掠过一丝悲哀。项羽率领众将离去,南亭走来劝慰道:"贤弟你这是何苦来!""唉!"韩信长叹一声心中浮想联翩。自从从戎以来随楚军东征西杀,终于推倒暴秦,没想到项羽竟骄横跋扈,倒行逆施,将一座宏大的阿房宫付之一炬,真乃以暴易暴也,如此下去会失掉民心;而汉王刘邦先人咸阳却封府库、闭宫室、与民约法三章,比项王棋高一筹啊。

韩信正在沉思,楚将钟离昧走来。这钟离昧与韩信同乡,比信早入楚军,现已被项羽擢升为将军,他带着几分醉意跟跟跄跄来到韩信跟前,拍了拍韩信肩头:"贤弟为何不在帐中饮酒,而在此发愣?"韩信转身见是钟离昧,苦笑道:"噢!原来是钟离将军,信给你施礼了。""别、别这样,贤弟见外了,你我同乡,又都在楚营多年,何必拘礼!贤弟看你好像有心事?""唉!你我虽是同乡,可你已是大王驾前上将军,而我从军多年,至今还是一名小小持戟郎中,言无人听,计无人用,可叹我韩信报国无门。"钟离昧微微一笑:"贤弟胸中抱负昧怎能不知。贤弟虽职微卑小,可文韬武略何人能比。"韩信伤感地说:"唉!满腹经纶又有何用!""贤弟日后凡事万不可太直。走,听说大王近日情绪高昂,常在黄昏时在府邸庭院中习武,你我今日不妨也去开开眼界。""这万万使不得,大王庭院习武韩信岂敢前往。""呵!大王虽遇事有些暴躁,但平日里常能与士卒同乐,也不计较君臣礼节,因此百万将士都愿随他东荡西杀。近日大王心情舒畅,士卒们常去庭院探望,大王从未怪罪。贤弟不必多虑,随我前往就是。"韩信无奈,只好跟随钟离昧来到项羽府邸。二人走进府门跨进庭院见项羽舞动大戟上下挥舞,戟在空中发出呼呼风声。庭院旁美貌温柔的虞姬腰挎佩剑坐在几案旁观赏,几名侍女相陪,左右站立着范增、项伯。庭院四周围满将士个个看得如醉如痴。韩信被钟离昧带进人堆。见一把沉重的大戟在项羽手中挥洒自如,钟离昧情不自禁高喊一声:"好!"

项羽听见喊声一怔,顿时收敛,钟离昧知道自己失口,慌忙上前跪拜赔礼:"末将冒昧,请大王恕罪!""哦,是钟离昧,你何罪之有,快快请起。"项羽放下大戟乐呵呵说道。"谢大王!"钟离昧起身吞吞吐吐说道。"大王,末将常听众将议论说您在会稽常单手举起千斤顶,可惜末将从未见过,今日能否……?""哦!"项羽哈哈大笑:"好,孤王今日就让尔等开开眼界。"言罢项羽看见庭院石阶旁一对大石狮子,每个足有千斤。项羽走到右侧石狮旁,用右手抓住石狮一条腿,单手一交力大喝一声:"给吾起。"石狮被项羽举过头顶,又在庭院中走了三圈然后轻轻放下,面不改色,心不跳,顿时众人目瞪口呆。片刻,才一阵掌声、一阵喝彩声:"大王神力,大王神力也!"

韩信与钟离昧心中也暗暗敬佩,项羽走到虞姬身旁,虞姬起身深情地献上一条锦帕,项羽接帕揩了揩脸。侍女献茶奉上,项羽接茶呷了一口,然后转身对钟离昧说道:"钟离昧,孤王今日高兴,你来与孤王切磋切磋武功如何?""这万万不行,为臣哪敢与大王比武!""钟离昧,看把你吓的,孤王刚才已说过,孤王今日高兴,咱们是切磋武功,让众将士们娱乐娱乐!"钟离昧无奈只好拱手:"末将遵命。"两人便在庭院之中对打比武，十几个回合下来，钟离昧已累得气喘吁吁。正在此时，项羽一脚扫来，钟离昧躲闪不及，"扑通"一声被项羽踢倒在地，众人一阵掌声，项羽开怀大笑，项羽环顾四周对众将士问道："何人愿与孤王一比高下？"连问三声无一人答应。突然，钟离昧施礼："大王，持戟郎中武功不错，让他与大王一比。"

项羽此时才注意到韩信，乐呵呵地说："哦！原来是孤王的持戟郎中，好吧！请过来与孤王比试比试！"韩信连连摆手："不行，不行，韩信职位卑贱，怎敢与大王交手，这岂不罪该万死吗？""持戟郎，今日与孤王切磋武功，不论职位卑贱，孤赐你无罪。"钟离昧将韩信推到庭院之中，项羽开始与韩信比起武来。项羽拳脚如闪电般打来，还带有呼呼风声，韩信身体敏捷，翻转腾挪如狸猫一般，项羽虽武艺超群，但始终打不着韩信，韩信也靠近不了项羽半步。二人，一个如猛虎下山，一个如出水蛟龙，俩人越比越激烈，越比越勇猛，众人早已看得眼花缭乱。

丞相范增一旁暗暗吃惊："听人讲韩信很有才能，并有远见卓识，没想到武功还不差，凭武艺他略逊项羽，凭智慧项羽不及韩信，此人不能小觑，待有时机，我一定举荐此人。"范增正在着想，两个比武之人已战几十回合，同时二人额角汗下，韩信已显出力量不及项羽。韩信决意败下，他倒退几步后跳出圈外，拱手施礼："小人韩信败输，大王不愧为天下无敌大将军。"项羽高兴地哈哈大笑："嗯，没想到孤王的持戟郎中都有两下，更不用说孤王的众位武将了。"项羽见天色已黑，便对众人说道："好了，今日就到此吧！"众人便纷纷散去。范增趁项羽高兴，便对项羽说道："听人说韩信很有谋略，今日又见他武功非凡，大王何不重用此人。"项羽听罢细细思虑，一旁项伯却插话说道："我常听人讲，这韩信少时寄食漂母，受辱胯下，却是个地道懦夫，他有何谋略。"项庄一旁也插话道："是啊大王，像韩信这样懦夫，如得到重用，岂不让三军将士耻笑！"范增淡淡一笑，语重心长地说道："用人岂能看出身贵贱，用贤方才是立国之本！"项伯见范增有讥讽之意心里很不痛快，他反唇相讥："一个懦夫就因与大王比试几下武功就得以重用，那这百万之众都与大王切磋几下武功，那都得擢升吗？""这……"范增被项伯呛得无言可答。"好了，不必争持，孤王自有主张。"项羽阻止道。范增思虑片刻："既然大王不愿重用此人，那依我之见，不如将他杀掉免得落入他人之手。"项羽点点头："好吧，等机会杀掉就是！"

韩信自从与项羽切磋武功后，军中将士赞叹不已，可韩信心事重重，南亭见状，便拉韩信到鸿门镇饮酒消闷。

韩信与南亭饮罢酒回到大营，韩信心中有事便独自一人到了楚军临时大殿。韩信来到大殿帷幕处静听，众文武大臣已各抒己见争论多时，项羽最后说道："常言道，富贵不归乡，诚如穷浪荡，孤王还是以大多数众臣意见，还是返回故乡，定都彭城吧！""大王英明。"多数文臣武将齐声欢呼。韩信在帷幕后犹豫再三，还是冒险掀帘进殿单腿一跪："大王，韩信不才愿敬一言。"项伯见是韩信厉声呵道："大胆！一个小小持戟郎中竟敢谈论军国大事，来人！"两名武士应声而上。"拉下去砍了。"项伯命令道。"慢！"范增一摆手向项羽施礼："大王，韩信虽职位卑小，今日他敢闯入直言，必有见解，不妨让他讲出。"项羽微微点点头："讲！"韩信站起从容不迫道："大王，关中依山傍水，四塞险阻，土地肥沃，乃长治久安之地，若就此建都，便好成就霸业。""哼！"霸王心中十分不快，用鼻子哼了一声。韩信全然不理继续说道："秦地定都进可以八方出兵，称雄天下，守可以四面挡敌，牵制诸侯。秦始皇久居此地,其中自有道理。""呸!"项羽勃然大怒,将几案一拍:"什么始皇,建都咸阳二世已亡,难道汝辈想让孤和他一样吗?来人!"两名武士走上大殿,项羽厉声呵道:"推下去重责20军棍。"两名武士应声推韩信出殿。

韩信被责回到帐中,南亭知晓便找一农舍让韩信疗伤。由于南亭精心照料,没过几日韩信伤已基本痊愈。

一日,韩信与南亭在街上闲逛,不期遇见张良,张良也早听说韩信之才,寒暄数语,张良对韩信说道:"良禽择木而栖,良臣择主而事,足下一腔大志,满腹经纶,为何要屈就于项羽手下?"韩信道:"古人云:贤臣不事二主,信既事项王,岂可他去!"张良微微一笑:"足下所言差矣!臣若所事为暴君,岂不是助纣为虐吗?项羽最近行事残暴不次于二世,他虽骁勇号令天下,而终必灭;汉王刘邦忠厚豁达,礼贤下士,足下若投身汉王,定能受其重用,干一番大事。"韩信低头不语,张良接着道:"吴起在鲁不为鲁用,弃鲁投魏而被魏封为大将,足下虽有雄才大略,而项羽弃之不用,这岂不埋没可惜吗?"韩信沉思片刻:"这……我将如何去投奔汉王?"张良从袖中取出写好的信绢一条递与韩信:"这里有信绢一条,将军可带上去汉中面见汉王,汉王见此信绢,一定委以重任。"韩信接过信绢,珍藏于怀中,张良起身告辞。

怀才不遇

夜深,月明。韩信骑着马风驰电掣般在关中平原上疾驰,后面人喊马嘶,楚军十几名将士穷追不舍,道上尘土飞扬。

晨光初照,薄雾缭绕,巍峨的秦岭,山峦重叠,含翠欲滴,韩信单骑越过山梁、峡谷、河沟,后面追兵已抛去很远。在一岔道口韩信跳下马,将马拉到右道口狠抽几鞭,那马飞奔而去,韩信从左道而走。后面追兵来到岔路口迟疑不决,一将佐在右道口见有马蹄印,用手一指:"向这边给我追!"追兵向右道追去。韩信逃离追踪,翻山越岭,终于来到汉中。

来到汉中以后,韩信受到刘邦手下大将夏侯婴的款待,经夏侯婴举荐,韩信在汉军中任连敖之职,管理军中粮草。

自从韩信在汉营任连敖之职后,顶风冒雨、日夜坚守护卫粮库。一日樊哙与郦食其带着几名挑筐的内侍,进了大门直奔粮库,韩信率领几名士卒正在持刀守卫。见樊哙统军走来便客气地拱手施礼:"樊将军,今日来此有何公干?""哦!是韩连敖,郦大人讲,后宫曹妃娘娘要排筵宴,需要些粮食酿酒,你给他发15石粮食。"樊哙吩咐道。"郦大人,樊将军,这军粮乃是军旅之本,怎能拿去酿酒。"郦食其不耐烦地:"你吃粮不多,管事倒不少,你管他什么粮,后宫要用粮酿酒,你得快些取,少在这啰唆。""不行,没有大王及丞相手谕,小人不敢擅自做主,乱发军粮。"樊哙不耐烦地说道:"我是统军,这些军粮属我管辖,不需什么手谕,你快些开门就是,出事由我担待。""樊将军,你让我们做下属的为难呀,大王有旨,萧丞相有令,没有他们手谕,任何人不得擅动军粮。"韩信耐心解释道。樊哙恼怒道:"怎么,老子今日非取不可,看哪个敢拦,来人!把这库门给我打开。""不行!"韩信把刀一举:"来人!"十几名守粮士卒应声而到,握着长戈在粮库门前站成一排。"大胆!"樊哙又气又恼:"你……你们竟敢与我对抗!"言罢就要动武。韩信急忙从腰间取出一块银牌,举到樊哙面前厉声说道:"丞相有令在此,敢私自动用军粮者,斩!"郦食其与樊哙瞥了那银牌一眼,气焰渐落,樊哙咽下一口气:"好! 咱们日后走着瞧!"郦食其把手一挥:"咱们走!"转身带领众人狼狈不堪地离去。

韩信拒粮一事很快在军内传开,夏侯婴也禀报了萧何丞相,萧何十分赞赏,便与夏侯婴徒步前来探望。他们推门一看,韩信屋内空空,可不远处却传来阵阵操练声。萧何、夏侯婴便向操练声走去,站一高处举目一望,只见一草坪上,韩信带着他管辖的几十名士卒在操练。韩信在前做示范,士卒跟他动作练习,韩信还不时走入队列认真检查指导,直到士卒记熟时,才满意地点点头。萧何、夏侯婴互相望了望满意地相互一笑,萧何说道:"今日一见,韩信果有奇才!"夏侯婴赞同道:"我汉军将士如由他来操练,必能攻无不克了。""看来,此人正是老夫要觅之人,真乃天助汉也,老夫定要在大王驾前保举此人,走,下去和他见上一面。"萧何与夏侯婴来到韩信等人身旁。夏侯婴介绍一番,萧何将韩信双手紧紧握住。

萧何自从见到韩信操练士卒后,心里十分高兴,他想等有机会一定在大王驾前保举此人。突然夏侯婴慌慌张张跑进府来禀告,说韩信等一十二人被樊哙、郦食其所拿,言称韩信聚众谋反,大王已经批准在武门外断头台斩首。萧何顿时大吃一惊,问其原因,夏侯婴讲道:"韩信与一帮士卒晚上在屋内谈论兵法,一名士卒因对樊哙不满,发了几句牢骚,被樊哙及郦大人听见,他们记恨上次拒粮之仇,便污蔑韩信等人是图谋不轨,聚众谋反,便将韩信等人拿下关入牢中,由于大王面前又有曹妃娘娘进谗言,大王便立即降旨要斩韩信等人。"萧何听罢,急忙上马与夏侯婴飞奔武门外。

武门外,断头台汉军戒备森严,郦食其、樊哙高坐监斩台,韩信等人被五花大绑跪在断头台上,刽子手怀抱大刀侍立一旁,围观的群众议论纷纷。郦食其走下监斩台,来到韩信身旁,不冷不热道:"韩连敖,临死之时还有话可说吗?""请问,我等身犯何罪?""聚众谋反!""证据何在?""何需什么证据! 我与樊统军亲眼目睹,你们聚众藐视大王,污蔑樊将军,樊将军与大王是连襟,大王妹夫,你们污蔑樊将军,就是污蔑大王。"被绑的士卒道:"这都是我一人所言与连敖无关,你把他们都放了,要杀要剐由我一人承担。"郦食其冷冷一笑:"说得轻巧,你们聚众谋反,一个也不能饶恕。""哈哈哈!"韩信藐视地大笑道:"看来汉王的疆土也就是这汉中区区弹丸之地了!""狂妄,狂妄!"郦食其边走边喊,走回监斩台落座。"时间已到,行刑!"樊哙一声令下。"唉!"韩信仰天长叹一声:"我韩信不辞辛苦千里迢迢弃楚投汉,未能死在楚军,今日却死于汉军之手! 子房,这就是你讲的弃暗投明、辅佐明主吗?"正在此时,几声马嘶,只见两匹快马飞奔而来,萧何、夏侯婴飞马来到,并高声喊道:"刀下留人!"两名刽子手刚举起大刀,抬头见是丞相萧何与统军、太仆夏侯婴,忙放下大刀退于一旁。郦食其见萧何来到,气得把脚一踩:"唉,他怎么来了。"樊哙见状迎上前道:"丞相,末将是奉大王谕旨行刑,请勿干涉。"萧何冷冷一笑:"夏侯婴你在此看着,不许任何人行刑,待我去面见大王,讨回赦令。"

萧何上马飞奔汉王宫,他见着汉王刘邦直言不讳:"汉室刚立,不可乱杀无辜,天下人耳闻大王礼贤下士,求贤若渴。韩信才千里迢迢弃楚投汉,今日斩了韩信等人,岂不叫天下有志投汉之士寒心吗? 大王日后靠谁来完成一统大业? 郦食其与樊哙私动军粮,被韩信所拒,他们怀恨在心,昨日晚韩信是聚士卒一起谈论兵法战策,并非聚众谋反,请大王明察!"刘邦疑惑地望望萧何:"果真如此吗?"萧何点点头:"臣以项上人头担保。"刘邦沉思片刻:"好吧,既然如此,传孤谕旨,赦免韩信等人死刑,韩信原复连敖之职。"萧何摇摇头:"大王,不可!""萧卿!这是何意?""大王,据臣所观察,韩信有胆有识,熟习兵法,连敖之职实在屈才。"刘邦沉思片刻:"既然丞相保举,他管理粮草有功,那就擢升治粟都尉吧。""大王,这怕不妥吧?""萧卿就不必多言了。"萧何只好答应:"臣遵旨!"接旨后转身离宫,上马直飞奔武门。

登坛拜将

韩信等人虽得萧何力保得赦,又被萧何推荐升为治粟都尉,但这治粟都尉还是管粮草的小官,韩信才能根本发挥不出。时隔多月,汉军中却悄悄发生变故,汉营中皆是山东人氏居多,都思念家乡,不愿久居汉中,因此近月来将士三三两两地逃走无数。这一下可急坏了汉王刘邦,他想起兵东向,可自己势单力薄,军中又无有才能的大将统领,万一起兵东向被楚霸王项羽知晓,必发大兵拦截,那时岂不自取灭亡。因此近日显得消沉闷闷不乐。丞相萧何更是心急如焚,他思虑多日,认为韩信可任大将率军东向,因此与汉王刘邦发生了意见分歧。他认为汉军要想东征,必须启用韩信统军东征,否则必是徒劳无疑,因此决意二荐韩信。时逢八月十五夜,汉军将士望月皆歌,思念故乡,汉军已人心涣散。萧何再也不能沉默下去,便入宫求见刘邦,二荐韩信。汉王因近日心情不爽,曹妃娘娘特在八月十五夜备了歌舞让刘邦赏月观舞,以解心中烦闷。汉王在后宫亭院中正与曹妃、郦食其、周苛二文臣赏月,闻萧何求见,便令请进。萧何入得宫来,向汉王参拜后又与郦食其、周苛互相问安。刘邦摆手示意落座。萧何扫视四周景色,又抬头望望皓月若有所思地:"啊!中秋之夜,月色真迷人!""哦!"刘邦不解其意:"萧卿未与夫人在府邸赏月?""臣哪有心赏月啊!"萧何淡淡一句。郦食其一旁慢条斯理问道:"立国数月,国泰民安,丞相有何忧虑之事?"萧何端起茶水淡淡一笑:"人无远虑,必有近忧。""哦!"刘邦一怔:"萧卿此言何意?""大王可知将士聚集一起望月而歌,盼望东归吗?""朕已知晓!""大王何不趁众将士盼归心切,乘其锋芒,起兵东向,与楚争夺天下!""唉!"刘邦长叹一声:"朕何尝不想起兵东向,与楚争夺天下。但楚强汉弱,项羽有雄兵百万,战将千员,项羽又有万夫不当之勇,何人是他的对手?朕军中若有孙膑吴起之人那就好了。"萧何微微一笑:"孙膑、吴起之类的将才我军已有,就怕大王不肯重用。"刘邦大笑:"汉室之地哪有孙、吴之人!"郦食其阿谀逢迎道:"大王一向求贤若渴,知人善任,如有孙、吴之人,大王怕早已重用,让他统领三军了。"萧何微微一笑摇摇头:"非也!郦大人,世上不缺金马良驹,缺者伯乐也!"刘邦惊奇地望着萧何:"萧卿,哪里有如孙、吴之人?""远在天边,近在汉营之中!"萧何答道。刘邦一怔:"噢!是哪一位!萧卿快讲!"萧何不慌不忙道:"此人淮阴人氏,有雄才大略,好似孙、吴,却至今仍屈居小小治粟都尉。"刘邦离座哈哈大笑,倒背双手眼望皓月:"朕当萧卿所谈何人,原来却是指韩信。"萧何上前几步力争道:"据臣细察,又亲与交谈,韩信确系当今英杰,文足智多谋,武勇冠三军,有安邦定国之才,万望大王早日重用,令韩信率军东征。"刘邦沉默不语,郦食其却插话道:"听说韩信少时寄食漂母，受辱胯下，这样一个懦弱之辈，能有何作为！""哦！此话当真？"刘邦疑惑地追问道。"现在三军上下谁不知晓，韩信少时衣食不周，游手好闲寄食漂母，投奔楚营也只不过是扛戟的郎中，有何大才！"郦食其补充道。"萧卿，如此一个懦夫任我汉军大将，岂不荒唐！"刘邦很不高兴地说道。"大王，自古寒门出英豪，从来纨绔少伟男，说起来，大王与众臣也非豪门出身嘛！"萧何力争道。郦食其冷言冷语道："大王！这与楚争雄并非儿戏哟！"刘邦听罢郦食其所言心里主意已定："萧卿，朕看在你面上，已饶恕韩信等人死刑，又加封为治粟都尉，一些将士至今仍有些不服，今日岂能再加封于他，更何况三军主帅，一个胯下懦夫有何大才。"萧何诚恳地说："故为明君者，延揽贤才乃第一要事，大王万不可凭一时一事观人，误汉大业。"

刘邦拂袖怒斥道："荒唐！"周苛见状上前来到刘邦身旁低语道："大王，丞相所言有理，依臣愚见，不妨暂任韩信为帅，先试上一试，也不负丞相一片苦心。""不！不！"刘邦连连摇头："丰沛将士随孤王多年，身经百战，立下汗马功劳，一个受辱胯下的懦夫，岂能封他为帅，众功臣宿将岂肯服顺，三军将士岂不说朕赏罚不明吗？"萧何此时心情激动，激昂道："三军将士，功臣宿将，虽有战功，但无一人能比韩信之才能，韩信乃人中之杰，臣知遇韩信才屡劝大王重用。大王如愿长居汉中称王，那就无须用韩信，如愿东向一统天下，非用韩信不可，切望大王三思！"刘邦沉默不语，踱步思索，又连连摇头道："不！不行！不行！"萧何痛切地说："大王，岂不知千军易得，一将难求啊！"周苛劝解道："大王，丞相乃是肺腑之言，不可不听。"刘邦仍然沉默不语。郦食其向萧何拱手道："丞相！下官有一事不明，丞相为何屡荐韩信？下官听说韩信常入相府，众臣背后可议论纷纷呵！"萧何冷冷一笑："郦大人，为人臣者，贵在光明磊落，背后非议非君子之所为吧！"郦食其尴尬地不知所措："这……这。"又含笑道："丞相何必多心，下官也是听他人所言嘛！""哼哼！"萧何冷笑两声，转向刘邦说道："大王既然听而不纳，为臣告辞了！"刘邦也生气地拂袖道："回宫！"内侍高喊："大王起驾回宫！"刘邦愤然而走，众人纷纷紧随。周苛上前向萧何关切地说："萧何兄怎么如此直言，唉……"又紧追刘邦而去。萧何紧锁双眉，忧心忡忡，缓步走出后宫……

萧何与刘邦的争论在朝野上下掀起轩然大波，众文臣武将议论纷纷，樊哙闻知更是恼怒，为了这个韩信，使君臣不和，樊哙决心找韩信报复。一日黄昏，韩信正在一块空地上独自练拳，他刚练完一路拳脚收起架势，早已躲在树后的樊哙走了出来，他嘿嘿冷笑几声："都尉拳法不错嘛！"韩信抬头见是樊哙忙答道："在下露丑了，让樊将军笑话。"樊哙把双眼一瞪，挑衅道："听说丞相在大王驾前保你做我三军主帅，不知你本事如何，今日想领教领教！"韩信谦让道："在下不敢！""那你还想升官。"樊哙冷冷一笑，"今日你若胜我，算你真有本领，你若让我打倒，就快给我滚开，当你的粮官去吧，别他妈让丞相为你说情，让咱们汉室君臣不和。""怎么丞相为我与大王发生了争持！"韩信惊讶地问道。"你别他妈装蒜！"韩信心里一阵内疚，他深深感到对不起丞相萧何，他想走开去找萧何，不要为了他而使他们君臣不和，可樊哙以为韩信惧他，又进一步挑衅道："怎么你害怕了，想走哪有那么容易！"他将外衣一脱，捋起内衣袖子，朝韩信当胸给了一拳。韩信踉踉倒退几步，并不还手，转身想走。樊哙却得寸进尺，把双腿一叉讥讽道："想当年你不是钻过别人胯下吗，既不敢交手，那今日也从我裤裆下爬过，今日本将爷便饶恕于你。""樊哙！"韩信勃然大怒："你也欺人太甚，我是不愿与你相斗，并非惧怕于你！""荷！"樊哙冷冷地一笑："竖子狂妄，胯下小儿你看招吧！"他举手就向韩信面部打来，韩信不慌不忙闪身让过，樊哙见未有打着，便连连发招，韩信实在忍无可忍，接招还击。两人打了10来个照面，樊哙已招架不住，汗流浃背。韩信左手进一虚招，樊哙躲过，韩信右手又迅速打来，樊哙慌忙一闪，韩信下路一脚踢来，樊哙再无法躲过，"扑通"一声被韩信踢了个仰面朝天，韩信轻蔑地一笑，掸了掸脚上的尘土，大踏步走开。

夜幕降临，韩信回到住地，有几十名士卒悄悄来到他房间向他告别，说不愿久居此地，要弃甲归田，问他是否同行，韩信思虑片刻，对众人说道："你们先走一步，我有一事办完，便离开汉营，弃甲归田永不从军。"众人也不好再说，又怕奸人告密，便会一个也走不掉还会丢了性命，因此趁着天黑便悄悄三三两两离去。韩信决心向丞相辞别，免得为了他而使丞相在中间作难，汉王已视自己为草芥，我何需留在汉营，不如弃甲归田算也！他从怀中取出张良信绢，泪水夺眶而出，"嘿嘿嘿"他一阵冷笑："子房你骗我也！萧丞相多次举荐，汉王都不肯采纳，更何况你的一条信绢！看来我韩信命中注定不能实现胸中抱负！要它何用！"韩信想到这将信绢在灯上点燃，信绢在火中慢慢化为灰烬。他起身大踏步向萧何府邸走去。

萧何书斋，皎洁的月光从窗口射入，满屋晶莹。窗外竹影摇曳，秋花掩映，萧何正无限忧郁地坐在琴旁弹奏琴弦，琴声清韵，旋律起伏，侍女秋菊献茶进入书房奉上："相爷，请用茶。"萧荷停止弹琴转身说道："秋菊，天色已晚，告诉夫人让她早点安歇！""相爷近日茶饭不思，夫人十分忧虑，已在厨下亲自给相爷做了点可口膳食。""告诉夫人，让她不要忙碌，今晚我不想用膳。""饭菜已做好，夫人尚等着相爷共进晚膳呢！""唉！"萧何长叹一声："天下未定国事未安，多少黎民百姓颠沛流离，诸侯豪强暴虐无道，我身为汉室丞相不能辅佐大王一统天下为民谋福，心感惭愧呵！"从相爷弹奏琴弦，小女已从琴音之中听出相爷那忧国忧民之情！""哦！你懂音律！""相爷忘了我是从秦宫而来汉营。""哦，我差点忘了，你能否弹奏一曲？"秋菊点点头坐到琴旁，抬腕轻拨，弦下滑出一脉清韵，娓娓如诉往事万千，萧何屏息倾听，秋菊边弹边吟唱：以暴易暴楚吞秦，豪强割据乱纷纷，何日挥戈兴大汉，扫除无道济苍生。

萧何听罢歌声激动地问道："你……你是哪里人氏，如何……？"秋菊停奏回答道："小女原名叫李文娟，家居淮阴城外，10年前秦宫挑选美女，将我姐妹抢入秦宫，那时我刚刚8岁，被送入后宫练歌舞习音乐，受尽了人间疾苦。汉军兵马攻入咸阳，我才与几个姐妹逃出秦宫，投奔汉王军营，又随军汉中，被安排到相爷府中照料夫人。"萧何听完感慨万分："不除暴政，天下一统，百姓焉能安居乐业，我一定全力辅佐大王完成一统大业，可叹大王听不进我肺腑之言，真叫老夫忧心。"萧何正在沉思，秋菊催促道："相爷，不可忧虑过度，现夫人已将膳食准备好，请相爷到厅堂用膳。"萧何点点头走人厅堂。秋菊到琴旁落座，抬腕刚欲弹奏，家童领着韩信来到书房，家童问道："秋菊姐！相爷哪去了？""相爷今日茶饭未进，适才刚去厅堂用膳，不知你找相爷何事？……韩都尉求见！"秋菊起身抬头见韩信走来，她不觉又惊又喜："哦！原来是救命恩人，上次竟忘记问你姓名，原来你就是韩都尉，请坐！我去给都尉沏茶。"韩信落座，秋菊端茶献与韩信："都尉请用茶。"韩信接茶时瞧见秋菊右手腕上的一只玉镯不觉一怔："请问，秋菊姑娘家住何处，家中还有些什么人？"

"小女家居淮阴县，家中有一位老母和一个姐姐。""你姐姐叫什么名字吗？""李紫娟！"韩信又惊又喜："你还有什么名字吗？""我原名叫李文娟。8岁那年被抢入秦宫，起名秋菊。"韩信激动地说："文妹，我可找到你了！"秋菊惊讶地："你是……？""我就是韩信，你韩大哥呀，你8岁时我还教你识文断字，你忘了？"秋菊泪水盈眶一下子扑到韩信怀中，热泪顺颊而下哽咽道："大哥，我娘，她还好吗？""唉！"韩信心酸地长叹一声："自你姐妹被抢走以后，不久她老人家就离开了人世！"文娟伤心地泪流满面："大哥，秦王朝已灭，你可曾见到我紫娟姐？"韩信从怀中取出一只玉镯交给文娟，痛苦地说："她……她为了我，死于楚将项庄的箭下。"言罢，韩信潸然泪下。秋菊双手颤抖接过玉镯，泣不成声："娘！姐姐！你们死得好惨啊！韩大哥，你文武全才，可一定要为我娘和姐姐报仇啊！"韩信扶着文娟："文妹不必太伤心，我正是为了替天下百姓申冤，为你娘和姐报仇，才投军从戎，推翻暴秦，又千里迢迢弃楚投汉，本想投汉有所作为，唉！谁料大王无意东归，我也被小人陷害，几乎丢掉性命，若不是丞相全力相救，恐怕我早已作了刀下之鬼。"秋菊擦擦脸上泪水，温柔地说道："相爷多次提到韩都尉很有才华，据我所知，他多次在大王面前举荐于你。"韩信感慨地："人生在世，遇一知己足矣！相爷为了我生了不少闲气，真让我于心不忍。""是啊！"秋菊叹气道："相爷整日长吁短叹，茶饭不思，他为举荐大哥多次与大王发生争持！"韩信倒背双手紧皱双眉陷入沉思："现文娟妹已找到了。我心愿已了，她在萧丞相府中我也就放心了。"秋菊见韩信沉默不语，忙说："韩大哥，你想什么呀，相爷刚去用膳，待我去禀报一声。"韩信忙阻拦："文妹不必了，既然相爷正在用膳就不打搅相爷了，我走了！"韩信转身离去，秋菊恋恋不舍地说："大哥你常来呀！"韩信走到门外又对秋菊嘱托道："丞相为国为民呕心沥血你要好好照顾他。""嗯！"秋菊眼含热泪点点头。

韩信离去多时，秋菊仍站在门口呆呆地发愣，萧何与夫人用罢晚膳轻步走来，夫人见秋菊问道："菊儿如何站此发愣？"秋菊猛然清醒，转身忙施礼："相爷，夫人！"慌忙摆椅让座，萧何爱抚地问道："菊儿怎么眼含泪水？"秋菊擦了擦两眼热泪慌忙答道："没……没什么，适才我韩信大哥来过，不知找相爷何事？""怎么韩信是你大哥？"萧何又惊又喜。"他少年时居住我家，我娘如亲人一样待他，他时常教我识字，待我如同亲妹。"萧何若有所悟道："噢！我明白了，别人说他寄食漂母，就是在你家中喽？""当时我娘靠洗衣为生，人称漂母，韩大哥住我家帮我娘做了不少重活，怎能说他寄食我家，一些流言蜚语就是可恨！"萧何理解地频频点头又对屋外喊道："童儿，掌灯与我到韩都尉营中。"家童应声："是！"夫人急忙阻拦道："慢，相爷，天色已晚多时，有事明日再讲不迟。"萧何沉思片刻："也罢！明日我定与他好好交谈，韩信实乃难得的人才，汉室要一统天下，非用韩信不可。明日早朝我再尽力保举，大王若再固执己见，我就交出相印。""你呀什么时候能改掉那牛脾气。"夫人微笑地说道。秋菊对萧何道："相爷、夫人时候不早了，还是早点安歇吧？"夫人点点头，挽着萧何姗姗走入寝室。

夜深人静，约四更时分，萧何与夫人睡得正香，忽然窗外一阵急促喊声："相爷！相爷！"萧何被惊醒，掀被坐起问道："谁呀，何事这样惊慌？"家童在窗外说道："禀报相爷，适才守城军校来报，说昨晚韩都尉骑马出了此门，至今未归。""啊！"萧何吃惊地急忙更衣起床又连声问道："为何此时才报？"家童说："军校来讲，昨晚一更时分韩都尉要出北门，军校问他，他说去城外粮仓巡哨。但至今不见回城，近来离营逃走的将士不少，怀疑韩都尉恐怕也是外逃，因此特来禀报相爷。"萧何慌忙起身走出寝室，向家童说道："童儿快去备马！"家童迟疑地说："相爷，如此深夜要上哪去？""去追韩信，追韩信！"萧何心急如焚地喊道。"相爷，我也随你一同前往！"萧何点头答应："嗯！快！"萧何出了相府大门，家童已从马厩牵出了两匹好马，萧何与家童翻身上马，打马扬鞭直奔北门，守城军校闻听丞相要出城门，哪敢怠慢，立即开了城门，一名将佐随口问道："丞相要到何处去。"此时萧何心急如焚，来不及搭理便狠抽马股，两匹快马飞奔出了城门。

秦岭山麓，留坝境地的寒溪河畔，一轮明月徐徐而起，月光给整个山麓披上一层银辉。韩信骑马奔走一昼一夜，感到人困马乏，当行到寒溪河边，见河水猛涨，水深浪急，已知上游暴雨发洪，很难蹚水过去，便下马止步。他捧河水勉强喝了几口，坐在一块大石上吃干粮歇息，一位樵夫走过，他急忙上前打问前面道路，樵夫告诉他河水猛涨，只有等到水位下降蹚水过河，才能北上翻越秦岭，他无奈只好叹气在此歇息。樵夫走远，韩信陷入深思，偌大天地怎容不下我韩信一人，我堂堂七尺男儿，空读圣书，又习武艺，徒有雄心壮志，却报国无门，他想到这起身向汉都南郑城方向单腿一跪，自言自语道："丞相，蒙你多方关照，信实难留于汉地，辜负了你一片苦心，韩信在此遥向拜辞，望恩相多多保重！"言罢，韩信起身牵马沿河而上，他刚走两步，忽闻几声马嘶，马蹄哒哒声越来越近，只听马上之人高声喊道："前面之人请留步！"韩信吃惊地回头一望，只见两匹快马飞奔而来，来人渐渐清楚，竟是丞相萧何！萧何在马上看见韩信，顿时喜出望外，放声高喊："都尉留步！"韩信闻声止步，萧何污衣垢面来到韩信跟前，下马气喘吁吁拉住韩信双手："都尉……！""丞相……！"韩信泪水夺眶而出。家童也下得马来说道："我们相爷闻知都尉他去，急忙起身连夜追赶，还好总算在此地追上，一天一夜可把相爷累坏了。"韩信内疚地说："丞相！让你受累了！"萧何爱抚地说："你我一见如故，要走，也得告诉我一声嘛！"韩信"扑通"一声跪下痛哭道："丞相，请恕罪！""都尉请起，请起！"萧何扶起韩信："男儿有泪不轻弹嘛！横枪跃马洒热血，方才是英雄本色。"韩信抹去眼泪："我本想在汉军中干一番事业，辅佐汉王统一天下，可是大王偏信谗言、视我如草芥，虽丞相几次犯颜推荐，但大王充耳不进，我又恐再连累丞相，故决心离汉，弃甲归田永不从戎！"萧何微微一笑："都尉所言差矣！都尉满腹经纶，武艺超群，何不建功立业，做番大事流芳百世，怎能出此下策，私离军营，更何况还要弃甲归田！"韩信沉默不语，萧何又说道："都尉年轻，万不可蹉跎岁月，虚掷年华，荒废有用之身呵！当今天下，能成大器者，汉王刘邦也，凡事总有个前前后后，都尉若轻易弃而远走，将来会遗恨千古呵！"韩信迟疑不决道："这……汉王嫌我出身贫贱，留之何益！""大王十分器重人才，只是尚未知你，老夫可做担保。""唉！"韩信长叹一声："丞相多次为我，可结果大王他……？"萧何含笑道："伍子胥七荐孙武，孙武方被吴王所用，我也不过才两荐都尉啊！"见韩信犹豫不决，萧何又说道："都尉不必再犹豫，跟我速回军营，这次大王若再固执己见，一意孤行，不重用都尉，本相愿随你一道弃甲归田，不知都尉意下如何？"韩信心被说动，他激动地拔剑向天盟誓："生我者父母，知我者丞相，我韩信如若不能全力辅佐汉王统一天下，誓不为人！""好！"萧何称赞道："你我同心协力辅佐大王共建大业。"家童心里也十分高兴，将马牵到萧何、韩信身旁，他们翻身上马打马扬鞭高高兴兴返回汉营。

韩信随萧何回到汉营，萧何进宫三荐韩信，由于萧何再三陈述，刘邦终于点头亲试韩信才能。韩信讲了时局和楚汉相比的优劣，如若汉王起兵东向顺应民心，先夺关中，关中既下，汉便依秦为据地，然后再图天下，王业可成。刘邦得到韩信一番陈述，顿时茅塞顿开，但又一想通往关中的栈道已被烧毁，他愁容满面地又问道如何能先夺三秦。韩信来到刘邦身旁只悄悄低语几句，刘邦开怀大笑："妙妙妙！"他赞不绝口："真是与张良所献计策火烧栈道珠联璧合！"他拉着韩信惭愧地说道："都尉果是奇才，只恨以前自己糊涂。"刘邦立即封韩信为大将，萧何急忙阻止，言道千军易得一将难求，汉室封大将军，应该筑坛拜将才是。刘邦采纳了萧何建议，便立即筑坛，于汉元年八月，秋，乙未日，拜韩信为东征大将军之职，统管三军人马。

暗渡陈仓

汉王刘邦自拜韩信为大将后，三军经韩信操练月余，兵马已基本操练精熟，士气高昂，刘邦甚是高兴，与韩信、萧何商量后，决定择日东征。

大将韩信府内大厅，今日云聚着汉室各文臣武将。汉王刘邦上首落座，左萧何、右韩信两旁相陪，韩信精神焕发，身穿金甲玄衣英气勃勃，下首各文武大臣伫立两旁。刘邦春风满面地高声说道："我汉室将于明日起兵东征，韩元帅早已拟就进兵方略，望众卿细听！"众人都鸦雀无声默默细听，韩信望了众人一眼，见个别武将还怀有轻蔑的眼光，他只是微微一笑，对众人说道："近月余已将人马操练一番，我又遣三千将士修筑栈道。众人定会疑问，这秦岭山中栈道已经烧毁，这三千将士修复得何年何月，明日如何起兵东征。这遣兵修筑栈道只不过是掩人耳目麻痹章邯而已。我弃楚投汉时经老猎人指点出一条捷径小道，此道虽然难行，但只要稍加修铺可以直捣陈仓。这叫明修栈道、暗渡陈仓，奇袭章邯。"众人听罢这才放下心来，人人显出敬佩之情，并齐声回答："谨遵帅命！"

雍王宫后殿。饮酒赏舞一夜的雍王章邯，太阳升起老高才慢腾腾晃悠悠地从寝室内走入后殿，他刚坐下，一名侍女便端来人参银耳汤奉上。章邯接汤刚喝一口，一内侍慌慌张张跑来禀报："启禀大王，大事不好！""哦！"章邯吃惊地："何事如此惊慌？""探马来报，汉王刘邦已准备东征，数日前派千名士卒修复秦岭山中栈道。"章邯听罢不乐意地说道："区区小事也值得如此惊慌失措，山中栈道甚多，他何年何月才能修好，还不给我退下。""是！"内侍默默退下。章平又慌张进殿禀报道："大哥！据探马来报，刘邦已拜韩信为大将，号令15万大军，要夺我秦地。"章邯冷冷一笑："刘邦真是痴心妄想。哦！韩信是何许人也？""禀大哥，韩信就是楚军霸王麾下的持戟郎中。"章邯听罢哈哈大笑："嗯，却原来是一个受辱胯下、毫无志气的懦夫。刘邦如此糊涂，怪不得他行为乖谬，前烧栈道已是失策，今又修复栈道，只派遣千名士卒，看他何时能修通，不必理睬。"章平劝慰道："大王，还是防备为好！"

章邯略一思索："好吧，贤弟就带上5万人马，据守陈仓道，孤王再令其他将佐率领人马在秦岭道口修筑堡垒，料他插翅难到我废邱都城！"章平很是称赞："大哥，不愧久经沙场，布防有理，妙！妙！"

秦岭山中褒斜道上,汉军将士汗流浃背地铺设栈道。有两匹快马奔来,一名将佐下马来到统军周勃、灌婴身旁高声喊道:"韩元帅有令,周勃、灌婴修筑栈道监督不力,革去监工之职,带回汉都听候发落!"说罢,冲他们挤了挤眼。周勃心里明白假意发着牢骚:"他娘的,干了这苦差事难道还要伏罪不成!"另名将佐拿出韩信令箭:"将他二人拿下,带回营中,此处由我二人监工,继续加紧修复栈道。"

汉都南郑城夜晚,韩信带领一支大军悄悄离开南郑,向北挺进。后边大队人马在韩信留下的标记下紧随。天刚拂晓,陈仓道上雍军将平的营寨隐约可见,韩信率领着3万人马翻山越岭,披荆斩棘经过几天的行军,终于顺利走出秦岭。韩信见章平营寨,一声令下,汉军人马以排山倒海之势攻入敌营。一片喊杀声,章平才从梦中惊醒,他慌忙从寝室内跑出中军大帐,见到处都是汉军人马,吓得魂不附体,他盔甲未穿慌忙从后账中牵出战马,慌不择路匆匆而逃。经过激战,雍军死伤无数,溃不成军,纷纷投降。汉军人马大获全胜。韩信从一士卒怀中取出3只白鸽,拴上信绢,放于空中。3只鸽子在蓝色的天空盘旋一圈,然后向汉中方向飞去。韩信命周勃、樊哙速带2万人马向废邱雍都进发,围困雍宫,歼灭章邯。

汉都南郑城内,一只鸽子落入汉王府庭院内,一内侍见着鸽子提住,从鸽子腿上解下小竹筒,急忙进宫献于汉王面前,汉王刘邦从竹筒内取出丝绢展开一看心花怒放,他立即对内侍下旨:"快,速传孤王旨令,宫内准备向秦地进发!"丞相府一只白鸽子落入文娟手中,文娟从鸽腿上解下信绢,急忙向丞相萧何献上,萧何一看满意地一笑:"准备启程!"军中夏侯婴也从一只鸽子腿上取下信绢,哈哈大笑道:"元帅果然奇才,来人,立即拔营起寨,三军向秦地进发。"翌日清晨,汉王刘邦率领着汉军人马及后宫、辎重、粮草缓缓向秦中行来。

废邱城,雍王宫主殿,龙灯凤烛香烟袅袅,章邯左右依坐着红裙舞女,翠袖歌姬,在悠扬的乐声中饮酒观舞。一将佐进殿禀报:"启禀大王,汉军修复栈道又增加不少百姓,已修好一处。"章邯冷冷一笑:"几百里栈道才修好一处,他何年尚能修好,看来韩信乃蠢夫也!不必理会,陈仓道已有章平把守,汉军插翅也难飞到我废邱城!"忽然殿外一阵凌乱的脚步声,章平垢面污衣与几名逃回的将佐跌跌撞撞冲进大殿,跪伏于地,失声痛哭。章邯大吃一惊,他一挥手,众舞女退下,乐声止。章平战战兢兢说道:"大王,陈……陈仓……!""陈仓怎么啦?"章邯追问道。"陈仓……失守!""啊!"章邯差点昏倒,他怒掷酒杯:"你……你如何失守,又是何人夺去?"章平哭泣道:"是韩信所率汉军人马!""啊!难道汉军兵马是从天而降不成?栈道尚未修好,汉军从何处而来,难道他们真能插翅高飞吗?"一将佐道:"大王,汉军未走栈道,是抄一条小径暗渡陈仓,现汉军已直奔废邱城而来。"章邯此时心急如焚,一军吏慌张进殿禀报:"启禀大王,汉军兵分三路已杀到城下,将城池团团围困。"章邯急忙登城据守。

雍城外,韩信率领几万将士猛攻雍城,号角阵阵,杀声连天,雍兵抵抗不住,纷纷败退城内。

章邯在大殿内心急如焚,他令一名军校抬刀备马,决心与汉军决一死战。他刚出大殿,一将佐慌慌张张跑来禀报:"大王,大事不好,不知城外何处涌来大水,已淹死我无数兵马,汉军已驾起船舟攻进城内。"章邯大惊失色,断定是韩信堵截了河水,又放水淹了城池。

汉军杀进城内,双方将士展开格斗,雍军又死伤无数。章邯、章平带领着百名士卒向城北仓皇逃命。他们刚出北门,一队人马拦住去路,为首一员大将金盔铁甲,手持长枪,在阳光下更显得英气夺人。左有周勃、曹参,右有樊哙、灌婴。章邯一见,吓得魂飞天外。韩信在马上高喊道:"章邯,本帅在此等候多时了,快快下马投降吧!""胯夫小儿,孤王久经沙场,没想到今日败在小儿你的手里,今日孤王与你拼了!""哼哼!"韩信冷冷一笑:"章邯你恶贯满盈,今日便是你归天之日,休走,看枪!"说罢,横枪跃马直奔章邯而来。章邯见势不妙,与韩信才交两个回合,便拨马向城内逃去。百名雍军士卒被汉军杀死杀伤,不少人跪地投降,章平被樊哙生擒。章邯逃回城内跑进宫中,韩信随后率领人马杀到,章邯又逃入大殿,韩信持剑追入大殿,后面曹参、周勃、樊哙、灌婴等将佐一拥进殿内。韩信怒呵道:"章邯匹夫,看你还想往哪里逃!"章邯见无路可走,前后左右均被汉军将士团团包围,遂出利剑向脖颈一抹自刎而亡。此时夏侯婴也已赶到,他向韩信禀报道:"启禀元帅,我汉军已分扎雍地各处,汉王及丞相和后队人马翌日即到。"韩信大喜:"好!我军大获全胜,夏侯将军,速禀告大王,雍地全部平定。"随后,韩信又部署军马,兵分两路夺取塞地栎阳城和翟地高奴城,全部占领秦地。

一个月后,汉王刘邦率军进入废邱城。这时韩信已扫平塞地、翟地,司马欣、董翳二王相继投降,三秦全部平定,韩信班师回朝。

东拒北征

公元前206年底(汉一年)韩信夺取三秦后,刘邦在秦地栎阳城建都,开放秦林苑,奖民耕作,减赋税,赦罪人,改秦社稷为汉社稷,关中大治,汉室崛起。同时谋臣汉军师张良在老母病故后,又从韩国返回汉室。项羽闻听三秦丢失,决心起大军讨伐,无奈三齐田荣举旗谋反,首先叛楚,项羽率大军尚在攻打齐都脱不开身。这时,张良又用一计,写书一封送与项羽,陈述时局利弊,信中写道:"霸主项羽陛下,张良乃一介草夫,虽跟随刘邦,但能深明事理。汉王虽然失职,但只收复三秦,如前约即止,在三秦称王足矣,不再东进。唯有三齐叛楚,妄想灭楚称霸天下,故寄书阐明汉王之意,请霸主见谅!"范增知是张良施计,便请项羽暂且放下齐都不攻,先举兵攻打刘邦。无奈项羽认为不灭三齐,不杀死田荣气难咽下。刘邦虽夺三秦,并没举旗反楚,因此先平三齐后伐刘邦。谁知,这样一来,便使刘邦在关中站稳了脚跟。汉室有了喘息之机,刘邦采纳韩信之策,速在三秦大地招兵买马扩大实力。三秦大治,百姓安居乐业,只等夏收后起兵东征。刘邦此时思念家乡丰沛居住的父亲、妻子和儿女,便想派一支大军迎取。韩信已料范增必然派楚军监视汉王眷属,若汉遣兵接人,只怕人未接来,太公、吕雉和一双儿女命会休矣!刘邦心急如焚,韩信建议派两名熟悉丰沛地理的心腹乔装成商人去丰乡暗中接太公及吕雉。张良也赞同此计。刘邦无奈,只好派薛欧、王吸二位偏将去丰乡迎取眷属。

关中平原今年夏粮遇上了大丰收。汉室粮仓均已堆满,三秦百姓丰衣足食,人人喜笑颜开。汉王宫主殿内这几日议事激烈,经过韩信、张良多方争议,刘邦才决心东征。但汉王刘邦决意亲统大军前往,关中大地交于长子刘盈据守。上次太公及吕雉因楚军监视很严未能迎回,只把长子刘盈偷偷接走。长子刘盈年幼,令曹妃娘娘相辅,丞相萧何辅佐据守栎阳城。

此时楚军项羽正讨伐三齐相持不下,汉军才乘隙而出,率军东征。从临晋渡黄河入河南,殷王司马卬率军阻拦,韩信略施小计破了殷军,活擒司马卬,汉军浩浩荡荡直抵洛阳。此时楚军项羽遣都尉陈平率军援助殷军,半途才知殷军大败,司马卬被活擒,陈平恐项羽治罪,便独自一人弃甲到洛阳城投汉。刘邦见陈平面如冠玉,相貌非凡,便委之重任。陈平降汉后献上一计,让汉军乘项羽尚在千里之外攻打三齐,何不乘隙攻下楚都彭城,刘邦甚是高兴。便决意亲统大军前往,让韩信据守洛阳。韩信多次谏阻,刘邦不听,他恐韩信再夺彭城立功,功高震主,故让韩信据守洛阳。汉军一路所向披靡攻下楚都彭城。项羽此时已攻下齐都,杀了田荣,立田假为齐王。当项羽闻知刘邦偷袭了彭城,立即起大军杀回彭城。刘邦做梦也没想到项羽会率大军悄悄杀回,汉军大败,死伤几十万人马,汉王刘邦差点还丢了性命,多亏太仆夏侯婴死死保驾才得以逃回。韩信闻知汉王刘邦大败,便亲统人马前往荥阳救驾。刘邦被救回,可汉军元气大伤,多亏韩信在荥阳多次击败楚军追兵,汉军才得以喘息。要不项羽会一鼓作气直追杀到三秦栎阳城中。在关中栎阳城中,丞相萧何闻知汉军大败,便征来新兵卒数万和筹来粮草数十万,让长子萧平与文娟亲押荥阳城中,汉军得到补充,军威才开始振作。

荥阳城。韩信巡城刚回到府邸,进书房卸下戎装,一名侍卫献茶置案,韩信端茶刚呷一口,忽然闻听一女子喊声。韩信不由自主地转身一看,见门口站立一人,心中一怔,然后喜出望外:"小妹!你何时来的,快请坐。"文娟进房内假意生气道:"我前日与萧平就到荥阳城,今日又到府门等候多时,难道大哥有意躲着小妹。"韩信歉意道:"哪里,大哥近日十分忙碌,昨日听说小妹已到荥阳,却没空去看望,望小妹多多原谅!大哥这里赔礼了!"文娟"扑哧"一声笑出声来:"谁让大哥赔礼!你为汉室江山日夜操劳鞍马劳顿,小妹岂能不知!"韩信上前一步握住文娟双手:"你们将人马粮草送来得太及时了,真不知如何感谢。小妹,何时返回关中时请代吾向丞相及夫人问安!"文娟含情脉脉地望着韩信那饱经风霜的脸颊,不由一阵心酸:"小妹真想变株小草,随大哥战马驰骋,任大哥双脚踩过,就是碾成灰,也能落到大哥身边。小妹此次早已想好,不回栎阳,永远侍奉在大哥身旁。""傻妹子,你说哪去了,想我韩信自幼孤独,幸运遇上小妹一家好人,吾才有今日,吾何曾不想有个贤妻做伴,呼儿唤女?然国不宁,心难平,惶惶乱世,刀光剑影,天下不一统,纵有娇妻爱子,也难享天伦之乐。况且丞相与夫人身边更需要你去照料。小妹还是回到栎阳去吧,大哥怎忍心让小妹流血沙场……"文娟被感动,深情地点了点头。此时一名侍卫进来:"启禀大将军,大王驾到。""哦!"韩信一怔:"大王今日亲踏宅门,定有大事,传令!府门列队迎驾!"侍卫离去,文娟也起身告辞。韩信急忙整衣出府门迎驾。

此时刘邦在张良、郦食其、周苛等人簇拥下慢步而来。韩信率众武士列队相迎。刘邦在众臣簇拥下来到厅堂上首落座。众臣分立两旁,二侍卫急忙献茶。刘邦呷了一口茶水,然后歉意地说:"彭城进兵,朕未听韩卿言,至今悔恨莫及。现各地诸侯趁势倒楚反汉,汉被孤立,又兵力不足,朕的宏业恐难实现。不知韩卿有何高见卓识?"韩信微笑说道:"大王可曾记得昔日在汉中起兵东征之时,你我君臣商议的大策?"刘邦淡淡一笑:"这,孤王怎能不记得。但是现形势所变,我汉军已遭挫败，如何能与这强楚争雄？""大王，楚虽强盛，但不是不可破。争夺天下不能凭一时强弱而定。汉军虽弱，只要分兵两路，采取东拒北征方略定能夺取天下！"刘邦高兴地从座位上站起："何为东拒北征？"韩信说道："大王可差遣一部人马，从荥阳起兵，向北挺进，先取魏，再入赵夺燕，然后从燕入齐，平定北方，扫除楚的两翼。等北方已定统归汉属，然后北、东二路南下会师，合击楚军。"刘邦满意地点点头："嗯！那东拒……？""就是坐镇荥阳牵制楚军西进，防楚夺我关中，与楚周旋在荥阳，使楚无力顾及北方。等北方平定，两路夹击，何愁不破楚军？""嗯，此策不错！"刘邦转念一想："可是北征谈何容易……？"郦食其也插话说道："北征兵马太少，加之路途遥远，山径崎岖，给养供应困难重重，任重道远，何人能率军平定北方？"韩信思虑片刻："大王！臣愿率一部分人马平定北方！""这……！"刘邦有些犹豫不决。张良急忙提醒："大王！北征非大将军莫属！"刘邦猛然醒悟："哦，对！对！北征非韩卿莫属，朕封你北征大元帅之职。"韩信急忙起身施礼："谢大王！为了汉室一统大业，臣就是赴汤蹈火，也在所不辞！""好！"刘邦高兴地说，"朕等候韩卿佳音，朕亲统一部分人马东拒楚军。"此策就此定下。刘邦率众臣回到行宫，韩信分了一部人马待命出发。

荥阳城外。校军场上，旌旗招展，北征兵马个个精神抖擞，威武雄壮。一面帅字旗在队列前迎风飘扬。将佐曹参、灌婴骑马立于队前，韩信在两名侍卫相伴下身穿金甲玄衣走来。曹参急忙下马来到韩信面前施礼："启禀元帅，北征兵马准备完毕，待命出发。"韩信点点头，然后拔剑在手向空中一举，号令三军："北征将士，同盟一心，不负众望，扫平北方！"众将士齐声振臂高呼，呼声响彻云霄。刘邦在众臣簇拥下慢步而来，韩信迎上，刘邦拉着韩信手来到队前，望了望汉军阵容，满意地笑道："韩卿不愧为大将之才，朕有韩卿，何坚而不摧也！"韩信向刘邦道："臣以为，北征虽说不易，东拒更不可小觑。荥阳城中三军人马全靠敖山粮仓，此仓万不可有失。请大王切记！"刘邦淡然一笑："韩卿放心，敖仓有周勃将军据守，不会有失。卿即起程，勿负朕望。"

于是，韩信率兵马踏上了北征的路程。

背水列阵

韩信率军北征，大军到了临晋津，望见对岸统是魏兵，不便轻渡，乃择地安营，赶办船只，与魏兵隔河相距，暗中却派士卒探察上游形势，不多时探马来报，上游的夏阳地方魏兵把守甚少。韩信听后，便已想出一破敌之策，他令曹参带领人马入山，砍伐木料，不论大小运到军中。曹参领令走后，韩信又令灌婴带领将士分往市中，购买瓦罂，每瓦罂须容纳二石，购买千数，灌婴领令去办。没有几日，曹参、灌婴统统回来缴令，各将木料瓦罂一律办齐。二将心中纳闷，便直言问韩信："元帅，用木料及瓦罂做甚？"韩信微微一笑从怀中取出两条信绢："汝二人各取一条，看后自然明白！"二将接信绢在手，出了大帐，展开一看，原来元帅是让他二人制造木罂。这木罂造法，信绢画有图形，原是用木料夹住罂底，四周缚成方格，把千罂分做数十排。让二将制好以后再行请令。灌婴对曹参道："元帅葫芦里卖的什么药，渡河船只已有，造这木罂有何用？"曹参微微一笑："想元帅定有妙计，我等只依法制做罢了!"二将星夜赶造,不到数日,已将木罂制齐,前来缴令。韩信满意地点点头:"待至黄昏,灌婴你留兵数千,只准摇旗呐喊擂鼓助威,守住船只,不得擅自渡河,违令者斩!""是!"灌婴领令出帐。韩信又对曹参道:"曹参与本帅率军搬运木罂,连夜行到夏阳,即将木罂放入河中,每罂内装载兵卒两三人渡河,不得有误!"曹参领令出账后,立即行动,率军将木罂运到夏阳。韩信与曹参一同率军乘坐木罂划到对岸。那魏将柏直只是注意把守临晋津,不使汉军渡河即可,哪想到韩信用木罂渡军。夏阳平日守军甚少,见河面没有船只,只是放心睡觉。天色已亮,汉军人马全部渡过。曹参拍马舞刀杀奔魏营,魏兵尚在梦中毫无抵抗,纷纷投降,魏将柏直被杀。汉军直杀到魏都平阳,魏王豹闻听慌了手脚,亲自开城迎敌,他既无韬略,又无本领,未战几合,被韩信曹参将帅二人活擒,魏兵见魏王豹被擒,纷纷弃甲投戈跪降。魏地平定。韩信令人把魏王豹及家眷囚入槛车运往荥阳听候汉王发落。

再说项羽自彭城大捷、汉军元气大伤,心里十分高兴。本可乘胜追击直捣关中,无奈被韩信率军拦阻,只好班师回朝。这一日早朝,项庄启奏:"启奏陛下,据探马来报,汉大将韩信率军北征,已夺取魏地,活擒魏王豹。"项羽大惊,问众臣道:"汉军上次彭城兵败,已死伤几十万人马,他怎有兵力北征?这韩信胯夫真不简单,当初悔不该没纳丞相之言,使胯夫小儿弃楚投汉。"丞相范增急忙出班启奏:"陛下不可忧虑,汉军此次能北征说明兵援已补上,但汉军不会有多少兵力,韩信北征,荥阳城内必然兵力不足,何不将计就计来个马踏荥阳城,乘势活擒刘邦,灭了汉军,看他韩信又能如何?"项羽点头称赞:"丞相所见正合吾意。"项羽立即下令,发倾国之兵马踏荥阳。

再说汉王刘邦闻知韩信大捷,魏地已平,又见魏王豹及眷属押到,心里十分高兴。他见豹妾薄姬颇有几分姿色,想纳为妃,恐又怕大臣们非议,他只好把近臣郦食其召入后宫商议,郦食其已摸清刘邦心意,便说道:"大王既然看中,何惧他人言语,纳入后宫便是,至于魏王豹等人愿降者纳为营中为奴,不愿降者杀掉就是。"汉王刘邦满意地点点头。郦食其手将胡须进谏道:"常言道:害人之心不可有,防人之心不可无,韩信北征率精兵远去,难道大王就没多虑?将在外,君命有所不受哟!"刘邦微微一笑:"朕赐两名心腹侍女,卿不懂朕的用心?""臣虽猜出一二,可是大王据守荥阳,万一项羽发大军围困荥阳……?"刘邦淡淡一笑:"朕已考虑过兵来将挡,水来土围,朕坚守荥阳,项羽奈何不了!""如若先取敖仓,断我军粮草岂不……?"郦食其又说道:"周勃几万人马能否抵挡楚军大兵压境?""这个……"刘邦有些张口结舌。"依卿之意?""速调曹参、灌婴二将精兵协同周勃据守敖仓,如若不然荥阳将会……!"郦食其不再向下说去。刘邦心里明白,立即传旨,速调曹参、灌婴两支精兵回兵据守敖仓。

且说韩信据有平阳,筹备伐赵,此时汉王使命到,韩信立即接旨,原来是调曹参、灌婴两支精兵回师荥阳,据守敖仓。韩信遵旨,只好让曹参、灌婴率军离去。曹参、灌婴二将本是韩信左右臂,这一离去兵力减去大半,使韩信显得沉闷压抑,他独自一人在书房内推开窗户,眼望那乌云翻滚的天空,不由长叹一声,陷入沉思。从他那布满血丝的双眸中,可以看出他那难以言状的痛苦和焦灼。此时两名偏将靳歙、陈豨走进轻声道:"元帅!"韩信慢慢转过身来:"二将请坐。"靳歙眼含泪水:"元帅,大王对咱们也太……!""别说了!"韩信苦笑道,"大王也有他的难处,虽调走曹参、灌婴两支精兵，但也是为了荥阳安危，万一敖仓失守，后果不敢设想，这关系到大王及众臣的安危！""那我们北征还进军不进？"陈豨不满地说道。"才刚刚夺取魏地，就将人马抽走一半，这伐赵还伐与不伐？""要伐，不但要伐，还要取胜才行！"韩信坚定地说道。"这人马粮草从何而来？如今咱们北征军只剩下 1 万多人，这……"陈豨又忿忿不平地说道。"不是本帅让你们抓紧四处募兵吗？""刚招募的新兵，又能如何争战！"韩信坚定地微微一笑："只要我等抓紧操练，指挥有方，新募兵丁仍可以驰骋疆场，杀敌取胜。"韩信接着又说："此时此刻要以大局为重，咱们将帅要团结一心，才能北征胜利，走，咱们到募兵处看看！"陈豨与靳歙点点头跟随韩信来到募兵处。远远就见募兵处三五成群的青壮汉子踊跃报名参加汉军，一个个穿戴汉军服装喜笑颜开。又走到另一处，见四方百姓肩担、背扛着粮草纷纷交售给汉军，将士一一付清银两。韩信望着一切，与靳歙、陈豨互相对视满意地一笑，靳歙高兴地问道："元帅，何时起兵伐赵？"韩信果断地答道："再等几日，粮草筹齐，择日起兵直驱赵都。"

且说赵王歇闻知韩信伐赵，慌忙令赵相陈余率军扼险固守，阻住汉军。赵有一谋士广武军李左车，进言陈余道："韩信乘胜远来，锋不可当，但臣闻他新募兵卒，粮草又匮乏，他敢远道至此，必利速战。好在赵国门户，有井陉口为险阻，车不能行走，马不成列队，彼若从此处进兵，势难兼运粮草，所有辎重定在后面，请丞相给为臣 3 万人马，由间道潜出，截取汉粮，丞相深沟高垒，勿与交锋，韩信前不得战，后退不得还，荒野无所掠食，汉军不出十日，必然自乱，那时微臣便将韩信首级交于麾下！否则，虽有险阻，不足深恃，恐反被韩信所擒。"陈余本是书生出身，见识迂腐，又不尚诈谋，他怎能采纳李左车之计，立即呵退左车，使之离去。

再说韩信率领大军行至井陉口，天色微明。他吩咐靳歙、陈豨如此这般授以密计，令他们分头去办，二将领令而去。韩信令裨将分给干粮，叫全军暂时果腹，传谕将士道："今日便好破赵，待成功后，会食未迟。"将士都很惊疑，但又不敢细问，只好按令行事。韩信又挑选精兵万人。令其渡过泜水，背着河岸，列阵等待。赵军望见汉军背水列阵，不禁窃笑，就是汉军将佐也都惊疑。但都知元帅平日善于兵谋，往往令人不测，所以依令照行，不敢违抗。韩信率军渡河到了对岸，见赵兵据险立营不肯出战，便令将士扬旗示众，击鼓助威，并大模大样率军闯入井陉口。

此时早有赵军士卒报告陈余，陈余大开营门，麾兵出战。赵兵仗着人多势众，一拥上前来围韩信，韩信传令撤兵，并令将士抛下帅旗，掷下战鼓，一齐返奔，驰还泜河营寨。陈余部众得胜，奋力追击，还有居守营内的赵兵，也想乘势邀功，赵王歇也拥了出来。掠取汉军旗鼓。韩信率军退到泜河边，陈余率赵兵追至。泜河岸边本有汉军列阵等待。见韩元帅回寨，立即出兵拒陈余兵马，韩信立即下令全军将士与赵军决一死战，退后者斩。元帅令下，个个奋勇，人人争先。一场鏖战，赵兵死伤无数。陈余见时已中午，将士人人都已腹饥，不能再战，便令撤兵。不料到了途中，望见赵营寨中旗帜已变颜色，仔细辨认，才看清是汉军旗帜，不由得魂驰魄丧，色沮心惊。正在慌张之时，突然斜刺里冲出一军，乃是汉左骑将靳歙、傅宽引兵杀来，陈余急忙率部对阵。突然又有一路汉军人马杀来，当头拦住，为首者陈豨、张苍，吓得陈余不知所措。三路人马合击，赵军大败，陈余被杀，赵军将士纷纷跪地投降。汉军大获全胜。韩信升坐大帐，靳歙押到一个俘虏推入帐中禀报："启禀元帅，汉军大

89

捷,末将已活擒赵王歇,前来交令。"韩信大喜,令人推出帐外枭首示众。赵王歇被斩,赵地扫平。汉军进入代郡城歇息休整。

韩信率军驻扎代郡城后,他又在帅府内伏案查阅燕、齐地形图,侍女翠珠献茶置案,靳歙、陈豨、傅宽等将佐抬着一坛酒,带领十几名偏将径直走进府门,来到屋内喜气洋洋跪拜朝贺:"恭喜元帅,贺喜元帅,祝元帅身体安康!"韩信抬头一笑:"众位!这是为何,快快请起!"众将起身,靳歙倒满一杯酒呈上:"伐赵大捷,今日我等特备薄酒一坛,以表我三军将士敬佩之心,请元帅先干三杯!"韩信无奈只好盛情地接杯连干三杯。众将齐声称道:"好!"陈豨高兴地上前几步施礼道:"元帅,众将士至今不明,特来请教元帅!""哦!"韩信惊喜地问,"众将何事不明?"陈豨很敬重地问道:"元帅大战赵军20余万,背水列阵,乃是兵家大忌,竟然得胜,这是何原因?"韩信望望众人微微一笑:"你等虽阅读兵书,却未得奥旨,所以生疑,兵法云:陷之死地而后生,置之亡地而后存,便是此意。请想,我军新旧夹杂,本帅又无分身之术,促使将士奋勇杀敌,惟置死地,使将士人自为战。然后才勇气百倍,无人可挡。这又如兵法所言,驱市人为战,不能不用此术也!"众将听罢无不佩服。此时一士卒进来禀告:"启禀元帅,赵谋士李左车捉拿到,请元帅发落!""哦!"韩信又惊又喜:"上次井陉口大战,让他走脱,此人非同一般,将他带进来!"李左车被缚,被两名士卒押了进来。他立而不跪,韩信一拍几案:"李左车,你因何不跪。""哼!"李左车心里不服。"可惜赵王、陈余昏庸君臣,不纳我言,要不怎能丢失赵地,成你阶下之囚。"韩信微微一笑:"本帅知你很有智谋,可惜你错保了昏庸无能的赵王歇,常言道:良禽择木而栖,良臣择主而事。汝竟不懂此理,所以成为阶下之囚。""唉!"李左车长叹一声:"李某空有满腹经纶,竟落了个国破家亡,做个刀下之鬼。今已被擒,要杀要剐,随你尊便,给个痛快就行。"韩信离案来到李左车身旁上前亲解其绑:"汝是条好汉,本帅赦你无罪,请坐!"李左车感动得热泪盈眶:"谢元帅不斩之恩,在下早已敬仰元帅才能,如若元帅不嫌,在下甘愿在元帅帐下听令!"韩信大喜,立即令人备酒给李左车压惊,众人见元帅收服李左车,人人都敬佩离去。翠珠献茶置案。李左车落座问道:"不知元帅平赵后还征何处?"韩信一笑:"本帅思虑北向攻燕,然后东向伐齐,不知李将军以为如何?"李左车思虑片刻:"元帅名闻四海,威震天下,无人不敬佩。可是汉军经久争战,将劳卒疲,莫若元帅安兵歇息,镇抚赵地百姓,再选遣一舌辩之士去燕都晓示燕王利害,燕王惧元帅声威,不敢不降。待燕已降,元帅再起兵东向伐齐,齐成孤立,不亡何待?""此策善也!"韩信十分称赞。"不过遣谁去燕说降合适?"李左车自告奋勇道:"元帅,在下不才,愿去燕都劝降!"韩信大喜,立即委派李左车前往燕都。李左车到了燕都,阐明利弊,果然燕王愿降,燕地全部属汉。

十面埋伏

韩信率军一路所向披靡,涉西河,虏魏王,擒夏说,诛成安,毙赵王,名闻海内,威震四方,燕王投降,韩信便挥师东向伐齐,不出三个月便灭了三齐,收城池70余座。齐地土地辽阔,韩信率军驻扎安慰百姓,可韩信手下有一谋士蒯彻能言善辩,他蛊惑将士上表韩信,让韩信请命汉王加封韩信为假齐王,以便好镇守三齐大地。

韩信在众将恳求下违心地写了奏表送与汉王。在此同时汉王刘邦被楚军困在荥阳城中，敖仓失守，粮草皆无，张良、陈平用离间计，迫使项羽怀疑丞相范增、钟离昧等忠臣良将。项羽果然中计，撤了钟离昧将军之职，范增见项羽不信任自己，便提出辞职告老还乡，项羽恩准，范增离楚后一路忧郁成疾，终于未回到彭城途中患疾而亡。后来项羽醒悟知道中计，便恢复了钟离昧等人的将军之职，派人去接丞相范增，未想到范增途中已死，项羽十分悲伤，便令人厚葬了范增。再次围困荥阳，汉军被困荥阳粮绝，无计可施只好开城假降，汉偏将纪信假扮汉王刘邦乘坐龙凤辇，在汉御史大夫周苛陪同下，开了东门趁着天黑假降，汉王刘邦与张良、陈平等臣假扮妇人混在妇女之中，开了北门趁天黑而逃。项羽在东门见了龙凤辇甚是高兴，令将士将刘邦扶下车来，没想到竟然是纪信假扮，大怒之下烧死纪信与周苛，攻进荥阳城中，汉军大败伤亡无数。汉王逃出荥阳来到成皋，与英布兵合一处，项羽闻知刘邦逃到成皋挥师来攻成皋，汉王料知成皋难守，又带夏侯婴等众臣北向修武来找韩信，此时韩信率军刚平定赵地，说降燕王，准备伐齐，可巧刘邦驾到，急忙出帐迎接，汉王刘邦到了韩信大帐才长长喘了口气，他令韩信部将兵马截留一半与他，他率人马驻扎修武欲图收复荥阳，另一半令韩信率领东向伐齐。韩信伐齐大捷。汉王刘邦率军在彭越、英布两军协助下又攻下荥阳。项羽因惧彭越偷袭彭城，故与彭越、英布大战，荥阳城内兵将较少，被汉王巧取。项羽又杀回荥阳来困汉王。此时韩信差的吏弁送奏表到。汉王本因爱臣郦食其贪功前往齐都去劝说齐王降汉，可韩信未接到不让攻齐旨令，便发大军攻齐，齐王大怒，立即将汉王派的使臣郦食其烹入油锅。郦食其死，刘邦十分悲痛。本已怨恨韩信不该贸然进兵攻齐，此时接到奏表，展阅后顿时拍案大怒："韩信小儿胆大妄为竟然想做假齐王，还说为了镇守三齐，实在可恨！"一旁张良急忙低声劝阻："大王，而今汉方不利，怎能禁止韩信为王，如果韩信生变，汉大业完矣！"刘邦甚也聪明，立即停住骂声，令人刻好王印，使张良亲赴齐地加封韩信为真齐王。韩信封王后正准备择日起兵伐楚。此时，项羽在谋臣献策下，也派遣楚使舌辩侯武涉前来离间韩信，给韩信王印，黄金万两，让韩信自立为王，楚、汉、韩信三足鼎立。若韩信助汉，汉胜；助楚楚胜，若汉胜日后必危及元帅性命，楚胜不致元帅自危，请韩信三思。韩信驳斥了武涉所言并说道："我韩信前事项王，只不过执戟郎中，言不听，计不用，所以才弃楚归汉。汉王授我大将军印，付我数十万将士，解衣衣我，推食食我，我若负德，天理不容，我誓死从汉，决不自立。请汝复告项羽美梦休想。"武涉无奈，只好收起王印、黄金叹气而去。武涉回到楚营，回禀了项羽，项羽无奈只好按谋士所言派遣两名刺客趁天黑来刺杀韩信。韩信在寝室内熟睡，房上两条黑影轻轻落下，他们身穿夜行黑衣，蒙着面，手执钢刀轻步来到韩信寝室窗口，轻拨窗栓，掀窗翻身跳入。同时另有一个黑影人也从房顶落下到窗口跃身而入。两个蒙面人借着窗口微光，蹑手蹑脚来到榻前，一人掀开帷帐，另一人刚把刀举起，突然屋内有人高喊："有刺客！"这一声刺破夜空，犹如晴空一声霹雳，二刺客大吃一惊，随着声音，后面有一黑影人窜上一剑将举刀人的刀架住，脚下一个扫堂腿，将举刀人踢倒，另一蒙面人举刀便向黑影人砍来，黑影人一架，二人厮杀在一起。

此时韩信惊醒翻身跃起，从墙上拔出利剑便来战被踢倒的蒙面人，二贼见势不妙。从窗口前后窜出，黑影人随后紧追。这时，门口守卫士卒被惊醒，也大声喊叫抓刺客。随着喊声十几名侍卫举着火把，拿着兵刃纷纷向庭院赶来，两个蒙面人窜到庭院脚还没站稳，后面黑影人紧跟着举剑便刺，三人厮杀起来，韩信也窜入庭院与二贼厮杀。一蒙面人虚晃一刀，翻身窜上房顶而逃，另一蒙面人刚想逃窜，被黑影人一剑刺伤大腿，蒙面人大叫一声扑通栽倒在地，过来几名侍卫将刺客绳捆索绑。韩信向黑影人深施一礼："多谢壮士救命之恩！"黑影人摘下头顶黑纱轻声细语道："元帅不必客气！"这燕语银声使韩信一愣，借着火光定神一看，韩信又惊又喜："瑞娘，原来是你！""让元帅受惊了。"田瑞娘淡淡一笑。韩信高兴地问道："自从那年清明紫娟坟上一别，已有数载，不知姑娘因何也来到齐都临淄城中，怎知有刺客行刺，便深夜相救。"瑞娘嫣然一笑："自从与将军一别，我便随师父浪迹天涯，做些行侠仗义之事，近期与师父来到临淄，见汉军已取三齐，又见元帅将临淄治理得井然有序，心中十分敬佩，我与师父投宿在客栈中，见这二贼行踪诡秘，便起了疑心，跟踪探听方知是两名刺客，今晚又见一楚使与这二人在屋内窃窃私语，我便窥视细听，方知是来刺杀元帅，因此便尾随跟踪二贼到此。……"韩信深情地挽留道："姑娘乃女中豪杰，我军中正是用人之时，姑娘能否留在军营，为国效力？"瑞娘再三推辞，说从不过问政事，而且师父尚在客栈等候。韩信只好让瑞娘到房中歇息一会饮杯水酒，并差人将她师父一同接来饮酒致谢！不多时差人回来带一书信，言讲瑞娘师父已走，留一书信让交于瑞娘，瑞娘展开一阅潸然泪下，原来师父让她留在帅府，为国出力做一番事业。瑞娘无奈只好留在了军营。

再说楚霸王项羽派刺客杀韩信未遂，便发倾国之兵三困荥阳，并将丰乡掠虏的刘邦父及妻女押到荥阳城下，架起油锅要挟刘邦开城投降。刘邦却反唇相讥："项羽汝辈，你我同侍义帝，结盟约为兄弟，我翁便是汝翁，汝欲烹汝翁，还请分我一杯羹！"项羽气得哇哇直叫。摘弓搭箭向刘邦射去，刘邦中箭受伤，楚汉在荥阳又僵持数月，刘邦无计可施，只好派使臣去楚营议和，从此化干戈为玉帛，愿划荥阳城外一条鸿沟为界，沟东属楚，沟西属汉，从此罢兵互不侵犯。项羽因帐中乏粮，再僵持下去楚军难免吃亏，便答应了刘邦请求。楚汉双方各遣使臣签订了合约。项羽便撤军返回彭城。此时刘邦在谋士张良劝说下，下令速调韩信兵马半路拦截楚军，执行韩信北征时献的大计。北、东二路南下会师。合击楚军，刘邦又亲率大军追击。楚军以为议和后大事已了，将士们个个都兴高采烈偃旗息鼓，慢悠悠向彭城撤退，刚行至灵璧垓下，突闻韩信率汉军拦住去路，又闻刘邦率军随后追击，项羽气得暴跳如雷。他立即传令在垓下扎下营盘，仗着楚军还有十几万人马，自己勇力过人，还惧怕韩信娃娃？便立即准备迎敌。

此时刘邦在军师张良劝说下，复用韩信为三军大元帅，调度诸军，有违令者斩！汉军各路人马都由韩信统一指挥后，声威大振。韩信素知项羽骁勇，无人能敌，便将各军分作10队，各遣将率领，分头埋伏，回环接应，再请汉王刘邦守住大营，韩信亲率3万人马出营挑战。项羽单靠勇力，不善兵谋，一闻韩信率军逼营挑战，立即拍马舞戟来战韩信。韩信率军且战且退，诱引项羽率军入网。项羽果然中计，猛追汉军，约莫追了几里，韩信见楚军已入埋伏之中，便鸣放号炮，唤起伏兵，先有两路杀出，与项羽交战。项羽全不退却，鏖战多时，冲开血路又追韩信。韩信一举令旗，第二声炮响，又有两路伏兵杀出，截住项羽，再加厮杀。项羽杀得性起，仍然有进无退，接连又是几声炮响，伏兵迭起。项羽杀开一重又是一重，杀到七八重时，部将已经七零八落，楚军已死伤无数。项羽也自觉疲乏，渐渐想退却下来。哪知韩信又举令旗，十面埋伏一齐发出，都向项羽马前围裹拢来。所有楚兵，好似鸡犬一样纷纷四窜，只靠项羽一杆画戟，怎挡百般兵器。项羽此时悔恨无及，只得令钟离眛、项庄、季布等人断后，自己当先杀开一条血路逃回垓下大营。

自从项羽起兵以来，从未经过这般挫辱。韩信用十面埋伏之计杀败项羽，把楚军十多万精兵击毙三四万，投降三四万，剩下三四万残兵败将逃回营中。汉军大获全胜，韩信黄昏升坐大帐，张良、陈平左右相陪，各武将下首伫立，韩信扫视众将一眼，严肃地说道："本帅用十面埋伏击败楚军，今晚定将楚军一举歼灭，曹参、周勃听令！""末将在！"二将出班。韩信从案中取出两枝令箭："令你二人带上两万人马，埋伏在乌江口岸，项羽逃此，你二人按上写计策行事，不得有误！""遵令！"二将接令退下。韩信又抽出第二枝令箭："其他众将严阵以待，今晚二更点燃篝火全唱楚歌，再请些民间女子围坐篝火一同皆唱楚歌。楚歌由子房、陈平下去教唱你等，然后各将领教会士卒，不得有误！"樊哙犹豫再三，还是出班不满意地问道："元帅，这是哪一种兵法，末将从未听说唱歌能把敌军唱败！""嗯！"韩信把脸一沉。"樊哙休得无礼，违令者，斩！"众将都默默无声，樊哙只好退下。

项羽败回大帐，爱妃虞姬秀丽聪慧，急忙迎上劝慰："胜败乃兵家常事，愿大王不必忧虑！"项羽摇摇头："你等妇人不知今日战事利害，我项羽从未遇此恶战！"虞姬急忙令人盛上酒肴给项羽解闷，项羽与虞姬落座对饮。由于项羽疲惫心情不爽，未饮几杯便睡眼朦胧，虞姬将项羽搀扶到榻上，项羽和衣入睡。虞姬守候榻旁，甚觉不安。二更时分，忽然隐隐约约帐外传来阵阵歌声，男女声夹杂，如怨如慕，如泣如诉，仿佛鹤啼鸿哀。虞姬忍不住潸然泪下，回顾项羽却是鼾声如雷，不由自主走出帐外，一阵阵凄婉、深沉的歌声传来：

战云千重兮田园荒，妻儿在野兮母在堂。
鸿雁传出兮飞不度，征人何日兮返故乡
……

项羽突然也被阵阵歌声惊醒，翻身坐起大声喊道："虞姬！虞姬！"虞姬闻声急忙进账，项羽惊疑地问道："为何四面都传来楚歌之声？"虞姬泪下："陛下，这歌像从汉营传来！""汉营中哪有这许多楚人，难道朕军中已经哗变？或者楚地已被汉军占领？"项羽正在惊疑，钟离眛慌慌张张跑进大帐："陛下，大事不好，军中将士皆已逃散，现只剩下八千江东子弟！"项羽下榻站起，一把抓住钟离眛衣领："你……你说什么？那项庄、项伯等众将何在？"钟离眛吞吞吐吐回答："都已逃散，听一士卒讲项庄在逃离时被汉军擒住斩首，现首级已挂在桅杆之上。项伯听说已投降汉营。""无耻之辈！"项羽恼怒地急忙走出大帐，环顾四周，只见楚军大营帐包东倒西歪，进入几顶营帐内查看，均空空荡荡，心中掠过一丝悲凉，再出帐远眺，见汉军大营篝火通明，身着楚军服的士卒三五成群皆歌，项羽又回到大帐，见虞姬已哭成泪人，自己也落下几滴悲伤之泪，便抓起酒壶"咕咚咚"一气喝下。此时钟离眛出帐牵来项羽坐骑乌骓马，项羽瞧见挥泪唱道："力拔山兮气盖世，时不利兮骓不逝。骓不逝兮可奈何，虞姬虞姬奈若何？"虞姬听罢项羽悲歌，心如刀绞，泪如泉涌，也随声吟唱："汉兵已略地，四面楚歌声。大王意气尽，贱妾何聊生！"虞姬拔出佩剑向脖颈抹去，顿时血溅一地。项羽急忙拦阻已是不及，遂抱尸痛哭："虞姬，是朕害了你呀!"钟离昧与几名士卒牵来乌骓,扛着大戟挥泪走进大帐:"陛下,乘着天色未明,还不快带领八千子弟冲出重围!"项羽强忍悲痛拔出佩剑,挖土与钟离昧等人掩埋好虞姬尸体,然后跨上乌骓,手持大戟,带领八千亲兵,经过血战终于杀出重围。

时过中午,项羽率领着残兵败将疲惫不堪地走到乌江口岸,突然一阵锣响,顿时杀出两路汉军人马,为首曹参、周勃各率人马拦住楚军去路。楚军吓得魂飞天外,乱作一团。汉军眨眼杀到,双方展开一场短兵鏖战。楚军又死伤无数。项羽拼命厮杀,冲出一条血路奔向乌江口岸。他回头一望跟随他到江边的只剩钟离昧徒步一人,他望着滔滔江水失声仰天长叹:"苍天哪,苍天!难道真要亡楚吗?吾何时怒犯天颜?"此时江面一叶扁舟驶来,钟离昧瞧见大声喊道:"船家快来救霸王。"小舟驰到岸边,船公自我介绍道:"我乃乌江亭长,是陛下臣民,今闻陛下兵败垓下,特驾舟到江边巡视接应。"项羽闻听又悲又喜。船公催促道:"此江只有我这一舟,快请陛下上舟,过了此江不远便是江东会稽!"项羽听到会稽二字,感到一阵天旋地转,差点跌倒,钟离昧手疾眼快急忙搀扶:"陛下,您怎么啦?"项羽长吁一口气:"天已亡我,我何必过江,吾与江东子弟八千余人,渡江西行,今独我一人生还,吾还有何面目去见江东父老兄弟。钟离昧你牵上我的乌骓上舟去吧!"此时汉军已杀声震天,蜂拥向江边追来,钟离昧泪如雨下:"陛下,你不上舟我怎能抛弃陛下独自一人乘舟,要死我愿随陛下一块死。要走咱们君臣一起走!"项羽大怒,把脚一跺:"钟离昧你还不快走!"他将钟离昧推到舟上,把乌骓拉上小舟,然后转身拔出佩剑,杀入敌群。汉军将士知项羽骁勇,人人吓得连连后退。此时船公长叹一声驾舟离岸,驶向江心。那乌骓望着项羽一声长鸣,"扑通"跳入江中而死。项羽瞧见,心如刀绞,他大吼一声挥剑连砍几十名汉军,汉军无人敢靠近他半步,项羽望着面前汉军一员将佐面熟,便哈哈一笑说道:"汝不是朕的同乡吕马童吗?汝主刘邦悬赏万金,封万户侯要朕人头,朕就送汝辈一个人情,拿吾头去领赏去吧!"言罢,把利剑向脖颈一抹自刎而亡,终年32岁,楚国灭亡。

衣锦还乡

公元前202年初,长达5年的楚汉相争,终于在垓下一战结束。同年二月刘邦登基,尊为高皇帝,史称汉高祖,暂都洛阳,国号汉,华夏九州又成一统。

洛阳南宫大殿,刘邦黄袍玉冠,气势威严地在四名宫女、四名内侍簇拥下,步履迟缓地进殿上首高坐。群臣叩拜:"吾皇万岁,万岁,万万岁!""众卿平身!"刘邦扫视群臣微微一笑,群臣起身分立两旁。刘邦开始封赏群臣:"韩信听封!"韩信急忙出班跪下:"微臣在!"刘邦扫视韩信一眼微笑道:"韩卿为汉室立下十大功劳,劳苦功高,朕赐你有特赦大权,见天,见地,见兵器三不死。"韩信感激得热泪盈眶:"谢陛下隆恩!"群臣望着韩信人人羡慕。刘邦又说道:"如今天下已定,四方太平,不再劳师征战,应该休兵息民,故请韩卿交还军符、帅印。""这……"韩信心中不快,但只好勉强应声道:"微臣遵旨!""韩卿生长楚地,习楚风俗民情,因此改封为楚王,镇守淮北,荣归故里,衣锦还乡。定都下邳,择日启程上任。""臣遵旨!"韩信起身回班。刘邦又一一封了彭越、英布、张良、萧何、曹参等等文臣武将,并尊太公为太上皇,封吕雉为皇后,刘盈为太子,大赦天下,颁布诏旨,以告天下。

翌日黄昏，韩信闷闷不乐来到洛阳城外小河旁散步，此时张良散步迎面走来拱手施礼："恭贺贤弟封为楚王，不日就要光宗耀祖、衣锦还乡了。""子房兄，真会取笑人。"韩信苦笑一声。"帅印、军符均已交还，你说我这做大将的心里……唉！子房兄，你为何只肯请封个留侯？"张良眼望夕阳余晖："金钱、功名地位，乃是虚有之物，不可贪也！辅汉成功，吾愿已遂，有块留邑之地，足以颐养天年了。"韩信心中一惊，若有所悟："子房兄视功名如粪土，吾自愧不如！"张良一阵大笑："知足者常乐也！"韩信也开怀大笑。二人择一草坪席地而坐，韩信说道："记得当年吾在楚苦谏项羽，让定都关中，项羽不纳吾言，结果事败垂成。关中依山傍水，土地肥沃，左有崤函、右有陇蜀，三面据险，一面临河，河能运漕，真乃帝王之都。洛阳虽有险阻，但中区狭小，不过百里平原，楚汉相争数年，疮痍满目，土地荒芜，田地瘠薄。吾不日就要离京，请子房兄转告陛下请他移都关中。""贤弟真是栋梁之材也！"张良敬慕地说道。"前日也有一位陇西戍卒名叫娄敬，千里赶来求见陛下，也是劝说陛下移都关中。""那陛下之意？""还没决定，可朝臣们都不乐意西移！""那子房兄之意……？""你我所见略同，不过常言道水到渠成，凡事不可强求，若陛下问起移都之事，吾会直言不讳的！"韩信信任地点了点头。

数月后韩信回到了楚地，定都下邳。他将楚地治理得井然有序，百姓安居乐业，丰衣足食。一日，他心里怀念故乡，便带领属下李左车、田瑞娘一班侍卫前往淮阴旧地重游。街上百姓听说楚王韩信返乡，都争先恐后观看，人人赞叹不已。韩信等人来到早年他受辱胯下的小桥街头。韩信触景生情，便对李左车、瑞娘讲述了当年他为给漂母抓药卖剑，受辱胯下的经过。李左车抬头见小桥桥头柱上刻着"胯下桥"三字大怒道："来人，将那小桥柱上'胯下桥'三字铲掉，改为将军桥。"韩信阻止道："左车不必，让那'胯下桥'留着醒世后人吧！"一侍卫来到李左车面前低语几句，李左车厉声呵道："将那恶少带上来！"四名武士押着昔日县衙恶少来到韩信面前，恶少一见吓得瑟瑟发抖，跪地叩头连连求饶："楚王爷饶命！小人有眼无珠，昔日冒犯楚王，求楚王爷饶命！""你这条昔日县衙恶棍，不知欺压过多少黎民百姓，今日我为百姓除了此害！"田瑞娘说罢拔出佩剑就刺。韩信急忙阻拦："瑞娘且慢！"瑞娘一怔收剑："楚王你……！"韩信环顾四周，见围观的百姓像潮水一样涌来，沉思片刻："得饶人处且饶人，他昔日虽仗势欺人，羞辱过吾，但如今只要他能悔过自新，知错也就算了！""楚王你这是何意。"瑞娘生气地说道，"昔日胯下之耻，你背了多年，如今正是报仇之时，你却变得心慈手软。"韩信微笑着对众人说："他虽有过错，但非有杀身之罪，将他放了！"两名武士给恶少松绑，恶少感激涕零，伏地连连磕头，声泪俱下："小人该死，你就杀了我吧……"韩信转身背对恶少："汝辈起来，今饶你不死，回去好好思过，争取重新做人。""谢楚王！"恶少谢恩起身。韩信对属下一挥手："咱们回府邸歇息吧！"众人随韩信离开了淮阴街。

不久，韩信与瑞娘便喜结良缘。

这日，楚王府门前张灯结彩，喜气洋洋，四名家丁守卫两旁，一位布衣素士，头戴斗笠腰佩宝剑，短衣破衫来到门前施礼："请问这是楚王韩信府吗？"家丁不屑一顾道："是啊，想要饭？楚王新婚三日，已赏出不少银两，现还剩几两，赏赐给你，拿去快走吧！"将碎银抛地。布衣素士并未拾银说道："承蒙仁兄向楚王通禀一声，就说同乡好友求见！"家丁上下打量了他一番，见他虽衣衫破旧却气度不凡，便应声道:"好吧!"转身走进府内。

新婚宴尔才三日的韩信夫妇一身新装,正在厅堂饮茶,叙述家常,家丁走进禀报:"启禀楚王、夫人,府门外有一布衣素士,自称是楚王旧友、同乡求见!"瑞娘温柔贤淑、轻声细语道:"楚王多次告诫你们,凡是楚王同乡、旧友求见,不必通禀,直接请他们进来就是!""是!"家丁转身离开厅堂,不大一会领着布衣素士进来,瑞娘起身姗姗走入里屋。布衣素士进厅堂施礼:"楚王可好,仁兄有礼了!"韩信听着声音耳熟,凝视片刻不解地问:"你是……?"布衣素士回顾左右,韩信明白急忙呵退左右:"你等都先下去吧!"众人退下。布衣素士摘下头上斗笠:"钟离昧叩见楚王!"韩信急忙起身搀扶着钟离昧:"真是钟离兄。"他又惊又喜。将钟离昧拉到案前落座。但又皱起了双眉:"你……如何到此地? 如今万岁传下谕旨,四处画图缉拿于你,你来府中万一让陛下知晓,吾可吃罪不起!""看把贤弟吓成这样。"钟离昧冷冷一笑。"堂堂一个楚王,竟然如此胆小?""唉! 你哪知我的苦衷。"韩信苦笑道:"陛下耳目众多,你还是投案自首或他处去吧!"钟离昧哈哈一笑:"楚王,算我钟离昧有眼无珠,错看人了,我何需投案自首,你一声令下将我推出府门砍了就是,我何需死在他人之手?""这……"韩信为难地不知所措。他沉思片刻苦笑道:"好吧! 知恩不报非君子,昔日受人滴水之恩,今日应当涌泉相报,你就留在府中住上数日,千万别四处乱跑,免得惹出祸端。"钟离昧深施一礼:"谢谢楚王!"

阳春三月,风和日丽,杨花絮柳,百花盛开。高祖刘邦在张良、萧何劝说下已移都关中,萧何奉刘邦旨令,在秦遗留下的兴乐宫基础上重新筑建起规模宏大的汉都长安城。一日刘邦在吕后、审食其、曹妃陪同下在后宫御花园散步赏花。几只小鸟在一树枝上叽叽喳喳叫个不停,吕后听着鸟声有些心烦皱皱双眉,审食其立刻心领神会,在地上拾起小石子向小鸟投去,群鸟受惊,四方飞散,乐得高祖刘邦哈哈大笑,吕后也淡然一笑道:"这群小鸟,好似楚兵,垓下一战便四处溃散。"刘邦一怔,油然生情地:"项羽手下均已分别擒获或投案自首,唯独朕最憎恨的钟离昧,因何至今尚未擒住?"吕后也气愤地说道:"这个十恶不赦的钟离昧,他率军掳掠我与太上皇去楚营,使我们受尽凌辱,吾终身不忘,将他擒获碎尸万段才解吾恨!"吕后望着身边的审食其:"辟阳侯,让你查访钟离昧下落有无消息?"这审食其是吕后家中的奴仆,只因吕后被楚掳入楚营,他也一同掳去。他对吕后殷勤照顾,吕后念其功劳,便说动高祖封他为辟阳侯,他为人奸诈毒辣,又素与吕后私通,只可惜高祖不知,他见吕后问他急忙奴颜婢膝地回答道:"回禀娘娘,臣已查到一二,不过……微臣不敢讲。"刘邦一怔:"有何不敢讲,有朕做主,请讲无妨!"审食其诡秘一笑奴颜媚骨地上前一步:"陛下忘记赐给韩信身旁的两名侍女吗?""怎么与她二人有关?"审其食淡淡一笑:"据翠莲差人密报,钟离昧避居在韩信府中!"刘邦大吃一惊。"此事当真?""臣绝无半点谎言。"刘邦疑惑道:"他难道真敢违抗朕令,私藏朝廷通缉要犯,视汉法而不顾?"审食其一翻老鼠眼夸大其词道:"陛下,据密探禀报,楚王威仪冠绝天下,下邳城下,淮阴街头,百姓蜂拥观望,众将鹄立两旁,军乐鼓吹旌旗翻飞;楚王身着黄金甲,肩披黑斗篷,跨着大白马顾盼风生,'踏踏'而行,身后紧随楚府将佐谋臣,铁骑千匹,'嘀,啊呀呀。'众人纷纷赞叹,胜似当年秦皇南巡的气势……!""住嘴!"刘邦气得咬牙切齿咆哮道。"来人! 宣张良、陈平来后殿见朕。"然后拂袖回到后殿。内侍进殿禀报:"启禀陛下,张良说身体患疾不能前来,陈平立即就到。"刘邦生气地一拍几案："自朕登基称帝以来，张良屡次推疾不来上朝议事，与朕离心离德，他不来算了，宣陈平！"陈平进殿后，刘邦说道。"韩信身为楚王，竟敢抗旨不遵，私藏朝廷重犯钟离眜于府中，蓄谋反叛，朕想立即举兵讨伐，以解吾心头之恨！"陈平心中明白，韩信决不会谋反，定是有人在陛下面前进谗言，他急忙阻止："陛下举兵讨伐万万不可，此事只能缓图，不可召急。""此事岂能从缓？"刘邦动怒道："韩信与钟离眜若率先起兵反叛，那后果不堪设想，钟离眜一日不擒，朕一日心里不宁。"陈平思虑片刻："若韩信未反，陛下举兵讨伐，岂不是更逼反韩信激成战事，况且朝中上下何将能敌韩信？所以臣以为此举不可！"刘邦听罢紧皱眉头气恼道："这……难道就无良策？你平日里能说会道，朕总认为你智谋过人，可用你之时却想不出半个良策，朕要你何用？"陈平十分尴尬，脸色通红，踌躇多时道："古时天子巡狩，必大会诸侯，臣闻南方有一云梦泽，陛下何不出游云梦，遍召诸王。云梦与楚相连，韩信闻知陛下出游云梦，定然前来谒拜，陛下趁韩信前来参拜之时，只需一声令下便可将信擒拿。"刘邦大喜，立即传令去南方巡游。

再说韩信闻听高祖率领群臣云游梦泽，心中忐忑不安，宣来谋士李左车在书房商议，李左车叹气道："唉！楚王你不该收留钟离眜这个祸根，陛下本来对你就有猜忌，钟离眜是朝廷重犯，你私藏府中，哪有不透风的墙。陛下名为游云梦，实为楚王而来。"韩信听罢更是惶惶不安："那如何是好？"李佐车沉思片刻想出一策，让韩信立斩钟离眜去云梦泽献其首级谢罪，陛下念你斩眜有功定不会责罪，这样方保平安。韩信念眜与他有恩，不肯如此行事，李左车无奈只好自己将眜带到厅堂晓以利害，言道："因你而牵连了楚王。"钟离眜知事已败露，汉高祖云游梦泽定是为他而来，便蛊惑韩信与他联手谋反，并说道："高祖所以不发兵攻楚，还恐眜与楚王联手同心抗拒，若斩眜献首级，今眜死，楚王明必亡。"韩信只摇头不肯反汉，并说："韩信决不做那不忠不孝，不仁不义之事。"钟离眜见事已至此，怕再连累韩信，便拔出利剑自刎厅堂，韩信大叫一声："眜兄，信对不起你呀！"扑倒在钟离眜尸体上失声痛哭。李左车割下钟离眜首级，与韩信驱车前往云梦谢罪。

刘邦在云梦泽行宫歇息数日，诸王都已前来谒拜过，唯有韩信尚未前来。正在思量，突闻韩信与谋士李左车捧钟离眜首级前来谢罪。刘邦令韩信一人进后宫参拜，韩信捧着首级刚入宫门，刘邦一声令下，韩信束手被擒。韩信长叹一声："果如人言，狡兔死，走狗烹，高鸟尽，良弓藏，敌国破，谋臣亡，天下已定，我固当烹。"宫门外樊哙带领众武士将李佐车一班人等全部缉拿处死。刘邦见诱执韩信成功，大喜，立即命将韩信打入囚车押回京都。

斩首钟室

京城牢狱中，一盏油灯在风中摇摆，昏暗的灯光下，韩信衣衫单薄，发髻凌乱，戴着枷铐，背对狱门，凝视窗外。牢门忽然"哐当"一声被打开，一位老狱吏领着一位姑娘提着食盒走进。"楚王，有人看你来了！"老狱吏喊道。韩信慢慢转过身来，姑娘扑了上去："大哥！"泪水夺眶而出。韩信睁大双眸激动地说："文娟小妹！"一股热泪像断了线的珍珠滚落下来。文娟把韩信搀扶着在床榻上坐下："大哥身犯何罪，他们把你……？""唉！"韩信叹气道。"我自归汉以来，六年戎马倥偬，随陛下转

97

战南北，而今天下已定，我已是个多余的人了。他们要杀我，竟诬我反叛朝廷。"文娟惊诧地说："反叛朝廷？天塌地陷、江河倒流，小妹都能相信，可我绝不相信大哥会反叛朝廷，大哥定是遭奸人陷害，明日我去找丞相，为大哥辩驳洗刷罪名。"韩信摇摇头："大哥不愿连累丞相，小妹，大哥这一去，希你常去看看你瑞娘嫂，让她别悲伤……！"文娟点点头。韩信又说道："小妹，你能原谅大哥吗？"文娟抱住韩信失声痛哭："韩信哥你就别说了。"韩信抚摩着文娟秀发："大哥是为你好，所以才与你嫂子完婚，小妹，你看萧平如何？"文娟羞涩地脸一红低头轻声道："大哥用心小妹知晓，请大哥放心。"韩信满意地一笑："只可惜大哥喝不上你们喜酒了。""不会的。小妹明日再去求留侯张良，让他设法搭救大哥。"韩信微微点了点头。

韩信被擒入狱后，朝中上下议论纷纷，早朝高祖刘邦环顾群臣："有本启奏，无本散朝。"陈平出班启奏："启奏陛下，北疆匈奴国现已崛起，十分凶悍，气焰嚣张，屡屡侵扰我边关。"高祖惊诧地问："哦！匈奴紧连代地，代相陈豨在边关据守，因何未见奏表告急。周勃速抓紧操练兵马，增援北疆边关。"周勃出班："臣遵旨！"刘邦扫视众臣问道："众卿还有何本奏？"张良出班："陛下臣承蒙皇恩，封为留侯，微臣请陛下恩准辞去朝臣，前往封地留邑居住。"高祖脸色阴沉很不高兴："自朕称帝以来，你屡次推辞身体欠佳，不来早朝议事，今日上朝，却要告辞，朕也不强人所难，随你自便！""谢主隆恩！"张良跪拜谢恩，然后起身又启奏道："陛下，恕臣直言，韩信念起旧情，虽收留钟离眜有错，但能知错必改，杀钟离眜献上首级，如信有反意，故会放走眜，让他逃之夭夭，只恐眜至今尚未擒获，韩信虽有招摇过市之错，但必没露反状，韩信为汉室立下十大功劳，臣恳请陛下饶恕他这次过失！"萧何、夏侯婴、周勃等一班忠臣也一起跪下为韩信求情，高祖沉思片刻，起了怜悯之心："好吧！既然众卿均已讲情，朕就赦免他这次，不过楚王爵位革去，降封淮阴侯，留在京城随朕伴驾。"众臣谢恩起身。

韩信出狱被降封淮阴侯后，家眷均已接到京城，他很少出府门，心情显得比过去压抑沉闷。一日早朝完毕，忽然匈奴使臣上殿奏表，要求高祖将长女鲁元公主下嫁匈奴王，匈汉和亲。高祖勃然大怒，将匈奴使臣轰出殿外。朝臣们对此事争议不绝，有的主张派兵攻打匈奴，有的赞成通婚和亲。韩信出班直言不讳说道："陛下，天下初定，士卒久劳，若两国兵戎相见，汉必兴师远征，实非易事，这匈奴国以游牧为生，习性刁野，非一时半会武力所能征服，不如和亲，使他子孙臣服。若公主嫁于匈奴王，将来得子，必立太子，匈奴王就是陛下女婿，死后子为王是陛下外孙，天下岂有做了外孙，敢与外爷抗礼，这让他子子孙孙畏服，不来侵犯我大汉边关，这岂不为好吗？"高祖听后顿时怒气暂消，点头同意和亲之策。各大臣也都赞同。没想到早朝散后，高祖回到后宫，吕后娘娘知道此事，大骂韩信出的馊策，哭闹几日执意不肯把自己长女远嫁匈奴，她立即做主将长女鲁元公主与张傲完婚。因答应了匈奴使臣和亲，这下犯难了高祖，在万般无奈下，只好在后宫找了一位嫔妃所生女子诈称长女鲁元公主下嫁匈奴王。并传旨让代相陈豨速来京城迎嫁长女鲁元公主。陈豨此人远在边关已有野心，他到京城后主要想探个虚实，想日后谋反起事。陈豨原是韩信属下，对韩信比较佩服，他想拉韩信入伙，与他一起谋反，便约韩信到渭水河边一叙。韩信不知陈豨用心，便按时赴约，二人相见寒暄几句后，韩信生气地说道："陈将军这就见外了，既然专程为护送公主远嫁匈奴，来京半月有余，如何不到我府中一叙，却约我来这河边？"陈豨奸诈地一笑："元帅请别生气，一乃我公务繁忙，二乃见陛下喜猜忌下臣，又见吕娘娘结党营私，擅权行事，万一我这边关守将登府造访，让陛下知晓猜忌，岂不连累元帅吗？元帅为汉室立下汗马功劳，却屡屡遭贬，还差点丢掉性命，日后我陈豨下场还不知怎样？"韩信一怔，惊诧地说："将军为何如此悲观失望？"陈豨诡秘一笑："我非悲观，我实为元帅鸣不平。""此话何意？"韩信疑惑不解道。"凭着元帅文武全才，因何要寄人篱下，为何不独树一帜，称雄天下呢？我陈豨甘愿为元帅牵马坠镫。""陈将军不可胡言乱语。"韩信很不高兴地道。"我陈豨并非胡言乱语，只要你我联手，我在边关起事，你在京城振臂一呼，咱们里应外合，岂不夺得天下？"韩信摇头道："我韩信若有异心，早在楚汉相争之时就独树一帜了。""元帅因何如此死心塌地，甘愿受人摆布，天下者非一人之天下，谁都可以据之！""陛下待我有恩，我岂能干这反叛朝廷之事，就是日后我遭小人诬陷，陛下治罪，丞相等众臣也会替我韩信辩白，论个曲直！"陈豨仰天大笑："元帅如此愚昧，据我多年观察，萧何此人处处办事圆滑，日后元帅若真遭遇不测，他会衡量自身利益，未必肯挺身站出替你辩白说情……！""陈豨！"韩信大怒："不许你胡言乱语诬蔑丞相，今日吾看在你跟随我征战多年的分上，要不就拿你上朝问罪，治你蓄谋反叛。""元帅恕我直言。"陈轻蔑一笑。"你如今不是当年的三军主帅，随便可以拿人治罪，而今我陈豨已是守边大将，护送公主远嫁重臣，你以为陛下能听信你言吗？"韩信顿时感到天旋地转，差点跌倒，他用手一指："你……你我从此情意两断，告辞！"言罢韩信愤然离去。陈豨尴尬地望着韩信背影冷笑一声："愚忠之辈，死到临头不知悔悟！我陈豨不做个轰轰烈烈的英雄豪杰，便当个朝廷的叛臣，决不做个庸庸碌碌之辈。"韩信走上河岸，突然抬头见岸边树林中有个人影一闪，转眼不见了，韩信一怔，心中暗想："好像府中家丁栾说，他来此地何事？难道窥视于我。"又否定地摇头："不！定是我眼睛看花了。"韩信来到林中解开马缰，牵马出林，无精打采回到府中。

再说高祖刘邦，因在宫中闲得无事，便想到四处巡游，以显汉朝伟业。他带上美貌年轻温柔的爱妃戚姬，在夏侯婴、周勃等武将护卫下来到赵地。驸马赵王张傲与王后鲁元公主出城迎接父皇，并备好丰盛酒宴为高祖接风洗尘，驸马张傲又特意请来赵地有名歌伎为高祖助兴。高祖在女婿赵王张傲陪同下在大殿饮酒赏舞，由于高祖高兴高多贪了几杯已醉，被内侍宫女搀扶着入寝内安歇。赵相贯高对高祖一直心怀不满，今日见高祖到赵地，当夜又饮得大醉，便起心要刺杀高祖，三更时分贯高入高祖寝室行刺未遂。被夏侯婴、周勃等众武士擒拿。高祖刘邦惊醒大怒，立即传旨将赵王张傲、女儿鲁元公主一起缉拿带回京城，严加审讯。高祖回到京都十分气恼，没想到连自己女儿、女婿也想谋害自己，日后这朝中何人可以信赖，他传旨让廷尉史严加拷问刺宫是受何人指示，贯高大小酷刑均已用遍，体无完肤，却一口咬定与赵王张傲、公主无关，实属他一人所为。此案在吕后干预下，高祖无奈只好传旨处死贯高，驸马与公主无罪释放，降封驸马张傲为宣平侯，封戚姬所生如意儿为赵王。高祖又下一道上谕，凡全国各地，非刘氏者，今后不能封王。从此高祖更加疑忌下臣。

却说陈豨自从护送公主远嫁匈奴后，自持有功，阴结爪牙，广养食客，联合韩王信、燕王卢绾准备二年起兵谋反。已夺汉城20余座，高祖闻报，勃然大怒，立即传旨发大兵讨伐。韩信自降封淮阴侯后，心灰意冷，怏怏失望，经常称病告假，不来上朝议事。陈豨谋反，高祖本想令他前往征讨，见信不问朝事，便亲统大军前往平叛，将大权交于吕后。临行之时高祖在后宫中对吕后说道："娘娘，朕明日便要率军平叛，这朝中大事，就请娘娘费心，好好辅佐太子掌好朝政。"吕后妩媚一笑："谢陛下信任，太子虽然生性懦弱，不过做母后的怎能不辅佐他管好朝纲？"刘邦沉思片刻捋了捋须髯："娘娘，朕离京后你要多加留心，京城中朝野上下朕最不放心的莫过于一人！""你是说淮阴侯韩信？"吕后猜着道。刘邦点点头，"此人文武全才，朝中无人能比，三军上下多系他的属下，他若有变，这京城恐难保住，因此望娘娘多加提防，万不可掉以轻心。"吕后频频点头，又微微一笑："陛下请放宽心，妾早已收买了一名他府中舍人栾说，而且还有陛下设的隐线翠莲，他若稍微有点风吹草动，妾立即便知！"刘邦满意地一笑："上次钟离昧之事还多亏翠莲姑娘密奏，只可惜翠珠姑娘却死于暴病，不能为朕效力。"刘邦显得有几分惋惜。吕后愤然道："翠珠这妮是她不听我的旨令的下场。"刘邦听罢沉默不语。吕后望望刘邦安慰道："陛下只管放心，谁若存有异心，妾只要抓到一点蛛丝马迹，定严惩不贷！"刘邦心里一颤："未想到娘娘城府很深，朕自愧不如呵！"吕后嫣然一笑："谢陛下夸奖！"

自高祖率军平叛离京多月，朝中平安无事，却说淮阴侯府发生一事。这一日黄昏时分，淮阴府内后花园。假山石背角处，家丁栾说与侍女翠莲坐在条石之上亲亲搂搂调情骂俏。翠莲闪动着一双勾人心魂的媚眼，撒娇地倚在栾说怀里，栾说搂着翠莲腰身，一只手抚摸着翠莲那富有弹性的胸脯，淫邪地说道："娇美人，你让我日夜想得好苦，今日该还了我心愿吧？""去你的！"翠莲娇声娇气地说道，"你答应送给我的珍贵礼物在哪？""乖乖你别急嘛！"栾说诡秘一笑，从怀中取出一串珍珠项链和一块发着蓝、绿色的翡翠。翠莲急忙接过，珍惜地端详着，撒娇地问道："你这是哪来的？""美人你猜？"栾说逗道。"你当我不知！"翠莲抿嘴一笑。"定是夫人那两件心爱之物，还是韩信与夫人完婚时，用重金给夫人买的聘礼，夫人视为珍宝非常喜爱，怎么让你给拿来了，要是让夫人知晓，看不要了你这条小命。""她知道了又能怎样？"栾说嘴硬道。"咱们有吕娘娘撑腰做主，她敢动我们半根毫毛，而且这府内家丁奴仆侍卫几百号人，她知何人拿去。"翠莲用食指一指栾说面额："你真是个贼胆包天。""我的娇娇，我还色胆包天呢！"栾说淫邪地边说边去解翠莲衣扣。"看把你急的，馋猫，就不怕别人看见！"翠莲欲火无法抑制顺势躺下。"美人！天色快黑，这里哪会有人嘛。"栾说解开翠莲衣扣，抚摸着翠莲那白皙光滑的肌肤与那两个丰满的乳房，又顺势压在翠莲身上开始交媾。

瑞娘因近日心情不爽，独自一人向假山处散步，当她走到假山处听到假山后有窸窸嗦嗦声音，不由暗吃一惊。瑞娘警觉起来立即拔出佩剑，厉声呵道："是谁，快些出来？"二人听见瑞娘声音，吓得哆哆嗦嗦衣裤不整地爬出。"啊！"瑞娘一见大吃一惊。"原来是你这两个狗男女，在此做那苟且之事，辱我侯府门风。"二人哆哆嗦嗦地站起来到瑞娘跟前"扑通"一声跪下："夫人饶命！"然后二人又抬手打自己脸颊："我们不是人。"忽然珍珠与翡翠从翠莲怀中掉出。瑞娘一见顿时大怒："好你这两个不知羞耻的狗男女，不但在此做那辱没门风的苟且之事，竟然还偷了我的两件珍物，我岂能饶你，来人！"几名侍卫、家丁闻声跑来，二人吓得伏地磕头求饶，瑞娘怒声呵道："将这对狗男女推到院后乱刀砍了！"几名侍卫应声上前将栾说、翠莲捆绑起来朝后院推去，两人浑身颤抖高喊求饶："夫人饶命！夫人饶命！""夫人这里出了何事？"此时韩信闻声走来。二人见着韩信"扑通"跪在韩信面前磕头高呼："侯爷救命！侯爷救命！"韩信摆摆手，侍卫松手，韩信望了望瑞娘："夫人这是怎么回事？"瑞娘生气地说了原因。韩信望着这对狗男女气恼地说："栾说、翠莲你二人在我府中多年，竟然干出这些肮脏之事，按理应当问斩……！""侯爷饶命，小人再也不敢，请侯爷饶恕我们，我俩永世不忘侯爷大恩大德。"二人连连磕头求饶。韩信见二人泪流满面，心中一软说道："念你二人年轻无知，就宽恕你二人这次，不过死罪饶恕，活罪不免，重责20轰出府门，永不留用。""侯爷！这不是太便宜这对狗男女嘛，按汉律这二人犯的是死罪呀！"一侍卫不平道。"唉！"韩信长叹一声。"夫人你看……？"家丁拾起珍珠项链和翡翠交于瑞娘。瑞娘沉思片刻："既然侯爷不忍心处死他二人，那又何必责打他们。算了！让他们滚吧，永远不许再踏府门半步。"侍卫上前解开二人绑绳，栾说、翠莲急忙伏地连连叩头："谢侯爷！谢夫人！"然后从地上爬起，一溜烟狼狈不堪地跑出府门。

吕后这数月心里有些忐忑不安，自高祖率军平叛走后，一直无有胜负消息，今日早晨栾说、翠莲慌张进宫密报，说韩信与叛贼陈豨曾在渭水河边密谋过，还说日后陈豨起兵，韩信在京城做内应，吕后听完栾说编造的谎言后，信以为真。恐京城有变，立即传旨，招来亲信审食其、妹夫樊哙、兄长吕泽、妹妹吕嬃在后宫秘密商议。吕后脸色阴沉，心情紧张地说："陛下率军胜负尚无一点消息，京城又很空虚，有人告发韩信与陈豨本是同党，想里应外合夺取汉室基业。现趁韩信尚未动手，请各卿速想良策除掉韩信。"吕嬃微微一笑满不在乎地说道："姐姐，除掉韩信叛贼这有何难？只要姐姐降道懿旨，令宫中御林军立即包围淮阴府，杀掉淮阴侯，明日再布告天下。"吕泽摇摇头："不可！韩信非等闲之辈，那是军中大帅，三军将士均是他的属下。他要闻讯，振臂一呼，宫中御林军未到他府，你我就先做了他刀下之鬼。"樊哙不高兴道："我就不信他韩信有那么大的威力，吾愿带御林军围剿淮阴府。"吕后摇摇头："妹夫不可鲁莽行事，兄长所言不无道理，淮阴府侍卫家丁甚多，这宫中御林军怎是敌手，这岂不是以卵击石嘛？还是想个万全之策才是。"吕泽在宫内踱步沉思片刻："有了，要想除掉韩信不难，但只可智擒，不能力抵，臣倒想好一策。""兄长快讲！"吕后急不可待地说。吕泽慢条斯理说道："娘娘速遣十几名心腹侍卫，假扮陛下平叛军校，悄悄黑夜出城去北方绕上一圈，再风尘仆仆复人长安，只说由陛下遣来传递捷音，陛下已将陈豨叛贼诛灭，朝臣不知有诈，便来宫中祝贺，宫廷中埋下刀斧手，只要韩信入贺，踏进宫门一步，娘娘一声令下便立即将他拿下，推到宫外立即斩首。""嗯！还是兄长智谋过人，不过万一韩信他不来朝贺，岂不功亏一篑吗？"吕后又赞成又担心地说道。吕泽微微一笑："请问！韩信在朝中最信赖何人？""当然是丞相萧何。"审食其抢先答道。"对吗！萧何曾对韩信有知遇之恩，若让萧何登府去请，并一同入宫祝贺，岂不……"吕泽狡猾地一笑。"如若萧何不去请韩信前来那如何是好？"吕后疑虑地说。"那就看娘娘您了！"吕泽望着吕后狡黠地一笑。吕后沉思片刻："嗯！有了，我亲登丞相府门，诱萧何去请韩信。"审食其拍手称赞："嗯！娘娘不愧为当今女中英杰，这样让韩信一生，成也萧何，败也萧何。"

几人在后宫内一阵奸笑。

萧何年已六旬有余,年迈体弱,皇上平叛离京,萧何处理政务日夜操劳奔忙,已病多日。今日刚有好转在府上闻听皇上平叛告捷,心中十分高兴,忽又闻吕娘娘亲踏府门前来探望。萧何受宠若惊,慌忙更衣前往府门迎驾。吕后在十几名内侍宫女簇拥下乘坐龙凤辇缓缓而来。到了相府门前见萧何及夫人一班人相迎,吕后下了龙凤辇在宫女搀扶下来到相府厅堂落座。厅内早已备好水果茶点,君臣互相问候以后萧何在下首落座。吕后假惺惺关心地说道:"丞相年事已高,身体要多多保重,不可过多操劳,皇上平叛告捷,明日宫中恭喜庆典,丞相就不要去了吧。""这哪成!"萧何感动地说,"平叛告捷乃是朝中庆典大事,我这一朝之相,岂能不去庆贺。"吕后微笑着点点头:"嗯!难得丞相一片忠心!明日庆贺这满朝大臣都去,这淮阴侯怕有数月没来上朝吧?我还真有些惦念于他。""淮阴侯是多月没去上朝,不过他有病告假乃是陛下恩准的。"萧何解释道。"是吗?不过病虽有点,主要怕是心情不畅吧!我看他对皇上误解太深,这样下去怕不太好吧?"吕后端起茶呷了一口,望望萧何。萧何叹了口气:"唉!都是钟离昧一案,他被牵连,不过他对汉室还是忠心耿耿的。"吕后心里很不痛快,心中暗骂萧何老糊涂虫,但表面装出微笑:"明日宫中庆贺平叛告捷,他若能来那该多好,就是皇上回朝,闻知此事定能与韩信解除些隔阂,消除些误会。"萧何心里明白,这是娘娘让他邀韩信明日一同前往,萧何立即表明:"请娘娘放心,明日庆贺大典,臣邀韩信随我一同前往就是!""那就好!"吕后高兴地说。"将相同乐,我做娘娘的也感到高兴,待皇上回京,我一定让他们君臣消除隔阂团结一心,共创太平盛世。"萧何高兴地也频频点头。吕后见目的达到,又闲谈一会便起身告辞回宫。

萧何送走娘娘,回到厅堂,夫人望着萧何说道:"相爷,你不觉得吕娘娘今日亲临府门有点蹊跷?"萧何不以为然地说:"这……这有何奇怪,她亲踏府门探望为臣,这是娘娘对微臣的关心。""妾看并非如此。"夫人淡淡一笑。"娘娘一贯心胸狭窄,心黑手辣,做事专横,她让相爷请韩信入宫一同参加庆贺,这会不会另有文章?"萧何激动得热泪盈眶,深情地说:"夫人大有长进啊!吾何曾不知娘娘此人,可是这圣命难违呀!皇上已将大权交于她手掌管,吾怎敢抗命不遵。""依我看明日你就不要去请淮阴侯。"夫人担心地说道:"妾怕娘娘想借相爷之手,图奸邪之谋。""唉!"萧何长叹一声:"夫人,娘娘专权你不是不知,我若抗命不遵,萧府将有灭门之灾,做臣的只能宁可君负臣,不能臣负君。""那明日非请韩信一同前往去宫庆贺不可了?"夫人担心地问道。萧何点点头:"如果娘娘并无歹意,是真为皇上平叛告捷,宴请群臣进宫庆贺,而韩信没去庆贺,一来老夫有负圣命,二来使娘娘与韩信之间又加深一层怨恨猜忌,日后皇上回京知道此事,势必对韩信不利,吾身为相国,怎能不为君臣和睦着想。"夫人忧虑地说:"嗯!去请韩信不好!不请也不好,还真让人为难!"萧何倒背双手,在厅内踱步沉思片刻:"依老夫之见,臣不能负君,明日还得相邀韩信一同进宫,即便娘娘另有图谋治罪于他,可韩信为汉室立下十大功劳,而且自从钟离昧之事以后,韩信深居简出,并无差错过失。当年皇上曾亲口赐赏他三不死,有皇上金口玉牙许诺,娘娘她又能奈何怎样!况且满朝大臣在场,她敢违抗皇上诺言行事?"夫人听罢满意地点点头。

翌日清晨,萧何穿着一新,亲去韩信府邸邀请。韩信多日没去上朝,也没多问朝中大事,昨日突收宫中一份请柬,说皇上平叛告捷,明日宫中大殿宴请群臣共庆大捷,请大将韩信前来恭贺,韩信内心十分高兴,庆幸皇上平了叛贼,从此天下太平,他本想今日前往,可转念一想自己多月不去上朝,皇上与娘娘与他都有隔阂,万一娘娘使诈,自己不慎再顶撞娘娘,岂不冒犯娘娘犯下大罪。因此他又不想前往,正在踌躇之时除巧萧何满面春风地前来邀请,他碍于情面,不好推辞,便与妻子瑞娘告别前往宫中。瑞娘见韩信多年都闷闷不乐,今日高兴要随丞相去宫中,她也没好阻拦。因为有恩相陪伴,韩信决不会再闯祸端。因此,她给丈夫换了新衣,夫妇二人微笑告别。

未央宫前,张灯结彩,锣鼓喧天,一班内侍伫立两旁,一班宫女在乐声中载歌载舞,朝臣们都陆续进入未央宫大殿。

在宫门前大道上,萧何与韩信并肩而行,俩人谈笑风生。韩信手里拿着贺词,萧何满面春风地说道:"贤弟可曾记得登坛拜将时的情景?"韩信感慨道:"何止记得,历历在目,想起往事感到时光真快,汉已立国10年有余,你我都显老了。""贤弟正年富力强,怎么说老了? 这汉室繁荣昌盛今后还靠你们,我已年迈体衰该退居临下了。"萧何若有所思道。"这汉室江山,少我韩信可以,没有丞相可不行!"萧何被说得乐呵呵地:"贤弟一席勉励之言,好似萧何年轻许多。"二人都乐得哈哈大笑,谈笑风生携手走入大殿。

大殿内,刚满15岁的少年太子刘盈与母后吕雉高坐在龙椅上,朝臣陆续进殿伫立两旁。萧何、韩信兴高采烈地跨入大殿。突然两扇宫门关闭,群臣惊愕。吕后一拍龙书案厉声呵道:"来人! 将叛贼韩信拿下!"埋伏在两旁的刀斧手蜂拥而上,韩信猝不及防,被这班人绳捆索绑,此时韩信才如梦方醒怒声问道:"娘娘,臣身犯何罪?"吕后冷笑一声:"狂徒淮阴侯,自诩天下雄,竟敢与陈豨合谋反叛,今被人告,汝有何话可说? 带证人!"栾说、翠莲这对狗男女猥猥琐琐从后殿走出。萧何疑惑不解地问:"娘娘,不是韩将军与本相奉旨前来贺喜大捷的吗? 怎么……?""萧丞相你先站立一旁。"吕后严肃地说道。萧何只好退在一旁。栾说、翠莲跪下施礼:"叩见娘娘和太子殿下。"吕后严厉说道:"汝辈当着众臣之面,讲清楚韩信如何勾结陈豨密谋反叛朝廷?""是!"栾说翻着老鼠眼望了望韩信又扫视了众臣一眼,昧着良心说道:"回禀娘娘,陈豨来京城时与韩信在渭水河边秘密谋划半日之久,是我亲眼所见,他们曾有密约,陈豨起兵反汉,韩信在京可做内应。当时我就想禀报娘娘,可又一想并没抓到他们真凭实据,因此未来禀报,这次陈豨果真起兵谋反,我才想起那日之事,我若不禀报娘娘只怕韩信在京城起兵,那咱们汉室江山岂不完了吗! 因此才来禀报娘娘。"吕后大喝一声:"韩信汝还有何说?""无耻!"韩信冷冷一笑。"这分明是栽赃陷害!"翠莲一旁假惺惺劝慰道:"侯爷你就承认了吧,娘娘全已知晓!""呸!"韩信愤怒地说道:"你两个狗男女,前几天做的好事被捉住,我怎么就不宰了你们!"吕后一拍龙书案:"大胆! 你这个反贼,陛下已将陈豨捉拿,陈豨已经供认不讳,汝还想抵赖?"吕后将假书信举起晃了晃:"陛下书信在此,汝还有何说。"韩信仰天哈哈大笑。这笑声在大殿震荡,回旋,大殿中显得阴森恐怖。韩信收住苦笑怒吼道:"我才明白,什么平叛告捷,全是布下的阴谋,阴谋,……"吕后在恐慌中清醒:"来人! 快,快给我推出宫门外砍了。"

4名武士来推韩信,韩信愤怒地说:"慢着! 我韩信为汉室立下十大功劳,陛下赐我三不死,见天不死,见地不死,见兵器不死,汝有何权今日杀我?""好!"吕后冷笑一声。"今日就不违背圣上许诺。来人！将韩信推入殿旁钟室,门窗遮掩,不让他见到天日,地上铺上地毯,不让他踏着地,不要拿兵器,用菜刀将他斩首。"萧何大吃一惊伏地泪下:"娘娘……!"栾说从怀中取出一把早已准备好的锋利菜刀,4名武士来推韩信,韩信长叹一声:"唉！我不听人言,今果遭人暗算,中刁妇诈计。"韩信昂然地被推进钟室。栾说举起菜刀猛力向韩信脖颈砍去,韩信血溅钟室,倒地身亡。栾说、翠莲割下韩信人头用盘托出,走出钟室来到大殿:"回禀娘娘,韩信已被斩首。"太子吓得用袍袖掩面。萧何大叫一声,昏倒在地,众臣一见凄然泪下。吕后得意地一笑:"审食其,樊哙!""微臣在!"二人出班。吕后严厉地说:"令你们率宫中御林军速去围剿淮阴府。灭韩信三族,府中一个活口不留!""臣遵旨!"二人神气十足地接旨走出大殿。

审食其、樊哙,率领御林军包围了淮阴府,并杀气腾腾破府门而入。此时瑞娘正在书房看书,听到院内杂乱脚步声,她跨出书房,猝不及防被御林军包围捆绑。审食其提剑在手冷笑一声:"韩夫人,久违了。"一剑将瑞娘刺死。府内顿时大乱,哭声一片,审食其、樊哙率御林军在府内任意砍杀,尸体成堆,血流成河,淮阴府内100多口无一人生还,府门被查封。一代名将,就这样屈死在吕后的阴谋之下。

李广:英雄一世 未能封侯

李 广

【人物档案】

姓名:李广

别名:飞将军

生卒:? ~前119年

籍贯:陇西成纪(甘肃天水)人

朝代:西汉

职务:骑郎将、骁骑都尉、未央卫尉、郡太守。

主要成就:多次抗击匈奴,保卫国家。

评价:惜乎,子不遇时!如令子当高帝时,万户侯岂足道哉!(汉文帝)

墓葬:甘肃天水市城南石马坪。李广墓建于何时,史无记载。

【枭雄本色】

李广以"良家子"的身份,投身戎伍,因其身材魁伟,两臂修长,骁勇无比,骑射无双,成为军中之翘楚。匈奴畏誉为"飞将军"。他不仅勇于冲锋陷阵,冒险御敌,平时,他还体恤士卒,关心部下,"饮食与士共之",因而深受官兵爱戴。上郡一战,他率骑兵百余人对阵数千匈奴,能全身而退已属不易。河西战役,李广领四千先锋,遭遇十倍敌军的围困,虽拼命血战突围而出,然功过相抵,未得丝毫赏赐。

一生大小七十余战,白了少年头,依然未能封侯,一腔悲愤向谁诉?!

飞将军英雄一世,到最后却被一名刀笔吏逼上绝路,徒令后人落泪唏嘘。

【风云叱咤】

少年善骑射 驰马战猛兽

李广(约前181—前119),西汉名将,陇西成纪(今甘肃静定西南)人。他是秦代将军李信的后裔,其家世代传授射法,故他自幼即精通骑射。

公元前 227 年,秦军兵临易水,逼近燕国。燕太子丹为了阻止秦国的进攻,派遣一个名叫荆轲的人去行刺秦王。结果,荆轲失败被杀。秦王大怒,以此为借口,派兵讨伐燕国,并在第二年十月一举攻占了燕国的国都蓟城(在今北京城西南)。燕王和太子丹被迫率兵退往辽东(治所在今辽宁辽阳),秦王派了一支队伍在后面紧紧追赶。燕王没有办法,不得不杀掉太子丹,把太子丹的人头献给秦国,向秦王谢罪。当时,统率这支秦国追兵的将领就是李信。以后,李信又参加过攻打楚国的战争。李广就是秦将李信的后代。

汉文帝即位时,李广还是个幼童。作为将门子弟,李广在家庭和社会环境的影响下,从小就喜欢骑马射箭,在玩耍的时候,也以骑射做游戏,跟别人比赛胜负,久而久之,便养成了勤学苦练、持之以恒的良好习惯。李广又有李家世代传授射法的便利条件,所以逐渐练就了一身能骑善射的好功夫。

公元前 166 年(文帝前元十四年),匈奴单于率领十四万骑兵,从北地郡(治所在今甘肃庆阳西北)大举南下,很快攻入朝那(在今宁夏固原东南),突破萧关(在今宁夏固原东南),进至彭阳(今甘肃镇原东南)。匈奴的先头部队一举焚毁了汉朝的回中宫(在今陕西陇县西北)。匈奴的侦察骑兵甚至逼近了汉朝的甘泉宫(在今陕西淳化西北)。匈奴主力大有攻取京城长安的势头。这时,长安气氛十分紧张,汉文帝赶忙调集战车千辆、骑兵十万,在长安附近布防,同时又调兵遣将,迎击匈奴。可是,匈奴骑兵见汉朝大军赶到,又主动撤走,汉军也不敢追击。这是汉文帝时匈奴对汉朝的一次大规模的进攻。就在匈奴大举进攻之前,李广以"良家子"的身份,投身戎伍,成为年轻的汉朝骑兵中的一名出色战士。当匈奴进攻萧关时,他参加了同匈奴的战斗,并射杀了不少匈奴骑兵。为此,汉文帝封他为郎。这时李广大约二十岁。

郎就是皇帝的侍从,也是地主阶级子弟追求仕进的重要途径。李广做了郎以后,便来到长安,平时在宫禁中守卫和值夜,皇帝外出时就骑着马随行,负责保卫皇帝安全。有时还要跟随皇帝去打猎,或者参加征战。不久,李广又被提升为武骑常侍(皇帝的侍从官)。

由于匈奴屡次南下骚扰,汉文帝后期,很想改变对匈奴一味忍让的局面。为了发愤图强,他经常亲自身穿戎装,骑着战马,跟良家材力之士到上林苑(在今陕西西安西)驰马射猎,并讲习兵法,操练战阵。

李广身材魁伟,两臂修长,有良好的身体素质和骑射本领,成为汉文帝侍从中的佼佼者。他不仅勇于冲锋陷阵,冒险御敌,而且还多次舍生忘死地同出没的猛兽格斗,表现出超人的勇气和胆略。所以,很受汉文帝的赏识。

汉文帝晚年,曾经十分感慨地对李广说:"可惜你生不逢时! 要是你生在高帝(汉高祖)的时候,做个万户侯又算得了什么呢?"

盘马弯弓射匈奴　空城计吓退敌军

汉文帝死后,汉景帝(公元前 156—前 141 年在位)即位。这时,李广做了陇西郡(治所在今甘肃临洮南)都尉,不久又升任骑郎将。

汉景帝继续实行汉文帝时期的基本政策,采用了著名政论家晁错"削藩"的建议,进一步削夺诸侯王国的土地,把它逐步收归中央直接统辖,以削弱地方割据势力,加强中央集权。汉高祖的侄子吴王刘濞,早就"积金钱、修兵革",招降纳叛,蓄谋夺取中央政权。汉文帝为防止吴王刘濞叛乱,曾把自己的次子刘武封在梁国(即梁孝王),作为屏障。

公元前154年(景帝前元三年),刘濞因反对"削藩",便联合楚、赵等六个诸侯王,打着诛晁错、清君侧的旗号,发动武装叛乱,并首先进攻梁国的棘壁(在今河南睢县),杀数万人。梁孝王被迫坚守睢阳(在今河南商丘南),抗拒吴楚叛军,不使西进。当时,汉景帝既要平定叛乱,又要削弱梁国势力。他派太尉周亚夫率领大军前去讨伐时,接受了周亚夫提出的"以梁委(放弃给)吴,绝其食道"的战略,所以周亚夫不是直接援救睢阳,而是进驻梁国东北部的昌邑(在今山东巨野东南),并采取防御战术,坚守不出。梁孝王多次向周亚夫呼救,吴楚叛军也多次向周亚夫挑战,周亚夫坚守如故,同时却派轻骑兵在淮泗口(在今江苏淮阴西)断绝吴楚叛军的粮道。吴楚叛军粮草短缺,欲战不能,相持三个月,便被迫退却。周亚夫乘机指挥大军,奋起追击,一举击溃叛军。由于"七国之乱"不得人心,所以很快就被平定了。

在昌邑之战时,李广正在周亚夫手下做骁骑都尉。他英勇作战,并夺得了叛军的旗帜,再立战功。从此,李广开始闻名于世。当时,汉景帝的弟弟梁孝王为了表彰李广的战功,特意授给他将军的勋衔和印信,李广接受了。但是,李广身为西汉朝廷的命官,竟私自接受一个诸侯王的封赏,这是汉朝法令所不允许的。所以,回到长安以后,李广没有得到汉朝的封赏。不久,便被调出长安,到上谷郡(治所在今河北怀来东南)担任太守。

上谷郡位于汉朝北部,与匈奴相毗连。那里经常是战云密布,狼烟滚滚。匈奴和李广几乎三天两头打仗。李广每次都亲临战阵,经受了许多风险。当时有个名叫公孙昆邪的人,很为李广的安全担心。有一天,公孙昆邪跑到汉景帝面前,哭哭啼啼地对汉景帝说:"李广才气非凡,天下无双。但是,他自恃武艺高强,屡次跟匈奴交战,死打硬拼,要决一雌雄。我真担心会损失了这员勇将!"于是,汉景帝又把李广调到上郡(治所在今陕西榆林东南),继续担任太守。

跟上谷郡相比,上郡离京师长安要近得多。但是,上郡也是汉朝和匈奴经常发生战争的地区。李广到上郡以后,就跟匈奴大队骑兵发生了一次意外的遭遇。

有一次,匈奴骑兵大举进攻上郡。汉景帝把一个亲信宦官派到上郡,去跟李广参加军事训练,准备抗击匈奴。

一天,那位宦官率领几十名骑兵,离开大营向北驰骋。路上发现三个匈奴人,宦官自以为人多势众,便跟他们交战。三个匈奴人毫不畏惧,沉着回射。几十名骑兵纷纷中箭伤亡,宦官也险些儿丧命。

宦官带着箭伤,狼狈逃回,急急忙忙地跑到李广那里,报告事情的经过。李广一听,就断定那三个匈奴人是射雕的能手,于是翻身上马,带着一百多名骑兵前去追赶。李广一行快马加鞭,一口气儿追了几十里,只见那三个匈奴人连马都没有骑,正不慌不忙地走着。李广一面命令骑兵从左右两翼包抄过去,一面盘马弯弓,连发几箭,两个匈奴人应声倒地,另一个也被活捉了。

李广刚把这位射雕的能手绑在马上,突然发现前面尘土飞扬,原来是匈奴的大队骑兵,有好几千人。这时,匈奴骑兵也发现了李广。他们见李广一行人数不多,便疑心是汉朝的诱兵。于是,迅速占据了附近的一个山坡,摆开阵势,观察李广一行的动静。

李广的一百多名骑兵见大敌当前，神色紧张。他们都想调转马头，赶快撤退。在这万分危急的关头，李广沉着镇定。他冷静地分析了形势，认为自己已经远离大营几十里，身边又只有一百多名骑兵，要是仓皇撤退，匈奴大队骑兵就会乘机掩杀过来，这一百多人就会全部丧命。唯一的办法就是坚持下去，利用匈奴的错觉，让匈奴相信这一百多人确实是诱兵。这样，匈奴就不敢发动进攻。

于是，李广把这个道理告诉给士兵，并命令他们继续前进。当他们走到离匈奴阵地只有两里地的时候，这才停下来。接着，李广又命令他们都下了马，并卸下马鞍。

这样，一边是兵力占着绝对优势、严阵以待的几千匈奴铁骑，一边是下马解鞍、放松戒备的一百多个汉朝骑兵；两军相距只有二里地。李广的部下更加紧张，纷纷议论说："匈奴骑兵这样多，这样近，万一发生紧急情况，怎么办？"李广回答说："匈奴以为我们会撤退，我们却偏偏卸下马鞍，叫他们知道我们决不后退一步。这样就会加深他们的错觉。"

果然，兵强马壮、英勇善战的匈奴骑兵，因为错把李广等人当成了诱兵，害怕中汉军的埋伏，不敢进攻；李广也巧妙地利用匈奴的错觉，冒险坚守自己的阵地。双方相持良久，气氛十分紧张。战场上鸦雀无声，寂静异常。

过了一会儿，一个骑着白马的匈奴头目到阵前监护匈奴骑兵，李广见了，立即跨上战马，带领十几名骑兵，冲上前去，射杀了那位"白马将军"。然后又从从容容地回到原地，解下马鞍，让大家把马放了，横七竖八地躺在地上休息。

这时，天色渐晚，夜幕徐徐降临。匈奴骑兵对李广一行的举动始终觉得神秘莫测，一直没敢贸然进攻。到午夜时分，他们唯恐受到汉朝伏军的袭击，便趁着夜色全部退走了。

第二天凌晨，李广见对面山坡上静悄悄的，一个人也没有，这才带着那一百多名骑兵平安地返回大营。这时，汉营里的大军还不知道李广到哪去了呢！而跟着李广的那些骑兵却捏了一把冷汗，他们好不容易才熬过了那漫长、紧张而又可怕的一天一夜啊。

这段巧计退敌的故事，充分表现了李广临危不惧、指挥若定和随机应变的军事才能。在匈奴稳操胜算、汉军危在旦夕的不利情况下，李广不仅看到了匈奴骑兵在兵力上的优势，而且准确地掌握了匈奴骑兵的心理变化，并靠着自己的正确指挥和部署，迷惑了对方，保存了自己，不费一兵一卒，就顺利地渡过了危难关头。由此可见，李广已经成长为汉朝年轻骑兵的出色将领。

此后，李广又先后在陇西、北地、雁门（治所在今山西右玉南）、代郡（治所在今河北蔚县东北）、云中（治所在今内蒙古托克托东北）等郡担任太守。在长期驻守汉朝边郡期间，李广都以力战闻名。

生死绝境　单骑出重围

汉景帝死后，汉武帝（公元前140～前87年在位）即位。汉武帝是我国封建社会很有作为的皇帝之一。经过汉初六、七十年的恢复和发展，到汉武帝时期，封建中央集权已经巩固。社会经济空前繁荣，国家财富充裕，同时在政治、经济、军事各方面，都涌现出许多出类拔萃的人物，汉朝进入高度发展的时期。这个时期也是我国封建社会第一个鼎盛时期。

汉武帝即位时，李广已经四十多岁。汉武帝周围的亲信大臣都很推崇李广，纷纷称他是汉朝的名将。于是，汉武帝把李广调到长安，任命为未央卫尉。

随着汉朝实力的增强，在匈奴贵族的进攻面前，汉武帝凭借着国家的人力、物力和财力，也决心由战略防御转入战略进攻。

公元前133年（武帝元光二年），汉武帝调集战车、骑兵和材官（步兵）约三十多万人，埋伏在马邑附近山谷，想引诱匈奴主力深入，一举歼灭。这时，李广作为骁骑将军，也参加了这次著名的"马邑之谋"。后来，匈奴单于识破了汉朝的阴谋，中途退兵，马邑之谋没有成功。从此，汉朝和匈奴之间便进入了长期的战争状态。

公元前129年（武帝元光六年）冬，匈奴攻入上谷，汉武帝派车骑将军卫青（武帝皇后卫子夫的同母弟）、骑将军公孙敖、轻车将军公孙贺分别从上谷、代郡和云中出发，骁骑将军李广从雁门出塞，各自率领骑兵一万，迎击匈奴。

当时，匈奴单于听说李广英勇善战，便集中优势兵力，要活捉李广，并传下命令说，要是捉住李广，务必把他押送王庭（匈奴单于驻地）。

李广出了雁门以后，继续向北挺进，结果遇到了匈奴骑兵的主力。经过一番激战，李广几乎全军溃败，他自己也受伤被俘。

匈奴骑兵活捉了李广，喜出望外，想到匈奴单于那里去报功请赏。他们用绳索结成网，吊在两匹战马之间，驮上受了伤的李广，向匈奴王庭走去。

这时，李广静静地躺在吊网里，一动不动，像是死了一样。押送李广的匈奴骑兵却兴高采烈，个个陶醉在胜利的喜悦之中。当他们走了十几里地的时候，李广已经看准了旁边的一匹高头大马，骑马的是一位匈奴少年。只见李广猛地挣扎起来，飞身跨上那匹快马。那位匈奴少年被猝不及防地推下马去，弓箭也被李广夺走。李广很快调转马头，夹紧马肚，向南疾驰，匈奴几百名骑兵也紧追不放。李广边逃边射，匈奴追兵纷纷落马。这样，李广一口气儿跑出几十里，先前被打散了的汉军余骑，也陆续归队。匈奴骑兵只好眼巴巴地望着已经到手的李广，像长了翅膀一样，逃回了雁门。

在这次战役中，公孙贺根本没有遇到匈奴骑兵，自然无功无过；公孙敖损失七千人，大败而回；青年将领卫青杀伤匈奴七百多人，战功较著，被汉武帝封为关内侯。在四位将军里，资格老、年纪大的，要算李广。但是，李广出师不利，军败被俘，好不容易才死里逃生。回到长安以后，李广和公孙敖被交给执法官吏审判，按着当时的军法应该处死。好在当时允许出钱出谷，赎罪免死，李广和公孙敖被削去官职，降为平民。

怒斩霸陵尉　射石如射虎

李广被免职以后，迁到蓝田南山（即蓝田山，在今陕西蓝田东南）闲住。那里山川秀丽，景致宜人，是汉朝权贵退职后进行游猎的地方。李广过惯了戎马生涯，一旦退居山林，喝喝酒，打打猎，倒也逍遥自在。一天傍晚，他带着一名随从，踏着依稀的月色，到野外去跟朋友喝酒解闷。回来时，已经半夜了。当李广走到汉文帝的陵墓——霸陵（在今陕西西安东北）时，看守陵墓的县尉正喝得酩酊大醉。他见李广深夜路过,便上前阻止,并大声呵斥。李广的随从赶忙上前解释,说明李广是前任的李将军。谁知霸陵尉更加火冒三丈,闹闹嚷嚷地说:"就是现任的将军也不准夜间通过,何况是前任的将军!"李广没法,只好到附近一个驿亭里过夜。到公元前128年(武帝元朔元年)秋天,匈奴两万骑兵进攻汉朝,杀死了辽西(治所在今辽宁义县西)太守,杀掠两千多人;接着,又攻入渔阳(治所在今北京密云西南)、雁门,杀掠上千人。驻守渔阳一带的材官将军韩安国也屡战失利。这时,汉武帝又重新起用李广,派他到右北平(治所在今辽宁凌源西南)担任太守。

临行前,李广请求汉武帝批准,让曾经呵斥过他的霸陵尉也一同前往。结果,霸陵尉一到军中,就被李广杀掉了。事后,李广才给汉武帝上书谢罪。当时正值盛秋季节,匈奴骑兵往往趁膘肥马壮的有利时机进攻汉朝边郡,汉武帝正需要李广在抵御匈奴进攻上出力,所以,他不但没有加罪于李广,反而对他鼓励一番。

右北平西接渔阳,东临辽西,是汉朝北部重要边郡之一。李广到达右北平的消息传到匈奴以后,匈奴将士都知道李广箭法高明,行动敏捷,用兵神出鬼没,所以给他起了个绰号叫"飞将军。"

在"飞将军"李广驻守右北平的几年间,匈奴骑兵有意避开李广,从不向右北平进攻,所以,右北平反倒平静起来。可是,在西北各郡,汉朝跟匈奴的战争却在紧张地进行着。

公元前127年(武帝元朔二年),即李广驻守右北平的第二年,匈奴骑兵又攻入上谷、渔阳,杀掠千余人。汉武帝派卫青等人率领骑兵四万,从云中出塞,向西迂回,在黄河南岸大败匈奴。匈奴损失几千人,牛羊一百多万头。汉军一举收复了河南地。这是汉武帝对匈奴的第一次大战役,即河南战役。

此后,匈奴又多次进攻代郡、雁门、定襄(治所在今内蒙古和林格尔西北)、朔方(治所在今内蒙古杭锦旗北)等地,每次都使汉朝蒙受相当大的损失。公元前124年(武帝元朔五年),卫青等人统兵十余万,出塞六、七百里,大败匈奴骑兵。汉武帝为了表彰卫青的功绩,拜他为大将军,加封八千七百户。从此,这位奴仆出身的年轻人,成为统领诸将的主帅,地位远在李广之上。

在此期间,右北平战事平息,猛虎却时常出没。李广一向喜欢打猎,以前在各郡担任太守时,只要听说哪里有虎,他总要亲自赶去射杀。有时即便被猛虎扑伤,他也从不退缩。

有一次,李广又和几个随从到深山野林去打虎。当他转过一个山包时,突然发现,在山脚下的草丛里,若隐若现地蹲着一只猛虎,仿佛正要向他扑来。李广赶忙弯弓搭箭,嗖的一声向猛虎射去。李广的随从们提刀捉棒,走到跟前一看,哪里是什么猛虎,原来是一块大石头。再看那支箭,箭镞已经射进石头,拔也拔不出来。后来李广又照原样连射几箭,只见石头上进出了火花,箭也应声落地。即使用尽全身力气,再也无法射进石头。可是,李广作为神射手的美名,却从此流传更广了。

李广射虎的故事,富有传奇色彩。唐朝诗人卢纶(约748—800年)曾根据这段历史故事,在《塞下曲》里写道:

林暗草惊风,将军夜引弓。

平明寻白羽,没在石棱中。

这首诗通过深山夜射这样的意境,生动地再现了李广射虎的英勇气概,表达了作者对古代名将的崇敬和怀念。

狭路相逢　以寡敌众斗志坚

自从公元前127年卫青收复河南地以后,匈奴对京师长安的威胁大大缓和,汉朝在北部的防御也相应加强。但是,匈奴的实力并未削弱,汉匈战争仍然连年不断。

公元前123年(武帝元朔六年),李广被调离右北平,来到长安,升任郎中令。郎中令是主管宫禁守卫的高级长官,当时是"力卿"之一。就在这年春夏之间,李广跟随大将军卫青在定襄、云中、雁门一带驻防,并两次到定襄塞外,出击匈奴。汉匈双方各有胜负。

这时,著名探险家张骞已经首通西域,回到汉朝,并对西域的风俗、物产言之备详。汉武帝为了沟通东西交通,进一步联合西域,孤立匈奴,又组织了对匈奴的第二次大战役,即河西战役。

公元前121年(武帝元狩二年)春,汉武帝首先派骠骑将军霍去病率领精锐骑兵一万人,从陇西出发,转战六天,经过匈奴的五个属国(部落),越过焉支山(在今甘肃山丹县东南)一千多里,重创匈奴骑兵。接着又在同年夏天,派出两路大军,发动大规模的攻势。一路由李广和张骞率领,北出右北平,向西迂回,担任策应;一路由霍去病和公孙敖率领,从北地出发,主攻河西。每路又兵分两支,异道而行。

李广和张骞一路由李广率领四千精锐骑兵先行,张骞率领一万骑兵在后,两军相距几百里。不料,李广又被匈奴四万骑兵团团围住。

匈奴人素以勇敢剽悍著称。他们从小就练习骑射,长大都是出色骑兵。汉朝将士往往对匈奴铁骑心怀畏惧,经过汉武帝以来的长期战争,情况已有好转。但是,在十倍于己的匈奴骑兵的重围之中,李广的骑兵,士气猛然低落,畏惧心理油然而生。

在这种情况下,为了稳定军心,激励斗志,李广特意派他的儿子李敢率领几十名精干骑兵,趁匈奴阵脚未稳,出其不意地冲入匈奴骑兵队伍,然后从左右两边穿过重围,平安返回。李敢故意对李广提高嗓门说:"匈奴骑兵并不可怕。"这一着果然灵验,鼓舞了士气,军心也逐渐安定下来。

接着,李广命令军士摆成圆阵,背向里,脸儿朝外,个个剑拔弩张,严阵以待。匈奴也很快发动攻势,杀声震天,箭如雨下。汉军毕竟兵少势单,又四面受敌,结果,死伤过半,箭也所剩无几,形势更加危急。

李广故意摆出一副决一死战的姿态。命令军士弓拉满,箭上弦,人人瞄准目标,引而不发。他自己却用著名的大黄弩弓,像连珠炮似的嗖嗖射去,接连射杀几个冲在前面的匈奴副将。这样,匈奴的凌厉攻势才慢慢缓和下来。到天黑时,战斗也暂时停止。

经过一天激战,汉军已经所剩不多,有些人面色如土,恐惧异常。李广却沉着镇定,意气自如,跟平时一模一样,他清点了人数,整顿了行阵,布置明天再战。对李广的英勇果敢,士兵们无不交口称赞。

第二天,天刚蒙蒙亮,战斗又开始了。匈奴骑兵利用优势兵力,发动猛烈进攻,想尽快取胜;汉军也顽强抵抗。双方损失惨重。正在危急关头,张骞率领的一万骑兵终于赶到,使战争双方的优劣形势发生了明显变化。匈奴估计难以取胜,便自动撤退。汉军也疲惫不堪，无力追击，只好收兵。

在这场众寡悬殊、处境艰难的战斗中，李广以巧妙的指挥才能和身先士卒、英勇顽强的战斗精神，争取了时间，坚持到友军赶到，不仅避免了全军覆没的结局，而且牵制了匈奴的大量兵力，为霍去病在西线的胜利进攻，创造了有利条件。

再说霍去病和公孙敖出发后，公孙敖迷失了道路，没有如期同霍去病会师。但是，霍去病率领骑兵大胆深入，挺进两千多里，越过居延泽（在今甘肃额济纳旗北），途经小月氏直插祁连山下。降俘匈奴贵族、官长共三千二百多人，杀伤三万多人。

经过这次战役，汉军一举收复了河西地区，解除了匈奴对长安以西的威胁，打通了经过河西走廊通往西域的交通要道，为发展汉和西域的友好关系，促进经济文化的交流创造了条件。

在这次战役中，霍去病又立了大功。汉武帝又给他增加封地五千户。这时，论地位，论声望，霍去病已经跟大将军卫青不相上下，而年龄却只有二十岁。相比之下，李广却陷入重围，损失过多。虽然他也重创匈奴骑兵，但是，功过相抵，既没有封赏，也不受处罚。至于张骞和公孙敖，则因贻误军机，按照军法应当处死，后来他们出钱出谷，才赎罪免死。

这时，李广已经年过花甲，须发斑白。他一生征战沙场，却始终没有封侯。唐朝诗人陈子昂（661—702 年）有感于此，在《感遇》诗中写道："何知七十战，白首未封侯。"李广晚年，对自己白首未封侯这件事，自然也有许多感慨。

白首未封侯　　立功心犹切

原来，李广有个叔伯兄弟，名叫李蔡。李广和李蔡都是从汉文帝时做郎。到汉景帝时，李蔡已经官至二千石，李广也做了太守。到汉武帝时，李广升任将军，后被免职，不久又调任右北平太守。李蔡于公元前 124 年，以轻车将军跟随大将军卫青出征，因功封为安乐侯。到公元前 121 年，李广在河西战役中陷入重围，战而无功，李蔡却做了丞相，成为辅助汉武帝，总理全国政务的最高官吏，位列"三公"，地位不仅远在李广之上，而且完全可以跟卫青、霍去病平起平坐。但是，论才能，李蔡在中等人之下；论声望，也远远比不上李广。李广的部下，因功封侯的也大有人在。

这件事使李广十分苦恼。有一次，他对一位朋友说："自跟匈奴交战以来，我哪一次没有参加？我的部下，官阶低于校尉，才能也平平庸庸，可是因功封侯的有几十人。我并不比他们差，为什么竟没有封侯的资格？难道说我没有一尺一寸的功劳吗？是我的长相不能封侯，还是我的命不好呢？"这位朋友劝李广平心静气地想一想：难道自己的一生就没有一点遗憾吗？难道一点错事也没有做过吗？李广虽然做了一点自我反省，不过他并没有打消封侯的念头。

经过河西战役以后，匈奴的势力已经开始削弱，匈奴王庭也被迫撤到北部大沙漠以北。匈奴单于仗着路途遥远，以为汉军不可能跨过大沙漠，便继续进袭右北平、定襄等地。汉武帝根据这一情况，决定发起漠北战役。这是汉武帝对匈奴的第三次大战役。

公元前 119 年（武帝元狩四年）春天，汉武帝派大将军卫青和骠骑将军霍去病各率五万精锐骑兵，加上自愿从征的四万人以及步兵和运输兵，约数十万人马，浩浩荡荡地向北进发。

事前,李广得到消息,便多次向汉武帝请战。汉武帝认为李广年纪太大,不想让他参战。后来,经过几番周折,汉武帝见他求战心切,才任命他为前将军,跟随卫青出征。

这时,匈奴单于也了解到汉军的动向,并把辎重继续向北转移,把主力集中在漠北,严阵以待。卫青出定襄后,从匈奴俘虏那里探明了匈奴单于的驻地,便决定亲自率领精兵直捣匈奴大营,让李广改走东路,担任策应,去进攻匈奴单于左翼。

但是,东路路途迂回、遥远,很难跟卫青同时到达作战地点,再加上李广求胜心切,好不容易争到个前将军,一心要打头阵。所以,李广请求卫青收回成命。他对卫青说:“我本来就是前将军,应该做前锋,现在,你却让我改走东路;况且,我年轻时就跟匈奴打仗,这次好不容易才跟匈奴单于相遇,我要担任前锋,跟匈奴单于决一死战!”

卫青没有答应。原来汉武帝曾经授意卫青,说李广运气不好,如果让他跟匈奴单于正面交锋,难免会失败。同时,卫青调开李广还同公孙敖有关。

公孙敖是卫青的朋友,曾经搭救过卫青,使他幸免一死。以后,公孙敖多次跟随卫青出征,因功封为合骑侯,在河西战役时已被免职,这时正在卫青帐下。所以,卫青想让公孙敖跟自己一起去同匈奴单于交战,以便让他再立战功。

李广了解了这些内情,更不想放弃战机。卫青有汉武帝作后盾,当然也不肯改变主张。于是,卫青下了一道公文,要李广执行命令。李广碍于军令,只好愤愤不平地率领部队,经东路向北进发。

大丈夫立于世　宁死不受辱

跟东路相比,卫青一路路程要近一些,同时沿途水草较少,大军不便停留。所以卫青一鼓作气,向北挺进一千多里,很快跨过大沙漠。他发现匈奴单于早有准备,并已摆好阵势等待汉军交战,便命令把武刚车(战车)连接环绕起来,扎下营寨,同时派出五千骑兵,发起攻击。匈奴单于也立即派出一万骑兵迎战。

这时,已经日近黄昏,狂风大作,飞沙走石,两军对面不见人。经过一番交战,汉军分左右两翼展开,向匈奴单于包抄过去。匈奴单于见汉军兵强马壮,来势凶猛,便带着精壮骑兵数百名,向西北突围而走。由于已是黑夜,两军又鏖战正酣,所以匈奴单于突围以后,卫青还蒙在鼓里。后来,从匈奴俘虏口里才知道了这一情况。卫青这才派轻骑兵连夜追赶,自己也率领主力尾随其后。谁知一直追了二百多里,到东方破晓,仍然不见匈奴单于的踪影。卫青率军到达寘颜山赵信城(在今蒙古人民共和国境内),停留一天,便凯旋而归。

与此同时,霍去病率军从代郡出发,向北挺进二千多里,也得胜回师。李广的儿子李敢这次也因功封关内侯。

东路的李广等人,由于没有向导,迷失了道路,耽误了与卫青会师的约期,没有赶上同匈奴单于的交战。直到卫青回到大沙漠以南,这才跟卫青相遇。

这时,李广的心情可想而知。他参见过卫青,便回到了自己的军部。卫青特意派他的长史给李广送去酒食,并询问李广迷失道路的详细情况,准备把事情的经过报告给汉武帝。李广没有回答。卫青的长史便转向李广的部下,催促他们到卫青那里去听候质询。李广气冲冲地说："我手下的人没有罪，是我自己迷了路。我现在就亲自到大将军那里去受审！"

李广一到卫青那里，就对自己的部下说："我李广跟匈奴打了一辈子仗，参加过大小七十多次战斗。这次跟大将军出征，幸好能跟匈奴单于直接交战，大将军偏偏又把我调到东路，结果我又迷了路。这难道不是老天爷的安排吗？我已经是六十多岁的人了，总不能再受'刀笔之吏'的审问吧！"说罢，就拔出宝剑，自刎而死。

李广悲愤自杀的消息传开以后，全军上下，不论是将校还是士卒，人人放声大哭。百姓听说以后，不论是跟李广认识的还是不认识的，也不论是男是女、是老是少，个个伤心落泪。这种"天下知与不知，皆为尽哀"的沉痛悼念场面，说明人们对李广的信任和怀念，以及人们对李广之死寄予的深切的同情。

李广有三个儿子。长子李当户做到郎官，不幸早死。次子李椒曾做过代郡太守，也死在李广自杀之前。李敢是李广的第三个儿子，他英勇善战，曾接替李广担任郎中令。李广悲愤自杀以后，李敢为了替父亲消恨，曾击伤大将军卫青，卫青对此秘而不宣。不久，李敢跟随汉武帝到甘泉宫去打猎，卫青的外甥霍去病乘机射死了李敢。汉武帝作为这件事的目睹者，竟隐瞒了事情的真相，声称李敢是在打猎时，被鹿撞死的。以后，李敢的侄子李陵，率领五千步卒，跟匈奴十万骑兵相遇，横行千余里，转战几昼夜，最后兵败投降。汉武帝又把李门全部抄斩。

李广的自杀，固然跟他迷失道路、贻误军机，并认为这是天意使然，因而悲愤欲绝有关；但是，同时又跟封建统治阶级的内部斗争紧密地联系在一起。卫青、霍去病，作为权倾一时的皇亲国戚，尽管他们在历史上有着不可磨灭的伟大功绩，但是，在这件事情上，却表现了封建地主阶级的狭隘自私、亲亲仇远的阶级本性。

李广作为汉朝名将，没有在同匈奴贵族的战争中捐躯，却死于自己的刀剑之下，这不能不说是封建社会的一个悲剧。

李广一生与匈奴大小七十余战，骁勇无比，精于骑射，威震匈奴各部，被匈奴畏誉为"飞将军"。他力战匈奴的英勇事迹和未得封侯的坎坷遭遇，曾引起后人的深切缅怀和极大同情，在历史上，李广是作为理想中的英雄人物而被广泛传颂的。

作为一代名将，李广除骁勇善射，立有战功之外，还有一个极为鲜明的特点，就是在治军上爱兵如子，身先士卒，能与广大士兵同甘共苦。他为人极其清廉，"得赏赐辄分其麾下"。李广一生中做二千石高官达四十余年，可是他始终"家无余财，终不言家产事"。在军中，李广"饮食与士共之"，没有任何特殊享受。如果在行军中遇上给养不足的情况，见到水，士卒不都喝完他不走近水边，吃饭时，士卒不都吃完他不进食。真正身体力行实践了古代兵书中所提倡的"暑不张盖，寒不重衣，险必下步，军井成而后饮，军食熟而后饭，军垒成而后舍，劳逸必以身同之"的高尚将德。李广对士兵宽厚仁和，不论遇到什么样的危急情况，他对士兵都"宽缓不苛"。作战时，他更是冲杀在前，哪里有危险就奔向哪里，以身作则，以激励士卒的斗志，"军中自是服其勇"。李广这种爱兵如子、身先士卒的优良品德，受到广大士兵的真诚爱戴，"士以此爱乐为用"，都愿意和他同生死，共患难，真正做到了官兵一心，上下同德。所以当李广自杀后，不仅他所统帅的部队"一军皆哭"，而且各地老百姓听说后，不论与他是否相识，"皆为尽哀"。因此，大史学家司马迁引经据典地说："'其身正，不令而行；其身不正，虽令不从'。其李将军之谓也？"又说："'桃李不言，下自成蹊。'此言虽小，可以谕大也。"对李广爱兵如子、身先士卒的作风予以最热烈的赞扬。

卫青：王侯将相 宁有种乎

【人物档案】

姓名：卫青

别名：卫仲卿、长平烈侯。

字号：字仲卿

生卒：？～前106年

籍贯：河东平阳（今中国中西部山西临汾西南）人

朝代：西汉

职务：长平侯、大司马大将军。

主要成就：直捣龙城，收复河朔、河套地区，击败单于。

评价：有为者不宜复以资地限之。卫青人奴，拜将封侯，身尚贵主。此何等时，又可以寻常行墨困奇倔男子乎！卫青遇士

卫 青

大夫以礼，与小人有恩，西门安于矫性齐美。（曾国藩）

墓葬：陕西省兴平市南位乡汉武帝茂陵东侧约1千米，在霍去病墓西侧。

【枭雄本色】

汉武帝时，平阳公主府里的一个女仆和县吏郑季私通，生子取名卫青。因身份卑贱，幼年的卫青饱尝了屈辱和虐待，当过牧羊娃，做过侍从骑奴，在建章宫当差为吏，并且差一点惨遭毒手。

因偶然被武帝相中，时来运转，拜将讨伐匈奴。初出茅庐的卫青胆略惊人，孤军深入，越过长城，直扑西域龙城，最终大获全胜，奏凯还朝。

尝到甜头的卫青从此更加大胆，每每驱军数千里，踏冰雪，顶风沙，迂回侧击，出其不意，历经河南、河西、漠北三大战役，终于解除了匈奴之患。

为将者，若想深孚众望，必须自身勇猛，身先士卒，冲锋在前，赏罚公平，卫青可谓深谙其道，所以既得武帝宠信，又受臣民尊敬。

从前忍饥受冻的野小子终于扬眉吐气，娶了自己从前的主人，当今皇姊平阳公主为妻。小小泥鳅，一跃入龙门。

王侯将相，宁有种乎？卫青便是最好的例子。

【风云叱咤】

私生子苦受煎熬　狱中险作刀下鬼

卫青(？~公元前106年)西汉著名将领,河东平阳(今山西临汾西南)人,字仲卿。

汉武帝时,有个人名叫曹寿,是汉初宰相曹参的后代,被封为平阳(在今山西临汾)侯。曹寿娶了武帝的姐姐阳信长公主为妻,所以,阳信长公主便随了丈夫曹寿的封号,被称为平阳公主。

平阳公主府里有个女仆,由于丈夫姓卫,所以以后她就被称为卫媪。她先后生了一男三女。卫媪年轻时,跟在公主府做事的平阳县吏郑季私通,生了个儿子,便取名卫青。卫青最小的一个姐姐就是后来做了武帝皇后的卫子夫。

他的童年,是作为公主府的娃子,在母亲的膝下度过的。稍大以后,他被送到了生父郑季的家里。照常情,一个县吏的儿子,又正当少年,是应该上学读书的。卫青却没有这样的福气,郑季的嫡妻看不起卫青这个私生子,她的亲生子女们也不把卫青看成兄弟手足,郑季让他做了个放羊娃。天真烂漫的卫青,不得不每天起早贪黑,翻山涉水地放牧羊群。有时候,免不了风吹雨打,忍饥受冻,这还不算,劳累了一天,回到家中也得不到一点温暖。家里人对卫青象使唤一个小奴隶那样,颐指气使,百般虐待,稍不如意,非打即骂。家里给他的只是屈辱和痛苦。唯一使他感到欢乐的,是大自然的美丽风光和牧童小伙伴的纯朴友谊。时光在缓慢地流逝,卫青就像大石下的一棵小草,顽强地挣扎着,生长着。

冷漠的环境,艰苦的生活,辛勤的劳作,使卫青从小就养成了一种吃苦耐劳、刚毅倔强的品质,练就了强健有力的身体。有一次,他跟随家里人到甘泉(在今陕西淳化附近)去,一个刑徒见他长得一表人才,气宇不凡,便给他看相说:"这孩子是个贵人相,将来是要封侯的。"卫青觉得,这话跟自己的身份风马牛不相及,于是便苦笑着说:"一个奴仆的孩子,能够不挨打受骂就不错了,哪敢去妄想什么封侯的事呢?"

卫青在苦煎苦熬中度过了许多年头,终于送走了辛酸的少年时代。他长大以后,不愿再过那种受歧视、受凌辱的生活,便拿定主意,又回到了亲生母亲的身边。

最初,平阳公主很喜爱这个英俊懂事、勤奋好学的青年,让他做了自己的侍从骑奴。从此,卫青又开始了一种新的奴仆生活。作为皇亲国戚的公主府的家奴,卫青逐渐学到了一些文化知识,懂得了一些封建社会上层待人接物的道理。这时,他的姐姐卫子夫,也出落得更加美丽,成了公主府里一名美貌出众,技艺超群的歌女。他们一家几口,在公主府相依为命。

公元前139年(武帝建元二年)的阳春三月,有一天,平阳公主大设家宴,为汉武帝的到来接风洗尘。这时,汉武帝结婚已经数年,皇后陈阿娇又没有生过儿子,膝下空虚,心情不快。汉武帝来到公主府以后,看中了轻歌曼舞的卫子夫。于是,把她带回宫去。

卫子夫人宫后,卫青也被召到建章宫当差。由放羊娃到皇宫的吏役,变化之大可谓是天上地下。谁知生活像是有意要磨难这个青年,摆在他面前的不是什么幸福与欢乐,而是一场杀身大祸。

读者知道,在封建社会里,皇位是由嫡长子继承的,如果皇帝没有嫡长子,那么后宫嫔妃们生的儿子,就会被立为太子,做母亲的也就会扶摇直上,成为正宫娘娘,这就是所谓的"母以子贵"。卫子夫怀孕以后,皇后陈阿娇深感自己的地位受到了威胁,万分嫉妒,悲愤交加,痛不欲生,几次寻死上吊。可是,卫子夫正得皇上宠爱,陈皇后不便直接加害她,便经常在自己的母亲大长公主面前诉委曲、发怨言。

大长公主是汉武帝的姑母,她也深知此中厉害,唯恐女儿失宠,于是就寻了个借口,要加害卫青,并把他逮捕下狱,准备马上处死。

正在这生死存亡的时刻,卫青的挚友骑郎公孙敖率领平时和卫青要好的数名壮士,冲破看守,闯进囚室,把卫青劫走,这场天外飞来的横祸,由于朋友的见义勇为,舍身相救,转瞬之间,便烟消云散,转危为安,卫青也幸免一死。

卫青化险为夷,大难不死,不久又因祸得福。汉武帝得知此事以后,不仅没有迁就娇贵已极的陈皇后,相反却发布命令,拜卫青为建章宫监,并让他做了侍中,同时,卫青的同母兄弟也很受礼遇,家里还得到了大量的金钱赏赐。公孙敖从此也受到信任和重用。接着,汉武帝又封卫子夫为夫人;卫青也被提升为太中大夫,做了皇帝的顾问。

处女战一军独秀　身先士卒入虎穴

秦末汉初,我国北方的游牧民族匈奴又强大起来。匈奴冒顿单于再次占领了河南地(在今内蒙古河套鄂尔多斯市一带),并时常攻打汉朝边郡。

但是,西汉开国之初,承受了秦朝留下的破烂摊子,又加上长期的战乱,经济凋敝,生民涂炭。当时,皇帝不能具备四匹一样毛色的马,将相有的竟坐牛车,老百姓更是苦不堪言。同时,异姓诸侯王又相继叛乱,汉朝捉襟见肘,哪里有力量去抗击匈奴。

公元前198年,高祖接受大臣刘敬的建议,把汉宗室女嫁给匈奴单于,每年送去大量财物,实行"和亲"政策。惠帝、吕后(公元前194~前180年)期间,也只能忍辱苟全,委屈求和。

到汉文帝后期,经过了长期的经济恢复,财政和军力都有了一定的增长,各地农业生产已相当发展,对匈奴已不像过去那样一味隐忍苟安了。当时,汉文帝曾积极地筹划了防务和军政问题,初步采纳了比较有识见的大臣贾谊和晁错的建议,配备坚强的兵力镇守北部,招募农民到北部各地去垦田,防务比较巩固了。但对匈奴的"和亲政策"仍然没有废弃。文帝死后,景帝时还曾嫁去公主,送去礼物。武帝即位初年,还是申明和亲的旧约,送礼物,通商往来,维持表面的和好。

从上面所说的这些情形看来,在汉朝初年,不但朝廷统治者深深地受到匈奴贵族的屈辱,而且我国北部人民也受到惨重的损失。汉朝虽然一直在商量筹划抗击匈奴的策略,但是形势还不能一下子扭转过来。

汉武帝当政的时候,形势已经发生了根本的变化。西汉经过几十年的苦心经营,出现了一个"天下殷富,财力有余,士马强盛"的繁荣局面。同姓诸侯王的势力基本上被打垮了,中央集权和国家的统一也得到了空前的加强。西汉王朝已经积聚了雄厚的经济、政治、军事实力,改变被动防御、积极反击匈奴的客观条件已经成熟。

汉武帝是个有作为的封建帝王。汉初的经验告诉他,只有实行武力反击,才能安定天下,巩固自己的统治地位。他即位初年在表面上虽然继续同匈奴和亲,照样纳送财物,开关互市,内里却加紧准备进行反击。

汉武帝即位的第二年,又发起外交攻势,争取盟国,孤立匈奴。他征募张骞为皇帝特使,出访西域,联合匈奴的世仇大月氏(在今新疆伊犁河流域),以便从东西两面夹击匈奴。

军事上,汉武帝一方面派李广等名将带兵镇守边关,征调士卒加固边郡要塞;另一方面还针对匈奴骑兵行动迅疾,步兵难以捕捉的特点,命令各郡县扩充骑兵,并在朝廷增设了八个校尉,其中有四个校尉的任务是同骑兵训练有关的。为了提高骑兵的战斗技能,他特意雇用精于骑射的匈奴人做教练,训练年轻的骑兵队伍。

政治上,汉武帝听从了大臣主父偃的计谋,实行"推恩令",让各诸侯王把自己的封地再分封给所有的王子,使各诸侯王的势力不削自弱。

公元前 134 年(武帝元光元年),主父偃上书,建议讨伐匈奴。这一年,汉武帝考试"贤良"的题目之一是:怎样才能像周朝成康年间那样,四海安宁,八方宾服?让贤良们为国家大事出谋划策。同时,还专门召开了军事会议,让公卿大臣就和战的利弊得失,各陈己见。最后,汉武帝亲自裁决,确定了主动反击的进攻战略。

正当西汉积极备战的时候,匈奴不断攻掠代郡(治所在今河北蔚县东北)、雁门一带,杀掠人民,抢劫财物。

公元前 133 年(武帝元光二年)夏,西汉派出多兵种的三十万大军,由护国将军韩安国为总指挥,分两路设伏,诱歼匈奴。李广、公孙贺率主力隐蔽在马邑(在今山西朔县)附近的山谷中,只等单于兵到,立即发起突然袭击;王恢、李息另率三万人马,急出代郡,插入匈奴后方,断其退路。匈奴军臣单于带领十万人马,直奔马邑。在距马邑百里左右的地方,他识破了汉朝的计谋,立即掉头撤兵。李广、公孙贺行动迟缓,失去战机;王恢、李息闻知单于兵多势众,也没敢按原计划截击。"马邑之谋"失败以后,西汉同匈奴公开决裂,和亲政策从此告终,双方进入了长期的交战状态。

汉武帝从马邑事件中看到,原有的一些将领老成持重有余,主动进取不足,很难适应战争的需要。他认为,"有非常之功,必待非常之人",要想取得胜利,必须提拔后起之秀。他一面处死了畏缩不前的王恢,一面开始物色能够担当重任的合适人才。他首先便想到了卫青。在校猎场上,车前马后,卫青的才干,给他留下了深刻的印象。卫青不但是个智勇兼备,堪托重任的将才,而且又是皇亲国戚,忠诚可靠。

公元前 129 年(武帝元光六年),汉武帝毅然决定,拜卫青为车骑将军。从此,年轻将领卫青踏上了战争的舞台。

同年,汉武帝兵分四路,分头北上。李广由雁门发兵,公孙敖从代郡开拔,公孙贺从云中(在今内蒙古托克托县)出师。第一次领兵出征的卫青,也独当一面,从上谷(在今河北怀来县)出发。四路将领各领一万人马。四将之中,卫青是个初出茅庐的新手,其他三人都是久经战阵的老将。这次战争的结果,却出乎人们的意料:李广被俘后死里逃生,公孙敖损失了三分之二人马,公孙贺也是无功而回。唯有首次出征的年轻将领卫青,率部卒万人,打出长城,深入匈奴,直驱龙城(匈奴单于祭天和聚会首领的地方),斩杀七百多人,一军独胜,奏凯还朝。

正如唐初诗人杨炯所赞颂的那样:"烽火照西京,心中自不平。牙璋辞凤阙,铁骑绕龙城。"卫青旗开得胜,马到成功,汉武帝极为高兴,立即封他为关内侯,嘉奖这位年轻有为的将领。

这次战争以后,匈奴的实力并未削弱。这年冬天,匈奴骑兵又猛攻上谷、渔阳(在今北京密云区西南)一带。第二年,正当秋高马肥时,匈奴骑兵再度大举南下。先是攻破辽西(治所在今辽宁义县西),杀死了辽西太守。紧接着又从辽西打到渔阳,驻守渔阳的汉将韩安国,被杀得大败。匈奴骑兵乘胜西进,势如破竹,锐不可当,很快便突进了雁门。西汉整个北部边郡形势紧张,京师长安震恐,各地告急的文书雪片般飞奏朝廷。

在这危难之际,卫青再次受命出征,迎战匈奴。与此同时,汉武帝还指令李息从代郡出兵,攻扰匈奴后路,同卫青一路遥相策应。卫青分析了军情,他认为,匈奴虽奔袭千里,斩将夺城,但是士卒疲惫,汉军则是蓄精养锐,士气高昂。因此,利在速战。他得到出战的命令以后,马上率领三万精骑,挥师北上,风驰电掣般赶到前线。卫青一马当先,冲杀在前。校尉士卒见主将亲冒矢石,也勇气倍增,无不人人争先,拼死冲杀,两军展开了一场惊天动地的激战。匈奴被汉军打得七零八落,丢下数千具尸体,狼狈逃窜。

这一年,卫氏家族可以说是双喜临门。卫子夫在宫中生子,被立为皇后,取代了陈阿娇;卫青在战场上,又大显神威,捷报再传。卫青两次出击的成功,显示出他具有杰出的军事才能,在朝廷中的地位日益显贵,超过了当时一些德高望重的宿将。这些胜利也增强了汉朝抗击匈奴的信心和决心。不久,汉武帝便有计划地先后发起了河南、河西、漠北三大战役。

马不停蹄下临洮 收得百万牛羊归

河南地一带,水草肥美,宜于农牧,其地又临近西汉京城长安,经济上、军事上的意义十分重要,历来是兵家的必争之地。自从冒顿单于占领河南地以后,几十年来对西汉京城威胁很大。公元前127年(武帝元朔二年)冬,汉武帝为了收复这地方,发起了著名的河南战役。

这是西汉有史以来发起的第一次战略性进攻。艰巨的任务又落到了卫青的肩上。卫青统辖两个校尉,率领四万铁骑,冒着凛冽的风沙,踏着坚冰积雪,又第三次出征。卫青采取了"迂回侧击"的突击战术,越过云中以后,立即折向西北,绕道匈奴后方,迅速拿下了河南通往北地的隘口高阙(在今内蒙古杭锦后旗),一举切断了驻守河南的匈奴白羊王、楼烦王同单于王庭(约在今呼和浩特市一带)的联系,使他们陷于孤立无援的困境。紧接着,卫青率领自己的骑兵,人不下鞍,马不停蹄地沿着黄河飞兵南下,行军数千里,一路挫敌,到达陇西(在今甘肃临洮),对白羊王、楼烦王形成了包围的态势。白羊王、楼烦王见全线崩溃,自身又陷于被围困的境地,为避免全军覆灭,急忙率部西渡黄河,从鸡鹿塞仓皇逃走。

卫青率一支劲旅,孤军深入,转战数千里,一战肃清了河南地的匈奴势力,取得了重大胜利。这一仗,匈奴被杀二千三百多人,被俘虏数千人,损失牛羊一百多万头,卫青凯旋而归。为了表彰卫青的战功,汉武帝晋封卫青为长平侯,食邑三千八百户。随同出征的校尉苏建被封为平陵侯,张次公为岸头侯。

为了巩固防务,汉武帝接受了主父偃的建议,在河南地设立了朔方郡(治所在今内蒙古和林格尔西北),并交给苏建十万士卒,让其负责筑城屯垦,修建关塞。这年夏天,汉武帝又征调十万人到朔方戍边,开荒种地,发展农业生产,供应军需,使长安的安全有了一定的保障。

深夜急行军　奇袭右贤王

匈奴并不甘心失掉肥沃富饶的河南地。公元前126年(武帝元朔三年)夏,匈奴数万骑兵攻入代郡,代郡太守以身殉职。秋天,匈奴骑兵又攻进雁门。第二年,匈奴骑兵分为三路,大举南下。一路攻代郡,一路侵定襄,一路犯上郡。各路都是三万人马。在此期间,匈奴右贤王也多次攻进河南地,袭击朔方城。总计匈奴在这两年内动员的兵力在二十万左右,杀掠人民一万多。其侵扰地区的广大及次数的频繁,均是前所未有的。

为了确保朔方郡的安全,公元前124年(武帝元朔五年)春,卫青奉命节制四员将领,统帅十万人马,第四次出征。卫青亲率三万健儿,由高阙出兵,公孙贺、苏建、李沮、李蔡四将军率部从朔方城一齐北上,对右贤王实行两路围剿。此外,李息、张次公也率兵从东北方的右北平(在今辽宁凌源西南)出塞,牵制单于主力对右贤王的增援,同卫青等人的主力部队遥相策应。

当时,右贤王的驻地设在离朔方城、高阙很远的地方。右贤王虽然得报汉军出塞,却认为大漠荒凉,路途遥远,汉军不可能深入。夜间,他照常稳坐在毡帐中,一边欣赏歌舞,一边饮酒消遣,喝得酩酊大醉。

卫青摸准了右贤王傲慢轻敌、麻痹大意的弱点,采取了"出其不意,攻其不备"的奇袭战术。他带领部队,人衔枚,马摘铃,一口气急行军六七百里,深夜包围了右贤王。汉兵犹如从天而降,右贤王从睡梦中惊醒。眼前火光烛天,四周杀声震野,匈奴兵将毫无戒备,措手不及。战斗进展极为神速,包围圈越缩越小。右贤王只好抛下将校士卒,在数百名亲兵的簇拥下,向北落荒而逃。卫青当即命令轻骑部队飞马追击。

这次袭击,俘虏匈奴裨王十多人,活捉士兵一万五千多,夺得牲畜数十万头。汉武帝得报卫青大获全胜,立即派出使者,带着印绶,赶到边塞,拜卫青为大将军。

卫青还朝以后,朝廷论功行赏,又加封卫青食邑八千七百户,并封其子卫伉为宜春侯,卫不疑为阴安侯,卫登为发干侯。当时,这三位列侯还都在褓褓中。

漠北恶战苦　千里驱贼入蒙古

河南战役是汉匈战争的一个转折点。此前,匈奴占优势,处于主动地位。此后,匈奴由优势转为劣势,从主动变成被动。相反,西汉则由当初的诱奸、迎战、出击,转变为积极主动的深入穷追。

公元前 123 年(武帝元朔六年)二月,大将军卫青指挥李广、李沮、公孙贺、公孙敖、苏建、赵信等六将军,率十万雄兵,从定襄出兵北伐。这就是卫青的第五次出征,目的在于寻找单于主力实行决战。因此,他特意派曾经出使西域,并熟悉地理的张骞为行军向导。

匈奴已经多次同西汉骑兵进行大规模的交战,这一次他们却尽量避免同汉军主力决战。西汉大军从定襄出塞后,向正北挺进数百里,始终没有遇到单于主力,只好到定襄、云中、雁门等地稍事休整,待命出征。

这年四月,卫青又统率原班人马,出师北进,寻找战机。卫青亲自率领的一路,仍然没有找到单于主力,杀获一万多人回师。苏建、赵信却同单于主力遭遇。当时汉军兵力只有三千,众寡悬殊,将校士卒浴血奋战一天多,死伤惨重。赵信原是个匈奴小王,投降了汉朝,这时见形势危急,便率残部八百多人投降匈奴。苏建全军覆没,只身逃归大营。

这一年的战争,双方互有胜负。大将军卫青十八岁的外甥、嫖姚校尉霍去病,也率领八百精选铁骑参战,初露锋芒。他远离大部队数百里,孤军进击,俘虏了匈奴的相国、当户及单于的叔祖父籍若侯产,叔父罗姑比,斩杀二千多人,胜利回军。霍去病犹如一只出山猛虎,出奇制胜,勇冠全军,表现出了超群的军事才能和剽悍勇猛的战斗作风。汉武帝非常赏识这位英姿勃发的青年将领,封他为冠军侯。

霍去病的脱颖而出,使汉武帝又发现了一位不亚于卫青的天才将领。两年以后,他竟以骠骑将军的身份,独自统率大军,两次远征河西,其中一次接受浑邪王几万人马归汉,取得了河西战役的辉煌胜利。河西战役不但使战争形势进一步朝着有利西汉的方向发展,而且打开了西汉通向西域的陆路交通要道,促进了中原人民同我国西北各少数民族的友好往来。

经过河南、河西两大战役的沉重打击,匈奴的右翼已经空无实力。但是,单于兵力的中坚部分以及左贤王所部还有相当强的战斗力。公元前 120 年(武帝元狩三年),匈奴骑兵又进攻右北平、定襄等地,杀掠居民一千多人。为了彻底击溃匈奴,保证汉朝的安全,汉武帝召集诸将会议,决定远征漠北。

公元前 119 年(武帝元狩四年)春,汉武帝命令大将军卫青、骠骑将军霍去病,各自率领五万骑兵,分为西东两路,远征漠北,而"敢力战深入之士皆属骠骑"将军。在大队人马的后面,参战的民众还有几十万,载运军资粮草的马匹达四万有余。这就是著名的漠北战役。

卫青指挥的西路军,以公孙贺为左将军,赵食其为右将军,曹襄为后将军。老将李广,壮心不已,要求出征,希望在有生之年,同单于一战。汉武帝虽然勉强允准,派他做了前将军,但又私下叮嘱卫青:李将军年事已高,不要让他去担任正面攻击,以免失误。大军从定襄出塞后,卫青从俘虏口中得知单于的驻地所在,便命令李广同赵食其合军,从东面进发,约定战场取齐。卫青自己率领另外两路兵马,从正面直趋单于驻地。

这时,伊稚斜单于采纳了降将赵信的谋略,把大量军资粮草运送到更远的北方,只率精兵驻守漠北。单于认为,以逸待劳,可以稳操胜券,一口吃掉长途跋涉的卫青率军进击一千多里,突然发现单于骑兵早就严阵以待。面对这突如其来的危险局面,身经百战的卫青临危不惧,沉着镇定,立即命令部队用武刚车环绕成营,以防匈奴的突然袭击。紧接着,又派出五千人马,向匈奴发起进攻,变被动为主动,双方展开了一场殊死恶战。

战鼓咚咚,号角齐鸣,刀光剑影,一直鏖战到傍晚。这时,狂风骤起,飞沙走石,两军对面不相见。大将军卫青,当机立断,利用恶劣的天时,命令大队人马分左右两翼夹攻匈奴。单于见汉军兵多将广,士马尚强,恐怕打下去于己不利,便趁着暮色狂风,在数百名卫士的保护下,冲破汉军包围,向西北逃去。

当时,两军已经杀得乱了营,在黑夜中进行了一场混战。敌中有我,我中有敌,人自为战,捉对厮杀。战斗持续到深夜,双方的损失都很重。汉军斗志旺盛,人马越战越强,匈奴支持不住,最后四散溃逃。这时卫青才从俘虏口中得知,单于早已逃命,于是立即派出轻骑部队兼程追击,自己也带领大队人马随后继进。

汉军一直追到东方破晓,急行军二百多里,到达窴颜山赵信城(在今蒙古人民共和国境内),单于早已逃得无影无踪。汉军得到匈奴囤积的大批粮草,人马饱食,停留一天,而后胜利班师。

西战场这一路,汉军大获全胜,匈奴主力溃散,单于下落不明。十几天以后,右谷蠡王自立为单于。后来,伊稚斜单于搜集残兵败将逃归,右谷蠡王才自动去掉单于称号。

再说东战场。骠骑将军霍去病,从代郡出兵后,直奔左贤王驻地杀去,远征二千多里,俘虏了匈奴顿头王、韩王等三人,生擒匈奴的相国、将军、当户、都尉等八十三人,总计消灭匈奴七万多人,左贤王的主力部队,全部瓦解,战果更在卫青之上。

经过漠北一战,匈奴东西两个战场共损失近十万人马,实力大伤。此后,“匈奴远遁,漠南无王庭”。经过整整十年的反击战争,西汉终于把匈奴势力赶到了大沙漠以北,解除了持续近一个世纪的威胁。汉武帝除了奖赏两路大军的有功人员外,还任命卫青、霍去病皆为大司马,并且明令规定霍去病同大将军的级别、俸禄相等。可惜,两年之后,霍去病不幸病故,年仅二十四岁。

漠北战役以后,西汉因为损失了十几万马匹,一时难以补充,霍去病的早逝,对汉朝也是一个损失,更主要的是,在长期的战争中,汉朝花费了庞大的人力、物力,财政困难,入不敷出,再也没有力量对匈奴用兵。所以直到公元前106年(武帝元封五年)卫青去世,双方之间一直处于休战状态。

功成名就不张狂　逆来顺受娶皇姊

古话说:“千军易得,一将难求。”卫青就是难得的杰出将领。汉武帝能够不拘一格地选用出身低贱的卫青,可以说是知人善任。卫青能够在二十几年的时间内,由一个奴仆当上了大司马大将军,固然同他的国舅身份有关,但更主要的还是凭借了他个人的人品、才干和功业。史书上说,卫青“亦以外戚贵幸,然颇用才能自进”,“卫氏枝属以军功起家”。

卫青生长在边郡,从小便尝到了战争带来的苦难,经受了艰苦生活的磨炼。这就使他养成了一种勇敢无畏、报效国家的尚武精神。多年的牧童和骑奴生活，又使他练就了一身娴熟的骑射技巧和奔驰山野的能力。当时的人就说他骑马上下山如飞，膂力过人，才干超群。特别是进入皇宫以后，他除了在文化上继续得到长进外，还通过结交公孙贺、公孙敖等中上级军官，增长了军事知识。综观卫青的带兵用将，行军作战，攻防进退，以及战略战术的运用，在汉武帝的将领群中，确实是个出类拔萃的人物。当时即有人认为，就是比起古代的名将来，卫青也是毫不逊色的。

卫青不但自身当敌勇敢，身先士卒，冲锋在前，而且号令严明，赏罚公平，治军有方。

公元前124年，卫青出高阙击匈奴有功，汉武帝格外施恩，封其三子为侯。卫青坚辞不受，并说："我待罪军中，全靠皇上神灵，战争取得了胜利，这都是诸将校的功劳。"由于卫青的奏请，随同他出征的十一名将校，才得以封侯赐爵。这里面既有他的姐夫公孙贺、挚友公孙敖，也有李蔡（李广的叔伯兄弟）、李沮、李息、李朔、赵不虞、韩说、豆如意、公孙戎奴等一般僚属。

田仁是卫青的一个侍从，很有胆识，多次跟随卫青从征，立有军功。对于这样一个奴仆，卫青也是有功必赏。他上报朝廷，汉武帝便任命田仁为郎中。

卫青不但不掩他人之功，而且为将清廉不贪。有时候，皇太后赏赐给他的金钱，他也量才均分给部下将吏。

卫青作战，多数是长驱直入，指挥大规模的战役。他在十年之中，前后七次出征，依靠通晓匈奴地理的人和匈奴俘虏，辨明方向，寻找水草，不但从未失误，也没遭到困阨。古语说"兵马未动，粮草先行"，"千里运粮，军有饥色"。在军资粮草的接济十分困难的情况下，他采取就地取食的办法，很好地保证了军需。

在长途奔袭中，士卒体力上的消耗也是很大的。匈奴往往是以逸待劳，汉军则是人困马乏。为了避己之短，卫青多数是采取速战速决的战术，一鼓作气，夺取胜利。这在攻取河南、夜袭右贤王的战斗中，表现得极为突出。在实战的进攻、防御、追击、周旋上，卫青也表现出了异乎寻常的机智与果敢。远征漠北一役，卫青处变不惊，指挥得当，终于在不利条件下取得了胜利。

卫青虽然功高一世，位极人臣，却忠于朝廷，恪守军人的本分。史称他"以和柔自媚于上"。其实，卫青的自处卑顺，不敢专权，一切以皇帝的意志为转移，是有其历史原因的。汉初，一些裂土受封的侯王，功高震主的将领，大多数招贤养士，培植个人势力，结果都没有好下场。这些人都是卫青的前车之鉴。因此，当苏建劝他效法古时名将，结交宾客，招徕士人，以扩大自己的声望和势力时，卫青马上很不满意地说："亲待士大夫，选举贤人，罢黜不肖，这些都是皇上的权柄，做臣下的只要奉法遵职就行了，为什么要参与养士呢！"

卫青之所以如此行事，还因为他有过教训。当年，主父偃初到长安时，曾投在卫青的门下。卫青多次向汉武帝荐举主父偃，皇上根本不予理睬。后来，还是主父偃毛遂自荐，早上投书，傍晚即被召见。

主父偃建议汉武帝把豪强富户迁到茂陵，以便朝廷集中控制。卫青为关东大侠郭解讲情，说郭解家贫，不应在迁徙之列。汉武帝却不软不硬地反驳说："郭解这个贫民，居然有力量让大将军为他求情，这说明他家并不贫穷。"郭解终究还是被迁到了茂陵。

　　卫青不但在政治上忠于朝廷，就是在一些生活私事上，也完全听命于汉武帝，尽量顺应皇帝的心意。

　　卫青被拜为大将军以后，平阳公主的丈夫曹寿得了恶疾，回到自己的封国。平阳公主只好独居。她同身边的人商量：长安中的列侯，谁可以做她的丈夫。左右的人都说大将军卫青最合适。公主笑着说："他当年是我的骑奴，常常侍候我出出进进的，你们为什么偏偏说他合适呢？"众人赶忙解释说："公主，话可不能这么说了。现在大将军的姐姐是皇后，他的三个儿子又都封了侯，富贵震动天下，您可不能小看他了。"于是，公主同意了，并通过卫皇后示意皇上，汉武帝发了话，卫青便由当年的骑奴变成了主人的丈夫。

　　公元前123年，卫青出兵归来，汉武帝赏赐给他千金。出得宫门，一个素不相识的人，拦住他的车驾，说是有事禀告。卫青便停下车来，这个叫宁乘的人走列车旁，对卫青说："现在王夫人正得皇上宠爱，但她的母家很贫穷。如果您能拿出赏赐的一半，送给王夫人的母家，皇上一定会高兴的。"卫青同意了，便把五百金送到王夫人母家。汉武帝得知后，极为欢心。宁乘便由一个穿着无底鞋走雪路的落魄士人，受到了提拔和重用。

　　卫青无论是在军事上，还是在政治上，当时都处于举足轻重的地位。淮南王阴谋叛乱的时候，首先派人到长安，混入卫青的身边当差，准备一旦起事，立即刺杀卫青。后来，由于有人自首，卫青才免遭毒手。

　　卫青虽然声势赫赫，权倾朝野，为人却谦恭退让，礼贤下士。史书上记载，"青仁，喜士退让"。

　　卫青一生七次率兵击匈奴，用兵敢于深入，奇正兼擅；为将号令严明，与士卒同甘苦；作战常奋勇争先，将士皆愿为其效力；处世谨慎，奉法守职。漠北大战后未再出征。死后被陪葬在茂陵的旁边。

郭子仪：功盖天下　位极人臣

【人物档案】

姓名：郭子仪

别名：郭令公、郭汾阳。

字号：子仪

生卒：697年～781年

籍贯：华州郑县（今陕西渭南华州区）

朝代：唐朝

职务：中书令

封号：汾阳郡王

主要作品：《进赐前后诏敕自陈表》《请车驾还京奏》《论吐蕃书》。

主要成就：平定安史之乱，收复长安、洛阳；击败吐蕃、党项的入侵。

评价：权倾天下而朝不忌，功盖一代而主不疑。

墓葬：陕西省咸阳市礼泉县建陵（唐玄宗三子李亨陵墓）西南二公里的昭陵乡坡阳村

郭子仪

【枭雄本色】

青年郭子仪刚强勇猛，不畏权贵，在被押赴刑场时，依旧昂首阔步，毫不惊慌，其凛凛潇洒状，令诗仙李白大为叹服。

居于开元盛世，却能够居安思危，勤练军马，足见其过人之处。及至安禄山兴兵反唐，郭子仪挥师讨逆，肩负起扭转危局的重任。

临敌决战，筹谋划策，亦多独到之处。以假乱真、虚张声势计退吐蕃大军；单刀赴会、恩威并施，不用一兵一卒，不费一刀一枪，便解了回纥之围。

为了减轻军费开支，他不顾年迈体衰，亲自下田耕作。子仪治军宽厚，爱民如子，深得国人爱戴。七子八婿皆在朝为官，荣华富贵已极。为了避免是非，他还多次拒绝朝廷的高官厚禄。

"功盖天下而主不疑，位极人臣而众不嫉"。文武两道，郭令公皆能张弛应对，游刃自如,足称后世之典范。

【风云叱咤】

盛世英才

郭子仪从小就喜欢读兵书、练武功,对自己要求非常严格。在读书或习武时,精神集中,常常废寝忘食,练得一丝不苟。他非常欣赏孟子的一句话:"天将降大任于斯人也,必先苦其心志,劳其筋骨……"

据说,郭子仪20岁时,在河东(今山西太原)当兵,曾犯有过失,按军律应该斩首。当他被捆着双手押赴刑场时,竟然昂首阔步,大步向前,一点也不惊慌。正巧,在途中遇上当时著名的诗人李白。李白本来和他并不相识,见他年轻英俊,相貌非凡,临刑不惧,又听说他才干出众,意志坚强,便赞叹地说:"这样的人,将来一定能为国家做出一番大事业,杀了多可惜啊!"李白很怜悯郭子仪,便立即到当地官员那里说情,最后以自己的官职做担保,把郭子仪救了出来。这样,李白就成了郭子仪第一位知己朋友。后来,李白参加永王李璘幕府,因受牵连下狱,郭子仪曾经请求替他赎罪,报答他当年的救命恩情。

郭子仪的青年时代是生活在国富民殷、繁荣昌盛的社会里,即所谓"开元之治"。这时期,以唐玄宗李隆基为首的唐朝政府,励精图治,扫除积弊,任用贤能,改善政治,使得社会经济稳步发展,国力也十分强大。伟大的爱国诗人杜甫在他的《忆昔》一诗中写道:

> 忆昔开元全盛日,小邑犹藏万家室。
> 稻米流脂粟米白,公私仓廪俱丰实。

意思是:回想当年开元盛世的日子里,就连一个小县城也有万户人家。大米喷香,小米洁白,公私仓库里的粮食物资都装得满满的。

郭子仪就生长在这样的年代里,他年轻时就立志要做一个保家卫国、统兵作战的将帅。

郭子仪最初做左卫长史(皇帝禁军幕府中的幕僚长),因屡立战功,多次被提升。749年(天宝八年)做到天德军使(驻地在今内蒙古乌拉特前旗西),兼九原(今内蒙古乌拉特前旗北)太守。这时,唐朝廷对外还没有大的战事,几十年间相对太平。在这样的环境里,由于缺乏外界压力,没有危机,久而久之,人们开始安于逸乐,贪图物质享受,整日只知吃喝玩乐,唐朝政府更是有过之而无不及。唐玄宗李隆基整日沉湎于酒色之中,把大权交于奸臣李林甫、杨国忠之手,自己则与宠妃杨玉环夜夜笙歌,醉生梦死,全不见了昔日励精图治、重整山河的雄心。只有郭子仪等少数人尚能居安思危,经常想到会发生战事。他一面操练兵马,一面守卫祖国的疆土。

当时边疆各地居住着我国各族人民,他们辛勤劳动,为祖国的统一和发展做出了巨大的贡献。

在我国北部色楞河一带,居住着维吾尔族的祖先回纥人。744年,回纥首领骨力裴罗统一了回纥各部,就派使臣来唐朝,请求唐朝在回纥所占领的土地上设置都督府。唐朝答应了，便把回纥分为六府七州，并封骨力裴罗为怀仁可汗，接受唐中央的领导。从此，唐朝同回纥在经济和文化上的交往更加频繁。唐朝以金银器皿、锦绸布匹换来回纥的马匹、白毡等物。后来肃宗还把自己的女儿嫁给回纥可汗，表示唐中央政府对回纥的友好。

在青藏高原一带，居住着藏族的祖先吐蕃人。他们有的过着游牧生活，饲养牦牛、马、猪等；有的过着定居的农耕生活，种植青稞、小麦、荞麦等。公元641年，唐太宗派人护送文成公主入吐蕃，同吐善的赞普（王的称呼）松赞干布结婚。文成公主入藏时，把蔬菜的种子、手工业品、医药、书籍等带到吐蕃。汉、藏两族的关系，更加密切了。

唐朝同边疆各族虽然也发生过战争，但友好相处和经济文化交流却是主要的。

自高宗以来，唐朝在边疆上一直有重兵驻守。玄宗时，为了加强防御，在重要地区设立了10个军镇，每个军镇都设置一个节度使。节度使起初只管几个州或一个道的军事，后来兼管行政和财政，权力很大，成了独行一方的土皇帝。当时唐中央的禁军不过20万人，而边疆的10个节度使共拥兵49万，形成外重内轻的局面。

那时唐朝重用安禄山，任命他做平卢（今辽宁朝阳）、范阳（今北京）、河东（今山西太原市西南）三镇节度使。安禄山的父亲是西域人，母亲是突厥旗人。安禄山做了节度使，总揽三镇军政大权，又招募北方很多牧民当兵，势力便逐渐壮大起来了。

安禄山常到长安去，对唐朝内部情况非常熟悉。他见唐政府日益腐败，便萌生了取而代之的念头。他招兵买马，积累钱财，收集朝廷情报，观察朝廷动向，等待时机，准备反唐。可是昏庸无知的玄宗皇帝却闷在葫芦里，对安禄山的所作所为一点不提防，反而听信他的花言巧语，竟然让他认杨贵妃为干妈，对之信任有加。

唐玄宗统治后期，政治日趋腐败，自杨贵妃入宫后，玄宗便过着"春宵苦短日高起，从此君王不早朝"的淫逸生活，终日沉湎于歌舞声色之中。宰相李林甫同杨贵妃的哥哥杨国忠先后把持朝政，飞扬跋扈，任用亲信，干了不少坏事，各种社会矛盾愈来愈尖锐。

唐朝内地多年来未发生过战争，军事力量薄弱，士无斗志，军备空虚。但统治集团却认为国泰民安，再也用不着军队了。官府里的刀枪盔甲，因长期闲置都生了锈，很多名城要塞，都不加设防。唐政府还不准老百姓私藏武器，凡私藏者，皆判以刑罚。在这种情况下，野心勃勃的安禄山认为篡夺大唐江山的机会到了。755年（天宝十四年）十一月九日，他以"清君侧""讨杨国忠"为名，从范阳发动15万大军，号称20万，长驱南下。由于唐政府毫无准备，致使叛军一路上势如破竹，所向披靡。地方官吏听说叛军来了，有的弃城逃跑，有的开门出降。就这样，安禄山的叛军一路上几乎没有遭到什么抵抗，很快就渡过了黄河，不到三个月，就占领了东都洛阳。安禄山自称大燕皇帝。又过了几个月，叛军击溃了唐朝的潼关守军20万人，继续西进。这消息传到长安，玄宗吓得魂飞天外，满朝文武官员急得像热锅上的蚂蚁。在这生死存亡的紧要关头，唐朝政府临时招募了8万人，由大将哥舒翰率领去抗击叛军。这些人多是城里的无业游民，既没有严明的军事纪律，又缺乏基本的作战技术训练，军事素质很差，在与叛军的大战中，自然不堪一击，就连大将哥舒翰，也战败被俘。

唐政府为了阻击叛军的继续西犯,又从西北边防上抽调大批兵力。但是边防的将领整天喝酒、赌博、克扣军饷,士兵连饭都吃不饱,哪里还有战斗力呢? 756 年夏天,叛军距离长安只几十里了,长安顿时紧张起来,玄宗带领皇族亲贵和左右臣僚(自然也少不得贵妃玉环),仓皇出逃。长安遂陷入叛军手中。玄宗一行逃到马嵬坡,将士鼓噪不前,愤怒地杀死了祸国殃民的杨国忠,并要求惩办杨贵妃。群情激愤,玄宗无可奈何,只好忍痛割爱,派人缢死了杨贵妃。这时马嵬坡的人民请求皇帝留下来同他们一起抗击叛军,唐玄宗哪肯答应,只把他的儿子李亨留下,他自己则往四川逃命去了。

安禄山从起兵到占领长安,前后只用了几个月的时间。他进兵如此迅速,充分暴露了唐政府的腐败无能和不顾国家人民安危的面目。

共抗叛敌

安禄山每到一处,烧杀抢掠,凌辱妇女,拉夫抽丁,强迫壮年男子服劳役,使得广大劳动人民家破人亡,流离失所,田园荒芜,生产破坏,很多地方都成了"人烟断绝,千里萧条"的荒原。叛军进入长安后,屠杀人民,抢夺财物,烧毁房屋,把一座古老的文化名城糟蹋得不像样子。叛军的残暴罪行,激起人民无比愤恨,各地人民奋起反抗。河北一带的人民自动组织起来,坚决打击叛军。有些地方的官员和人民一起,共同抵抗,留下了可歌可泣的动人事迹。如常山(今河北正定)太守颜杲卿,最先在河北起兵,一连收复 17 个县城,牵制了叛军很大兵力。

安禄山听说颜杲卿反对他,十分恼怒,立即派部将史思明夺取常山。颜杲卿被围困六七天,终因粮饷断绝,援军未到,失败了。史思明抓住颜杲卿,把他押送到洛阳去见安禄山。颜杲卿一见安禄山,就破口大骂:"你这个叛贼,我恨不得将你碎尸万段!"残暴的安禄山喝令把他捆到柱子上,割掉他的舌头,凌迟处死。颜杲卿嘴里喷着鲜血,还是骂不绝口,就这样壮烈地牺牲了。

人民的反对和一些地方官吏的抵御,给唐军收复失地创造了有利条件。

玄宗逃往四川以后,肃宗(李亨)在灵武(今宁夏灵武)即位。肃宗为了收复长安,化险为夷,转危为安,决定任郭子仪为朔方(今宁夏一带)节度使,并把朔方军作为反攻的基本队伍。为了加强朔方军的实力,肃宗又指定李光弼协同郭子仪作战。

郭子仪和李光弼原来都在安思顺手下做部将,两人的才能不相上下,职位也相同。当郭子仪受命代替安思顺做朔方节度使时,李光弼不服,决定马上离去。忽然接到皇帝的手谕,要他同郭子仪同心协力平定叛军,李光弼只好遵奉王命,留了下来。郭子仪把朔方的兵马分给李光弼一半。郭、李二人共同表示:一定要同心协力,奋勇杀敌,报效国家。

史思明占领常山后,原来被颜杲卿所收复的州县,又全部陷入叛军手中,河北一带的叛军又强大起来了。为了挫伤叛军的锐气,郭子仪一面派李光弼迅速向常山进军,一面亲率大军从背后袭击叛军。

李光弼一连收复了 7 个县城,又把常山城包围得水泄不通。史思明陷入重围,他带领两万精锐的轻骑,企图突围逃命。李光弼分兵四路,从四门杀进常山城去。

只听战鼓雷鸣,人喊马嘶,打得叛军东逃西窜,互相践踏。史思明惊慌失措,带领败军退守恒阳(今河北灵寿)。李光弼乘胜追击,两军在恒阳相持40昼夜。后来叛军退出恒阳,李光弼的军队进入恒阳城内。叛军就回军把李光弼的兵马困在城中。李光弼被围困后,请郭子仪火速援助。郭子仪便率领轻骑1万多人,星夜赶来。郭李大军内外夹击,史思明被打得落花流水,损兵折将,元气大伤,只好收拾残兵败将逃往范阳。

安禄山听说史思明吃了败仗,恼羞成怒,扬言不消灭唐军,决不罢休。当即选拔最精锐的骑兵两万人来迎战,又命令部将牛廷蚧出兵助威。叛军仗着人多势众,来势汹汹,不可一世。为了打击叛军的气焰,郭子仪召集大小将领商量对策,他指出:叛军作战专靠增加兵力;叛军跋山涉水,远道而来,疲于奔命;叛军轻敌,斗志松懈,两军交战,胜利一定属于唐军。根据以上分析,郭子仪决定采取固守阵地的战术,等到叛军疲惫时,再以优势兵力,一举歼灭它。

两军开始接触,打了十几个回合,不分胜负。唐军杀掉一名怯阵后退的将领,士气大振,个个奋勇,人人争先,打得叛军只有招架之功,没有还手之力。叛军边战边退,郭子仪、李光弼乘胜猛追,一直追到博陵(今河北定县)。博陵不但有高大的寨墙和深广的壕沟,而且地形险要,易于防守。叛军在这里扎营下寨,郭、李屡攻不下,便领兵退驻恒阳。史思明又从范阳赶来。郭子仪一面深沟高垒,据险坚守,积极做好准备,一面采取"敌来则守,敌去则追;昼则耀兵,夜袭其营"的作战方针,不给敌人喘息的机会。几天以后,叛军果然士气沮丧,疲劳不堪。但唐军却得到了充分休息,兵强马壮,斗志高昂。郭子仪认为消灭叛军的时机到了,马上分左右两翼向叛军冲杀。这两翼大军像两把锋利的尖刀,刺向敌人的两肋,叛军弃甲抛戈,四散溃逃。唐军大获全胜,计杀死叛军4万人,活捉5000人,缴获战马5000匹。在混战中,史思明左冲右突,仓皇逃命。突然,一只飞箭射中了他,从马上跌了下来,鲜血迸流。他散发跣足,狼狈地又逃回博陵,再也不敢出来挑战了。这时,河北几十个州县纷纷杀死叛军守将,迎接唐军。从此,郭子仪的名字也就传遍了四方。

收复两京

唐朝称长安为西京,洛阳为东京,首都设在长安。长安是唐朝的政治、经济和文化的中心,是一个非常繁华的都市,工商业发达,交通方便。天宝初年,居民有30多万人。长安分东西两市,有很多达官贵人的住宅区,以及万商云集的商业区。洛阳是陪都,在政治和军事上也很重要。安禄山的叛军占领长安和洛阳后,使整个局势急转直下,唐王朝危在旦夕。人民受尽蹂躏和剥削,生活非常困难,洛阳附近竟发生了人吃人的惨剧,人民渴望唐军早日打回来,从当时情况看,收复两京对挽救危局具有重大的政治意义。

肃宗派郭子仪、李光弼收复河北失地的同时,又命房琯去收复长安。房琯不切实际,好高谈阔论,是个"纸上谈兵"的将军。出战前,他向肃宗夸下海口:"我这次出兵,定能水到渠成,马到成功。不获全胜,决不来见陛下(对皇帝的尊称)!"房琯本想在这次战斗中立一大功,但他不分析具体情况,机械地搬用古人的"车战法"。他用两千辆牛车排成长蛇阵,牛车的一边是骑兵,另一边是步兵,列队蜂拥前进。

战斗一开始,叛军就顺风擂鼓,摇旗呐喊,又燃起大火。火借风势,风助火威,顿时,只见烟光冲天,红光遍野,牛马惊骇,四处乱窜,片刻之间,军粮、马匹、营寨、树栅全被烧毁。房琯的兵马首尾不能相顾,四处逃散,你推我挤,人马杂踏,踩死的、杀死的、烧死的共4万多人,房琯本人也几乎送了命。

叛军获胜,气焰又复嚣张起来。

肃宗深知要消灭叛军,收复两京,非郭子仪不可。757年九月,便传令召见郭子仪。郭子仪来到灵武拜见肃宗,表示为国尽忠的决心,在国家大难临头的时刻,愉快地接受了收复两京的艰巨使命。郭子仪从房琯的失败教训中得到启发,认为要收复两京,必须先夺取潼关,攻入陕州(今河南陕县),击溃潼、陕之间的叛军,截断叛军的后路,然后才能直取长安。由于郭子仪的分析正确,肃宗十分赞赏,命令唐军按照郭子仪的军事部署进行。郭子仪出战不久,果然夺回潼关,给了叛军当头一棒。唐军士气大振。为了鼓励士兵奋勇作战,早日收复两京,皇帝下令犒赏三军,还恳切地对郭子仪说:"京城能不能收复,全靠你这一仗,愿你全力以赴。"郭子仪斩钉截铁地说:"这次作战,要破釜沉舟,就是剩下一兵一卒,也要打到底,不消灭叛军,就以死来谢罪!"

肃宗命令郭子仪率领中军,李嗣业率领前军,王思礼率领后军,并指定郭子仪为统兵元帅,共领兵15万人。又向回纥借来骑兵5000,兵分三路昼夜兼程急进。军容整肃,号令严明,浩浩荡荡开到长安西香积寺附近,连营为阵,横亘30多里。叛军10万人在北面,同唐军南北对垒。叛军守将李归仁、安守思据险设防,他们自恃兵多将广,出城挑战。一次,唐军奋勇迎敌,快逼近敌营时,叛军擂动战鼓,一齐冲杀上来,唐军措手不及,败走。叛军乘胜追击。李嗣业扬鞭策马,飞奔阵前,拼命刺杀,他挥动战刀高喊:"叛军已将我们包围,若不奋勇厮杀,只有死路一条!"说罢,他光着膀子,举起闪闪发光的大刀,指挥战斗。刀光过处,叛军人头落地。唐军军心稍定,在这危急万分的时刻,郭子仪率领大军及时赶来,同李嗣业合力猛击叛军。擂鼓声,响彻云霄,喊杀声,震天动地。顷刻间,叛军阵营大乱。唐军把叛军紧紧包围着,使他无法突围。激烈的白刃战开始了,两军从中午一直厮杀到傍晚,叛军被杀6万多人,余众弃甲曳兵,逃回长安城中。

这一年,叛军内部发生了叛乱,安禄山被他的儿子安庆绪杀死。郭子仪探得这消息后,便调集大军向长安进攻。唐军与叛军一交锋,叛军就像惊弓之鸟,丢盔曳甲,抱头鼠窜。唐军奏起胜利凯歌进入长安城。老百姓听说唐军回来,都喜出望外,夹道欢呼。有的杀鸡宰羊,有的抬出酒来欢迎唐军。

长安收复以后,不久,肃宗便由灵武迁回长安。唐军乘胜向洛阳进军。当时,安庆绪屯兵洛阳,听说郭子仪来打洛阳,便派严庄、张通儒带领15万大军迎战。叛军声势浩大,杀气腾腾,在新店(今陕西陕县西)与唐军相遇。叛军依山扎营,准备战斗。新店地势险峻,山高壁陡,峰回路转,叛军居高临下,这对唐军十分不利。郭子仪为了化劣势为优势,变被动为主动,趁叛军还未来得及休息,便选拔英勇善战的骑兵两千人,向敌营冲杀,又派1000多名弓箭手埋伏山下,再命回纥军从叛军背后登山偷袭,他自己就率领主力军与敌人展开正面战斗。一切部署妥当,立即擂鼓出战。叛军像饿狼一般从山上猛冲下来。郭子仪假装败退,边战边走。叛军大喜,倾巢出动,奋力追击。战斗到黄昏,暮色苍茫,叛军已被歼灭数万人,余者也精疲力竭,寸步难行。这时,突然杀声如雷,山鸣谷应,唐军埋伏的弓箭手像神兵一般从地下钻了出来,只见万箭齐发,像雨点似的射向敌兵。唐军的骑兵更是勇猛,往来驰骋,左右冲杀。叛军前后被围,左右遭打,进既不能,退又不得。正在这时,又听到四处高呼:"回纥兵来了,赶快放下武器投降吧!"叛军听了,简直是风声鹤唳,草木皆兵。在唐军与回纥兵的合力攻击下,叛军被打得溃不成军,狼狈逃散。严庄拼死命才逃回洛阳,连忙向安庆绪建议:"三十六计,走为上计。"安庆绪走投无路,只好收拾残部,放弃洛河,渡过黄河,退守相州(今河北成安、广平、魏县一带)。郭子仪便收复了洛阳。

洛阳收复后,郭子仪返朝,肃宗十分高兴,亲自带领仪仗队到灞上(今陕西西安市东)迎接。皇帝见了郭子仪,激动地说:"我有了你,就像鱼儿有了水,大唐的天下,所以能保住,全靠你的英勇奋战啊!"郭子仪表示不敢承当。

两京收复后,肃宗把玄宗从成都迎回,尊他为太上皇。

在收复两京的战斗中,郭子仪多次立大功,这对安定唐室起了很大的作用,他的战绩很快传遍各地,他的声誉也越来越高了。

泪还京师

两京虽已收复,但李氏王朝仍然处在风雨飘摇之中。

肃宗回到长安,先后重用宦官(后来宦官称太监)李辅国和鱼朝恩,把派遣军队的权力交给李辅国掌管。李辅国的权势很大,他可处理国家大事,别人不敢有异议。肃宗让鱼朝恩监督神策军(一支军队的名称)驻守陕州,防御潼关。肃宗听信李、鱼的谗言,远离忠君爱国的贤臣。而叛军的势力还相当强大。安庆绪在邺郡(今河南安阳)还霸占7个县,史思明在范阳盘踞17个县,他的党羽高秀岩在河东的兵马也有数万,这对唐朝是很大的威胁。不久,安庆绪、史思明又开始向南进犯,东西两京又面临危机。

758年九月,唐政府命令九个节度使:朔方郭子仪、河东李光弼、关内王思礼、北庭李嗣业、襄邓鲁炅、荆南季广琛、河南崔光远、滑濮许叔冀及平卢董泰等,一起出兵讨伐安庆绪。九个节度使的地位相同,职权相等,互不统属。肃宗怕将帅的权力太大,因此,不设元帅,特派鱼朝恩为观军容使(监督出征将帅的最高官职)监视诸将。鱼朝恩名义上虽不是主帅,实际却操纵九个节度使的兵权。他根本不懂兵法,更不知如何用兵,让这样的人监督作战,怎能不吃败仗呢?

当安庆绪从洛阳逃往相州时,士兵死伤惨重,只剩下步兵1000多人,骑兵300多人。正巧,路上又碰到河东节度使李光弼的大军。李光弼有1万多人,安庆绪明知众寡悬殊,已被唐军困于死地,但还要做最后的挣扎。他对部下说:"我们的处境万分危急。打,也难于逃生;不打,只能束手待毙。不如杀出重围,万一还能保全生命。"说罢,他把兵分成八路,让他们从四面八方向李光弼的军队,一面呼叫,"我们胜利啦!唐军失败了!"李光弼的军队一听,就乱了手脚,安庆绪就用此计打退了李光弼。几天后,安庆绪又聚集了数万人,死守相州,并把相州改为安成府。

九个节度使的兵马共60万,一齐出动,围攻相州城。安庆绪好似兽困樊笼,鱼儿落网,既不能战,又不能退,处在绝境之中。

郭子仪为了把叛军一网打尽，便下令：高筑堡垒，坚守阵地，引水灌入相州城。全城成了一片汪洋。叛军有的爬上房顶，有的吊在树上，数十日以后，柴尽粮绝，先吃战马，吃完战马，再用马皮充饥。最后，什么都吃光了，为了活命，只好吃老鼠。当时，一只老鼠竟价值 4000 文。城里的叛军想投降，又因城高水深，不能出来。相州城眼看就要被攻破，正在危急的时刻，史思明率领 5 万精兵前来援救安庆绪了。

九个节度使的兵力雄厚，本来可以一举消灭叛军，可惜群龙无首，诸将各自为战，谁也不听谁的指挥。可是史思明的军队，养精蓄锐已很久，士气旺盛。史思明是个极其狡猾的家伙，他知道唐军数量超过他十几倍，必须抓住唐军士气低落的弱点，用精兵突击，方能取胜。他来到相州城外，先按兵不动。过了 10 多天，突然同唐军展开激战。两军正交战时，遇到一阵狂风，顷刻之间，天昏地暗，尘土飞扬，对面不见人。唐军望见城下来往流窜的人马，误认为叛军追来，纷纷逃散。郭子仪见大势不好，只得收集残余部队，领着人马向洛阳退走。

这次战斗，唐军损失严重，战马万匹，只剩 3000，刀枪 10 万，几乎全部扔掉。九个节度使中的八个各回原来驻地，郭子仪留守洛阳。

这次战斗失利，应问罪鱼朝恩，但不明是非的肃宗，不但不斥责鱼朝恩，反而给他封官加爵，更加器重他。鱼朝恩得到皇帝的宠爱，越发盛气凌人。他一向嫉妒郭子仪，怕他功高望重，对自己不利，因此常在肃宗面前诽谤郭子仪。为了陷害郭子仪，鱼朝恩硬把相州一仗失败的责任，完全推到郭子仪一人身上。糊涂的昏君，信以为真，竟然夺了郭子仪的兵权交给李光弼，让他回长安。

郭子仪接到皇帝的命令，连夜起程回京，将士们听说郭子仪要离开他们，都跑来挽留。有的哭哭啼啼，依依不舍；有的要跟他一同去长安。郭子仪也不忍和他们分离，但又不敢违抗皇帝命令，他安慰将士们说："我是去送京城派遣来的使臣，哪里是离开你们，你们要服从命令！"说罢，挥泪跃马离去。

平时，郭子仪对待士兵宽厚、爱护、关心他们的生活，不打骂，不训斥，如同对待亲人一般，因此受到官兵的拥护与爱戴。

郭子仪走后，李光弼来到朔方军队，他怕朔方的将士反对他，因此待到夜里才进入洛阳城。郭子仪的部将张用济屯兵河阳（今河南孟州市），果然反对李光弼，他希望郭将军再回来。有人对张用济说："你这样做，不是给朝廷找借口来迫害郭将军吗？"张用济认为很对，只好硬着头皮迎接李光弼。

史思明在相州替安庆绪解了围，打退了唐军，自认为立了大功，要和安庆绪平分兵权，安庆绪不答应，史思明就把他杀了，吞并了他的军队，回到范阳，自称大燕皇帝。

史思明听说郭子仪被免除官职，夺去兵权，心中大喜，认为有机可乘。759 年五月，史思明便带领大军向洛阳进犯。唐政府十分恐惧，不知采取怎样的对策才好。有人向朝廷建议："郭子仪为唐朝立过多次战功，又善于用兵，为什么放着良将不用，让叛军逞凶呢？"肃宗认为很对，决定起用郭子仪为兵马都管史（警备守卫京城的长官），诏令刚传下，就被鱼朝恩拦住了。鱼朝恩把郭子仪看成眼中钉，常想阴谋陷害他。一次，郭子仪立功回朝，鱼朝恩邀请他游章敬寺，有人暗地告诉他说："鱼朝恩想谋害你，千万别上他的当。"郭子仪不听，将士们请求随身护卫，他拒绝了，并且说："我是国家的大臣，没有皇帝的命令，鱼朝恩不敢杀我。"说着，只带着家童数人去见鱼朝恩。鱼朝恩一见，非常惊奇。郭子仪把事情的经过告诉他，鱼朝恩听了，十分惭愧。

史思明打到洛阳，驻守洛阳的李光弼，接连吃了败仗，李光弼放弃洛阳，带兵退守河阳。当时，鱼朝恩也带领一支人马，还没看到叛军的影子，就吓得退到了陕州，再也不敢出来了。

史思明占领洛阳不久，就被他的儿子史朝义杀死了。

肃宗虽猜疑郭子仪，但为了维护自己的统治地位，又不能不重用他。762年二月，河东（治所在太原）一带的驻军，听说洛阳失守，都骚动起来了，朝廷怕他们和叛军连成一气，想出兵镇压，但苦于没有德高望重的统兵将领。想来想去，只得任命颇负盛誉的郭子仪为河北诸州的副元帅，派他出镇绛州（治所在今山西新绛）。郭子仪忠勇爱国，不计较个人得失，他接到作战的诏令，马上就出发。这时，忽然传来肃宗病危的消息。郭子仪去拜见肃宗。肃宗语重心长地说："我死后，河东一切军政大权，完全由你掌握。"郭子仪出兵不几天，肃宗就咽气了。肃宗死后，由代宗即位做皇帝。

代宗时，国库空虚，民穷财尽，人民吃糠咽菜，生活极其困难，可是官府的盐、铁、茶、酒等税，名目竟有200多种，这些苛捐杂税，自然都要落到人民身上。代宗重用宦官程元振，让他参与机密，掌管国家政权。宦官在肃宗时就开始专权，如宦官李辅国曾对肃宗说："大家（宫中对皇帝的称呼）但居禁中，外事听老奴（指李自己）处分。"专权的宦官根本不把皇帝放在眼中，朝廷的赏罚，宰相的任免，甚至皇帝的废立，都由他们决定。程元振飞扬跋扈，擅作威福，把皇帝束缚得像个木偶。事无大小，只要程元振出口，代宗便百依百顺。程元振痛恨功臣名将，特别憎恨郭子仪。程元振在皇帝面前诋毁他，总想免除他的副元帅职务，让他做肃宗山陵史（皇陵的督工），但未能得逞。郭子仪明知皇帝受程元振控制，误了国家大事，便向皇帝上书道："我为唐朝的富强，披星戴月，南征北战，请陛下相信我对唐朝的忠心。陛下要亲近贤人，远离奸臣。不然，唐朝的危亡就在眼前！"郭子仪的劝告，并不能打动皇帝的心。朝内宦官专权，朝外藩镇割据，唐朝仍然陷于混乱之中。

安庆绪、史思明虽死，但史朝义还盘踞在洛阳。朝廷任命雍王李适（即后来的德宗）为统兵元帅，郭子仪为副元帅，让他们出兵讨伐史朝义。鱼朝恩、程元振坚决反对郭子仪为副元帅，但这一次朝廷并没有接受他俩的意见。雍王和郭子仪认为单靠唐军的力量，无法消灭叛军，便向回纥借来10万大军，唐军和回纥兵一起打进洛阳。史朝义带领败军逃往莫州（今河北任丘北）。763年正月，史朝义的部下田承嗣、李怀仙等，见大势已去，纷纷向唐朝投降。史朝义看到众叛亲离，走投无路，便自杀了。这场战乱，这时才算完全平定，前后延续了7年零3个月，历史上叫作"安史之乱"。

"安史之乱"是统治阶级内部的斗争，但对人民来说，却是一场大灾难。"安史之乱"给人们带来了极大的痛苦，在战乱中，人民流离失所，不仅州县成了废墟，农业生产也受到极大破坏。唐朝经过这次战争，由强盛转向衰落，一天一天走下坡路了。

"安史之乱"虽然平定了，但安史的部将仍然在河北一带作节度使。他们既拥有强大的军队，掌握地方财政大权，又不服从朝廷的调动。他们死后，都由他们的

中华传世藏书

中华枭雄大传

将帅枭女卷

子孙继续承做节度使,这样便形成藩镇割据的局面,人民仍然灾难重重,在这种情形下,西南的吐蕃统治集团便乘机向唐朝进扰。

计退吐蕃

"安史之乱"以后,社会内部矛盾重重,国力虚弱,原驻在西边的军队,大部分被调到北方去讨伐叛军。这时,吐蕃统治集团乘机深入唐朝内地,把凤翔西、邠州(今陕西彬县)北等十几州的土地都占领了。763年十月,又占了奉天(今陕西乾县),朝廷大为震惊,急令郭子仪带兵抵挡。郭子仪带领1万多人,可是吐蕃兵却有10万多人。郭子仪多次请程元振拨兵增援,可他根本不理。吐蕃兵很快打到了长安城下,吓得代宗逃往陕州。郭子仪从咸阳赶来,进了长安,既不见皇帝,又没有兵马,十分焦急。这时守城的将领王献忠怂恿郭子仪说:"皇上早已逃跑,现在国家无主,你身为大元帅,只要下道命令,就可以把皇帝废除,国家大权不就落到你手里了吗?"郭子仪把他痛斥了一番。不几天,吐蕃兵占领了长安。

当代宗逃往陕州时,唐军多往商州(今陕西商县)逃散,郭子仪派部将王延昌赶到商州去招集他们。逃兵听说郭子仪来了,都欢呼不止,愿听吩咐。不过数日,便招集到4000多人。

郭子仪分析了形势,决定采取声东击西的战法。他先派段秀实去劝说邠宁(今陕西彬县和甘肃环江一带)节度使白孝德,请他出兵助战;再派左羽林(皇帝的亲军,侍卫皇宫)大将军长孙全绪带200轻骑,到蓝田(今陕西蓝田县)城北面,白天擂鼓呐喊,夜晚燃起火把,牵制吐蕃兵力。军事部署完毕,郭子仪佯言向蓝田城东进军,但却率领主力军奔向蓝田城西。吐蕃兵果然中了郭子仪的计,直向蓝田城东冲杀,扑了个空。郭子仪急速集中兵力,奋勇攻击,打得吐蕃兵措手不及。吐蕃兵发觉已中了计,十分惶恐,忽听四处高呼:"郭令公(指郭子仪)率领大军来啦!"喊声震天,吐蕃兵不战败走,唐军顺利地进入长安。

长安收复后,代宗本应早日返回京城,可是程元振见郭子仪多次立了大功,威信越来越高,生怕代宗重用他,所以劝代宗在洛阳建都。为了国家的利益和朝廷的安稳,郭子仪上书给皇帝:"长安地势险要,前有终南山作屏障,后有泾、渭二水,右连陇蜀(今甘肃、四川),左接崤函(崤山,函谷关,在今河南灵宝东北),可以雄视四方,进可以攻,退可以守。大有一夫当关,万夫莫开之势。长安经过几朝的建设,宫殿华丽,市场繁荣,工商业发达,土地肥沃,物产丰饶,经济富足。长安是创立帝业的基地。秦汉两朝占领长安而称帝,隋炀帝弃长安而灭亡。再看洛阳,地贫民饥,人烟稀少,野草丛生,一片荒凉,宫殿多被烧毁,残垣断壁,不易防守,请陛下慎重考虑。"代宗看完奏章,很受启发,便对左右官员说:"郭子仪所考虑的,都是从国家的安危和利益出发呀!"764年十一月,代宗便从陕州回到长安。

巧退回纥

唐朝和回纥的关系,一直是友好的。在平定安史之乱的战斗中,陇右(今甘肃东南)节度使仆固怀恩认为自己立了大功,应受重赏,可是代宗并没给他封官加爵,仆固怀恩很不满意,妄图背叛唐朝。他母亲知道后,非常气愤,严厉责骂道:"唐朝哪点亏待你,为什么要叛变呢?"骂着,举起刀向他砍去,幸亏他跑得快,才没被砍着。

不久,仆固怀恩便带领轻骑300多人逃往灵州(今宁夏灵武西南)。他发誓与唐朝势不两立。为了推翻唐朝政权,仆固怀恩便制造谎言,向吐蕃、回纥借来10万大军,从灵州向长安进攻。仆固怀恩的大军来到奉天,长安告急,朝内文武百官,一筹莫展,又是一场混乱。皇帝惶恐不安,忙向大臣们问计。郭子仪说:"仆固怀恩曾做过我的部将,我了解他。他虽是一员猛将,但他寡恩少义,虐待士兵。士兵所以跟着他,都想乘机重返家园。"皇帝立即任命郭子仪为关内河东副元帅,让他率领10万大军去讨伐仆固怀恩。

郭子仪率兵来到奉天城外的阵地上,立即下达军令:固守阵地,不准猛冲猛打。有些将领急于要求出战,郭子仪耐心地说服他们,指出:仆固怀恩的军队,远道而来,士气旺盛,利于速战速决。我们要尽量地躲开叛军的锋锐,不要打硬仗,要严加防御。我们要出其不意,攻其不备,集中力量打他个措手不及,求得全胜。如果匆忙出战,万一失利,全军就有覆没的危险。谁再敢提"出战",立刻推出斩首!

仆固怀恩率领10万大军(包括吐蕃、回纥兵),横冲直撞,如入无人之境,这正好中了郭子仪诱敌深入之计。他们刚要摆开阵势,只听战鼓咚咚,杀声四起,奉天城外,唐军摆成一字阵势,非常严整,当中竖着一面帅旗,随风飘扬,旗上写一个"郭"字。仆固怀恩的将士一听说郭令公的大名,都吓得丢盔卸甲,四散逃跑。仆固怀恩只得带领残兵败将,又回到灵州。唐军不战而获得了胜利。

仆固怀恩不甘心失败,765年,他又勾结吐蕃、回纥、吐谷浑(鲜卑族的一支,唐时居今甘肃、青海间)共10万多人,再次进犯长安。他们来势汹汹,杀气腾腾。为了拦阻叛军各路的进犯,郭子仪传令各地驻军,必须扼守要冲,抵制敌兵,不让敌兵前进一步。当时,淮西(治所在今河南汝南)节度使李忠臣部下的官兵喜欢玩球戏,当接到出战的命令,都埋怨地说:"我们玩球戏正玩得兴高采烈,作战也要挑个好日子!"李忠臣责问他们:"如果你们的父母得了急病,也要找个吉利的日子治病吗?"大家都默不作声,只好待命出发。

仆固怀恩率领大军直奔盩厔(今改名周至),在行军途中,他得了暴病,突然死去。仆固怀恩的部将张韶率领吐蕃、回纥大军,继续进军,包围了长安北面的泾阳(今陕西泾阳县)。镇守泾阳的郭子仪,仅有两万多人,但早有戒备,他命令部将坚守阵地,不准同叛军交锋。就在这时,吐蕃、回纥听到唆使他们入侵的仆固怀恩已暴死,于是,便开始分营扎寨,争权夺势,闹不团结。郭子仪闻知,暗暗自喜。他详细地分析敌我双方的军事力量。唐军守孤城,抗雄兵,将寡兵少,力量薄弱;吐蕃、回纥兵比唐军多五倍,又骁勇善战。回纥王甚至不可一世地自称:"威风凛冽气昂昂,塞外称雄无人言;鼓角声高催战马,诸藩部将我为强。"在这种不利的条件下,郭子仪深知战必失败,退则被歼,只能"智取",不能"力敌"。他一面积极备战,一面争取谈判。

郭子仪召集大小将领共同商讨退敌策略。任命部将白孝德为副元帅,让他死守泾阳,等待援军;派牙将李光瓒去见回纥王,表示愿和回纥王共同打击吐蕃。回纥王听说郭子仪还活着,十分惊奇,半信半疑。他对李光瓒说:"郭令公真在人间,你不是欺骗我吧？如果他还活着,能让我看看他吗?"

李光璜把这番话告诉郭子仪。郭子仪是个足智多谋的将领,为了劝退回纥兵,他决定一个人去见回纥王。他对将士们说:"回纥兵多,我们兵少,实力相差悬殊,很难用武力战胜。过去唐朝和回纥的关系密切,曾订过互不侵扰盟约。为今之计,我不如亲自去说服他们,不用动刀枪,退走回纥兵。"郭子仪要冒着生命危险,单枪匹马去回纥军营中谈判,将士们担心他的安全,准备选拔500名精锐的骑兵随身保护他。郭子仪坚决拒绝,他说:"这样做,不但没有好处,反而会把事情弄糟。"

郭子仪就要动身,他的儿子郭晞跑来拦住马,劝阻说:"回纥兵像虎狼那样凶暴,父亲是国家的元帅,怎能轻易冒着生命危险,去回纥军营谈判呢?"郭子仪果断地说:"如果唐军和回纥兵打起来,不但咱们父子生命难保,就连国家的命运也很危险。如果国家保不住,个人还有存身的地方吗?与其坐着等死,不如去同回纥王谈判,用道理说服他。万一不成功,我就捐躯报国,来实现我平生的大志。"说着扬起鞭子,打了他儿子的手,喝令他:"走开!"便和几个骑兵闯出了军营。

郭子仪出了军营,叫人连声高喊:"郭令公来了,郭令公来了!"回纥兵听了,个个吓得目瞪口呆,情不自禁地都放下了武器。回纥兵的统帅药葛罗(回纥王的弟弟)立即拿起弓箭,站在阵前,准备战斗。郭子仪来到回纥军营门前,不慌不忙地翻身下马,摘掉头盔,脱去铁甲,放下刀枪,勇敢沉着地向回纥营中走去。回纥兵都很吃惊,你瞧瞧我,我看看你,不约而同地说:"果真是郭令公呀!"药葛罗也放下弓箭,忙走来迎接。郭子仪握着药葛罗的手,义正词严地责问:"你们回纥替唐朝立过大功,唐朝报答你们的也不薄,为什么违背盟约,向唐朝进攻?你们丢掉过去的功劳,帮助叛臣仆固怀恩作乱,同唐朝结怨仇,多么不明智啊!仆固怀恩叛唐弃母,被人唾骂,像他这样寡廉鲜耻的人,能替你们做出什么好事呢?今天我独自一人来到这里,早就把生死置之度外,如果你们真有诚意同唐朝和好,应该马上撤兵。不然,我将传令三军,一气杀来,管叫你们片甲不留。如果你们敢把我杀死,唐军一定不会答应。"药葛罗早已吓得手足无措,连连说:"我们受了仆固怀恩的欺骗,他说皇帝已死,说你早已在阵前丧命,朝内乱成一团,没有主人,因此我们才敢跟仆固怀恩来进犯。现在皇帝仍然坐镇京城,又亲眼看到你,我们哪里敢同唐军作战呢!"

郭子仪见事已成,喜在心头,乐在眉梢。为了粉碎回纥与吐蕃的联盟,他抓紧机会,又劝药葛罗说:"吐蕃王不讲道义,反复无常,趁着唐朝有乱事,便抢占土地,烧毁城市,破坏乡村,还掠去大批财物,假如你们肯帮助唐军打退吐蕃,继续保持同唐朝的友好关系,唐朝就把吐蕃抢去的东西,全部送给你们,千万不要错过良机啊!"药葛罗又感激、又惭愧地说:"令公的话,开导了我,我愿帮助唐军打退吐蕃兵,以便立功赎罪。不过,请你不要把仆固怀恩的儿子杀掉,因为他是我们王后的兄弟(仆固怀恩的女儿嫁给回纥王)。"郭子仪答应了他的要求。

这时,在旁边围观的回纥兵,稍稍转向前来,郭子仪的随从人员也紧紧跟上几步,显示加强戒备。郭子仪一点也不惊慌,挥手叫他们退回。药葛罗一面让士兵退出,一面叫人摆出酒席,同郭子仪同饮共欢。药葛罗要试一下郭子仪是否有诚意,请他举起酒杯发誓,郭子仪对着回纥首领和士兵说:"大唐天子万岁!回纥可汗万岁!谁若违背誓言,就叫他死在阵前!"药葛罗也照样发了誓。立了盟约后,郭子仪便领着几个轻骑,凯旋归来了。

吐蕃王听到这个消息,连夜带着队伍逃走了。郭子仪于是派精兵同回纥兵一道追击,在灵台(今甘肃灵台)西大败吐蕃。这样,郭子仪不用一兵一卒,不费一刀一枪,就瓦解了回纥与吐蕃的联盟,并迫使回纥兵也撤退了。京师之围遂解。

闰十月,郭子仪入朝,然后回镇河中。河中地处两京之间,自广德二年(764)仆固怀恩叛乱,郭子仪再任朔方节度使,河中就成为朔方军的根据地。为了解决军粮问题,郭子仪组织士卒种地以自给。他说:"养兵千日,用兵一时。要打胜仗,必须把兵练好,要练好兵,就要有充足的军粮。"当时,由于连年发生战争,农村经济破产,人民生活困难,筹措军粮确实不易。为了减轻人民对军费开支的负担,郭子仪不顾年迈力衰,亲自耕种了100亩地。将校也各自耕种一定数量的土地。在将帅的带领下,士卒耕种的积极性大为高涨,河中地区的荒地全都得到开发,生产的粮食不仅足供军饷开支之用,还有剩余。

此后两年,每到秋季,吐蕃就率兵进入关中抢掠,但均被郭子仪率军击退。大历三年(768),宰相元载认为,郭子仪率朔方兵镇守河中,深居腹内无事之地,而吐蕃连年入寇,由于防守兵力太少,无法阻止其进犯关中,建议将郭子仪的朔方兵移镇邠州(今陕西彬县)。代宗皇帝接受了他的建议。次年,郭子仪便奉命率朔方军前往屯驻邠州。此后,吐蕃虽年年秋季入犯,但再也不敢进入关中的纵深地区骚扰了。

大历八年(773),郭子仪已是77岁高龄。吐蕃10万骑兵入掠邠州等地,郭子仪部将浑城抵御失败。郭子仪对诸将说:"败军之罪在我,不在诸将。"然后与诸将商讨对敌之策,重新调整部署,终于击败了吐蕃。

郭子仪镇守邠州长达10余年之久,此时的朔方兵人数已不及天宝时的十分之一。全军的将士也不及吐蕃的四分之一,战马不及吐蕃的百分之二。但是,吐蕃每年秋季入寇关中,均被郭子仪击败。关中大多数地区因此免遭蹂躏,京师也得以安然无恙。

虽然如此,但唐朝廷内忧外患仍很严重。由于统治集团的腐败、宦官的专权、藩镇的割据、阶级矛盾和民族矛盾的日益加深,使李唐王朝逐渐走向衰亡。

唐代宗死后,由他的儿子德宗继位。德宗为了维护自己的统治地位,减少人民与统治者的矛盾,便下令废除租庸调(唐代与均田制相联系的赋役法。租指田赋,调指依乡土所产而缴纳绢、绵或布、麻,庸指以绢或布代替力役),实行两税制(按土地和财产的多少,每年分夏、秋两季两次收税)。两税制虽比租庸调法适合于当时的情况,但人民仍然啼饥号寒,在死亡线上挣扎。郭子仪虽极力挽救李唐王朝的颓势,但他已无能为力了。

长者风范

郭子仪到了晚年,被封为汾阳郡王,并进位太尉(全国军事首脑)。他官高爵显,在朝廷中的威望极高。

郭子仪治军宽厚,深得人心,朔方军将士都以父母事之,愿拼死为之效力。这是郭子仪在历次战争中所以能打赢许多硬仗,屡次转危为安的一个重要原因。郭子仪功勋盖世,威震四方,敌人都很害怕他,吐蕃、回纥称他为神人,一听说他率领大军出战,皆望风而逃。节度使田承嗣对朝廷图谋不轨,专横跋扈,但是见到郭子仪派去的使者,即西向而拜,并指着自己的膝盖说:"我这膝盖不向人下跪已经多年了,现在要为郭公下跪。"李灵曜盘踞在汴州(今河南开封),不管公私财物,只要经过汴州,一律扣留。只有郭子仪的粮饷、武器,不但不敢抢掠,还派人护送过境。郭子仪还为朝廷培养了一大批人才,随他征战的先后有60余名部将,后来都位至将相。

郭子仪功高望重,但他从不居功自傲。安史之乱后,许多节度使手握兵权,为非作歹,对朝廷貌合神离,拒不听命。郭子仪虽权重势大,深得人心,但他却从不以此为资本,要挟朝廷,谋取私利。相反,他始终忠于朝廷,别无二心,有诏即赴命,绝无半点犹豫。

当时宦官专权,嫉妒功臣。为了避免招来麻烦,郭子仪有时还拒绝接受朝廷的高官厚禄。唐代宗时,曾下令以郭子仪为尚书令。但他认为唐初太宗为秦王时做尚书令,唐太宗即位后,这个职位经常空缺,如果接受这项任命,一会破坏国家的法度;二会招致他人的闲言;再者安史之乱以来,以官赏功臣,已使国家法度遭到破坏,现今安史之乱已被平定,就应按照国家的制度来任免官员。因此,他坚辞不受。

有时,为了顾全大局,减少矛盾,他甚至不惜牺牲个人利益,不计个人荣辱。大历二年(767),他父亲陵墓被盗,人们怀疑是鱼朝恩指使手下人干的,但官府没有捕获盗贼,口说无凭。祖坟被盗,在封建社会是没有比这更为严重的事情了,因此事情发生后不久,郭子仪自奉天入朝,朝廷内外气氛便十分紧张,担心他不会善罢甘休,甚至可能发动政变。但当唐代宗对他提起此事,他却流着泪说:"我长期带兵,对士卒约束不严,有时就发生部众盗掘坟墓的事。如今我父亲的墓被盗,这是老天的报应,与谁都无关。"盗墓之事才不了了之,朝廷内外惶恐不安的气氛也消除了。因此,尽管鱼朝恩、程元振对郭子仪屡进谗言,横加诽谤,但由于他为人坦荡,居功不傲,忠于朝廷,没有什么把柄可抓,每次都化险为夷,得以常保功名,长寿而终。

史称郭子仪"功盖天下而主不疑,位极人臣而众不嫉"。郭子仪的确堪称是一位封建时代的军人楷模。

郭子仪做了国家的功臣,有权有势,可是他不徇私情,不讲情面。代宗皇帝死了,将要下葬,按照惯例,严禁杀生。郭子仪的本家仗着郭子仪的权势,偷偷地杀了一只羊。左金吾(唐左右金吾掌管宫中及京城警卫)将军裴谞把这件事报告给德宗皇帝。有人提醒裴谞说:"郭令公已70多岁,他是国家的大功臣,怎么不看他的情面呢?"裴谞说:"我这样做,正是维护郭令公的声誉,让人们都知道他可敬而又可畏。"郭子仪知道了,当即严办了他的本家,并向裴谞表示感谢。

又一次,郭子仪妻子的奶妈的儿子犯了军法,被郭子仪手下的一个军官按军法杀了。郭子仪的几个儿子都到父亲面前哭诉,说这个军官连他们母亲的面子都不给,根本不把郭家的人放在眼里。父亲打了一辈子仗,为朝廷立了汗马功劳,应该与众不同。郭子仪听了,把儿子们大骂一顿,教训他们说:"你们只知道祖护自己家里的人,却不尊重将士,不维护军队的纪律。如果像你们说的那样,凡有功于国家之人,就可以与众不同,搞特殊化,凌驾于国法之上,那天下岂不大乱?"儿子们听了,觉得父亲言之有理,都不再吭声了。

郭子仪有八子七婿,他们都在朝内做官,家族兴旺,子孙数十人,有时孙子向他请安,他都分辨不出来。郭子仪对家人要求很严格。郭子仪七十大寿时,全家上下都来祝贺,只有郭暖的妻子升平公主没有来。郭暖很生气,便动手打了升平公主,气愤地说:"你父亲是皇帝,你依仗皇帝的权势,不来祝贺。我父亲还不愿做皇帝呢!"升平公主挨了打,她不依不饶,哭哭啼啼。事情被郭子仪知道了,他不容儿子郭暖分辨,让人用绳子捆住郭暖,带着儿子向代宗皇帝请罪。代宗对郭子仪说:"不痴不聋,不做姑翁,儿女闺房琐事,何必计较。"郭子仪谢过皇帝,回家后,把儿子痛打一顿,才算了结。

郭子仪的一生,基本上是在戎马征战之中度过的。自天宝十四年(755)安禄山于范阳起兵,郭子仪即以朔方节度使的身份参与平叛战争,屡立战功。唐肃宗时,收复两京。主要是依靠郭子仪所率朔方军的力量。安史之乱被平定后,郭子仪以朔方节度使先后出镇河中、邠州,防御回纥、吐蕃,捍卫京师,虽兵弱将寡,仍屡败敌兵,使京师得保无虞,关中百姓免遭涂炭。所以,史书上说"天下以其身为安危殆30年"是一点也不夸大的。

郭子仪是我国历史上一位著名的军事家,他通晓兵书,但不机械地搬用古代兵法。郭子仪多谋善战,根据不同情况,有时声东击西,有时迂回堵截,有时先发制人,猛冲猛打,还有时不用一兵一卒,竟能计退敌兵。兵多将广,固然能打胜仗;即使兵少将寡,在不利的情况下,也能取得胜利。胜利了,不骄傲;失败了,不气馁。正因为如此,他才能成为一代名将。

郭子仪重视团结国内各民族,对吐蕃、回纥、吐谷浑等能做到礼尚往来,平等相待。所以他在吐蕃和回纥等少数民族人心中也很有威望。

大历十四年(779),唐代宗病死,遗诏命令郭子仪在三天的治丧期间代理朝政:郭子仪奉命入朝。唐德宗即位后,尊郭子仪为尚父,加太尉,兼中书令,余官皆罢。从此,他告别了戎马生涯,在朝廷担任宰相。过了两年,即建中二年(781),郭子仪病死,享年85岁。死后被追封为太师,陪葬建陵(唐肃宗陵)。按唐代制度,郭子仪坟高当为一丈八尺,葬时破格增加一丈,为二丈八尺,以表彰他的功劳。

岳飞:千秋义士 铮铮脊梁

【人物档案】

姓名:岳飞

别名:岳武穆、岳少保。

字号:字鹏举

生卒:1103 年~1142 年

籍贯:河北西路相州汤阴县永和乡孝悌里(今河南省安阳市汤阴县城东 30 里的菜园镇程岗村)人

字号:字鹏举

朝代:宋朝

职务:抗金元帅、武昌郡开国公,鄂王(追封)。

谥号:谥武穆,后改谥忠武。

主要作品:《满江红·怒发冲冠》《小重山·昨夜寒蛩不住鸣》《五岳祠盟记》《乞出师札子》。

主要成就:收复建康、襄阳六郡、商州、虢州,平定曹成、张用等游寇势力,缔造“连结河朔”之谋,积极与民间义军联络抗金,北伐中原,取得郾城、颍昌大捷。

评价:岳飞被杀,家喻户晓并且流芳千古了。他流了血,这血就渗透到我们民族体内,世世代代传下来,他要是没流血,就不会有这么大的作用。(毛泽东)

墓葬:浙江杭州西湖栖霞岭南麓

岳 飞

【梟雄本色】

潇潇雨歇,抬望眼,仰天长啸,壮怀激烈。

既为战将,必以功名战绩比高下。言及岳飞,此法却未免矫情,观其一生,磊落光明,忠心耿耿,浩气贯长虹,丹心照汗青,千秋皆为之叹服。

岳飞少时便有壮志,四处拜访名师,习武读书,孜孜不倦。十九岁时便应征从军,当上了一名敢死战士。从此开始抒写传奇般的戎旅生涯。

岳飞作战,勇武、机智、灵巧兼备,所以每战必胜,攻必克,守必固,一生历经大小一百三十余次战斗,无一败绩,是史所罕有的常胜将军。他治军严谨,赏罚分明。“冻死不拆屋,饿死不虏掠”,成为岳家军的一种光荣传统。大军所过之处,金兵无不闻风而逃。直捣中原,恢复故疆之宏愿眼看就将大功告成,朝廷却在一天内连下十二道金牌，催其撤兵。大好形势付诸东流。

　　青山顿首，江河呜咽，一代英杰竟含冤蒙难于风波亭。天日昭昭，正气何存？奸相秦桧跪拜千载，亦不足以赎其罪孽；岳穆王短短一生，忠义爱国之心震烁古今，中华民族从此又多一铮铮脊梁。

　　【风云叱咤】

少年坎坷　从军抗敌

　　宋徽宗崇宁二年（1103）的某一天，从西边天空飞来一只天鹅模样的大鸟，降落在永和乡岳家庄一富户的屋顶上。它扇动着有力的翅膀，伸着美丽的脖颈，发出阵阵悦耳的鸣叫。这叫声引起了该室主人的注意。他已40有余，正在庭院中烦躁地搓着双手，来回走动。听到鸟的鸣叫，他停住了脚步，抬头看了看，不禁露出一丝惊讶的表情。他还从未见过这种鸟，莫不是传说中的神鸟大鹏？恰在此时，屋里传出一声嘹亮的婴儿啼叫，接着房门打开，里面奔出一位丫鬟，笑嘻嘻地叫道："岳员外！岳员外！夫人生了，是男孩！男孩！"这位被称作岳员外的中年人闻讯大喜，猛地甩开双手，大踏步跨进屋里。屋里几位帮忙接生的妇女仍在忙碌着照顾产妇和婴儿，见岳员外进来，连道恭喜。夫人姚氏经过生产的痛苦折磨后，已疲惫不堪，正欲睡去，见了丈夫，又兴奋了起来，苍白的脸上泛起红光，说："快看看你的宝贝儿子！"岳员外忙捧起正吮手蹬腿的儿子，左瞧瞧，右看看，乐得直说："岳家可有了烧香火的人了！"旁边的妇女向岳员外不住夸赞道："您看这孩子长得多富贵相啊！大眼大耳，宽额方口的，将来一定会有出息的！"姚氏说："您别只是傻乐了，快给儿子想个名字吧！"这时，屋顶上的大鸟又发出一阵鸣叫，岳员外心里动了一下，脱口说："名就叫岳飞，字叫鹏举吧，愿他日后能像鹍鹏一样展翅高飞，建功立业，光宗耀祖！"

　　岳员外是岳家庄的大户，颇有田产家财，但他生活得却很简朴，为人也很善良，常常节衣缩食，来赈济庄里的贫民。对借钱粮不还的人，他从不逼讨，就是有人公然侵吞他的田地，他也不与之论争，因此很得乡亲们的敬重。对他来说，唯一也是最大的焦虑是年近半百，尚无子嗣。为此，他曾四处访医寻药，甚至烧香拜神。如今，他总是如愿以偿，自然高兴万分，向家堂神庙点烛燃香，忙个不停。他还打算在岳飞满月时大治筵席，款待全庄乡亲。

　　但这个日子并没有来到，来到的却是一场灭顶的灾祸。一天，一阵怪风呼啦而起，随即从山后升起一团黑云，飞快地翻滚过来，霎时间弥漫整个天空，将炎炎赤日遮了个严严实实。一道耀眼的闪电过后，便是一声将天地抖动起来的炸雷，紧接着，盆泼似的雨水从空中倾泻而下。岳家庄的人从未见过这么暴烈的雷雨，惴惴不安地待在屋里。忽然，从远处传来一阵阵恐惧的叫喊："黄河决口了！黄河决口了！"顿时，岳家庄就像炸了锅，人们顾不上头顶上的暴风雷电了，扶老携幼，哭着叫着跑出屋子，涌向村外，向地势高处奔去，但这怎能跑得过猛兽般扑过来的洪水呢？

　　岳员外听到呼喊声，慌忙抱起不满月的岳飞，携着姚氏，跟跄着跑在院子中。这时他已听到洪水的呼啸声和成片的房倒屋塌声，他知道跑是来不及了。情急中，他一眼瞥见了放在墙角的一只大木缸，来不及犹豫，就拉着姚氏跑了过去。他先让姚氏坐了进去,再将岳飞递过,让抱在怀中,颤抖着说道:"夫人,我将儿子托付给你,靠你保全一点岳氏血脉,我就是喂了鱼鳖,也能瞑目了!"话音刚落,一股洪流涌来,岳员外手一松,木缸就随水漂走了。

姚氏坐在木缸内,四周是汹涌起伏的黄流浊水,以及漂浮其上的家具物件,死了的猪羊鸡狗,人的尸体也夹杂其间。姚氏看着这一切,想着曾经很温暖、富足安乐,如今已荡然无存的家,更想起凶多吉少的丈夫,她五内俱焚,痛不欲生。她几次想跃入波涛之中,随丈夫而去,但她看见了安安静静躺在怀中的岳飞,想起了丈夫的叮嘱,她便犹豫了。她不应该寻死,应该活下去,把岳飞抚养成人,这样才能对得起丈夫。想到此,她将岳飞紧紧搂在怀中。

岳飞母子坐在木缸内,随势漂荡,任意东西,虽屡经惊吓,终于安然无恙,最后在河北大名府黄县境内,随一股水流漂向岸边,被人救起,得以侥幸逃生。在这场大洪水中,岳家庄大部分人丧生,岳飞母子竟奇迹般地活了下来。或许这种经历太让人不可思议了,人们竟由此附会出了一个荒诞离奇的传说,说岳飞并不是肉胎凡躯,而是天神下凡。这显然是小说家的无稽之谈,不可据以为史实。

岳飞一家虽然侥幸生还,家道却因此败落。这场灭顶的洪水,夺走了岳家祖辈辛勤积累下来的丰厚的资财,以及建立在这些资财之上的社会地位,富家子弟可享受到的一切岳飞都享受不到了。就像经历了一场革命,岳飞母子转眼间由比较富裕的庄户降为贫雇农。生活骤然变得严酷起来,尤其在天灾人祸比较频繁的北宋末期。传说岳飞母子获救后为一姓王的员外所收养,岳母平日靠为人做针线活来维持家计,抚养岳飞。岳飞六七岁时,迫于生计,就参加了一些力所能及的体力劳动,砍柴放猪,打水送饭。年龄稍长时还曾到大户人家做庄客,打短工。在这种情况下,他自然无法一心一意求学读书了。但小岳飞进取心很强,求知欲旺盛,利用一切可能的时间和机会学习。岳母姚氏也很有志气,她不愿就此颓败下去,甘心让岳飞做一个地道的庄稼汉。她自己没有能力改变目前凄凉的处境,就把家道振兴的希望寄托在岳飞身上。她自己原是大户人家出身,受过一定教育,于是就做起了岳飞的启蒙老师,教他认字读书。没有钱,买不起笔砚纸墨,就在木盘中盛满沙子,教岳飞在上面写字,写满,可抚平再写。在这种艰苦的条件下,岳飞竟识了不少字,并且练就一手龙飞凤舞的好书法。

在宋朝,下层学子主要是靠科举考试来挤入上层社会,改变自己的政治地位和经济地位,像汉、唐人那样通过从军远戍来建功立业几乎是不可能的。从赵匡胤陈桥兵变以来,朝廷就一直奉行重文轻武的政策,军人受到轻视,士卒被称作"赤佬",为防止他们逃跑,他们的脸上要被刺上字,就像是受了黥刑的囚犯一样。人们视从军为畏途,逃之唯恐不及。但岳飞从小时候起就一直渴望做一名将士来保家卫国。他不是不想金榜题名,而是实在忍受不了异族侵略者的嚣张气焰。那时,北宋边备松弛,委曲忍让,辽金屡屡起衅,并几次侵扰中原,饮马黄河,大肆劫掠。官军每每闻风而逃,老百姓备受兵灾之苦。这一切给年少的岳飞以很大的刺激。他认为,在国家民族处于危难的时候,仍去汲汲于追求自己的科场功名,这是最不光彩的行为,非大丈夫之所为。他毅然决然地决定,长大后一定要从军,为看不起"赤佬"的朝廷效命,抵御外侮,保卫自己的家园。

为了能实现自己的愿望,岳飞小时曾四处拜访名师,练习武艺。他先师从汤阴县名手陈广学习枪法。由于他生得健壮有力,悟性又好,肯下苦功,所以很快地其真传，并加以发扬光大，形成了一套独具特色，让敌人胆寒的枪法，在传说中称作"岳家枪"，渲染得神乎其神。在全县的比武中，岳飞大显威风，一杆枪使得蛟龙翻海一般，将对手一个个赶下擂台，夺得第一。其后，他又向一个叫周同的人学习骑马射箭。岳飞在他精心指导下，武艺大进。可以拉开三百斤的硬弓，在奔驰跳跃的马背上左右开射，应声中的。周同还教岳飞研读《孙子兵法》，以及《左传》等古代历史书籍中所记载的战例。他常常告诫岳飞道："用兵打仗不只是靠勇敢，拼死力，那是匹夫之勇，不值得称道。用兵打仗更重要的是靠智谋策略。如果运用得当，就能以少胜众，以弱胜强！"岳飞连连点头称是，对师父极为佩服。周同死后，岳飞非常悲痛，每月初一、十五都要到下葬处祭奠，风雨无阻，人们对岳飞不忘故恩旧谊的行为极为赞赏，认为他一旦能为时用，一定会为国效命的。

宋徽宗宣和四年（1122），真定（今河北正定）宣抚使刘韐募兵，19岁的岳飞应征，当上一名敢死战士，并任小队长。不久，岳飞就参加了一次剿匪的战斗，他主动向刘韐请战，愿领百余名精骑消灭这股劫掠乡里、令官兵十分头痛的土匪。获准后，他让一部分士卒扮作商人，往土匪的营寨去"经商"。匪徒正四处抓丁，扩充队伍，以应付官军的围剿，见了这帮精壮的"商人"，自然不会放过，一个个抓将起来，强令入伙。

岳飞又命百名官兵预先潜伏在山下险要处，自己则亲领几十名骑兵至土匪营寨前叫骂挑战。匪众见岳飞人少，大开寨门，鼓噪涌出，希望一举擒获。岳飞稍稍招架了几个回合，佯装不支，呼哨一声，掉转马头就跑。匪众哪知底细，拍马就追。到了山下伏击圈内，只听得一声号令，伏兵四起，紧紧围上，岳飞也返身杀回，一阵猛杀，匪众死伤大半，余下的扔掉器械，跪在地上直喊饶命。潜入匪徒营寨的官兵乘着空虚，四处纵火，捣烂了匪窝。匪首陶俊和贾进和慌慌张张，想骑马逃走，被绊马索绊倒，就地擒获。岳飞大获全胜，押着俘虏，载着战利品，凯旋奏捷。刘韐大喜，对岳飞的智勇大加赞赏。

不久，岳飞参加了宋金联合攻打被辽兵所占领的燕城（今北京）的战斗。其时，辽国在新兴金国的不断打击下，已奄奄一息，燕城守备空虚。宋军有十几万兵马，加上辽常胜将军郭药师率涿、易二州8000兵马降附，在兵力占有压倒的优势，攻取燕京本是唾手可得的事。但北宋王朝长期压制军队所造成的贫血症在这关键时候马上就表露了出来。将帅鲜勇寡谋，士卒军纪松懈，了无斗志，与辽军稍一接触，就溃不成军。郭药师向宋大将刘延庆提议，应在辽援军没有赶来前袭取燕城。畏敌如虎的刘延庆几经犹豫后，同意了这个计划。于是，郭药师率6000精兵乘夜渡过芦沟，向燕城突然发起猛攻。岳飞率领自己的敢死队冲在最前面。城上守兵拼命往下放箭，掷石块和掀滚木，岳飞毫不畏惧，硬是靠云梯攀上城墙，将守兵杀死，开了城门，宋军遂攻占了燕京外城，但刘延庆却遥相观望，拒不按计划增派后续部队，致使辽援军赶到，与城内守军夹击宋军入城部队，使之几乎全军覆没，只有岳飞等少数官兵拼命杀开一条血路，缒城逃回。

金人通过这次战斗，看出了宋军的虚弱不足惧，于是在宣和七年（1125）灭辽之后，挟战胜之威，兵分两路，向北宋发动了大规模的入侵。西路由宗弼率领，自云中（今山西大同）出发进攻太原。遭到太原军民顽强抵抗，被牵制在那里不能南下与东路军会合。东路军由斡离不率领，在宋降将郭药师的向导下，长驱南下，直扑北宋首都开封。赵宋王朝慌成一团，史称"朝廷震惧，不复议战守，惟日谋避狄之

143

计",意思是说根本不考虑如何迎敌,一心只想逃跑,以避开金人的猛攻。该年年底,金人更近汴京,平日贪于声色之娱的宋徽宗竟吓晕了过去,被大臣们用药灌醒。在性命与皇位难得兼顾的情况下,最后狠心舍弃后者,索来笔墨,抖抖索索地写下退位诏书,让位给太子赵恒,即宋钦宗,自己则带着一帮宠臣连夜逃往镇江避难去了。新即位的宋钦宗也几次想溜,均被坚决主张抗金的大臣李纲及汴京军民所阻拦。

此时岳飞在家已居丧四年。靖康元年(1126),康王赵构奉朝廷之命,在相州设大元帅府,并派枢密副史刘浩在民间招募义勇兵,岳飞再次入伍。他以前剿匪及攻打燕京时的勇敢善战受到赵构的重视,遂命他去招讨流寇吉倩。吉倩早知岳飞的威名,哪敢抗拒为敌,遂率部众归降。赵构大喜,封岳飞为武训郎。

汴京告警时,赵构命岳飞随刘浩前往勤王,途中遇到金兵阻击,双方相持于滑台城(今河南滑县东)南。一日,岳飞率百余名骑兵在河上操练,只见前方烟尘起处,突然出现了大队来犯的金军,气势汹汹地逼了过来。敌众我寡,力量悬殊太大,宋兵不免大惊失色,策马就想逃跑,被处变不乱的岳飞拦住。他鼓舞士卒道:"金寇虽然众多,却不明白我们的情况,不敢贸然进攻。我们要是一逃跑,必然会被他们瞧出破绽,乘势掩杀,我们是很难生还的;不如乘他们立足未稳之际冲杀过去,乱中取胜。"言罢,跃马挥枪,大吼一声,率先突入敌群,众士卒紧随其后。有一个面貌凶猛的金将哇哇叫着扑向岳飞,挥刀便砍,岳飞用枪荡开,顺势向前扎去,正中金将心窝。金兵见状,吓得魂飞魄散。岳飞指挥宋兵,左冲右突,手中那杆丈八长矛蛟龙般飞舞,蹭着伤,挨着亡,杀得金兵人仰马翻,拼命逃奔。岳飞也乘胜收兵,归禀刘浩。刘浩大喜,表奏康王赵构。为岳飞请功,康王立即传下委任状,升岳飞为秉义郎。

靖康二年(1127),金兵在占领汴京开封四个月后,俘获了徽、钦二帝后离去,北宋正式灭亡。宋朝旧臣拥立徽宗第九子康王赵构为帝,即高宗,建立南宋王朝。岳飞认为新主即位,当有一番作为,以树立自己的威信,就上了一封千言书,忠心耿耿地向高宗献计献策道:"陛下您现在做了皇帝,这是国家社稷的大幸,是百姓子民的洪福。您胸有克敌制胜的谋略,又有各地赶来的勤王之师可供调遣,而金军正处在胜利的陶醉之中,骄惰懈怠,没有防备,这是天赐良机,陛下应当亲率六军,北渡黄河,收复失地。黄潜善、汪伯彦竭力倡议南逃避敌,终于酿成靖康之祸,是当今的卖国贼,陛下不可不提防!"这原出于一片忧国忧民的热忱,却不知正触犯了朝廷大忌,立即被斥责为越职言事,夺职遣回。在封建社会,不在其位而言其事,不管其动机如何纯正无私,都算是狂妄犯上,绝不容许的。至尊无上的皇帝与一个中下级军官之间是不会有通信和对话自由的。岳飞不是不明白这个道理,只是他太忠诚耿直了,容不得他安分守己、世故圆滑。为此他屡遭打击,甚至最后献出了生命。

岳飞罢归不久结识了河北招抚使司的干事赵九龄,很得赏识,遂被引荐给河北招抚使张所。张所是北宋著名的抗战派将领,当时受宰相李纲的委派,在河北一带招募民兵,积极组织抗金力量。他见岳飞身材魁梧,气宇轩昂,很是喜欢,抵掌而谈,非常投机。他问岳飞说:"你武艺如何? 能搏击多少敌人?"岳飞徐徐答道:"我很自信自己的武艺,但并不认为这匹夫之勇是多么了不得的事。用兵之道贵在施谋使计,而不在于逞凶斗狠。栾枝用曳柴诈败之计大胜强楚,莫敖靠采樵诱敌之法击溃绞人之围,这些全靠的是智谋,而不是个人的武艺。"张所一听肃然起敬,赞叹道："原来你并非一介武夫啊！不知你对当今形势有何看法？如何才能守住黄河呢？"岳飞侃侃谈道："汴京的安危全看河北诸郡的巩固与否。我们当在所有险隘处建立要塞，互成依仗之势，如果任何一城受到威胁，其他城塞就会赶来相助，并且伺机骚扰敌人的后方，这样的话，敌人就不敢窥视黄河，京师也就安然无恙了。"一席话说得张所心悦诚服，连连点头称是。岳飞见遇到了知己，不禁慨然请求道："张招抚如果能提兵巡境的话，岳飞愿做前驱，供你调遣！"张所大喜，立即授岳飞武经郎职，命他随已归顺的八字军领袖王彦北渡黄河，挺进新乡（今河南新乡）。

新乡有金人重兵驻守，见宋军渡河，就猛扑过来，想一举围歼之。王彦见状，心里害怕，传令停止前进，高筑壁垒，准备死守。岳飞几次请行，都被拒绝，不由气愤道："我们本来就是找金寇打仗的，如今却畏敌不前！如果图安全的话，何不呆在后方呢！"王彦也恼了，说："你要找死的话，我可以让你去！"岳飞遂率领千余名士卒，迎着穷凶极恶的金军杀了过去。金军急忙分兵围截，竟被岳飞冲溃。金军又聚拢起来追堵，再次被岳飞突破，如此反复了好几次。岳飞一马当先，所向披靡。宋军士气大振，人人逞勇，个个发狠，竟一鼓作气攻下了新乡。

宋军攻占新乡，这等于孙猴钻进了牛魔王的肚子，金军自然不会善罢甘休。调集人马，蜂蚁般涌了过来，想把立足未稳的岳飞置于死地。两军在候兆川（今河南辉县西北）相遇，展开激战，岳飞身上十余处受伤，仍在马上厮杀，士卒也拼命死战，终于击退数倍于自己的敌人。

当天晚上，宋军官兵未解铠甲，就枕着兵器睡着了，他们实在太累了，自从与王彦分兵以来，他们一直与围追堵截的金军进行着战斗，已经好几天没有休息了，所以，候德战斗一结束，他们没吃饭，甚至连伤口也来不及包扎，就倒头而睡。他们以为金军新败，一时半会不可能再来了。不料，在一个梦还未做完的时候，忽然传来警报，说大批金军来劫营，宋军士卒惊得睡意全消，跃身而起，陷入一片恐慌之中。他们全拥至岳飞帐前，想听他如何处置。岳飞没有出来，帐篷内传来有节奏的鼾声。宋兵们着急，责问帐前军吏："军情如此紧急，你们怎么不通知首领？"军吏哈哈一笑，道："首领有令，让大家回去安心睡觉，不必害怕，金寇不会来的！"宋兵疑惑地散开了，但谁也没敢再次睡去，抱着枪，守在备好鞍的战马旁。

其实，岳飞自己并未安然而卧。接到警报时，岳飞心里也很担心。宋军连续作战，已疲惫至极，对有备而来的金军，极难有获胜的希望。逃跑已经来不及，很快会被追杀。一番权衡后，岳飞决定冒险效法诸葛亮的空城计。金军连日来已被岳飞杀怕，见宋营一片寂静，怀疑其中有诈，怕中埋伏，就转身退走了。岳飞长吁了一口气，急忙传令拔营。

连日征战，岳飞粮草很快告罄，就到王彦营中求借。王彦对岳飞的频频告捷不仅不感到高兴，反倒觉得如芒刺在背。当初放岳飞出去，原是让他去送死的，至少让他碰碰壁，受受金人的教训，然后回来老老实实受他的节制和管辖，不再与他的闭垒自守、畏敌如虎的政策作对，但岳飞却坚持了下来，胜仗一个接一个，这岂不等于向世人昭告他王彦的胆怯无能，他能不嫉恨吗？向他借粮草，能答应吗？于是，他冷冷地对岳飞说："粮草我有一些，但自己要用。你有本事独立行动，就没有本事搞到粮草吗？"岳飞忍住不快，说："王将军，我们都是为朝廷效命，当互相支持帮助，分什么你我？"王彦冷笑一声，说："这么说，你的功劳可以记在我的名下了？"竟拂袖而去。岳飞无奈，只好率领所部到了太行山一带，依靠当地民间抗金组织，与

145

金军展开周旋,打了不少胜仗。在一次战斗中,岳飞擒获了强悍凶狠的金军大将拓跋耶乌,在另一次遭遇中,又刺杀了敌将黑风大王。但由于孤军作战,粮草不济,难以长久坚持下去,最后只得杀出重围。岳飞知道王彦必不容己,就投奔抗金名将宗泽而去。

初显威名　广德整军

岳飞与王彦分道扬镳,独立采取军事行动,按宋朝军律,是要处以死刑的。所以他到宗泽大营不久,就被五花大绑起来。在即将行刑之际,遇见宗泽视察刑场,岳飞朗声叫道:"宗元帅难道不想恢复中原吗?"宗泽将脸一沉,喝道:"胡说! 本帅与金寇誓不共生,天下谁人不知?"岳飞道:"宗元帅既要驱逐胡虏,为什么要杀堪做前驱的壮士?"宗泽对岳飞早有所知,今见他相貌英伟,出语俊爽,知道不是一般平庸之辈,就令刀下放人,邀到元帅府叙谈。用兵之道、恢复方略,凡所问及,岳飞总是侃侃而谈,持议精当。很合宗泽的心意。他认为岳飞算得上栋梁之材,堪当恢复大任。他已垂垂暮年,恢复振兴之事尚茫然无绪,朝廷中持和者济济,主战者寥寥,昏庸无能者居多,贤明干练者甚少,这些有时使他陷入绝望。见到岳飞,使他不免对前途又增强了信心。有这样的人在,大宋江山是不会轻易易主的。他拉住岳飞的手,连连赞道:"你有勇有谋,在抗金的事业中会大有作为的!"

当时正值金兵来犯,宗泽命岳飞率领 500 名骑兵迎敌,借以亲自考察一下他的实际作战能力,看他是否属于纸上谈兵的马谡之流。岳飞果然不负所望,先战昨城(今河南汲县东南)再战黑龙潭,均获胜利。随后开赴汜水关(今河南荥阳西北汜水镇)迎敌。该关地形险要,为东西交通咽喉,也是西路金军南侵的必经关口,战略意义非常重要,因此必须夺下并守住它! 岳飞昼夜兼程,赶到关口,察看各处地形后,立即开始筹划分置。宋军兵少,粮草不足,面对数倍于己的金军,显然宜于速战速决,不宜于长久相持下去。于是,岳飞想出一条迷惑敌人、乱中取胜的计策。他选出 300 名精悍的骑兵,命每人捆扎两束柴草,潜伏在前山脚下。他亲自率领所余士卒,开赴关口敌军营寨前。

当天夜里,没有月亮,只有星星稀稀疏疏地散布在天空,眨巴着惊异的目光,期待着欣赏由岳飞即兴导演的一幕战斗短剧。金军见宋军人少,不以为意,醉醺醺地进入梦乡,夜半时,岳飞一声号令,埋伏在山下的士卒一起点燃柴两端,每人两束,两手各一,上下左右挥动起来,同时还擂鼓鸣号,吆喝呐喊。一时间,整个天空被火光照得通亮,遍山漫野回荡着喊杀声。金兵从梦中惊醒,以为宋军大部队赶到,一手提着裤子,一手倒拿兵器,慌慌张张就要逃跑。被岳飞迎面拦住,大声令道:"放箭!"只听见一阵嗖嗖声,箭矢像雨点一样密密地倾泻过去,金兵顿时倒下一大片。岳飞翻身上马,平举着丈八长矛,大吼道:"杀!"率先踏入金兵中,士卒随之拥上,展开肉搏。金兵不敢恋战,掉头就跑,正撞上举着火把赶来的伏兵,被猛杀一气,倒毙无数。

火光中,见一金将哇哇叫着,来回冲突,想要稳住金兵,进行反扑,宋兵被他的鬼头大刀砍翻了好多。岳飞看得真切,恼得性起,将枪挂在得胜钩上,从背上取下弓来,搭上利箭,舒展猿臂,"嘿"的一声扯个满月,略一瞄准,右手一松,只听"嗖"的一响,正中金将咽喉,顿时栽下马来。金兵更惊得失了魂一般,拼命冲开一个口子，逃向山下。岳飞也得胜回营，向宗泽禀报，宗泽大喜，认为岳飞果有大将之才，就破格提拔为统领，不久又升迁为统制。岳飞这下算是遇到了伯乐，政治抱负和军事才能有了全面施展的条件和机会。在此以前，他虽然屡建战功，因身轻位卑，始终得不到重视。

建炎二年（1128）七月初一，抗金老将宗泽死于开封留守任上。他晚年将全部精力用于抗金复宋的事业上，却受到朝廷的百般阻挠，心力交瘁，憾恨而亡。临终时，他用孱弱但殷切切的声音对岳飞等属将说："你们千万不可忘了自己的天职啊！"岳飞等含泪说："宗元帅，你就放心吧！"宗泽吃力地点点头。忽然，宗泽呼吸急促起来，脸涨得通红，侍从急忙上前抢救。宗泽推开大家，吃力地挺起上身，睁大双眼，放出光来，连呼"过河！过河！"气绝而亡，眼睛仍大睁着。岳飞等人见此情景，无不受到震动，激起对投降派的满腔义愤，发誓要继承宗泽的遗志，打过黄河去，光复北宋河山。

接替宗泽任开封留守的杜充，却是一位刚愎任性、嗜杀残忍的无能之辈，根本无力管束部下。集结在开封周围、原归宗泽节制的各路勤王之师，以及收编的忠义民兵很快陷于内争中，互相攻击。原统制王善、曹成、孔彦周等合兵50万，攻打南薰门，想赶走杜充，占领开封。守门的仅有800名士卒，见叛军来势汹汹，不免心惊肉跳，想弃城逃跑，岳飞挺身拦住，说："叛军是乌合之众，虽然人马多，没有什么害怕的。不信的话，我杀一阵给你们看看！"随即挺枪挟弓，跃马冲入敌阵，叛军知道岳飞的厉害，哪敢上前阻挡，竟被岳飞冲得四散。守兵见状，大为振奋，一起杀上，叛军不支，慌忙退去。岳飞乘胜追击，擒获叛将杜叔五、孙海、孙胜等。岳飞因平乱有功，被授为英州刺史。

杜充见部将分崩离析，城中粮食即将用尽，金兀术又虎视眈眈，时刻有侵吞之心，便决定放弃开封南逃。岳飞听说，急忙劝阻说："开封为中原军事要地，关系重大，万万不可随意放弃。开封若失，中原必然陷于胡虏手中；中原不保，大宋可就危险了。他日若要收复，就远不如放弃容易了！愿杜统帅三思而后行啊！"杜充辩解说："经此叛乱，开封守军元气大伤，兵少将寡，粮草又接济不上。朝廷逃难不暇，根本顾不上开封的守备，这样怎能长期坚持下去呢？提前撤走总比城破时突围要好吧！"岳飞见杜充执意要走，只好请求道："您一定要走，就让我留下来吧！我向您保证，坚决守住城池，否则的话，提头去见你！"杜充哪会答应，脸色一黑，说："我主意已定，你不要多言了！"言罢，拂袖离去，岳飞只好从命。这样，李纲和宗泽流血保卫过的开封城就被杜充随便抛弃了。

杜充丢失开封，朝廷非但没有治罪，反任命为枢密副使，并兼建康行营留守。建炎三年秋（1129），金军渡过淮河，取道滁州、和州，准备渡江后直趋浙江。杜充畏敌如虎，闭城不出。岳飞认为应当凭借长江天险，进行坚决阻击，决不能让金兵踏上岸来。如果让金军渡过长江，就很难阻挡其凶猛的进攻了。他几次进见杜充，陈述利害，请求赶快出兵，沿江布防，但杜充拒不答应。最后，岳飞竟急得流下泪来，哭谏道："杜留守，赶快发兵吧，再拖延就要危险了！"杜充终不为所动，将岳飞斥退出去，不久即传来警报，说金军已在马家渡（今安徽马鞍山市北）轻松渡江，正势如破竹，向建康杀来。杜充这才慌了，草草派岳飞等人迎敌。这犹如用几筐土石去堵决堤的洪水，如何能起作用？王瓊尚未接战即闻风窜逃，都统制陈淬还没摆开阵势，就被势焰正炽的金军冲得东倒西歪，混战中，陈淬竟阵亡。只有岳飞挺枪跃马，

147

中华传世藏书

中華梟雄大傳

将帅梟女卷

奋力冲突，杀得金兵不敢上前，只能任他驰骋。无奈孤军奋战，寡不敌众，只得杀出重围，在险要处安营扎寨。

在岳飞浴血战斗时，胆小如鼠的杜充竟开城迎降，南宋的长江防线彻底崩溃，金军乘胜南下，直趋临安。高宗丧魂落魄，逃到明州附近的海上。面对将帅叛逃、士卒溃散、金军席卷而来、百姓惶惶呼救的局面，岳飞心如刀绞。他将士卒集合起来，歃血盟誓道："朝廷养兵千日，用在一时，我血性男儿在国难当头，当以死报效国家，图个名垂青史，流芳百世。如果向胡虏投降，或者结伙为盗，纵然一时偷生，终会遗臭万年，大丈夫能这样行事吗？"听得将士们热血沸腾，表示愿意随岳飞血战到底。

不久，岳飞奉命驻军广德（今安徽广德），以牵制南下金军。在战斗的间隙，他抓紧时机进行休整。不断的行军和作战，将士们极度疲劳，需要恢复体力。受损的建制需要恢复重建。随时入伍、仓促上阵的士卒需要训练，尤其是减员的部队需要补充。岳飞真希望能有一年半载的时间，来对部队好好整编一番，以便能更好地体现他的军事意图。但这在烽烟四起的南宋时代是根本不可能的。岳飞只能见缝插针地进行他的整训计划。

主要是招募兵丁。岳飞的兵太少了。朝廷出于对武将拥兵专横的忌讳，不让岳飞拥有太多的军队，且常常釜底抽薪，借故抽调。就是后来成为南宋一员独当一面的大将时，岳飞的总兵力也没能超过几万，这使他难以施展他全部的军事才能。他只能在不触犯禁忌的前提下，在力所能及的范围内招募一些兵丁。这是很难的，老百姓讨厌军人如同讨厌土匪。何况在战火连绵的年代，丁壮大多已被迫当了兵或土匪，剩漏的不是东躲便是西藏。岳飞，也包括当时大多数将领主要靠做"误入歧途"的人的工作来补充兵员了，即所谓的招降纳叛。但由此带来的问题也是很严重的，使军队原有的匪气变本加厉，这会很快腐蚀掉一支军队的战斗力。岳飞明白这个道理，所以，他不只是招募，而且还进行严格的教育和管理。他绝不容许军纪涣散和侵扰百姓，稍有触犯，严惩不贷。有一句话在他的军队中非常流行："冻死不拆屋，饿死不打掳！"这不是一句自我标榜、流于形式的口号，而是一条被严格执行着的戒律，岳飞自己也不例外。岳飞有个舅舅姚某，平时仗恃岳飞的声势，胡作非为，侵掠百姓。岳飞知道后，不便亲自责罚，就告诉母亲，让她出面致意。姚某大为恼火，认为岳飞狂妄，冒犯尊亲，就想伺机报复，一次与岳飞同行。至无人处，突然催马向前赶了几步，取下弓来，转身就射岳飞，慌张之下，射在马鞍上。岳飞大怒，飞马上前，将正要放第二箭的舅舅掀下马来，用佩刀一刀砍死。岳飞的这个举动在当时引起巨大反响，认为岳飞罚不避亲，为民除害，从而对岳飞更加敬畏起来。当然也有人认为岳飞过于绝情，就是深明大义，亲手在岳飞背上刺下"精忠保国"四字的岳母也一时想不通，对岳飞大行家法，让他跪在祖像前，怒声呵斥。但不久，她就慢慢想通了，原谅了儿子。不如此何以服众人呢？不服众人又怎能报国呢？

有过必罚外，岳飞还有功必赏，善待士卒。一个严冬的日子，岳飞的一个幕僚在军营巡视，发现一个士卒衣着单薄，在寒风中瑟瑟发抖，便上前问道："你的上司是不是克扣了你的军饷？这样寒冷，难道没有怨言？"士卒却答道："其他将领才经常克扣军饷，自从跟随岳宣抚以来，从未没发生过这种事。他从未克扣我们一文钱。我之所以穿得单薄，是由于家累太重，所得军饷大半都接济了家人的缘故，我感激都来不及呢，哪能忘恩负义，抱怨岳宣抚呢？"

杨再兴原是一名流寇悍将,一次在两军对垒时杀死岳飞的弟弟岳翻,后来杨再兴战败,自缚请罪。岳飞并不计较前嫌,亲自为他松绑,收为部将,任用不疑。杨再兴大为感动,发誓效忠,后来竟战死在小商桥。岳飞这种不计恩怨,待人以诚的作风,吸引了不少文人武士,纷纷慕名而来。其中有一个叫黄纵,替岳飞掌管机要文件。一次,岳飞分发沉香,待到黄纵时,只剩一小块。岳飞见分得不均,打开一袋再分,到黄纵时又剩下一小块,岳飞一时不知所措。黄纵看在眼里,深为感动,表示大小无所谓。

在岳飞的大力整治下,他的军队变得纪律严明起来,很快赢得了老百姓的衷心拥护。他们亲切地称岳飞的军队为"岳家军",以示与其他作风恶劣的军队的区别,他们甚至设立祠堂,绘上岳飞画像,经常进行供奉祭祀,祈祷岳家军尽早赶走金寇,恢复老百姓正常的生活。从此,他们不再一味地拒绝参军了,送子送夫者络绎不绝;也不再坚壁清野了,箪食壶浆者随处可见;更不冷眼观战了,带路送情报者主动踊跃。

在紧张的整军、练兵中,岳飞不忘挤时间学习。他深知,若没有诸葛孔明之智谋以及淮阴侯韩信之武才,仅凭匹夫之勇是很难扭转当今危局、救民于水火的。这就需要向古代的圣贤学习,汲取他们的智慧。他喜欢读的仍然是《孙子兵法》,常置于身侧,有空即摩挲研习。与少年时的诵读不同的是,他现在有丰富的军事经验,对书中那精奥的道理有更深的启悟。他经常将这些体会自觉地运用在具体的战斗中。当然,他并不盲目迷信、机械照搬。宗泽曾对此不以为然,批评他作战不依阵法,岳飞却自有他自己的见解,认为古人的阵法并不是万用不爽的灵丹妙药,不可固执迷信,应当根据具体的情况加以灵活运用。用兵的关键在于出其不意,攻其不备,不可能每次都按部就班布好了阵,再与敌人厮杀,那样非吃败仗不可。用兵之道,全在于灵心一点,随机应变!宗泽被他说得心悦诚服,击掌称妙。宋代军队作战,都得按照皇帝事先"御制"的阵图进行。然而,战场情况千变万化,这在千里之外的皇帝怎能全部预知呢?所以宋军几乎是每战必败。岳飞作战,全靠灵活机动,所以每战必胜,攻必克、守必固,一生经历大小126次战斗,无一败绩,是历史上少有的常胜将军。史书称赞他有韩信、彭越、周勃等将之采,并兼有诸葛孔明之风,形成了一套有鲜明特色的战略战术思想。后代的小说家竟据此臆造一部《武穆遗书》,称之为岳飞的兵法著作,像"岳家枪谱"一样,使许多武林高手心驰神往,为这并不存在的、所谓可以称王称霸的法宝拼杀得你死我活。

经过短期的修整后,岳家军的战斗力得到更进一步的提高,于是,他们便四处寻找战机,打击金人。不久,传来情报说,有一大批金军将途经广德南下。岳飞闻讯后,紧急部署,在金军必经的险要处布下口袋,严阵以待。一段难熬的时间过去后,金军终于大摇大摆地走了过来。他们根本没有意识到前面的危险,他们一路就是这么满不在乎地走过来的,没有丝毫准备。很少遇到宋军的全力抵抗,稍一接触,宋军就如鸟兽散了。但这次他们却遇到了一个可怕的对手——岳家军!看到他们已进入了伏击圈,岳飞手中的号令旗一挥,只见伏兵骤起,滚木、山石从两侧山坡上冰雹般倾泻而下,金兵顿时倒下一大片。金军被这突然袭击搞得晕头转向,尚未定下神来又被一阵箭雨击毙无数。剩下的慌忙后撤,被一彪人马迎面拦住,骑马持枪冲在最前面的正是岳飞。他大吼一声,当先突入敌群,挥动丈八长矛,或扫或刺,金兵纷纷倒下。这时,两侧的伏兵已逼了过来,将金兵铁桶一样围在山谷间,轮

中華枭雄大傳

将帅枭女卷

番冲突,金兵死伤无数,剩下的大多缴械投降,只有少数拼命杀出重围,落荒而逃。

这次伏击战沉重地打击了金军的嚣张气焰,使岳家军声威大振。只要一提及"岳爷爷"(金兵对岳飞敬畏的称呼)或岳家军,金人马上就心惊肉跳。他们再也不敢随意行动了,扎下营来,想等后面的大部队上来后一起围剿岳飞。岳飞探得敌将王权的部下多是签军(被金人强行征集的汉兵,军心涣散,战斗力比较弱)就决定先吃掉他们。一次,有100名签军出来打劫,遭宋兵追杀,擒获40余名,押赴岳飞营帐。这些俘虏估计难逃活命,个个心惊肉跳。岳飞沉着脸道:"你们也是汉人,却为虎作伥,帮金虏屠杀同胞,本该斩首,"说到这,岳飞有意停顿了一下。签兵吓得魂飞魄散,跪下磕头说:"岳爷爷饶命!岳爷爷饶命!"岳飞说:"饶命不难,就看你愿不愿意改邪归正,戴罪立功?"签军们连忙道:"愿意为岳爷爷效劳,请岳爷爷吩咐吧!"岳飞说:"要你们做的并不难。请你们回去做内应,帮我们攻取王权营寨,怎么样?"签军们连忙答应。岳飞遂与他们约好具体行动的时间和方式,然后就放他们回去了,当天晚上半夜时,这些签军突然放起火,并大声喊:"岳爷爷来了!"敌营寨就像炸了锅一样,陷于极端慌乱中,敌人衣服也没有穿好,就倒拿武器跑出营帐。王权竭力想稳住慌乱的士卒,但无济于事。早已埋伏在外的岳家军一拥而上,冲入营寨内,一边乱砍,一边喊降。签军本是被胁迫而来,心里对金人有怨,哪肯为他们卖命?所以几乎未加抵抗就放下了武器。王权见状,就想乘乱逃走,被岳飞赶上,一把掀下马来,被拥上的士卒擒获。

岳飞广德大捷后,本想南下勤王,只因粮草短缺,不便远行,只好移军牛头山,等待金兀术撤退。金兀术因遭南宋军民的英勇抵抗,不得已放弃追袭赵构的计划,声称"搜山检海"已毕,开始率部北撤,遭南宋名将韩世忠截击,金山寺一役,几乎被擒,慌张中逃入死港黄天荡。后掘开老鹳河故道,方得逃出,往牛头山急急奔来,他庆幸自己命不该绝,已摆脱死亡的威胁。正当他得意时,突然鼓角齐鸣,从树丛中和乱石后跃出大队人马,杀奔过来。冲在最前面的那位大将,挺着一杆丈八金枪,盘旋飞舞,如同神出鬼没,无人可挡。金兀术已被韩世忠挫了锐气,又遭这当头一棒,立即晕头转向,无心恋战,忙策马返奔,一口气跑了二三十里,见并无追兵,这才停了下来,问部将道:"刚才那位大员是谁?如此厉害。"有一随卒脱口答道:"是岳爷爷!"金兀术叹道:"原来是岳飞,果然名不虚传!"此时已是傍晚,暮色渐浓,金兀术便传令扎营。他怕岳飞夜来袭营。就留一部分士卒留心巡逻防守,自己也不敢安然入寝,至夜静更阑时,方朦胧睡去。忽然梦中被一阵震耳欲聋的鼓角声惊醒,紧接着一名小校来报:"岳家军来了!"金兀术慌忙操剑冲出帐篷外,只见大营中四处起火,杀声不断。兀术声嘶力竭,挥舞着剑喊道:"不要乱,不要乱!给我杀退岳飞!"但被死神惊醒的金兵怎能镇定下来,有效地组织防卫呢?他们已经被接踵而至的灾难搞得神经质了,以为到处都是想置自己于死地的敌人,尤其对面难辨的夜间,他们向自己认定的"敌人"冲杀着,捍卫着自己的性命;对方同样认真严肃地还击着。天色渐渐亮了,金军渐渐地感到了荒唐:怎么对手和自己一样的打扮,一样的身容,一样的语音?他们突然醒悟了,大水冲了龙王庙,自己人和自己人玩了一晚上的命!岳爷爷确实厉害,我们不是他的对手!

金兵自相残杀累了,养足了精神,等得不耐烦了的岳家军又杀了上来。金兀术情知不敌,策马就跑,金兵也跟着崩溃,怎奈岳家军尾追不舍,慢一步的,都做了刀下鬼、马下魂。只有那些脚生得长、腿跑得快的人侥幸脱网,跟着兀术逃到龙湾(今南京城区西北），准备进驻建康。行军到静安镇（今江苏江宁西北静安附近）时，远远看见旌旗招展，中间大写着"岳"字，兀术大惊，连忙退兵。兵还没退，已听见连珠炮响，岳飞领着大队人马杀了过来。冲进敌群，一阵猛杀。金兵死伤众多，15里长的路上积满了尸体。余下的马不停蹄地逃往淮西，岳飞乘胜收复了建康。消息传到朝廷高宗兴奋了起来，当即下旨，任岳飞为通泰镇抚使。

招降平叛　克服六郡

自从金军南侵，骚扰中原，兵民困苦流离，啸聚为盗，劫掠乡里，有些甚至投降金人，为虎作伥。因此岳飞在抗金的同时，也参加了一次次剿抚内乱的军事行动。

绍兴元年（1131），高宗授张俊为江淮招讨使，岳飞为副，前往讨伐李成。李成原为江东捉杀使，强盗未曾捉拿住几个，自己却于建炎二年落草为寇，叛据宿州。后为刘光世所破，窜迹于江、淮、湖、湘间，横行十数郡。势力滚雪球般膨胀起来。张俊接到任命后，本想与岳飞一起进军。见情势危急，于是提前出发，驰入洪州。李成部将马进领着几倍的兵马，将洪州团团围住。张俊命令高挂免战牌，任马进百般辱骂，就是不出城迎战。这样相持了十几天后，岳飞领兵赶到，杀开重围，到了城内，见到了张俊。张俊大喜，问岳飞如何破敌。岳飞答道："我认为现在可以出战了！"张俊说："我们两军合在一处，也没有马进人多，如何获胜？"岳飞说："马进虽然人多，一心只顾尽早拿下洪州，却没有考虑身后危险。如果我们派一支人马潜出敌营，沿江而上，抢占生米渡（今江西新建区西南），截住退路，再用重兵攻其背后，这样一定能破马进。"张俊连连点头称善。岳飞请求做先锋，张俊大喜，命岳飞率领所部掩击敌人营寨，又派杨沂中领精兵，趁暮色追出城外，直趋生米渡。

岳飞披甲上马，奔赴西山，逼近敌人营寨。马进自兵围洪州以来，连日骂阵挑战，张俊总是不应，还以为是胆怯，反倒定下心来，纵酒作乐，想让城中粮草断绝，不战自乱。这天，他正在帐中搂着抢来的美人，饮酒听歌，已醉醺醺的了，忽然听兵卒来报，说官兵从背后来劫营，不由得大吃一惊，酒也全醒了，推开美人，操起大刀就往外走，一面命令属将召集喽啰，前往抵挡。还未站稳脚跟，岳家军已到了眼前，迎风猎猎的"岳"字旗帜下，正是岳飞。他用枪指着马进，喝道："反贼，还不赶快下马投降！"马进仰天哈哈一笑，道："都说岳飞厉害，我倒要看看你是不是三只眼的马王爷！"说到这，他猛挥一下大刀，嚎道："弟兄们，给我上！"直奔岳飞。岳飞命令放箭，只听一片嗖嗖声，蝗虫一样的箭头泻向敌群，贼众立时倒下无数。岳飞又令："出击！"言未毕，他自己已跃马趋出几丈，挺枪刺向马进。马进忙用刀招架。几个回合过去，马进已气喘吁吁，手忙脚乱，情知刚才的玩笑开大了，吹出的牛皮挡不住岳飞的掌中枪。于是虚晃一招，拖刀就逃。岳飞麾众掩杀，只见得人仰马翻，血飞尸积，不到一时，就将整个营盘扫荡得干干净净。马进逃到筠州（今江西高安），岳飞一路紧追而来，在城东扎下营寨。他知道马进已吓破了魂儿，不敢开城迎战，就想出一个法儿，让人赶做了一面红色绫罗旗帜，上面大绣着一个"岳"字，让精心挑选出来的200余名骑兵举着巡逻，自己则率主力埋伏在墙角。马进正在城墙上视察，看见这队人马，数目不多，并没有岳飞本人，却打着"岳"字旗号招摇，莫非欺负我马进不成？岳飞本人固然英雄，手下的难道也个个无敌？念及至此，羞辱感涌上心头，叫一声："待我捉住这帮杂种！"就令放下吊桥，引着兵卒，鼓噪而出。骑兵见马进出城,略战几个回合,佯装不支,倒拖着旗帜就跑。马进不知好歹,策马便追。转过城角,突然身后一声炮响,伏兵骤起。马进回头一看,只见岳飞正围了上来。被追的宋兵也返身杀回。马进大惊失色,几乎从马上栽下来。他已领略过岳飞的手段,哪敢再战?又因退路被阻,只得弃城东逃。岳飞尾追不放,并让士卒大呼:"不愿随贼的,请赶快坐下,我不杀你们!"匪众听见,大多半扔掉兵器,抱着头原地坐下。按着名册清点,共有8万多人。岳飞好言劝诫一番后,各随其志愿,或发给路费盘缠,遣返家乡,或整编入伍,效命朝廷。马进残余逃往南康(今江西星子),岳飞继续追赶,到朱家山,赶上马进的后卫部队,展开拼杀,挑死贼目赵万成。李成听到马进兵败的消息后,亲自率领10余万兵马赶来相救,与岳飞相遇楼子庄,岳飞丝毫没有畏惧,舞动着长枪,迎头乱刺,霎时间戳倒了数十名匪兵。匪兵从未遇到过这么凶猛的将领,魂飞魄散,向后退去。却与继续蜂拥而来的匪兵冲撞一起,互相践踏,乱作一团。岳飞乘势杀上,匪众倒毙无数。李成见状,挥刀杀上,正撞着岳飞。几个回合过去,李成已出了一身臭汗,手软眼花,眼看着要败退下来。突然旁边闪出一骑,挥刀而上,与李成双战岳飞。岳飞沉着应战,一枝长枪在手,左挑右拨,上撩下劈,三马盘旋片时,就将来骑刺于马下。这人便是马进。李成心惊,虚晃一枪,返身就逃,又遭赶上的张俊和杨沂中的截杀,10万多兵马,或伤或亡或逃,最后只剩下三五千人,逃奔蕲州,投奔刘豫伪齐政权。

李成已破,又有张用自襄、汉东下,被岳飞探悉。张用与岳飞同乡,绰号"张莽荡",其妻绰号"一丈青",均武艺高强。岳飞致信张用,晓谕道:"我与你有同乡之谊,故在动兵前告知你。你若想战,就速请出兵;如果不愿迎战,就赶快受降!"张用阅信,知岳飞不可敌,表示愿意接受招安。岳飞亲往抚慰,张用等甚感其义。自此,江淮一带归于平安。张俊表奏岳飞战功应属第一,高宗下旨升岳飞为右军都统制,令屯洪州,弹压余盗。

绍兴二年(1132),流寇曹成拥众10万,自江西向湘、湖侵扰而来,占据了道州和贺州(两州在今湖南广西二省交界处),朝廷命岳飞剿抚。曹成听说岳飞将至,大惊道:"岳家军来了!"连忙分道而逃。岳飞到达茶陵,派使赴曹营招降,被拒绝。岳飞上表朝廷道:"对付盗寇朝廷连年多用招安办法,所以强盗势力强盛时就肆虐不从,势力弱小就受降,时降时反。如果继续这样下去,盗贼蜂起,一时就难以翦除了。"用现在的话来说,就是要加强打击的力度。朝廷同意了岳飞的请求。

岳飞遂起大军,开进贺州境内。一次,士卒捕获一名曹成的奸细,捆在岳飞帐外,听候审讯,岳飞一面算计着军中的粮草,一面踱出帐外,一位军吏走过来请示道:"岳都统,军中粮草即将用完,怎么办呢?"岳飞正要回答,一眼瞥见奸细,灵机一动,顺口答道:"只好退回茶陵再说了。"言毕,好像突然才发现奸细似的,露出失言后的慌张表情,跺了一下脚,返身进入帐内。随即暗中嘱咐士卒,装作大意,放跑了奸细。奸细跑回曹营,将轻易获得的军事机密情报告诉曹成。曹成喜出望外,认为这是天赐良机,让他报岳飞一箭之仇。当年南薰门之乱时,他曾让岳飞杀得大败,几乎丧了命,至今让他想起来恨恨不平。他传令属下养精蓄锐,准备在岳飞退兵时从后掩杀。

岳飞放跑奸细后,半夜传令,让官兵在被窝草草吃饭,打点轻装,悄悄向渭岭进发。拂晓时已到达太平场(今广西贺州市东),曹成尚在浓浓的睡梦中。一点也没有料到即将临头的大祸。他或许正梦见岳飞已被自己追获,磕头如捣蒜,哀求饶命,而他手起刀落,砍下岳飞的头来,发出得意的大笑。突然,他被叫醒,说岳飞杀来了。曹成以为还在梦中,他不能相信!白天还在贺州准备撤兵,晚上怎么可能到了自己跟前!难道他是天兵天将!但他很快明白,岳飞确实来了。整个营寨火光四起,杀声震天。他比较聪明,知道抵抗是死路一条,三十六计,早早溜走才是上策。于是带着残兵败将,逃往北藏岭和上梧关(均为贺州市北山区中的要隘),想依险顽抗。岳飞没有让曹成喘息,组成敢死队,乘胜发起攻击。士卒人人争先,个个逞狠,一鼓作气,连克两寨。但狡猾的曹成再度逃脱,纠合所有部众约10万,死守蓬头岭。岳飞当时只有8000人马,但他最善于以少击多,加上连连获胜,将士士气正高。曹成在岳飞痛击下,军气沮丧,了无斗志,人数虽十倍于岳飞,却如同一盘散沙,一击即溃。所以在岳飞的猛攻下,蓬头岭很快被占。曹成如丧家之犬,逃往连州(今广东连州市),后向宋军投降。

此次征剿曹成,正值盛夏酷暑,又在岭南瘴疠之地,由于岳飞行措有方,士卒竟无一人死于疾病,算得上军事史上的奇迹。高宗听说,很是叹赏,遂授岳飞武安军承宣使的荣誉军衔。

绍兴三年(1133)春,高宗召岳飞回临安,以加强京师的保卫工作。江西宣谕刘大中急忙上书说:"岳飞的队伍军纪严明,深受人们爱戴,奉为他们的保护者。如果一旦被调离此地,盗寇恐怕又会蔓延开来。"高宗便取消了这个决定。不久,江西、广东一带爆发了陈颙、彭友等领导的农民起义,高宗遂命岳飞往讨。岳飞接到命令后,立即调遣兵将,赶到虔州(今江西赣州市)。彭友率众迎敌,战不几合,被岳飞于马上生擒,其残部逃至固石洞。该洞形势险峻,四周环水,只有一条羊肠小道可至。岳飞一面在山下陈列重兵,严阵以待,一面遣敢死战士疾速上山歼敌。彭友残部因失去首领,军心立即涣散。见岳飞部队来进攻,不战自溃蜂拥下山。被岳飞迎面截住,一阵猛杀。残敌连呼饶命,全部向岳飞投降。不久,岳飞也平定了其他几支农民起义军。因战功卓著,岳飞受到高宗的召见,亲手写了"精忠岳飞"四字,制作了一面锦旗送给岳飞,并授镇南军宣使,江南西路沿江制置使等职。从此,岳飞成了统御一区的南宋大将了。

襄阳六郡包括唐州(州治在今河南唐河)邓州(州治在今河南邓州市)、随州(今湖北随县),郢州(州治在今湖北钟祥)、信阳军(军治在今河南信阳)及襄阳府(今湖北襄樊),均地处长江中游地区,军事战略地位十分重要,为历来兵家必争之地,受到岳飞的高度重视,他多次向高宗上书,陈述自己的观点。他认为"襄阳上流,与吴、蜀襟带相连,如果我们得到了它,进可以紧逼金寇,退可保卫东南。"他强调:"襄阳六郡,地势非常险要。要想恢复中原,必须以此为基地,作为朝廷武臣,岳飞早已厉兵秣马,准备着有朝一日挥师北上,报效陛下。恳望陛下圣明早断,下令实施我的计划。这样的话,上游地区不仅可以得到平定,整个大宋王朝也可望逐步得到振兴,这实在是关乎国家兴衰危亡的大事!"岳飞的这些愿望和战略计划,是建立在深思熟虑和精忠报国的基础上的,是切实可行的。襄阳地处长江中游,越过汉水即可深入宛、洛地区袭扰金军后方,如果宋军的守淮部队能从东西加以策应,金军即可陷入首尾不得兼顾的境地,但岳飞的建议始终未被采纳。

绍兴四年(1134),被金人扶持的伪齐政权遣李成袭取襄阳六郡,直接威胁到长江上游,并且将随时祸及两浙地区。岳飞见情势危急,再次上书朝廷,说:"襄阳六郡为恢复中原基本,万不可失;为今之计,应当尽早攻取六郡以除朝廷心腹之害!"

高宗这才心动,与丞相赵鼎商量。赵鼎推许岳飞说:"岳飞是当今少有的智勇双全的大将,屡建奇功。他对长江中上游的地理形势,以及敌我双方的情况了解得非常详细,收复襄阳六郡,没有比岳飞更合适的了。"高宗于是命岳飞为荆南(今湖南长沙)鄂州(今湖北武昌)及岳州(今湖南岳阳)制置使,率军克复襄阳。

岳飞接到诏命后,立即发兵渡江。只见万帆竞发,浩浩荡荡,气势非常雄壮。岳飞迎风站在船首,心潮如脚下的长江水,翻腾激荡,久久不能平定。他终于向收复大业迈出了坚实的一大步。这是他从军以来就一直萦绕在心头的愿望,就是在金军步步紧逼,宋军闻风窜逃,朝野上下笼罩在亡国灭家的绝望中时,他也没有放弃这种信念,他坚信,只要皇帝能卧薪尝胆,文臣只要能不爱钱,武将只要能不惜死,上下一心,坚持抗战,就一定能赶走胡虏,光复大宋河山的!现在,他总算说动了东躲西藏、将全部希望寄托在向金人求和上的皇帝,使自己得以兴师出征,夺取襄阳六郡,以营建北伐基地!他也明白,这仅仅是一场短短的序曲,全面反攻的大幕能否最后被捉摸不透、疲弱无力的皇帝拉开,现在还是很难说的。但激昂的民族义愤使岳飞不可能也不愿意因悲观而懈怠自己的行动。只要自己努力争取,一切都会改观的!想到这,岳飞心潮澎湃,猛地拔出剑来,向船舷击去,向身旁的幕僚慨然说道:"岳飞此次渡江,如果不擒杀金人刘豫,誓不返渡!"众僚属被岳飞的情绪所感染,纷纷表示:愿随岳飞浴血奋战。

渡过长江,岳飞率军赶到郢州城下。郢州已为刘豫占有,派部将京超守卫。京超凶猛有力,被人称作"万人敌"。他见岳飞兵临城下,并不以为意,大咧咧地登上城墙。一位部属提醒他应加紧防备才是,京超哈哈一笑,骄横地说:"人人都说岳飞厉害,今天京超我倒要看看他是否三头六臂!"说到这,又冲着城下狂喊道:"岳飞小儿,有种的上城来,你京爷爷等着你玩几招!"岳飞闻言大怒,立即命敢死队攻城,说:"谁先登上城墙,有重赏,畏缩退后者定斩不饶!"抱了必死决心的勇士一声呐喊,抬着云梯,挥着大刀,争先恐后地涌上前去。京超指挥兵士拼命抵抗,放箭、扔滚木、掀梯子,使宋兵的第一次攻击受挫。岳飞稍事调整,增强了兵力,很快又发起了更为猛烈的第二次进攻。他命令弓箭手用密集的箭压制城墙上的敌军,自己亲自带领敢死战士登城。京超由于轻敌,未做充分的防守准备,箭头、滚木和石块很快用光,而宋兵的攻势一次比一次更凶猛,渐渐地,京超支持不住了,宋兵已由好几处攻上城墙,与伪兵展开激烈的肉搏战。不久,城墙即被占领,城门被打开,宋兵如潮水般涌了进来。京超连砍几名逃兵,也没能阻止住溃败的士卒。他觉得大势已去,心里不由恐慌起来,也顾及不到刚才说出的大话了,策马就跑。岳飞派牛皋等将在后面紧追不舍。京超觉得生逃无望,又不愿投降受辱,便纵马跳下悬崖。郢州遂被收复。

由于饱受频繁的战祸,郢州人起初对岳飞的到来心有疑惧,以为这不过是一场狼狗之争,老百姓只有受害的份儿。岳飞深以为忧。他认为,要长期据有郢州,将它作为北伐的基地,就非得争取当地人民的拥护不可。于是,他严厉地重申军纪,绝不容许有扰民侵民的行为发生。他还四处张贴安民告示,消除人们的疑惧心理,激发人们的抗金热情,并大开粮仓,赈济饥民。这一切措施很快赢得了人们的好感。这一切做好之后,岳飞留下一部分士卒镇守郢州,其余的兵分两路,一路由张宪、徐庆带领,直趋随州,另一路由岳飞自己亲自带领,扑向襄阳。襄阳由李成亲自镇守,听说岳飞到来,早早摆好阵势等候,希望能报前日之辱。自从投靠金人以来,他觉得腰杆硬朗了许多。他现在不再是一个东游西荡的流寇了，而摇身变成了准金人了。岳飞能战胜金人的追随者吗？所以，当他看见岳飞，不禁自负狂傲地说："岳飞，你识得我的阵法吗？"岳飞看了一眼，哈哈大笑，说："李成叛贼，上次败逃后，我以为你能多少长进一点，不料更加混蛋！从古至今，你见谁曾将骑兵安排在险峻的地方，相反却将步兵安排在平旷之地？难道你投降金人后，马变得善于在水中行走，你竟将它们排列在襄江岸边？你的步兵也变得行走如飞，敢在平旷之地和我的战马赛跑？这样最简单的军事常识都不懂，还与我谈什么阵法？"李成恼羞成怒，气急败坏地说："岳飞小儿，休要口出狂言，有能耐就请破我的阵吧！"岳飞道："你这小孩玩的把戏，就是再增加 10 万人马，也用不着我亲自出马！"言罢，他在马上用鞭指着骁将王贵道："你带长枪队去破敌人的骑兵！"又指着另一程咬金式的大将牛皋道："你带骑兵去冲击敌人的步兵！"二将接到指令后，立即分头行动，牛皋率先突入李成的步兵队中，马踏刀砍，锐不可当，风卷残云般，霎时使金兵倒下一大片，剩下的四处奔散，互相践踏，又毙伤无数。平旷地上的步兵阵很快就被击溃，王贵同时也向敌骑兵阵发起进攻，他们专用长枪刺敌人的马，马一中枪立即倒地，背上的骑兵纷纷跌落，不是栽得头破血流，便是被杀或被擒。敌骑几次想组织反扑，因岸边崎岖不平，草树丛生，马无法奔跑，且经常自己绊倒，将背上的骑兵甩出好远，哭爹喊娘，王贵的长枪队大显神威，跳跃腾挪，越战越勇，步步紧逼，敌骑连连败退，慌忙中不少连人带马跌入襄江，被汹涌的水流卷走。李成没有想到自己苦心经营的战阵这么快就被击垮，不由大恸。他彻底服输了，乘着夜色，带着几百名贴身亲随，狼狈逃走了。岳飞追赶不及，就整肃军容，浩浩荡荡地开进了襄阳城。不久，张宪、徐庆也传来消息，报告说随州已被攻占。

刘豫的部将成益驻守新野，收集各路残兵败将，准备负隅顽抗。岳飞在襄阳略事休整后，即派王贵攻打唐州和邓州，张宪攻信阳军，自己率部将王万，分左右两翼，包抄新野。伪齐兵已知道岳家军的厉害，远远望见"岳"字旗号，就吓得魂飞魄散。稍一接战，即溃不成军，岳飞大获全胜。王贵、张宪等将也传来捷报，说唐州、邓州、信阳等也次第收复。至此，襄阳六郡全部平定。

岳飞按预定计划收复失地，为南宋建立以来第一次，超出朝廷君臣的意料。他们一向听惯了败兵失地的消息，因沮丧而麻木的心不免激活了一下。他们称赞岳飞"机权果达，谋成而动则有功；威信著明，师行而耕者不变。久宣劳于边围，实ููู难于邦家。"升岳飞为靖远节度使、湖北路荆襄潭州节度使。岳飞上书朝廷道："金人所爱惟子女金帛，志已骄惰；刘豫僭伪，人心终不忘宋。如以精兵 20 万，直捣中原，恢复故疆，诚易为也。襄阳、随、郢地皆膏腴，苟行营田，其利于厚。臣候粮足，即过江北剿戮敌兵。"就是说要加紧襄阳等地的抗金基地的建设，随时准备北伐。

洞庭水战 北伐中原

收复襄阳不久，朝廷就紧急调遣岳飞入洞庭湖剿抚杨么。

杨么原名杨太，曾与钟相一起领导了洞庭湖农民大起义。起义发生在建炎四年（1130），建立了大楚政权，改元天载，以"等贵贱，均贫富"相号召。起义军攻打城池，屡败官兵，很快蔓延 19 个县。一次，钟相遭到官兵袭击，被俘后不久遇害，杨么逃过了这次灾难，收集起旧部，占据了龙阳，势力又壮大起来。朝廷派王燮去征讨,被打得大败而逃。朝廷只好派岳飞代王瓒招捕杨么,封他为武昌郡开国侯,兼清远军节度使。岳飞部下多为北方人,不习水战,听说往洞庭征招杨么,众将士多有疑惧之色,岳飞鼓励说:"杨么盘踞洞庭湖,出没水中,人们都觉得他厉害,不敢去征讨。其实,用兵打仗主要看将帅如何谋略与指挥,哪分什么水陆!如果运兵得法,陆战可以胜利,水战同样可以胜利。破杨么我自有良策。大家不用担忧,只需听我命令,齐心协力,看他杨么能钻到水底去!"众将士随岳飞征战多年,知道岳飞不是说大话吹牛皮,便都放下心来,打起了精神。

岳飞虽然给部下打气鼓劲,其实他自己心里非常清楚,如果用自己的步兵去与杨么的水兵硬拼,结果不会与王瓒两样。以己所短击敌所长,这是兵家最忌讳的事,他还不会狂妄到一切不顾的地步。军情紧急,开展水上军训或临时招募水师显然是不可能的。这是个非常棘手的问题,它可能使那些平庸将领望而却步,但这却难不倒岳飞。敌人并不是铁板一块,熙熙攘攘为名利而聚集的人不会是没有的,只要谕之以利害,肯定会有人弃而投我,甘为前驱。这样不就克服了我们的弱点吗?于是,岳飞将部队调配停当以后,立即派遣使者分头去招降杨么属党。不久,即传来消息,说杨么的心腹僚属黄佐愿意接受招安。岳飞大喜,说:"黄佐深受杨么器重,要是他能来降,破杨么还有什么可说的!"他打算亲自前往招抚,牛皋、张宪等连忙劝阻说:"黄即为杨么心腹,为什么会降顺?恐怕其中有诈,不得不防!"岳飞笑着说:"不入虎穴,焉得虎子!要是能收得黄佐,破杨么就成功了一半了,否则的话,我只能用我的陆军来攻击水寇了,那不是自投湖水吗?"他不由分说,由送信的带路,自己一人,骑着马出了营,去见黄佐。到了黄佐营寨前,让送信的去报知黄佐,说岳飞前来。黄佐问送信的:"岳飞带来多少兵马?"送信的说:"就岳飞本人。"黄佐召集部将商讨道:"岳飞号令如山,威震中外,要是与他为敌,是万万不能生还的。再说杨么专断残暴,在他手下从事随时都有可能被火并,因此,我反复考虑,认为接受招安是上策。现任岳飞一人而来,可见他是值得信赖的诚实君子,不是欺诈阴险的小人,要是向他归顺,必会受到他的善待。我看我们还是打开寨门迎他进来吧!"部下大多表示同意,少数几位有异议的也不敢公开反对。于是黄佐率众到寨门,恭迎岳飞。岳飞赶快下马上前用手抚着黄佐的背,宽慰说:"你能深明大义,迷途知返,这是非常明智的抉择,值得嘉赏。今后要是能立功,封爵荫子也是很容易的事!"黄佐深表感谢,并将部众一一介绍给岳飞。岳飞温言劝勉,众人心悦诚服,表示愿听岳飞调遣。岳飞见已打动黄佐等人,进而说道:"你们本是大宋臣民,外敌当前,本当共同御侮才是,怎能随杨么反兴内乱呢?这不是帮金人灭我中国吗?我此番前来,是要宣明大义,使你们能革面洗心,同卫王室,剿除异族。"黄佐等人连忙说:"我们知罪,愿意戴罪立功!"岳飞点点头,说:"我打算派你们到湖中各水寨,向众人传达我的意思,劝说他们归降,谁如果有才能,一定向朝廷保荐,决不计前嫌。对那些顽固不化、不听劝降的,可设法擒杀。"黄佐等纷纷表示愿意从命,岳飞遂与黄佐握手为约,当即返回军营,加紧水上训练等候黄佐的消息。

这时,张浚赶到潭州视察军情。听到岳飞的情况后,他的幕府参谋席益误以为岳飞有意纵寇为患,怂恿张浚向朝廷反映。张浚深知岳飞,不以为然地说:"岳飞忠孝兼全,天下闻名,哪能做非法之事?如此用兵,自有他的打算,旁人哪能知道呢?"席益自觉惭愧,退了出去。隔了数天,传来消息,说黄佐已攻破杨么部将周伦水寨,斩杀了周伦本人,并生擒手下头目多人。岳飞立即向朝廷申报黄佐战功,保奏为武功大夫,朝廷准奏,下诏褒奖。岳飞同时去见张浚,通报军情,并请求道:"前统制任士安不服王璆命令,导致失败,应该申明军律,予以惩罚。"张浚点首示意,说:"就照你说的办吧!"岳飞又与张浚密语数句,张浚大喜。岳飞起身告别,回到军营,传来任士安,列举其罪状,令鞭打30,并喝道:"限你三天破贼,要是到期无功的话,定斩不饶!"任士安谢过不杀之恩,退出帐外,自率部下开入洞庭湖,扬言岳家军20万随时可至。杨么自恃险要,并不将官兵放在眼里,曾狂妄地说:"官军从陆地上来,我就入湖;从湖上来,我就登岸。要想破我,除非岳飞亲自来。"他见士安来,并不在意,调拨了几艘战船,出去迎敌。任士安本来畏敌如虎,但想起岳飞森严的军令,知道半步也退不得,只得硬着头皮,拼命向前杀去。正在酣斗间,突然左右两面响起一片喊杀声,岳家军真的杀到,杨么兵卒大乱。任士安喜出望外,趁势杀出,与援兵会合一起,痛剿一阵,击沉敌舟好几艘,敌兵溺毙者无数。

原来,岳飞并不是狠心将任士安赶往虎口,借刀杀人,而是有意断绝其后路,置之于"死地"之中,让他得以死命缠住敌人,以便大部队分兵包抄敌人。

时值金军可能入侵的秋季,朝廷召张浚回京准备防守事宜。岳飞闻讯,急忙拿着破杨么草图去见张浚。张浚知道他的来意,没等他开口就说:"来年再议破贼的事吧!"岳飞说:"您此时千万不可离开,否则的话就会前功尽弃,来年又要花费许多精力!"张浚道:"这我知道,可金人入侵也不能不防啊!"岳飞说:"并不妨碍您的大事,只需要您稍留片刻,不出8天时间,我便可破贼!"张浚不信,说:"哪会这样容易?"岳飞扬了一下草图说:"这是黄佐献来的洞庭形势及杨么守御地图,非常详细,按图行动,不出10天,一定会荡平贼窝。张浚又以为官兵不习水战,如何能迅速取胜?"岳飞胸有成竹地答道:"王璆用官兵攻水寇,自然难以取胜,但要是用水寇攻水寇,就转难为易了。水战为我军所短,而为敌方所长,以所短攻所长,怎能不难呢? 如果我们能分化瓦解水寇,为我所用,使它们自相离异攻击,然后我军乘机发兵,一鼓作气,一定会全歼敌人。8天之内,您会听到捷报的!"张浚沉吟半晌,说:"既然如此,我就答应你,暂留8日,8日后恕不相陪了。"

岳飞于是发兵到了鼎州(今湖南常德市),正逢黄佐求见,禀报岳飞说:"杨么弟杨钦愿归降,特来求见。"岳飞大喜,说:"杨钦为杨么一员悍将,现在来降,大事成了,快去宣他进来。"黄佐遂引杨钦进账。杨钦跪禀道:"杨钦久慕元帅大名,希望能为您效劳,只是害怕族兄杨么知道,祸及全家,所以不敢举动。现在武功大夫黄佐,屡次向我盛赞您宽怀大度,不咎既往,所以我冒昧登门谢罪,万望元帅宽恕!"岳飞连忙上前,扶起杨钦,安慰说:"你能弃暗投明,理应赦免前嫌,我还要特别向朝廷保举你为武义大夫。你可再回湖中,招降同伙,到时还要按功加赏。"杨钦受宠若惊,欢天喜地地走了。

过了两天,杨钦兴冲冲地领着余端、刘诜等人来降,以为会受到岳飞的嘉赏。不料岳飞面带怒容,将惊堂木猛地一拍,厉声喝道:"我叫你招降所有同伙,为何只领这两三人回来?"杨钦愣住了,刚想表白,岳飞又将惊堂木一拍:"少说废话! 拖下去打50军棍!"顿时被几位军吏七手八脚牵了出去,掀翻在地打了50军棍。杨钦连声呼冤,帐内又传出号令,令将杨钦赶往湖中,令他再往招抚。杨钦没想到岳飞竟这么混账,赏罚不明,悔不该听从黄佐的诱惑,前来投降,好处还没有捞到一星半点,却劈头盖脸地受了一顿羞辱,罢了,还是过自己的水寇生涯得了,杨么一人之下,数万喽啰之上,何等威风! 于是,他气恨恨地返回,想伺机袭扰岳飞,以解心头之恨。时值傍晚,湖面上烟波浩渺,暝色苍茫,又是仲夏天气,湖水为暑热所蒸,更是烟雾迷蒙,难辨东西。岳飞在杨钦走后,立即命牛皋、王贵等,率兵数千随着杨钦后面前进。杨钦只顾行船,没有注意到身后的跟踪,就这样曲曲折折带入了深巢。这是一个很大的水寨,驻扎有数千人,关卡林立,巡逻士卒不断出没。杨钦打了一声口哨,便飞出一只巡船前来迎接,正待随入,忽然身后鼓角齐鸣,近百只战船箭一般驶了过来。杨钦吃了一惊,方知为岳飞所诈,只好把方才胸中的所有盘算,一齐抛到湖中去,招呼牛皋、王贵等人一同入寨。王贵、牛皋已受了岳飞的吩咐,不敢造次,问杨钦道:"寨内水寇,不知愿不愿意投诚?如果不的话,我们就要杀人了!"杨钦说试试,就大声喊道:"全寨兄弟们听着!岳元帅现有数万大军在此,愿意投降的,请快快出来迎接;否则的话,岳元帅就要攻寨了!"黄佐、杨钦已游说过寨内大小头目,不少人心有所动,但还在犹豫,未曾马上随黄、杨归降,今见岳家军压境,仓促中迎战,万难取胜,只得顺水推舟,答应投降缴械。王贵、牛皋遂占领了水寨,并派人向岳飞通报。

岳飞接到报告,遂率大军赶到。全力合击杨么。杨么组织残余拼命抵抗。他们乘坐的船是特制而成,以水轮驱动,行驶如飞。两旁装有撞竿,所遇辄碎,不及交手就船破沉底,上面的人纷纷落水,不是淹死,便是被擒。岳飞见状,长叹道:"怪不得从前围剿的官兵常常败北呢!"遂命军士砍伐山上大木,穿凿成巨筏,放在港汊,又命用朽木乱草,从上游浮下。然后命善骂阵的兵士驾着小船,前行诱敌,杨么部众不胜忿,争着追赶,却被乱草缠住船轮,就像胶粘住一样,任其鼓轮撑篙,一步也挪不动。正在这时,岳飞指挥着宋兵战船。一齐杀到。杨么等惊慌失色,前进不得,退路又被阻,不得已逃进港汊中。刚入港口,连连叫苦,只见里边全是巨筏,筏上载着宋兵,迎面驶了过来,跳上贼船,乱砍乱戮。港外的官兵也杀了过来,将杨么团团围住,轮番攻打。杨么残众见抵敌不住,纷纷投降。杨么见大势已去,纵身跃入水中,想凭借良好的水性潜水逃跑。牛皋看见,随后跳入,揪住杨么的衣领,提到岳飞船中,被绑缚起来,后被枭首。杨么领导的起义终于被岳飞平定了。

消息传到张浚处,掐指一算,正合8日期限,不禁叹服道:"岳元帅真是神算,无人能及!"

岳飞自平定洞庭湖以后,又还军襄阳。不久,朝廷下诏,改授岳飞为武胜定国军节度使,兼宣抚副史。从此,岳飞便每日枕戈待旦,准备恢复中原。

绍兴五年(1135),岳飞遣梁兴等潜伏敌占区,结纳两河民间抗金组织首领,招募乡勇,加固堡垒,以待宋军北伐。李通、胡兴、李兴等举众投奔,将金军的活动情况,以及山川关隘全都详细地告诉了岳飞。在这种人心思战的有利形势下,绍兴六年,岳飞从鄂州移军襄阳,遂即挥师北上,里应外合,很快地收复了伊阳、洛阳、商州、虢州,继而围攻陈、蔡地区。两岸人民,欢呼雀跃,打着"岳"字旗帜,"挽牛牵车,载糇粮以馈义军,顶盆焚香迎候者,充满道路。"以至于自燕京以南的地区,金人号令不行,完全失去了控制。兀术强行征召"签军"以对付岳飞,却没有一人相从。一贯骄横的兀术不禁叹息道:"我从起军以来,从未遇到现在这样挫折!"金大将乌陵思谋素称凶悍狡猾,对部下的恐慌浮动无能为力,毫无办法,只能告诫他们道:"你们不要轻举妄动,等岳飞来时立刻就投降。"金军统制、统领崔庆,将官李觊、崔虎、华旺等率领部众,秘制"岳"字旗帜,从北方来降。金将军韩常也打算率5万众归降。岳飞大喜,与部将道:"直抵黄龙府,与诸君痛饮尔!"但是,虽然当时的形势对岳飞极为有利,这次北伐终因"钱粮不继而抽回干事军马未能成功"。岳家军驻扎在襄阳,距南宋首都临安有数千里之遥,粮饷转运迟滞,平日即有"粮食不周"之忧。这次北伐,岳家军深入河南,朝廷措置粮草不力,以致前线士卒,常受饥饿困扰,甚至饿死,这就严重影响了军队的战斗力。对此困境,岳飞只得忍痛撤军。已经克复的州县再度陷于伪齐的统治下。欢迎和支持岳家军的人民受到了严酷的报复。岳飞愤慨万分,热血沸腾。他感到壮志难酬。虽然他因战功卓著屡获官爵,但这不是他的本愿。收复失地、报仇雪耻才是他矢志以求的志愿。在一场大雨初晴的时刻,他登楼远眺北方,放怀遐想,吟出一首冠绝千古的《满江红》:

怒发冲冠,凭栏处,潇潇雨歇,抬望眼,仰天长啸,壮怀激烈。三十功名尘与土,八千里路云和月。莫等闲,白了少年头,空悲切。靖康耻,犹未雪,臣子恨,何时灭?驾长车,踏破贺兰山阙!壮志饥餐胡虏肉,笑谈渴饮匈奴血。待从头收拾旧山河,朝天阙。

绍兴九年(1139),金兀术再度南侵。金军分四路南下:以聂黎贝堇出山东,直奔江淮;李成犯河南;左监军撒离喝自河中(今山西永济)趋陕西。兀术自己自黎阳(今河南浚县)直插汴京。金军来势凶猛,宋廷一片震动,命岳飞等迎敌。危急之中,高宗也知道放权,对岳飞道:"设施之方,一以委卿,联不遥度。"岳飞遂誓师襄阳,再次北进,一举攻占蔡州并次第收复淮宁府、西京、赵州等地,举凡岳家军所至,无不获胜。河南民间抗金组织首领李兴,率众响应岳飞,收复伊阳等八县。东部和中部的宋军也连连奏捷。韩世忠收复海州,张俊部将王德收复宿州、亳州,金人大震,消息传到临安,一心求和的高宗和秦桧与金人一样深以为忧,急忙下令各路宋军撤退。岳飞正在逐节进攻,哪会乐意半途而废呢?当下拒绝了收兵的命令,留大军驻守颍昌,自率一队精锐人马直趋郾城。兀术大为震惧,召集部将商讨对策。众将早已被岳家军吓破了胆,兵临城下的时候,哪里还会想出胜敌的法儿呢,纷纷说岳飞智勇冠天下,难以为敌,还是早早退兵为上策。金兀术却不愿就此善罢甘休。他做梦都想马踏临安,灭掉南宋,建立大金帝国。实际上,他几次快要成功了,都碰上了岳飞,让他大栽跟头,前功尽弃。他很恼火这位丧门星。他领教过多次,知道岳爷爷确实厉害。但他咽不下这口气。他是金国的一根撑天柱子,握有百万大军,曾经灭辽国,破开封,虏宋主,使宋人谈虎色变,难道就甘心败在一位处处受朝廷牵制、拥兵不足几万的南宋将领手中吗?这不让世人和后人嗤笑吗?不能,绝对不能,一定要和这个岳蛮子决一雌雄,看谁到底是"爷爷"!于是,金兀术调集各路兵马,决心与岳飞决一死战。

岳飞接到急报后,不禁大喜,说:"金寇来得越多越好,我正好乘机一举歼灭他们,免得以后再骚扰中原!"正说着,朝廷钦差赶到宣读旨谕,敦促岳飞速速撤退,以免被金人吃掉。岳飞告诉来使说:"金人已经黔驴技穷了,我完全有把握破敌,请您回禀皇上,让他放心,尽候佳音!"钦差见说不动岳飞,只得回朝交差。岳飞遂挑选出嘴皮薄、善差祖骂娘的士卒,让他们逐日骂阵挑战,兀术大不胜其怒,遂向岳飞下来战书,愿决死战,并令龙虎大王、盖天大王,及将军韩常等,云集郾城,列好阵势。岳飞将岳云传入帐内,命他首先出战迎敌,并下军令状说:"如果不胜金寇,就杀你的头!"岳云为岳飞长子,12岁时就随军出征,所使两柄铁锤,重80斤,使起来如车轮飞转,所向披靡,累立战功,被称为赢官人。现在他刚20出头,任防御史,领有几千人马。他接了命令后,即带着自己的队伍,大开城门,旋风一样冲入敌阵。来回冲荡,地上很快堆满了金人尸体。龙虎大王若不是跑得快,脑袋瓜早就被铁锤砸得粉碎。兀术见岳云这般厉害,便放出"铁甲浮屠"和"拐子马"来。这是兀术恃以为傲的王牌军队,所有的将士全穿著铁甲,三人为一伍,用皮绳串联起来。每进一步,便以马随上,可进不可退,以示必死的决心。这支军队,一向横行中原,屡败官兵,这次又使出故伎,用来对付岳云。岳云并不畏惧,抖擞精神,竭力厮杀,身上连受几处伤,仍然勉力坚持。岳飞见状,立即放出藤牌军,冲到阵前,左手持藤牌蔽体,右手执麻扎刀,蹲着身子,专砍马腿。拐子马互相串联,一马倒地,其他二马便被绊住,不能前进,霎时间,1.5万骑拐子马人仰马翻,七颠八倒。岳云乘势麾众向外杀出,岳飞也纵军奋击,提枪跃马,带头冲锋,一个部下拉住他的马笼头,阻止说:"您是国家的重臣,关系到社稷的安危,怎么这么不顾惜自己的生命呢?"岳飞呵斥了几次竟没松手,一气之下,挥起皮鞭,抽着那位部下的手,叫道:"你知道什么? 给我滚开!"一提马缰,冲了上去。将士们见了,大受鼓舞,勇气倍增。战斗持续到天黑,金军败,向北逃去。

兀术头也不回地逃了一程,见岳飞收兵,才停下来扎营休息。点检人马,损失大半,不由悲从中来,出声恸哭道:"我从起兵伐宋以来,全靠这拐子马战胜敌兵,现在被岳飞消灭,今后还有什么指望呢?"韩常等将在旁劝解道:"胜败乃兵家常事,不必为此伤心!"兀术转悲为恨,咬牙切齿地说:"我要再增加兵马,与岳南蛮拼个你死我活!"于是收集残兵,并从汴京调来生力军,云集颍昌。岳飞只领4000兵马,与金军展开激战,竟大获全胜,兀术简直要发疯了,又会集12万兵马,向岳家军猛扑过来。兀术女婿夏金吾想替自己的岳丈洗刷耻辱,恢复名誉,挥刀冲在最前面,连连砍翻十余名宋兵,气焰十分嚣张。岳云见状,不觉大怒,拍马迎上,挥锤相迎,没有几合,一锤正中夏金吾的天灵宝盖,金兵见状魂飞魄散,撒腿就跑,狂奔15里才止住。

当时,太行山及两河地区的抗金义勇军,纷纷响应岳家军,攻城夺池,一时金军的道路被阻绝,成为绝援之敌,岳飞于是大起兵马,进逼朱仙镇,在距汴京40里的地方,与金人对垒相拒。岳飞首先派遣背嵬军(北方人呼酒瓶为嵬,大将酒瓶必令亲随兵背之,所以岳飞、韩世忠称自己的亲随兵为背嵬兵)先驱杀入,将兀术的阵脚冲乱,岳飞随之挺枪跃马,驰入阵内,众将领也各个奋勇向前,如猛虎下山,犬羊立靡,神龙搅海,虾蟹当灾,金兵十伤六七,兀术几乎送命,幸亏转身跑得快,一口气跑回汴京。

经过岳家军一系列沉重的打击,金军元气大伤,士气低落,兀术想号召众将再议迎敌,却个个垂头丧气,没有一人吭声。兀术又传檄河北,调集诸路兵马,竟没有一兵一卒赶来。当时中原一带,人们纷纷响应岳家军,悬挂"岳"字旗帜,并箪食壶浆,饷送义军。就是金军骁将马陵葛思谋,及统制王镇,统领崔庆,偏将李凯、崔虎、叶旺等,全都以为金人气数已尽,有意提前降顺。更有龙虎大王以下的将官噶克察、千户高勇等,竟秘密地接受了岳飞派人送来的飞旗榜,准备岳飞大兵到时悬挂迎降,连兀术极为倚重的韩常也打算率部依附。兀术自知众叛亲离,大势将去,便仰天长叹道:"我从领兵以来,还从未到过这种境地! 事已至此,还有什么说的!"就想领着亲信,弃城逃跑。仓皇出走间,忽然闪出一位文弱书生,拦住马首说:"大王慢走,岳飞马上就要退兵了!"兀术以为书生痴人说梦话,不耐烦地答道:"你一个迂腐儒生,懂得什么! 岳蛮子只用几千人马,就攻破我的十几万大军,中原百姓,日夜盼望他到来，我难道坐待俘虏，不管生死吗?"书生笑道:"大王说错了。自古以来，哪有奸臣在内，而大将能立功在外呢? 你虽不是岳飞的对手，但岳飞何尝又是朝内奸臣的对手呢? 大王请稍留，不出几日，岳飞就会撤兵的。"兀术虽常年领兵在外，却风闻金朝与秦桧来往议和的事，经书生一说，马上醒悟过来，便掉转马头，仍留在汴京。

　　这位飘然来去的神秘书生在历史上没有留下名姓。这或许由于他的行为是为虎作伥，丧失了民族立场，伤了汉人感情的缘故。但就算他是个魔鬼汉奸，这个魔鬼汉奸却是精明的。他精通世故，对历史有着深切的体悟。他与警戒教训张良的黄石公不同，没有一星半点的鬼气与仙气。他的话是实实在在的，实在得让历史家浑身不自在，以至于不愿记下他的姓名和籍贯。后来的发展印证了他可怕的预言。在岳飞积极联络所有抗金力量，积极筹措北进的时候，朝廷使者飞一般地赶到，敦促岳飞班师。岳飞惊问道:"这是何故?"使者答道:"秦丞相与金人议和，已有头绪，所以请岳少保撤兵，以免使和议夭折!"岳飞愤然道:"中原之地已恢复大半，燕云之地也将唾手可得，在这时为什么向言而无信的金人求和，请我撤兵!"朝使无言以对，默然而去。岳飞当即向朝廷上疏，请朝廷抓住战机，"速赐指挥，令诸路之兵火速并进!"高宗和秦桧看了奏折，非常恼火，不仅没有命令其他将领起兵，策应岳飞，反而釜底抽薪，调回了张俊、杨沂中的部队，使岳飞陷于孤立作战的境地。岳飞仍不屈服，高宗、秦桧无奈，采取强硬措施，一天连下 12 道金牌，催岳速归。金牌是牌上写有金字，是朝廷在情况紧急时使用，一见到金牌，任何将领都得绝对服从命令，否则就视为叛国，在这种情况下，"将在外，君命有所不受"是不起作用的。岳飞一日竟接到金牌 12 道，不觉悲愤交加。他知道这一去，是很难再回来了。即将成真的宏愿将永远胎死在梦想中了。秦桧卖国求和岳飞还可以想得通，他本来就姓秦嘛! 但高宗赵构为何对自己的社稷江山那么不爱惜，对自己的骨肉那么绝情呢? 岳飞百思不得其解。完了，昔日的凌云壮志! 完了，沦陷区痛苦呻吟的老百姓! 完了，大宋的江山社稷! 岳飞仰面悲叹道。马鸣萧萧，黄河呜呜，似在应和着岳飞。

　　整个军营笼罩在悲愤之中。岳云、牛皋、张宪等随岳飞南征北战、出生入死的将领来见岳飞，试图劝岳飞抗旨，岳飞忍痛斥退了他们。他忍痛下了班师令，将士们缓缓地挪着脚步。老百姓们闻讯赶来，黑压压一大片，跪在岳飞马前，哭诉道:"岳大爷，千万不能走啊! 您一走，我们就没活路了!"岳飞流着眼泪，取出金牌，说:"朝廷有令，我不敢擅留啊!"众人道:"难道朝廷不要我们了吗? 我们一直盼星星盼月亮盼着你们呢!"岳飞知道他们留在这里免不了受金人蹂躏，下令道:"你们不用悲伤了，愿随我南去的赶快回家准备，我等你们五天时间。"老百姓齐声应命，五天后，在岳飞的护送下，扶老携幼，牵羊赶牛，慢慢向南行去。金人惧于岳家军，没有追击。

屈死风波亭

　　岳飞的过分忠诚耿直使他不能像成为一名智勇兼全的军事家那样成为一名圆滑精明的政治家。他甚至连那位飘然而现、倏忽而隐的白衣书生都不如，竟然对高宗忌言收复的行为大惑不解! 高宗怎么会乐意收复失地，甚至捣了黄龙府呢? 那样的话,就得迎回徽宗和钦宗二位先帝,自己将如何处置他们呢?天无二日,何况三个!当然,如果金人也不谅解他这个苦衷,想用对待徽、钦二帝的办法来对他,那他也会起而抗争的。他只想做偏安皇帝,为此他可以不惜一切地与金人议和。反正,普天之下的所有,都是他自己的。岳飞却不善揣测并迎合主子幽暗隐晦的心意,只是一味地输忠献诚。绍兴九年,宋金议和,岳飞就慨然上书赵构,表示反对,道:"夷狄不可信,和好不可恃,相臣谋国不臧,恐贻后世讥议。"这自然不会被接受,由此却大大得罪了相国秦桧。绍兴和议成后,他又上了一道名为祝贺、实是抗议的《谢讲和赦表》,道:"夷虏不情,而犬羊无信,莫守金石之约,难称尊璺之术",并且他不适时宜地请战:"臣愿定谋于全胜,期收地于两河。唾手燕云,终欲复仇而报国;誓心天地,当令稽颡以称藩。"这怎能使赵构不恼火!愚忠往往比奸诈更令皇帝讨厌,因为这类人常常固执一理,而不顾及皇帝的隐衷,使其难堪又不敢光明正大地发作,久而久之,终于酿成大祸。赵构对岳飞的忠诚渐渐怀怨在心,只要稍有时机,就借题发作,摧折一番,在这种情况下,刚直的岳飞又不善于克己顺从,悲愤之下,屡屡提出辞职。而在金兵压境、和议不成的情况下,赵构又离不开岳飞,只好屈皇帝之尊求其还职,好言抚慰,这更加深了对岳飞的忌恨。要是让他恢复了中原,夺得燕云,捣了黄龙府,岳飞岂不功高危主,成为他的心腹大患?秦桧要加害岳飞,他能不暗自庆幸、假手于他吗?世人只晓秦桧为杀害岳飞之罪魁祸首,这当然不会错,却不知赵构为幕后怂恿者,罪更重一等,这也正是赵构所老谋深算的。

秦桧为主和派的首要人物,本来,和与战一样,本身并无非议之处。在迫不得已的情势下,求和乃至投降不失为一条出路,秦桧却不是这样,他完全为金人吓破了胆,卑躬屈膝,唯和是求,达到了丧心病狂的程度。而岳飞则是坚决的抗战派,公开反对议和,谴责朝廷的投降政策,多次触怒秦桧。岳飞每打一次胜仗,每向北推进一步,他都会心惊肉跳一次,觉得这样离求和就远了一步。他认为,只要岳飞在世一天,他就会无所作为一天,金人明白他这种难堪的心情,乘机要挟他除掉岳飞,这是他们梦寐以求的,在战场上根本无望做到的事。他们写信给秦桧,说:"你每时每刻都想与我们达成和议,而岳飞却积极地谋取河北之地,并连伤我们大将。这仇不能不报!你必须杀掉岳飞,和议才能达成!"秦桧于是更执意要杀岳飞了。

但岳飞的名声太大了,不是想杀便杀得的。必须是一步一步进行。秦桧决定采取分化瓦解的办法,先将岳飞孤立起来。当时,南宋手握重兵、能独当一面的大将有三位,即岳飞、韩世忠和张俊。张俊怯于公战,勇于私斗,素与岳飞有隙,对岳飞屡立显功,少年得志阴怀猜忌,常借故中伤岳飞。秦桧便将他收买,让他参加陷害岳飞的阴谋。韩世忠与岳飞一样,是抗金派的骨干。秦桧决定先将他除掉,绍兴十一年(1143),朝廷命岳飞与张俊前往韩世忠军队"视师",以便寻隙遣散韩家军。在视察时,岳飞见韩家军旌旗鲜明,军马整齐,威武雄壮,心里倍增钦佩之情。当张俊提出与岳飞私下瓜分韩世忠军时,岳飞坚持正义,表示坚决反对,指出南宋真正能领兵打仗的,仅仅有二、三人,如果遣散韩家军,将何图恢复大业?但最终张俊还是秉朝廷之意,强行遣散了韩家军。并欲以谋反罪陷韩世忠于死地。岳飞得知消息后,立即向韩世忠报讯,使其得以采取防范措施,免遭迫害。张俊与秦桧大怒,罗织罪名,罢免了岳飞枢密副使的虚衔。岳飞于是脱去战袍,退隐庐山。

庐山为天下名山之一,岳飞在戎马倥偬之余,曾几次休养于此,与东林寺的和尚慧海经常往来,结下深厚友谊。他曾寄诗于慧海:

溢浦庐山几度秋，长江万折向东流。男儿立志扶汉室，圣主专师灭虏酋。

功业要刊燕石上，归休终伴赤松游。叮咛寄语东林老，莲社从今着力修。

表明自己功成名就后，立即激流勇退，终老林泉的心迹。如今，虏酋未灭，中原未复，壮志未酬，却上庐山，抚今感昔，无限惆怅。一个秋风萧瑟的晚上，岳飞辗转难眠，揽衣彷徨，顾影形单，信笔填成《小重山》一阙：

昨夜寒蛩不住鸣，惊回千里梦，已三更。起来独自绕阶行，人悄悄，窗外月笼明。

白首为功名，旧山松竹老，阻归程。欲将心事付瑶琴，弦断有谁听？

岳飞虽被削夺兵权，罢归庐山，秦桧仍不善罢甘休，非欲置岳飞于死地而后快。他们威逼利诱岳飞旧时部下，让他们揭发岳飞的罪状，一部将王俊，绰号叫雕儿，品性奸诈贪婪，常受到张宪的抑制，因而心怀不满。受到张俊的唆使后，竟将张俊自己拟好的状词投诉给枢密院，诬告："副都制张宪，谋据襄阳，还飞兵柄。"张俊不顾枢密院无审讯权的规定，传讯张宪，严刑拷打，逼其承认他自己绞尽脑汁想出来的罪状，张宪连呼冤枉，宁死不肯虚招。张俊等得不耐烦，又自己虚拟了一份"张宪口供"，送给秦桧。秦桧遂派人将正竭力作"赤松游"的岳飞逮捕，送入大理寺讯问。岳飞想不到秦桧这样心狠手辣，激愤之下，撕开上衣，露出脊背，让中丞何铸、大理卿周三畏看："皇天后土，可表我心！"二人望去，只见"精忠报国"四个大字，深入肤理。周三畏不觉肃然起敬，就是与秦桧同党的何铸，也良心发现，命将岳飞送回狱中，自己去向秦桧申辩岳飞无辜。周三畏干脆挂冠而去。

秦桧于是让一直对岳飞怀恨在心的万俟卨接办此案，岳飞任凭酷刑加身，始终不肯承认。万俟卨便效法张俊，自拟岳飞供词。诬陷岳飞曾令于鹏、孙革致书张宪、王贵，让他们向朝廷虚报军情；岳云曾致书张宪，让他设法使岳飞再掌军权等。"供词"送赵构审批，赵构不暇细阅，生怕跑了岳飞似的，急急批道："岳飞特赐死。张宪、岳云并依军法施行，令杨沂中监斩！"于是，岳飞便被赵构恩赐的御制毒酒鸩杀在临安大理寺所在的风波亭，终年39岁。临刑时，一腔怨愤的岳少保提笔在"供状"上写下"天日昭昭！天日昭昭！"八个大字，写毕，掷笔于地，仰天长啸，端起鸩酒一饮而尽。霎时，玉山摇摇，轰然倒塌，一代军事英才就这样含冤而亡！

岳飞被收系大理寺时，朝臣大多明哲保身缄口不语。少数几位挺身营救者多遭流放或被处死。韩世忠曾当面质问秦桧，岳飞究竟犯的什么罪？秦桧竟答道："岳云给张宪的信，虽未查得实据，恐怕是莫须有的事！"韩世忠愤然道："莫须有三字何以服天下！"统治者向来独断专行，哪管天下服与不服？韩将军后来也许明白了这一点，在未到岳飞父子这一地步前即辞去官职，骑着小毛驴，带二三个童仆，每日悠悠然地欣赏西湖风光去了。

徐达：昔日放牛娃　开国擎天柱

【人物档案】

姓名：徐达

别名：徐天德、徐魏公、徐武宁、徐中山。

字号：字天德

生卒：1332 年~1385 年

朝代：明朝

职务：太傅、中书右丞相、太子少傅等。

主要成就：为人谨慎，善于治军，戎马一生，为明朝的建立与巩固立下不朽的功勋。是后世公认的明朝开国第一功臣。

评价：被朱元璋誉为"万里长城"

墓葬：江苏省南京市玄武区太平门外板仓街 192 号

徐 达

【枭雄本色】

问苍茫乱世，谁主沉浮？淮西庄稼汉徐达应声而起，助元璋，举义旗，横扫江南如卷席，舍去肉身作人质，深得太祖嘉许。

一场苦肉计，换来江浙大片土地；驱火船，匹马当先，大战鄱阳湖，飞箭射杀陈友谅。围平江，架云梯，破敌不忘取民心。

千百年来，由南而北伐中原，并能顺势夺取天下者，徐达为第一人。应天时地利，驱雄兵，克大都而不骄，扫西北而不倦，镇边关而不怠，徐达堪称将中良玉。开三百载大明江山，鼎定数万里河川，建国功臣数第一。

徐达生性温和敦厚，功高而不忘谦逊处世，纵然朱元璋百般宠信，仍不忘君臣之秩，时时小心应对。

只可惜百密终有一疏，遇上厚黑皇帝朱元璋者，命运似乎早已注定。一只蒸鹅，一汪眼泪，咽下的是无奈和委屈。

放牛娃应募投军

徐达（1332—1385），字天德，濠州钟离永丰乡（今安徽凤阳东北）人。由于家境贫寒，艰苦生活的磨炼，使他长大以后，身材魁梧，性格坚毅，遇事善用脑筋。明太祖朱元璋在削平割据群雄，推翻元朝统治，建立明皇朝的战争中，徐达长期担任最高军事统帅，身经百战，功勋卓著，他"以智勇之资，负柱石之任"，"廓江汉，清淮楚，电扫西浙，席卷中原，威声所振，直连塞外"。为朱元璋开创明皇朝立下了盖世之功，被誉为明朝"开国功臣第一"。

元朝顺帝至正十三年（1353）夏天。淮河流域的濠州（今安徽凤阳）钟离县太平乡，朱元璋回家招23岁的徐达入伍从军。

1351年（元顺帝至正十一年）五月，反抗蒙元残暴统治的红巾军农民大起义，趁着官府督修河道的机会爆发了。成千上万的贫苦农民，短衣草鞋，头裹红巾，手持竹竿锄头，长矛大刀，杀尽贪官污吏，攻占县城州府，开仓散粮，破牢放囚。起义军传唱着"杀尽不平方太平"的歌谣，蒙元王朝已是大厦将倾。

红巾军大起义如同燎原烈火，迅速燃遍了中原地区和江淮流域。首举义旗的是颍州（今安徽阜阳）刘福通，紧接着徐州芝麻李、赵均用，蕲水（今湖北浠水）徐寿辉，湖北襄县孟海马，濠州郭子兴等人相继起义。此外，还有非红巾军系统的浙江台州方国珍，江苏泰州张士诚等起义军，皆各据一方，自立名号，创建政权，把个蒙元王朝搅得一塌糊涂。

话说在濠州举事起义的郭子兴，祖籍山东曹县，打他父亲这代起来到安徽定远县居住谋生。郭子兴兄弟三人因善于经营盘算，慢慢地成为当地有名的大家富户。红巾军大起义爆发后，定远、钟离一带的农民揭竿而起，群起响应迅速达到数千人马。常言道"乱世英雄起四方，有兵有粮草头王"。1352年二月间，早已加入民间秘密宗教——弥勒教的郭子兴，召集了几千人，连夜偷袭濠州，冲入州府官衙，杀了元朝州官。然后，郭子兴和起事的头目孙德崖等五人都号称"濠州节制元帅"。

濠州城头红旗一举，远近的穷苦农民纷纷前来投奔，义军的势力大增。朱元璋是在濠州起事后两月投军的。他先当后卒，不久，就因机敏能干受到郭子兴赏识，被调到帅府担任亲兵九夫长。又过了几个月，朱元璋因作战勇敢，有勇有谋，重义气得人缘而名声四传，郭子兴便把他当作心腹体己看待，还将干女儿马姑娘许配给他为妻。并给他取名"元璋"。

再说濠州城里的五个义军元帅，并不是心有宏图远志的人物，互相之间常为了一些小事斗来斗去，消耗实力。就连带头起事的郭子兴，也是心胸狭窄，贪图财货，遇事缺乏决断。而朱元璋却是个胸有大志，深谋远虑的英雄豪杰。他看出总呆在濠州城里，只是坐以待毙。所以，他便想打破僵局，开拓新地盘，发展势力。

这一年，徐达等随朱元璋相继攻克河州新塘、三汊河、阳泉，保住达鲁花赤营寨，攻下徐官仓寨，朱元璋部声势大振。至正十四年五月，徐达随朱元璋攻克全椒，七月攻克滁州。至正十五年春正月，驻在滁州的朱元璋部队因粮饷缺乏，进攻和州（今安徽和县），以便筹集军粮。徐达率军先行，与张天祐、汤和一道攻下和州，徐达因攻打和州立下战功被擢升镇抚。

就在徐达被任命为镇抚之后不久，起义军中发生了一起非常事件：孙德崖因其部队缺粮，来到和州，请求朱元璋资助，朱元璋以大局为重，不计前嫌收留了他的部队。郭子兴则因过去与孙德崖有矛盾，知道这一消息后很生气，亲自从滁州赶来和州，训斥了朱元璋。孙德崖听说后很担心，想悄悄地溜走。朱元璋挽留不住，只好为其送行。走出城外三十里左右：忽然城中有人来报，郭子兴已和城中尚未走掉的孙德崖部打了起来，孙德崖已被郭子兴捉住，扣在城里。朱元璋听到后，大吃一惊，想打马回城劝说郭子兴把孙德崖放走。孙德崖部下误以为这是朱元璋策划的阴谋，便把他五花大绑，并扬言要杀掉朱元璋为其主帅报仇。徐达在城里听说朱元璋被孙部下扣留，生死未卜，就毅然请求替代朱元璋作为人质，以平息这起事件。后经多方调解，孙、朱都被对方释放，这场危机才算平定下来。然而，在这次事变中，徐达的舍身相救深得朱元璋的称赞，两人的关系更加密切了。

先施苦肉计　后战鄱阳湖

捉放孙德崖这件事，使郭子兴一肚子火无处发泄，气恼之下一病不起，不久就死去了。郭子兴一死，他的次子郭天叙继任了元帅职位，郭子兴的妻弟张天祐为右副元帅，朱元璋为左副元帅。朱元璋的地位虽不及前二位，但因他身边有徐达、汤和、冯国用、李善长等勇将谋士，再加上他招募收编组织起来的军队占多数。所以，实际上朱元璋大权在握。

1355 年六月一日，朱元璋与徐达、汤和、李善长、冯国用等人率领 3 万大军，乘船渡江，杀向南岸。与和州隔江相望的太平路（今安徽当涂），是富庶的产粮区。朱元璋决定先占领太平路，而后再寻找机会进取集庆（今南京）。

长江南岸的要塞采石矶，是太平城的咽喉之地。元将蛮子海牙早已率弓箭手和长矛手严加防范。朱元璋的红巾军两次冲击都被元军打退，初战不利。勇将常遇春和胡大海身先士卒，经过三次猛冲，终于杀散元军，登上南岸。朱元璋和徐达等人指挥大军乘胜进攻，一鼓作气攻占太平城。

元军并不死心。弃城而走的蛮子海牙从水路以战船封锁采石；陆路由陈埜先率地主武装"义军"数万人直扑太平城。

朱元璋早有防范。他派徐达、邓愈两人各率一支精锐骑兵埋伏于城南山中。陈埜先仗着人马众多，亲自督促"义军"拼命攻城。就在城上城下攻守双方打得不可开交的时候，南山中的两支伏兵奔袭而来，徐达、邓愈二马当先，从背后杀入"义军"阵中。陈埜先腹背受敌，惊惧失措，慌忙领军夺路而逃，结果被邓愈活捉。水路元军得知陆路"义军"失利，只好溯江而下直奔集庆。

太平城转危为安。接着，徐达又带领数千人马。出太平向东攻占了溧阳、溧水，从南面对集庆形成包抄之势。1536 年（元至正十六年）三月，朱元璋会合水陆诸军，攻取了集庆城。元朝守将福寿战败身死，军民共计 50 余万人投降了朱元璋。

朱元璋取得集庆后，改名为应天府。这时，朱元璋刚刚有了稍许活动的基地，周围是元军或其他起义军，处于四面邻敌的状况。于是，他从长远考虑，决定以应天为中心，先给自己营建一块根据地，而后再作远图。

应天东面的镇江，由元将定定地那里坐镇。如果镇江落到割据东吴的张士诚手中,就会对应天构成威胁。因此,朱元璋在应天停留了没几天,即命徐达统兵进攻镇江。在出兵时,为了严明军纪,朱元璋与徐达商量演了一场"苦肉计":他故意找徐达的过错,然后装作很生气要从重处治,经李善长等人再三求情,才准予戴罪出征,立功免罪。

徐达被任命为大将军。大军出发时,朱元璋再三告诫道:"我自起兵以来,从不妄杀无辜。你要体谅我的心意,严格约束部下。攻取镇江后,不许烧杀掳掠。若有违犯者,定依军法处置。"

徐达顿首领命,率军浮江东下,先占领了镇江。军中号令严明,百姓称道。然后又分兵掠取金坛、丹阳等县。朱元璋任命他为统军元帅,驻守镇江。

此时,张士诚已占据常州,派水军来攻镇江。徐达又在龙潭大败元军,急派信使请求朱元璋派兵进围常州,用来牵制敌军。朱元璋派3万大军增援徐达。张士诚也派遣兵将驰援常州。

徐达考虑到敌方援军来势凶猛,不易强取,便在常州城外18里设下两支伏兵,又派大将王均用为奇兵,然后亲自督军迎敌。张士诚的援军首遭徐达重创,又受王均用侧翼横冲,败阵而退。这时,两支伏兵齐发,敌军四散逃去。徐达擒获敌方两员大将,乘胜挥兵包围常州。

常州被围既久,城内粮草缺乏,人心涣散。徐达与汤和督军猛攻,终于在次年三月攻克了常州。朱元璋将常州改路为府,设立长春枢密院,任命徐达金枢密院事,汤和为枢密院同金,共同领兵镇守。

四月,徐达又与常遇春等将在朱元璋亲自指挥下,进占了宁国。七月,徐达派前锋将赵德胜攻常熟,活捉张士诚的弟弟张士德。张士德有勇有谋,为张士诚攻取了浙西大片地盘。他被俘后绝食而死,使张士诚非常痛心。

1358年十月,徐达与邵荣等人联兵夺取了宜兴。这样一来,朱元璋相继攻占了应天周围的许多城池,在东面挡住了张士诚西犯的门路;在西面对徐寿辉采取以守为攻的战略。

1360年五月,徐寿辉被部下陈友谅杀害。陈友谅自称皇帝,国号汉。他占有江西、湖广大片地盘,是起义各部中力量最强,最有雄心的人。他派使者与张士诚相约,东西夹攻朱元璋。然后统率大军沿江东下,进逼应天。

朱元璋命诸将分头埋伏于应天城内外各险要地点,而后派陈友谅的熟人康茂才假装投降,诱使陈友谅进入埋伏圈中。伏兵四起之后,陈友谅情知中计,但已来不及后退了。此时,徐达伏兵于南门外,看见朱元璋黄旗挥动,随即带兵杀出。这一战击溃陈友谅的主力,生俘7000余人,缴获几百艘战船。

陈友谅乘船逃脱,奔还江州(今江西九江)。

徐达乘胜统兵收复太平,几路兵马会合,攻克安庆。

正当朱、陈两军在江南交战的同时,江北的红巾军受到重创,情况紧急。1363年,投降元朝的张士诚围攻安丰(今安徽寿县),刘福通派人向朱元璋求援。如果安丰失陷,应天就显得很孤立了。朱元璋带领徐达等将渡江北上救援刘福通。

就在这时,陈友谅乘机发兵60万,大举进攻,首先包围洪都(今江西南昌)。朱元璋的侄儿朱文正率军拼死抵抗,等待援兵。

七月,朱元璋亲率大军至鄱阳湖,与陈友谅决战。开战第一天,徐达冲锋在前,率部下打散敌军前锋部队,杀敌1500余人,缴获一艘大船。俞通海等将发起火攻,烧掉敌船20余艘。徐达战船着火,敌军乘势反攻。徐达一马当先,带头扑灭大火,奋勇杀敌,与朱元璋派来的援兵一起杀退敌军。

两军于湖上不分上下。朱元璋担心张士诚乘虚进犯,便命徐达连夜回应天负责守备。徐达在应天修城备粮,整顿士卒,警惕防守,使朱元璋得以一心对敌。

鄱阳湖一战坚持一月有余。朱元璋依靠火攻终于大胜敌军。陈友谅在激战之中被飞箭射死,主帅一失,全军溃退回武昌。

1364年(元至正二十四年)正月,朱元璋在应天自立为吴王,设置百官,建中书省,以李善长为右相国,徐达为左相国,常遇春、俞通海为平章政事。

朱元璋从起兵以来,部下将帅中有三个得力助手,第一位就是徐达,另两人是常遇春、邵荣。

横扫江淮　围剿平江城

朱元璋消灭了兵强地广、雄踞长江上游的陈友谅,解决了西面的强敌,实力大增。他的下一个进攻目标,便是占据东吴的张士诚。

张士诚是淮南泰州(今江苏姜堰区)人。泰州靠海,居民多晒盐为生。张士诚兄弟几人从小到大,是靠撑船贩卖私盐为生。他为人慷慨,是当地私盐贩子的头目。地方上的大户和官府常常欺侮勒索盐船,人们恨之入骨。1353年,张士诚趁着天下大乱的形势,带着兄弟朋友共18位壮士,举事造反。贫苦农民、盐民、无业游民群起响应,很快攻下泰州、高邮,占据了36盐场。张士诚自称诚王,国号大周。

经过六七年的东征西征,张士诚的地盘达两千余里,盛产粮食,又有鱼盐桑麻之利,人口众多,最为富庶。但他生性持重,待人宽和,缺乏远见,只想守住自己的地盘,无甚大的野心。他手下的武将文臣,大多是当年穷愁潦倒的江湖朋友。如今有了地盘,成了气候,这些人就不思进取,争着修房子建园子,平日里更是只知享乐,歌舞宴乐,已经很快地蜕化了。

从元至正十六年(1356)起,朱元璋便与张士诚地盘相连,双方互相攻伐,大小冲突不继,僵持了近10年时间。由于朱元璋以全力对付陈友谅,所以对张士诚基本上只是防备而已。

张士诚的地盘被长江分成两截。江南的浙西地区防守比较坚固,而江北的淮东地区防守则相对薄弱。朱元璋东征张士诚,采取先北后南的进攻方略。元至正二十五年(1365)秋天,徐达受命为总兵管,统率常遇春、胡美、冯胜等将,带领步、骑、水军,渡江北上进攻淮东地区。

徐达率军没费多大力气就攻克泰州,捕获守将严再兴等人。然后,分兵命部将刘杰攻取兴化,他自己进兵包围高邮。朱元璋担心徐达深入敌境,孤军奋战,便命其退回泰州,先攻取淮安、濠州和泗州(今江苏盱眙)。

张士诚为了分散牵制江北的朱元璋军队,出兵攻击江南的宜兴。朱元璋命徐达渡江还击,击退了张士诚的军队,生俘敌士卒3000余人。然后,徐达又返回进攻江北,攻打高邮。

当徐达南渡驰援宜兴后,朱元璋命冯国胜统兵围攻高邮。守将俞同金假装投降,冯国胜信以为真,夜晚派数百士卒先行入城,结果被俞同金关闭城门,全部杀死。朱元璋闻讯后大怒,召回冯国胜,进行处分。

徐达从江南回师后，经朱元璋同意，以孙兴祖守海安，常遇春统水军为继援，自己与因为中计受罚而急于杀敌泄愤的冯国胜一起，很快攻克高邮城，守将俞同金等人被杀死。

高邮攻占后，朱元璋派使者告谕徐达，乘胜取淮安。1366年四月，徐达兵临淮安，探听到张士诚部将徐义的水军集于马骡港，便于夜晚出奇兵袭破其水寨。徐义乘船逃走。

徐达挥兵围城。淮安守将梅思祖等人看到无力抵抗，遂开城投降，并献出所辖的四州。随后，徐达又进兵攻取兴化。这样，淮东地区便成了朱元璋的地盘了。

朱元璋对张士诚江南地区的攻击，分为两步。首先是攻取湖州、杭州，切断其两翼力量；然后从北西南三面包围平江（今苏州）。

在朱元璋召集文武大臣商讨进攻方略，徐达主张道："张士诚等人骄横而且反复无常，欺压百姓，荒淫奢侈。这是上天要使他们灭亡。他所任有的骁将李伯升、吕珍之徒，都是卑劣小人，每天只知富贵享乐。执掌政务的黄敬天、叶德新、蔡彦文三人，都是不经战事的书生，胸无大计。我愿奉主上威德，率精锐之师出师，声讨兵伐，三吴之地计日可取。"

朱元璋听后非常高兴道："正合我意！这样的话，大事一定能够成功。"

七月，左相国徐达受命为大将军，平章常遇春为副将军，统领20万大军，从太湖出发直取湖州（今浙江吴兴）。根据朱元璋"先分其势"的策略，同时由李文忠、华云龙带兵攻杭州和嘉兴。

徐达等人率军进至湖州三里桥时，敌方守将张天骐兵分三路迎战。徐达亦分三路进攻，亲率中路。交战不久，常遇春活捉敌将黄宝，其余两路敌军急忙退回城中。

张士诚遣李伯升援救湖州，紧接着又增派朱暹、吕珍等人带兵6万来援，屯驻于城东的旧馆，筑起五个营寨。另外，还有张士诚的女婿潘元绍驻兵乌镇，用以声援吕珍等人。

此时，朱元璋派汤和自常州增援徐达，并在东阡镇南的姑嫂桥一带筑起十座营寨，用以阻止旧馆方面敌军入援湖州。徐达又遣精兵夜袭潘元绍。元绍遁逃，徐达下令填塞沟渠水港，断绝敌人的粮道。

张士诚看到湖州危急，援兵不断，便亲自带兵来援。但被徐达在皂林（今浙江桐乡北）击败。九月，张士诚又派部将徐志坚以轻舟出东阡镇，欲攻姑嫂桥，哪知天不作美遇上风雨大作，结果3000余人一起被打败活捉。

接连失利使张士诚十分惊慌，他派左丞徐义到旧馆观察形势，反被常遇春阻断归路，无法逃跑。徐义只好暗中派人约张士诚之弟张士信从太湖出兵，与旧馆的吕珍等人合军力战，在张士诚又派出自己的赤龙船亲兵支援下，徐义才得脱身逃出重围。

徐义与潘元绍率赤龙船亲兵屯于平望（今江苏苏州东南），再乘小船偷偷入乌镇，企图援救旧馆。但被常遇春带兵袭击，攻取平望，放火焚烧了赤龙船，兵士大溃。从此，旧馆外援断绝，粮草短缺，跑出营寨投降的兵士越来越多。

十月，在徐达派军追袭下，徐义、潘元绍战败逃走。随即，徐达又攻击敌军的升山水寨，放火烧毁其战船。朱暹、吕珍等人在无奈之下，只好献旧馆投降。十一月，徐达将吕珍等人押解到湖州城下示众，劝告张士诚的司徒李伯升等人投降。李伯升欲拔刀自杀，被部将死死抱住才没死。而张天骐看到已无可奈何，便开城投降。李伯升不得已，只好跟着投降了。同月，李文忠进兵杭州，守将潘元明惧而出降。绍兴守将李思忠、嘉兴守将宋兴也都不战而降。

攻取湖、杭，朱元璋的下一步便是围攻平江，消灭张士诚。早在围城之前，宁海（今山东牟平）人叶兑曾向朱元璋献计用"销城法"围攻平江。就是在距平江城一箭之地外筑起长围，四面立营，死死围守，将张士诚困死于城中。

徐达统率大军进逼平江，采用了叶兑的建议。他屯兵于葑门外，其余常遇春、郭兴、华云龙诸将分段屯驻，修筑长围。又架设起三层的大木塔，用以监视城中动静，名为"敌楼"，其上安上弓弩火铳。又用"襄阳炮"，昼夜不停地轰击城中。

平江城外无援兵，内乏粮草，张士诚几次试图突围都被堵死。朱元璋几次派人前去劝降，张士诚坚决不投降。他的部将莫天祐驻守无锡，为平江声援。莫天祐派手下水性较好的杨茂潜入平江，传递消息。杨茂在闾门水寨被徐达部卒抓获。徐达释放了杨茂，向他讲明形势大义，答应做内应。平江虽被围困，但坚城一时难拔。因而徐达让杨茂继续为平江和无锡之间传递消息。这样，他就可以全部了解敌方的虚实动静。

1367年二月，徐达因平江久围不克，派人向朱元璋请示。朱元璋亲笔书信道："大将军自随我起兵以来，天性忠义，沈毅有谋，戡乱定难，可比古代豪杰。……今后军中一切事务皆由将军自行定夺。"

徐达得朱元璋手书，遂传令所辖48卫将士火速攻城。有一天，张士诚之弟张士信正在城楼上吃饭，被城下的"襄阳炮"击中，就这样落得个粉身碎骨。

城中张士诚采纳部将熊天瑞的建议，也制作飞炮，轰击城下。城中的木石用尽，又毁祠庙民房作为材料。徐达传令军中架起木屋，上承竹笆，在下面埋伏上士兵，以挡城上箭石炮火。

九月，平江城中粮尽，只能以枯草老鼠为食。张士诚身陷绝境但仍不投降。徐达下令全军强攻破城！城下战鼓擂动，火炮齐鸣，20万大军杀声震天，将士个个奋勇杀敌。徐达督军首先攻破葑门；常遇春攻破章门水寨，直逼城下。张士诚令枢密唐杰上城督战拒敌。唐杰无力抵抗，缴械投降。参政谢节、潘元绍是在城门扎营，此时看到抵抗也没有用，也相继投降。

将及黄昏时分，张士诚军全线崩溃。徐达指挥全军从四面八方架起云梯，前赴后继，冲入城内，与敌军展开激烈的巷战。

张士诚与其副枢密刘毅重新聚集残兵，尚有二三万人。他亲自督战，在万寿寺东街与徐达军并杀。但很快就因寡不敌众，又复失利，刘毅也投降了。张士诚仓皇退入他的王宫，身边只剩下几名亲兵。这时，后宫齐云楼又起了大火，张士诚的妻子刘氏点燃了楼下的柴草，自焚身亡。见此凄惨断肠情状，张士诚仰天长叹，转身关起房门……

暮色苍茫。平江城中的喊杀声越来越弱。降将李伯升奉徐达之命，前去劝谕张士诚。他匆匆进入宫来，张士诚正吊在房梁上。李伯升让随从赶忙将其解救下来，幸亏气息未绝，许久才缓过气来，但却不闻不问。徐达闻报，命将张士诚押送应天，听候朱元璋处理。最后，张士诚还是在看守之地寻机自缢而亡。

平江既破，城中20万军民向徐达投降。徐达与常遇春按事先约定，分平江为两半，各自驻守，安定民心。并下令全军将士各挂一块小木牌，上书军令："掠民财者死,拆民居者死,离营20里者死。"

徐达率诸将从平江带着捷报回到应天,朱元璋亲到戟门迎接,颁下敕书大行封赏。徐达晋封为信国公,常遇春为鄂国公。

北伐中原克大都　驱逐胡虏于塞外

攻灭张士诚后,朱元璋派朱亮祖、汤和等人率军前去讨伐浙东的方国珍,短短的三个月,便削平了这个称雄浙东20年的割据者。与此同时,朱元璋决定了北伐灭元大计。

这时朱元璋的势力范围,大体包括今湖北、湖南、江西、安徽、浙江、河南东南部,包括汉水下游和长江上游,在全国是土地肥沃、物产丰富、人口众多、最为繁荣富庶的地区。

朱元璋召集文武大臣商议北伐方略,他对徐达等人说:"中原战乱不休,人民饱受离散之苦。蒙元气数已尽,现在出师北伐,可令其迅速灭亡,拯救百姓于水火。北伐事关重力,大家看,我们怎样才能消灭蒙元?"

常遇春回答道:"现在南方已经平定,气势正盛,以我百战精锐之师直捣元都城,必胜无疑。一旦都城攻克,分兵扫荡各地,其势如同利刃破竹,可一举而下。"

朱元璋道:"元朝建都百年,城防守备必然很严。如果我们孤军深入,不能立即取胜,相持于坚城之下,粮草不继,而元朝的勤王之兵四面赶到,则我军进退两难,我们如何应付得了!我想还是先取山东,摧毁大都的屏障;再挥师下河南,剪断其羽翼;然后进入潼关,占领其门户,将天下形势的主动权握于我们手中。这时再进围大都,这时已经是一座孤城了,自然不战可取了。大都攻克后,我们乘胜向西,云中、九原、关陇地区,皆可席卷而得。"

朱元璋制定了稳扎稳打,逐步推进的北伐战略之后,便决定统领大军的人选。朝中名将以徐达、常遇春两人最为朱元璋赏识。常遇春剽悍勇猛,敢于深入敌境,但有时难免滥加杀戮。徐达用兵持重,长于谋略而且处事谨慎,每每攻克城邑,军纪严明,禁绝兵士扰民,俘获敌方壮士,能以恩义相结,收为己用。

1367年十月,朱元璋任命徐达为征虏大将军,常遇春为副将军,率25万大军,向北进攻中原。行前,朱元璋又当面告谕众将:"大军出征是奉上天之命,讨平祸乱。因而命将出征,重在选人得当。治军严明,战胜强敌而攻取城池,具有统率才能的,莫如大将军徐达。勇猛无比,敢当百万之众,冲锋陷阵所向披靡,莫如副将军常遇春。我不担心常遇春打不了硬仗,只担心他会轻敌。身为大将而好与小将争胜,这是我最担心的。这次出师北伐,如遇大敌,以遇春为先锋,与冯胜分为左右两翼,各率精锐冲击向前。薛显、傅友德都是勇冠三军,可各领一支人马,独当一面。大将军徐达专门主持中军,责任是运筹决胜,策励诸将,切不可经易妄动。"

徐达统率北伐大军浩浩荡荡从淮安出发,先进入山东。配合北伐主力的偏师,由征成将军邓愈统率,从襄阳北略南阳,以分散元朝兵力。北伐军所过之处,张布"驱逐胡虏,恢复中华"的讨元檄文,告喻官吏和民众。讨元檄文起了很好的组织、调动作用,许多州县纷纷投降,北伐军进展顺利。

十一月,徐达指挥大军攻克沂州(今山东临沂),然后按照朱元璋的指示,命部将韩政扼守黄河天险,张兴祖攻东平、济宁,自己亲率大军攻克益都。十二月,大军

171

抵达济南,元将达多尔济(朵儿只)开城投降。徐达命指挥陈胜镇守济南,自己复还益都,进攻登州(今山东蓬莱)、莱州(今山东莱州)。北伐军从誓师出征起,历经三个月,山东基本被平定。徐达将山东诸州县的土地甲兵账册图籍等一并上奏朱元璋。

在北伐军连连攻取山东州县的胜利声中,1368年正月初四日,朱元璋在应天登基称帝,改国号为明,年号洪武。新朝建立,自然要封赏功臣,置置百官。朱元璋任命的左、右丞相,一个是李善长,一个是徐达。朱元璋立长子朱标为皇太子,李善长兼任太子少师,徐达兼任太子少傅。

二月,明北伐军沿黄河西进直入河南境内,接连攻克了永城、归德、许州(今许昌),直逼陈桥。元汴梁(今开封)守将左君弼出城投降。徐达留都督金事陈德守汴梁,统率大军奔向河南(今洛阳)。

四月,明北伐大军自虎牢关抵达塔儿湾(今河南偃师境内),元将脱音特木尔统5万大军列阵于洛水北岸。副将军常遇春单骑先闯敌阵,射杀敌前锋一人,纵马大呼杀向敌阵,徐达指挥大军继后,以迅猛之势全线冲击,元军大溃。脱音特木尔逃往陕州,明军乘胜追击50余里。外围之战大获全胜,明大军扎营于洛阳北门外。元守将李克彝弃城而逃,梁王阿抢万般无奈之下出城投降。

明军继续西进,攻克陕州(今河南陕县),直逼天险潼关。元守将李思齐、张思道闻明大军将至,惊慌失措地丢甲弃兵奔向凤翔。明军先锋都督同知冯宗异引兵进入潼关,向西直至华州(今陕西华县)。

至此,明北伐大军已先后占领了山东、河南的大部分地区,又据潼关堵住关中元军东下出路,对元大都形成了月牙形的包围态势。五月,朱元璋驾幸汴梁,召集众将领,厚加慰劳,同时商讨下一步的进军方案。

朱元璋询问新的战略部署,徐达道:"自我大军平定山东、河南,元军统帅扩廓帖木儿在太原观望不进,如今潼关已在我军掌握之中,张思道、李思齐失势向西逃窜,元大都的声势已绝。我军乘胜直捣其城,可不战而得之。"

朱元璋看看地图道:"这个建议很好。不过,北方土地平旷,利于骑兵作战。你应当挑选部将领兵作为先锋,然后督水陆大军继其后,用山东粮食为军饷。大都失去外援,城内人心自然大乱,必定会被我大军攻克。"

徐达又向朱元璋请示道:"如果大都攻克而元朝君主北走出关,我军是否穷追不舍?"朱元璋回答:"元朝气数已尽,定会自行灭亡,不必烦劳我军穷追。一旦元朝君主逃出塞外,我军宜固守边关疆土,我们只要防夺就可以了。"

七月,朱元璋返回应天,他临行前一再告谕徐达等人:"中原人民,苦于战斗已经很久了。朕命你们北伐,就是为了解救人民。诸位将军攻克城镇,切勿抢掠,切勿焚烧,一定要公买公卖,让百姓各安其生。"

徐达、常遇春率诸将会于河阴(今河南荥阳),然后分兵进入河北。闰七月,徐达于临清召集诸将,部署具体进军方略,命傅友德开辟陆路以通步、骑兵,都督副使顾时负责疏浚河道以通水军。

明北伐军沿运河推进。常遇春首先攻陷德州,接连又攻占了长芦(今河北沧州)、直沽(今天津)。镇守天津的元丞相也速从海口望风而逃,大都震动,人心大乱。

明军进至河西务(今河北武清东北),大败元军,生俘300余人,乘胜推进到通州(今北京通县),又趁着大雾天气,伏击元守军,守将布颜特穆力战身死。

通州失守的消息传到大都皇宫之中后,元顺帝惊慌失措,集合后妃、太子说道:"今日岂能重蹈北宋徽宗和钦宗亡国被俘的覆辙!"他不顾臣下的劝谏,只顾保住身家性命,于闰七月二十七日深夜,带着后妃、太子从建德门狼狈逃跑,经居庸关北走至上都开平(今内蒙古多伦西北)。

八月二日,徐达率军进至大都齐化门,士兵填平城下的壕沟,攻进城中。徐达登上齐化门城楼,兵士将元顺帝留下守城的淮王、左右丞相等人押到。这些人宁死不降,被徐达下令处死。其余的元朝大臣将士都以性命为重,愿意归顺明朝,大都得以宽宥,无一人被滥杀。徐达下令查封城中的府库图籍宝物,派指挥张胜带1000兵士守卫皇宫。同时严令所有将士,禁止扰民。由于朱元璋早有告诫,以及徐达严厉约束,北伐军纪律严明。大都城中官吏人民生活安定,一如平时,街市上的店铺买卖营业也照常进行。

攻取大都,蒙元王朝至此结束。徐达即刻遣使向应天献捷,又命傅友德、华云龙负责整修城垣,朱元璋接到胜利的消息后,宣布大赦天下;下令改大都为北平府,由孙兴祖、华云龙驻守;诏命徐达、常遇春、汤和、冯宗异等人率大军攻取山西、陕西等地,清扫元朝的残余势力。

移师西北肃残兵　稳扎稳打驻边关

大都攻克,元朝灭亡。但元顺帝逃至上都,仍然保持着自己的一套政府机构,元军的力量仍然不能掉以轻心。西北地区尚在元残余势力的控制之下。

明朝洪武元年(1368)九月,徐达指挥的西征大军,以常遇春为先锋,从河北翻越太行山进入山西南部,占领泽州(今山西晋城),元守将贺宗哲闻风而逃,明军又进克潞州(今山西长治)。

据守太原的扩廓帖木儿(原名王保保)派兵南下来争夺泽州。明将杨璋奉命援救,与元兵中途遭遇,大败而归。扩廓帖木儿又企图乘北平空虚,兵出雁门关去偷袭。徐达闻此情报后,对诸将道:"王保保主力远离,则太原守备必定空虚。北平我军有六卫3万兵马,孙兴祖将军统率,足以抗击来犯之敌。现在我军乘其不备,直捣太原,使其进退两难。这在兵法上称为'批亢捣虚'之策。如果王保保回军来救太原,必定为我擒获。"

徐达挥兵直奔太原而来。扩廓帖木儿在进军北平的途中闻报后,急速回军来救。十二月,元军前锋骑兵突然出现于太原域外。傅友德、薛显率领数十名敢死的精锐骑兵,打散来敌。常遇春向徐达建议道:"我军骑兵虽已集结,但步兵未至。骤然与敌交战,必定会多有损失。如果夜晚偷袭敌营,肯定成功。"徐达听后非常赞同。

恰逢扩廓帖木儿的部将豁鼻马暗中派人前来请降,并愿为内应。徐达便挑选了数十名精骑乘夜埋伏于城外,约定举火为号,里外呼应。半夜时分,明军举火鸣炮,内外兵马一齐冲入敌营。还在酣睡的元军被鼓噪呐喊之声惊醒,不知真相,大吃一惊,乱作一团,不战而溃。扩廓帖木儿正在营帐中读兵书,仓皇之间也不知出了什么事,一只鞋还没穿好,就骑了一匹抓到手的瘦马,带着18名骑兵逃向大同。元军4万余人马在豁鼻马带领下向徐达投降。

常遇春率轻骑兵将扩廓帖木儿追到忻州。扩廓不敢在山西停留,又逃奔甘肃。明军胜利北进,又收取大同,攻占了其余州县,山西全部已成为明军的势力范围。

洪武三年(1370)正月,为了肃清元兵残余力量,安定西北,徐达再次受命为征北大将军,李文忠代替已经病故的常遇春为副将军。出征前朱元璋召集各位将领会商大计:扩廓帖木儿所以屡屡侵犯边疆,是因为其君主还在。如果派兵直取元君主,扩廓帖木儿失势,可不战自溃。但眼前扩廓帖木儿正在围攻兰州,舍其而远征大漠,是舍近趋远,不辨缓急。于是,朱元璋派定兵分两路,徐达出潼关直捣定西,打击扩廓帖木儿。李文忠出居庸关,深入塞北打击元顺帝。这样,可使他们彼此为战,无暇相互救援。元顺帝远在塞外,不会想到我军来袭击,可以乘他不备一举攻破。如此部署,可一举两得。

四月,徐达西路军经潼关直指定西。扩廓帖木儿自兰州撤围,两军在沈儿峪扎营对垒,一天接战数次。扩廓帖木儿派出千余名骑兵,抄小路袭击明军的东南营寨。明将胡德济没有防备,士卒溃散。徐达急忙率军援救,击退元军,才得以安定下来。徐达下令处斩了几名严重失职的将较,并将胡德济押往京城,交由朱元璋处置。

第二天,两军会合决战。明军一鼓作气杀入敌营,大破元军,俘擒了元朝的宗室亲王、国公、平章等官员1800余人,士卒8万人,战马1.5万匹。这一场数十万兵马的空前大战,使扩廓帖木儿的主力军大伤元气,带着妻子等几个人狼狈逃命,抓着水上的漂浮木渡过黄河,逃向和林(今蒙古国哈尔和林)。明将郭英一直将扩廓帖木儿追到宁夏。徐达取得定西大胜后,凯旋而归西安。

东路大军由李文忠指挥,进至应昌(今内蒙古达里诺尔西南),其时元顺帝已死,继位的皇太子爱猷识里达腊,逃往和林,明军一路追赶,俘获了元帝的孙子、后妃、诸王将相等数百余人,经明军东、西两路打击,元朝残余的力量,已是残兵败将,不足为患了。

十一月,徐达、李文忠凯旋回到京城,朱元璋亲自到龙江迎接。大行封赏,徐达改封为魏国公。朱元璋体恤徐达等功臣连年征战,冲锋陷阵,风餐露宿,功不可没,特下诏优待可以三日或五日上朝一次。

洪武四年春天,朱元璋派徐达镇守北平。徐达到任后训练士卒,修缮城池,迁移军民以备边虞,并督促垦田生产。

洪武五年,朱元璋想彻底清除北方边患,又发大军出征。徐达仍为征虏大将军,出雁门关攻击和林为中路;李文忠为左副将军出应昌为东路;冯胜为征西将军进兵甘肃为西路。三路各五万大军,分道并进。

徐达率中路军入山西,派都督蓝玉为先锋,出雁门关,先于野马川击败元军前哨骑兵,随后又于土剌河打败扩廓帖木儿。五月,徐达率领明军抵达岭北。这时,从土剌河败逃的扩廓帖木儿,与贺宗哲合兵一起,拼死抵抗。结果,明军大败,损失惨重。徐达收拢将士扎营固守,才得以摆脱困境。朱元璋以徐达功勋卓著,对这次兵败并没有惩责。其余东、西两路明军,只有冯胜进兵至西凉,一路告捷。

洪武六年,扩廓帖木儿率兵南下,进攻雁门关。朱元璋命令守边将领严加防御,不可草率出击。这一年,徐达留守北平,尽心整顿边备。十一月,元军进犯大同,被徐达击退。洪武八年(1375),扩廓帖木儿死后,元朝残余势力对明的进犯虽有所减弱,但边患问题并没有彻底解除。洪武十四年,徐达率军出塞,一直进至黄河最北端,大破元兵,擒获平章、太史等官员,凯旋而归。

徐达从洪武四年受命镇守北平,此后10多年间,数次率兵出塞,使元朝的残余势力不敢轻易南下,将其限制在长城以北。10多年中,徐达每年春天奉命赴北平,冬暮又奉命回京,不辞辛劳,有效地保卫了大明的北方边界。朱元璋由衷称誉徐达是"万里长城"。

开国功臣数第一　惜乎后事多疑窦

洪武二年(1369)春正月,朱元璋下诏建立功臣庙,并亲自确定功臣的位次,以徐达为第一,下面依次是常遇春、李文忠、邓愈、汤和、沐英、胡大海、冯国用等人。功臣庙建在应天(今南京)城西七里的鸡鸣山下,将列入名次的功臣,雕成塑像立于庙中。

大封功臣是朱元璋巩固朱明王朝的重要措施之一。被封公封侯的功臣,绝大多数都是在战争中屡立大功的将军。这些将军都是出身贫寒,他们都亲身经历了元朝统治者的残暴压迫和剥削,怀着反抗奴役和建立功名的强烈愿望,投奔到红巾起义军队伍中。徐达就是其中的杰出人物。但徐达能够成为朱明王朝的第一开国功臣,并不只是因为他是朱元璋的老乡、少年时代的好伙伴。

徐达出身于世代务农的家庭,小时候与朱元璋一起给地主放过牛,自然没有条件和机会进学堂学习。史书上称徐达少年时代便怀有大志。成人后性格刚毅,勇敢无畏。自从跟随朱元璋投军后,徐达很快就显示出杰出的军事才能,并深得朱元璋信任。他在连年征战的环境中,虚心学习,向人求教,逐渐阅读熟悉了兵书,为以后展示他的军事才华奠定了基础。每当临敌作战时,徐达总是与部将一起分析形势,制订作战方案,他的计谋往往高人一筹,令部将信服。当明王朝建立,生活相对安定后,徐达仍然不耻下问,经常请儒士给他讲解古书。虚怀若谷,汇纳百川,徐达以这种谦逊进取的态度,在几十年的戎马征战中,展现了长于谋略、料敌如神、指挥若定、所向必胜的军事才能,从一个普通的农家子弟,成长为能统率百万大军、战功赫赫的杰出将领。他所走过的是一条艰苦卓绝、千锤百炼的战斗历程。

朱元璋为了实现他的雄伟计划,特别注重军纪。发兵攻取镇江时,朱元璋为严明军纪而让徐达当众受辱演出"苦肉计"的事,前面已经谈到。徐达自带兵以来,始终号令明肃,所到之处,百姓无扰。每当攻取一个新的城镇,徐达都要重申军令,严厉禁止烧杀抢掠的行为。凡是违反军令的,立即以军法处置,斩首示众。在消灭陈友谅的一次战役中,徐达与常遇春一同伏击敌军,斩首万人,生俘三千。常遇春要杀掉俘虏,他说:"这是我们的死敌,不杀就会留下后患。"徐达一面制止常遇春的蛮横做法,一面急速派人报告朱元璋。但常遇春还是乘夜活埋了一半俘虏。朱元璋知道后非常恼怒,下令将剩余俘虏全部释放。从此之后,大军出征,朱元璋总是任命徐达担任统帅,约束众将。

徐达率北伐大军攻克元大都后,马上派兵守卫皇宫大门,并让宦官负责看护宫女、妃嫔、公主,申明军纪,严禁入宫侵犯骚扰。朱元璋曾对文武大臣说过:"治军持重纪律严明,攻无不克,战无不胜,深得为将之体者,莫如徐达。"

徐达不仅严于治军,而且严于律己。在元朝的官军将领包括一些农民起义军的头目中,很多都是一旦身居高位,就私欲膨胀,为所欲为,打了胜仗就拼命地抢占

中華梟雄大傳

金银财宝、美女奴仆，隐匿战利品而不上缴。徐达总是始终如一地严格约束自己，不贪不暴。徐达为人处事，言语稳重，深思熟虑。带兵出征时，令出不二，部将皆小心谨慎，不敢违令。徐达善于团结部将，体恤士卒，与他们同甘共苦。将士们对徐达既尊敬又感激，都愿意听从他的指挥，打仗都奋勇杀敌，不畏牺牲，因而所向披靡，一路克捷。徐达驰骋沙场几十年，先后攻克都城两座、省会三座，州县城镇数以百计。一路所经，百姓安然而不受兵害。

战功卓著而谦虚谨慎，是徐达的又一特点。历朝历代，因居功自傲而被贬官流放，甚至杀头灭门的文武大臣，屡见不鲜。在朱明王朝的创建过程中，徐达开辟江汉流域，扫清淮楚之地，攻取浙西，席卷中原，声势威名直达塞外，先后降伏王公俘获将领，不计其数。但他不因功自傲，在皇帝面前尤其恭敬谨慎。朱元璋经常召见徐达，设宴欢饮，每每以"布衣兄弟"相称，而徐达总是谦虚谨慎，小心应对，不越君臣之尊卑秩序。

自从洪武四年徐达奉命镇守北平，常常是春天离京赴任，冬季回朝立即奉还将印。按照朝廷的礼仪制度，徐达封爵国公，官至丞相，外出时备有相当规模的威赫仪卫。但他时常乘着普通的车马出门，回到家中也是过着俭朴的生活，从不奢侈浪费歌舞宴欢以夸耀自己的显达高贵。朱元璋曾对徐达说："大将军征战几十年，劳苦功高，从未安宁地休息过。我把过去住过的旧宅院赐给你，你可以安享天伦之乐。"朱元璋所说的旧宅院，就是他称吴王时的王府。徐达坚决推辞，不肯接受。有一天，朱元璋带徐达来到旧吴王府，设计将他灌醉，然后把他抬到床上，蒙上被子，想用这种办法强迫他接受赏赐。徐达酒醒之后，惊慌失措，急忙下床伏地向朱元璋连称"死罪，死罪"！朱元璋见徐达如此谦恭，心中非常高兴，也不再硬逼他接受旧王府。随后，朱元璋下令为徐达另建了一座上等宅院，并在门前立牌，刻了"大功坊"三个字。

徐达一生深得朱元璋的信任和重用，除了他谦虚谨慎，战功卓著外，尤为重要的一点是忠诚正直，爱惜分明，不结党营私。封建时代道德的两大基准是忠、孝。而封建君臣之间的关系，对臣下来说，最重要的就是忠诚。朱元璋曾在朝堂上当着群臣的面称赞徐达："受命率军出征，取得胜利凯旋归来，一贯不骄不傲，女色无所爱，财宝无所取，公正无私，像日月行天一样光明磊落，大将军就是这样的人啊！"

徐达在朝中功高位显，深得皇帝信任，自然便有人想攀高枝，希图利用他的声望影响谋取私利。丞相胡惟庸曾想与徐达拉拢关系，结为好友。但徐达看不起胡惟庸的品行作为，没有理会。

胡惟庸是定远人，是朱元璋在和州时的属官。他与丞相李善长是亲戚关系，因而得到李善长在朱元璋面前大力推荐，于洪武三年升任中书省参知政事，洪武六年再升右丞相。由于得到皇帝信任，胡惟庸的权势随之上升。他仗着自己是皇帝的淮西老乡，又有李善长为首的元老重臣的极力保荐，擅权专断，飞扬跋扈，朝廷上有关人命生死和官员升降等重大事项，经常自行处置，视皇帝命令如儿戏。他还私拆臣民奏章，将对自己不利的扣压不报。他广收贿赂，结纳党羽，门下的故旧僚友结成一个盘根错节的小集团。胡惟庸的权势一手遮天，对于敢触犯他的人，千方百计排挤陷害必置其于死地。大臣刘基曾对朱元璋说过胡惟庸不宜担任丞相之职。胡惟庸因此记住了他寻机报复，后来借刘基生病之机，将其毒死。

当胡惟庸希望与徐达结交通好而遭冷遇后，他便企图收买徐达的看门人福寿，想让福寿捏造罪名陷害徐达。但福寿忠于其主，不吃那一套，向徐达报告了胡惟庸的丑恶行径。此后，徐达多次向朱元璋进言说明惟庸为人奸恶，品行不端，不适合再担任丞相。由于胡惟庸贪权骄纵，结党营私，使朱元璋不仅感到皇权旁落，还感到有谋反的可能。洪武十三年（1380），朱元璋以擅权枉法和谋反罪名杀掉了胡惟庸。这时，朱元璋想到了徐达的上谏，对徐达的忠心耿耿之心更加器重。

长期的戎马生涯，奔波劳累，使徐达的身体逐渐支撑不住，终于积劳成疾，一病不起。洪武十七年（1384）闰十月，徐达在北平病重，朱元璋遣使召还应天。翌年二月二十日病逝于应天府邸，时年五十四岁。追封中山王，谥武宁。赐葬钟山，配享太庙，名列功臣第一。

关于徐达的死因，有些史书记载："（徐）达病疽，甫痊，赐蒸鹅，流涕食之而卒。"这些材料虽不完全可靠，但也不是望风捕影，随意捏造的。朱元璋当了皇帝以后，为了确保朱明皇朝"万世一系"，便想方设法加强皇权，凡是他认为有碍于独裁统治的人，不管是勋臣宿将，一律翦除。胡、蓝党狱，把功臣旧将几乎一网打尽。前一年又将南征北战、立下大功的义子亲甥李文忠暗中毒死。徐达虽为开国功臣第一，立下盖世大功，而且一直忠贞不贰，但想到他的震主之威，朱元璋"赐蒸鹅"一事也就可能并非子虚乌有了。

戚继光:戎马一生 抗倭名将

【人物档案】

姓名:戚继光

别名:戚元敬、戚南塘、戚孟诸、戚少保、戚武毅。

字号:字元敬,号南塘,晚号孟诸。

生卒:1528 年~1588 年

籍贯:山东蓬莱(一说祖籍安徽定远)

朝代:明朝

职务:登州卫指挥金事、蓟州总兵。

主要作品:《纪效新书》《练兵纪实》《莅戎要略》《武备新书》等。

主要成就:南平倭寇,北御蒙古,编织了长拳、戚家拳、戚家刀等,巩固了装备武器。

评价:明代著名抗倭将领,杰出的军事家、华夏杰出志士,民族英雄。

墓葬:河北省沧州市献县商林乡北宗村西 500 米(待考证)

戚继光

【枭雄本色】

　　戚继光是山东登州人。出生于将门,从小时起就立志驰骋疆场,保国卫民,曾挥毫写下了"封侯非我意,但愿海波平"的名句。他 17 岁时即袭父职任登州卫指挥金事。25 岁那年被提升为署都指挥金事,负责山东全省沿海防御倭寇,在此期间,功效显著。嘉靖三十四年(1555 年),戚继光被调到了倭患最严重的浙江省,任都司金书,不久被提升为参将,镇守宁波、绍兴、台州三府。嘉靖三十五年(1556 年)9 月,倭寇 800 余人侵入龙山所,他率军迎击,明军怯战欲退。危急时刻,戚继光以三箭射杀了 3 个倭寇头目。倭寇撤逃。嘉靖三十八年(1559 年),戚继光从浙江义乌群山之中招募农民和矿夫,采用营、官、哨、队四级编制方法编成了新型军队。创出了一种战斗队形能分能合的"鸳鸯阵",大大提高了战斗效率。由此人们称这支抗倭劲旅为"戚家军"。嘉靖四十年(1561 年),戚家军打败了倭寇对台州的大举侵犯,而后又是九战九捷，取得了举世闻名的台州大捷。倭寇们为此无不心惊胆战，给戚继光取了个绰号名叫"戚老虎"。次年夏，戚继光率军南下福建，荡平倭寇长期占据的横屿、牛田、林墩三大巢穴。嘉靖四十二年（1563年），和福建总兵俞大猷、广东总兵刘显等人共同取得了平海卫大捷。转过年来，升总兵官，镇守福建全省及浙江金华、温州两府。同年11月，2万倭寇围攻仙游，戚继光"用寡击众，一呼而辄解重围；以正为奇，三战而收全捷。"自此，戚家军扬振海疆，倭患终被荡平。隆庆二年（1568年）五月，戚继光被调到北部边关镇守，总理蓟州、昌平、保定三镇军务。他到任后，创建了步兵营、骑兵营、车营和辎重营能协同作战的合成军。与此同时，加固旧长城，并在长城沿线创建了可攻可守的空心敌台，由此建成了一道牢不可破的坚强防线。他在北方御边十六年，"边备修饬，蓟门安然"。万历十一年（1583年），因受到朝中权贵的排斥，戚继光被调到广东任镇守，他郁郁不得志，三年后辞官，回到了老家山东蓬莱。万历十六年（1588年）逝世。

在戚继光四十多年的戎马生涯中，他"一年三百六十日，多是横戈马上行"，东南沿海灭倭，北方练兵御边，可称得上一代爱国名将。他智勇兼备，练兵有方。指挥戚家军"飚发电举，屡摧大寇"，他还有过歼敌上千，而"戚家军"竟无一人阵亡的例子。因此被人誉为"自古以来少有的一位常胜将军"。他不但骁勇善战，战功卓著，而且在军事理论上也颇多建树，为后人留下了兵家所推崇的《纪效新书》《练兵实纪》两部兵书。

【风云叱咤】

袭承父职　从军卫国

戚继光是山东蓬莱人，出生于明朝嘉靖七年（1582年），一个将门之家。父戚景通精通文武，品学兼优，曾在山东、大宁、京师等地历任军职，官至神机营副将。戚继光自小就立志驰骋疆场，保国卫民。戚景通曾在北京城当神机营（明时使用火器的部队）的副将。到了晚年告老还乡，在家里埋头著书，把他一生的作战经验写成书，戚景通还有一件从不忽视的事情，就是教育自己的儿子。尽管他在58岁的那年才有了长子戚继光，可是他并不因为晚年得子就对戚继光过分地溺爱。相反，他对儿子要求还极为严格，对他一点儿也不骄纵宠惯，因为他希望儿子长大后能成为国家的栋梁之材。在戚继光12岁那年，他家叫了工匠来修缮房屋。戚景通只是让工匠在厅堂的两根立柱间安装四扇镂花门。可是工匠们觉得这不够大户人家的气派，这时他们看到了年幼的戚继光，于是就把他叫到了一边，私下对他说："公子家世代都是将门，理应安设十二扇门，这样才能显示出豪门贵族的气派啊！"戚继光觉得有道理，于是他就跑到父亲那里，说："父亲，咱家世代都为官，雕花的门为什么不多安几扇呢？"父亲一听，连连摇头，说："你将来长大成人，能保住咱戚家这份家业，我就心满意足了。你年纪这么小就知道贪慕虚荣，那将来恐怕连这点产业也不会保住的。"戚继光极为聪明，他琢磨了一下父亲所说的话，马上就明白了父亲话中的意思。

戚继光13岁那年，因为民间兴早订婚，所以戚家人也给继光定了亲。戚继光的姥姥听说了这事，于是就让人给他送来了一双做工讲究、面料华贵的丝鞋作为对自己外孙定亲的贺礼。戚家过日子一向节俭,戚继光还从来没有穿过这样华丽的衣服和鞋子。他见到了这双丝鞋,真是喜出望外,拿在手里越看越喜欢。母亲看见儿子如此喜爱,于是说:"瞧你喜欢的那个样子,干脆你就拿去穿了吧!"戚继光高兴得不得了,他穿着丝鞋便走动个不停,一边走一边眼瞅着脚下穿的鞋子,真是打心眼里喜欢,不知不觉,戚继光走进了前厅里,可巧父亲正坐在那里读书,他一转眼就看见戚继光穿着的那双华丽的丝鞋了,马上就把脸沉了下来,说:"小孩子家为什么要穿这么漂亮的丝鞋?现在你就知贪图虚荣享受,有了丝鞋,就还会想着要穿锦绣,吃那些山珍海味……"停了一下,脸色显得越发沉重起来,他说:"咱戚家世代都清白做人,不可能会有那么多钱来满足你的奢望。将来有朝一日,你成了领兵的将领,就很难保证你不会侵占士兵的粮饷啊!照如此下去,我戚家的门风岂不要被你给败坏了,你怎么还能够接替我的事业呢!"戚景通马上命人把丝鞋给烧了,不准许儿子再穿。就这样,戚继光在父亲的严格教育下,养成了一种良好的品德,他下定决心,将来一定要做一个正直的、文武全才的军人。

到他15岁的时候,戚继光就在家乡一带小有名气了。父亲看着儿子一天一天地长大起来,而且也越来越有出息,心中感到无限地欣慰。戚景通到了晚年,只知道埋头著兵书,没有心思置办田产,过问家里的一些事务,所以家境是一年不如一年,这难免会引得一些浅薄的人在背后对他进行冷嘲热讽:"当了一辈子的官,到老了还不能给后人留些东西,他还自得其乐,这样的人真是傻瓜!"乡人们的这些闲言碎语不胫而走,很快传到了戚景通的耳朵里。有一天,他把戚继光叫到自己的身边,说:"儿子,父亲这辈子没能给你留下什么钱财,你是不是感到有些遗憾?"戚继光摇了摇头,十分诚恳地说:"孩儿并不感到遗憾,孩儿从您那里得到了最宝贵的东西,您传给我知识和武艺,教我如何做一个正直、自强自立的人,我会把父亲的恩德永远牢记在心里。"

戚景通高兴地点了点头,他指着在书案上堆积着的文稿说:"这些兵法书稿都凝聚着我的心血。相信你会好好加以利用,为民为国做出贡献的!"戚继光听了极受感动,当即就跪在地上,涕泪横流地对父亲说:"您教授给孩儿的品德是用任何钱财也买不到的。凭着它,我将没有什么可担忧惧怕的。父亲,您就放心好了!"

戚景通72岁那年,不幸身染重病,眼见不久就要离开人世了。他想趁着自己还未离开人世之前,把身后的事料理一下,尤其是要安排好儿子的前程,于是他决定让戚继光到北京办理承继自己职务的手续。在临行之际,老人在病榻前把写好的文稿放在戚继光的手中,语音颤抖地叮嘱说:"现在我就把它交给你。这是用将士们的鲜血和生命换来的!你可要好自为之啊!"戚继光听到这里,早已经泣不成声,他发誓说:"儿子今后无论遇到什么样的千难万险,也不会把父亲这一生心血而成的书稿丢掉,孩儿一定要好好加必利用,用它来报效国家。"说完,他就拜别双亲,离开了家乡,赶往都城去了。过了一个多月,戚景通便离开了人世。

戚继光依照朝廷当时的惯例,接替了父亲的职位,由此开始了金戈铁马的军旅生涯。这一年他才17岁,因袭承了父职,所以他就来到了山东登州,任卫指挥佥事。当时,明朝的海防空虚,兵纪不整,军风败坏,而且守卫山东沿海的那些士兵多半是些老弱残兵,纪律极为涣散。戚继光到了任上后,看到这种情况,就下决心整顿军纪。

练兵抗倭 台州大捷

在我国的古代，人们把日本称为倭奴国，因此就把这些海盗也叫作"倭寇"。他们自从元代开始，就经常在我国沿海地区登陆抢劫，杀人放火，无恶不作。到了明朝，浙江、福建一带的倭寇更加猖獗。那时，明军在宁波一带驻守有八万多人。可是，尽管明军人数众多，可是缺乏统一而又有力的指挥，而且军纪涣散，所以多次被倭寇打败。嘉靖三十四年(1555年)，朝廷便把戚继光从山东调到倭患严重的浙江任都司金书，第二年，又提升他为参将，让他负责镇守宁波、绍兴、台州三府。戚继光到任后不久，便招募义乌的矿工和农民，对他们进行训练，教授阵法，由此建立起了一支纪律严明、武艺精强的军队，这支新军队伍很快成为军事劲旅，人称"戚家军"。

嘉靖三十五年(1556年)九月，有一股八百多人的倭寇又窜到宁波的附近进行劫掠。戚继光得知消息后，立即率军对其进行围剿。他正带兵前进，远远地就看到那些倭寇正分成三路，向自己这边冲杀过来，口中还狂呼乱喊。以前，官军因为打过多次败仗，一见他们就不由地心生胆怯，看见倭寇高举着倭刀气势汹汹地冲杀了过来，马上便有些阵脚不稳。戚继光一见，立即指挥官军迎击，可是没有几个回合，那些怕死的军官就往四下里寻找退路。戚继光看到此种情形，心中非常生气。危急时刻，他往四周看了一下，然后飞身跃到了一块巨石上，立在上面，然后挽弓搭箭，稍一瞄准，便发出去一支，只听得"嗖"的一声，领头的一个倭寇头目便应声倒地。接下来，戚继光又发出了第二箭，又一个倭寇的头目还没来得及吭一声就断气了。然后戚继光的第三箭又射死了第三路的倭寇头目。那些倭寇看见自己的头领眨眼之间丧命身绝，阵势马上大乱起来，就像一群无头的苍蝇一般，往四下里奔逃。官兵们看见自己的统帅仅用三箭就射死了三名倭寇头目，顿时士气大振，随着戚继光的一声令下，都举刀挥枪，争先恐后地奋勇杀过去。倭寇见状，仓皇撤逃。这一次同倭寇打仗，戚继光率领的官军大获全胜，从此坚定了沿海军民战胜倭寇的信心。

嘉靖三十八年(1559年)，戚继光在浙江义乌群山之中招募勇敢的农民和剽悍的矿夫共3000余人，采用营、官、哨、队四级编制方法编成了新型军队。队是基本的战斗单位，队员按照年龄、体格的不同分别配备不同的兵器，在作战的时候，全队队员都各用其所长，相互配合作战，做到攻守兼备，能够灵活进退。因为这种战斗队形能分能合，所以人称"鸳鸯阵"。嘉靖四十年(1561年)，有一次，大股倭寇自浙江台州沿海登陆，向内陆进犯。戚继光得到消息后，立即率领军队分成三路迎敌。当队伍行进到离台州还有二里远的花街时，正和迎面而来的倭寇相遭遇。双方人马立即摆开了阵势，其中有一名倭寇小头目，左手持矛，右手握刀，由倭军中跳了出来，他口中大叫，向戚继光的军士们叫战。戚继光看见敌人来势凶猛，眼前的这个倭寇一副不可一世的样子，就有意趁此机杀杀敌人的威风，激励一下自己的将士。于是他在阵前把自己身上的银铠甲脱掉了，向手下将士大声宣布："有谁能杀败这个倭将，我就将这身银铠甲送给他！"他的话音刚落，出来一名小校，他跳到阵前，手中挥舞着长枪，跃跃欲试。戚继光向他点了点头，这名小校立即冲了过去，两个人来回只战了几个回合，小校就把那个倭将给挑翻在地。倭寇看见死了一员大将，恼羞成怒，为首的一声令下，全部倭寇立即向戚家军冲了过来。戚继光神情镇定，屹

181

立在阵前,从容地进行指挥。他挥动令旗,两旁是鼓角声声,显得极是威武。没用半个时辰,那些倭寇便招架不住,纷纷往下溃败,戚家军则趁势由后面掩杀过去。倭寇一见这种情形,只得舍财救命,于是使出惯用伎俩,把那些抢来的金银珠宝漫天抛撒,企图用这些财物来诱惑戚家军,从而停止对他们的追击。可是倭寇哪里知道,戚家军向来军令森严,和以往的明军不一样。他们根本不看满地的金银财宝,只一门心思地奋勇追杀。倭寇见此情景,不由绝望地哀叫:"这回完了!"

这一仗,倭寇损失惨重,大部分的倭寇非死即伤,只剩下一小部分逃回了海上。自从这次取得举世闻名的台州大捷之后,经过七年的时间,倭寇在哪里骚扰,戚继光的军队就打到哪里。那些乱七八糟的海盗队伍,哪是戚家军的对手,戚继光率领戚家军又九战九捷,倭寇见在陆地上呆不住了,于是被迫逃到了海船上,戚继光又用大炮给予轰击。倭寇的船起了火,大批的倭兵不是被烧死就是掉到海里给淹死,留在岸上的也只得乖乖投降。倭寇见浙江防守严密,再也不敢来浙江沿海地区骚扰了。倭寇们一听戚继光的名字就心惊胆战,于是给戚继光取了个绰号叫"戚老虎"。自此以后,浙江一带的倭患就基本上被解除了。戚继光也因为战功卓越,被升为都指挥使。

两度入闽　消除倭患

1562 年,戚继光又被调到福建平倭。这一年的农历七月,他率领着六千戚家军,自温州的平阳出发,一路上披荆斩棘,穿越了三百里的偏僻小路,进入到福建境内。当时侵扰福建的那些倭寇,主要以横屿、牛田和林墩为据点。其中的横屿是倭寇的大本营,但是倭寇的头目们却都在林墩扎营。戚继光了解了一下实际情况后,就决定先破横屿,然后再乘胜攻破牛田,最后一战捣毁林墩的寇巢。横屿是一个小岛,离陆地有十里之遥,四面都是水,地形险隘,尤其是岛上建有木城,在其周围构筑了许多坚固的防御工事,大概有一千多名倭寇在这里结营,凭借着险要长期盘踞在此,四处掳掠。在此之前,明军也曾几次攻打横屿,可是都以失败而告终。在附近的宁德、福清地区还有一万多名倭寇,跟他们互相应援,所以很难对付。

戚继光针对具体情况,采用"削枝弱干"的办法,先是发兵进攻横屿对岸的张湾,取下张湾之后,马上张贴告示实行招抚,由此迫使一千多名倭寇的胁从分子纷纷缴械投降。然后,戚继光又率军东进,直攻横屿。从海岸到横屿之间有一处浅滩,海水涨潮的时候,滩就没在水中,成为一片汪洋,可是海水落潮的时候,滩就露了出来,出现的就是一片泥泞,极难通行。八月初的一个早晨,戚继光悄悄地率军来到横屿岛对面的海滩上。戚继光用手指着横屿岛,对手下的将士们说:"对面岛上就是倭寇,眼下正是落潮,等我们赶到岛上时正是涨潮时分。我们上岛之后,只有全歼倭寇,才有生路,否则打了败仗,也是无路可退的。哪个觉得自己胆量不够,可以不去,我不忍心让你们过去白白送死!"戚继光这话,意在激励全军将士。将士们一听,纷纷表态说:"我们跟随将军来到这里,图的就是能杀敌报国,怎么可向倭寇示弱!""谁不敢去谁就不是男子汉!"戚继光点了点头,他也很受感动,一声令下,戚家军全体赤裸着上身,每个人手里都提着早已备好的一捆稻草出发了。他们把稻草铺在退潮后露出的泥滩上面,然后匍匐前进。戚继光站在一块礁石上,亲自擂鼓,为众将士助威。随着咚咚的鼓声,戚家军迅速地向横屿岛接近。

戚家军一到岛上，就对敌人发起了进攻，喊杀声震天，从岛上一直传到岸边。这横屿是倭寇经营多年的老窝，在这里存有大批的粮食和辎重，他们当然不肯轻易放弃。官兵们同岛上的倭寇展开了肉搏战。双方杀得难解难分。戚继光随后也带领着将士们冲杀了过来。倭寇见戚家军源源不断地来到岛上，军心便开始涣散。到了将近中午，终于再难支撑，开始往四下里奔逃。这场决战用了三个时辰，共消灭了倭寇两千六百多人，被倭寇抢去的大量财物也被夺了回来。戚家军凯旋而归。

接着戚继光又率军南下福清，攻取牛田。牛田距离福清县城有三十里，离海边很近。它跟周围的杞店、上薛、西林、木岭、新塘等倭寇据点连成一气，其势力可达三十多里，势若长蛇。戚继光早就想好了计策，为了麻痹敌人，他故意当着众官兵的面说："我军自远道而来，需要休整，养精蓄锐，过一段时间，然后再待机而动，况且倭寇并非朝夕之间就能扫除的。"倭寇派出来的探子得知这个消息，向首领做了报告，倭寇果然不做什么戒备。可是就在转过天来的晚上，天色漆黑，没有月亮，这时，戚家军毫无声息地自锦屏山出发，奔袭了杞店，将那尚在睡梦中的倭寇顷刻间给斩杀殆尽。然后，戚家军又回师锦屏山，发现有一队倭寇前来袭营，戚继光一声令下，官兵奋勇冲杀，立即把来袭营的敌人全部给消灭了。接下来，戚家军又乘胜进击，攻击牛田、上薛等地的倭巢，这场战役下来，斩杀、俘虏了大批的倭寇。剩余的倭寇都纷纷逃窜到了兴化。

戚家军在福清稍做了一下休整，到了九月中旬，马上又开到了兴化府城，准备攻取城东二十里的林墩。进到城里之后，戚继光表面上不谈战事，从容的会客、赴宴，可是在暗地里则教士兵们抓紧时间休息，准备随时对倭寇发动攻击。到了半夜，他立即摇响铜铃，发出行军命令，军队很快就集合在了一起，悄悄地打开了城门，准备对林墩发动一次夜袭。可谁料到，那个向导竟然是个通敌分子，故意把他们引到了一条溪水纵横，泥泞遍地的小路上。等到军队逼近林墩的时候，东方天色已经发白，这样一来，他们的行动马上被倭寇给发觉了。倭寇当时就进入了防御工事，布置防守，并派出了部分人马迂回到戚家军的背后，进行两面夹攻。这样一来，戚家军就腹背受敌，一时间阵脚大乱，士兵们便纷纷往后退缩，处境极其险恶。在这危难之际，戚继光毫不变色，他站在路口，沉着镇定，向军队发出了进攻号令，与此同时，还把十四名退缩的部下当众斩杀了，以此来严肃军纪。将士们见状，重又鼓起百倍的勇气，奋力向前冲杀，与倭敌进行血战。如此一来，倭寇们渐渐的难以支持，往四下里溃逃。戚家军乘胜对敌人实行猛攻。结果连克敌营六十余座，斩杀倭寇九百多人，并活捉倭寇大小头目十三人，还有千余名倭寇在溃逃时落入海里给淹死。

到了天大亮时，兴化府城的居民们早得知此事，纷纷扶老携幼，杀猪宰羊，备好了酒肉，出城十多里，夹道欢迎得胜归来的戚家军。戚继光由此胜利完成了他既定的战略计划，率领军队返回浙江休整待命。当路过福州的时候，当地的乡亲们在于山的平远台特设了酒宴，为戚家军庆功钱行。百姓们敲锣打鼓，一片欢天喜地的气氛，戚继光率部下将领，穿过了夹道欢迎的人群，登上了平远台。他接过当地长官献上的酒，把头一仰，一饮而尽，然后拱手作揖，感谢福建百姓对戚家军的支持和援助。当地长官令人抬上来一块纪功碑，立在了平远台上。

戚家军返回浙江之后，那些倭寇收集了残兵败卒，很快又攻占了兴化府，占据平海卫，福建的老百姓再次深受其害。嘉靖四十二年（1563年），戚继光再次率领戚家军进入福建，和福建总兵俞大猷、广东总兵刘显等人共抗倭寇，取得辉煌的战绩。尤其是海门卫一战,令戚继光声名远震。那时,戚继光率领着一队人马昼夜兼程赶往海门卫,准备会合另一位抗倭将领谭纶,一同扫平这一带的倭寇。可是,在他到达海门的当天晚上,戚继光便接到探子的报告,说是有三千名倭寇正在向海门这个方向进犯。得到消息后,他马上命令海上的驻军严密监视倭寇的动向,准备在第二天同倭寇决一死战。可是没料到,海门卫军队平日里松懈惯了,虽然接到了命令,可仍然麻痹大意。海门紧靠着大海,卫城离大海也仅有一里之遥。就在半夜,数百名倭寇悄悄地来到城下,并快速地向城上爬去。等到守城官兵发现倭寇时,已经有数十个倭寇爬上了城头。戚继光听到了报告,也来不及整顿队伍,立即飞身上马,手持双剑,打马扬鞭地驰向城门。

当时夜正深,可是城头上已传出的厮杀声,武器的碰撞声响成了一片,火光把城头照得通明。戚继光此时已然手舞双剑,飞马冲上了城头。"戚将军冲上去了!"那些将官看到戚继光身先士卒,亲自上阵,也都手持兵器,争先恐后地跟着冲上城头。紧接着,谭纶将军也带兵赶到,率领手下将士,呐喊着同倭寇混战在一起,敌人终于被击败了,在城下的大队倭寇见势不妙,也顾不得城头上的那些残兵败将,纷纷往回逃窜。戚继光见时机很好,立即命人打开城门,在后面乘胜追击。在几天的时间内,明军在沿海四处追杀那些逃散的倭寇,共消灭了一千多人,烧毁敌船达三十多艘。

那些穷途末路的倭寇决定做最后的一拼。他们把兵分为五处,分别占据海岸边上的一些山丘,准备据险死守力战。这期间他们还抢来了几十只船,一旦失守,就准备由海上逃走。戚继光早就料知他们的意图,所以他也下定决心,要彻底消灭这股敌人,于是他命令一队人马沿海快速迂回到山背后,悄悄地接近敌人,把他们逃往海上的退路斩断。与此同时,又在海口处留下一条道路,将精兵埋伏在道路两旁,如此一来,就形成一个口袋阵,只等着敌人往里钻。戚继光亲自率领着队伍自正面向倭寇发动猛攻。决战刚开始时,有两个倭寇头目手摇着军令旗,指挥那些倭寇往山下射箭、扔石头。明军一连冲了好几次都没能成功。戚继光看到这种情形,知道硬攻是不行的,于是他就把弟弟戚继美叫过来,低声对他说了几句,兄弟俩匍匐着身子爬到了阵前,隐蔽在大石头的后面,暗中用弓箭瞄准了那两个摇旗的倭寇头目,同时发箭,两个倭寇身子摇晃了几下,然后扑通倒在地上,那旗子也扔出去好远。倭寇见无人指挥,顿时乱了阵脚,眼见着明军呐喊着冲了上来,倭寇们纷纷躲避,乘这时,戚继光命令全面出击歼敌。就在这时候,包抄后路的明军也赶了过来,形成了前后夹击之势,倭寇只能夺路而逃。这样一来,他们就乖乖地钻进了戚继光早已布置好的口袋阵里。那些埋伏好的明军此时是金鼓齐鸣,杀了过来。倭寇见再也无路可逃,都往大海里跳,一时间又淹死了不少。那些来不及跳海的,干脆就跪在地上磕头求饶,就连这支倭寇的总头目也趴在地上,磕头如捣蒜般地举手投降了。海门卫大捷极大地振奋了明军士气。自此后,倭寇一败再败,抗倭斗争取得了一个又一个的胜利。转过年来,戚继光升任为总兵官,镇守福建全省及浙江金华、温州两府。同年11月,又有倭寇2万人来围攻仙游,戚继光"用寡击众,一呼而辄解重围;以正为奇,三战而收全捷。"戚家军在当地民众的密切配合下,把福建的倭寇给彻底剿灭了。自此,戚家军威震中国海疆,倭寇是望风而逃,长时间危害中国沿海的倭患终于被荡平了。

中华传世藏书 中華枭雄大傳 将帅枭女卷

184

镇守北疆　防御有方

　　沿海的倭寇被荡平之后,北方的鞑靼骑兵又来进犯北方边境,在隆庆二年(1568年)五月,戚继光被朝廷任命为都督同知,总理蓟州、昌平、保定三镇军务,担任了护卫京师的重职。于是,戚继光又领兵来到北部边关镇守。他到任之后,就根据蒙古骑兵的作战特点,创建了以火绳枪炮为主的步兵营、骑兵营、车营和辎重营,并使各营成为能在统一指挥下进行协同作战的合成军。因为鞑靼骑兵万马疾驰,来去不定,蓟州防区十分辽阔,兵力又极为薄弱,所以戚继光根据这个特点,决定采取以守为主的策略。他终日奔走在前线,对原旧长城进行了加高加厚,在重要地段修筑了重城重墙,还沿长城创建了可攻可守的空心敌台,从而真正形成了一道牢不可破的坚强防线。鞑靼骑兵见到戚继光在此防守,十几年竟然不敢在蓟州越边犯境。在戚继光御边的16年内,"边备修饬,蓟门安然"。

　　戚继光为了保家卫国,可说是费尽了心血。可是,在支持他的首辅大臣张居正死后,那些原来反对张居正改革的人立即串通起来,对张居正进行攻击,而且还把戚继光说成是张居正的同党。这样一来,戚继光就被调离了蓟州重地,派往广州驻屯。当戚继光离开蓟州那天,百姓们闻知此事,扶老携幼来到街头,拦住将军的轿子大哭,有的人则跟在轿子后面,久久不愿离去。戚继光怀着痛苦和悲愤的心情,踏上了南行之路。

　　戚继光来到广东之后,整日里无事可做,实际上等于被闲弃在一边。时间不长,他向朝廷提出回山东老家养老,朝廷恩准了。到此,多年驰骋战场,叱咤风云,名震一世的戚继光,就这样进入了凄凉的晚境。回到老家之后,他不但心情不好,而且还身患重病,这时候,让很多人难以想象的是,他竟然没钱请医生治病。因为多年的征战和晚年所受到的冷遇,戚继光虽然还不到60岁,却成了一个体弱多病的老人。万历十五年,即公元1588年,60岁的抗倭名将戚继光与世长辞。

　　戚继光,不但战功显赫,而且文武兼备,才华卓著。他在抗倭、镇北之余,还进行大量写作,主要的军事著作有《纪效新书》《纪兵实纪》《练兵实纪杂集》。另外,戚继光还写了为数不少的诗文,他自己将其编为《止止堂集》,共计五卷。明朝末年,陈子龙等还将戚继光的奏疏议论编成《戚少保文集》五卷。除此之外,戚继光还创制了许多攻守兵器,如狼筅、刚柔牌、赛贡铳、艟舫、自犯钢轮火等。这位威震中外的英雄,把他的英名和智慧留给了后来人,他的光辉形象名垂青史。

郑成功：收复台湾　名垂青史

【人物档案】

姓名：郑成功

别名：福松、郑大木、朱成功、郑延平、Koxinga。

字号：字明俨，号大木。

生卒：1624 年~1662 年

籍贯：福建省南安市石井镇人。

主要作品：《延平王集》

主要成就：东南抗清，驱逐荷兰殖民者，收复台湾，创建明郑。

评价：郑成功是南明最伟大的民族英雄和抗清斗士。一方面他几乎以一己之武力勉强维系着南明摇摇欲坠的时局，面对清廷屡次威逼利诱都没有动摇过决心与意志，一方面他力逐荷兰侵略者，收复台湾，维护了民族独立与山河统一，并且使台湾社会经济走上了快速发展的道路。可以这么说，郑成功对中国历史的贡献一直影响至今，值得后人永世铭记。

郑成功

墓葬：原葬台南近郊洲仔尾（今属永康区）；郑克塽降清迁居北京后，上疏表示"念台湾远隔溟海，祭扫维艰"，请迁内地。1699 年（康熙三十八年）五月，郑成功父子迁葬福建省南安市康店村覆船山，附葬于七世祖郑乐斋坟墓内。

【枭雄本色】

　　郑成功是福建南安人。其父郑芝龙在受明朝朝廷招安前是一个海盗帮的首领。母亲叫田川松，是一名日本人，郑成功于明天启四年在日本平户海滨出生，所以郑成功是中日混血儿。7 岁之后，他才跟随他的叔父回国，在福建省晋江市安平镇住了十余年。1644 年进入南京的国子监太学读书，拜礼部尚书钱谦益为师。后来，郑成功被南明隆武帝笼络，赐国姓朱，改名成功，所以又称为国姓爷。22 岁任南明隆武帝御营中军都督。清顺治三年隆武皇帝遇害，其父投降了清廷。清军掠劫了郑家，郑成功的母亲田川氏为免于受辱，上吊身亡。

　　1645 年，郑成功起兵反清，在起义后的十六年间，郑成功势力不断壮大，多次在对清的战斗中取得胜利,完全控制了东南沿海地区及海权,这期间,清廷曾册封郑成功为靖海将军海澄公,郑成功坚辞不受。后来因为在经济上受到了封锁,便攻打台湾以用作基地。在 1661 年,郑成功亲率将士 2.5 万人,战船数百艘,对台湾发动了攻势。经过九个月的苦战,在当地人民的支持下,终于在 1662 年打败荷兰人。同年,郑成功感染重疫,于当年 5 月病逝,享年 39 岁。此后,其子郑经继续经营台湾,成效斐然。后来降将施琅率清兵攻克澎湖岛,其孙郑克塽于 1683 年降清。

【风云叱咤】

弃笔从戎　反清复明

郑成功在 7 岁之前跟随母亲住在平户,父亲郑芝龙为明福建总兵,明崇祯三年(1630 年),郑成功跟随叔父回国,住在了晋江安平郑府。郑芝龙给儿子聘请当地有名的老师来授课。1638 年,郑成功入南安县学为廪生。1644 年,郑成功离别家乡,来到了南京,进入国子监太学,并拜礼部尚书钱谦益为老师。当时的明王朝正处于内忧外患、风雨飘摇的时候,就在当年的 3 月中旬,由李自成领导的农民起义大军攻入了北京城,明崇祯王朝由此灭亡。很快,吴三桂引清兵入关,李自成战败,退出北京,到了 9 月中旬,清王朝便把北京定为都城。清军把李自成的农民军给消灭后,于次年的 6 月又把南京城攻克下来,这样一来,南明的弘光政权也就此覆灭了,郑成功只得返回福建。

就在清军攻克南京的当月,郑成功的父亲郑芝龙等人拥立唐王朱聿键在福州称帝,并建国号为隆武。到了南明隆武元年,也就是当时的清顺治二年,郑成功受到隆武帝朱聿键的召见。朱聿键对他十分倚重,尤其是看到郑成功忠勇可嘉,于是就赐他姓朱,由此改名为成功,封为忠孝伯,任御营中军都督,深得隆武帝的赞赏。

1646 年,清朝的军队攻克了福建,隆武皇帝被清军生擒,不久即遇害身亡。当时郑成功的父亲郑芝龙手中掌握着隆武朝廷的军权,清朝的大学士洪承畴出面对其加以招抚,以言相劝,陈述利害,郑成功的父亲认为明朝的气数已尽,没有可挽回的余地了,便不顾郑成功的反对,只身北上投降了大清朝廷。此时的清军攻入城中,掠劫了郑家,郑成功的母亲田川氏为了免于受到清兵的侮辱,便上吊身亡。隆武政权失败以后,年仅 21 岁的郑成功奋起反抗清王朝的民族压迫政策,他在南安县学焚毁了儒服,由此弃笔从戎。

郑成功见自己反对父亲降清无效,于是就亲自率领部下,到广东南沃岛起兵,1645 年,郑成功在烈屿(小金门)起兵,拥戴南明的永历政权。1647 年 8 月,郑成功与叔父郑鸿逵曾率兵攻打泉州,屯兵桃花山。继而又向厦门鼓浪屿挺进,1650 年中秋,郑成功用计袭夺厦门,建立了稳固的抗清根据地,军事力量进一步壮大。此后数年,郑成功在福建、广东、浙江沿海一带反复同清军交战,并利用控制台湾海峡制海权的优势,发展海上贸易,以商养战,建立起一支强大的军事力量。鼎盛时期拥有水陆精兵 20 余万,大小船舰 5 千多艘,对清王朝在东南沿海的统治产生了巨大的威胁。

由于郑成功在福建沿海地区多次击败清军的攻击,在当时成为反清的一股不可忽视的力量。为了达到统一全国的目的,清朝廷派人招降郑成功,以便达到平定东南海域的目的。其实,早在清顺治九年,就有人提出了招抚郑成功的建议。在这位大臣的密奏稿内,说当今湖南、四川、广东到处都在用兵,实在难以应付。而且在湖南、江西、广东等地的叛乱都有可能和郑成功进行勾结,到了那时,祸乱可就更大了。现在不如采取招抚的政策,先把郑成功给安抚住,这样一来,朝廷就可以对其加以控制了。到了那时,只要他稍有反意,那也很容易地就能把他剪除。如果让他来京,想必他不会同意,不如先让人对郑芝龙说明皇上此意。如果郑成功真心投降的话,那就公布于天下。如果他无心归顺,这样也无损于大清的威严。

顺治皇帝对这项建议表示赞成。首先,他把投降了清朝而处于软禁状态的郑芝龙恢复了名誉,并对他降清的功绩大加赞赏,对郑芝龙进行好言安抚。并应郑芝龙的请求,把他由所在的正黄旗拨到了镶黄旗,同时授予郑芝龙在京的第二个儿子郑世忠为二等侍卫,并命人把郑芝龙在福建的部分亲属护送到了京城团聚。

假意受降　借机备战

清朝廷给浙闽总督刘清泰发去了旨意,对招抚郑成功一事做出了明确的指示:如果郑成功得到他父亲的信后还不投降,你就派兵进剿。如果郑芝龙的家人有投诚之意,那么就将此事尽快报告朝廷,并派得力的官员查看他是否真心投诚,如果是真的,就可以免去他的罪过,并授予官职,而且仍旧让他在原地驻扎,不必到京城。将浙、闽、广东一带的海寇,都交给他加以防御。凡是自海外来的商船,都由他进行管理,稽查奸宄,输纳税课,如果他能捕获其他叛贼,一定给予奖赏。这是朝廷对归诚的大臣所表达的意思,你必须对其坦诚以示,方能使得他心悦诚服,在这件事上你一定要深思熟虑,不可中了成功的计策。

为了能体现出朝廷对郑成功招抚的诚意,清廷还马上下令追查在当年清兵入厦门时掠夺郑成功家产一事。于顺治十年三月把肇事人福建巡抚张学圣、总兵马得功、兴泉道黄澍、巡按王应元都给予革职查办,交付三法司进行审理。其实这一案件的另一幕后原因是因张学圣、马得功、黄澍把从厦门掠得的大批金银财宝进行隐匿私分,由此引起了朝廷和有关官员的嫉恨。如浙闽总督刘清泰就曾秘奏,说是几人因为贪图郑家的财富,趁郑成功不在之机搜括郑家的家财,达数日之久。对于这件事,请朝廷一定要严加追究,这样才有利于对郑成功的招安。但在会审时,张学圣、马得功、黄澍一口咬定"城内没有财物",由此把掠夺郑家财产一事给抵赖得干干净净。结果审问下来,也不了了之。其实朝廷逮捕巡抚、总兵、道员这一举动,无非是用来对郑成功表示一种和解的姿态。

此时,清朝廷便让郑芝龙给郑成功写信,动之以父子之情;同时也让浙闽总督刘清泰派人向郑成功转达朝廷欲对其加以招抚的密旨,那意思就是只要郑成功肯于剃发归顺,就还能保持原有的军队,仍旧在福建沿海驻守,不必到京,以此来解除郑成功担心重蹈父亲覆辙的顾虑。郑成功接到信后,本心并无降清之意,但考虑到父亲的安全,所以就想将计就计,趁机扩展兵力和势力范围。

郑成功对父亲派家人李德送来的劝降书信马上做了答复,清、郑各自怀着自己的打算,开始了"和谈"。清廷浙闽总督刘清泰依据朝廷的交代,写了一封书信,派人送到郑成功的祖母黄氏那里,托她转交给郑成功。这封文书宣称当今皇上是个仁德之君,是个可值得信赖的帝王,同时又陈述郑氏父子不应绝情。这封信实际上就是以忠孝两全来引诱郑成功弃明归清。没过多长时间，清朝便正式颁发了敕书，封郑成功为海澄公，郑芝龙为同安侯，郑鸿逵为奉化伯，郑芝豹为左都督，并将泉州一府的地方供郑成功来安插和供养军队。敕书中首先肯定了郑芝龙当年归顺大清是识时务之举，接下来指责多尔衮"不体朕心，仅从薄叙，猜疑不释，防范过严"之过。至于抢掠郑家财产之事，其人已经给予追究。希望郑能从诚。随后，郑成功、郑鸿逵很快收到李德送来的郑芝龙的家书，意思和朝廷所言差不多。除了封爵授官之外，朝廷特意派遣郑芝龙的表弟黄征明作为使者来传达谕旨，用以解除郑成功对朝廷的疑虑。

为了表达清朝的诚意，敕书中说明满洲大军马上撤回。郑成功看到信后，心想：我正好将计就计，趁此向其借些粮饷，用以充足士兵的口食。他给郑芝龙写了一封信，其实这封给父亲的信就是对清廷的答复。在信中他表明自己不相信清廷的诚意，因为已有郑芝龙的前车之鉴。可是，他又不愿就此把和谈的大门给关死，信中暗示只要清朝如果能将 1646 年诱引郑芝龙时所许下的三省即浙江、福建、广东交给自己来管辖，那么就能进行谈判。可是，当时的形势跟以前相比已经大不相同了。福建、浙江两省除了某些濒海的少数地区之外，都已经归清朝所管辖了，广东省是平南、靖南两藩的驻地。其实郑成功知道自己开出来的价码，不管对于清廷还是闽、浙、粤地方当局来说都是难以接受的。因此，他对身负清廷联络使命的李德进行谈话时，口气和缓很多，诉说自己眼前是兵多地少，难于以一个地方安插下这么多人。如果裁减兵员的话，一旦有战事出征，又因无兵会难以制胜。要求朝廷再给三府用来屯兵，并辖三省沿海地方。而后还指出清廷既然已经封自己为海澄公，相当于总兵官，职位尚在提督之下。并说清廷既在招抚，为什么还派金砺率兵进驻福建，这令人怀疑是骗局。最后表示清廷应该"用人莫疑，疑人莫用"，只要将沿海之事全部托付给自己，那还可以让人考虑考虑。

清王朝通过李德带回的信息，判定郑成功确有归降之意，决定再做出一番让步，答应给郑成功漳州、潮州、惠州并泉州四府用来驻兵，特命郑成功"挂靖海将军印"，并下令撤回了金砺的军队。金砺得到旨意后，即于六月从泉州启程，八月内撤入了浙江境内。

而郑成功并没有打算投清，他趁此和谈的机会，派兵到福建、广东沿海地区招兵买马、征取粮饷。自这年的八月起，郑成功就陆续派出部将官员，领兵到福建漳州、泉州、龙岩、惠安、仙游等府、县去征粮征饷，"大县十万，小县五万"，如此一来，就使得清朝的地方当局处于十分被动的状态。1654 年正月十三日，清廷派使把海澄公的敕印送达福州。二十日，郑成功在安海设香几案拜接受敕印，清使要郑成功先剃发然后再开读诏书；郑成功则以日后自己向朝廷报告为托词而拒绝剃头。就此双方相持不下，诏书也无法开读。到了二十五日，清使离开安海回至福州。由此一来，和谈便陷入僵局，清朝所在的福建地方官既无权宣布招抚决裂，可是对于郑军的征粮征饷行为又难以应付。

郑成功的此举早被清廷的许多官员看了出来，认为他并没有投清的诚意，就连原来主张招抚并充当"保人"的浙闽总督刘清泰也要求对郑成功不可不防，请清廷派兵驻守福建、浙江一带。朝中大臣无不就此事发出回应，力主应当"厉兵秣马以应变"。这对身居虎穴的郑芝龙来说可慌了神，最后他建议清廷准许派他的儿子郑世忠同钦使一道赴福建，清廷答应了他的请求，同意做最后一次努力。

顺治十一年（1654年）八月十三日，清廷派遣的内院学士叶成格、理事官阿山和郑成功二弟郑世忠以及郑氏家族亲旧黄征明、李德、周继武等人携带敕书到达福州，派郑世忠、黄征明（成功表叔）前往厦门晓以利害。可是郑成功不为所动，表面上仍旧敷衍拖延。他让郑世忠回泉州约请叶成格、阿山到安平镇见面。可就在那天，郑成功调集甘辉、王秀奇、陈尧策等二十余名部将，统领着水陆各镇列营数十里，只见得旗帜飞扬，将士们是盔甲鲜明，把个安平镇布置得如同铁桶一般，叶成格、阿山到了安平，一看郑军阵势，便感到气氛不对，也没敢住郑成功给安排的迎宾馆舍，宁可住在临时搭建的帐篷里，双方都处于极度的戒备状态。虽然郑成功大设供帐，以厚礼馈送，表现出来的举止极为友好，可是郑成功却提出自己不受部抚节制；因为他怕剃发引起姜襄、金声桓等人的激变，况且还没和部将议妥此事。可是叶成格、阿山此来只是奉旨监视其剃发受敕，并没有进行谈判的权力，对郑成功提出的条件无法答复，所以他们很快就知道自己难以完成此次使命了，于是就以"不接诏，不剃发"为由，拒绝郑成功对他们的隆重礼遇，返回泉州。并限二十五日为郑成功最后的答复时间。到了二十四日晚上，郑世忠、周继武、李德、黄征明等都前来见成功，进行哀告，要求他剃发，郑成功的回答是："我不剃发还可能保全父亲的性命，如果一旦剃发，则父亲的性命休矣。"郑世忠想再劝哥哥，郑成功却喝道："是否剃发乃是身份大事，我自会定夺，尔等勿再相劝。"到二十六日这一天，郑成功又派人想请清使来谈，可是叶成格、阿山认为已经没有什么好谈的了。二十九日，叶、阿二人叫人去催促郑世忠、李德、周继武、黄征明回京城复命。就在当天，清廷官员即离开泉州，谈判和局即由此完全破裂。

就当离别之际，应黄征明的请求，郑成功给父亲郑芝龙写了一封回信，郑成功在信中说明了整个事件经过，并表明自己的态度。主要内容就是说自己之所以不愿剃发，是怕三军有什么激变，更怕出现什么大的祸乱。清廷不理解自己的一片苦心良意。他在给郑世忠的信中把自己的志向说得更是清楚："兄弟隔别已数载，可是刚聚几日，却又忽然被挟而去，这是天命也。"郑成功在和谈中表现出的态度给人诡异狡诈的感觉，可是在给他父亲的信中却引用了清帝敕谕指责他"词语多乖，征求无厌"的话语，由此也证明尽管这份敕谕没有正式开读，可是他已完全清楚清廷的用心了。既然没有什么谈判的余地，那郑成功为什么还要一再挽留清使，做出一些无益的举动呢？其实这也说明郑成功的本意是不愿归降清朝，可是又考虑到父亲的安全，虽说他能置之度外，可是毕竟还是有所顾忌。所以在行动上就未免显得进退失据，措辞更是难以得体了。

尽管清廷招抚郑成功因双方各持己见最终不得不以失败而告终。可是，清、郑双方各有所得。郑成功利用和谈的这个机会，在福建、广东地区招兵买马，扩充军饷，从而增强了自身的实力。清廷方面呢，通过此番招降，也牵制了郑成功，使他失去了两次出兵广东配合李定国作战的时机。尽管郑成功并不想同李定国会师，可是就全局而言，清廷之所得远远要大于所失。

和谈既然已失败，清廷只得改而采取用兵了。1654年11月，清朝廷在议政王、贝勒、大臣参与的会议上，一致决定对郑成功实行围剿。12月26日，清廷派郑亲王济尔哈朗的世子济度为定远大将军，连同多罗贝勒巴尔处浑、固山额真噶达浑等领兵自北京奔赴福建。郑芝龙对清廷失去了利用的价值，没多久，即以通敌罪流徙于宁古塔。

郑成功就在清廷劝降的时期内,加紧整军备战。在金门的后埔演练精兵,并颁行营盘法,把厦门的澳仔作为演武亭,制定了各镇合操法和水师水操法。他对军士操练要求极为严格,由于军纪严明,造就了一支能征善战的水陆队伍。

1659年郑成功率领水陆大军共10万、战船290艘北征,在北伐的过程中,郑成功一路上破乐清,取温州,与南明兵部侍郎张煌言会师,到了羊山时,因为遇到飓风,导致损伤惨重,郑成功不得不退至舟山进行休整。清顺治十六年五月,郑成功再度率师经崇明入长江,破清军克瓜洲,取镇江,进围南京。另外还派张煌言攻占了芜湖,夺取了徽州、宁国、太平、池州等4府、3州、24县。后因为不听张煌言、甘辉等将领急攻南京的建议,屯师城下达20余日,想静待清军能献城投降,却没料到遭到清军的突然反击,折了14员大将,损兵数万,败退厦门。转过年来,在福建海门港歼灭清将达素所率水师4万多人,由此军威复振。

在他起义后的16年间,郑成功占据在小金门和厦门一带的小岛,由此完全控制了制海权,以和外国人做生意收集资金,筹备军资粮饷,并且在内陆广设商业据点,从而收集到了许多有关清廷的情报。

攻取台湾　自立为王

1661年,康熙皇帝刚登位,这时候,原郑氏降将黄梧向朝廷献上了灭贼五策,其中包括长达20年之久的迁界令,就是自山东至广东沿海二十里内,沿海的所有船只都一律毁掉,就是连寸板都不许下水,断绝了郑成功在经济上的支援;与此同时,把郑成功的父亲郑芝龙于宁古塔流徙处斩首;还派人把郑氏的祖坟给挖了,并移驻了投诚的官兵,分垦荒地。正是因为清政府这些新策略,使得郑成功跟他的军队断绝了经济上的来源,由此面临着严重的财政危机。郑成功召集部下,商议对策,经过一致表决,决定放弃东南沿海,转而把目标移向了荷兰人所占据的台湾,并计划把这里作为新的基地。1661年正月,李定国联明抗清以失败而告终,由此一来,大陆各省基本上都已被清军给占领了。郑成功愈发感到形势的紧迫,眼前只有收复台湾这条路了,只有收复了台湾,使之连接金门、厦门,才能做到进退无忧。为了能顺利收复台湾,郑成功进行了充分准备,他派出密探侦察台湾的情况,秘密搜集有关方面的情报,还勘测好了航路,了解到荷军兵力布防等情况。同时修造战船,筹备粮饷,扩充军队,并加紧军兵的训练。当这些战前准备工作都做好了之后,郑成功马上从厦门移师到了金门,命他的儿子郑经留守厦门、金门,以防止清军乘虚攻袭;自己则率大军向台湾进军。

进攻台湾的舰队分为两个梯队,郑成功亲率的第一梯队先期出发,共有将士2万人。郑成功根据敌情和地形,决定先收复澎湖,以此为基地,通过鹿耳门港,实施登陆。荷兰殖民者闻讯也早已做好了战争准备,不断增加兵力,同时修筑工事,其中的台湾城和赤嵌楼是防守重地。禁止任何中国人进入赤嵌楼要塞,禁止渔民出海捕鱼,不准商船同大陆进行贸易往来,以此来防止走漏消息。同时又重新调整兵力部署,台湾城及其附近的小岛和海面由荷军头目揆一亲率;赤嵌楼由描难实叮率领;至于其他港口和城堡,约有四五百人进行守卫。而且鹿耳门港已经用沉船堵塞了航道。此港水浅礁多,极不易通行,故此没有派兵防守。

郑成功的第一梯队自金门料罗湾出发,次日抵达澎湖,因为荷军兵力薄弱,得以迅速占领。三日后,进军柑橘屿海面时,因遭风雨所阻,被迫折了回来。三十日,郑成功派人驻守澎湖,自率舰队,冒暴风雨横渡海峡,于四月初一日抵达鹿耳门港外。由鹿耳门外海进港有两条航路:南航道,口宽水深,但台湾城置重炮瞰制航道,不易通过。北航道阔仅里许,水中且有沙石淤积,舰船极易有触礁的危险,而且荷兰人事先用破船堵塞了航道,只有当海水涨潮时才能通过。于是郑成功命军队趁海潮大涨之际由北航道顺利通过了鹿耳门,进入内海,将大小舰船分布在台江之中。台湾城上的荷军没想到郑成功能从鹿耳门开进台江,避开自己设置的火力。所以荷兰军来不及调整大炮,只好仓促出战,郑军冲过荷军防线,在赤嵌楼以北的禾寮港进行登陆,接着在鹿耳门方向登陆成功。当地的台湾人民见到郑军到达,纷纷前来接应,郑军马上站稳了脚跟。

郑军很快把荷兰侵略者的要塞赤嵌楼、台湾城及仅有的几艘战舰给分隔包围了。荷兰人借船坚炮利和城堡坚固,自水陆分兵,趁着郑成功的军队尚未立稳之际,突然向郑军发动了攻击。荷兰用四艘舰船阻击郑军,郑成功则用 60 艘战船把荷舰给层层包围了起来,双方立即展开了一场激烈的炮战。尽管郑成功的军用战舰装备不如荷军,可是兵将们作战都十分英勇。在激战中,他们击沉了敌人的一艘主力舰,炸毁一艘甲板船,其余船舰见势不妙,急急如漏网之鱼,赶紧逃走了。在陆地上,荷兰舰长贝德尔则率领着 240 名士兵向郑成功的军队发动反击。郑的大将陈泽率领 4000 将士,让大部分的兵力正面给以迎击,自己则率七八百人迂回到了敌军侧后,由此一来,就形成了前后夹击之势。在这一场战斗中,贝德尔毙命,歼灭荷军达 180 多人,其余的少数人逃回了台湾城。

荷军经过海陆两战的失败之后,企图固守赤嵌楼和台湾城。郑成功的军队围住了两座城池,同时又派兵把荷军的水陆交通给切断了。然后命令军队对赤嵌楼发动了进攻。这时的台湾人民也纷纷自发地组织起来,帮助郑军来攻打荷兰侵略者。因为赤嵌楼的水源被切断了,荷军的生活出现了困难,在坚守了一段时间以后,终于在四月初四这天被迫率部投降了。郑成功留下一部分兵力扫清其他地方的残敌,自己则督师围攻台湾城。台湾城城高墙厚,守备的兵器极为完善,在城四隅还安置了 20 尊大炮,南北各 10 尊。荷军的火炮密集,射程又远,把周围的每条道路都给封锁住了,不论从哪一方面接近,都会受到堡上炮火的轰击。

郑成功一见不给敌人点厉害,他是不会屈从的。于是马上调集了 28 门大炮,一齐向台湾城发火猛轰,猛烈的炮火把台湾城大部分的城墙给摧毁了,有许多荷军受伤了。揆一见状,便想拼命,他不顾一切地命令城上所有的炮火,集中力量进行轰击,这样一来,郑军只得后撤。郑成功考虑台湾城池十分坚固,如果一味强攻,恐怕一时之间也难见成效,尤其是会增加人员的伤亡。于是他想了一下,决定采取长围久困、且耕且战的战略。

就在这年的五月初二,郑成功的第二梯队抵达了台湾,由台湾城南面向该城城堡逼近。由于郑成功的军队兵力得到了加强,而且供给都得到了及时的补充,于是从五月初五这天开始,郑成功就叫士兵在所有通向城堡的街道上都筑起防栅,并在城池的周围挖了一条特别宽的壕沟,打算对荷军进行长期的对峙。与此同时,还准备好了攻城器械和炮具。

荷兰当局得知自己的军队在台湾战败的消息,马上调集 700 名士兵,10 艘战舰,赶到台湾进行增援,并于七月初五这一天到达了台湾海域。郑成功的军探得知这一消息,马上告知郑成功,郑成功立即召集将官开会,部署进行围城和打援的计划。城中的荷兰军得到增援部队到来的消息之后,便想在短时间内改变被围的不利处境,计划让新到的舰船和士兵把郑军从台湾城市区驱逐出去,并把停泊在赤嵌楼附近航道上的郑军船只给击毁。为此,荷兰军派出两艘战船迂回到市区后海面,想要摧毁郑军的炮位,同时出动了三四百名步兵向市区进攻,另外派 20 艘舰艇袭击郑军的战船。就在七月二十三日,双方在海面上展开了激战,郑成功身先士卒,亲自指挥战舰对敌人进行迎击,把敌人的军舰包围起来,经过一个小时的激烈战斗,结果荷舰两艘受损,同时又俘获敌军三艘小艇,击毙敌人达 100 多名。其余荷舰无奈,只得逃往远海,不敢靠近台湾半步。经过这次海上大败,荷军原计划在陆上施行的进攻,也未能施行,只得草草收兵而去。

被围困在城中的荷军因为粮饷匮缺、士气极为低落,有不少士兵因为吃了发霉的食物而中毒身亡。一段时间以后,战死饿死的人特别多,荷军的实力受到了很大损失。而郑成功的军队却在此时进行大力休整,不断巩固工事,并增设巨炮,准备继续对荷军进行攻击,台湾的百姓们也都给予郑军大力的支援。

郑成功见一切准备都很充分,于是命令军队再次向台湾城发起总攻,这时,他们已经围困台湾城 8 个多月了,到了十二月初六这一天,军队最先把城外的重要据点乌特利支堡给攻克,然后居高临下,向台湾城内进行猛烈地炮击。城内的荷军早无斗志,身心早已疲惫不堪,殖民总督揆一知道再打下去,也不会有成功的可能了。于是就在 1662 年 2 月 1 日,派代表跟郑成功进行谈判,并在投降书上签字,然后灰溜溜地撤离了台湾。沦陷在外敌手中达 38 年之久的台湾又重新归复中国。

收复台湾后,郑成功便祭告山川,颁屯垦令,自立东宁王国。郑成功在台湾期间,极力加强政治经济建设,设置府县,鼓励百姓务农垦荒,废止了苛捐杂税,兴办学校,改善和当地人民的关系,安抚台湾的那些土著,颁布了各种法令和条例,使得台湾在他的治理之下,显现出了以往少有的繁荣气象。因为台湾刚刚收复,百废待兴,郑成功因此处心积虑,更加上多年来戎马倥偬,终于积劳成疾,同年五月初八离世,享年 39 岁。

林则徐：虎门销烟　仕途坎坷

【人物档案】

姓名：林则徐

别名：林元抚、林文忠。

字号：字元抚，又字少穆、石麟，晚号俟村老人、俟村退叟、七十二峰退叟、瓶泉居士、栎社散人等。

生卒：1785 年~1850 年

籍贯：福建福清海口岑兜、莆田九牧林

朝代：清朝

职务：湖广总督、陕甘总督和云贵总督

谥号：文忠

主要作品：《试帖诗稿》《使滇吟草》《拜石山房诗草》《黑头公集》等。

主要成就：广东禁烟，主持编译《四洲志》《华事夷言》，在陕西镇压"刀客"，云南整顿矿政，兴修水利，东河治水。

评价：中共中央总书记习近平在《〈福州古厝〉序》中提到：当我们来到林文忠祠，它正眉飞色舞地向我们讲起，林公则徐气壮山河的壮举——指挥军民在虎门销烟的历史。墓葬：福建省福州市鼓楼区马鞍村金狮山。墓为林则徐夫妇与父、母、弟、弟媳的合葬之所。墓前有清咸丰元年（1851 年）朝廷派官员致祭时立的《御赐祭文》碑和《御赐碑文》碑。

林则徐

【枭雄本色】

林则徐，出生在福建侯官一个清贫的知识分子家庭。童年时期在他父亲执教的私塾中读书。由于天资聪颖，勤奋好学，13 岁便考中秀才，20 岁中举人。嘉庆十年，进京参加会试落选。回家后，先是当塾师，后在厦门海防同知房永清和福建巡抚张师诚的幕府中任书记、笔札。1811 年考中进士，被选为翰林院庶吉士。后来，历任编修，监察御史等职，在京师当了 7 年小京官。这期间，他潜心钻研经世致用之学，探索历朝兴衰盛衰的原因，立志做一个像岳飞、文天祥、于谦等那样的良臣廉吏。自嘉庆二十五年起，曾在浙江、江苏、湖北等地任职，由于他注重实际调查，干练有绩。自道光十七年初，就被任命为湖广总督，查禁鸦片，卓有成效。因为他力主禁烟，道光帝即命他为钦差大臣，到广州查禁鸦片。道光十九年，他和两广总督邓廷桢合力严缉走私烟贩，惩处受贿官吏，迫令英美烟贩交出鸦片达 237 万余斤，然后在虎门当众销毁，又会同水师提督关天培筹划海防，倡办义勇，屡次挫败了英军的武装挑衅。后来英国发动了对华侵略战争，因为广州防守严密,于是北上攻占了定海,陈兵大沽。朝廷惧怕英国,投降派乘机诬陷,林则徐即被革职。转过年的 5 月,被派往镇海军营帮办军务,又遭人谗害,时间不长,就被流放到新疆。曾在该地实行屯田,兴办水利,深得当地人民的爱戴。1845 年起,被任命为陕甘总督、陕西巡抚、云贵总督。1849 年,因病辞职。返回福州老家。1850 年,受命为钦差大臣,赶往广西镇压农民起义,中途病死于广东普宁市。死后赠太傅,谥文忠。林则徐平生爱好诗词书法,著有《云左山房文钞》《云左山房诗钞》《使滇吟草》等。所遗奏稿、公牍、日记、书札等整理辑为《林则徐集》。

【风云叱咤】

兴利除弊　苏州禁烟

1820 年初秋,林则徐被任命为浙江杭嘉湖道员。自此开始仕途顺利,青云直上。自道光三年以来,先后由按察使、布政使擢升为河东河道总督、江苏巡抚、署理两江总督。在此期间,他致力于为民造福,兴修水利,发展农业生产,救灾赈济,改革漕运、盐政,整顿吏治,查禁鸦片,为社会兴利除弊方面做出了积极贡献,在当时成了"贤名满天下"的清官,在群众中有"林青天"的美誉。

清朝自从 18 世纪下半时开始,其封建统治便开始走下坡路,政治日益腐败,国库空虚,财政上出现了拮据。而当时的西方强国英国的殖民地遍及全球。英国为了赚取更大的利润,便向中国境内偷运鸦片。鸦片俗名称作"大烟",是一种具有强烈的麻醉性的毒品。人吸上以后,很容易上瘾,吸的时间一长,就会变得面黄肌瘦,体质衰弱,尤其是精神萎靡不振;如果不吸了,就会浑身瘫软,无比痛苦,可见鸦片对人的身心危害是十分巨大的。到了道光年间,全国吸食鸦片的人竟达到了400 万人,而且朝中的许多文武官员也成了大烟鬼,甚至连皇宫内的太监也都染上了毒瘾。英国人通过这种非法的毒品生意发了大财。中国每年出口的茶叶、丝绸等土特产品远远不及鸦片所收获的价值,因而每年都有大量白银外流。所以,鸦片不仅毒害了中国人,也给清政府财政上造成了难以胜数的巨大损失。林则徐看在眼里,痛在心里,他想一定要把这害人的鸦片给禁掉。

道光二年,林则徐被任命为江苏按察使,他上任之后,马上换上便装,进行微服巡访,他专门寻找那僻静的小巷进行查访,由此体察当地的民情。

因为鸦片在当时已经泛滥成灾,只是在苏州城内,吸食鸦片的人就不下数万,其中还有部分官吏;经营鸦片的人更是数以千计,尤其是官商勾结的现象。在苏州城中,销售鸦片最多的地方就是南浩街。林则徐为了了解实情,装扮成商人,深入到南浩街进行实地查访,顺藤摸瓜,最终查明了鸦片的进出渠道,主要还是那些开设"烟馆"的人。于是,他首先严拿这些贩烟者;对于官商勾结者,严惩不贷;对于官吏吸食鸦片者,一定要撤官法办。与此同时,他又派兵把守各个城门及水陆码头,各个交通要路,对可疑情况严加盘查,如此一来,就把鸦片的来源给切断了,给了那些贩卖鸦片的人以严厉打击。同时林则徐还对吸食鸦片者进行约束,这样时间一长,那些吸食鸦片的人自然也就把"烟"给戒掉了。经过他的一番治理和整顿,苏州出现了社会稳定、百姓安康的大好局面。

因为林则徐在苏州禁烟很有成效,所以,他的业绩深受道光皇帝的赞赏。林则徐也上书朝廷,一再说明鸦片所导致的严重后果性,并主张朝廷应大力禁烟。因为林则徐在两湖地区率先开展了禁烟运动，并且卓有成绩。所以道光帝终于决定实行禁烟，他召林则徐进京，和他商议禁烟的办法。

当时，朝中关于禁烟问题分为两派，林则徐是禁烟派的主要代表。可是朝廷里因为有人从鸦片贩子那儿收受了巨贿，暗地里默许他们走私鸦片，比如军机大臣穆彰阿、直隶总督琦善等人，他们想方设法反对禁烟，一再劝说皇上。林则徐听后极是气愤，他给皇帝的奏书中说："现在国家和百姓深受鸦片毒害，如果再不进行禁烟，那过不了几年，中国的士兵就不能去打仗，而且也没有能充做军饷的银子了。"道光皇帝被林则徐的这番言语给打动了，他下定了禁烟的决心，于是任命林则徐为钦差大臣，前往毒品最为泛滥的广东查禁鸦片，并有权节制广东水师。

查禁鸦片　虎门销烟

1839 年 3 月 10 日，林则徐风尘仆仆地到达了广州。他也没有休息，就在当天晚上，身着便装进行微服私访。他来到广州的街头上，看见那些大烟鬼们一个个骨瘦如柴，脸色灰暗，毒瘾发作时，不住地打哈欠，脸上的鼻涕眼泪一齐流。这使林则徐心酸不已。林则徐马上把两广总督邓廷桢、水师提督关天培给找了来，和他们一块商量禁烟的事，林则徐问他们如何才能把广东的烟给禁住。关天培早就对鸦片深恶痛绝，盼望着能把烟给禁掉，他提出建议说先把那些参与走私的烟贩子和贪官抓起来正法，然后再逼英国人把鸦片交出来。邓廷桢说应该把他们贩大烟的底细摸清楚。林则徐点了点头，认为他们说的有道理。于是，他马上想了个好主意。

几天过后，林则徐以钦差大臣的身份来到广州书院，要对学生们进行考试。学生们很是高兴，钦差大臣给自己出题，一定要好好地做。可是等他们打开考卷一看，都不由得愣住了，原来试题竟是问卷调查，林则徐明确要求学生要把烟贩和受贿的走私的官兵的姓名、地址明明白白地写出来，不得进行隐瞒。书院里来读书的学生来自四面八方，一向就对鸦片深恶痛绝。他们见新来的钦差大臣真要惩治贪官烟贩，都非常高兴，于是就一五一十地把自己知道的情况都写了出来。

林则徐根据学生提供的这些线索，没用多长时间，就查清了鸦片走私的来龙去脉，严惩了一批违法的官兵和烟贩子。广州的老百姓们无不拍手叫好。初战告捷之后，林则徐又向外国人发出了通告，命令他们必须在 3 天之内把鸦片全部交出来，并写出书面文字，永远都不再向中国贩运鸦片的保证书。如果发现再贩运鸦片，就要对货物加以没收，并对贩运者处以死刑。

这些烟商们可都慌了手脚，其中有几个慑于林则徐的威压，只得交出鸦片。可是大部分人还是持观望态度。他们的这种心理被林则徐给看透了，他马上下令传讯英国的大烟贩颠地。

就在这时，英国驻华的商务监督义律由澳门赶到了广州，他早已得知了信息，急匆匆地赶来处理这件事，他气急败坏地质问商人们说："听说你们有人已经把鸦片交了出去？"烟商们面有难色地说："如果不交出鸦片，中国人就要治罪。"义律面露杀气，他说："有我们大英帝国的军舰做后盾，中国人能把你们怎么样！"接下来，义律又策划着让颠地逃跑，出去躲一躲风声。他们的密谋，被一名中国仆人给听到了，他马上跑去报告了林则徐。所以，当颠地想要溜出商馆时，被埋伏在两边的清军给抓住了。林则徐义正词严地对颠地说："你马上回去转告义律先生，如果他再坚持拒不交出鸦片，那后果就由你们自负。"为了打击义律不可一世的嚣张气焰，林则徐下令马上停止和英国的贸易往来,并派人对商馆进行监视,同时断绝了广州跟澳门之间的交通,并再次发出警告,如果再进行抗拒的话,就要停止他们的食物供应。与此同时,在商馆内做工的中国人也都积极地配合林则徐的禁烟行动,一致罢工,从商馆里退了出来。

义律等人被困在商馆里面,度日如年,急得团团转。义律看到林则徐此番禁烟态度坚定,自己也没有什么好办法了,最后只得屈服下来,交出了全部鸦片,林则徐派人进行清点,结果查获鸦片共 2 万余桶,其中美商 1500 多箱,共达 237 万斤。林则徐当即决定在虎门海滩当众把这些鸦片给予销毁。他叫士兵在海滩挖了两个大水池子,每个池子约有 15 丈见方,这池子是用来化烟用的。每个池子又挖有通向大海的涵洞,池子后面有水沟。就在 1839 年 6 月 3 日这一天,林则徐率领着文武官员来到了虎门海滩,一些广州的百姓早就得到了消息,他们纷纷来到海滩上,把化烟池给围得水泄不通,每个人脸上都露出扬眉吐气的神色。林则徐当众大声宣布:"销烟开始!"只见几十名士兵用铁锹劈开了鸦片箱,然后把鸦片跟生石灰搅在一起倒进了水池里,再由水沟引进清水。随着"咕嘟咕嘟"不断的沸腾声,一团团浓烈的黑烟向天空冲去。

因为鸦片在销烟池里面与水和生石灰发生了化学反应,转眼间就变成了废渣泡沫,跟随着潮水通过涵洞排入到大海里面。就这样,用了 20 多天的时间,才将鸦片焚完,这就是历史上震惊中外的"虎门销烟"。

军民联合　抵抗外敌

自从虎门销烟过后,义律和鸦片贩子拒不执行进口贸易的船只必须出具不再夹带鸦片的"甘结"(交给官府的一种画押字据)。不久,又发生了英船水手打死尖沙咀村民林维喜并拒不交出凶手事件。林则徐为此极为愤慨,他下令停止对居住在澳门的英国人的食物供给,把义律等人逐出澳门。义律为此恼羞成怒,公然发动了武力威胁。9 月 4 日,他派英舰及武装船炮轰了清军水师。清水师马上给予发炮还击,将英舰击退。11 月 3 日,又有英舰在川鼻湾向清军水师战船开炮。水师提督关天培当即命令给予猛烈还击,这一仗打得英舰狼狈而逃。自此后的 10 天之内,英军向驻扎在官涌的清军发起了 6 次进攻,结果都以失败而告终。

与此同时,在北京的反对派也加紧了破坏禁烟抗英斗争的活动。首席军机大臣穆彰阿利用道光帝急于禁烟收场的心态,奏请调邓廷桢为两江总督,以去林则徐左臂。1840 年 1 月 5 日,道光帝调邓廷桢为两江总督(后改调闽浙总督),林则徐转任两广总督。2 月 20 日,英政府任命懿律为全权代表,并由懿律亲自率领侵华远征军来到中国海域,一场大战迫在眉睫。

林则徐通过对英国海军和清军水师的对比,提出了不在远海和敌人接战,把敌人引到近海及陆地上再给予歼灭的思想。他说英国舰队虽然能够在大洋中破浪乘风,一副不可一世的样子,可是英国的兵船吃水深,一旦进入到内河,就会出现运转不灵,倘若再遇到浅水沙胶,则更加难以转动了。于是林则徐在给清廷的奏折中指出:英舰惯于在远海中行驶,而清军水师则难以做到这一点,与其冒险出海作战,不如以守为战,以逸待劳,这样就可以使自己处于"百无一失"的有利地位。同时,林则徐还做好了一切准备,他要官兵固守虎门、尖沙咀、官涌等要隘,等到敌舰驶近时,清军水陆共同出击,跟敌人展开短战。他还主张正规战跟游击战相结合,将大小火船交给雇用的渔民，让他们先练好火攻战法，然后在沿海各岛屿之间潜伏，到了风顺潮顺的夜晚便一齐出动，对敌船出其不意的实行火攻。由此他还提出了"破敌首重胆气，胆大气盛者必胜"的名言。他在对朝廷的奏折中还提出了在切实加强防御的同时，要积极寻找敌人弱点，主动打击敌人，从而进一步体现了积极防御的战略思想。

6月5日夜，清军水师会同渔民采用火攻，取得了毁焚三艘英船的战果。英船遭此重创后，再也不敢贸然驶近海口，只在远洋处东游西漂。林则徐不但重视广东的防务，而且还希望临海各省都要做好反侵略作战的准备。6月中旬，英国战舰逐渐增多，于是林则徐便飞函福建、浙江、江苏、山东等省，请求他们严查海口，共同协防。与此同时，林则徐还组织人员摘译有关重炮操作及制造火炮的资料，仿照外国战船试制，购买外轮加以改装成战船，交给水师操练，使他们掌握了先进的技术战术，从而改变了清军武器装备的落后状态，提高反侵略的作战能力。1840年6月下旬，4000多人的英国侵华远征军气势汹汹地驶抵广东海面，和先期到达的舰船会合一处。然后对珠江海口进行了封锁，6月30日那天，懿律等率领舰队主力开始第一次北犯，在7月6日攻占了定海。8月9日陈兵于大沽口外，同时派代表向清政府提出无理的赔偿要求。道光帝慑于英舰的威胁，轻信主和派的谗言，于是改变了抗英态度，派畏敌如虎的直隶总督琦善出面和懿律进行谈判，并以重治林则徐、邓廷桢和赔偿烟价为条件，换取了英军从大沽口退兵。9月17日，琦善为钦差大臣赶赴广东。

林则徐虽然知道自己处境险恶，可是仍然坚持和英侵略者进行斗争。他陆续地增调战船，增加火炮力量，并且选配兵丁壮勇，还亲自校阅水师的战备演习，打算乘英国舰队主力尚未返回广东的时候，给予主动出击。9月底，在他的领导下，大败英舰于矾石洋面。他还向朝廷上书，用事实来说明，如果不能以武力制服贪得无厌的英国侵略者，必将会后患无穷，同时他还建议清廷加紧制造坚实精良的船炮，用来抵抗侵略者。可是昏庸的道光皇帝竟认为这些卓越见解是"一片胡言。"接下来他就以"误国殃民，办理不善"的莫须有罪名将林则徐、邓廷桢给革职了。

林则徐被撤职的消息传出以后，广东人民怀着无比惋惜的心情自发地向他赠送靴、伞、香炉、明镜等礼物，并写有"烟销瘴海，威慑重洋""民沾其惠，夷畏其威""恩留粤海，泽遍南天"等字样的颂牌，以此来赞扬他厉行禁烟、抵御外侮的英雄业绩和爱国赤心。

琦善接任两广总督以后，他到了广州做的第一件事就是大量地裁撤防兵练勇，并拆除了江底的那些暗桩等障碍物，以这种行动向侵略者表示希望能早日握手言和。此时以戴罪之身滞留在广州的林则徐，仍然心系国家的安危，不辞辛苦地到处察看地形，并向广东巡抚怡良提出了加强内河设防的具体建议。他痛斥琦善裁兵撤防，一意主和。4月16日，林则徐接到朝廷任命，要他以四品卿衔赴浙江听候谕旨。临行之前，他向在广东主持军务的靖逆将军奕山提出了御敌建议，希望他能切实加强水陆设防，挫败英国侵略者。

1841年6月中旬，林则徐来到了浙江镇海。他顾不上自己的旅途劳累，马上检查火炮的制造情况，并观看试放洋炮，又提出了增建炮台的建议。接着，又视察修建的炮垛、土炮台等工程。他跟兵器专家龚振麟共同切磋，由此设计出了四轮炮车，使得火炮由原先的仅能直击改进成了能够"仰左右，旋转轰击"。他还把自己绘制的外国战船图样交给了龚振麟，造出了中西技术结合、行驶甚便的车轮战船。就在这短短一个月时间内，林则徐为海防建设做出了不可磨灭的贡献。6月28

日,道光帝下令革去林则徐的四品卿衔,把他发往伊犁效力赎罪。

兴垦开荒　造福南疆

　　1842年12月,饱经风霜的林则徐抵达了伊犁惠远城戍所。尽管他有冤枉在身,身体又有病痛折磨,可是他并没因此而消极颓唐,相反,更坚定了他的爱国之心。他针对沙俄早就觊觎中国西北的野心,悉心研究新疆的历史沿革和现实情况,积极探索备边御敌的方略,同时向伊犁将军布彦泰提出了兴修水利,屯田实边的建议。1842年,清廷想筹划扩大伊犁的屯田,计划在阿齐乌苏开垦荒地。该地带原来曾经被开垦过,可是因为水源不足而废置。对于朝廷的这次筹划重垦,林则徐表示赞同,为此他力担重任,计划开渠把哈什河水给引过来。哈什河是伊犁河的一条支流,水流极其丰沛,可是这项工程非常浩大。林则徐自己认领了其中最为艰难的一段工程。清廷没有任何的经费投入,林则徐就和当地官员绅民共同捐资,他运用自己曾在内地长期治河的经验,在道光二十四年开始开凿引水,钉桩抛石,经过4个月的时间,用工达十余万,哈什河水终于被引到了阿齐乌苏,这条水渠可以灌溉田地达到十余万亩。时至今日,当地的人民仍在受此渠之益。当地人民称此渠为"林公渠"。接下来,林则徐又在修建龙口工程中表现出了卓越的才能。伊犁将军布彦泰上奏朝廷,对林则徐大加称赞,道光帝对此也给予了肯定。

　　伊犁垦荒的成功使得清廷对大规模地开发南疆产生了兴趣,因为林则徐在伊犁垦荒的过程中表现十分出色,清朝廷就任命他承担了勘查南疆荒地的任务,林则徐在勘查的途中受到了维吾尔族人民的热烈欢迎和大力支持。林则徐在勘查的过程中,清丈土地,勘察土质。因为勘地远离城市,他就自携帐篷、粮食、被衾,白天丈量土地,夜晚则卧宿在毡庐中。经过他半年的努力勘查,最后得出可供垦荒土地有60余万亩。

　　林则徐在勘荒时看见了坎儿井,坎儿井是当地维吾尔族人民创造的一处地下水利设施。在那种高温少雨、气候干燥的地区,坎儿井是很理想的节水灌溉工程。林则徐对此十分赞赏,他于是就制定了推广坎儿井的计划。可是没过多长时间,林则徐就奉诏返回内地去了,后来继任者秉承了他的意志,在当地开凿了许多坎儿井。新疆的百姓们一直在怀念林则徐在开发西部、兴修水利的德政。经过林则徐的勘地兴垦,原来荒无人烟的地方,竟然出现了许多新的绿洲和村落。林则徐对开发西部做出了杰出贡献。

　　1845年10月,林则徐被清朝廷重新起用。就在他进京的途中,朝廷又命他以三品顶戴署理陕甘总督。以后又被正式任命为陕西巡抚。道光二十七年,他被调任为云贵总督,第二年因为办理云南"回务"有功,被加以太子太保衔,赏戴花翎。在云贵总督任上,他整理云南矿务,主张"招集商民,听其朋资伙办",开采银矿,并对铜矿主张维护"放本收铜"的政策。

　　1850年春,林则徐因病辞职,回到了福州老家。这时,他和福州的士绅共同商议,驱逐了那些违背条约规定、强行迁入城内居住的英国人。为了防止英国人的骚扰破坏,他亲自察看地形。提出了调兵、演炮、募勇等用以加强海防建设的建议。1850年10月清廷任命林则徐为钦差大臣,前去镇压洪秀全、冯云山等领导的农民起义。他抱病自福州启程,可是行至广东普宁行馆时即与世长辞,终年66岁。清廷晋赠林则徐太子太傅衔,御赐祭文和御赐碑文,谥文忠。后来归葬福州金狮山。

左宗棠：抬棺抗俄　英名永存

【人物档案】

姓名：左宗棠

别名：老亮、今亮。

字号：字季高，一字朴存，号湘上农人。

生卒：1812 年～1885 年

籍贯：湖南省长沙府湘阴县左家塅

朝代：清朝

职务：二等恪靖侯、东阁大学士、太子太保、一等轻骑都尉、赏穿黄马褂、两江总督、南洋通商事务大臣。

谥号：文襄

主要作品：《左文襄公全集》

主要成就：镇压太平天国，兴办洋务，平定陕甘，收复新疆，建设西北。

左宗棠

评价：左宗棠在帝国主义瓜分中国的历史情况下，立排投降派的非议，毅然率部西征，收复新疆，符合中华民族的长远利益，是爱国主义的表现，左公的爱国主义精神，是值得我们后人发扬的。（王震）

墓葬：善化八都杨梅河柏竹村，即今日的长沙跳马区石门乡柏竹村，墓碑刻“皇清太傅大学士恪靖侯左文襄公墓”。

【枭雄本色】

左宗棠的前半生可谓碌碌不得志：读读闲杂文章，做幕僚出出主意，代替主人写些奏章，回老家募兵筹饷。尽管劳碌匆忙，却远不够风光。

机遇来自乱世兵荒，五十岁是一个起点。另组湘军，四处追杀太平军，终于初显锋芒。从此以后，晚清王朝的每一次追剿行动（捻军，回民军），我们都能看见一个白发苍苍的老头在吆五喝六。小败之后是大捷，官衔越来越高，手下难免鲜血横流，所以人称“左剃头”。

志坚、性刚、老而弥辣，所以才会抬棺入疆，誓与俄国红毛决一死战。身为洋务派之先驱，左宗棠明察秋毫：整海防、肃军纪、办船厂、发动民众保家卫国，反对与法寇议和……其志可嘉，其意可怜。在中国近代史上留下浓墨重彩之笔。

只是大厦将倾，左氏以一己之力，徒唤奈何？

殚精竭虑削白首,俯仰一生悲国痛。中兴名臣,惟君翘楚。

"左宗棠是近百年史上世界伟大人物之一,他将中国人的视线扩展到俄罗斯,到整个世界……我对左宗棠抱着崇高的敬意。"

这是半个世纪前,美国前副总统华莱士在访问我国西北时,对晚清人物左宗棠的评价。

【风云叱咤】

少赋奇才　绝意仕进

清朝嘉庆十七年十月初七日(1812 年 11 月 10 日)的凌晨,在湖南省湘阴县东乡左家塅一个贫寒的知识分子家里,年近八旬的老祖母杨老夫人,恍恍惚惚,梦见一位神人从天空降落在她家的院子,自称为"牵牛星",不禁一吓醒来,随即听到婴儿的啼哭,原来是媳妇余氏生下了一个男孩。这个在"牵牛降世"神话中诞生的婴儿,就是大器晚成的左宗棠。

湘阴左氏家族,是南宋时期从江西迁到湖南来的,在这个偏僻的山冲里,已经居住了 700 多年,经历宋、元、明、清四代皇朝,虽也出过一些闻人,但大多穷苦平常,以耕读为本。左宗棠出生时,家里没有多少土地,祖父母均已年迈老衰,三个姐姐、二个哥哥,年纪都小,全家九口人的生活要靠父亲终年在外设馆授徒维持,"非修脯无从得食。"如风调雨顺,一家生活还可对付,但遇上灾荒年,就难以度岁,粮食不足,常常是余夫人用糠屑做饼给家人充饥。左宗棠出生后母亲奶水不足,又雇不起奶妈,靠吸吮米汁来喂养。米汁难饱婴儿肚,且缺乏营养,就日夜啼哭,时间一长,肚皮和肚脐都突出来了。以后长大了,仍然是腹大脐浅。后来左宗棠回忆说,"吾家积代寒素,先世苦况,百纸不能详"。他还曾作诗描绘了这一贫苦之状:

　　"研田终岁营儿哺,糠屑经时当夕飧。
　　乾坤忧痛何时毕,忍属儿孙咬菜根。"

左宗棠 4 岁时,随祖父在家中"梧塘书塾"读书。祖父左人锦,字斐中,号松野,国子监生,毕生以授徒为业。他为人和气,乐善好施,以孝义闻于乡里,因年近八旬,在家带养孙儿,作了宗棠的启蒙教师。左宗棠自幼聪敏,祖父教给的诗句,一读上口,就能背诵。一次,祖父带他上屋后的小山游玩,采摘了一大把毛栗子。祖父叫他带回家,分赠给兄姊。宗棠将毛栗子均分成五份,送给三位姐姐和两位哥哥,却没有给自己留下一颗。祖父知道后,见他从小能知谦让,能像汉代孔融那样四岁让梨,十分高兴,夸奖他说,这孩子从小分物能均,又不自私,将来一定会光大左家门庭。

五岁那年,父亲左观澜到府城长沙设馆授徒,左宗棠和长兄宗械、仲兄宗植随父来到长沙读书。父亲课子很严,宗棠生性颖悟,记忆过人。一次,父亲教两个哥哥读书,其中一句:"昔之勇士亡于二桃,今之廉士生于二李,"父亲问"二桃的典故出自何处?"哥哥们还没来得及回答,宗棠就在旁应道:"古诗《梁父吟》有一朝被谗言,二桃杀三士。"父亲大为惊异。原来,二位哥哥平时朗诵诗文,宗棠在一旁静听默记,过目而不忘。其父笑着对宗棠母亲说:"将来老三有封侯的希望。"这一预言,60年后果然实现了。

左宗棠六岁开始攻读"四书""五经"等儒家经典,九岁开始学作八股文。

道光六年(1826),左宗棠参加湘阴县试,名列第一。次年应长沙府试,取中第二名。然而,就在左宗棠奋发读书、开始走向科举道路之时,家中却发生了一连串的不幸。先是,祖父母相继逝世,长兄因病早殇,母亲忧痛成疾,贫病交加,于道光七年去世。年过半百的父亲接连丧子、丧妻,又为了请医生、办丧事,到处奔走,到处借贷,二年多后也一病不起,与世长辞。父亲一生寒素,死后只是留下了数十亩薄田和数百两银子的债务。

这时,左宗棠的三个姐姐都已经出嫁,一个10口之家,只剩下他和仲兄宗植两人。而早已中了秀才的宗植,为了谋生,长年在外奔波,十几岁的宗棠,"早岁孤贫",独立地走上了社会。但是,贫窘的生活并没有将他压倒,反而锻炼了他倔强的性格,培养了吃苦耐劳的精神。他从未为孤陋清贫的处境有过任何烦恼和忧伤,更没有向别人说过一个"穷"字。他把精力都放在学问上。这时,他已在专心致志地追求和研讨治国安邦的"经世致用"之学了。

道光九年(1829),18岁的左宗棠在书铺买到一部顾祖禹的《读史方舆纪要》,不久,又读了顾炎武的《天下郡国利病书》和齐召南的《水道提纲》。对这些涉及中国历史、地理、军事、经济、水利等内容的名著,左宗棠如获至宝,早晚研读,并做了详细的笔记,对于今后可以借鉴、可以施行的,"另编存录"。这些书使他大大开阔了眼界,对他后来带兵打仗、施政理财、治理国家起了很大的作用。当时,许多沉湎于八股文章的学人士子对此很不理解,"莫不窃笑,以为无所用之"。左宗棠却毫不理会,仍然坚持走自己的路。

道光十年(1830)十月,江苏布政使贺长龄因丁母忧回到长沙。贺长龄是清代中期一位著名的务实派官员和经世致用学者,曾与江苏巡抚陶澍针对时弊,力行改革,政声卓著,并请魏源选辑从清朝开国到道光初年有关社会现实问题和经世致用的论文,编成《皇朝经世文编》120卷。左宗棠早就十分钦慕贺长龄的学问、功业和为人,便前往请教。贺长龄见左宗棠人品不凡,知他志向远大,极为赏识,"以国士见待"。见他好学,又将家中藏书任其借阅。每次左宗棠上门,贺长龄必定亲自登梯上楼取书,频频登降,不以为烦。每次还书,都要询问有何心得,与左宗棠"互相考订,孜孜斷斷,无稍倦厌"。贺长龄还曾劝告宗棠:目前国家正苦缺乏人才,应志求远大,"幸勿苟且小就,自限其成"。

次年,左宗棠进入长沙城南书院。这是一所历史悠久、声誉颇高的书院,为南宋时抗金名将张浚与其子、著名理学家张栻所创办,大学者朱熹曾在此讲学。此时主持者即是丁忧在籍的原湖北学政、贺长龄之弟贺熙龄。他也是一位著名的经世致用学者,他教学的宗旨就是:"诱以义理、经世之学,不专重制艺、帖括。"左宗棠在这里读汉宋先儒之书,求经世有用之学,又结识了后来成为湘军名将的罗泽南等,以志行道德相砥砺,以学问义理共研讨。贺熙龄很是喜爱,曾说:"左子季高少从余游,观其卓然能自立,叩其学则确然有所得。"

贺氏兄弟以一代名流、显宦,如此地爱重左宗棠这个当时还十分贫穷的青年学子,使左宗棠感动不已,终生难忘。贺氏兄弟也一直没有忘记自己的这位有前途的得意弟子。他们始终保持着密切的往来。

一年后,贺长龄丁忧期满,仍回江苏原任,六年后,就升任为贵州巡抚。他曾几次致信左宗棠,邀请左宗棠去贵州任事。当时,左宗棠因已接受了在陶澍家教其孤子之约,才没有应邀前往。

道光十九年(1839)秋,贺熙龄因旨赴京。左宗棠和同学邓显鹤、罗汝怀、邹汉勋等会集城南,与先生饯行。当时,师生依恋不舍,一送行者特地画了一幅《城南饯别图》,左宗棠还赋诗作别,又与罗汝怀一直送到湘江岸边,目送先生乘坐的帆船北去,在远方消失后,两人"横渡而西",爬上岳麓山顶,到夕阳西下才觅舟归来。两人隈坐舟中,谈论先生的道德文章,无限追念,竟至彻夜不眠。

贺熙龄也很是难舍这些品学兼优的学生,特别是才气纵横的左宗棠。船到九江后,他思情顿起,提笔写下《舟中怀左季高》诗一首:

"六朝花月毫端扫,万里江山眼底横。
开口能谈天下事,读书深抱古人情。"

并自注说道:"季高近弃词章,为有用之学,谈天下形势,了如指掌。"其评价之高、殷望之深,确是一般人少有的。

一年后,贺熙龄因病告假回籍。道光二十六年(1846)在长沙逝世。他去世前不久,左宗棠的长子孝威出生,他听说后,高兴地说:"宜婿吾女。"将最小的女儿许与刚出生的孝威。从此,贺熙龄与左宗棠又由师生变成了亲家,在清代史上留下了一段佳话。

由于家境贫困,左宗棠在城南书院只呆了一年。第二年,即道光十一年(1831)他又进入湖南巡抚吴荣光在省城长沙设立的湘水校经堂。这所学校给学生提供膳食,吴荣光还亲自在校教授经学。左宗棠学习刻苦,成绩优异,在这年内的考试中七次名列第一。

道光十二年(1832)四月,三年一届的湖南省乡试又将来临。这时,左宗棠已居忧期满,但由于在居忧期间不能参加院试,还没有取得秀才的资格,不能参加乡试。21岁的左宗棠迫不得已,东挪西凑,筹集到108两银子,捐为监生,与哥哥宗植一道参加了这次有5000多人投考的湖南乡试。

乡试在八月举行,共考了三场。考完之后,贺熙龄非常关心,曾去看了左宗棠的试卷,为之叫好,但说可惜格式不太合,恐怕考官们"无能辨此"。果然,他的卷子被斥入"遗卷",落选了。但这次乡试恰逢道光皇帝50寿辰,称为"万寿恩科"。因此,道光皇帝下诏命考官搜阅"遗卷",以示"恩宠"。正巧,湖南副考官胡鉴病逝,只得由主考官徐法绩来办。徐法绩独自一人阅看了5000多份"遗卷",从中又取出六名,其中第一名就是左宗棠。当试卷启封时,巡抚吴荣光正在场监临,一见左宗棠名列"搜遗"之首,连忙起身祝贺徐法绩得了人才。

不久,榜发,左氏兄弟双双中举,哥哥左宗植中第一名,得解元;弟弟左宗棠中第18名。

乡试后,左宗棠与湘潭周诒端结婚。周夫人字筠心,与左宗棠同年生。她出生于湘潭辰山一书香门第,家境富有,父亲周衡在已去世,母亲王太夫人知书能诗、慈祥和蔼。周夫人自幼随母读书，不仅也能作诗，而且性情贤淑。这门亲事，早在左宗棠的父亲和长兄在世时就订下了，只因家贫，一直没有举办。时至两人都已21岁，不能再拖，左宗棠只好来湘潭就婚，入赘岳家，后来在这里寄居了九年。

婚后，左宗棠和诒端伉俪情深、夫妻恩爱。岳母也很喜欢这位才华横溢的郎婿。但左宗棠生性高傲，对自己婚后不能自立，颇为苦闷，后来他回忆起这段生活曾说："余居妇家，耻不能自食"，又有诗云：

"九年寄眷住湘潭，庑下栖迟赘客惭。"

这年冬天，左宗棠与宗植启行北上，准备参加来年春季的会试，次年正月，抵达北京。会试在三月举行，兄弟俩住在专门接待湖南来京应试举人的湖南会馆，紧张地温习功课。左宗棠考试完毕，不久发榜，却名落孙山。

回到湖南，左宗棠仍寄居湘潭岳家。这年八月，长女孝瑜出世，左宗棠向岳母家借得西头的几间房子，自立门户。

道光十五年（1835），左宗棠再次赴京会试。这次考试，他的成绩不错，同考官温葆深极力推荐，会试总裁也很是欣赏，评语为："立言有体，不蔓不支""二场尤为出色"，准备取为第15名。不幸在揭晓时，发现湖南取中的名额已超过一名，而湖北省却少取了一名，于是将左宗棠的试卷撤去，改换为湖北中一人，左宗棠只被录取为"誊录"。誊录是一种抄抄写写的文职人员，积劳议功，可以保举县令。左宗棠不甘心在京城当一名誊录，以待发迹，不久即回家中。

道光十七年（1837），应巡抚吴荣光的邀请，左宗棠离家到醴陵主讲渌江书院。该书院有住读生童60余人，但收入却很微薄，"几无以给朝夕"。40多年后，左宗棠回忆这段当书院山长时的情景曾说："每遇岁阑解馆，出纸裹中物，还盐米小债。"生活虽然清苦，但他仍认真执教，从不马虎。他按朱熹所著《小学》，择取书中八条定为学规。对前来就读的学生，每人发给日记本一个，要他们随时将所授功课的心得记在本子上，每月初一、十五这两天要逐一检查。每天日落时分，大门下锁，生童都要在书房读书，左宗棠逐一来每间书房检查，并对所授课业详加解说。学生旷废课业，或虚辞掩饰不守学规，二次以上就要受到处罚，或予以斥退。左宗棠从严执教，注重诱导，不到几个月，学生渐渐能一心向学不以为苦。

不久，时任两江总督的陶澍阅兵江西，顺道回乡（湖南安化）省墓，途经醴陵。陶澍是当时赫赫有名的封疆大吏，嘉庆、道光年间，连任两江总督10余年。任职期间，他在林则徐、贺长龄、魏源、包世臣等的协助下，大力兴利除弊，整顿漕运，兴修水利，改革盐政，因而政绩卓著，深得时誉。陶澍出身贫寒，"少负经世志"，又是当时倡导经世致用之学的代表人物。他和龚自珍、魏源、林则徐、贺长龄、姚莹、包世臣等一样，敢于正视现实，关心民生，揭露封建衰世的黑暗和腐败，要求改革内政，主张严禁鸦片，加强军备，防御外敌入侵。

陶澍的到来，醴陵县令自然要竭力款待，大事欢迎，为其准备了下榻的馆舍，并请渌江书院山长左宗棠书写楹联，以表欢迎。左宗棠崇尚经世致用之学，对陶澍等也早有了解，十分崇敬，于是挥笔写下一副对联：

"春殿语从容，廿载家山印心石在；
大江流日夜，八州子弟翘首公归。"

这副对联,表达了故乡人对陶澍的景仰和欢迎之情,又道出了陶澍一生中最为得意的一段经历。一年多前(即道光十五年十一月底),道光皇帝在北京皇宫连续14次召见陶澍,并亲笔为其幼年读书的"印心石屋"题写匾额。印心石屋是以屋前潭中有一印心石而得名。这件事,朝野相传,极为羡慕,陶澍也认为是"旷代之荣"。因此当他看到这副楹联后,极为赏识,询知是左宗棠所作,立即约请相见,"一见目为奇才,纵论古今,为留一宿"。陶澍还特意推迟归期一天,于次日与左宗棠周游醴陵,极为融洽,成为忘年之交。

道光十八年(1838),左宗棠第三次赴京会试,结果又不中。南归途中,他绕道去南京谒见陶澍。陶澍并不以左宗棠的连连落第为意。他格外热诚,留其在总督节署中住了10多天,"日使幕友、亲故与相谈论"。一天,陶澍主动提议将他唯一的儿子(时仅五岁)陶桃,与左宗棠五岁的长女孝瑜订婚。当时,陶澍已60岁,左宗棠才27岁。左宗棠为避"攀高门"之嫌,以亲家地位、门第、名位不合而婉言谢绝。陶澍一听,爽朗笑道,"左君不必介意,以君之才,将来名位一定高于吾人之上",仍然坚持原议。左宗棠又以"年庚不合"相辞,联姻之议遂被搁置。直到几年后,陶澍去世,由于陶夫人一再提及,老师贺熙龄的敦促,这门亲事才定了下来。陶澍以一代名臣之尊,而求婚于一个会试下第的穷举人,表明他对左宗棠才学与人品的器重。

左宗棠在六年中三试不第,对他是个很大的打击。他虽然并不十分热衷于科场,不喜欢也不长于作空洞枯涩的八股文章。但在科举时代,读书人不中科举就难以进身,有志之士也只有通过科举获取地位,才能实践其志。左宗棠后来说过:"读书非为科名计,然非科名不能自养。"又说:"读书当为经世之学,科名特进身阶耳。"左宗棠自少年时代就志大言大,尤为自负,自尊心也很强,因此三试不第之后,就下决心不再参加会试,从此"绝意仕进",打算"长为农夫没世"。

身无半亩　心忧天下

科场失意,使左宗棠不能沿着"正途"进入社会上层,进而实现他的志向了。但是,他毕竟不同于那些不问世事、一心追求功名的凡夫俗子。他毕竟是一个有志气、有抱负的读书人。他最关心的还是国家的命运、社会的治乱兴衰,最感兴趣的学问还是那些有关国计民生的经世致用之学。即是在那奔求科举仕进的年头,也一直是这样。

他第一次赴京会试,曾去在詹事府任詹事的胡达源家中拜访,结识了后来也成为清朝"中兴"名臣的人物——胡达源之子胡林翼。

左家和胡家原是世交。胡达源,湖南益阳人,早年曾与左观澜同读书于长沙岳麓书院,交往密切,感情弥笃。而胡林翼与左宗棠是同年、同学,后来又兼了亲戚。他出生于嘉庆十七年六月,比左宗棠大四个月,后来也在贺熙龄门下求学。他自幼聪明异常,8岁时就被陶澍看中,招为女婿。少年时代,他常随岳父住在两江督署,风流倜傥,才华横溢,也深受陶澍、林则徐等人的影响,有匡时济世之志。

左宗棠与胡林翼一见如故,意气相投,从此成为莫逆之交。两人在一起谈古论今,朝政腐败、官吏无能、民生困苦和西方各国的侵逼,无所不及,都预感到天下将要大乱。为此,二人"辄相与欷歔息,引为深忧。"当时的人们见了,都为之诧异,不知他们忧叹些什么。

但是,在另一方面,左宗棠在京城看到的是,王公贵族的门前车水马龙,官场文恬武嬉,醉生梦死,一片歌舞升平的景象。左宗棠无限感慨,忧虑重重,写下《燕台杂感》诗八首。其中有云:

"世事悠悠袖手看,谁将儒术策治安?
国无苛政贫犹赖,民有饥心抚亦难。"

表达了他对民生疾苦的同情和对腐败政治、苛捐杂税的愤恨。

左宗棠还看到了近年来西方殖民国家窥视我国边疆的形势,深为国家军备废弛而忧虑:

"西域环兵不计年,当时立国重开边。
橐驼万里输官稻,沙碛千秋此石田。
置省尚烦他日策,兴屯宁费度支钱。
将军莫更纾愁眼,生计中原亦可怜。"

又:

"故园芳草无来信,横海戈船有是非。
报国心惭书剑在,一时乡思入朝饥。"

南归途中,左宗棠给座师徐法绩写了一封信,认为当前国家最难办理的事,莫过于垦荒、救灾、盐政、粮运、治河等,并表示今后要多读些有关书籍,切实加以研究,以"不负国家养士之意",报答老师的殷切期望。

第二次会试归来,左宗棠就开始专攻地理学。他认为,由于时代变迁,兴废交替,以往的地图却少有更改,有的甚至错误百出。于是,他计划绘制一幅全国地图,再画出分省、分府图。他依据古今史籍、志书,反复详考出古今地名、方位、里程,凡水道经过的地方、村驿关口的名称、山冈起伏的形势,都一一标记。陵谷的变迁、河渠的决塞、支源的远近、城治的兴废,以及古为重险今为散地、古为边陲今为腹地等沿革,都一一详加说明,再由本朝上溯,历明、元、宋⋯⋯直到禹贡九州。

就这样,在湘潭周氏桂在堂的西楼,左宗棠孜孜不倦,披览古今图籍,手画其图。周夫人端坐一旁阅读史书,一炉香,一碗茶,十分相得。左宗棠每绘好一张草图,就交周夫人描绘。遇到问题需要查书,周夫人就随手从书架上检出,某函某卷,往往十得八九。历时年余,左宗棠在夫人的协助下,完成了这一项目。后来,他又抄录了《畿辅通志》《西域图志》和各直省通志,"于山川关隘、驿道远近,分门记录,为数十巨册"。

左宗棠横览九洲,纵观古今,意气豪迈。这年,他挥笔写下了一副著名的对联,张挂在居室,以明心志,联云:

"身无半亩,心忧天下;
读破万卷,神交古人。"

左宗棠也特别重视农学。第三次会试失败后,他以自己"少小从事陇亩",又以"农事为国家之本",展开了对农学的研究。他遍读了南、北农事之书,特别对

"区种"感兴趣,认为农事以区种的办法最好,也就是因地所宜种植和区间种植,为此他写了一篇《广区田图说》的文章,专以论述区种的作用。

他钻研农学,几年后,在湘阴购置田地,署名"柳庄",亲自试验"区田法",并栽桑、养蚕、种茶、植竹等。他每自外地归来,即"督工耕作,以平日所讲求者试行之,日巡行陇亩,自号'湘上农人'。"他曾在一信中说:"兄东作甚忙,日与佣人缘陇亩,秧苗初苗,田水琮铮,时鸟变声,草新土润,别有一番乐意。"描绘了柳庄春忙耕作的景象,并抒发了自己从事农耕的舒畅心情。道光二十六年(1846),他还根据多年读书和实践所得,分门别类,编撰了一部《朴存阁农书》。

道光十九年(1839)六月,陶澍在南京逝世,家眷迁回安化。次年,左宗棠受老师贺熙龄之托,就馆陶家,教其子陶桃读书,达八年之久。

陶家藏书丰富,使左宗棠在教读之余得以博览纵观。一方面,他以《图书集成》中的《康熙舆图》和《乾隆内府舆图》,悉心考索,订正了昔年所绘舆图。另一方面,他又在这里钻研了有关荒政、水利、盐政、漕运的学问,特别是钻研了当时已成为突出需要的兵学和洋务之学。

这年,钦差大臣林则徐赴广州查禁鸦片。左宗棠把注意力转向了洋务之学。他在陶家勤奋地阅读各种有关书籍。"自道光十九年海上事起,凡唐宋以来史传、别录、说部及国朝志乘、载记,官私各书有关涉海国故事者,每涉及之,粗悉梗概"。

道光二十年(1840)五月,英国侵略中国的鸦片战争爆发,朝野为之震动。充满爱国情怀的左宗棠虽然僻处安化,但想方设法打听消息,密切地关注着时局的发展。当他听到英军犯浙江,陷定海,林则徐被撤职的消息时,悲愤万分,几次写信给贺熙龄,谈论自己对时局的看法,并"论战守机宜"。他以"天下兴亡,匹夫有责"之义,积极为反侵略战争出谋划策,撰写了《料敌》《定策》《海屯》《器械》《用间》《善后》等一组文章,提出了"练海屯,设碉堡,简水卒,练亲兵,设水寨,省调发,编泊埠之船,设造船之厂,讲求大筏、软帐之利,更造炮船、火船之式"等一系列作战措施。

然而,战争的进程使左宗棠大为失望。清军节节败退,琦善妥协求和,道光二十一年(1841),英军占领香港,进逼广州。左宗棠"愤懑已极",忧心忡忡,写了《感事》诗四首。在诗中,他对外国侵略者表示了强烈的愤慨,"和戎自昔非长算,为尔豺狼不可驯";赞颂了林则徐、关天培等爱国将领,"英雄驾驭归神武,时事艰辛仗老成"。"书生岂有封侯想,为播天威佐太平",并为自己满怀壮志,却报国无门而叹惜,"欲效边筹裨庙略,一尊山馆共谁论?"他又写信给贺熙龄,痛斥卖国贼琦善"以奸谋误国,贻祸边疆,遂使西人俱有轻中国之心,将士无自固之志,东南海隅恐不能数十年无烽火之警,其罪不可仅与一时失律者比,应当斩首军前"。他还给湘潭人黎吉云御史写信,建议上书朝廷,提出"非严主和玩寇之诛,诘纵兵失律之罪,则人心不奋,主威不振"。

道光二十二年(1842),英军先后攻陷吴淞、镇江。七月二十四日(8月6日),清廷在南京与英国侵略者签订了丧权辱国的《江宁条约》。左宗棠闻之,痛心疾首,大声呼啸:"时事竟已至此,梦想所不到,古今所未有。虽有善者,亦无从措手矣!"

鸦片战争中,左宗棠只是一介"身无半亩"的寒士,僻处山斋,手无柯斧,但他

"心忧天下",表现了强烈的爱国热情。

夜话湘舟　初露峥嵘

中国在鸦片战争中的失败,使左宗棠受到极大刺激。他为自己虽有爱国热忱和报国之策,但得不到起用,眼睁睁地看着忠良被陷、奸臣误国、战事一败再败、及至被迫议和、丧权丧国,而悲愤、苦闷。因此,在战争结束后,他曾打算"买山隐居",不再过问世事。

道光二十三年(1843),左宗棠以历年教书的积蓄在湘阴东乡柳家冲买下田土70亩,并自己设计,建造了一座小庄园。庄园内除了稻田外,还有坡地和池塘,为安全起见,还筑了围墙,挖了壕沟。庄园门上,他亲笔题上"柳庄"二字。次年九月,周夫人带着三个女儿从湘潭迁来。至此,左宗棠正式有了个家,结束了长期寄居岳家的"入赘"生活。这时,他仍在陶府执教,每当散馆回家,就"巡行陇亩""督工耕作"。几年后,他们又生了一个女孩、二个男孩,全家九口,诗书为伴,耕读相从。岳母也常常带着孙儿来探望女儿和外孙。阖家欢聚,尽享天伦之乐。

左宗棠似乎真的要"长以农夫没世"了。但是,以他从小所受的儒家文化的教育,满腹的"经世致用"学问以及他刚正清高的性格,在国家处于内忧外患、危急存亡之际,他是不可能长期退隐深山、不闻世事的。

周夫人最了解左宗棠。她深知宗棠惆怅苦闷之由,经常与他赋诗唱和。周夫人写道:"树艺养蚕皆远略,从来王道重农桑。"支持宗棠暂隐溪山、钻研农事的主张。她又安慰说:"书生报国心常在,未应渔樵了此生。"贤明的妻子当然知道自己的夫君是一位不甘沉沦的大丈夫,他的志向和才学也决不仅仅是成为一名农学家。

其实,左宗棠一时也没有将自己置身于"世外桃源",他的眼睛还在关注着这个急剧变化的世道,忧国忧民的心愿始终没有泯没。在这期间,胡林翼因父忧归里,几次来安化小淹的岳家。胡林翼虽然中举比左宗棠迟了二年,却已于道光十六年考中进士,授翰林院编修,还任过江南副考官。左宗棠在安化陶家又与胡林翼相会,两人风雨连床,纵谈古今大政,以至通宵达旦。

道光二十九年(1849),左宗棠离开安化,来到长沙开馆授徒。女婿陶桄仍跟他学习。学生还有长沙名流黄冕的三个儿子黄瑜、黄上达、黄济和益阳名宦周振之之子周开锡。

就在这年,发生了一件左宗棠一生认为"第一荣幸"的事。这年十一月,云贵总督林则徐因病开缺,途经贵州、湖南,回福建原籍养病。林则徐在鸦片战争中革职以后,遣戍新疆。道光二十五年释还,署陕甘总督,次年任陕西巡抚,二十七年升任云贵总督。作为一代名臣,林则徐威望卓著,忠心耿耿,尽管在革职流放中,始终不忘国事。在新疆,他极力讲求防边强边之策,大力倡导屯田,兴修水利。在云南,整顿矿政,努力加强民族团结。由于历尽艰辛,身患重病,乃奏请开缺,回乡调治。

林则徐的官船经洞庭湖沿湘江上行,于十一月二十一日(1850年1月3日)到达长沙,停靠在湘江岸边。湖南的文武官员知道后,都纷纷赶来拜会这位名满天下的大臣。林则徐却想起了一位从未见过一面的书生——左宗棠,并立即派人去湘阴柳庄请来一见。

左宗棠接到来信，兴奋不已。林则徐是他素所钦仰的伟人，能得到他的邀请，与他会面，这确实是一件十分荣幸的事。早在青少年时，左宗棠就从贺长龄、贺熙龄兄弟和陶澍、胡林翼等口中听到过林则徐的事迹，后来在小淹陶家读过陶、林的往返书信，已经了解到林则徐是一位学识渊博、才力超群、操守清廉的官员。鸦片战争中，林则徐卓越的爱国精神和伟大人格，使左宗棠为之倾倒，崇敬和向往之情到了极点。他在给胡林翼的信中，曾表达了这一心情。他说："天下士粗通道理者，类知宫保（指林则徐），仆久蛰狭乡，颇厌声闻，宫保无从知仆，然自十数年来闻诸师友所称述，暨观宫保陶文毅（指陶澍）往复书疏与文毅私所记载数呈，仆则实有知公之深。"

左宗棠还表达了他向往与追随林则徐的深情："海上用兵之苦，行河、出关、入关诸役，仆之心如日在公左右也。忽而悲，忽而愤，忽而喜，尝自笑尔！尔来公行踪所至，而东南，而西北，而西南，计程且数万里，海波、沙碛，旌节、弓刀，客之能从公游者，知复几人？乌知心神依倚，惘惘相随者，尚有山林枯槁、未著客籍之一士哉！"

林则徐对左宗棠也并非陌生。他与贺长龄曾经是陶澍的属下，又早与胡林翼有过密切交往。陶、林、贺等志同道合，经常一起谈论天下大事、评品古今人才，自然早就知道陶、贺、胡等人对左宗棠的推重。就在一年前，胡林翼任贵州安顺知府，还一再向林则徐推荐："湘阴左君有异才，品学为湘中士类第一。"林则徐马上就要胡林翼写信，请左宗棠来云贵总督幕府。当时，因左宗棠已受长嫂之托要为长兄的遗子世延办理婚事，又已接受陶家课读的聘约，不能前往，因而回信婉辞，表示"西望滇池，孤怀怅结"，深为遗憾。

左宗棠接信后马上赶到长沙。江岸上轿马纷纷攘攘，林则徐见家人递上一张大红拜帖："湖南举人左宗棠"，赶忙叫快请，同时吩咐对其他来客一概挡驾。左宗棠匆匆忙忙上船，走过跳板时，大概因为心情激动，一脚踏空，落入水中，待进舟仓盥洗更衣后，即与林则徐畅谈起来。天色近晚，林则徐命将官船乘着湘江乱流，驶到岳麓山下一个僻静处停泊。舟中掌起灯，摆上酒，二人一边喝酒，一边纵谈天下古今大事，林则徐的二个儿子随侍在旁。

两人从天下大势到西北塞防与东南海防，从舆地兵法到办理洋务，从新疆屯田水利到滇中战乱，无不各抒己见。双方对治理国家的根本大计，特别是西北军政事务，见解不谋而合。两人，一个是年逾花甲、名震中外的封疆大吏，一个是年方37的草野书生，毫无拘束，侃侃而谈，直到第二天清晨。后来左宗棠回忆这难忘的夜话湘舟，说两人"抗谈今昔，江风吹浪，柁楼竟夕有声，与船窗人语互相应答，曙鼓欲严，始各别去"。

会见中，林则徐将自己在新疆整理的宝贵资料，全部交付给左宗棠，并说："吾老矣，空有御俄之志，终无成就之日。数年来留心人才，欲将此重任托付。"他还说，将来"东南洋夷，能御之者或有人；西定新疆，舍君莫属。以吾数年心血，献给足下，或许将来治疆用得着"。

临别时，林则徐还写了一副对联赠给左宗棠：

"此地有崇山峻岭，茂林修竹；

是能读三坟五典,八索九丘。"

表达了他对左宗棠殷切的期望。

后来,林则徐还多次与人谈起这次会见,极口称赞左宗棠是"非凡之才""绝世奇才"。

这次左宗棠与林则徐的会见,是两人神交已久的第一次,也是最后一次会见。这次会见给左宗棠以重大的影响。20多年后,左宗棠经营西北,收复新疆、建置行省、屯田垦荒、兴修水利;在东南沿海编练渔团、创办船政、加强海防、抗击外侵,就是林则徐影响所致。

林则徐回到福建后,并没能休养多久。第二年,广西爆发天地会起义。清朝廷又起用林则徐为钦差大臣,前往镇压。当他刚到达广东潮州,突然染病去世。在临终前,他还没有忘记左宗棠,命次子聪彝向咸丰皇帝代写遗疏,疏中一再推荐左宗棠为难得人才。

一个月后(十一月二十一日),正是左宗棠与林则徐会见一周年的日子,左宗棠在长沙黄冕寓馆中听到这一噩耗,"且骇且痛,相对失声"。哀恸之时,他写了一封情意深重的唁函给林公子镜帆,又写下一副挽联:

　　"附公者不皆君子,间公者必是小人,忧国如家,二百余年遗直在;

　　庙堂倚之为长城,草野望之若时雨,出师未捷,八千里路大星颓。"

这副著名的挽联,后来书刻在福州西湖林文忠公祠堂(林则徐逝世后,谥文忠)。

林则徐去世以后,左宗棠一直在怀念着他,以他为自己人生的崇高典范,并以林则徐的继承者而自居。30多年后,左宗棠任两江总督,特地在南京为陶澍和林则徐建立"陶徐二公祠",合祀两位先行者。时年72岁,也与他的前辈一样勋威卓著、名震中外的左宗棠,思意绵绵,豪情满怀,为"二公祠"写了一副对联:

　　"三吴颂遗爱,鲸浪初平,治水行盐,如公皆不朽;

　　卅载接音尘,鸿泥偶踏,湘间邗上,今我复重来。"

义重情深,跃然纸上。

鸦片战争以后,中国社会很快进入一个急剧动荡的时期。战争的失败,暴露了清政府极端的腐朽和无能,沉重的战争赔款和残酷的封建剥削压在广大人民头上。水利失修,旱涝频仍,使人民生活痛苦万状,濒临绝境。广大人民忍无可忍,纷纷揭竿而起,走上了反抗的道路。战后八九年中,在湘、鄂、粤、桂、苏、浙、闽、鲁的广大地区都发生了较大规模的农民暴动。

"山雨欲来风满楼",十几年前,左宗棠和胡林翼所担忧的"天下大乱"很快就要到来了。目光远大的左宗棠决定避地而居,"买山而隐"。

道光二十六年,左宗棠曾"缘崖涉涧凡三日",考察了湘阴县东南一带的山地。30年,他的老朋友,同县籍的翰林院庶吉士郭嵩焘(字伯琛,号筠仙)回乡。左宗棠同他一起周游了湘阴东山,"为山居结邻之约"。湘阴与长沙交界一处叫青山的地方,群峰连绵,山谷深邃,他们便选定这里作为今后两家遇乱避难的地方。

但是,形势的迅猛发展很快就打破了左宗棠"买山而隐"的计划。1851年1月11日,洪秀全等领导的太平天国起义爆发。咸丰二年春,太平军进军湖南,势如破竹,于7月直抵长沙城下。湖南全省震动。

这时,湖南巡抚骆秉章奉调赴京,清廷命原云南巡抚张亮基任湖南巡抚。张亮基认为湖南局势严峻,责任非同小可,极需广搜人才协助料理军政事务。时任贵州黎平知府的胡林翼便极力向他推荐左宗棠:"此人廉升刚方,秉性良实,忠肝义胆,与时俗迥异。其胸罗占今地图、兵法、本朝国章,切实讲求,精通时务,访问之余,定蒙赏鉴。"

8月,张亮基赶到湖南常德。此时太平军围攻长沙正急。左宗棠已带了全家由柳庄迁移到东山的白水洞,而郭嵩焘全家则迁居梓木洞,两家"诛茅筑屋",比山结邻,打算在这里躲避战乱。入山才10多天,张亮基派来的专人就带着厚礼,到了白水洞,聘请左宗棠出山。但左没有应聘。

于是,胡林翼又写来一信,再三劝说。他知道左宗棠平生最崇敬林则徐,便反复介绍说,张亮基"肝胆血性,一时无两",是林文忠荐于道光皇帝,才得以大用的,"固文忠一流人物也"。他又引桑梓之义和个人身家利害劝说:"设先生屈己以救楚人,所补尤大,所失尤小……设楚地尽沦入贼,柳家庄、梓木洞其独免乎?"胡林翼情词恳切,终于打动了左宗棠,使他不能再犹豫了。加之同住山中的郭嵩焘、郭崑焘兄弟和仲兄宗植也不断劝勉,老朋友、新宁人江忠源带领他编练的楚勇尾追太平军到了长沙,也来信敦劝。左宗棠才改变主意,决定应聘出山。

刚过不惑之年的左宗棠,在清朝封建政权和忠实于封建儒家文化的知识分子们的呼唤下,终于投入到镇压农民反抗斗争、保卫大清江山的阵营。不久,他来到长沙,在围城中会见了巡抚张亮基。两人握手言欢,一如故旧。

当时,长沙城外炮火连天,太平军围攻已持续近二个月。城内外清军大集,达五六万人。城内有二巡抚(张亮基与尚未离长沙的骆秉章)、一帮办(帮办军务罗绕典)、二提督(湖南提督鲍起豹、广西提督向荣)。城外有十总兵。张亮基将全部军事委托给左宗棠。左宗棠"昼夜调军食,治文书","区画守具",各种建议都能被采纳,并立即付诸实施。左宗棠"负才气,喜言事",顿时大显身手,一生功名也就从此开始了。

太平军围攻长沙三月,久攻不下,遂撤围北去。长沙得以保全。第二年初,张亮基升任湖广总督,左宗棠也随张到了武昌。当时,太平军已经放弃武昌,全城官署民房焚毁殆尽。张亮基到任之初,修城郭,筹兵饷,通商贾,恤难民,整吏治,除积弊,其奏折批答,事无巨细都交给左宗棠一力主持。张亮基并以左宗棠防守湖南有功上报,得旨"以知县用,并加同知衔"。二个月后,复任湖南巡抚的骆秉章,又追叙左宗棠在长沙镇压浏阳征义堂之功,奏准朝廷,授之"以同知直隶州选用"。这是左宗棠一生最初所获得的官位,但他却视同草芥,一点也不放在心上。后来,张亮基因性格刚直得罪了满族权贵胜保,调任山东巡抚。左宗棠便辞职返归湘阴。

这时,太平天国已定都南京,改称天京,又举行北伐、西征,声势浩大。咸丰四年二月(1854年2月),西征太平军再次进入湖南,攻克岳州,连下湘阴、宁乡。长沙大震。

正当长沙四面楚歌、形势危急之际,湖南巡抚骆秉章听说左宗棠又回到湘阴,大喜过望,连忙派人入山邀聘。左宗棠因一年的幕僚生活过于紧张,"心血耗竭",

已有些心灰意懒,又鉴于太平军进展迅猛,前途未卜,决计静观时局发展,"不欲复参戎幕,"便托词回谢。不久,曾国藩统率湘军出师衡州,也来书邀请,他还是推辞未就。

而在这时,太平军也在搜寻左宗棠。太平军占领湘阴时,曾扬言要"入山追索"。不久,即派轻骑30余人来到梓木洞搜索捉拿。幸左宗棠早已闻讯,带了100名湘勇,将家眷接出山洞,送到湘潭辰山岳家,自己则带着女婿陶桃来到长沙。

骆秉章没有得到左宗棠,于心不甘,不久就生出一计。他知道左宗棠对陶桃最疼爱,一天,便发出请柬,请陶桃到巡抚衙门做客,并将他留住后花园,不让出门。同时,又派人在外扬言,巡抚"勒使公子捐资巨万,以助军饷,否则将加侵辱"。左闻讯大骇,急忙赶来抚署请见。骆秉章一听大喜,"倒履迎之",陪左宗棠来到后花园。左见爱婿无恙,后园"栋宇辉煌,供张极盛,如礼上宾",才知是骆秉章请他出山的苦心,"感其诚意",才应允出佐戎幕。骆秉章见左宗棠肯首,便向陶桃道歉,并以仪仗送回陶府。

左宗棠第二次入佐湖南巡抚幕府,长达6年之久(咸丰四年三月至十年正月)。6年中,他深得骆秉章倚重,使其学识才干得到了充分的发挥,从而在清统治集团中获得了很高的声誉。

当时,清王朝在湖南的统治已岌岌可危。全省四周烽火遍野,鄂南、赣西已成太平军天下;西边的贵州,发生了苗民起义,南边两广,会党暴动风起云涌。省内,太平军驰骋湘北,长沙周围城池多被占领;而湘东、湘南、湘西广大贫苦农民,连连举事,此伏彼起。

左宗棠焦思竭虑,日夜筹划,辅佐骆秉章"内清四境","外援五省",苦力支撑大局。骆秉章对他言听计从,"所行文书画诺,概不检校"。

首先,左宗棠大力帮助曾国藩巩固和扩大湘军,使之成为一支与太平军拼死作战和残酷镇压各地农民起义的凶恶力量。

左宗棠入署后不久,曾国藩正聚众商议湘军作战计划,诸将领多主张北取靖港,独左宗棠建议南下湘潭。其后,曾国藩亲率战船40只、勇丁800人北进,惨败于靖港。曾国藩沮丧羞愤,投水自尽,被人救起,退回长沙。第二天一早,左宗棠缒城而出,到湘江船上去见他。这时曾国藩仍是极为狼狈,"气息仅属,所着单襦沾染泥沙,痕迹犹在。"左为之收点残余的船只、军械和火药,并劝慰他"事尚可为,速死非义"。曾国藩由于在湖南创办湘军,在官场遭到不少忌恨,靖港之败更加添人口实,因此打算一死了之。在这关头,左宗棠出面安慰,又在骆秉章面前为他说话。这时,湘潭又传来捷报,塔齐布、彭玉麟等率水陆各军大败太平军,攻占县城。湘潭战役后,太平军退到湘北,湖南战局转危为安,曾国藩度过了困境。其后,湘军向北挺进,太平军再败,退出湖南。

湖南解危后,曾国藩回到长沙,与左宗棠筹划出省作战。两人形影不离,"无一日不见,无一事不商"。咸丰四年八月,湘军进援湖北,攻占武昌。咸丰六年,石达开率太平军挥戈猛进,攻克江西大部分府州县,曾国藩被困南昌,左宗棠又建议急援江西,制定三路进兵之策,稳定了江西局势,又一次解救了曾国藩。咸丰七年,骆秉章在左宗棠的策划下,调蒋益澧等援广西,镇压天地会起义军;咸丰八年调田兴恕驰援贵州,围剿苗、汉起义军。咸丰九年,石达开再次入湘,所向披靡,全省震动。左宗棠飞檄各方,一月之内调集4万军队,组织宝庆会战,将石达开逼出了湖南。

左宗棠辅佐骆秉章,一方面,调发军队"内清四境""外援五省";同时还要为各军筹设粮饷、军械、船只,他为此更是尽瘁心力。

当时,清政府为筹集镇压农民起义的巨额军费,采取了种种手段,如厘金、捐输、加征赋税、铸造大钱、滥印钞票等等,极尽搜刮,竭泽而渔。而左宗棠筹措军饷,则以抽厘、减漕,以革除弊政、开源节流的原则,"为大端",支撑了军费的浩繁支出。

咸丰五年(1855),骆秉章委托左宗棠主持开征厘金事务。左宗棠废除衙署关务的一切旧规章,招请廉洁士绅管理关务,不用私人,不用旧官吏,并规定各关卡征收情况按月张榜公告,又派军队卫护商旅,从而简省了征收手续,减少了中饱肥私,使厘金收入增加,充实了军饷。

左宗棠又改革赋税办法。以前湖南征收赋税十分混乱,由于不肖官吏浮收滥取、居中盘剥,加之银价飞涨,以至"地丁正银一两,民间有费至数两者;漕粮一石,民间有费至数石者"。这样不但增加了农民负担和损害了地主阶级利益,也加重了财政困难。骆秉章采取左宗棠的建议,根据各县士民呈请的办法,制定统一的标准。他力排众议,规定:每石纳银一两三钱外,加纳一倍作军费,再加纳四钱充县政费用,以前的其他加派一律废除。这样每石纳银不过三两,全省"岁增银20余万,民乃得减赋数百万"。

左宗棠在骆秉章幕府,前后将近六年之久。开始,骆秉章还没有尽信于他。一年之后,左宗棠初显身手,湖南军事大有转机,骆秉章便全权交付,自己只是画诺签字而已。僚属有事上白,骆总是说:"去问季高先生。"有一次,巡抚衙门外发炮,骆秉章忙问何事,旁边的人回答:"是左师爷在发军报折子"。他也只是点点头说:"拿来看看。"可见左宗棠专权之深。因此,当时就有人议论说:"巡抚专听左宗棠,宗棠以此权重,司、道、州、县承风如不及矣。"

左宗棠治军、理财的才干很快名噪一时,世人有"天下不可无湖南,湖南不可无左宗棠"之语。一些高官显贵也在皇帝面前竞相举荐,希望他为挽救摇摇欲坠的清朝统治发挥更大的作用。

咸丰五年十二月(1856年1月),御史宗稷辰上疏:"所知湖南有左宗棠,通权达变,为疆吏所倚重,若使独当一面,必不下于林翼、泽南。"

咸丰六年七月,署湖北巡抚胡林翼上疏,极力推荐左宗棠:"其才学过人,于兵政机宜、山川险要,尤所究心……湖南抚臣骆秉章、侍郎臣曾国藩招入幕中办事,其才力犹称。"

这些推荐,都引起了咸丰皇帝的重视,当时他就发出了有关"上谕",表示关注。咸丰八年十二月初三日(1859年1月6日),咸丰皇帝在养心殿召见翰林院编修郭嵩焘。又专门询问了左宗棠的情况。他吩咐郭嵩焘:写信给左宗棠,"可以吾意谕知,当出为我办事",并"劝一劝他"。"何必以科名为重,文章报国与建功立业所得孰多?渠有如许才,也须得一出办事才好。"

左宗棠出佐湘幕,初露峥嵘,已经引起了朝野的关注,进而得到清朝最高统治者的青睐,这为左宗棠后来的"中兴功业"和他的飞黄腾达打下了相当深厚的社会基础。

祸起萧墙　征战江南

左宗棠辅佐骆秉章革除弊政、整饬吏治、筹兵办饷，成效大著，得到骆秉章的极大信任，却引起了一些人的忌恨和诽谤。他们嫉妒地说，湖南是"幕友当权，捐班用命"；别有用心地称左宗棠为"左都御史"，意以身为巡抚的骆秉章，其官衔不过为右副都御史，而左宗棠的权位比骆还要高。甚至有人写了一张传单："钦加劣幕衔帮办湖南巡抚左宗棠"，偷偷贴到湖南巡抚衙门的外墙上。

咸丰九年（1859）发生的"樊燮构陷事件"，险些使左宗棠身败名裂。

樊燮，湖北恩施人，咸丰年间任湖南永州镇总兵。此人绿营出身，骄奢淫逸，在永州任上名声极坏，员弁兵丁莫不怨声载道。咸丰八年，骆秉章进京觐见，参他私自役用兵弁、乘坐肩舆。随后经派员到永州调查，查明他挪用公款银960余两、钱3360余串，此外还动用不少米折银两。骆秉章奉旨将樊燮革职。但他不服，向上级衙门控诉，攻击左宗棠。

事情的起因是这样，几个月前，永州知府黄文琛因公去岳州，适逢巡抚骆秉章正在岳州巡视，黄文琛便前往拜见，并就永州地方的穷困、兵勇杂乱、政务繁难等情一一禀报。随后这事被樊燮知道了，他自知酗酒狎娼、贪污公款，不可见人，便做贼心虚，认为黄文琛必在巡抚面前告了他的状，就与其幕僚魏龙怀商量办法。魏为他出主意说，巡抚衙门的幕僚左宗棠，只是个举人，骆巡抚对之十分信任，言听计从，何不先去见他，请他帮忙说几句话。樊一听有理，便依计而行，前往长沙。

左宗棠听到永州总兵来了，自得接见。但他为人心直口快，傲才恃物，不喜与人虚交，对这位总兵大人的劣迹早有所闻，不免有些成见。而樊燮是个刚愎自用之人，仗他出身武职，对文人幕客有所不敬，故见面时只是拱手作揖，没有按礼请安。左宗棠即毫无掩饰地说，武官来见，无论官职大小，照例都要先行请安，你不请安，何必来见。樊燮一听，顿时性起，便反唇相讥：朝廷体制，没有武官见师爷要行请安，本镇官至二品，向无此例！为了礼仪细节，两人争吵了起来。左宗棠负气之下，不顾一切地把樊燮骂了出去。樊燮怀恨在心，一直寻找机会图谋报复。

樊燮革职后，找到湖南布政使文格求情。文格是满洲人，这几年，骆秉章、左宗棠雷厉风行，在全省废大钱、减漕粮和整办贪官污吏。他很是不满，暗中忌恨。两人臭味相投，一拍即合，文格唆使樊燮向上告状。

当时，湖广总督官文有一门丁叫李锦棠，正以军功保荐知县。樊燮通过这门丁向官文打点，呈禀总督衙门，以幕僚越权干政为由控告左宗棠，并指控左为"劣幕"。同时，他又在京城都察院状告黄文琛与左宗棠，说黄、左通同勾结陷害他。

湖广总督官文，出自满族贵族，是两湖的最高军政长官。他向来目空一切，专横武断，曾因骆秉章对他不太顺从而记恨于心，并迁怒于骆所器重的左宗棠。同时，作为一位满族贵族大员，近几年来眼见汉人逐渐势大，如胡林翼、曾国藩、骆秉章等逐渐当权，正十分嫉恨。因此，在接到樊燮的禀帖之后，立即上奏朝廷。咸丰皇帝览奏后，发下密旨，将本案交官文和湖北正考官钱宝青审办，并说："如左宗棠果有不法情事,可即就地正法。"

八月二十五日(9月27日),骆秉章上奏朝廷,进行辩驳,并将查明的账簿、公禀以及樊燮的供词等咨送军机处。而满汉畛域之见极深的官文一意袒护樊燮,在奉旨之后又以骆秉章之奏章出自左宗棠之手,竟不与湘、鄂两省巡抚商量,就要召左宗棠前往武昌,对簿公堂。

由于此案来头太大,两湖官员,除任湖北巡抚的胡林翼为之斡旋外,都不敢贸然表态。二年后,左宗棠在家信中回忆:"官相因樊燮事欲行构陷之计,其时诸公无敢一言诵其冤者"。可知其时事态已十分严重。

这时,此案被咸丰皇帝最为宠信的重臣户部尚书肃顺获悉。肃顺是满族人,但少满汉之见,是最早主张起用汉人的满族大臣,湘军的兴起,胡林翼、曾国藩的被重用,都得力于他的极力支持。他的幕府中,也都是汉人中有名的文人学者。肃顺看到朝廷密旨后,告其幕客高心夔,高告湖南湘潭人王闿运。王也是肃顺门客,又转告翰林院编修郭嵩焘。郭嵩焘闻之大惊,因自己与左宗棠是同乡、好友,不便率先讲话,乃请王闿运向肃顺求救。肃顺表示:"必俟内外臣工有疏保荐,余方能启齿。"当时,郭嵩焘与侍读学士潘祖荫同值南书房,便请潘出面讲话。

于是潘祖荫连上三疏,"力辨其诬,"他说:

"楚南一军立功本省,援应江西、湖北、广西、贵州,所向克捷,由骆秉章调度有方,实由左宗棠运筹决胜,此天下所共见,而久在我圣明洞鉴中也……是国家不可一日无湖南,而湖南不可一日无宗棠也。"

"宗棠为人负性刚直,疾恶如仇。湖南不肖之员不遂其私,思有以中伤之久矣。湖广总督官文惑于浮言,未免有引绳批根之处。宗棠一在籍举人,去留无足轻重,而楚南事势关系尤大,不得不为国家惜此才。"

潘祖荫的披沥上陈,对扭转此案的形势起了关键性的作用。其时,胡林翼也紧密配合,上奏《敬举贤才力图补救》一疏,称左宗棠"精熟方舆,晓畅兵略",但"名满天下,谤亦随之",为左剖白。

咸丰帝见到这些奏折,果然问肃顺:"方今天下多事,左宗棠果长军旅,自当弃瑕录用。"肃顺连忙回答:"闻左宗棠在湖南巡抚骆秉章幕中,赞画军谋,显著成效,骆秉章之功,皆其功也。人才难得,自当爱惜。请再密寄官文,录中外保荐各疏,令其察酌情形办理。"官文等人见风转舵,"与僚属别商,具奏结案"。一场轩然大波才得以平息。

左宗棠深感官场险恶,忧心忡忡,"早已为世所瞩目,今更孤踪特立,日与忌我疑我者为伍",便决定"奉身暂退,以待时机之可转"。于是,他以要去北京会试为由,向骆秉章提出辞职,并推荐其友、湘乡人刘蓉以自代,于咸丰九年十二月二十日(1860年1月12日)离开湖南巡抚衙门,结束了他长达八年的幕府生涯。

咸丰十年正月,左宗棠祭扫了祖墓之后,从长沙启程北上,渡过洞庭湖后,风雪交加,他仍踏雪而前,三月初三日到达襄阳。此时,雪仍未止,泥深没踝,行程十分艰难。驻襄阳的湖北安襄郧荆道毛鸿宾给他送来一封胡林翼的密信。密信中说,官文正在谋划构陷之策,而北京满城流言蜚语,劝他中止北行,以免自投罗网。另一位老友,原林则徐幕府中的谋士王柏心也来信说,自古功高招忌,不应因微言而隐退,劝他去投奔胡林翼或曾国藩,赞画兵谋。

左宗棠阅信以后,感到进退两难。在一封致友人的信中,他写到含沙者意犹未慊,网罗四布,足为寒心……侧身天地,四顾苍茫,"帝乡既不可到,而悠悠我里仍畏寻踪"。于是,他决定采纳王柏心之见,"栖身军旅"以自效。随后,他即由襄阳乘船顺汉水东下,经汉口再折而东去,进入安徽,闰三月二十七日(5月17日)由英山抵达宿松。这时,胡林翼进驻英山,曾国藩扎营宿松,正准备合力进攻太平军在安徽太湖、潜山的据点。左宗棠会晤了曾国藩,便留其幕中。

不久,曾国藩奉到咸丰帝的寄谕,特询:"左宗棠熟习湖南形势,战胜攻取,调度有方,……应否令左宗棠仍在湖南襄办团练事,抑或调赴该侍郎军营,俾得尽其所长,以收得人之效。"曾国藩与左宗棠虽然性情、脾气多有不合,但交情颇重,对左宗棠身被诬陷十分同情,只因他熟习官场习气,为人小心谨慎,一直不敢出面张说。这时,见"天心大转",便立即回奏:左宗棠"刚明耐苦,晓畅兵机,当此需才孔亟之时,无论何项差使,唯求明降谕旨,俾得安心任事,必能感激图报,有裨时局"。由于曾国藩的保荐,不到一个月,朝廷即发下谕旨,授予左宗棠四品卿衔,襄办曾国藩军务。

于是,刚刚走出巡抚幕府的左宗棠,因祸得福得到破格起用,他一生的飞黄腾达也就开始了。

左宗棠奉到清朝廷要他襄办曾国藩军务的谕旨时,江南正一败涂地、糜烂已极。这年闰三月时,太平军的杰出将领陈玉成、李秀成联合作战,再次击溃清军的江南大营,太平军声势重振。随后,李秀成挥师东进,席卷江苏;陈玉成回军安庆,猛攻湘军。

为挽救危局,清朝廷任命曾国藩为两江总督,于是,他自宿松移军皖南祁门,并命左宗棠在长沙募练 5000 兵勇,另立一军,进援安徽。

咸丰十年五月,左宗棠在长沙树起了"楚军"旗号。他挑了崔大光、罗近秋、黄少春等一批勇敢朴实的湘军旧将,令其回各县招募,建立了四个营,每营 500 人;四个总哨,每哨 320 人;另外增选精锐之士 200 人,分为八队,作为亲兵;又接收了原湘军骁将王鑫旧部 1400 人,总共 5000 多人。

王鑫,湖南湘乡人,是左宗棠老友罗泽南的弟子,彼此早就熟悉。咸丰二年,王鑫和罗泽南在湘乡举办团练,后奉命带赴长沙,协助防守。不久,曾国藩以此为基础,编组操练,创办了后来闻名天下的"湘军"。王鑫谋勇兼资,但很有个性,不太顺从曾国藩的指划,因此不得曾的宠重。咸丰四年,他在岳州战败,自忖必将受处,而当时在巡抚幕府的左宗棠却给予勉励,骆秉章也以国土相待,仍让他带领湘勇去防守边境。从此,王鑫对左宗棠十分信服,作战也更加勇猛,后来他转战江西,被太平军称为"王老虎"。咸丰七年,在江西乐安阵亡。王鑫死后,旧部由其弟王开琳等统带,被称为"老湘军",后来成为左宗棠部队的主力,转战南北,战功显赫。

楚军成立后,全部屯驻长沙城南的金盆岭,由王鑫堂弟王开化总管全军营务、宁乡人刘典和湘乡人杨昌濬为副,进行训练。为严明军纪,左宗棠亲自拟定了《楚军营制》,规定:"行军必禁",凡犯奸淫烧杀者斩首示众;"体恤百姓",概不准搬民家门片板材、桌椅、衣服、小菜、桶碗;"买卖公平",必须按市价平买平卖。

正当左宗棠加紧楚军训练时，清朝廷获悉太平军名将石达开将率部由黔入川，打算要他到四川督办军务，以扭转西南形势。曾国藩闻讯后，认为左宗棠必定从命而去，因为在湘军只是襄办，而去四川却是督办。但左宗棠认为自己"资望既浅，事权不属"，去也无济，表示"我志在平吴，不在入蜀矣"。曾国藩和胡林翼正合心意，便联名上奏，力主将他留下，仍按原计划让他率领楚军，支援安徽。左宗棠虽有"督办"之位不从，而安居"襄办"，但实现了他独领一军亲临前线的愿望。

八月，左宗棠率楚军由长沙出征，经过醴陵，进入江西，原拟去祁门与曾国藩部会合，半路中获知太平军已占领皖南重镇徽州，乃经由南昌、乐平，进驻江西东北门户景德镇。曾国藩目的是以其保卫祁门饷道，并阻遏太平军从皖南进入江西。

楚军到达景德镇后，有太平军别部一支进窥。左宗棠派王开琳率老湘营将之击退，另派王开化、刘典部半途截击，太平军连遭挫折，大败而去，楚军乘胜占领德兴，又昼夜追赶，占领婺源。楚军出师首战告捷，在江西站稳了脚跟。这是左宗棠独起一军后的第一次实战。

十一月，太平军李世贤部包围祁门、黄文金部数万人攻打楚军。左宗棠以黄少春从后绕击，将黄文金击退。其后又与曾国藩派来的猛将鲍超配合，伏击黄文金，攻占建德，祁门解围。楚军先后二捷，曾国藩奏准清廷，左宗棠升以三品京堂后补。他还在奏疏中说："臣在祁门，三面皆贼……赖左宗棠之谋，鲍超之勇，以守则固，以战则胜，乃得大挫凶锋，化险为夷。"

咸丰十一年二月（1859 年 3 月），李世贤部大举来攻，连克婺源、景德镇，楚军被挫，退往乐平。三月，两军大战乐平。太平军三路进攻，楚军坚城不出，掘壕引水，太平军扑壕作战，持续 10 余日，楚军伤亡累累。最后，左宗棠下令兵分三路出壕反击，自己督率中路，与太平军短兵相接。李世贤部遭此突击，纷纷败退，不久，退入浙江。

咸丰十一年六月，清廷又授予左宗棠太常寺卿，并以浙江紧急，命他率兵援浙，后因曾国藩奏留，移师婺源，以稳定江皖局势。

这时，国内接连发生大事。七月，咸丰帝在热河病亡，不久，西太后发动北京政变，肃顺等顾命八大臣分别被处死、流放、免职，西太后垂帘听政，改元同治。八月，湘军攻克长江重镇安庆，湘军已无后顾之忧。十月，清廷以江、皖大局已定，命曾国藩办理苏、皖、赣、浙四省军务，并命左宗棠督办浙江军务，援救浙江。

李世贤部太平军入浙只有几个月，所向披靡，攻占严州、绍兴、宁波、台州等重镇，十一月又攻克杭州，浙江巡抚王有龄自缢身亡。曾国藩奉旨后，乃密奏清廷，推荐左宗棠为浙江巡抚，又致信左宗棠说："目下经营浙江，全仗大力，责无旁贷。"十二月，清廷即下诏，授予左宗棠为浙江巡抚。于是，左宗棠开始独当一面，一跃而成为清王朝的封疆大吏。

奉旨以后，左宗棠着手谋划援浙军务。楚军初出湘时仅 5000 人，后陆续增加到 8000 余人，这时又奏调广西按察使蒋益澧、总兵刘培元各率部前来，兵力达到 14000 余人。随后，他提出整顿浙江军事的措施：申明赏罚、汰弱挑强、保证饷需；在作战上，提出"避长围，防后路"，宁可缓进，断不轻退，"得尺则尺，得寸则寸"的方针。

同治元年正月（1862年2月），左宗棠统率楚军进入浙江，首先攻占开化，二月下遂安，由西而东，步步进击。太平军在浙人数众多，李世贤、汪海洋等将领英勇善战，势力仍很强大。两军在浙西反复争夺，长达一二年之久。

北京政变后，西太后、恭亲王奕䜣执掌朝廷大权，为了尽快将太平军镇压下去，采纳了沿海一带部分官僚、买办"借洋兵助剿"的主张。于是他们勾结了在华的外国人组织起"洋枪队"，出面与太平军作战。当时，在浙东沿海就出现了中法"常安军""定胜军""常捷军"等，并于同治元年四月攻陷宁波等地，由浙东向浙西进攻。

对此，左宗棠十分反感，认为"借洋兵助剿"，弊病很多，而且后患无穷。但朝廷一再下旨，要他指挥这些军队，他也只得遵旨。

十一月，楚军攻占严州，然后分路进击，直指杭州。同治二年春，各部先后占领汤溪、金华、武义、绍兴等城，太平军范围日益缩小。四月，清廷命左宗棠任闽浙总督，仍兼浙江巡抚，所统楚军也扩充到3万余人。八月，左宗棠指挥楚军和由法国军官德克碑带领的中法混合军"常捷军"，攻破富阳城，随后进攻杭州。

杭州是浙江省会，关系全局。太平军获悉清军来攻，赶忙在城墙四周加筑堡垒，挖掘长壕，决心死守。八月底，楚军各部已兵临城下，并展开外围作战。十一月，左宗棠由严州进驻富阳，并到余杭视察各军。十二月，各军逼城，将四门包围。

这时，太平军的东南局势已十分紧张。李鸿章率淮军在江苏作战，连连得手，先后攻占苏州、无锡等城。曾国藩率湘军主力对天京的围困更紧，日夜攻城不息。而太平军内部人心动摇，江、浙一带发生多起叛变降清事件，杭州城内也军心已乱。

同治三年二月（1864年3月），左宗棠下令加紧攻城，楚军水陆配合，首先攻破城外堡垒，而后分兵攻击五门。太平军经多次激战，已无力再守，乃于半夜从北门突围。楚军立即从其他各门拥进，攻占杭州。同日，踞守余杭的汪海洋也弃城而逃。清廷闻报大喜，立即下诏嘉奖，予左宗棠加太子太保衔，赏穿黄马褂。

杭州一失，太平军失去东南屏障，天京更为孤立，败局已无逆挽。六月，曾国藩军攻陷天京。太平天国农民起义持续14年，纵横十数省，波及全国，轰轰烈烈，至此宣告失败。

太平天国失败后，长江南北仍有太平军余部数十万人。长江以北为赖文光部，后与北方捻军合一，成为捻军之一部。江南即是从杭州、余杭突围而出的李世贤、汪海洋部，合计10余万众。随后，他们进入江西，又南下到达闽西南的汀州、龙岩、漳州一带，一路攻城掠地，各地也连连告警。清廷又急忙命左宗棠前往福州，赴闽浙总督之任，并负责镇压这支进入福建的太平军余部。

十月，左宗棠由杭州起行，率刘典、黄少春、王德榜各部入闽，收拾残局。李世贤、汪海洋等受楚军追击，于同治四年春（1865年）分部退入广东境内，沿途因多次战斗，遭受严重损失。左宗棠率各军紧追不舍，随即追入广东。七月，李世贤被汪海洋残杀，势力更孤。十二月，汪海洋退入嘉应州，组织最后的抵抗。同月左宗棠指挥各军发起总攻，汪海洋部全军覆没，汪海洋自己也中枪阵亡。至此，湘军与太平军长达14年的战争，在左宗棠手中宣告结束。

创办船政　镇压捻军

同治五年二月（1866 年 3 月），左宗棠班师回闽，回到福州。军务倥偬，善后繁难，他日理万机，忙得不可开交。然而，也就是这时，他怀着强烈的"富国强兵"的愿望，提出并开始实行他怀之已久的一个重大计划。这年五月，他郑重地向朝廷提出了创办福州船政局，自行设计制造轮船的建议。

制造新式炮船，这是自 19 世纪 40 年代以来，中国有识之士、先进分子怀之已久的愿望，也是左宗棠怀之已久的志向。

早在第一次鸦片战争期间，林则徐就提出了制造炮船抵抗外国侵略的主张。稍后，魏源集中和发展这一思想，写了《海国图志》一书，提出"师夷长技以制夷"的著名主张，并介绍了西方先进的制炮造船及其他科学技术知识。这些主张震撼发聩，极大地启发了一代爱国志士的思想。

左宗棠早在青年时代就开始研究西方情况，十分崇拜林则徐、魏源，特别欣赏"师夷长技以制夷"的主张。道光二十年，他就提出中国要自造炮船。第二次鸦片战争，英、法侵略者倚仗其船坚炮利，骚扰我国沿海，动辄就把轮船开到北方沿海，威胁京津，使左宗棠深受刺激，决心在将来也要制造轮船，抗击来自海上的侵略，但因长期忙于战争，一直不得施展。

同治元年，他曾向主管洋务的总理衙门建议，将来有经费时，必须仿造轮船，以巩固海防。同治三年杭州攻克，军务大定，他的这一心情更加迫切。他招募了一些能工巧匠仿造了一艘小火轮，放进西湖试航，并邀请法将德克碑和税务司日意格前来观摩。两位洋朋友表示赞扬道："大致不差，惟轮机须从西洋购觅，乃臻捷便"，并取出法国的造船图册请左宗棠过目。左宗棠又找来熟悉洋商商情的胡光墉，要他编制预算，采买图纸、机器。

胡光墉，字雪岩，是左宗棠一生事业的一个重要助手。他是安徽绩溪人，原是杭州钱铺里的一个伙计，为人精明，也颇有侠义之风。太平军攻克杭州前后，他乘机操纵银钱、粮食二行，开始发迹，后投靠巡抚王有龄，为之筹措粮饷。王自杀身死后，左宗棠进兵浙江，他将原筹运的粮船全部献出，从此深受赏识，为左宗棠办理赈济、粮饷，很是得力。因此，当左宗棠要制造轮船时，又委他以重责了。

然而，当左宗棠筹划之时，福建军情紧急，他只得暂时将此搁下，督军入闽。不久，回国的德克碑从法国寄来"船厂图册"和购轮机、雇洋匠的计划，并由日意格带到漳州行营。左宗棠督战之余，多次认真听日意格讲解造船技艺，"渐得要领"。因此，在广东嘉应州战役结束，他迅即回到福州，开始设厂造船的庞大计划。

正在这时，英国公使威妥玛和操纵我国总税务司的英国人赫德向清廷建议：中国想要自强，应"广求新法于外洋，轮船器械以购雇为便"。清廷颇有疑虑，便下诏密询各沿江沿海督抚大臣的意见。于是，左宗棠便将胸中蕴藏已久的思想，考虑已基本成熟的计划和盘托出，上了他著名的《拟购机器雇洋匠试造轮船先陈大概情形折》。

左宗棠首先揭露和批驳了威妥玛二人的主张及其目的，然后指出制造轮船对于海防的极端重要性，他说："国家建都于燕，津沽实为重镇，自海上用兵以来，泰西各国火轮兵船直达天津，藩篱竟成虚设。"

他还形象地比喻说："彼此同以大海为利，彼有所挟，我独元之，譬犹渡河，人操舟而我结筏；譬如使马，人跨骏而我骑驴，可乎!?"

他也根据当时国情，考虑了设厂造船的五大困难，即：船厂择地之难、轮船机器购觅之难、外国师匠要约之难、筹集巨款之难、驾驶之难。但又指出，"非常之举，谤议易兴"关键是要有充分的自信心，表示"海疆非此，兵不能强，民不能富……虽难有所不避，虽费有所不辞"!

左宗棠不仅决心大，而且考虑的措施具体可行，对上述五大困难，一一提出了解决办法，从而打动了清朝廷。不久，清廷即下旨批准了他的主张，并命他兼任首届船政大臣，着手筹建。

七月，左宗棠亲至福州马江海口罗星塔踏勘择址，认为这一带"水清土实"，"为粤、浙、江苏所无"，购买了马尾山下民田200多亩。他聘请日意格、德克碑为船局正副监督，具体筹办。

他亲自为船局制订规划，计划兴建铁厂、船槽、船厂、学堂、住宅等工程；向外国订购机器、轮机、大铁船槽；聘请法英两国工程技术人员；设立"求是堂艺局"（附设技术学校），"招10余岁聪俊子弟，延洋师以教之，先以语言文字，继而图书、算学，学成而后制造有人，管驾有人，轮船之事，始为一了百了。"

他还为船局拟定了一个详细的五年预算，估算了五年中的全部用费。

正当船局筹备紧张进行时，八月十七日（9月25日），清朝廷因西北回民起义声势大张、陕甘局势危急，又想到了左宗棠，将他调任陕甘总督，前往镇压。左宗棠为此忧心忡忡，"至为焦急"。于是上奏清廷，说："轮船之事势在必行，岂可以去闽在迩，忽为搁置？"请求给假二月，"必期章程周妥，经理得人而后去"，并表示愿对船局负责到底，否则"请将臣交部议处"。清廷也很嘉赏左宗棠强烈的事业心和敢于负责的精神，下旨表示："创立船政，实为自强之计……左宗棠大臣谋国，所见远大，自当坚定，以期有效也。"

左宗棠获得批准，日夜工作。

首先，要找一位精明能干的接班人。这时，他想到了沈葆桢。沈葆桢是福建人，林则徐的女婿，为人能干坚毅，也很有见识，曾任江西巡抚。但这时他正丁忧居家。左宗棠找到他，但他以种种借口推托，不愿出来做官。"面辞者再，函辞者三，呈辞者再"。但左宗棠也是一个执拗而诚恳的人，他一连数次登门，反复劝说，终于把他请了出来，"总理船政"。然后，左宗棠责成福建布政使周开锡负责经费；胡光墉负责聘请匠师、雇工、开艺局，作沈葆桢的助手。一切安排就绪，他于同治五年十一月十二日（1866年12月18日）离开福州，取道江西、湖北，赴陕西。在途中，他写信中还十分挂念地说："身虽西行，心尤东往"，为船局之苦心，令人感怀。

后来，左宗棠在西北尽管战事非常繁忙、艰巨，但一直很关心船局。他多次上奏清廷、写信，为船局排除干扰、解决困难，甚至在经费上也尽到他一份心力。

同治六年十二月二十四日（1868年1月18日），福州船政局正式开工，以后虽多有周折，规模却几经扩大，共有院、所、厂共11家，各类员工2600多人，并有50

名左右的欧洲雇员,成为中国近代第一个也是远东最大的一个机器造船厂。

同治八年五月初一日(1869年6月10日),船局建造的第一艘轮船"万年青"号下水,其排水量达1450吨。至同治十三年(1874),共造船15艘,以后洋员逐渐遣散回国。总计35年中,共造轮船40艘,装备福建水师全部和南洋、北洋水师的很大部分,为晚清中国海军的建设和后来的抗击法国、日本侵略的战争起了很大作用。

当左宗棠远在西北,听到"万年青"建成下水的消息时,兴奋异常,马上写信向沈葆桢致贺:"今船局、艺堂既有明效,以中国聪明才力兼收其长,不越十年,海上气象一新,鸦片之患可除,国耻足以振矣!"

左宗棠创办的"求是学堂",分为前学堂(学制造)、后学堂(学驾驶)和"艺圃"(即技工学校),体系完整,规模颇大,是我国近代第一所培养海军军官、造船专家和技术工人的摇篮,为发展我国造船工业和创建海军做出了贡献。其中一大批学生,毕业之后或献身反侵略战争,或献身我国工程技术事业,或投身改革政治的潮流,著名的有在中法战争中壮烈牺牲的吕瀚等,在中日甲午海战壮烈殉国的邓世昌、刘步蟾、林泰曾等;如中国近代杰出的铁路工程师詹天佑、传播西方文化的思想家严复……

左宗棠创办福州船政局,是他重大的历史功绩之一,从此他成为晚清洋务派代表人物之一。后来,他又在陕西办了机器制造局,在兰州办了机器织呢局,为推动西方科学技术在中国的传播,做出了重要贡献。

太平天国革命失败后,捻军在中原崛起,其首领张宗禹、任化邦与太平军余部赖文光联合抗清,1866年10月23日,义军在河南许州(今许昌市)分兵两支。赖文光、任化邦率一部于中原地区坚持斗争,是为"东捻";张宗禹、张禹爵挺进陕甘,"往接回众",是为"西捻"。东西捻军驰骋中原,屡挫清军。于是清廷调能征善战的左宗棠为陕甘总督,前往镇压西北捻军和陕甘回民义军。

同治五年十一月初十日(1866年12月16日),左宗棠离开福州,准备经江西、湖北、河南到北京"陛见",但捻军越秦岭,占华州(陕西华县),西安震动,清廷令左宗棠不必来京直赴陕甘,几天后,左又接到第二道"上谕",令他速赴陕西,督饬军旅,两天后,左又接到"迅即带兵入陕"的诏谕。10天之内,左连接三道催促赴陕之谕,可见清廷的惶急之情和对左宗棠的期望之深。左宗棠原本只打算带6000精兵入陕,但战局的变化,使他在原来6000人基础上再募6000人,合成12000人,再另调高连升一军从广州北上"护驾",以应时局之需。

行军途中,左宗棠冥思苦想对付捻军的良策。1867年1月28日经过湖北黄州时,他特地致书居住监利的老朋友王柏心,邀其会面于汉口。王柏心曾做过林则徐和前陕甘学政罗文俊的幕客,熟悉陕甘情况,左与他在张亮基幕府共事,知其工于心计,他这时虽蛰居家中,却静观时局变化。左询以关陇山川形势,用兵次第及时务所宜先者,王柏心罄其所知以告,谓捻军飘忽驰突,兼善用骑,最为难制,因而应以先灭捻军为急务。

于是,左宗棠制定了"先灭捻再图回,先定秦再安陇"的战略方针。战术上,为对付捻军的剽悍骑兵,左宗棠热衷建立一支强大的骑兵,以与捻军抗衡,可极力搜索，也只搞到460匹战马，这样弱小的骑兵，远不能与3万捻军铁骑争锋。在这种情况下，左宗棠认为，只有多用火器，发挥火器的威力，还有制胜希望。每营增设短劈山炮38尊安于战车，洋枪则加至六成，以火力的优势弥补所部机动性不足的劣势。

1867年1月23日，西捻军在西安灞桥的十里坡打了一个伏击战，立斩陕西巡抚刘蓉部大将肖德扬、杨德胜等，陕西清军主力溃不成军，西捻军乘势包围西安，强攻猛打，陕西士绅一日数惊，惶惶不可终日。清廷急令两江总督曾国藩火速增援。曾国藩急派大将刘松山带步兵十七营马不停蹄赶到西安，惶恐不安的西安官绅总算抓住了一根救命稻草。

1867年3月28日，左宗棠率队从汉口启程赴陕甘，东捻军飘忽而至，先是在汉水东岸尹隆河地区击溃淮军刘铭传部，后在蕲水六神港击毙鄂军记名藩司彭毓橘，使左宗棠不敢即刻入秦。东捻军由枣阳入河南后，左宗棠分兵三路入秦，可惜过函谷关时，突遇山洪暴发，辎重损失过半，士兵感染时疫，死亡多人，到7月中旬，三路大军才全部入秦。

8月26日，西捻军从泾阳渡泾水西进，经咸阳、兴平再北上乾州、醴泉，10月8日，左宗棠渡渭河亲赴泾西，召集刘典、刘松山、郭宝昌、高连升、黄鼎等高级将领开会，决定大军合围，全歼西捻军。10月24日，西捻军北趋白水，突破包围圈，进入北山。

11月3日，西捻军一部北过鄜州（今富县）复折东南，走宜川，另一部西趋联合陇东回民义军猛扑同官、耀州（今耀州区），左宗棠分兵追剿，11月14日，当刘松山、刘厚基部抵洛川时，刘松山部李祥和率千人进至黄陵大贤村，为同官回民义军伏击，李祥和被击毙。11月17日，捻军克延川，攻清涧，占绥德。陇东、汧阳回民义军围攻汧阳、陇州（陇县），西捻军自南向北，回民义军从西向东，互相配合，使左宗棠有点招架不住，他写信对友人道出了自己沮丧之情："弟昼夜筹调军食，须发为白，究于大局无能为力，愁恨何言。"

12月初，西捻军首领张宗禹接到东捻军首领赖文光的求援信，遂采取"围魏救赵"之策，渡河而东，出彰德、怀庆、逾大名，直捣北京，以解捻军之围，12月18日，西捻军渡过黄河，进入山西，清军刘松山、郭宝昌亦尾追过河，清廷严厉申斥左宗棠，并"著交部严加议处"。左宗棠很焦急，立即把陕西军事委托刘典、高连升办理，自己亲率5000人入晋指挥追剿。

西捻军东渡黄河后，以迅雷不及掩耳之势，攻克吉州，然后分兵三路，经曲沃抵垣曲，顺王屋山进入豫北，后入临漳、内黄，渡漳河，入平乡、巨鹿，进邯郸、顺德，取定州，北逼保定。1868年2月6日，西捻军进入易县附近，前锋径抵卢沟桥，"京畿大骇"，左宗棠惊慌失措，连夜督军冒雪追剿，而刚刚镇压了东捻军的李鸿章也率淮军北上，其他各地官吏纷纷举兵"勤王"。当时的形势对西捻军非常不利，由于东捻军在扬州附近覆灭，因而深入华北的西捻军已成孤军，因众寡悬殊，难以抵敌，遂不得不折而南返，辗转活动于冀中地区。

为了全歼捻军，左宗棠建议将聚集于直隶的清军分为"近防之军"（拱卫北京），"且防且剿之军"（分驻保定、天津，一面做北京的屏障，一面呼应其他友军）和

"进剿之军",(跟踪追击之军)清廷采纳了左宗棠的"献策",各路清军遵旨行动,先败捻军于安平,再败之于深泽,3月16日,在饶阳县击杀幼沃王张禹爵、怀王邱德才。西捻军冲破清军防线,越滹沱河,渡漳河,入河南,后经山东入直隶,直逼天津,清政府宣布北京戒严。随后西捻军沿海滨南下,重返山东。西捻军在数十万清军包围中,奔突数千里,往来自如,对此,清政府恼怒万分,限期一个月要左宗棠、李鸿章剿灭捻军。一个月后,捻军运动自如,"剿灭捻军"还是一句空话,清政府下旨将左宗棠、李鸿章"交部严加议处",并派满员都兴阿为钦差大臣,指挥豫军张曜、宋庆部和陈国瑞等军。各路清军之间派系倾轧,事权不一,大大削弱了战斗力。左宗棠对此深为不满,他说:"捻事本可早藏,而数百里之内,大臣三、总督一、巡抚三、侍郎二、将军一,而又以邱营加之,禀命专命均有不可,束缚驰骤奚以为功?"对清廷削减他兵权一事也流露出不平之意:"所部仅马步五千,其所带之秦军如刘(松山)、郭(宝昌),皆视贼所向,昼夜追剿,未尝一日休息,前此总统之张(曜)、宋(庆)、陈(国瑞)三提军及春(寿)副都护之吉江马队,已遵旨交李少荃宫保矣,计敝军人马合计不过一万九千余,仅足当一大统领之数。"尽管内心不满,因自己"剿捻"不见成效,也只得忍气吞声,"所事无成,何敢多腾口说?计唯有尽心干去,委曲求济而已。"

西捻军采用"多打几个圈"的运动战,牵着10万清军的鼻子跑,使其疲于奔命,于是,李鸿章上疏清廷,请设长围以困捻军,但左宗棠认为地长兵分,不合时宜,李鸿章不顾左宗棠的反对,以运河为防线,引黄河水入运河,调水师炮船巡逻,以防西捻军渡运向西,北以减河为防线,引运河之水入减河,并筑长墙于北岸,由崇厚采天津洋枪队及民团扼守,以防西捻军北上,南以黄河为屏障,封锁所有渡口,将船只一律调到南岸由地方官吏带兵扼守,以防西捻军南下,东面为大海,禁止渔船下海,以防西捻军渡海而去。从而使西捻军活动范围越来越小。且直隶东部的豪绅纷纷组织民团、筑堡修寨,更使西捻军筹粮和住宿均难解决,加之阴雨弥月,海河、漳水、运河汇成泽国,战马不能任意驰骋,西捻军的机动性完全丧失,处境艰难。

七月下旬,西捻军在沙河受到淮军郭松林、潘鼎新部前后夹击,将士伤亡很多,张宗禹负伤。8月14日,西捻军在聊城南面的李海务、周家店等处抢渡运河,因受到淮军大炮轰击,未果,被迫东撤。8月16日,张宗禹在茌平县广平镇指挥西捻军向东北方向转移时,遇到淮军的四面阻击,伤亡很大,张宗禹率少数人突出重围,至徒骇河边,"穿林凫水,不知所终"。

西捻军镇压下去后,清廷"论功行赏",左宗棠"晋太子太保衔",他以追剿无功,请求收回成命,清政府未允。8月30日,左宗棠准备"自陈衰病乞罢,专办秦陇屯田之事"时,清廷发出诏谕,命他率部入陕,镇压回民义军。9月25日,左宗棠至北京"入觐",9月30日,慈安、慈禧两太后召见了他,她们询问他何时可以解决陕甘问题,他谨慎地回答:"非五年不办。"

1868年10月,左宗棠返回陕西,制定了耕战结合、剿抚兼施的战略方针,首先在西北大办"屯田",解决军粮问题,他把"军屯"与"民屯"结合起来,反对掠夺性的强征摊派。他说:"一意筹办军食,何从顾及百姓,不知要筹军食,必先筹民食,乃为不竭之源。"他对当地回民同样分给土地、耕牛、种子,使其安心耕获,收有余粮,官

中华传世藏书 中華梟雄大傳 将帅枭女卷

照时价给买,以充军食。其必须给赈粮者,亦酌量发给粗粮,傅免饥饿。这样缓和了因争夺粮食而极度紧张的军民关系,发展了生产,稳定了社会秩序。

1869年1月,左宗棠命刘松山率"老湘军"进至绥德,并与成定康一军进攻小理川、大理川,破垒100多,义军首领董福祥、李双良等投降。左随即下令进军董志原,占领万肖金镇、董志原等回民义军据点。6月,左宗棠分兵三路,进攻回民义军马化龙部的据点——金积堡,伤亡惨重,湘军名将刘松山、简散临等战死,左宗棠仍强攻不止,终于在1871年1月6日迫使马化龙、马耀邦父子投降。刘锦棠以从堡内搜获匿藏的洋枪1200多杆为口实,将马化龙及其兄弟子侄和精悍部众1800余人全部杀死。1871年底,左宗棠又占领河州,义军首领马占鳌投降清军。1872年8月,左宗棠进驻甘肃兰州,令刘锦棠先取西宁,再攻肃州,1873年11月,攻下肃州。回民义军首领马文禄投降,随后又加以杀害。至此,陕甘的回民义军被左宗棠镇压下去了。

抬棺抗俄　收复新疆

正当清政府忙于镇压太平天国、捻军与陕甘回民义军的时候,中亚浩罕王国的野心家、阴谋家阿古柏于1865年1月侵入我国南疆。1867年自称"毕条勒特"汗,建立"哲德沙古国"。1870年阿古柏又相继侵占北疆。新疆人民陷入阿古柏统治的黑暗地狱之中。1871年5月,俄国也趁机侵占新疆伊犁地区。1874年英国正式承认阿古柏政权,新疆面临被分裂的严重危机。

此时,日军又侵占台湾,东南海防告急,要不要收复新疆,巩固西北边防? 清政府内部发生了以李鸿章为代表的"海防"与左宗棠为代表的"塞防"之争。李鸿章认为新疆北邻俄国,南近英属印度,即使劳民伤财收复了,将来断不能久守。以中国目前实力来看,实在无力顾及新疆。并强调说:"新疆不复,于肢体元气无伤,海疆不防,则腹心之大患愈大。"李鸿章身为清朝文华殿大学士兼直隶总督,大权在握,权势显赫,一呼百应,很多人附和他的意见,连光绪皇帝的父亲醇亲王奕譞都认为李鸿章所说为"最上之策"。

在这个关键时刻,左宗棠挺身而出,据理力争:"窃维时事之宜筹,漠谋之宜定者,东则海防,西则塞防,二者并重。日军侵台已经了结,西北边疆却是强敌压境,我师迟一步,则俄人进一步,我师迟一日,则俄人进一日。若新疆不固,则蒙古不安,非特陕甘山西各边,时虞侵轶,防不胜防,即直北关山,亦将无晏眠之日。我不能自强,则受英之欺侮,亦受俄之欺侮,何以为国? 我能自强,则英俄不能逞志于西北,各国必不致构衅于东南。"最后,左宗棠老泪纵横地说:"臣本一介书生,辱蒙两朝殊恩,高位显爵,出自逾格鸿慈,久为平生梦想所不到,岂思立功边域,凯望恩施。况臣年已六十有五,正苦日暮途长,乃不自忖量,妄引边荒艰巨为己任,虽至愚极陋,亦不出此。而事顾有万不容己者,伊犁为俄人所踞,喀什噶尔各城为阿古柏所占,事平后应如何布置,尚费绸缪。若此时即便置之不问,似后患环生,不免日蹙百里之虑。区区愚忧,窃有不敢不尽者。"其爱国之情,溢于言表。

左宗棠的正确主张和心忧天下的壮志,得到了武英殿大学士、军机大臣文祥的支持。光绪六年三月二十八日（1875年5月3日），清廷发出"600里加紧"谕旨（这是清廷的最紧急的一种文书，每到一个驿站，立即换人换马飞驰，每天限走600里），任命左宗棠为"钦差大臣，督办新疆军务"。

垂暮之年的左宗棠临危受命后，首先把筹粮和运输当作头等大事来抓，制定了"层递灌运"与"缓进急战"的战略决策，进军之前，筹备了1500万斤军粮，并从俄国进口了数百万斤粮食，从而保证了军粮供应。对粮食的运输，先后开辟了从凉州（甘肃武威）、甘州（张掖）、肃州（酒泉）到巴里坤的南路运输线和从归化、包头，取道射台、大巴至巴里坤的北路运输线，至光绪二年初夏，在安西、哈密、巴里坤、古城子等地区已集中了2480万斤军粮。此外，左宗棠还在上海设立采办转运局，负责购运枪炮弹药。1873年初，设在兰州的兵工厂正式投产，生产仿造的螺丝炮和七响枪。1875年，左宗棠又在兰州建立火药局，就近供应军火。

为了提高部队战斗力，左宗棠整军修武。将景廉所部34营汰弱留强，编为19营，移归金顺节制，另调刘锦棠部湘军25营（包括董福祥等甘军），作为主力军。各军配备有大炮数尊，枪1000多杆，前线指挥官配备了双筒望远镜，还建立了一支专业化炮兵——侯名贵炮队。此外，还征调骆驼、驮驴3万多头、大车4600余辆。1876年6月，集结在西北地区的清军计有百余营，人数达五六万。英国人包罗杰评论说："这支中国军队完全不同于所有以前在中亚的中国军队，它基本上近似一个欧洲强国的军队。"

1876年4月7日，左宗棠由兰州抵肃州，制定了"先剿北路"，"而后加兵南路"的战略方针。1876年8月10日，清军突袭黄田，攻拔坚卡，揭开了收复新疆之战的序幕。金顺部由右路进，刘锦棠部由左路进，谭拔萃、谭上连等率步兵从中间冲击，清军奋勇杀敌，敌人大败。8月12日，清军进围牧地（今米泉区），次日，阿古柏派出骑兵数千人来救援，清军马队下山迎战，发兵配合，将敌军击溃，随后清军以开花大炮轰击牧地南关，将士们冒着枪林弹雨，攻破城关。8月17日拂晓，清军大炮轰坍城东北两面城垛，三面猛攻，鏖战多时，刘锦棠部从东南角突入城内，金顺部从东北入城，两路大军很快在城内会师，全歼守军6000人。第二天，刘锦棠乘胜追击，一举收复乌鲁木齐。11月6日，收复玛纳斯，至此，北疆全部收复。

1877年春，刘锦棠率军3万南下，4月，仅半个月时间就连克达坂城、七克腾木、吐鲁番等地，歼敌万余人，打开了通往南疆八城的门户。阿古柏见大势已去服毒自杀，其子伯克胡里杀死继承汗位的叔叔——海古拉，打败执掌军务的艾克木汗，自称汗。阿古柏旧部人心惶惶，纷纷投降。

8月，刘锦棠部继续西进，白彦虎决开都河水阻止西征军，10月9日，西征军越过水淹区，抵达库尔勒，已是一座空城，阒无人烟。为了不给敌人以喘息之机，刘锦棠挑选健卒1500名，精骑1000名作为前锋追敌，直到10月17日才在洋萨尔追上敌人后队，而白彦虎已逃往库车，刘锦棠追杀40里，歼敌数千人，于18日收复库车。10月24日收复阿克苏，10月27日收复乌什。左宗棠兴奋地向清政府汇报说："前茅既锐，后劲仍遒，戎机顺迅，古近罕比。"

乘胜追击，除恶务尽。西征军于12月6日渡阿克苏河，以秋风扫落叶之势，于12月18日进驻喀什噶尔，又连克叶尔羌、英吉沙尔，并于1878年1月2日克和田，至此，新疆南路全部收复。左宗棠上报清政府："克复四城，未逾一月，廓清二千数百里。"真可谓"运筹帷幄，决胜千里"。连当时欧洲人编的《西国近事汇编》也发出惊叹："左钦帅急先军食，谋定而往，老成持重之略，绝非西人所能料。1876年兵克乌鲁木齐，分略诸地，部署定，然后整军进征。强劲之虏阿古柏带领大队兵马迎敌。离喀城2700里之遥，狐火宵鸣，鼓角晓震，有气吞天南之概，乃中途殒命……汉兵自吐鲁番、库车进阿克苏，势如破竹，迎刃而解，其部伍严整，运筹不苟，如俄人攻基法一般……使欧人当此，其军律亦不过此。"

左宗棠收复天山南北路后，力主清军乘胜前进，从速收回"西路第一重镇"伊犁，他说："窃以腴地不可捐以资寇粮，要地不可借以长敌势。非乘此兵威，迅速图之。彼得志日骄，将愈近愈逼，而我馈运艰阻，势将自绌，无地堪立年府，所忧不仅西北也。"当时在俄国的要挟下，清廷派出吏部右侍郎崇厚谈判解决伊犁问题。在沙俄的威胁下，崇厚擅自签订了《交收伊犁条约》，沙俄虽交回伊犁，却割去霍尔果斯河以西，特克斯河流域的大片国土，并要支付500万卢布的所谓"代守费"作为俄撤军伊犁的赔偿。左宗棠十分气愤，他说："兹一矢未闻加遗，乃遽以捐弃要地，餍其所欲，譬犹投犬以骨，骨尽而噬仍不止，目前之患既然，异日之忧所极？此可为叹息痛恨者矣。"在人民的抗议声中，清政府将崇厚治罪，判为"斩监候"，改派曾纪泽赴俄交涉改约，同时命左宗棠统筹兵事，调兵备战。

左宗棠部署三路收复伊犁，东路由金顺率领，陈兵精河，阻截俄军东犯，另调金运昌步骑2000增援。中路以"嵩武军"统领张曜率马步兵5000人出阿克苏，径取伊犁。西路由刘锦棠率领，统兵万余自乌什，经布鲁特进攻伊犁西南面，并断沙俄增援伊犁的通路。艰苦的边塞生活和繁忙的军务，对年近70岁的左宗棠来说很不适应，1879年夏天，他在肃州大营患风湿疹子，爬搔不止，夜难成寐。这年冬天因无片晷休息，终于病倒了。一天早晨，刚刚起床，忽吐鲜血数十口，为了收复伊犁，置疾病于不顾，亲率大队，出嘉峪关，进军哈密。为表示抗俄决心，"舁榇以行"，抬着棺材去和侵略者拼命。5月22日，左宗棠行抵玉门，6月15日到达哈密，他豪怀满腔地说："壮士长歌，不复以出塞为苦。"无论如何也要将沙俄侵占的领土收回不可。

尽管左宗棠调兵遣将，秣马厉兵，积极准备武力收复伊犁，但清政府却对用武力收复伊犁心存疑睨，希望通过谈判来解决这个问题，遂于8月11日将左宗棠调回北京，以备朝廷顾问。沙俄对左宗棠回京的真实意图不清，以为中国准备开战。又因其在对土耳其的战争中元气大伤，于是沙俄在威胁清朝谈判代表曾纪泽后，与之签订了中俄《伊犁条约》。这一条约，虽然是一个不平等条约，但沙俄把业已吞下去的领土又吐了出来，虎口夺肉，殊属不易。如果没有左宗棠在新疆的强大军威，沙俄是不可能让步的。1882年，伊犁将军金顺接收伊犁，全疆恢复。

左宗棠用兵新疆的胜利，捍卫了祖国的神圣领土，振奋了民族精神。他的老朋友杨昌濬热情地歌颂了左宗棠的这一英雄壮举："大将筹边尚未还，湖湘子弟满天山。新栽杨柳三千里，引得春风度玉关。"左宗棠的胜利也引起了西方人的震惊，认为"这是一件近50年中在亚洲发生过的最值得注意的事件，同时也是一个多世纪以前乾隆征服这个地区以来，一支由中国人领导的中国军队所曾取得的最光辉的成就。"

遗恨平生　不能瞑目

光绪七年九月（1881 年 10 月），清政府刚刚结束与沙俄交涉收复伊犁的谈判，又因越南问题与法国发生了论争。

越南是我国西南的邻国，长期与我国保持友好关系。可法国频频发动侵越战争，先占湄公河，1882 年 3 月侵占河内，1883 年 3 月又占南定，殖民者狂妄叫嚣："征服那个巨大的中华帝国是不成问题的……我们必须站在那个富庶区域的通路之上。"

面对法国咄咄逼人的态势，以李鸿章为代表的求和派主张："未可与欧洲强国轻言战事。"左宗棠挺身而出，上书总理衙门，旗帜鲜明地提出抗法援越的主张，中越两国壤地相接，若法国侵占越南，则我西南藩篱尽撤，云贵永无宁日，只有一战，才是挽救时局的唯一办法。

左宗棠整军备战，巡视沿江炮台。他从下关起，沿长江东下，依次视察了乌龙山、象山、都天庙、焦山、江阴、吴淞各炮台，并郑重申明："遇有外国兵轮闯入海口不服查禁者，开炮测准轰击得力获效者，照军功例从优给奖，临阵退缩、甘心失律以致误事者，届时由臣查实手刃以徇。"他自己也立誓前线，对将士们说："老命固无足惜，或者 40 余年之恶气藉此一吐。自此凶威顿挫，不敢动辄挟制、要求，乃所愿也。""如敌冲过隘口，则防所即是死所，当即捐躯以殉。"

光绪九年十月，法国攻占越南首都顺化，左宗棠立即表示要"亲率大军一往图之，为西南数十百年之计，以尽南洋大臣之职，衰朽余生得以孤注万结，亦所愿也"。因清政府决定求和，左宗棠亲赴前线的请求遭到拒绝，于是改派手下得力干将王德榜回湘募兵，又调派有作战经验的提督陈广顺、张春发、杨文彪，总兵吴体全，副将谭家振，游击龙定太、杨肇俊等赴王营，并从亲军差官、大旗中挑选勇敢善战的骨干三四十人送往军前效力，还解去饷银 103000 两。这支新组成的援越部队，左宗棠命名为"恪靖定边军。"

1883 年 12 月，法军向驻守在越南北部的中国军队发起进攻，先后攻占山西、北宁、太原，自请赴越南"督师"的云贵总督岑毓英逃回云南。

其时，左宗棠因目疾严重，被批准休假四个月，两江总督由曾国荃代理。前线失败的消息传来，左宗棠甚为愤懑，遂提前销假，被诏入军机处，并奏请加派其旧部、前浙江提督黄少春募军赴援，令同王德榜、刘永福合力抗法。此时，法军在军事上得手之后，又伸出议和橄榄枝，清政府与法议和，左宗棠增兵前线的主张自然不可能实现。当他获悉李鸿章与法国签订《中法简明条约》之后，写了一份"时务说帖"，备陈法国侵越后，中国面临被瓜分的危机："适令越为法所据，将来生聚训练，纳税征粮，吾华何能高枕而卧？若各国从而生心，如俄人垂涎朝鲜，英人觊觎西藏，日本并琉球，葡萄牙据澳门，鹰眼四集，圜向吾华，势将舐糠及米，何以待之？"

左宗棠年已古稀，又百病缠身，却仍雄心勃勃，自请视师指挥中法战争，并愿立军令状，如有"不效，则请治其罪，以谢天下"。清政府仍然没有同意他的要求。不过他派出的"恪靖定边军"在王德榜率领下,在不得一旅之援时,拼死作战,有力配合冯子材部的反攻,取得了镇南关——谅山大捷,为扭转时局做出了重要贡献。

1884年8月5日,法军进犯台湾基隆,为我守军击退,21日又偷袭我福州马尾港,使福建水师和造船厂毁于一旦。万分急迫之中,清政府任命左宗棠为钦差大臣,督办福建军务,当时的《申报》赞曰:"左侯相以闽事吃紧,慷慨请行,所谓一息尚存,此志不容少懈,方之古名臣,曾不多让!"

12月14日,左宗棠抵达福州,当时正值马尾新败,福州城内人心惶惶,左宗棠到达后,人心迅速安定。有目击者回忆说:"当其入城时,凛凛威风,前面但见旗帜飘扬,上大书'恪靖侯左,'中间则队伍排列两行,个个肩荷洋枪,步伐整齐","榕垣当此风声鹤唳之秋,经此一番恐怖,一见宫保,无异天神降临。"随后左宗棠着手整顿防务,加强战备,组织渔团,打捞被法击沉之舰炮,加固炮台,并至闽江口校阅长门、金牌防军,经过这一番整顿,福州前线防务大大地加强了。

当时最使左宗棠焦灼的是援台问题。1884年10月,左在赶赴福州途中,法军攻陷了基隆,手握重兵的南洋、北洋大臣曾国藩、李鸿章坐视不救。左宗棠认为"台湾孤悬大洋,为七省门户,关系全局",因此,奏请南、北洋各派兵船五艘,由帮办军务杨岳斌率领,自海道赴援。抵任后,左组成"恪靖援台军",拟亲自统率渡海,以解台危,只因清廷未准,又有当地绅耆士庶再三挽留,才改派统领王诗正、营务处道员陈鸣志等率领赴台。当时法舰游弋洋面,封锁台湾海峡,福建水师在马江一战而覆灭,以至"无船飞渡",左宗棠只得令援台清军"扮作渔人,黑夜偷渡",历尽艰辛抵达台南,投入保卫台湾的战斗,从而使法国侵略者侵占台湾的阴谋没有得逞。

正当中国人民反法取得谅山、临洮战役胜利,捷报频传时,清政府却下令停战,左宗棠大为诧异,他说:"去秋至今,沿海沿边各省惨淡经营,稍为周密。今忽隐忍出此,日后办理洋务,必有承其敝者。"当时全国人民和多数官吏纷纷反对妥协求和,主战派把希望都寄托在左宗棠身上,两广总督张之洞打电报给左宗棠说:"公有回天之力,幸速图之。"但慈禧太后一意主和,左宗棠无力"回天",眼睁睁地看着清政府以军事上的胜利换取法国签订不平等条约的千古奇闻,气得口吐鲜血,晕倒在地。9月初,左宗棠进入弥留阶段,他口授遗折,谓"此次越南和战,实中国强弱一大关键,臣督师南下,迄未大伸挞伐,张我国威,遗恨平生,不能瞑目",表达了自己的未酬之志。

9月5日,福州城东北隅崩裂逾二丈,城下居民迄无恙,竟夕大雨如注,左宗棠带着满腹的悲怆和遗恨病逝于福州。清廷追赠太傅,照大学士例赐恤,予谥文襄,入祀京师昭忠祠、贤良祠。1886年12月10日葬于湖南长沙八都杨梅河柏竹塘。

枭女篇

西施：美女间谍　舍身复仇

【人物档案】

姓名：施夷光

别名：西施、西子、先施、丽姬、西西。

字号：不详

生卒：不详，7 月 19 日出生，一说卒于前 473 年。

籍贯：越国句无苧萝村(今浙江诸暨苧萝村人)

朝代：春秋越国

职务：职业之说有很多种,如卖豆腐、织布女和王族妻妾等。

主要作品：有"西施浣纱""西子捧心"和"沉鱼落雁"等历史典故流传。

主要成就：忍辱负重、以身报国；助越灭吴,中国古代四大美女之首。

评价：天生丽质,倾国倾城,是美的化身和代名词。

墓葬：安徽省涡阳县西阳镇范蠡坟是范蠡和西施的合葬墓(待考证)

西 施

【枭女本色】

西施咏

王维

艳色天下重,西施宁久微。

朝为越溪女,暮作吴宫妃。

贱日岂殊众,贵来方悟稀。

邀入傅脂粉,不自着罗衣。

君宠益娇态,君怜无是非。

当时浣纱伴,莫得同车归。

持谢邻家子,效颦安可希。

如果说施妹喜和苏妲己是迫不得已作为"美人计"的牺牲品,那么施夷光则是中国历史上,最早的一位政府机构培养的"美人计"人物,她是越王勾践专门培养出来奉献给敌国的礼物。女人一旦沾上政治的边,就成了权术的中介,那么在中国男人的历史社会中,这样的女人必定不会被淹没,必定会被书写,被载入史册,甚至成为民间口口相传的人物。

东施效颦

"水光潋滟晴方好，山色空濛雨亦奇。欲把西湖比西子，淡妆浓抹总相宜。"这是北宋诗人苏轼的一首诗。诗中的"西子"就是西施，西施本是一个山野浣纱女，担起了复国的重任，最终不辱使命，为越国战胜吴国做出了巨大贡献。她的一生，充满了传奇色彩。

西施，名夷光，越国人，春秋战国时期出生于浙江诸暨苎萝村。苎萝村有东、西两个村子，西施家住西村，因为村子里的人大都姓施，所以有了"西施"的称谓。

因为家境贫寒，所以西施很小就开始帮着家里干活，平时经常在溪边浣纱，西施的美貌远近闻名，但西施的身子却有些弱，有心口疼的毛病。每次病发她都皱着眉头，捂着心口，缓步前行，人们管这姿势叫"西施捧心"，可见生病的西施也是楚楚动人，这事让东村的一丑女知道了，于是便也学着西施的样子走路，但走起来十分难看，比她平时的样子还要丑很多，成了大家的笑料，于是别人把这个丑女叫作东施，"东施效颦"就出自此。

秘密武器

春秋末期，各诸侯国称雄，吴国和越国开战，结果越军大败，越国国王勾践向吴国国王夫差乞降。吴王夫差不听大夫伍子胥"杀掉勾践，以绝后患"的劝告，却采纳被越王买通的奸臣主张，允许越国投降，把勾践夫妇和越国大夫范蠡囚禁在姑苏虎丘，为夫差养马。勾践君臣含垢忍辱，装得非常恭顺，夫差以为他们已真心臣服，3年后就把他们放回越国。

勾践安全回到越国后，立志复国，卧薪尝胆，励精图治。经过"10年生聚，10年教训"，越国逐渐强盛起来，一心要打败吴国，但是，当时越国的军事实力远远不敌吴国。勾践在训练军队、发展农业的同时，对吴王夫差实施了历史上著名的"美人计"。

"美人计"的具体导演是春秋末年越国大夫范蠡。范蠡曾随越王勾践到吴国做人质3年，深知吴王夫差的致命弱点。针对吴王夫差好色的特点，范蠡便策划实施了"美人计"。

范蠡按照越王勾践的要求，在民间寻觅美女。担任这个历史重要任务的美女，不仅要美丽过人，而且要胆量过人，机智过人。经过千挑万选，范蠡选定了西施和郑旦。当时范蠡和西施一见面，西施的美貌与纯真便打动了范蠡，而西施的心里对这位年少英雄、气度不凡的将军也是一见倾心。范蠡向西施说明了选美的原委，西施被范蠡的那份爱国热情感染，表示愿意担此重任。

勾践亲自接见西施和郑旦，并让人教她们习歌舞和宫廷礼仪，让人为她们讲解历史、时局和权谋。勾践还亲自给西施面授机宜。勾践把神圣的政治任务交给她们，交代了三件大事：沉溺夫差于酒色之中，荒其国政；怂恿夫差对外用兵，耗其国力；离间夫差和伍子胥，去其忠臣。

过了3年，范蠡将熟知宫中礼仪的西施送往吴国，两个相爱的人终于有机会在一起了。一路上二人备尝爱的滋味，由于难分难舍，范蠡有意拖延，送亲竟然送了一年多。据说等他们走到嘉兴县南一百里的时候，西施生的儿子已经能牙牙学语了，后人在这里建造了一个"语儿亭"，用来纪念西施与范蠡的爱情结晶。唐陆广微《吴地记》里有记载，并谓此地"县南一百里有语儿亭"，是西施入吴之前与儿子说话的地方。

政治使命

本身好色成性的吴王见了西施，自然十分欢喜。西施聪明、伶俐，时刻牢记自己来到吴国的政治使命，她用尽浑身解数让吴王宠爱她并听信她的话，夫差果然对她宠幸有加。

大臣伍子胥认为这是"美人计"，苦心劝谏，夫差却充耳不闻，立刻将西施纳入后宫。

吴王夫差命人在灵岩山为西施建了馆娃宫，在馆娃宫附近修了玩花池、玩月池、吴王井、琴台，还有采香径、锦帆径和打猎用的长洲苑。还修了响屟廊，就是在地上凿一个大坑，把大缸放进坑里，然后在上面铺上木板，再铺平，夫差让西施穿着木屐在上面跳舞，咚咚有声，所以叫响屟廊。

到了春天，夫差就和西施到采香径、玩花池游玩；到了夏天，夫差就和西施在洞庭的南湾避暑，享受自然的"空调"。南湾有十多里长，两面环山，吴王将此处取名为"消暑湾"，并令人在附近凿了一个方圆八丈的白石池子，引来清泉，让西施在泉中洗浴，起名为"香水溪"；秋天两人一起攀登灵岩山，看灵石，赏秋叶；到冬天下雪的时候，夫差与西施披着狐皮大衣，令十多个嫔妃拉车寻梅，全然不顾嫔妃们汗流浃背，每次都要尽兴后方才返回。如此挖空心思地玩乐，可见吴王夫差已不顾朝政社稷，一门心思全放在西施身上。

吴王夫差对西施是越来越喜爱，西施也时刻想着怎样让吴王高兴，怎样让吴王把更多的心思放在自己身上，好让吴王能成无道之君，荒废国事。西施还用了一个得力的助手伯嚭。伯嚭是吴国的大夫，深得吴王宠信，为人奸诈贪婪。越国利用他的这一弱点，经常给他送些金银珠宝和美女，因而他对越国也是死心塌地，常常与西施两个一道向吴王说越国的好话。

越国在勾践的治理整顿下，国力日益增强，军队也已训练有素。吴王夫差感到威胁，想要征伐越国，被伯嚭大夫巧言阻挠。

不久齐国与吴国关系恶化，夫差想要攻打齐国。伍子胥认为，越国才是心腹大患，不宜远征齐国。但伯嚭大夫却力主攻打齐国，并保证出师必捷，结果吴王侥幸胜利，一向与伍子胥有矛盾的伯嚭就乘机挑拨吴王和伍子胥之间的矛盾，吴王将伍子胥赐死，提拔伯嚭为相国。

伍子胥一死，越王认为可以攻打吴国了，公元前482年夏，越国伐吴，吴国溃败，正如后人所说："吴之亡，应由昏君夫差、奸佞伯嚭大夫负责。"

吴国败后，西施也不知去向，对于西施的结局，现在有两种说法：一是说她感觉已为国尽忠，但夫差对她百般疼爱确实出自真心，在与他相处的日子里，西施越来越感觉他的好，到完成任务的时候，她发觉自己已真正地爱上了夫差，而战争又让她失去了夫差，她也无颜见范蠡，同时深感对不起夫差，于是投湖自尽；二是范蠡找到了西施，两人泛舟五湖，成了一对神仙眷侣。在《吴地记》中记述有关范蠡与西施在越国破吴后破镜重圆、泛湖而去的说法。相传范蠡、西施曾寓居宜兴，今天的蠡墅就是他们当年居住过的地方。

叛与非叛

在中国，几乎没有人不知道西施，西施是历史人物，是美女的代名词，是美的化身，就连大自然的美景，在文人笔下也被比作了西施，苏东坡的千古绝句"若把西湖比西子，淡妆浓抹总相宜"，撩动了多少人的心怀。

西施之名最早见于《管子》，稍后的《吴越春秋》记载其事迹颇详。相传勾践卧薪尝胆之时，除了秣马厉兵之外，又将美女西施作为间谍献给吴国，西施靠着自己卓然的美色和怡人的歌舞艺术得幸夫差，乱其国政，最终使越国战胜强吴。

对于西施这一行为，历代文人各执一词，毫不吝啬地评价她，唐朝诗人楼颖诗："西施昔日浣纱津，石上青苔思杀人。一去姑苏不复返，岸边桃李为谁春？"在这里诗人完全把西施当作一个青春少女来咏叹，无报国耻的使命气魄。

唐朝诗人皮日休则大夸西施做出的贡献，诗云："绮阁飘香下太湖，乱兵侵晓上姑苏。越王大有堪羞处，只把西施赚得吴。"

唐朝诗人崔道融逛西施滩，则又有一个看法："伯嚭亡吴国，西施陷恶名。浣纱春水急，似有不平声。"他把吴国之亡归咎于吴国的乱臣贼子，并不是西施亡吴。真是仁者见仁，智者见智。

李白诗《西施》曰："西施越溪女，出自苎萝山。秀色掩今古，荷花羞玉颜。浣纱弄碧水，自与清波闲。皓齿信难开，沉吟碧云间。勾践征绝艳，扬蛾入吴关。提携馆娃宫，杳渺讵可攀。一破夫差国，千秋竟不还。"

王维也以《西施咏》为题写过："艳色天下重，西施宁久微。朝为越溪女，暮作吴宫妃。贱日岂殊众，贵来方悟稀。邀人傅脂粉，不自着罗衣。君宠益娇态，君怜无是非。当时浣纱伴，莫得同车归。持谢邻家子，效颦安可希。"

王维的诗和李白的诗篇幅相同，借咏西施，以喻为人，但对诗中西施的评价，二人显然不同。李白对西施多赞美，而王维却批评西施是一个贪恋富贵的忘本女子，这样的批判态度，大概也代表了一些人的看法，站在吴国的立场上人说，西施就是阴谋家，是亡国祸水。

罗隐也以《西施》为题写过七绝："家国兴亡自有诗，吴人何苦怨西施。西施若解倾吴国，越国亡来又是谁？"此诗又为西施祸吴平反。

王安石写过七绝《西施》，和罗隐观点类似："谋臣本自系安危，贱妾何能做祸基。但愿君王诛宰嚭，不愁宫里有西施。"

台湾学者南怀瑾则说西施常患胃病，扪着胸口皱着眉头，人以为美被选中。到吴国"去侍奉一个外国人"，可得些钱孝敬其父。因此吴人说她坏，越人说她好，好坏莫辨。

"知彼知己，百战不殆。"间谍活动从一开始就是为战争服务的，要么是为谋取战争的胜利，要么是谋求减少甚至避免战争的危害。从某个角度说，西施是"英雄"，属于最好的"间谍"。但是从另一个角度，也就是从吴国的立场来看，西施就是处心积虑的"红颜祸水"。夫差的灭亡和她还是有一些关系的，夫差在战略决策上，在战争指挥上犯下的错误，与西施的枕头风有一定联系，看来美女间谍也非一般女性好当的。

王昭君：美女惊鸿　青史留名

【人物档案】

姓名：王昭君

别名：明妃、明君、宁胡阏氏。

字号：字昭君

生卒：约前 52 年~前 19 年

籍贯：南郡秭归县宝坪村（今湖北省宜昌兴山县昭君村）。

朝代：西汉

职务：宫女、良家子。

主要作品：《怨词》

主要成就：巩固边塞和平，中国古代四大美女之一。

评价：王昭君主动出塞和亲，出塞之后，使汉朝与匈奴和好，边塞的烽烟熄灭了 50 年，增强了汉族与匈奴民族之间的民族团结，是符合汉族和匈奴族人民的利益的。

墓葬：内蒙古呼和浩特市南呼清公路 9 公里处的大黑河畔

王昭君

【枭女本色】

王昭君

李白

昭君拂玉鞍，上马啼红颜。

今日汉宫人，明朝胡地妾。

四大美女中，西施流落民间后不知所踪；杨玉环激起民恨被赐死，也死无可寻之地；貂蝉只是一个传说中的人物，要去寻找她只好在古书中了，唯有王昭君，她的墓还巍然坐落在今天内蒙古自治区呼和浩特市，这个美人不仅在古书上记载，在世人口中代代相传，也真实地存在于我们现实生活中，王昭君到底以什么样的魅力深得我们如此的崇敬呢？

深宫锁美

王昭君，名培，字昭君，南郡秭归（今湖北秭归）人。晋代避司马昭之讳，改称明妃。王昭君生逢盛世，百姓丰衣足食，国家稳定富足。但秭归这个地方离城市较远，比较荒僻，也就贫穷落后。王昭君的父亲，带着两子一女，和妻子一道，以耕种山坡地为生，种些红豆、山药等杂粮维持生计，过着勉强温饱的艰苦生活，有时还要替溯江而上的船只拉纤，赚钱贴补家用。

王昭君有一个哥哥叫王新，有一个弟弟叫王飒，出力的活儿轮不到她干，王昭君除了跟着母亲娴习女红之外，也在父亲的督促下读书习字，虽然生长在穷乡僻壤，却美丽如出水芙蓉，又知礼节，有大家闺秀的风范。

建昭元年，汉元帝下诏征集天下美女，以补充后宫。当时王昭君年当二八，被选入宫。

从全国各地挑选入宫的美女数以千计，皇帝无法一一见面，首先由画工毛延寿各画肖像一幅呈奉御览。当时，要想得到皇帝的宠幸，巴结画工毛延寿非常重要，甚至是决定因素。出身富贵人家，或京城有亲友支持的，无不运用各种渠道贿赂画工。王昭君初入宫廷，不懂这些规矩，再加上认为自己美貌，不愁皇上不召见，画工毛延寿在画王昭君时，曾向她暗示索要贿金，但王昭君没有搭理他，反而讥讽了他，毛延寿见王昭君如此傲慢，便把那点该点到眼睛上的丹青，点到脸上，汉元帝看到王昭君的画像时，以为她是个丑女人，没有选中她，王昭君失去了一次绝好的机会，5年过去了，王昭君仍是个待诏的宫女。

在5年的时间里，王昭君除了担负一些宫中的轻便工作之外，有太多的余暇来读书写字，唱歌跳舞，研习音律与绘画，不断充实自己，磨炼自己，这倒是给她全面提高素养创造了条件。然而午夜梦回，她不免倍感凄清与孤寂，花样的年华一寸一寸地消逝，不知究竟何时才有出头之日，又如何报答父母的养育之恩。

然而王昭君别无选择，只好无声无息地打发漫漫的长夜和白昼。到了汉元帝竟宁元年，南匈奴单于呼汗邪前来朝觐，王昭君的命运无意间起了突破性的变化。

主动出嫁

呼汗邪携带大批皮毛及骏马作为贡品来到长安，对汉元帝十分有礼。汉元帝大为高兴，大摆筵席，招待这位远道而来的"贵宾"。席中呼汗邪提出"愿为天朝之婿"的请求，汉元帝一听颇为高兴，想以此拴住呼汗邪这匹野马，兴之所至，决定在未把公主许嫁之前，先让他见见当朝佳丽，唬一唬他，于是下旨由那些后宫未曾临幸的美女前来敬酒。

聪明的姑娘们马上意识到这事的重要性。这是个引起皇帝注意的好机会，机不可失，时不再来。一个个浓妆淡抹，希望借此获得皇帝的青睐。王昭君虽然恃美自傲，也认真打扮了一番。于是宫女们鱼贯而入，都是花枝招展，娇娆婀娜，彩袖在席间拂来拂去，香气在大厅里飘散。

匈奴番王哪里见过如此多彩多姿的场面,不禁心醉神驰。聪明的呼汗邪立即向汉元帝提出:"愿为天朝之婿,不一定硬要公主,就在这些美女中选一名就可以。"汉元帝心想,原本要物色一位宗室郡主,如今要在待诏宫女中挑选,岂不是省却了许多麻烦。于是漫不经意地回答:"你看中了哪一位,哪一位就归你。"呼汗邪太高兴了,喊道:"就是她!"汉元帝顺着他的手看去,但见一个风华绝代的美女正朝他盈盈施礼。汉元帝眼前的这位待诏宫女,云鬟雾鬓,光彩照人,两道黛眉轻颦微蹙,微露一丝幽怨,太美了,她就是王昭君。

古人有一句话说得好,锥子落入囊中,怎么能不脱颖而出?是金子就要闪光。

筵席结束了,呼汗邪回到驿馆,准备择吉日迎娶汉宫美人。传说汉元帝回到内宫,越想越懊恼,他再叫人从宫女的画像中拿出昭君的像来看,模样虽有点像,但完全没有昭君本人那样可爱。而粉颊秀靥上,何曾有什么黑痣。刹那间,汉元帝把失去王昭君的懊悔心理,转化成对画工毛延寿的愤怒,当即传令有司彻底追查,才知道是毛延寿的索贿不成,滥用权力,故意将王昭君的花容月貌,绘成泥塑木雕的平庸女人,于是将毛延寿以欺君之罪斩首。

对这件事,后人评说:"曾闻汉王斩画师,何由画师定妍媸?宫中多少如花女,不嫁单于君不知。"意思是毛延寿虽然胡作非为,而汉元帝也太糊涂。

临行之日,王昭君戎装打扮,妩媚中更见英爽之气。她面向未央宫拜别了天子,带着一种异样的感情,看了长安最后一眼,怀抱着琵琶上马而去。匈奴人马和朝廷派出的护卫组成的队伍,浩浩荡荡地经过长安大街,沿途万人空巷,争睹昭君风采,场面十分热闹。

眼看如此风情万种的美人儿,离开繁华的长安城,前往荒凉的胡地,陪伴一个垂垂老矣的匈奴单于,人们无不为之嗟叹不已。王昭君出了长安北门,渐行渐远,黯然神伤。随行的乐师们,一路上弹奏着琵琶,以藉慰王昭君的离愁别恨,声声令人肝肠寸断,回望长安已经了无踪影。王昭君手弹琵琶,吟出一首"怨词"。

> 秋木萋萋,其叶萎黄,有鸟处山,集于苞桑。
> 养育毛羽,形容生光,既得行云,上游曲房。
> 离宫绝旷,身体摧藏,志念没沉,不得颉颃。
> 虽得委禽,心有徊惶,我独伊何,来往变常。
> 翩翩之燕,远集西羌,高山峨峨,河水泱泱。
> 父兮母兮,进阻且长,呜呼哀哉! 忧心恻伤。

昭君出塞

出了雁门关,匈奴大队骑士、毡车、胡姬前来迎接,万里荒漠出现一道靓丽风景。到达匈奴王廷,只见牛羊遍地,青草无边。到了傍晚,一座座帐篷中,张灯结彩,呼汗邪单于封王昭君为宁胡阏氏(皇后)。

王昭君出塞以后,汉元帝依照她临别时的要求,把她的父母兄弟一齐接到长安,赐宅赐田,妥善安置。呼汗邪派使者送往汉朝大批玉器、珠宝及骏马,以报答汉天子的特别恩典,甚至上书愿保境安民,请罢边卒,以休天子之民。

就在王昭君抵达匈奴王廷三个月后,汉元帝在思念、懊恼和愧疚的情况下,怏怏不乐中崩逝。

第二年,即汉成帝建始元年,王昭君为呼汗邪单于生下一子,取名伊督智牙师,封为右日逐王,又过了一年,老迈的呼汗邪去世,这年王昭君24岁。

一个美艳的少妇,三年的异地生活,逐渐习惯了喝羊奶,住毡帐,骑马射猎,也学会了一些胡语。但是,她没有把单于对她的宠爱变为权力,来改变自己的命运,甚至改变匈奴的命运。

大阏氏的长子雕陶莫皋继承了单于的王位,依照匈奴的礼俗,王昭君成了雕陶莫皋的妻子。年轻的单于对王昭君更加怜爱,夫妻生活十分恩爱甜蜜,十分和谐,接连生下两个女儿,长女叫云,次女叫当,后来分别嫁给匈奴贵族。

雕陶莫皋与王昭君过了11年的夫妻生活而去世,这时是汉成帝鸿嘉元年,王昭君已经35岁,正是绚烂的盛年,不必再有婚姻的绊系,能够参与匈奴的政治活动,对于匈奴与汉廷的友好关系,着实起到了不少沟通与调和的作用。

正因为这层关系,王昭君的兄弟被朝廷封为侯爵,多次奉命出使匈奴,与妹妹见面,王昭君的两个女儿也曾到长安,还入宫侍候过太皇太后。王莽夺取西汉政权,建立"新"以后,匈奴单于认为"不是刘氏子孙,何以可为中国皇帝?"于是边疆战事迭起,祸乱无穷。王昭君在这里也无能为力,不久,王昭君去世。

据敦煌发现的唐代《王昭君变文》记载,昭君去世后,埋葬仪式按匈奴习俗进行,非常隆重。汉哀帝也差使臣前往单于处吊唁。隆重的葬仪,反映了匈奴对昭君的怀念和对汉匈和亲的肯定。

昭君死后,王昭君墓坐落在内蒙古自治区呼和浩特市南郊九公里处的桃花乡大黑河南岸,墓状如覆斗,高达三十三米,底面积约为一万三千米,是由汉代人工积土夯筑而成的。传说早些年间,秋凉霜冷之际,附近的草木已枯黄凋零,唯有昭君墓绿草茵茵,所以,当地人就把它称为"青冢",蒙古语称特木尔乌尔琥,意为"铁垒"。昭君墓是中国最大的汉墓之一,距今已有两千多年的悠久历史。青冢之顶,建有一个八角凉亭,沿墓身石阶攀援而上,可以远眺土默川的美丽风光。从远处向昭君墓望去,巍峨高耸,姿态雄浑,芳草葱茏,显出一幅黛色朦胧,若水墨画的迷人景色,历史上被文人誉为"青冢拥黛",为呼和浩特八景之一。

美在和亲

王昭君是历史上的一代美人,因"和亲"而名扬古今。汉朝在立国之初,便与匈奴兵戎相见,烽烟蔽日,鼙鼓震天。自昭君和亲后,双方化干戈为玉帛,铸刀剑为犁锄,北方边陲出现了"边城晏闭,牛马布野,三世无犬吠之警,黎庶无干戈之役"的和平景象。

汉朝时,由于当时的匈奴单于对"和亲"大感兴趣,汉高祖刘邦死后,冒顿单于居然向吕氏求婚,想娶吕氏为妻,说什么"孤偾之君,生于沮泽之中,长于平野牛马之城,数至边境,愿游中国。孤偾独居,无以自娱,愿以所有,易其所无。"当时,对汉朝来说,这简直是对大汉朝的亵渎。可是,由于汉朝实力和兵力没有匈奴强大,而匈奴对中原觊觎已久,早有吞并之心。吕氏为了保持汉朝的安全和稳定,无奈只好以宗室女乔装成公主嫁给了冒顿,正式走上和亲之路。"和亲"也就从此开始了。

以后,西汉对匈奴和西域各国多项和亲,都以宗室郡主冒充公主下嫁番王,而王昭君却是以民女的身份担任和亲的任务,事迹便显得非常突出,格外引起一般民众的关注，成为家喻户晓的一件大事。文人墨客也多对她进行描述、吟咏、赞叹，使王昭君的事迹广为流传。除了《汉书》《琴操》《西京杂记》《乐府古题要解》等典籍对王昭君的事迹有详细的记载外，历代诗人词客为王昭君写的诗词，就有503首之多，另外还有不计其数的小说、戏剧，等等。当然都是歌颂王昭君大义和亲的美德。

汉朝和亲女子成就的大小，既不在于她才识的高低，也与她容貌的妍媸无关，起决定作用的是汉朝的强弱。若汉朝势力强大，和亲的女子便会受到敬重；若汉朝势衰，和亲的女子便会受到冷落。昭君和亲时，恰值汉强胡弱之时，这便给她的成功带来了契机。

谒王昭君墓

昭君自有千秋在，胡汉和亲见识高。

词客各掳胸臆懑，舞文弄墨总徒劳。

这首《谒王昭君墓》的诗，是董必武先生在游览王昭君墓时题写的。这首诗被刻成诗碑，矗立在墓园的大门口，似乎在时时刻刻地提示着人们：千万不要忘记当年王昭君深明大义，毅然出塞和亲，为汉匈两族人民友好合作做出的不朽贡献。

昭君的美貌盛传于世，昭君远嫁匈奴的苦楚往往只被"乡愁"一词概括。

王昭君的遭遇，同时也引起很多汉族知识分子的不满。所以从汉魏到明清，文人墨客留下了很多歌咏王昭君的诗词。杜甫《咏怀古迹》之三："群山万壑赴荆门，生长明妃尚有村。一去紫台连朔漠，独留青冢向黄昏。画图省识春风面，环佩空归月夜魂。千载琵琶作胡语，分明怨恨曲中论。"对王昭君的悲悯之情溢于言表。李白《王昭君》："昭君拂玉鞍，上马啼红颜。今日汉宫人，明朝胡地妾。"又："汉家秦地月，流影照明妃。一上玉关道，天涯去不归。汉月还从东海出，明妃西嫁无来日。燕支长寒雪作花，蛾眉憔悴没胡沙。生乏黄金枉图画，死留青冢使人嗟。"感叹王昭君出了玉门关，就再也没有回头的日子了。

正如恩格斯所说，这种联姻"起决定作用的是家世的利益，而不是个人的意愿。在这种情况下，关于婚姻问题的最后决定权怎能属于爱情呢？"昭君不过是汉元帝羁縻匈奴的一个筹码而已。汉朝一共有9位女子和亲，没有一个是天子之女，不是迫不得已，谁愿远嫁异域？昭君虽然是自愿请行，但那是因为"数岁不得见御"，愤而反抗的一种方式。

班昭:"大家"女性 隆享国葬

【人物档案】

姓名:班昭
别名:班姬、曹大家。
字号:字惠班,号"曹大家"。
生卒:约49年~约120年
籍贯:扶风安陵(今陕西咸阳东北)人
朝代:东汉
职务:"曹大家"、师傅。
主要作品:《东征赋》《女诫》。
主要成就:续写《汉书》。汉和帝即位后,多次召班昭入宫,并让皇后和贵人们视为老师,号"大家"。邓太后临朝后,她曾参与政事。
评价:作为第一位女史学家和文学家,班昭名留青史,光照人间。
墓葬:陕西兴平县丰仪乡大故(姑)村。

班 昭

【枭女本色】

东征赋

班昭

明发曙而不寐兮,心迟迟而有违。
酌觞酒以弛念兮,唁抑情而自非。
谅不登樔而椓蠡兮,得不陈力而相追。
且从众而就列兮,听天命之所归。
遵通衢之大道兮,求捷径欲从谁?
乃遂往而徂逝兮,聊游目而遨魂!

她的哥哥忤君意怨死狱中,她却能在后宫中给皇后当老师,成了古代第一个有史记载的女老师,她以自己学富五斗的才华挑战了古代儒家男权观念,证明了女性和男性平等共事的可行性,然而,她却又著书说"男女有别",她到底是怎样的一个女性呢?

代兄上书

班昭,字惠班,又名姬,是东汉扶风安陵也就是现在的咸阳市人。班昭身世显赫,祖父是广平太守班稚,他的父亲班彪是当时有名的史学和儒学大师;大哥班固,是《汉书》的主要作者,是我国继司马迁之后又一杰出的史学家和文学家;二哥班超,是一个投笔从戎的志士,两次出使西域,是打通"丝绸之路"的赫赫功臣。在父兄的影响和鼓励下,班昭从童年开始就熟读儒家经典和史书,长大后,又掌握了丰富的天文、历史、地理等知识,是班氏家族中博学的才女。

班昭14岁嫁给同郡曹世叔为妻,以个性而论,曹世叔活泼外向,班昭则温柔细腻,夫妻两人颇能相互迁就,生活得十分美满,后来生了一个儿子。但好景不长,不久丈夫就病故了,班昭便早早开始守寡,以后也不曾再嫁,然而不幸运的事接踵而至。

《汉书》是我国第一部纪传体断代史,是正史中写得较好的一部,人们称赞它言赅事备,与《史记》齐名,全书分纪、传、表、志几类。这本书的写作开始于班昭的父亲班彪。遗憾的是班彪没有完成这本史书就死了。班昭的大哥班固为了完成父亲的未完之志,继续编著,他奋斗了30年,就在他快要完成前汉书时,却因窦宪一案的牵连,死在狱中。

班昭的二哥班超,替官府抄写文书,维持生计。班超每日伏案挥毫,常辍业投笔而叹:"大丈夫无它志略,犹当效傅介子、张骞立功异域,以取封侯,安能久事笔研闲乎?"(《后汉书·班超列传》)于是班超"投笔从戎",出使西域,远征匈奴。

汉和帝永元十二年(公元84年),步入老年的班超非常思念家乡,于是派他的儿子回到洛阳,替他表达了叶落归根的想法,然而奏章送上去3年,朝廷仍不加理会。

班昭想到大哥班固已死,二哥班超70岁还客居异乡,自己也孤身一人,于是对这个二哥产生一股强烈的依恋之情,随后不顾一切地给皇帝上书。上书的奏章中,句句丝丝入扣,真挚感人,合情合理,连汉和帝看完之后也心生同情,于是立即派遣戊己校尉任尚出任西域都护,接替班超,班超终于可以告老返乡,班昭以其真诚及文采感动皇帝,助兄达成落叶归根心愿,在当时传为佳话。

朝中大家

班固死后,编著《汉书》这部巨著的担子就落到了班昭身上。班昭痛定思痛,接过亡兄的工作继续编著。好在班昭在这之前就参与了全书的纂写工作,汉和帝知道后特别恩准班昭进宫修订《汉书》。

班昭修书的地方是皇家藏书丰富的东观藏书阁,班昭在东观藏书阁里穷年累月,孜孜不倦地著述,除将父兄所著部分分类整理、修订外,又补写"八表"和"天文志",这样,中国又一部伟大的史书——《汉书》,在班家三四十年的努力下,终于由班昭整理完成。

汉和帝看了该书后极为欣赏,并让皇后和妃子们奉班昭为师,请她传授儒家经典。班昭的学问十分精深,当时的大学者马融,为了得到班昭的指导,还跪在东观藏书阁外,聆听班昭的讲解。于是在朝中,因为班昭的丈夫姓曹,所以班昭被奉为"曹大家"。

在70多岁高寿之年,班昭写出了《女诫》,计1600字。《女诫》包括:"卑弱""夫妇""敬慎""妇行""专心""曲从""叔妹"七篇。本是用来教导班家女儿的私家教科书,不料京城世家却争相传抄,不久之后便风行全国各地。

在"卑弱"篇中,班昭引用《诗经·小雅》中的说法:"生男曰弄璋,生女曰弄瓦。"认为女性生来就不能与男性相提并论,必须"晚寝早作,勿惮夙夜;执务和事,不辞剧易",才能恪尽本分。

在"夫妇"篇中,认为丈夫比天还大,须敬谨服侍,"妇不贤则无以事夫,妇不事夫则义理坠废,若要维持义理之不坠,必须使女性明析义理。"

在"敬慎"篇中,主张"男子以刚强为贵,女子以柔弱为美,无论是非曲直,女子应当无条件地顺从丈夫",一刚一柔,才能并济,也才能永保夫妇之义。

在"妇行"篇中,制定了妇女四种行为标准:"贞静清闲,行己有耻,是为妇德;不胡说八道,择辞而言,适时而止,是为妇言;穿戴齐整,身不垢辱,是为妇容;专心纺织,不苟言笑,烹调美食,款待嘉宾,是为妇工。"妇女备此德、言、容、工四行,方不致失礼。

在"专心"篇中,强调"贞女不嫁二夫",丈夫可以再娶,妻子却绝对不可以再嫁,事夫要"专心正色,耳无淫声,目不斜视"。

在"曲从"篇中,教导妇女要善事男方的父母,逆来顺受,一切以谦顺为主,凡事应多加忍耐,以至于曲意顺从的地步。

在"叔妹"篇中,说明与丈夫的兄弟姐妹相处之道,要事事识大体、明大义,即使受气蒙冤也是天经地义的事情,万万不可一意孤行,而失去彼此之间的和睦气氛。

此后出现了《女史箴》《女则》《女孝经》《女论语》《内训》《闺范》《女学》等一系列的跟风之作,但都再也达不到《女诫》这样的高度了。

此外,班昭还写过赋、文等十六篇文章,她一生的作品,后来由儿媳丁氏整理为《曹大家集》。不过,今已佚失,只能看到《东征赋》等八篇流传下来。

班昭是中国历史上第一位有著述的女子,也是中国第一位女历史学家,她的学识渊博,在中国古代女性中,实不多见。由于班昭在文学、史学上的特殊贡献,当她高龄去世时,皇太后亲自素服举哀,为她举行国葬之礼,殊荣备至。

男权帮凶

班昭是一个突破当时男女界限的一位女中豪杰,她从事了一项历来专属于男人的职业——撰史。但是用今天的眼光来看她的鼎力之作《女诫》,她的形象就开始变得模糊不清,对她写的《女诫》,这本维护男性统治的帮凶书不断地被后人所批驳。

据《后汉书》记载,班昭还活着的时候,外界对《女诫》一书的评价即已毁誉参半,班昭的夫妹曹丰生,有辩才,曾写信就《女诫》的内容与班昭展开辩论;班昭的学生，马融则认为该书内容很好，命妻女抄习，然而妻女并未按照班昭的教训去处世行事。

事实上，在班昭死后，《女诫》一书就不再受人关注，中国的社会道德规范也逐渐宽松。只是到了明朝时，"理学"盛行，1580 年明神宗命大臣王相为《女诫》作注，并与徐皇后所做的《女训》一起刻印，从那时开始，班昭的《女诫》再度广为流传，影响深远。

1898 年 5 月，维新思潮在全国蓬勃发展，解放女性的呼声也越来越高，裘廷梁创办了《无锡白话报》，裘毓芳在上面发表的《〈女诫〉注释》中大骂：不知哪个糊涂不通人，说什么"女子无才便是德"，这句话害得天下女子不轻。弄到如今的女子，非但不知什么是学问，什么是有材料，竟一字不识的也有几万几千人。若曹大家也依着这"无才便是德"的话，《汉书》也续不成了，七篇《女诫》也做不成了，到如今也没人知道什么曹大家了哪能人人佩服她，个个敬重她？可见得做了女子，学问不可没有的。裘毓芳的这个反问非常有力度，直接批驳了班昭这种复杂的人性。诚然，一个才高八斗的女性却教育后世女性事事遵从男性，认为女子无才便是德，这简直匪夷所思。

对《女诫》批评最严厉的还是女性。1907 年，在日本创办"女子复权会"、刊行《天义》杂志以宣扬无政府主义的何震，发表了长篇论文《女子复仇论》。文中使用了极为激烈的言辞抨击班昭与《女诫》，直呼其为"班贼""昭贼"。

1907 年 2 月，留学日本的女学生燕斌在自任主编的《中国新女界杂志》创刊号上，发表了《女权平议》一文，开篇即针对《女诫》第一篇《卑弱》而作驳论：自人道主义之说兴，女权之论，日以昌炽。浅见者必惊其奇辟，目为邪说，从而力驳之，以为干刚坤柔，男尊女卑，乃不易之定理。女子以卑弱为主，何权之有？噫！为此说者，所谓"夏虫不可语冰"，井蛙之见，不足以知天之大。

班昭自己清心寡欲，没问题；但是她在《女诫》倡导的女性要"三从四德"，"生男如狼，犹恐其尪；生女如鼠，犹恐其虎"，"夫有再娶之义，妇无二适之义"，"清闲贞静，守节整齐，行己有耻，动静有法"等，这些理论被统治阶级人物利用后，就把后世两千年的女性像置于修道院一样，极大地禁锢了女性的思想和自由。

有人说，中国封建社会一整套的封建道德将中国无数妇女打入无底深渊，妇女无独立人格，成为男人的依附品，她们从精神到肉体都被弄得畸形了，不仅对着这些封建礼教躬身实践，而且积极参加对女性自己的奴化教育，而奴役最深的礼制，莫过于班昭所写的《女诫》。如此看来班昭不仅是当时儒家思想的受害者，也是儒家束缚女性思想的历史帮凶。

貂蝉:传说美女　温柔一刀

【人物档案】

姓名:貂蝉

别名:任氏、任红昌。

字号:小字红昌

生卒:不详

籍贯:一说临洮,一说米脂,一说忻州

朝代:东汉

职务:倡女、王允义女、吕布之妾。

主要作品:历史典故中用"闭月羞花之貌,沉鱼落雁之容"来形容女子长得漂亮,其中的"闭月"是貂蝉的代称。

主要成就:以自己的美貌和聪明才智,除掉了国贼董卓。

评价:司徒王允累谋无成,乃遣一无拳无勇之貂蝉,以声色为戈矛,反能致元凶之死命,粉红英雄真可畏哉。"并说:"庸讵知为一身计,则道在守贞,为一国计,则道在通变,普天下之忠臣义士,猛将勇夫不能除一董卓,而貂蝉独能除之,此岂尚得以迂拘之见,蔑视彼姝乎,貂蝉,貂蝉,吾爱之重之!(蔡东藩《后汉演义》)

墓葬:河北省邯郸市永年县貂蝉村(待考证)

貂　蝉

【梟女本色】

貂蝉

花前长叹牡丹亭,弱女忠心照月明;

义报王允堪跪拜,勇立毒誓答父恩。

初识吕布情何多? 再迷董卓妙若神;

太师床前眉深蹙,窗外温侯欲断魂。

凤仪亭中激吕布,董卓掷戟父子分;

郿坞车过虚掩面,冈上温侯起杀心。

贼首北掖门外落,天下谁不敬美人。

早知红裙能锄奸,诸侯何劳动戈兵?

古今中外,权势中的男人大凡与绝色的美貌佳人搅和在一起,往往被美人弄得身败名裂。但尽管如此,男人仍对美人趋之若鹜,就如饮鸩止渴一般,貂蝉的传奇故事就是对此最好的诠释。

她是美丽的羔羊,却甘以柔弱之躯,投入虎狼之口。

她也有儿女情,却违背"烈女不侍二夫"的古训,周旋于董卓与吕布之间。

她是连环计的实施者:娇滴滴,董卓心猿意马;羞答答,吕布心神荡漾。

她用尽心机,枕风尽吹,只温柔一刀,便令董卓、吕布灰飞烟灭。

【风云叱咤】

王允仗义救难女

这是一个四月天,山西忻州木耳村,大大小小的青蛙开始在月光下歌唱,月亮今晚也格外大方,倾泻的月光把河水映照得像刚榨出的豆油一般,整个大地一片乳白色;一群群蝌蚪孵化出来,在缓慢流淌的河水里像一团团漫漶的墨汁一样移动着。河滩上的狗蛋子草发疯一样地长着,红得发紫的野茄子花在水草的夹缝里怒放着。

一位年轻妇女静静地躺在一位做木匠的男人身边,这位年轻的女人就是绝色美人貂蝉的生母。母亲对于貂蝉的到来几乎一无所知。半夜她在梦中听得瑶琴一般的美妙声音自天际拂面而来,她有点飘飘欲仙——雾气氤氲之中,一轮雪白的圆月滚过,她诚惶诚恐地看见月门开了,一位身穿白色罗裙的仙女飘然而至。当那仙女的裙带拂掠过她脸颊时,她看见一朵亭亭的灵芝如蒲公英一般旋落,她伸手欲接,腹部却突然感到一阵钻心的剧痛……

就这样,貂蝉降生到了人世。

汉灵帝中平五年(188)十月,广袤的伊洛平原上,秋风萧瑟,万木凋零。十几名随从拥簇着一位官员,步履沉重地前进在通往国都洛阳的路上。这位官员紧蹙双眉,时而长叹,时而摇头,有时还忍不住滴下几滴眼泪。他,就是东汉王朝身居高位、主管民事的司徒王允。

王允这次出京的主要任务是巡察地方,了解民情,顺便回太原老家探视。一个月来的所见所闻,使他震惊万分:大片荒芜的土地,无数逃亡的人群,家乡亲人的哭诉,不时可见的饿殍,一幅幅惨不忍睹的现象,犹如一把把利剑扎在他的心上。回想起桓、灵二帝即位以来,宦官、外戚互相倾轧、残杀,交替执政,无论是谁上台,都变本加厉地刻薄百姓,使百姓处于水深火热之中,加之近年来灾害不断,不是旱涝蝗雹,就是牛疫地震,每一次灾害,都使老百姓雪上加霜,苦不堪言。震惊全国的黄巾起义,就是在这种情况下爆发的,真是官逼民反啊!近日,黄巾起义刚被镇压下去,统治者不从农民起义中吸取教训,反而更加残酷地刻薄百姓,外戚、宦官之间的斗争也更加激烈。自己曾多次向皇帝建议,制止朝廷内的帮派争斗,减免田租赋税,让老百姓有个休养生息的机会。怎奈汉灵帝整日沉溺于声色犬马,根本听不进去,自己一片忠言不被采纳,身居高位无助于民,思想起来,真是愧恨交集。这次回到都城,一定要冒死进谏,为老百姓说一句公道话。

王允正思量间,忽然听到远处传来一声凄厉的哭声,举目一望,旷野无人,哭声是从哪传来的?

王允忙停下脚步，命随从四下查找，一会儿，一个随从报告，在前边的小河沟里，一个小女孩守着一具中年女尸哀哀哭泣。王允一听，快步走上前去，只见中年妇女骨瘦如柴，面色蜡黄，不用问也知道是饿死的。小女孩有十二三岁年纪，蓬头垢面，号哭不止。仔细一问，方知小女孩父亲在战乱中死去，母女二人，乞讨为生，这几天实在讨不到东西，母亲把少得可怜的一点剩饭给了女儿，自己却活活饿死了。说罢，又大声哭了起来，随从们看到这种情况，也都难过得低下了头。

王允看小女孩虽然衣衫褴褛，面黄肌瘦，但眉清目秀，聪明伶俐，说话头头是道，顿生爱怜之心。想到如果给她一些银子，让她自逃活命，这旷野荒郊，该逃向哪里？说不定遇上坏人，连命也保不住。在这兵荒马乱的年月，一个十二三岁的小女孩，在哪儿能找个安身之处呢！他又想到自己年已半百，无儿无女，自己忙于公事，不停奔波，夫人在家寂寞，不如将这小姑娘带回家去，跟夫人商量一下，收为义女，小女孩有了安身之处，自己也可免去老来孤独。想到这里，就问小孩说："小姑娘，我想把你带回我家，以后就在我家生活，你愿不愿意？"小姑娘一听，忙跪下磕头，连说"愿意"。于是王允命随从将小女孩的母亲就地埋葬，然后将小女孩带回府中。

回府之后，王允先让仆妇给小女孩洗澡换衣，自己到后堂将情况告诉夫人。夫人听了，也表示同意。一会儿，家人带上小女孩。王允一看，简直不相信这就是在路上见到的那个又脏又瘦的小讨饭的。原来经过几天来随从们在路上的精心照顾和王允的百般抚慰，小女孩已渐渐从悲伤、恐惧中解脱出来，身体也逐渐恢复，脸上开始泛红，嘴唇也有了血色，尤其是那一对眼睛，清澈明亮，聪慧有神，像会说话似的。夫人一见，喜欢得不得了，一把搂在怀里，问长问短，当下就收了义女。于是小女孩重新拜了爹娘，正式成为王家的成员。

王允想到自己半百得女，无异于掌上明珠，再看小女孩聪明可爱，将来一定是个美丽的姑娘，于是给她取了一个语意双关的名字——貂蝉。貂，取其珍贵；蝉，取其高洁。为了让女儿才智过人，王允又延请名师，教女儿读书识字。这样，父母双亡的孤女终于又有了一个属于自己的充满温馨爱意的家庭，而且有了一个好听的名字。

貂蝉进了王府，受到王允夫妇的百般疼爱，境遇一天比一天好。而国家的形势却每况愈下，一天不如一天了。

把持朝政董卓专权

中平六年（189），汉灵帝驾崩，朝廷以灵帝母亲董太后为首和以灵帝何皇后为首的两支外戚，在确定皇帝继承人的问题上展开激烈争斗，董太后主张立王贵人所生、董太后养育而受灵帝钟爱的王子刘协，何皇后则坚持立自己所生又有着太子身份的刘辩。争斗的结果，以何氏取胜，太子刘辩即帝位，称为少帝，尊何皇后为皇太后。太后之兄何进为大将军，掌管军权。刘协被封为陈留王，董太后被何进毒死，董氏家族全部覆灭。

灵帝在世时所宠信的段珪、张让等十常侍在灵帝病重时曾主张按灵帝和董太后之意，立少子刘协为太子继承帝位，现在看到董氏一门已灭，又千方百计讨好何太后，受到何太后的信任。因而少帝即位后，大将军何进几次与朝臣计议，想彻底诛杀宦官都没有成功，最后采纳了司隶校尉、汝阳人袁绍的意见，调集四方军队入京，以"清君侧"为名，杀死段珪、张让等人。这样何进既不落个违抗太后之命的名声，又达到了诛杀十常侍的目的。

各路军队刚刚出发，张让等人已知道消息，决定先下手为强。于是他们预先在长乐宫嘉德门内埋伏下50名刀斧手，然后到何太后处哭诉说："奴才侍候太后，辅佐少帝，忠心耿耿，决无二意。现在大将军听信他人谗言，四路调军，要诛杀臣等，万望太后大发慈悲，救救我们吧。"其他人听张让一说，也都跪下献说："万望太后可怜我们，免我们一死，让我们回家养老，奴才等做牛做马，也忘不了太后的大恩大德。"何太后见他们说得可怜，就说："既然这样，你们还是到大将军府上，说明情况，表示谢罪，不是就行了吗？"张让等人又叩头说："现在大将军正要杀我们，我们到府上还不是自投罗网？还望太后下一道手谕，宣大将军进宫，让我们当面谢罪，如大将军还不原谅我们，那我们死在太后面前也死而无怨了。"何太后见他们说得有理，就下了一道手谕，召何进入宫议事。

何进接到太后手谕，立即准备进宫，主簿陈琳和朝臣曹操、袁绍等人都极力阻止，反对何进入宫。但何进认为自己的妹妹宣召，能有什么祸事？所以一意孤行，径直入宫。曹操、袁绍等人不放心，带领名勇士前往护送。不料走到长乐宫外，被黄门挡住，说是太后有旨宣大将军议事，其他人不得入内。曹操、袁绍不敢造次，只好在宫门外等着。

何进进宫后，走到嘉德殿门口，被段珪、张让带领十几人围住厉声质问他为什么要毒死董太后，又为什么要杀害十常侍。何进一看形势不对，回头想走，一看宫门已经关上，无路可逃，两旁拥出几十名刀斧手，不由分说，将何进一刀砍为两段，并割下首级，扔出宫外。曹操、袁绍一见，知道何进已遭暗算，不由分说，领人冲进宫去，赶杀宦官，最后十常侍全部被杀，何太后幸免于难，少帝和陈留王逃出宫外，最后遇到董卓，引起东汉朝廷又一次激烈斗争。

董卓，字仲颖，是陇西临洮人，从小游历羌中，结交豪帅，以六郡良家子的身份成为羽林郎，桓帝末年，为并州刺史、河东太守。灵帝中平元年（184）因镇压黄巾起义有功，封为邰乡侯。中平六年（189），朝廷下令，召董卓入京任少府之职，董卓寻找托词，不肯入朝，在地方拥兵自重，成为朝廷心腹之患。何进下令征各路兵马入京诛杀十常侍时，董卓也在被召之列。董卓让女婿牛辅留守陕西，自己带着大军朝京都进发。走到洛阳附近的渑池县，董卓下令停止前进，驻兵渑池，以观动静。时间不长，就见洛阳城中火光冲天、杀声震地，于是号令军队，立即出发，直奔洛阳。走了没多远，就见前面又来了一队人马，约有几百人，拥簇着两个小孩匆匆行路，上前一问，才知道是司徒王允、太尉杨彪等人刚找着逃在荒郊野外的小皇帝刘辨和陈留王刘协。董卓一听，马上要找皇帝，少帝吓得浑身颤抖，不住啼哭，倒是陈留王有几分胆气，厉声责问董卓说："你是什么人？是保护皇帝的还是劫持皇帝的？"董卓吓得赶快跪下谢罪，然后又问了洛阳的情形，少帝虽停止了哭泣，但仍十分恐惧，颤抖着说不出话来。陈留王就把洛阳情况大体说了一遍，董卓见陈留王年纪虽小，但比少帝聪明沉着，因而一下就产生了废去少帝，另立陈留王为帝的心意。当下并未说明，只是把少帝与陈留王护送回宫，与何太后团聚。经过这一场厮杀，虽说十常侍全部被杀，但遵诏进京的各路人马也损失不少，眼下，朝廷中最有实力的要算董卓的这支军队了。

董卓既然有了废立之心，就决定立即实施，他料定就目前的实力看，不敢有人和他作对。于是第二天就发出文告，请百官到温明园聚会，席间提起废立之事，因受到袁绍的坚决反对而未能如愿，不欢而散。隔了几天，董卓给了袁绍一个冀州太守的官职，让他到河北上任。然后根本不问百官意见，让他的另一个女婿，也是他的重要谋士李儒拟了一道册文，历数少帝无能而盛赞陈留王，当庭宣读完毕就让人把少帝从座位上扶下来，请陈留王登上皇位，改年号为初平元年，新皇帝被称为汉献帝。

过了几天，董卓派人把少帝毒死，逼令何太后及少帝唐姬自尽。从此，董卓出入宫中，如在家中，上殿不拜献帝，不去佩剑，随意淫乱后宫，王妃、公主都不能幸免。又封他的母亲为池阳君，开府设官，群臣敢怒而不敢言，谁要稍不如意马上就被杀死。董卓还放纵士兵，在洛阳城内肆意抢劫，烧杀淫掠，无所不为，美其名曰"搜牢"。有次正逢社日，阳城百姓聚会赛社，董卓带领军队包围赛场，将在场男人全部杀死，把头悬在车辕下，浩浩荡荡开回洛阳，声称打了胜仗。妇女则全被掠回，送入军营，供士兵奸淫。董卓还将不顺从他的人一一抓来，绑在柱子上，慢慢施以酷刑，自己则召来其他官员，一边饮酒，一边欣赏。官员们惊悸得个个面无人色，不敢说话，有的竟当场吓得昏倒过去。

董卓的这些倒行逆施，引起天下人的强烈愤恨，越骑校尉伍孚、骁骑校尉曹操先后谋杀董卓，都没有成功。结果伍孚被杀，曹操逃出洛阳，招集人马，推河北袁绍为盟主，号召十八路诸侯，准备进兵洛阳，讨伐董卓。董卓一面准备和十八路诸侯应战，同时为避其锋，不顾百官反对，决定将国都迁往西京长安。

当时，长安已遭受过几次兵火战乱，残破零落。而洛阳在东汉王朝的苦心经营下已是颇具规模的都城，其繁华富庶远非长安可比。因此，官员和百姓都反对迁都。于是董卓下令杀了敢于阻止迁都的尚书周毖、城门校尉任琼，又将持反对意见的太尉杨彪等人贬官。然后派军队将洛阳城中富户抢掠一空，把东汉帝王陵墓统统掘开，盗出陪葬珍宝，全部拉往长安。百官再也不敢反对，唯命是从。献帝虽然聪明，对董卓所为恨之入骨，但年纪幼小，势单力弱，只好忍气吞声，由董卓摆布，汉室江山实际已成了董卓的天下。

认贼作父杀丁原

董卓之所以敢这样擅权乱政、肆无忌惮，除了当时实力雄厚之外，主要依恃的是部下的一个重要将领，也是董卓的干儿子吕布。

吕布字奉先，五原郡九原（今内蒙古包头市西北）人，从小父母双亡，为并州刺史丁原所收留，甚得丁原喜爱，收为义子。吕布本身具有九原人好武强悍之特点，长得身高体壮，膂力过人。加之自幼在丁原军中长大，练就一身武艺，所向无敌，是丁原手下的主要将领。丁原为刺史时，任吕布为主簿，掌管军中事务，委以心腹重任。这种上下级加父子的特殊关系，使吕布和丁原关系非同一般，入则同食，出则护卫，亲信之外，又是丁原的贴身保镖。正因为有吕布可以依恃，丁原在各路将领中就显得理直胆壮，敢于抗言。上次在温明园，当董卓说完废立之意后，又假惺惺地征求群臣意见，群臣畏惧董卓，个个俯首视地，不敢回答。只有丁原厉声说道："不行，不行！你是何等人？竟敢口出狂言，欺汉室朝廷无人吗？天子是灵帝嫡长子，素无过错，凭什么要废？你就不怕犯欺君犯上之罪吗？"董卓一看丁原竟然敢和自己唱对台戏，且态度如此强硬，心中大怒，觉得不给这个小小刺史一点颜色，就无法弹压其他大臣，达到废立之目的。于是按剑在手，大喝道："你是什么人，竟敢在这里说话，我今天就让你人头落地，看你还敢狂妄！"说着，站起身来，拔出佩剑，就要向丁原刺去，百官恐惧万分，不知所措，气氛顿时紧张起来。丁原镇静自若，面带微笑，一动不动地看着董卓。一会儿，只见董卓已经举起的剑又慢慢落了下来，无力地插回鞘中，颓然跌到座位上。

原来当董卓的剑正要刺向丁原时，忽然看到丁原背后站着一人，身高一丈，膀粗腰圆，眉目清秀却又虎气生生，一手按剑，一手执方天画戟，此时也是剑出鞘，戟在手，双目怒视董卓，仿佛只要董卓一剑刺来，他就会把董卓砍成肉酱。那气势，那威严，足以使人丧胆。所以董卓已经举起的剑又被迫落了下去。

在丁原的带动下，卢植等人也提出反对意见，董卓更加生气，宴会散后按剑站在温明园门口，准备逐个逼问百官，不从者即斩首示众。哪知不等董卓动手，丁原背后之人护卫丁原从园中出来，跃马持戟，往来于园门口，专伺董卓动静，董卓一看，吓得不敢动手，只得怏怏回府，百官方得以脱身。

董卓回到相府，召来李儒等几个亲信一问，才知此人就是丁原的义子吕布，有万夫不当之勇，丁原正是因为有了吕布，方敢以小小刺史身份在宴席上抗言，反对废立一事的。董卓听罢，当晚闷闷不乐，不再说话。

一连几天，董卓寝食俱废，愁眉不展，李儒等人知道他忌讳吕布，不好明说，心里也十分着急。

这天，董卓手下一员将领李肃求见董卓，说道："主公这几天不乐，是不是为了吕布？"董卓吃了一惊，看李肃一眼说："你既已知道了，有什么好办法吗？"李肃说："我这几天也一直考虑这事，吕布与我是同乡，小时曾一块嬉戏玩耍，故知此人勇力过人，智谋不足，又是见利忘义之人。后投奔丁原，不知情况，前日阵上见了，方知他已是丁原心腹。现在我愿以同乡身份，携带厚礼，到吕布营中探视，向他转告丞相厚爱之意，晓以利害，说服吕布投降主公，为您所用，不知这样可以吗？"董卓一听大喜，对李肃说："只要吕布能为我用，什么东西我都舍得，你需要什么就说吧。"李肃说："听说主公有宝马一匹，名叫'赤兔'，日行千里，夜走八百，吕布虽有良马，不及赤兔万分之一，以此与他，必然欢喜，再贿以金宝，许以高官，吕布必然来降，岂不遂了主公心愿！"董卓连连点头，让李肃带了宝马金宝，立即到吕布营中。

李肃带了赤兔马并许多金宝，外带两个从人，径直到吕布营门口，说是吕布乡党求见。进营之后，见了吕布，口称贤弟，连忙见礼，吕布一时愣住，想了半天，竟记不起此人是谁，满脸疑惑，问道："你是何人，怎么对我口称贤弟？"李肃反问道："贤弟难道忘了五原故乡，儿时一起嬉戏之李肃吗？"吕布一下记起，连忙行礼说道："原是李兄到了，有失远迎，多有得罪！不知李兄现在何处任职，今天为何到我这里？"李肃说："我现在在朝中做官，任虎贲中郎将之职。听说贤弟有志匡扶社稷，救民于水火，非常高兴。近日得到一匹赤兔宝马，日行千里，渡水登山，如履平地，贤弟之神武，正好与此马相配。因而我不敢自骑，特来奉与贤弟。"说罢让随从牵过马来，吕布一看，果然不是寻常之马，浑身火红，无一根杂毛，身长一丈，高八尺，跃蹄奋起，有腾空人海之壮，昂首长嘶，有石破天惊之力。吕布一见大喜，忙命牵入厩中，精心饲养。然后命摆设宴席，与李肃饮酒叙旧。入宴之前，李肃又让从人献上金宝，吕布全部收下。李肃见吕布如此，知此人本性不改，略略放心。酒至半酣，李肃故意问吕布说："多年不见,令尊大人可好?"吕布望着李肃吃惊地说:"我父亲去世多年,李兄难道不知吗?"李肃说:"我不是问你生身父亲,是问你现在的父亲丁原。"吕布低下头满脸通红,口中搪塞说:"在丁原处亦是无奈,哪敢忘记生父养育之恩呀!"李肃接口说:"贤弟把话说到这儿,愚兄也就实话实说吧。今日与贤弟之宝马金珠,皆非愚兄所有,实乃董丞相之物呀!丞相在两军阵上,得见贤弟,顿生爱慕。有意引为知己,委以重任,与弟同保汉室江山。今以贤弟神威,屈事丁原,终不过职在刺史以下,难有出头之日。如侍奉董太师,何愁不得封王列侯乎!"吕布听了微微点头,但又略带难色说道:"丁原于弟,虽非亲生,亦有养育之恩,一旦弃之,如何忍心!"李肃说:"量小非君子,无毒不丈夫。良禽择木而栖,贤臣相主而佐。大丈夫要干成一番大业,如何顾得了许多。"吕布点头称是,对李肃说:"李兄稍等一下,容我杀了丁原,和兄一起投奔董太师。"李肃说:"贤弟速去速来,万不可临时手软,贻误大事。"吕布说:"李兄放心,吕布必不反悔。"说罢提刀出帐,来到丁原房中。

这时天色已晚,丁原正在灯下看书,看吕布提刀进来,心中一惊,以为又有战事,忙问:"儿呀,是否董贼又来讨战?"吕布说:"我吕布顶天立地之人,岂能于你区区一刺史为子?"丁原一听这话,大惊失色:"奉先为何突然变心?"吕布也不回答,一步上前,手起刀落,砍下丁原首级,走出帐中,大声喊道:"丁原不仁不义,已被我砍下首级,现在你们赶快收拾,随我投奔董太师,敢有不从者,与丁原下场一样。"众军不敢违背,纷纷收拾器械、行李,随吕布出营。

李肃已把消息通报董卓,董卓大喜,列队相迎,置酒相待。重赏李肃,赐吕布金甲锦袍,收吕布为义子,官封骑都尉、中郎将、都亭侯。吕布都欣然接受。立即改称董卓为父,从此甘心为董卓卖命。

临危受命连环计

对于董卓的倒行逆施,王允看在眼里,恨在心里,却又无可奈何。从十常侍专权时起,他就在朝中任职,曾多次规劝灵帝,望他亲贤臣,远小人,重振朝纲。怎奈灵帝就是听不进去,任十常侍统揽大权,翻手为云,覆手是雨,卖官鬻爵,无所不为。百官屏息不敢直言,百姓逃亡怨声载道。好不容易盼着十常侍被诛,不想朝政又被董卓把持,挟持天子、淫乱后宫,逼迫迁都,开掘帝陵,无所不为。自己曾密派曹操谋刺董卓,不料被董卓看破,差点丢了曹操性命。现在曹操、袁绍会同各路诸侯,讨伐董卓,又被吕布所阻。前几日虎牢关前,刘、关、张三英战吕布,是何等的英雄气概,但最终未能取他性命。三人皆盖世英雄,尚且如此,又有何人可与争锋!王允只恨自己身为文官,不谙武术。不能上马统兵,讨平逆贼,只能在朝中斡旋,尽量使皇帝和朝臣少受一点凌辱、杀戮,其余再也无能为力。眼看着汉家江山气数将尽,百姓又有倒悬之苦,自己立身朝班,枉食俸禄,不能为国除奸,为民除害,每思至此,常常食不甘味,夜不安枕。

这天晚上,王允又想起国事,辗转难以入睡,便穿衣下床,来到后花园,只见夜阑人静,风清月明,不禁仰天长叹道:"天哪,你就忍心看着汉室江山如此倾废吗?"言罢,泪下如雨,唏嘘半天。

突然,王允听到了什么,他驻足细听,有低低的哭泣之声从假山后面的花丛里传来。

"夜色已渐深,不回房休息,在此暗自哭泣不是因为有了私情又是为何?"

貂蝉直身站起,王允身形虽矮矬,但他的威严高高居上,俯视着她。她心中略有些慌乱,脸色绯红,急忙辩解道:

"女儿怎么敢有私情?"

王允看着她娇弱慌张、美丽含羞的神态,除想入非非以外,不禁多了一分爱怜,用略微和缓的声音问:

"难道府上有人欺侮你不成?"

她轻启朱唇,娓娓说道:"不,府上没有人欺侮女儿。只是近日看爹爹不思饮食,苦闷异常,心里焦急难过,本想替爹爹分忧,爹爹待我恩重如山,我却不敢在爹爹跟前动问,所以只好在此悲伤……"

这话不说则已,一说顿时如电光石火,将王允击得云来雾去。

刚才王允是有点想入非非,使劲抽着鼻子,吸着她的芬芳。此时貂蝉得体机智的话,一下子感动了他,又一下子将她与他隔绝开来,离他而去。

在王允塞满野心与诗书的脑袋旦,一个计划正在酝酿膨胀

此时,交织在他心里的既有渴望,也有一阵苦痛。那个计划是他的神来之笔,可是当这个杰作付诸实施时,他将失去平生一件最大的财产。

他伸出手抓住貂蝉小巧白皙、在月光下如玉一般光泽的小手,轻声道:"蝉儿,外面风大,很容易着凉,跟我来。"

王允的书房空空旷旷,只有一豆孤灯摇摇曳曳,铺地的青砖泛着淡淡的黄光。

"蝉儿,请上座。"

王允手一招,仿佛启开了虚空之中的一扇门。貂蝉被这突如其来的礼节震惊了,望着那扇门,踌躇不定,连忙跪下,告罪道:

"女儿不敢。"

"我叫你坐你就坐。"

王允将貂蝉扶起,拉向红木漆的椅子。貂蝉冰肌玉肤的手在他粗糙的手掌中微微挣扎。

貂蝉既已坐定,王允突然跪地叩头就拜。这一举动使貂蝉大惊失色,赶忙跪到王允面前搀扶王允。当王允抬起头时,貂蝉惊讶地发现,王允黝黑的脸上,两行老泪如蚯蚓一般缓缓而下,落到腮帮时 便止住了,泪滴隐隐约约、明明灭灭地闪烁着银色的光。

貂蝉惊恐地跪在地上说:

"爹爹何故这样?"

王允泣不成声地说:

"蝉儿,这回汉室江山有救了。"

当这话从王允口中飘出时,他并没有感到自己的虚伪。在那个混乱年代,几乎所有人的话语都围绕着如何匡扶汉室江山、拯救国家来展开。不管是有心还是无心,救国是最冠冕堂皇的口号。即使是董卓本人,在没有取代汉朝皇帝之前,他的一举一动,都要打着维护汉室利益、拯救国家的旗号。王允自然不可能向貂蝉泄露自己的某些自私的意图,救国是他最好的借口。

貂蝉望着泪如泉涌的王允,如坠云雾之中,忙问:

"爹爹,这究竟是怎么回事?女儿怎敢接受爹爹的跪拜,这简直是女儿的罪过。"

貂蝉起身把王允扶到座位上,王允浑身僵硬如木头一般叹了口气,道:

"现在朝廷大权全掌握在贼臣董卓之手。他不仅滥杀无辜,陷害忠良,还想篡夺汉室江山。小儿吕布更是骁勇异常,好生了得。我朝文武鉴于他的军威,皆是敢怒不敢言……这,你大概已有耳闻了吧?"

王允的话一下子将貂蝉推到了那个细雨绵绵的清晨。董卓肥胖的身躯,再次挤进她的脑海,在五匹马撕扯下四分五裂的马夫人撕心裂肺的惨叫,呼啸着从她耳际穿过,而皇甫规家被满门抄斩、遍地鲜血的怖人情景,再一次像水一般地泼到了她的眼前。

"你——能——担——起——杀——死——董——卓——的——重——任!"

王允一字一顿地吐出的话将貂蝉从回忆中拉回现实。这每一个字,都如重锤一般敲打着她的心。她就是在梦中也不会想到王允会对她说这句话。她无比震惊地抬起头,望着神情迫切、脸部肌肉扭曲的王允,吃吃地半天说不出一个字来。

"董卓残暴成性,只要是人,都有诛灭他的心思。我也对他恨之入骨,可惜不能生啖其肉。爹爹的意思是……"

貂蝉好大一会儿才镇定下来,花容月貌中透着妩媚。

这一问,倒把王允给问怯了,他迟疑了老半天道:

"吕布、董卓皆是好色之徒,今晚见到你,我心中顿生一计……"

貂蝉突然一下子全明白了,老爷是要使"美人计"。她只觉得王允的话如洪水一般向她涌来,而她,只是洪水之中的一片孤立无援的树叶,于激流之中时沉时浮。在耳边回响的,是很远以前母亲在她耳边天天讲、月月讲的《三字经》忠贞节观。她一下子天旋地转,进退两难。

王允的话喋喋不休地直灌进她的耳朵:

"……如若以你为诱饵,必能使他们父子色迷心窍,叫他们为你争风吃醋,自相残杀,汉室江山岂不得救了……"

嫁给董卓,杀死董卓,实现她的誓言,为百姓报仇雪恨,然后玉石俱殒,也不枉了今生。貂蝉镇定地说道:

"爹爹,刚才小女已经说过:只要有使命,貂蝉万死不辞。何况是大人将我从小河沟里救出,给我重生机会,我的一切都是爹爹给的,我早就想报答爹爹恩德,但苦于没有机缘。今天爹爹在如云的美女中,看到我能胜此重任,这是我的福分与荣幸。请爹爹放心,为完成此重任,我会赴汤蹈火,万死不辞,以报爹爹深恩……"王允听后心中猛地一阵狂喜。但又有所顾忌地说:

"事情如若泄露,我可是有灭门之灾啊!"

貂蝉说:

"大人不必担心。小女若不报大义,必死于乱刀之下……"

王允见貂蝉答应,忍不住老泪纵横,口中喃喃地说:"貂蝉,貂蝉,天赐我也!有你舍生取义,国家之幸,万民之幸啊!"

然后,父女俩又秘密计议了半天,末了王允又一再叮咛,此事除二人之外,不能让第三人知晓,以免事情泄露,招来杀身之祸。更不能让老夫人知道,否则她一定舍不得女儿,不会让女儿冒险,这样一来,也就麻烦了。貂蝉仔细听着,一一答应。

中华传世藏书 中華梟雄大傳 将帅枭女卷

251

一轮圆月正从云里缓缓移出,月光从窗外泼进来,将貂蝉圆圆满满地罩住,貂蝉浑身银光闪烁,如同月色里的冰美人。

董吕争娇初生怨

王允当晚和貂蝉计议停当,第二天取出家中珍藏的几颗明珠,命匠人打造一顶金冠,将明珠嵌在金冠上,然后派人秘密送给吕布,吕布得到金冠,喜不自禁,下朝之后,即到王允府中致谢。

王允料到吕布必定前来,早早让家里准备好丰盛的佳肴,上等的美酒。吕布刚到门前,王允马上出迎,接入后堂,设宴欢饮。

王允殷勤劝酒,嘴里净说些董卓与吕布的好话,把吕布说得心花怒放。也不免说起王允的好处,末了还说:"以后还请司徒于天子处多多保奏,布当感谢不尽。"

王允正色说:"将军说哪里话来?王允今日敬重将军,无非是想让将军在董太师跟前多多致意,王允终生不忘将军大恩大德。"

吕布面露得意之色,口里连称:"那个自然,何劳老大人多说。"说完又大笑畅饮。

王允见吕布已有几分酒意,屏退左右,单唤貂蝉出来,当面叮嘱说:"我儿一向敬慕英雄,今吕将军乃是天下第一英雄,又是咱家大恩人。今后咱们一家全靠将军提携。为父唤我儿出来,一来拜见英雄,了儿平生之愿,二来替父谢谢将军,好好敬将军几杯。"

貂蝉听了王允的话,羞答答低下头去,对着吕布,深深一拜,口中娇滴滴地说道:"将军在上,小女子貂蝉拜见将军。"

吕布听了王允对貂蝉说的一番话,知道此女乃王府千金,不敢怠慢,连忙站起身来。虽未看见面貌,但见她身材姣好,声音悦耳,已是意马心猿,魂不守舍,及至貂蝉倒身下拜,他也赶忙还礼,口称:"不敢当,吕布这边还礼了。"

吕布自从貂蝉出来,一双眼睛就不曾离开,觉得此女样样可人。现在一看貂蝉面容,更是大吃一惊,不想天下竟有如此美人。吕布家中虽有妻妾,但无一个可和貂蝉媲美,一时看着想着,竟忘乎所以,只呆呆望着貂蝉,忘了接过她捧上的酒。

"小女子代父敬将军酒,请将军饮下此杯。"貂蝉见吕布一时忘情,只定定地看着自己,不觉又露娇羞之态,脸上泛起一片红云,轻启樱唇,又娇滴滴地说了一声。

吕布一下子清醒过来,一时不知所措,忙接过貂蝉手中的酒杯,连连道谢,并请貂蝉坐下讲话。

貂蝉推脱不肯,王允在旁说道:"儿呀,吕将军是咱家恩人,我儿但坐无妨。"

于是貂蝉坐在下手,频频向吕布敬酒,眼含秋波,眉目传情。吕布更是目不转睛看着貂蝉,一会儿也不离开。每次貂蝉敬酒,都是一饮而尽,渐渐地又多了几分酒意。

王允见吕布已完全被貂蝉迷住,佯装有点喝多了,身体发热,要到后堂换件衣服,便向吕布告罪而退,并一再嘱咐貂蝉好好向吕布敬酒,不可怠慢了客人。

王允走后,吕布有点把持不住,不断夸奖貂蝉美貌,诉说自己倾慕之情,貂蝉也夸吕布仪表堂堂,英雄盖世,自己早从父亲处听说,只是不曾见得,今日得见将军,一睹风采威仪,实属万幸等等,言语之间,有终身相托之意。真是个英雄爱美女,美女敬英雄，一时竟有些缠绵难分了。吕布趁着貂蝉敬酒之际，一把握住貂蝉那纤纤玉手，欲拥入怀中，貂蝉低眉含羞，半推半就，拉拉扯扯，难舍难分。

正在这时，王允换了衣服上来，见此光景，进退两难，就轻轻地咳嗽了一声。

吕布吃了一惊，连忙放开貂蝉，貂蝉回到座位，羞答答，粉颈低垂，一声不吭。吕布则一脸尴尬，一面讪笑掩饰，请王允入座。

王允看看吕布，又看看貂蝉，忽然朗声大笑道："老夫只有此女，平时娇惯溺爱，不知礼数。如蒙将军不弃，老夫欲将小女许配将军为妾，将军可肯允纳？"

吕布一听大喜，连忙离座拜谢。王允又转脸问貂蝉道："不知我儿意下如何？"

貂蝉见问，脸上又飞起一朵红霞，站起身来，低声说道："但凭爹爹做主。"一面说，一面掩面跑回后堂。

王允望着貂蝉背影，哈哈而笑，向吕布道："都是老夫平日溺爱过度，望将军幸勿见笑。"

吕布连称"不敢"，两人又饮了几杯，商定过几日送貂蝉过府成亲，然后尽欢而散。

第二天，王允上朝，议完政事，见董卓一人留下，吕布正好不在，就上前拜请董卓说："下官府中近日酿得美酒，又得歌妓数名，欲请太师到寒舍一坐，品尝美酒，欣赏妓乐，不知太师肯否赏脸？"

董卓今日心情特好，见王允邀请，十分高兴，当下满口答应道："司徒乃国家元老、社稷之臣，既蒙相邀，哪有不去之理！明天一定前往。"王允一听，满心欢喜，再三拜谢之后，兴冲冲地回家准备去了。

次日上午时分，人报太师来到，王允身穿朝服，毕恭毕敬地到门口相迎。董卓下车，在百名持戟卫士的拥簇下进入厅堂。王允先把卫士安排在两厢廊下，盛情招待，然后把董卓延入后堂，吩咐摆宴，扶董卓中间坐定，自己纳头再拜，董卓扶起，命坐在自己旁边。王允一面敬酒，一面极口称赞太师盛德，非伊尹、周公所能及，把个董卓说得眉开眼笑，得意忘形。王允话锋一转，称自己夜观天象，见汉室气数已尽，劝董卓取而代之。董卓哈哈大笑道："知我者，司徒也！"并许以事成之后，王允当居元勋之位。王允连声拜谢。

又饮了一会儿，王允令堂中放下珠帘，点上画烛，屏退左右，令歌妓貂蝉献舞。

貂蝉应命上来，慢扭细腰，轻舒广袖，和着笙簧飘飘起舞，好似嫦娥奔月，又好似天女散花，把个董卓看得如醉如痴，连连拍案叫好。

舞罢一曲，董卓将貂蝉唤至座前，向王允说："此女何人？"王允回答："此乃下官府中歌女。"董卓又问："既是歌女，能唱歌否？"王允命貂蝉献上一曲。

貂蝉领命，手执檀板，启动樱唇，轻展歌喉，一曲《阳春白雪》，足令董卓魂销。及至唱完，仍然余音绕梁，一时难散。

董卓大喜，问貂蝉道："美人芳龄几何？"貂蝉含羞答道："一十七岁。"董卓连连赞叹："真乃神仙下凡！司徒有此美姬，真不枉人间一回了。"

王允见董卓夸奖，连忙拜谢说道："臣年老矣，欲将此女敬献太师，不知可肯见纳？"

董卓正求之不得，也不推辞，说道："司徒厚意，吾当领之，容来日答报。"

王允见天色已暮，就安排毡车将貂蝉送往董卓府中，然后将董卓送到相府门口，方转身回来。正走之间，就见前边来了一彪人马，前面两行宫灯引路。灯光中一人手执方天画戟,半醉半醒,摇摇晃晃,骑马而行。

王允见是吕布,连忙上前见礼。哪知吕布怒目圆睁,一把揪住王允衣领,一手紧按宝剑,喝道:"王允老匹夫,你前日将貂蝉许配于我,今日又送太师,到底是何居心? 从实招来,若有半个虚字,定叫你人头落地!"

王允吓了一跳,左右一看说道:"这里不是说话之处,请到寒舍一叙。"

两人同到王府,分宾主坐定,王允先开口道:"将军为何对老夫发如此脾气?"

吕布说:"刚才有人报告,说你用毡车送一美女人相府去了,我想太师能看上之美女,除了貂蝉还有哪个?"

王允一听,笑道:"原来如此,将军误会了。昨日太师在朝堂对我说有一件事情,今日要到我家,我当然求之不得,回来备宴伺候。"今日董太师前来,饮宴中间说道:"听说你有一女,名唤貂蝉,许与我儿奉先为妻,不知可有此事? 我回答说确有此事。董太师说将军乃非凡之人,定要配非凡之女,因要当面见过,方才算数。于是唤貂蝉出来,拜见太师。太师见了连口称赞,说道是佳儿佳媳,让我做大宴助乐。又说先让貂蝉过府,选一良辰吉日,与将军成婚。将军试想,太师亲临寒舍,老夫岂敢推辞?"

吕布听完,疑虑顿消,连忙低头谢罪说:"吕布一时鲁莽,未问情由,得罪司徒,尚望恕罪!"

王允道:"将军说哪里话来,不知者不罪也。小女还有些妆奁首饰,当送于将军府中,以备成婚之用。"吕布又千恩万谢,欢欢喜喜回去准备当新郎官了。

吕布回到府中,满心欢喜,只等着吉时一到,董卓派人宣召,与貂蝉成就好事。哪知等了一夜,毫无动静。第二天早上也没有什么消息,眼看快到中午,吕布实在等不住了,就到董卓处打听消息。一进相府,正好碰到董卓的几个侍妾,见了吕布和平时一样,丝毫没有什么特殊的表示。吕布实在忍不住了,就问她们太师在什么地方。

几个侍妾你看看我,我看看你,掩口而笑,说道:"将军不知,太师昨日得一美人,如获至宝,高兴异常,现在恐怕还没起床呢!"

吕布心中疑惑,不知新人是不是貂蝉,悄悄来到董卓卧室后面,从窗外窥探,想把此事弄个水落石出。

这时貂蝉已经起床,坐在窗前梳头,忽见窗外水池中倒映出一个人影,极其高大,头戴金色束发冠,不是吕布还是何人! 于是貂蝉双眉紧蹙,忧愁不安,频频用罗帕拭泪。吕布看了好长时间,觉得女子身形酷似貂蝉,但因隔着窗帘,影影绰绰,总是看不清楚,不能得其实。犹豫了一会之后,就迈步进了房中。

董卓也已起身,坐在堂中,见吕布进来,问道:"外面有事吗?"吕布回答"无事"。一双眼睛只在房中打量。只见绣帘后有一人影来回晃动,似乎是向外张望,很快半露其面,秋波传情。吕布一看,正是貂蝉,不觉神魂荡漾,不能自已,两眼怔怔地望着帘内。董卓见吕布这样,心下生疑,说道:"无事你先出去。我这几天身体不爽,要在家休息几天,平时你就不要过来了。"

吕布回家以后,坐卧不安,总想着貂蝉的模样,多次想到相府探视,但没有董卓的命令,又不好擅自进去,急得好像热锅上的蚂蚁。后来又寻找借口,去了相府几次,但都未进到后堂,既看不到董卓,更见不上貂蝉。

董卓自从得到貂蝉,深溺于色情之中不能自拔,貂蝉展其所能,曲意奉承,把个董卓乐得心花怒放，不可收拾。整日与貂蝉一起，歌舞丝竹，调笑享乐，朝中大事，战斗胜负，家人义子，统统忘到九霄云外，心中除了貂蝉，别无二人。

到了暮春时节，董卓偶然染上风寒，卧床不起，貂蝉衣不解带，精心侍候，更得董卓喜爱，须臾不可离开。

吕布听到董卓卧病，不失时机地来到相府探病。董卓见吕布进来，仍然躺在床上，抬起手来示意，叫吕布到床前说话。

吕布嘴里问着董卓的病情，眼睛却不住向里窥望，只见貂蝉从床后探起半身，双眼含泪，默默无言，只是用手指指自己的心。吕布会意，心如刀割，不住地点头。

董卓正与吕布说话，见吕布心不在焉，答非所问，心中疑惑，顺着吕布的目光一看，见貂蝉立于屏风后面。心中不觉大怒，喝道："大胆吕布，竟敢戏弄我的爱姬！"又令左右将吕布赶出相府，无事不得进来。吕布也为之大怒，双目怒视董卓，怀恨走出相府。

李儒知道了这件事，慌忙来到相府，问董卓道："听说太师今天对吕布大发脾气，不知所为何事？"董卓怒气未息，气冲冲地说道："吕布狂徒，借探病之名，偷看我的爱姬，因而被我赶出，不准他再进府。"

李儒劝解说："太师能有今天，多亏吕布力敌群雄。现在太师还要靠吕布去夺取天下，怎么能以此区区小事伤了和气？万一吕布变心，岂不坏了大事！"董卓一听，也觉后悔，向李儒说："那又如何是好？"李儒说："这也不难，明日将吕布召入，只说有病心情不好，错怪了他，然后多赐金帛，好言安慰，必然无事。"

第二天，董卓派人将吕布唤来，赐座堂前，说道："近日卧病在床，心情烦乱，神志恍惚，错怪于你，清醒过来，追悔不已。这件小事，望你不要记在心中，你我父子还如平时。"说完，令人抬出黄金 10 斤，锦帛 20 匹尽数赐予吕布。吕布见董卓这样，怒气也消了大半，叩头拜谢说："大人说哪里话来，昨日之事，还怪吕布行为不检，惹大人生气，吕布哪敢记在心中呢？"

从此，吕布和董卓关系比过去更加亲密，每次董卓入朝，吕布都手执画戟，骑马于车前护送。董卓殿前下车，佩剑上殿，吕布则持戟站于阶前，百官拜伏其下，均听董卓约束。似乎过去的一切不快都烟消云散，像什么也没有发生一样，实际上董卓心里没有什么是真的，而吕布的一切只是表面现象，内心深处对貂蝉的怀念更加深切，想见貂蝉的愿望也更强烈了。只苦于没有机会，难以如愿。

凤仪亭下戏吕布

这一天，吕布又护卫董卓来到殿上，自己在阶下侍立。过了一会儿，见董卓和献帝正在说话，看样子一时半会不会结束，认为是不可多得之良机，于是慌忙提戟出门，上马直奔相府而来。进了相府，将马拴在路旁，手持画戟，进入后堂，寻找貂蝉。

貂蝉见吕布来到后堂，急忙走出珠帘，示意帘后有人，不要出声，然后小声说道："此处不是说话之地，将军可到后花园凤仪亭中等我，我一会就来。"吕布一听，不敢久留，马上转身出来，来到后花园凤仪亭之下，站在曲栏旁边等候貂蝉。

过了好大一会，才见貂蝉从花丛中缓缓走来，真是貌如仙子，闭花羞月，和前些日子在王府时又有不同。貂蝉一见吕布，泪如雨下，扑入怀中哭道："我虽然不是王司徒亲生之女,但从小养育,爱如掌珠,为我择配,颇费苦心。一见将军,极力称赞,欣然许婚。我只说终身有靠,心愿已足,谁知被太师骗回,肆行淫污,妾生实不如死矣! 之所以苟活至今,就是为见将军一面,表明妾一片诚心。今日已见将军,别无遗憾。妾虽心仪将军,然此身已污,不能与将军为伴。将军好自保重,另选淑女,你我就此永诀,以断将军之念!"说完,从吕布怀中挣出,就要跳下水去。吕布也是泪流满面,慌忙抱住貂蝉,极力安慰道:"小姐不必如此,我自与小姐定情,无日不思,无日不想。知小姐必如我心,坚似铁石,只是无有时机与小姐共语。"貂蝉哭着说:"貂蝉今生不能为将军之妻,只好以待来生。"吕布发誓说:"吕布今生不以小姐为妻,誓不为人!"貂蝉又说:"妾在老贼身边,度日如年,乞将军早发怜悯,救妾出去。"吕布连声答应。真是流泪眼观流泪眼,断肠人望断肠人。

过了一会儿,吕布说道:"我今天从内廷偷空出来,时间长了,怕老贼起疑心,我先走了,以后再找机会看你。"说完,提起画戟想走。

貂蝉一把抱住吕布说:"妾身指望将军搭救,望能重见天日。不想将军如此惧怕老贼,看来妾是永无出头之望了。"说完,泪下如雨。

吕布站住说:"你先不要着急,容我慢慢想来,一有机会,定来救你。"

貂蝉伤心欲绝,说道:"妾在深闺,听父亲言将军之名,如雷贯耳,以为是当世英雄,谁知受人挟制如此? 自己所爱尚不能保住,何为英雄乎!"吕布见貂蝉如此伤心,也是悲痛难忍,复又抱住貂蝉,依偎缠绵,不忍离去。

再说董卓和献帝说了一会话,朝下一看,不见吕布,忙问左右,吕布何在? 左右回答说吕布手持画戟,出殿去了。董卓心中生疑,急忙上车回府,见吕布坐骑拴在道旁,忙问门吏吕布到哪里去了,门吏回答说:"吕将军进后堂多时了。"董卓喝退门吏,径直进入后堂,遍寻吕布不见,而且也不见了貂蝉踪影。董卓心中着急,忙问侍妾,侍妾回答说:"吕将军刚才持戟至此,后不知所向。娘娘似到后花园去了。"

董卓一听,急忙来到后花园,见吕布倚着画戟,怀拥貂蝉,心中无名火起,走到跟前,大喝一声:"气死我也!"伸手去夺方天画戟。

吕布见状大惊,放开貂蝉,夺路便走。董卓持戟刺吕布,吕布将画戟打落地下,等到董卓将戟捡起,吕布已走出几十步外,董卓看着追不上,将戟对准吕布,狠狠掷了过去。吕布一闪身,戟刺到园门上,足有好几寸深。吕布逃出园去,董卓随后赶来,刚出园门,见一人迎面飞奔而来,与董卓胸膛相撞,董卓跌倒在地。董卓一看,见是李儒,恨他挡了自己,怒目而视。

李儒慌忙扶起董卓,口称死罪说:"李儒实为社稷大计,不慎冲撞恩师,还望恕罪!"

董卓怒犹未消,看着李儒,一言不发。李儒赔着小心问道:"我刚才碰到吕布从相府出去,一见我就说太师杀他,可有此事?"

董卓说:"吕布在凤仪亭内调戏我的爱姬,难道还不该杀吗?"

李儒说:"太师此言差矣。昔日楚庄王夜宴诸侯,令爱姬劝酒,忽然狂风大作,吹灭灯烛,殿内一片漆黑,座上一人抱住庄王爱姬,欲行无礼。爱姬摘其头上冠缨,告于庄王。庄王说:'酒后使然,何必计较!'于是命人取来金盘一面,让所有在座之人全部摘下冠缨,然后才令点灯。后终不知调戏爱姬者为何人也。后人美庄王之德,称其会为'摘缨会'。几年后的一次战斗中,庄王陷入重围,十分危急,见一将领,奋不顾身,杀入重围,救出庄王。身受重创,血流遍体。庄王问此人为何拼死相救,那人回答说:'臣蒋雄也,昔年在摘缨会上,酒后冒犯王姬,蒙大王不杀之恩,无以为报,故置性命于不顾,以救王命、报王德也!'楚庄王叹曰:'真义士也!'今吕布心喜貂蝉,太师何不顺水推舟,赐予吕布,吕布感太师恩德,必死力辅佐,一旦能得天下,何患没有像貂蝉这样的美女!"

董卓听李儒这样一说,立即转怒为喜说:"多亏你提醒,真不该为此而误了大事。你去转告吕布,就说我将把貂蝉赐他。"李儒高兴地说:"当初高祖曾以两万黄金赐予陈平,成就大业;今日太师以貂蝉赐吕布,也正是为了国家大计呀!"

李儒走了以后,董卓来到后堂,唤出貂蝉问道:"我待你哪样不好?你却背着我和吕布勾勾搭搭,是何原因?"

貂蝉呜呜咽咽地说:"今日妾到后园赏花,不想吕布提戟也到了那里。妾以为他是太师之子,理应回避,谁知他一直追到凤仪亭,妾怕身受其辱,欲投荷池,被吕布一把抱住,若不是太师及时赶到,恐妾之命已不复存在矣!"说罢又哭。

董卓道:"我看吕布年轻英俊,你二人年貌相当,我就把你赐予吕布,强似跟我这老人在一起,不知你意下如何?"

貂蝉见说,哭得更加伤心,一边哭一边诉说:"妾身已事太师,实指望终身有靠,不想太师竟以我为无用之物,随意赠予家奴。我身已为太师之人,宁死不受其辱!"说着拔下墙上的宝剑,就委自刎。董卓慌忙夺下宝剑,将貂蝉抱住道:"我不过跟你开个玩笑,何必这样认真!"貂蝉恨恨地说:"这必是李儒设计害我,他与吕布交情甚厚,不惜辱没太师名声。"董卓说:"李儒虽然这样说,但我心中自有主意。"貂蝉说:"只怕你见了吕布和李儒,又不由自己了。看来我在此地不宜久住,久住必为二人所害。"董卓说:"这样吧,我在离此地几百里的郿邑筑有一座大城,名叫郿坞。内有几十万金银,三十年的粮食,军兵百万把守。本来这是准备以后起事用的,今既如此,我先带你到郿坞居住,将来事成之后,你就是贵妃,一人之下,万人之上,荣耀无比。即使事不成,你也是富贵人家之妻,终身荣华富贵,受用无穷,你看如何?"貂蝉伏地拜谢道:"如果真像你说的那样,我真是感谢不尽了。"

当晚,貂蝉百般温柔,万般缠绵,把董卓哄得乐不可支,再也不舍得离开貂蝉了。

匡汉室董卓伏诛

第二天早上,李儒求见,见到董卓,跪拜之后,问道:"不知太师什么时候将貂蝉送于吕布?"董卓哼了一声,没有回答。李儒顿了一下,又向董卓道:"今日良辰吉日,可将貂蝉送与吕布。"董卓斜了李儒一眼,问道:"李儒,我且问你,你的妻子是否也可随便送人呢?"

李儒没有想到董卓会这样问他,一时语塞,说不出话来。董卓盯着李儒,严厉地说:"自己妻子不欲送人,却劝别人送出妻子,是何居心? 貂蝉是我心爱的女人,今后再有妄言送人之事,斩!"说罢,命人逐出李儒,收拾车马,准备接貂蝉到郿坞居住。

董卓和貂蝉离京之时,百官都来送行。貂蝉从车帘中看见吕布也在人群中,不住向车中张望。于是貂蝉以袖掩面,作啼哭之状。又轻轻撩开窗纱,注视吕布,最后又抽泣着将纱帘放下。

貂蝉的这些表情动作，吕布都看得清清楚楚，怎奈人多眼杂，董卓防范又严，无法上前亲近。看到董卓一行，已经走远，百官已开始回府，吕布还站立原地，怅然远眺，眼圈一红，差点掉下泪来。

吕布正在难受，忽听背后有人说道："将军望车而悲，真乃父子情深也！"吕布吃了一惊，见是王允，放下心来说："司徒有所不知，我今流泪伤情，非为太师，实为你的女儿呀！"王允不解道："我的女儿不是早就做了将军之妻吗？"吕布苦笑道："司徒哪里知道，你的女儿，根本没有与我为妻，已为老贼宠幸多时了。"王允一听，大惊失色，一把抓住吕布，急切地说："将军，你说什么？我的女儿被老贼玷污了？"吕布点点头答道："正是。"王允一听，几乎昏厥，片刻强自镇静，黯然伤心："我只说女儿得配将军，夫荣妻贵，没想到落此下场，叫我他日以后如何面对女儿？又怎样向夫人交代呀！"说罢，又转向吕布质问道："将军盖世英雄，难道能眼看着我女儿受此折磨吗？"吕布自觉无颜，对王允说："此处并非说话之处，还是请到贵府叙话吧。"

二人来到王允家，进入密室，王允设宴招待，细问貂蝉之事，吕布就将凤仪亭之事说了一遍。王允听了，怅然长叹说："太师淫吾之女，夺将军之妻，实乃非人所为。此事若传出去，难免贻笑于人。人不笑太师无道，只会笑王允与将军无能。王允年迈无为，笑则笑耳，可怜将军半世英名，丧失殆尽，思想起来，真令人痛惜！"

吕布一听这话，当时气倒于地。王允急忙救起，口中连连赔罪："老夫一时失言，万望将军勿放心里。"

吕布气得咬牙切齿，骂道："董卓老贼，我不杀你誓不为人！"

王允慌忙掩住吕布之口，说道："将军千万不可这样说，诚恐太师知晓，你我九族皆尽矣！"

吕布说："大丈夫生当立于天地之间，岂能久处人下，受此郁郁之气乎？"想了一下，又转念说道："我杀此贼容易，怎奈有父子名分，恐遭世人议论。"

王允道："此倒无虑，太师姓董，将军姓吕，何言父子？既为父子，父夺子妻，已无复有人伦；以戟相掷，又何念父子？"

吕布幡然大悟，上前拜谢道："若非司徒提醒，险些误了大事。杀了董卓之后，又该怎么办呢？"

王允道："这个好办，现在江山动荡，将军若扶汉室，是为忠臣，可千古留名，万代流芳。而董卓乃一反臣，必然遗臭后世，将军何不弃暗投明乎？"

吕布道："就依司徒之言，杀了董卓老贼，辅佐汉室江山。"两人又歃血为誓，然后王允拿出天子密诏，交与吕布，两人依计而行。

第二天，王允又请来仆射士孙瑞、司隶校尉黄琬同吕布一起商议如何行动。这两人也与王允一样，早就心怀汉室，忧国忧民，对董卓倒行逆施十分痛恨，只是无可奈何。今见王允相召，知有大事要说，立时来到王府，听王允说了吕布的情况，喜出望外，急忙上前见礼，并积极策划。

士孙瑞说："正好皇帝病刚好，我们可选一位能言善辩之人，前往郿坞，请董卓上殿议事。伏刀斧手于朝门之内，只等董卓进殿，立即下令杀死，岂不甚好！"

几人都赞成士孙瑞的主张，但派谁去好呢？却一时决定不下。士孙瑞说："我见吕将军乡人李肃近日对董卓颇有怨气，将军如能让此人前去，董卓必然不会起疑心。"说罢，看着吕布。

吕布说："真是天意。过去劝我杀丁原的是李肃,今日再派他诱董卓,最好不过。如果他推诿不去,我就先杀了他。"

接着,吕布又派人悄悄把李肃请到。对他说:"过去兄曾劝我杀丁原投奔董卓,弟惟兄之命是从。今日董卓不仁不义,胁迫天子,滥杀无辜,灭绝人伦。又私筑郿坞,准备造反,名为汉臣,实为汉贼,天人共愤,人人思而诛之,今弟欲为国除奸,为民除害,亦少不了兄从中帮忙。不知兄愿相助否?"

李肃一听,接口说道:"你我弟兄真同心也!我也欲诛此贼久矣,只恨无人相帮,今日弟言此事,乃兄所愿也。"

于是几个人又密议一番,折箭为誓,紧锣密鼓地开始行动。第三日,李肃带了十几个人来到郿坞,见到董卓,说是天子有诏,请董卓进京。董卓问什么诏命,李低声说:"天子病体新愈,欲召集文武百官聚会,当殿禅位于太师。我知道此事紧急,所以连忙奔来,先向太师贺喜、通报。"董卓说:"王允等人态度如何?"李肃答道:"王司徒已安排人修筑受禅台,士孙瑞已草拟诏命,只等太师进京了。"

董卓听了哈哈大笑说:"我早就想着这一天了,还是天子聪明,知我之心啊!"立即安排进京。又到后堂对貂蝉说:"我曾经许你身为贵妃,现在马上可以实现了。"貂蝉一听,满面含笑,立即跪下叩头,口称:"谢主隆恩!"董卓高兴得忘乎所以,双手扶起貂蝉,又抚慰了一番,就星夜兼程,进京即位。

不日到了洛阳,来到宫门,只见群臣身穿朝服,拜谒道旁相迎。李肃手执宝剑,扶车前行。走到北掖门,随从董卓的士兵均被挡在门外,只有二十几名车夫和李肃进到里面。进了殿门之后,不见天子,只见王允站于阶头,满脸威严。两旁侍立官员,均手持宝剑。董卓大惊,回头问李肃:"怎么不见天子,左右持剑是何意思?"李肃并不回答,只是扶着车子继续向前。

王允见董卓到来,高声喊道:"反贼已到,武士何在?"两旁武士及官员纷纷持剑上前,朝董卓刺去,哪知董卓身穿紧身软甲,伤不着要害,只是伤了臂膊。

董卓从车上跌下,一手按臂,大叫:"吕布在哪里?吕布在哪里?"话刚落音,吕布从车后闪出,高声应道:"吕布奉旨诛贼,在此等候多时!"一个箭步冲上,手起戟落,直刺董卓咽喉,李肃上前,一剑砍下头来。然后吕布从怀中拿出天子密诏,当众宣读,群臣皆呼"万岁",声音震响大殿内外。

长安城中百姓听说董卓被诛,无不欢欣鼓舞。男女老幼,相贺于道。富人设宴庆祝,贫人变卖衣物,置酒欢庆。老百姓感慨地说:"这下不仅汉朝江山有望。我们也可以安心生活,不必担心被无故杀害了。"

保汉帝司徒舍身取义

望着这万众欢欣、举城庆贺的场面,王允心潮起伏,难以平静。自从中平六年(189)董卓擅权以来,汉室遭劫,百姓涂炭,无数生灵遭其残害。其间虽有曹孟德单身行刺,十八路诸侯结盟讨伐,均未成功。而貂蝉一闺中弱女,竟能舍身取义,身入虎穴,周旋其间,使得董卓、吕布父子反目,方成今日之功。一女之身,足抵百万之师。谁说女儿不能流芳百世呢?想到这里,不觉热泪滚滚,心中叫道:"女儿呀女儿,你真不愧是我的好女儿,汉室的有功之臣阿!"连忙派人去郿坞接貂蝉,迎回自己府中。

董卓被诛之时，为汉献帝初平三年（192）四月二十二日，离貂蝉进王允府中正好五年。

貂蝉被接回王府之后，母女相见，抱头痛哭，王允好言劝慰，并向夫人说明了女儿这段时期的行迹。夫人一听，又惊又喜，惊的是平日温顺娇弱之女，竟有如此胆识，为汉室立下天大功劳。喜的是国贼已诛，女儿无恙，仍与自己完聚。从此夫人对女儿，在疼爱之外又多了几分敬重。在父母的多方爱护、抚慰下，貂蝉疲惫、悲伤已极的身心也逐渐恢复和安稳了。

接回貂蝉之后，吕布又带兵直抵郿坞，捣毁董卓老巢。将董卓的家人、部曲全部诛杀，又将董卓私藏在这里的3万多斤黄金、9万多斤白银、800多万石粮食以及堆积如山的绫罗绸缎、翠玉珍珠全部收回长安，按照王允的意见，一半送交国库，一半犒赏士兵。然后就选择吉日，等着与貂蝉成亲了。

再说董卓死后，部下将领李傕、郭汜、张济、樊稠等人逃出长安，潜居于凉州境内。他们自知这些年来追随董卓作恶多端、血债累累，肯定得不到朝廷的原谅。于是日夜密谋，收集散兵游勇及旧时部曲，共10多万人，打着为董卓报仇的旗号，浩浩荡荡杀奔长安而来。

吕布听说李傕等人杀来，急忙领兵迎战。由于侍勇轻敌，被李傕等人杀败，退回长安城中。手下将领李蒙、王方都是董卓旧人，乘机背叛吕布，开门献城投降。吕布见敌兵进入长安，左冲右突，不能抵挡，于是带领几百骑兵，来到青锁门外王允府前，招呼王允说："敌人兵势很盛，难以抵挡，请司徒立即上马，与我一同出关，其他以后再说吧。"王允说："我一向以社稷为重，祈求国家安宁。今敌兵压境，气势汹汹；主上年幼，需我护持。我岂能在危难关头，弃之而去。再说，你我这样走了，女儿貂蝉，又该托付何人呢？"吕布听王允这样一说，脸上微微发红，低头略沉思一下，说道："事到如今，我只有把她带走。司徒执意不走，但求保重。"王允见挽留不住，只好说："既然如此，奉先到了关东，可代我向关东诸君致意，望他们以国事为念，再不要互相残杀，贻害生灵了。"吕布答应一声，就头也不回，自顾自地逃命去了。

李傕、郭汜进了长安之后，纵兵烧杀抢掠无所不为，太常卿种拂带领家丁奴仆出面阻拦，被乱箭射死。其余太仆鲁馗、大鸿胪周奂、城门校尉崔烈、越骑校尉王颀等人，皆被乱军杀死。敌人围住皇宫，形势万分危急，王允护持献帝登上宣平城楼，李傕等人在下边远远望见黄罗伞盖，知道是天子在上，于是口呼万岁，下马参拜。

献帝惊魂稍定，在城头问道："你们不等朝廷宣召，擅自领兵进入长安，如此围住皇宫，到底想干什么？难道要威逼天子不成？"

李傕、郭汜在下面仰面答道："臣等进兵长安，只想为董太师报仇，绝无其他意思。只要陛下交出王允，我们立即退兵。如其不然，定叫长安城中玉石俱焚，鸡犬不留。"

献帝一听要交出王允，心中一百个不愿意，低下头去默不作声。城下一见这样，喊杀声又起。王允一见形势紧急，毅然站出来说："我本为国家百姓着想，设计杀死董卓。如今形势至此，我岂惜区区一身，使主上再度蒙尘。陛下保重，老臣去了。"献帝还想阻拦，王允已纵身一跳，坠下城楼，大声呼道："王允在此，休要惊动天子！"

李傕、郭汜一见王允，大声斥问道："董太师有何过错，竟被你设计杀死？我们今日兴兵报仇,你还有什么说的?"

王允哈哈大笑说:"董卓之罪,罄竹难书,天下人人知之。你二人为虎作伥,数犯过恶,今董卓已伏诛,你们尚不思悔过自新,反纵兵劫掠京城,围攻皇宫,胁迫天子,欲杀有功之臣,真是恶贯满盈,罪不容诛啊!"说完,面不改色,纵身从城楼跳下,青色朝服被风鼓起,好像一面青色的旗帜。

貂蝉追随吕布亡命关东,一路劳累。得知王允被杀一事,自是悲愤欲绝,吕布又一顿安抚。

红颜命薄遁空门

貂蝉陪伴吕布亡命下邳,被曹操及刘备军及围困,再加上手下部将叛乱,终于白门楼殒命。貂蝉自是悲恸。

曹操犒赏三军,特地将貂蝉赏给刘备,刘备固辞不受,曹操不为所动。

刘备万般无奈,只得召来关羽、张飞细细商议。思前想后,终于决定由关羽护送貂蝉到附近静慈庵出家为尼。

静慈庵在银白皎洁的月光下显现出一种庄严,它闪闪发亮,宛若梦中的小屋。

凄凉的钟声从静慈庵里飘出,像一只孤独的鸟儿,在月光里孤独地穿行。

四大金刚射出的八道凶光令貂蝉不寒而栗。

她实在无法想象自己将与这些身上积满了尘垢,煞有介事的尼姑为伍。

一个老年尼姑出现了,她枯槁的手上挂着一串用干涩的松果串成的念珠,显示了她一生的干涩与乏味。

她看见了关羽和貂蝉进来,以为是一对路过的夫妻前来投宿,便道:

"施主一路辛苦了。"

关羽连忙还礼。

老尼姑又回头对小尼姑招呼道:

"快去把东厢房打扫一下,让两位施主早点歇息。"

貂蝉见老尼姑将他俩误以为夫妻,脸不禁涌上一片绯红,随即一股莫名的惆怅涌上心头。

关羽连忙辩解说:

"我乃刘备帐下的大将军关羽,这位女子名为貂蝉,只因她看破红尘,情愿落发为尼,借宝地出家,伏望师傅收留。"

貂蝉默默地看了一眼关羽,关羽却连头也没抬,只顾和老尼姑谈话。

"天色已晚,且待明天再说吧。"

说着,将手指向东边的厢房,对关羽说:

"你睡那间厢房。"

她又转身与东厢房正对的西厢房,对貂蝉说:

"你睡这间。"

然后,又将小尼姑叫出来,吩咐她将两间厢房都打扫一遍,便转身走入自己房中。

关羽提刀走向东厢房,貂蝉迟疑了一下,喊道:

"关将军,等等……"

关羽头也不回,大踏步奔东厢房而去。

貂蝉满怀惆怅地走向西厢房。

西厢房内,除了一张桌子、一把椅子和一张床外,再也没有一丝东西,只有檐上的蜘蛛孤独地营造它的网,风从厢房木板的缝隙里吹进来,把蛛网吹得一晃一晃的,让人眼花缭乱。

风在屋外凄厉地号叫,月儿被乌云吞没,四周漆黑一片,伸手不见五指。

貂蝉躺在一片黑暗中,心在黑暗里孤独地穿行,迷失了归路。就在这黑暗中,貂蝉度过了又一个漫漫的长夜。

清晨来临了。古庙之中,仍然一片昏暗。座上的释迦牟尼像透过袅袅而上的青烟,似笑非笑地注视着人间。

摇曳的灯光之中,貂蝉跪在蒲团上,她的身上,散发出一圈薄薄的光晕,就像是一片金色的佛光。幽香从她身上散发出来,老尼姑拿着滑亮的剃刀走向她,也禁不住猛吸了几下鼻子。

关羽手持青龙偃月刀立于一侧,看上去与殿前的四大金刚酷似,微风将他飘飘美须微微撩起,才使人想起他还活着,有别于殿上的佛像。

老尼姑拿着剃刀挨近了貂蝉,她的手按在貂蝉如瀑的长发之上。

那缕缕青丝,将在"咔嚓"声中,从那美丽的头颅上落下,飘散而逝。而那美丽的头颅与美丽的身躯,将与庙中的青灯古佛为伴,在凄凉的钟声里,度过她未来的日日夜夜。

貂蝉突然用手捂住了头发,急促地说道:

"等等,我还有几句话要同他说。"

貂蝉将身立起,走向关羽,关羽却将身子转了过去。

"将军,你真的忍心让貂蝉在此古庙之中度过余生吗?"

关羽沉吟不语。

貂蝉又说:

"将军,告诉我,你喜欢貂蝉吗?"

关羽持刀的手微微开始颤抖,但他仍然一言不发。

这时,一阵阵马蹄声由远而近传了过来。

四个身影,犹如是四尊佛像,挡住了向庙中流射进来的光。

关羽抬头看去,正是曹操的四员大将夏侯惇、夏侯渊、张郃、许褚。

四人看见关羽,都行礼道:

"没想到关将军也来静慈庵中进香火,幸会,幸会。"

关羽将刀一横,不放他们四人进入,冷笑着说:

"四位恐怕不仅仅是来进香火,还别有所图吧?"

夏侯兄弟、张郃、许褚互相望了一眼,哈哈大笑,也不隐瞒,说道:

"将军所言不差,我等奉曹丞相之命,来将貂蝉接回。"

关羽将青龙偃月刀一摆,说道:

"要接走貂蝉,须先胜了我手中这口大刀。"

四人也纷纷拔剑出鞘。

气氛骤然紧张起来。

一个动人的声音,向他们飘来,是貂蝉,她轻声说:

"夏侯惇、夏侯渊、许褚、张郃将军,各位不必与关将军为难,出家为尼乃是我个人所愿……"

夏侯惇四人见状施礼道:

"曹丞相在家等着夫人回去呢。"

貂蝉凄然一笑,说道:

"他要真的想我回去,为何不自己来?"

夏侯惇随机应变道:

"丞相的车辇随后就到。"

貂蝉摇了摇头,对夏侯惇四人说:

"各位不必多言,貂蝉我已心如死灰,情愿遁入空门。大家不必再动干戈,请回吧。"

关羽持着大刀,伫立在阳光里,还是像往日一样威风凛凛。

貂蝉突然从关羽肋下抽出宝剑,关羽等人要阻止已经不及。貂蝉无限哀怨地再次注视了庙门外那个阳光灿烂的世界,从容、镇定、美丽地把剑往脖子上一抹,一缕鲜血,便从那红润透明的嘴唇"汩汩"地渗出来,没有停歇,她凄然一笑,整个身子如同一株柳树十分妩媚地倒下。她那白色的衣袂,在凛冽的冬风中飘然而起……,是那样美丽动人。

"貂蝉夫人——"

夏侯惇四将见状不好,同时伸出手去想要制止她。然而,那一柄长剑,已无限爱恋地在她雪白的脖子上划了一道鲜红的血痕……那般坚定,那般绝望。

貂蝉平生第一次感到是如此痛快。当长剑闪现,划过脖子的时候,她发现对于长剑,她原来是如此依恋。而长剑也是爱她的,它对于她真是有求必应,对她是如此锋利,如此深沉,如此无拘无束。她想,也许长剑才是她永远的爱人,比起她梦中的红脸汉子,是那么让人留恋,让人惬意。

在长剑的亲吻下,她感到如一股热流从脖子下涌出。在那一瞬间,她听见了一首歌飘扬而来,那歌是用琴弹出来的,如高山流水一般,动人心魄,她已经来不及分辨,是曹操在为她弹奏吗?

她还听见那声声的呼唤,听见阵阵的马蹄声,是董卓、吕布来接她了吗?

她感到她的身体是如此轻灵飘逸,想象着在金黄的月光中、在悦耳的歌声和琴声中,向西方极乐世界飞去,没有一丝一丝的遗憾……

蔡文姬：女音乐家　命运多难

【人物档案】

姓名：蔡琰
别名：蔡文姬、蔡昭姬。
字号：字昭姬、文姬。
生卒：约177年～？
籍贯：陈留郡圉县（今河南开封杞县）人
朝代：东汉
职务：匈奴左贤王的王妃
主要作品：《悲愤诗》《胡笳十八拍》。
主要成就：博学多才，擅长文学、音乐、书法。有轶事典故"文姬归汉"传世。
评价：端操有踪，幽闲有容。区明风烈，昭我管彤。（范晔）
墓葬：陕西省西安城东南蓝田县三里镇乡蔡王庄村西北约100米处

【枭女本色】

悲愤诗
蔡文姬

汉季失权柄，董卓乱天常。
志欲图篡弒，先害诸贤良。
逼迫迁旧邦，拥主以自强。
海内兴义师，欲共讨不祥。
卓众来东下，金甲耀日光。
平土人脆弱，来兵皆胡羌。
猎野围城邑，所向悉破亡。
斩截无孑遗，尸骸相撑拒。
马边悬男头，马后载妇女。
长驱西入关，迥路险且阻。
还顾邈冥冥，肝脾为烂腐。
所略有万计，不得令屯聚。
或有骨肉俱，欲言不敢语。

蔡文姬

失意几微间,辄言弊降虏。
要当以亭刃,我曹不活汝。
岂敢惜性命,不堪其詈骂。
或便加棰杖,毒痛参并下。
旦则号泣行,夜则悲吟坐。
欲死不能得,欲生无一可。
彼苍者何辜,乃遭此厄祸。
边荒与华异,人俗少义理。
处所多霜雪,胡风春夏起。
翩翩吹我衣,肃肃入我耳。
感时念父母,哀叹无穷已。

　　她出身名门,却不能安享幸福人生,乱世中她三度为人妻,这与封建儒家正统思想要求女性从一而终相悖,这也是她的大幸和不幸。幸运的是,她能嫁三夫而不受人指责,并成了中国古代女性史诗的第一人,不幸的是她却一直处于流离失所的悲苦之中。

　　【风云叱咤】

名门贵族

　　蔡文姬史书说她"博学而有才辩,又妙于音律"。蔡文姬的父亲是大名鼎鼎的蔡邕。

　　蔡邕是大文学家,也是大书法家,此外,蔡邕还精于天文数理,妙解音律,在洛阳俨然是文坛的领袖。像杨赐、玉灿、马月磾以及后来文武兼备、终成一代雄霸之主的曹操都经常出入蔡府,蔡邕和曹操还成了挚友。

　　蔡邕是个大学问家,在编写历史典籍方面贡献很大,同时他也很懂得音乐。他会作曲,古琴曲《河间杂曲》和《蔡氏五弄》都是他创作的,他自己制作的柯亭笛和焦尾琴都是著名的乐器。其中焦尾琴列入我国古代四大名琴之一,其余的三架琴是:齐桓公的"号钟",楚庄公的"绕梁",司马相如的"绿绮"。

　　一次,蔡邕路过吴县,看见一个人架起大铁锅在江边烧火,火炉里火势很猛,柴火在烈焰中噼啪作响。蔡邕走到炉边,发现一块上好的梧桐木正在燃烧。他连忙把这块梧桐木抽了出来,将火熄灭。他仔细端详着烧焦的木头,连声说:"可惜!可惜!"弄得烧火的人一时摸不着头脑。蔡邕告诉烧火人,这块木头是制作琴的上好材料,烧了岂不可惜?烧火人说:"既然有用,就送给您吧!反正我拿它也只能当劈柴烧。"蔡邕欢天喜地地把木头拿回家,精心制作了一张古琴,他把木头烧焦的部分放在琴的尾部,所以将它取名为"焦尾琴"。

　　蔡文姬受到家庭的熏染,从小也很爱好音乐,并且具有非凡的音乐听觉能力。一天,蔡邕在家中闲坐弹琴,忽然啪的一声,一根琴弦断了。蔡文姬在房门外说:"父亲!是第二弦断了吧?"蔡邕一看,果然不错。他把第二弦接好,故意略去第四弦不弹,然后问蔡文姬:"又断了一根弦,你听是第几弦?"蔡文姬回答:"第四弦。"古琴共有七条弦,每条弦上都能发出数十个音,所以,能听出是第几弦断了实属非易,况且那时的蔡文姬只有七八岁。

蔡文姬 16 岁时嫁给卫仲道，卫家是当时河东世族，卫仲道更是出色的大学子，夫妇两人恩爱非常。可惜好景不长，不到一年，卫仲道便因咯血而死。蔡文姬不曾生下一儿半女，卫家的人又嫌她克死了丈夫，当时才高气傲的蔡文姬不顾父亲的反对，毅然回到娘家。

沦落匈奴

东汉末年，政府腐败，各路英雄纷纷起义，这促使以豪强地主为代表的地方势力迅速扩大。董卓进军洛阳，把持朝政，为巩固自己的统治，董卓刻意笼络名满京华的蔡邕，将他一日连升三级。董卓在朝中的逆行，引起各地方势力的联合反对，后来董卓被杀，蔡邕也免不了一死。

羌胡番兵趁汉朝局面一片混乱，伺机掠掳中原一带，在"平土人脆弱，来兵皆胡羌，纵猎围城邑，所向悉破亡。马边悬男头，马后载妇女，长驱入朔漠，回路险且阻"的状况下，蔡文姬与许多妇女被掳，并被一齐带到南匈奴。这年她 23 岁，这一去就是 12 年。

到达胡地，匈奴左贤王看上了蔡文姬，并封她为王妃。她为左贤王生下了两个儿子，大的叫阿迪拐，小的叫阿眉拐。她还学会了吹奏"胡笳"，学会了一些异族的语言。

在这 12 年中，曹操也已经基本扫平北方群雄，把汉献帝由长安迎到许昌，后来又迁到洛阳。曹操当上宰相，挟天子以令诸侯。建安十三年（208 年），曹操感念好友蔡邕之交情，得知蔡文姬流落南匈奴，立即派周近作使者，携带黄金千两，白璧一双，到胡地去赎蔡文姬回来，这年蔡文姬 35 岁。

一旦要结束这种生活，离开对自己恩爱有加的左贤王，还与她的两个亲生儿子生生离散，蔡文姬分不清是悲是喜，只觉得柔肠寸断，泪如雨下。在汉使的催促下，她在恍惚中登车而去，在车轮辚辚的转动中，12 年的生活，点点滴滴注入心头，从而使蔡文姬留下了动人心魄的《胡笳十八拍》。

三嫁董祀

在曹操的安排下，蔡文姬又嫁给了田校尉董祀，就在这年爆发了著名的"赤壁之战"。

蔡文姬嫁给董祀，起初的夫妻生活并不十分和谐。蔡文姬饱经离乱忧伤，又因为思念儿子，时常神思恍惚；而董祀正值鼎盛年华，生得一表人才，通书史，谙音律，自视甚高，对蔡文姬自然有些不足之感，然而迫于丞相的授意，只好接纳了她。在婚后第二年，董祀犯罪当死，蔡文姬顾不得嫌隙，蓬首跣足地来到曹操的丞相府求情。

当时曹操正在大宴宾客，公卿大夫、各路驿使坐满一堂，曹操听说蔡文姬求见，对在座的人说："蔡伯喈之女在外，诸君皆风闻她的才名，今为诸君见之！"

蔡文姬走上堂来，跪下来，语意哀酸地讲清来由，在座宾客都交相诧叹不已，曹操说道："事情确实值得同情，但文状已去，为之奈何？"蔡文姬中肯地回答说："明公厩马万匹,虎士成林,何惜疾足一骑,而不济垂死一命乎?"说罢又是叩头。曹操念及昔日与蔡邕的交情,又想到蔡文姬悲惨的身世,倘若处死董祀,文姬势难自存,于是宽宥了董祀。

从此以后,董祀感念妻子之恩德,对蔡文姬恩爱有加,夫妻双双也看透了世事,溯洛水而上,定居于风景秀丽、林木繁茂的山麓。若干年以后,曹操狩猎经过这里,还曾前去探视。蔡文姬和董祀生有一儿一女,女儿嫁给了司马懿的儿子司马师为妻。

文姬博学多才,音乐天赋自小过人,长大后她更是琴艺超人。她在胡地日夜思念故土,回汉后参考胡人声调,结合自己的悲惨经历,创作了哀怨惆怅、令人断肠的琴曲《胡笳十八拍》;嫁董祀后,感伤乱离,作《悲愤诗》,这是中国诗史上第一首自传体的五言长篇叙事诗。

战乱遗恨

明人陆时雍在《诗镜总论》中说:"东京风格颓下,蔡文姬才气英英。读《胡笳吟》(即指《胡笳十八拍》),可令惊蓬坐振,沙砾自飞,真是激烈人怀抱。"所谓"激烈人怀抱",是说在读者心中激起强烈共鸣,顿生悲凉之感。为什么《胡笳十八拍》会具有如此巨大的艺术力量呢?总结上文所论,一言以蔽之曰:是由于此诗通过富于特色的艺术表现,成功地创造出了主人公蔡文姬这一悲剧性的艺术形象。

蔡文姬一生命运多难,她悲剧的命运也正像汉末国运一样,她的身世正是汉末社会的缩影。当时的社会处于军阀混战的大背景下,蔡文姬作为一个上流贵族少妇都不能幸免,可想当时战争的残酷。据记载,汉初统计人口时大约二千万(不计女人),到三国归晋时,也只有四五百万,冷兵器时代不分兵民的杀戮是非常残酷,对生命的伤害一点也不比现代战争少。

蔡文姬的诗是唯一的,《悲愤诗》和《胡笳十八拍》都有极高的思想性。既有女性的细腻,又有男性对社会、对人生的思考。同时蔡文姬的诗质朴、沉雄,具有母性的包容,因此也更有震撼力,生命力更加顽强。

生活的经历已经把所有生命之外的东西净化了,留下的只有最真的东西。蔡文姬的词赋让人感觉不是一个女人写的,更像一个男人的手笔。没有一个人能像蔡文姬这样处于战争一线关注社会,思索人生。

绿珠:千载而下　芳名不朽

绿　珠

【人物档案】

姓名:绿珠

外文名:lv zhu

生卒:? ~300 年

籍贯:白州境内的双角山下(今广西博白县绿珠镇)

朝代:西晋

职务:歌舞伎

主要作品:善舞《明君》(即昭君),又善吹笛。

主要成就:绿珠妩媚动人,又善解人意,恍若天仙下凡,尤以曲意承欢,因而石崇在众多姬妾之中,惟独对绿珠别有宠爱。

评价:有妍秀一流,如鲁昭夫人吴孟子、秦武王之后魏贞姬、汉成帝之许后、蜀李势之女、晋之绿珠。(鹅湖逸士《老狐谈历代丽人记》)

绿珠祠:又称"贞烈祠"。在博白南流江与绿珠江汇合处的古渡头西侧,一株巨榕的浓荫下,有一座红墙绿瓦的祠堂。

【枭女本色】

数千年的漫长历史一直是男性为中心的宗法社会,妇女始终处于等而下之的地位,不知有多少女性被默默吞噬了青春乃至生命。绿珠,这位广西合浦孕育出的钟天地之灵气的奇葩,却如一道耀眼的闪电,在短暂的一生发出夺目的光华,她的肉体的代价虽值到珍珠三斛,然而她的精神的价值却谁也无法估量。最终的坠楼而死,已超越了为石崇守节的意义,而是向不公的命运发出的最强烈的抗争,千载而下,芳名不朽,不知赢得了人们多少的歌颂,多少的击节赞叹!

【风云叱咤】

天地灵秀钟于一身

我国古代称两广地带为越。越地有个博白县,山清水秀,是个富饶美丽的鱼米之乡。晋代非常著名的美女绿珠,就生在这个县的双角山下。

人说"靠山吃山,靠水吃水"。广西合浦背靠青山,面对碧海,主要不是"吃山",而是"吃海"。不过这合浦一带,"吃海"的吃法却别具一格:既不捕鱼鳖虾蟹,也不捞海参紫菜,清一色以养蚌取珠为业。

合浦人不但会养蚌采珠,以珠大而圆称名于世,而且极珍惜自己的劳动,以产珍珠天下第一而自豪。这里的人们,生男往往取名"珠儿",生女大多叫"珠娘"。

西晋太康年间,交州合浦出了个最美的珠娘——绿珠。

绿珠到这个一点儿也不"太康"的世界上来的时候,父亲给她取的名字也叫"珠娘"。

绿珠姓梁。父亲是方圆百里顶呱呱的采珠王,人称采珠梁。采珠梁似乎命里无子,三十岁上添了个珠娘,就把珠娘当珠儿,真是"含在嘴里怕化了,捧在手上怕凉了"。合浦产珠有名,可合浦被"刮地皮"也有名。所以,尽管出产的是极名贵的珍珠,可人们的日子依然是饥一顿饱一顿。采珠梁的手艺高,日子过得稍微强一些,但也是"从簟席滚到地板上——强不过一簟片"。女儿长到五岁上,采珠梁老伴去世,好在有个聪慧漂亮的女孩儿,采珠梁也算在困顿之中,有一点膝下之慰。每当下海归来,采珠梁第一桩事就是把珠娘叫到跟前,不是给女儿一捧斑斓的贝壳,就是掏出一株缤纷的石珊瑚。看着水葱般的女儿,采珠梁对自己的女儿也与别人的女儿一样叫"珠娘"很有些不满意了。何况"梁珠娘",人家叫起来也聱口。到底不愧是采珠王,心有灵犀——珠圆玉润,而珍珠的光泽,以绿莹莹的为上品——就叫绿珠吧!

绿珠长到十三四岁,就出落成一个浑然天成的美人胚儿。长长的腿,高挑挑的腰身,那脸和脸上的五官,无一不生得恰到好处,更难得的是绿珠小小年纪,言谈行事,都于天真之中另有一种让人只可远观而不可近玩的气质;且又善吹笛,笛声从那嘴里吹出来,自有一股俗不伤雅的韵味,真叫人不敢相信她是无师自通。

一家女,百家求,何况是绿珠?采珠梁家的门坎不晓得被几多做媒当红娘的角色踏过,采珠梁一来看女儿还小,二来是眼界高,所以总没有点过头。也有人劝他,这年头,有女还是早许人,美女难说是祸福。

说这话的人是有事实作根据的。

当今皇上晋武帝灭吴统一天下之后,就把年号改成了太康。既然准备"太康",当然就离不开"骄奢淫佚"四个字。三四千后宫娇娃,他犹嫌太少。太康二年的暮春三月,适逢刚刚灭了孙吴,那些攻进吴都建业的将士们,打扫战场的第一件要事就是冲入后宫,掠走宫女嫔妃。消息传来,晋武帝立刻动用他皇帝的权威,下令将那些宫女统统"上缴",送进自己的宫廷后院,粗略一算,约五千多名。还是皇帝老子有"狠",轻轻巧巧地把亡国之君孙皓用来发泄兽欲的妇女一股脑儿地"收编"了。从此,晋武帝的主要精力,就用在这近一万名可怜的女人身上了。当然,虽然是皇帝,但这么多宫女娇娃他也不是个个都能见得到面的。好在晋武帝在这方面还很有些"浪漫"的鬼点子,他下令制作了一辆轻便小巧的车儿,一不用牛,二不用马,而是别出心裁地用羊拉。每天他早早地就退了朝,在后宫漫游,任羊停在哪里,他就在哪里下车,恣情寻欢作乐。也有那或想邀宠得皇帝青睐、或想生个一男半女将来也许能当太后太妃之类的宫女,往往在自己的寝宫门前撒些嫩竹叶或盐水,逗引拉车的羊儿吃叶舔盐而停在自己门前。但手脚人人会做,做多了就不灵了。于是,宫人之间免不了口舌之争,一来二去传到宫外,最后竟是路人皆知了。

上梁不正下梁歪,皇帝老子都是这样无耻,做臣下的就更胜一筹了。就说晋武帝的叔父司马翰吧,不仅被封为平原王,而且以左光禄大夫、侍中的身份辅佐朝政。

中华传世藏书

中華梟雄大傳

将帅枭女卷

269

虽居此要职，但他不仅不管国事，而且连家事也不管。皇帝侄儿搜刮来赐给他的绫罗绸缎米粟之类，他是来得容易不心疼，统统堆在露天里，一任风吹日晒、雪盖雨淋，霉烂得一塌糊涂。作践百姓血汗本是贵族通病，这也罢了。司马颙更有一项令人发指的恶癖。他常常闭门谢客，连王公贵戚朝廷显要也不接待，只是阴晦天才驾着牛车出游。人们刚开始还以为他身为皇叔，又跻位于权力的最高层，自然讲身份、拿架子。后来通过他王府的家人传出，才知道不是那么回事。原来平原王司马颙也如他的皇帝侄儿一样，极爱蓄食妾，只是不如他侄儿那样后宫万名而已。他虽年事老迈，淫心竟是愈烈。姬妾中的弱者，不堪淫威，前后总在不断地死。这些姬妾死后，司马颙令人将她们入棺，停在后宅的宫室里，但不准钉棺盖。理由是对她们的死很是哀痛，要经常去看一看以表思恋之情，直到尸体腐败之后才叫人钉棺下葬。下人们虽然觉得这不是个很充足的理由，而且尸体敞开停放着，那味道也不怎么地好，但也不敢有什么建设性的意见。直到有一天深夜，巡夜的仆丁巡到停尸的空室外，听见里面有喘吁之声，以为有人盗尸，闯进去一看，原来是堂堂的王爷在干那禽兽都不会干的奸尸勾当！

朝廷荒淫无道，做百姓的自然就苦不堪言。采珠梁心疼女儿，不愿绿珠早早许人，原是一片殷殷父母心。可是，也应验了人家一句话：家有美女，焉知祸福。

绿珠是合浦有名的美女。等待着绿珠的是祸还是福？

石崇初逢绿珠时

绿珠的祸不是因为她长得美，而是因为世道恶。

太康末年，交州采访使走马换将又易新人。所谓采访使，是政府委派到州里考核官吏政绩，提出罢免晋升意见的大员，有时也兼察民风民情，受讼断案。这本应是极清廉、正直的官员。可天下事多有名实不符的。西晋年间派往交州的采访使，没有一个代表政府正儿八经采访民情、纠劾官风，而是或采花问柳强抢民女民妇，或一心一意"采集"民膏民脂。交州有个合浦县，合浦的珍珠美女天下有名，所以，交州的采访使也换得很勤。这一位新采访使不是别人，是大名鼎鼎的石崇。

石崇的父亲叫石苞，是西晋的开国功臣，戎马生涯，还没有什么劣迹。石苞共有六个儿子，长子早夭，石崇在兄弟中排行倒数第一，可长大后，他的四个哥哥没一个比他的名气大。石苞虽是武官，但似乎很会相面，他临终咽气之前，把财产分给四个儿子，独独不分给石崇。石苞的老伴想不通，为小儿子鸣不平。石苞说："我们的幺儿虽然小，但以后他是最能聚财的。"

事实也应验了石苞的临终遗言。

石崇二十来岁就当了修武令，颇显才干，很快迁升为散骑郎。正值年轻之际，石崇也的确想干点正事。平定孙吴之后，晋武帝滥封功臣，公侯将军多如牛毛，石崇写奏本提出自己的看法。晋武帝正在兴头上，这无疑是一盆冷水，使他十分恼火，结果找了个由头，把石崇调出京都，撵到南中去当郎将。石崇打听到是后将军王恺从中作怪，不由恶向胆边生，决心报复。他叫人收罗天下最毒的毒物，准备向王恺下手。结果，他搞到一种鸩鸟。据说这种鸟的羽翎浸在酒中，就成为剧毒之酒。于是，石崇佯称自己得到一种难得的珍禽，派人把它送给王恺。不过，石崇的计谋没有得逞，鸩鸟在过江时被一名叫傅氏的司隶校尉认出，报告给了晋武帝。考虑到石崇是功臣之子，又是初犯，晋武帝只是把石崇调到荆州任刺史，没有作更严厉的处理。可是,从此以后,石崇在仕途上就心灰意懒了,他看穿了一切,认定"人不为己、天诛地灭"的信条,"酒、色、财、气"四个字。他是一样不放过,而且他认为,这四个字中,财是基础,只要有了财,有了取之不尽用之不竭的财,其他几个字才有着落。所以,石崇一到荆州,首要之事就是聚财。荆州本是个好地方,可是天不作美,连年灾荒,不是旱就是涝,田园荒芜,路有饿莩。想在老百姓身上刮油水,那油水毕竟有限。于是,石崇开动脑筋想心思,带着手下如狼似虎的走卒们,出没于商旅必经之地的偏僻处,名之曰缉捕盗贼流寇,盘查走私匪人,实际上干着拦路抢劫的勾当。"流寇盗贼"有人管,可石刺史谁敢管呢?石崇发了横财。为了堵人之口,他不时向皇上贵戚上贡,所以,虽然对石崇有些流言,也只是调到合浦所属的交州照任采访史不误。

接到朝廷调令已经好长时间了,即将卸任的交州采访使已做好交接的准备,可左等右等新官就是不见来。

原来,石崇没有到交州衙门接任,他轻装简从,径直到了他向往已久的合浦!此刻,他正在采珠场欣赏绮丽的南国风光。

正当他为眼前的景致所陶醉时,一阵脆脆的、甜甜的笛声从身后不远处飘来,霎时,这笛声似乎浸进了海水,整个海湾以至于那海湾泛起的夹着腥潮味的海风,都显得甜津津的。

在这种地方居然有这样好的笛声,简直不可思议。石崇回过头,只见一个约莫十三四岁的少女,上着紫绛衫,下笼蓝窄裙,体态轻盈,背着一只竹篓,一支碧油油的竹笛横在唇边,很有弹性地一边走,一边吹。轻柔的海风,拂开她杏腮边的青丝,一如几缕烟云飘离了一片皎月,显出那张天真、聪颖、秀丽绝俗的脸庞。

石崇简直看呆了!

见岸边不远处站着几个显然不是本地人的陌生男人,吹笛的少女陡然煞住了兴冲冲地步子。她向石崇这边看了看,见儒生打扮的石崇不眨眼地盯着自己的那呆样子,心里虽觉呆得可笑,但的确也有些害怕,一折身,从一块大礁石后面绕了过去。躲开了石崇,吹笛姑娘的步子又变得轻盈而富有弹性了,仿佛踩着一支什么无忧无虑轻快曲子的节奏一般,连她背着的那只极普通的竹篓,一甩一荡也很有韵味。

毫无疑问,吹笛姑娘的出现,为这如诗如画、有诗有画的海湾抹上了最为妩媚的一笔!

石崇不懂画,对诗赋却有爱好。只是因为更爱钱,所以,把胸中那一点儿雅致冲得淡了。

如果说石崇站在合浦采珠场海湾边欣赏风景时只是暂时为景所迷的话,那么,听了吹笛少女的吹奏又目睹了少女惊世绝俗的美之后,他似乎怀疑天下之最不再是"孔方兄"而应该是这位不知名的渔家女了。

"阿爸,阿——爸!"又是那脆脆的、甜甜的声音。

"呃——绿珠——!"

一串粗犷得如同大海一般而慈爱也如同大海一般的声音随着一叶舢板冲向岸边。一位虬髯汉子钉子似的站在舢板上,使他脚下轻巧的舢板也显得十分稳健。

噢,原来是"采珠王"和他的绿珠女!果然名不虚传!

现在,石崇不仅见到了名震合浦的"采珠王",而且见到了他的女儿——这个美得让人心跳、美得让人难生邪念的姑娘——绿珠!

石崇站在岸边呆了好一会儿,见绿珠父女在礁岩边卸船收珠,那腿儿,不知不觉仿佛鬼使神差似的也走了过去。

"老人家,收成可好?"石崇本是骄横惯了的人,不知怎么搞的,面对这"下里巴人"的父女俩,竟斯文了许多。

"没看见吗? 好? 好个屁!"采珠王其实不到四十五岁,见人称他老人家,一如一般干体力活的人不喜人家说他老一样,本来就不高兴,又听问到收成,更是勾起了他的无名火,抓起一把比绿豆小、比老鼠屎大的珍珠,哗哗地撒到女儿拎来的竹篓里。

"咿,合浦的珍珠怎么就这个样子?"石崇的一个粗壮跟班插了进来。

"合浦的珍珠再好,也要长得跟得上官家的催逼呀! 你当一颗珍珠一过了晚上,等你第二天早晨醒来就长大了?"

"阿爸,何必这大气,伤身子呢!"绿珠眼不抬,手不停,口里劝。

绿珠似乎从眼前这几个人的服饰、气质上悟到了他们的身份,怕阿爸惹祸。惹不起,难道还躲不起吗?

其实,绿珠错了——也许是太天真了,是祸,躲不脱,躲得脱,不是祸;真是祸,惹不起,也躲不起!

三斛珍珠换绿珠

"老爷,外面有位石老爷要见老爷!"中午时分,合浦县令正在审一件珍珠捐拖欠案,门外值勤的衙役进来禀报。

西晋统治者对农民地租剥削的重要形式之一是户调式,即规定农民每人占地多少,然后按壮男劳力每年交绢三匹,绵三斤,妇女和弱劳力减半。但农民占地只是一句空话,租却是非交不可的。如合浦这样的地方,就把绢和绵折合成珍珠来计算。常言说得好,山高皇帝远,现官不如现管。皇帝本身就是个大吸血鬼,外加上一层层的小吸血鬼,所以,这类所谓"珍珠捐拖欠"案每天都有审理的。

"混账东西,没长眼睛还是怎么的? 不见本老爷公务正忙吗?"县太爷正审在兴头上,要知道多处理一桩这种案子,他的口袋就可以鼓得更高一点。"什么死老爷活老爷,这里只有本老爷才是老爷!"县太爷也在肥缺上待了两年了,正是财气两粗的时节。

"不是死老爷,是石老爷……"衙役一时说不明白,越说越糊涂。

"交州采访使兼南蛮校尉加鹰扬大将军石老爷到!!!"县衙大厅一声暴喝,原来石崇的贴身侍卫站在那里粗声大嗓地报着石崇的一连串的官衔。

石崇儒服打扮,保养得很好的脸上极有神采。他衣袂飘飘地走上县衙大堂,很有兴趣地盯着堂上跪着的"犯人"。

县令一时不知怎么办才好。他是接到过新任州采访使即将到任的文书的,也估计到采访使上任,必定要到合浦县来。——不来那才算是一怪! 但没想到采访使竟来得这样快。这位县令早闻石崇大名,也早有"一点儿小意思"准备献给石大人。一来不知石崇什么时候来,二来他知道石崇见的世面多,一般的"小意思"入不了他老人家的眼,所以,县太爷颇费踌躇。

"县大人审案请自便,本官只是随便走走而已!"石崇见县太爷呆若木鸡的样子,感到很好笑。这人以后用得着,莫搞得他吓得像只瘟鸡。出于这种想法,石崇颇显随和地安慰还坐在堂上的县太爷。

知县不知石崇葫芦里卖的是什么药,不敢贸然答话。他早已有所闻,就是面前的这位笑容可掬、文质彬彬的石大人,不仅富比王侯,而且心狠手辣,杀个把人连眼皮都不眨一下,脸上依然还是笑眯眯的。"早就听说大人要来,眼下收进的珠子实在太小拿不出手,所以,就把这有名的采珠王捉了来……。"

"采珠王?什么采珠王?"石崇明知故问。他已被采珠王的女儿的骇世绝伦的美艳和甜脆的歌喉陶醉了。他今天之所以不回州衙去接任而直接闯进合浦县衙,正是为绿珠而来。"是不是叫什么采珠梁的?"

"是,是,是!这家伙是本县最好的采珠匠……"

"嗯,珠,珠,"石崇装出一副外行的样子,"这合浦的珠是天下有名的,嗯,听说有一种珠叫绿珠……。"

"啊,是,是,是!"县太爷一连几个"是"之后,眉开眼笑了,"是有个绿珠,不过,那不是珠,是……是一个女孩儿,啊,对,就是采珠梁的女儿……哎呀,石大人,这女孩儿今年就十二三岁吧,也许十四五岁呢,那模样儿哟……"县太爷说着说着,那圆脸就更圆,那大嘴,也不知不觉地形成一个大大的"O"。

"嗯,好!"石崇厌恶地瞟了县太爷那副尊容一眼,"嗯,那采珠梁总共该缴多少珍珠?"

"回大人的话,采珠梁那一村以采珠抵捐的乡民,计追缴珍珠三斛!"

"嗯,好,要绿珠而不要那三斛珠,以三斛珍珠换一个绿珠!嗯?"石崇像说快书一般,自己觉得挺有韵味。但一看县太爷那蠢样子,心里生烦,又重重地嗯了一声,以示强调。

县官将绿珠弄到手后,特意开了一个酒宴,让绿珠换上最美的霓裳,来歌舞助兴,巴结石崇。

石崇一见绿珠就醉了,哪还顾得喝酒?他睁大两只眼,就像着了魔一般痴痴地盯着绿珠。这姑娘太美啦!窈窕轻盈的身材,穿着薄如蝉翼的绿衣,如风中绿荷摇曳生姿;那丰满红润的脸颊,浅笑轻愁,变幻莫测;一双晶莹透亮的大眼睛,忽闪忽闪,流泻着涤人肺腑的稚气;还有那清亮悦耳的歌声、笛韵,使人如入桃园仙境。的确,石崇虽然富比王侯,身边的妻妾成群,但他还从未遇见过像绿珠这样恍若下凡的仙女让他着迷的女子。

绿珠对眼前这位英俊威武、端雅高贵的男子似乎也有些情意。她在尽意施展自己才艺的同时,还向他频频传送秋波。石崇索性连筷子也不动了。

"大人一路风尘仆仆,就让下官再敬您一杯吧!"县太爷站起来笑眯眯地说。

"噢!好好!"石崇如梦初醒,他为自己的失态,感到有些愧窘,慌忙端起酒杯,一饮而尽,于是陪客们都争着向他敬酒,酒宴上又热闹起来。

绿珠悄悄地退出客厅,晚宴上的歌舞,使她既感到兴奋,又感到疲惫。她需要好好地洗浴一番。她让小婢备好香汤,然后走进浴室,惬意地洗濯起来。

她的整个胴体,匀称而优美,白嫩而柔滑,就像一块洁白细腻而又微泛嫣红的美玉琢就。她的秀发长长的,披散在玉肩上、胸乳上,宛似一匹光亮柔美的丝缎。每当她抚揉自己的肌肤,她的心头总会升起一种欣慰和自豪。只可惜自己这样一块美玉,竟然沦落在相貌粗蠢、卑琐龌龊的县官手里,这使她怎能不感到有一种深深的失落和哀怨?

沐浴完毕,她躺在松软柔和的卧床上,阵阵幽香在空中飘荡,月光隐隐地透过窗帘,使她感到一种舒心的畅逸。

在迷迷糊糊的睡梦中,她恍惚觉得有一股温暖和煦的春风,轻轻地拂过自己的脸颊,拂向自己的胸脯。它是那样的轻柔,那样的多情,那样的缠绵不舍,使她产生了一种从未有过的醉意。她不由自主地翻过身来迎着这醉人的春风,但却被一双有力的臂弯紧紧地勒住了。

绿珠惊慌地睁开眼睛,禁不住吃惊地叫道:"你……怎么是你?"

"姑娘莫怕!我是石崇啊!你长得太美了,我一见到你,魂就被你勾走了。如果你不嫌弃我,以后你就跟随我吧!我保证好好地爱护你,不让你受丝毫的委屈。"

石崇紧紧搂住她,笑嘻嘻道:"你不用怕,如果你肯跟我,我一定会专宠于你,始终不渝!"

石崇三斛珍珠的代价,带走了绿珠。

金屋藏娇　宠爱集一身

三年过去了。

三年中,石崇始终没有见过绿珠的笑脸。

尽管石崇向采珠梁指天发誓,一定好好对待绿珠,让绿珠过天下最好的日子,但采珠梁还是如同他的心肝被人摘了一般,悲痛欲绝。尽管石崇的确对绿珠百依百顺,但绿珠总怀念着她的阿爸,怀念那永远给她以童真的湛蓝的大海,金黄的沙滩,斑斓的贝壳……

说来也怪,像石崇这种人,有钱有势那是少有人可以与之相比的,就是他养的姬妾歌妓,少说也有近两百人,而且,这近两百姬妾歌妓中,不说个个都有"沉鱼落雁之色,闭月羞花之貌",恐怕也是京都诸王侯贵族中拔尖的了。因为石崇有一条原则,凡他家里的东西(当然那近两百人也被他视为"东西"),都一定要不同凡俗,超过什么王恺之流的贵族才行。可是,自从得到绿珠,在石崇眼里,家中那近两百名歌妓舞娘都是庸脂俗粉而不屑一顾了。现在,交州采访使的任期快满了,石崇的官囊,也鼓鼓的了,再加上又得到了绿珠,他对京都就很有些归心似箭了。石崇认为绿珠是无价之宝,是天下绝色佳丽,他要带回京都去与那些爱比的人比一比,斗一斗:看看谁畜养的歌妓最出色!说到比、斗,这个由畸形时代培养出来的天生爱斗富夸势极爱虚荣的中年汉子,就动开脑筋了。

"还不习惯吗?你阿爸过得很好,再说,女大总是不中留么!皇帝的公主也不一定像你这样舒服呢!"石崇自顾自地怎么想就怎么说,"我马上带你回洛阳。不,先专门为你筑一处别墅。嗯,汉武帝不是有金屋藏娇么,对,我就来个金谷藏娇!"

金谷在京都洛阳东郊。

金谷又叫金硐,硐可中有水名金水。金水没有嚣嚣滔滔的波浪,也没有横无际涯的气势,河身纤纤弱弱的,没有北方汉子那样的粗豪,袅袅婷婷,四季长流,如美人的柔腰。它是太白源的分支,源头水清,行程逶迤,所以水清流长。石崇所说的金谷藏娇处,就在这里。

有钱能使鬼推磨,石崇对这一点是坚信不疑的。所以,当他决定临硐修筑藏娇别墅的蓝图一定,两年的功夫,一组极其华丽的建筑群就耸立起来了。

别墅落成的那天,石崇一个朋友也没有请,只带着绿珠,轻车简从,前往验收。

这是一幢典型的魏晋风格的园馆。魏晋清谈成风,佛教道教都很兴旺。与以后时代的佛道两不相干甚至常发生冲突的情况不同,魏晋时期佛教道教并行不悖,不仅相安无事,而且在清谈之中,竟互相糅合,形成了专门的清谈类别叫作谈玄。

如果说有什么区别的话,那就是道教重炼丹蒸汞,寻求个人的长生,而佛教方面则广修庙宇、多处刻石,强调"普渡众生"。石崇是个今朝有酒今朝醉主张及时行乐的角色,既无长生不老的信心,更无"普渡众生"的欲望。但是,他的别墅,外观却富有佛教庙宇的宗教色彩。飞檐盘龙,琉璃盖顶,显得庄重肃穆。里面却是画栋雕梁,重楼迭院,极尽奢华,表现出别墅主人的生活情趣所在。

"绿珠,这幢别墅是专为你修建的呢!"石崇一卸任,第一桩事就是选址修楼,光为解决有关"风水阴阳"的问题就花了一年的时间。从准备到别墅竣工,花了三年的时间和无法计算的银钱。石崇的表白的确是有分量的:"你满意不满意?不满意,一把火烧了,重修;满意,你就给取个名!"

"这么好的房子烧了不可惜吗?"绿珠与石崇在一起已经五个年头了,虽然谈不上什么感情,但对石崇夸豪斗富的虚荣心,还是有些了解的。她根本不认为这幢别墅真是自己的,倒是觉得这房子的恢宏气势、富丽装饰和坐落的环境,的确罕见。这该要花多少人日日夜夜抛洒汗水!她纯粹出于一种珍惜劳动果实的想法回答石崇。石崇在绿珠眼里,是使她与阿爸骨肉分离的罪人,只不过因为他有钱有势,可以左右像她这样一些人的命运而已。前两年,家乡有人带信来,说阿爸,这位鼎鼎有名的"采珠王"去世了,石崇才准绿珠回家奔丧。虽然丧事远比"采珠王"自己生前想象的要气派得多,而且是石崇派人一手操办的,但是,丧事一完,石崇派去办丧事的人又匆匆地把绿珠带回了洛阳。绿珠明白,对于石崇,自己只不过是个让他满意的收藏品而已,他修这幢别墅,说是为绿珠,实际上只不过是为绿珠这件收藏品修个更好些的库房。现在石崇要绿珠为别墅取名,绿珠自然清楚是为了取悦自己,但一有了这些想法,哪还有什么心思!

"妾年幼无知,哪里取得出什么好名字!"

"哈哈哈!既然满意,那就好,那就让你住着,不烧了,不烧了!"石崇哪里知道绿珠的心情呢?还以为绿珠满意这别墅,得意极了:"你不好意思取名,我来取!嗯,金谷硐,金谷硐,就叫金谷园!中间那一栋楼是你住的,我看就叫绿珠楼!怎么样?绿珠楼,用金漆大匾刻上去!等你习惯了,让我满撒帖子,让亲热的、眼红的,都到这里一饱眼福!"

在绿珠面前,石崇一改平时练达、精明的神态,完全不像一个在宦海中浮游多年的五十出头的人。看着石崇那自想自说自高兴的神情,绿珠感到一个人完全沉溺在物欲中,那样子一定都与石崇一样很可笑。

其实,沉溺于物欲之中而不能自拔,是西晋从皇帝到士大夫的通病。死了的晋武帝是荒淫不堪的榜样,他的儿子晋惠帝又是昏庸的典型。晋惠帝从小头脑就有些毛病,做储君太子的时候差一点因糊涂愚钝而被废,只是因为当今的贾后、当时的贾妃从中玩了点花招,才得以保住太子的位置如今才能坐上龙椅。虽然当了皇帝,但天生的愚钝和养尊处优只能使晋惠帝的智商更加退化。有一次,他在御花园游玩,听到荷塘中蛤蟆叫,就问:"这蛤蟆叫是为公呢还是为私呢?"搞得周围的随从人等哭笑不得。又一次,一大臣在早朝时奏报说关中大旱,百姓多有饿死的情形,晋惠帝听了半天,反问这位实事求是的臣子:"没有饭吃怎么就会饿死呢?他们为什么不吃肉粥呢?"硬是搞得满朝文武大臣笑又不敢笑,驳也不敢驳。

石崇虽然是贾后的死党,但听到皇帝昏蠢到这种程度,也觉可笑,回到家里也拿来当笑话说过,所以绿珠也知道。

"那些朋友,老爷还是少交些为好。"皇帝都是这样子,想阻止石崇宴饮作乐是不可能的，但绿珠见得多了，总觉得石崇没有交什么好朋友。

说起来石崇的朋友的确不少，连他自己加在一起，有二十四人声息相通，称作二十四友。

绿珠坠楼　玉殒香消

所谓"二十四友"，指的是晋惠帝皇后贾南风一班死党，其中以贾后外甥贾谧、诗人潘岳为首。晋惠帝从小憨愚，做了皇帝后自然处处受贾后挟制。而贾后暴虐无度，心犹不足，竟授意近臣用种种卑鄙手法把一些年轻英俊男人扶持进宫，恣意淫乱宫廷。晋惠帝的叔祖父赵王司马伦，见朝政日弛，宫闱荒淫，就生了篡位之心，他与心腹孙秀常在此策划于密室，一方面与各藩王互通声气，一方面活动于"二十四友"之中以探虚实。石崇是夸豪斗富中的首领，三天一小宴，五天一大宴，他的金谷园自然就成了司马伦和孙秀常去的地方。司马伦去石崇家倒纯为摸底，而孙秀却是在一次石家的宴席上见了绿珠一面之后，那魂魄就丢在石崇的金谷园了。

孙秀在潘岳做琅琊内史的时候，曾在潘府内做过小吏，因狡黠贪功，潘岳非常厌恶他，还多次当庭鞭挞过。后来孙秀投奔到赵王司马伦手下，才算狼狈为奸、相得益彰了。

这天，从石崇家的宴会上回府后，司马伦把孙秀叫到一间密室。

"前天，你行反间计怂恿贾后杀了皇太子，现在朝野上下都恨贾氏，贾氏一班人到现在还以为我们是他们的心腹呢！"赵王司马伦得意扬扬地说，"该是动手的时候了！"

"先当假传圣旨，把掌握三军的三部司马拉过来。"矮矬身材的孙秀三角眼射出凶光，"贾氏党羽要斩草除根，一个不留！"

"嗯，此计可行。"赵王司马伦想的是皇位，为人权欲熏心却计谋不足，往往依靠又奸又狡的走狗孙秀。"斩草除根，除根务尽！"

"石崇那家伙倒是可以稍缓一缓。"孙秀漫不经心地提议。

"那是个醉生梦死的东西，也碍不了大事。"赵王司马伦瞟了孙秀一眼，明白孙秀说的事成后缓杀石崇的用意在于绿珠，只不过不点穿而已。

孙秀按预订的计划把三部司马拉了过来，当天半夜就包围了皇宫。

"众卿家深夜带兵入宫，所为何事？"晋惠帝正在新纳的一名妃子寝宫里睡得正香，被赵王司马伦呼喊起来，还有些迷迷糊糊。他不担心这些臣子们会对他有什么出格的举动。

"贾后、贾谧淫乱宫中，把持朝政，扰乱朝纲，又无端诛杀太子，请陛下诏诛之！"司马伦说得振振有词，那气势不是在请示，倒像是在命令。

对于贾后的所作所为，晋惠帝早有所闻。他虽为天子，却长期受贾后这样的悍妇挟持，早就不满了，加上她擅自废太子，杀太子，完全无法无天。贾谧那小子狐假虎威，早就该死了！但是，叫晋惠帝下命令杀皇后，他又很是为难——她毕竟是皇后啊，再说，被人逼着下圣旨，这算是怎么回事呢？晋惠帝虽然糊涂，临到杀人砍脑袋的事情，却不能不想一想了。

"传圣旨宣贾谧！"赵王不耐烦了，干脆夺了晋惠帝的权，代替皇帝下命令了。

"贾谧，你知罪吗？"见贾谧被诳进殿，孙秀沾沾自喜地问。

在贾家一门中，贾谧是唯一长得身材修长、眉清目秀的。他无论如何也没有想到有人假传圣旨要杀他。现在他见皇上坐在那里一言不发，赵玉满脸杀气，知道大事不好，还未跪下，转身就跑，边跑边叫："阿后救我！阿后救我！"

可是，贾谧刚刚跑到西廊贾后寝宫外，就被追上来的两名士兵刀剑齐下，一分为三了。

听见侄儿的呼救声，贾后从风流好梦中惊醒，她知道外面肯定发生了什么事，但绝没有想到有性命之忧。

"外面何事喧嚷？宫廷深处，谁敢在此喧哗！"贾后人还未出房，那颐指气使的气势就从房内冲了出来。

"众卿家何事而来？"见外面声音消失了，贾后才从房中出来，她看见伦、孙秀和一大群明火执仗的士兵，心里就慌了。"你……们要干什么？"

"不干什么，有圣旨要逮捕皇后陛下！"孙秀奸笑着，挖苦着，"请皇后陛下换个比这还要华贵的宫殿住一住！"

"放肆！什么……圣……旨？我的话……便……便是圣旨，哪……里还有别……别的……圣旨！"完全没有料到，前天还在跟前表忠的、献计策的孙秀，现在竟如一头恶狼一般凶残。她明白大事不好。

"算了吧，我的皇后陛下，还谈什么圣旨不圣旨哟！"赵王司马伦不冷不热地插了进来。

"谁带的头？嗯！"自知不免一死，贾后突然强硬起来，端起了国母的架子。

"是我！是我！"赵王换上了一副杀气腾腾的嘴脸。

"唉，捆狗应当先捆狗头，我捆到狗尾巴上了，该我有今天！"贾后悍性大发，再也顾不得身份，破口大骂。

收拾完贾后贾谧，已是日上三竿时分了。

石崇的金谷园里，盛筵又再。

这时，石崇已经得到宫廷政变的消息。这消息是潘岳带来的，由于他与孙秀有宿怨，所以特别担忧孙秀报复，于是早早就赶到金谷园向石崇讨教对付的法子。石崇开始尚不相信赵王发动政变的事，因为昨天赵王、孙秀还乐呵呵地参加了金谷国的大宴，但见潘岳说得有鼻子有眼，也就着急起来。

"潘兄莫急，先吃酒，再到后院暂避几日。"石崇为潘岳出主意，自认为没有得罪赵王、孙秀，对自己倒是不担心。

"赵王府派人有要事要见大人！"管事上前向石崇禀告来了客人。

"快请，快请！"听说赵王只是派人求见，石崇感到自己的猜想正确，"潘兄，先回避一下。"

见潘岳回避，坐在石崇身旁的绿珠开了口："多行不义，必自毙！"

"你这是指的谁？"石崇惊问。

"不义为害民，害民必遭天谴！"绿珠似在重复，但又像是在解释。绿珠在石家的确过得是皇后般的日子，她知道石崇看重她，也明白被看重的是什么，目睹石崇及其狐朋狗党的所作所为，不是凶残至极，就是假仁假义的伪君子，所以，她觉得自己与其说是在天堂里，不如说是生活在砧板上。

"石大人，孙大人有礼拜上。"来不及仔细推敲绿珠的话，赵王的使者其实是孙秀的使者进来了。

"来人哪！"石崇看完信，皱着眉头看了绿珠一眼，吩咐把后院近两百名歌姬唤到堂前来。

"孙大人吩咐,石某本当从命,只是,"石崇指了指身边的绿珠,又指了指列队堂前花枝招展的美艳歌姬,对来人说,"绿珠是石某惟一所爱,尊驾请从堂前众歌姬中任选若干,石某无不乐意。"

"赵王、孙大人嘱咐,非绿珠不可!"真是狗仗人势,夺了权的主子连送信的都气粗了。

"还是那句话,堂上任你挑,绿珠恕不奉送!"石崇是见过大场面的,一向软硬不吃,当年连晋武帝的舅父都敢得罪,一狠心,怕什么赵王孙秀。

"小人告辞!"索取绿珠的使者气昂昂地走了。

"看来,石某是要大难临头了!"石崇有预感,命人把酒席撤到"绿珠楼"上,他要痛饮一醉,以醉去迎接即将临头的大难。

"祸兮福所倚,福兮祸所伏。"绿珠坐在以自己的名字命名的楼前,明如秋水的眸子穿过鳞次栉比的金谷园,追踪金水逶迤曲折的身姿,长叹一声,"或许,这倒是极难得的解脱呢!"

石崇听了绿珠颇含玄机的话,不禁毛骨悚然。

"生死有命,富贵在天,听其自然而已!"见赵王、孙秀的人走了,潘岳又从后堂出来,他也深深地感到一种灭顶之灾就在不远处向他压来。

伴随着一阵急促杂沓的脚步声和铿锵作响的刀剑碰撞声,一群士兵簇拥着孙秀闯了进来。

很明显,石崇安排在金谷园担任守卫的卫士都被杀死了。

"石兄,何苦为一妇人而坏了前程?"孙秀不准备上楼了,他一手叉腰,一手向石崇、绿珠指划,"潘大人,您对孙某的教诲我是一天也不敢忘记的!"

"绿珠,看来我要因你而灭九族了?"石崇目不转睛地盯着绿珠,露出无限的惋惜。

"哈哈!那有什么?"绿珠一改平日温文软款的神态,端起一杯酒,一仰头喝了下去,"我不是说过解脱的话吗?解就是脱,脱就是解!哈哈哈!"

还没等楼上楼下的人回过神,绿珠纵身跳下了以她的名字命名的绿珠楼!

石崇反应还算是快,但仅仅只是拽断了一根丝绦而已!

当然,石崇与潘岳也没有逃出一死,而且是株连九族的死!

潘岳临死前还知道说一句:"我对不起我的母亲!"因为潘母曾多次劝儿淡泊度日,知足常乐。

石崇是至死才明白:"你们杀我,无非是想得到我这一份财产而已!"终是应了他所信奉的"人为财死、鸟为食亡"的信条。

只有绿珠得到了解脱。

据说,绿珠北上以后,家乡的乡亲们思念这位伶俐聪慧且有一副甜脆歌喉的小姑娘,把从双角山流出的小河改名为绿珠江。至今,广西博白县绿萝村还有绿珠祠。绿珠的村子也挖了一口井叫绿珠井。还传说,喝了这井中水的妇女,生的珠娘都妍丽无比。但听说绿珠跳楼之后,乡亲们又把这口井填了。为什么要填这口井呢?唐代大诗人白居易叹昭君村的女孩儿毁容的一首诗作了最好的注脚——

不取往者戒,恐贻来者冤。

至今村女面,烧灼成痕瘢。

绿珠的悲剧,是那个时代的悲剧!

千金公主:复仇公主 大义难成

【人物档案】

姓名:宇文氏

别名:千金公主、大义公主。

字号:宇文芳

生卒:563年~596年

父亲:北周赵王宇文招

夫君:沙钵略可汗、都蓝可汗。

朝代:北周

职务:北周宗室女,和亲公主,突厥王后。

主要作品:《书屏风诗》

主要成就:和亲突厥沙钵略可汗评价:自幼爱好读书写字,对于经史、诗文、书画、政治、工艺,甚至建筑都有相当程度的造诣。在众多的和亲公主中,千金公主是命运最为悲惨者之一。

千金公主

【枭女本色】

盛衰等朝暮,世道若浮萍;

荣华实难守,池台终自平。

富贵今安在?空自写丹青;

杯酒恒无乐,弦歌讵有声。

余本皇家子,漂泊入虏廷;

一朝睹成败,怀抱忽纵横。

古来共如此,非我独中名;

唯有明君曲,偏伤远嫁情。

——千金公主

历代和亲远嫁番邦的都是汉族公主,唯独千金公主是鲜卑族人后裔。每一个出塞和亲的女子,都是十分忠诚地执行着朝廷赋予的安邦任务,独有千金公主特别,她怀着仇恨和壮志,一心要击败中原的王朝,实现自己酝酿已久的复国梦,而这个梦是否能实现呢?

【风云叱咤】

父死朝亡

千金公主,字文芳,是北周宣帝的弟弟——赵王宇文招的女儿。她不仅在当时美貌首屈一指,而且是宫廷内外一致公认的才女,才华出众,技压群芳。非常特别的是,因为她是汉人和胡人的混血儿,所以两类人种的优点集中而鲜明地体现在她的身上。那五官和身材有胡人的轮廓,大眼睛,高鼻梁,线条分明,棱角清晰,体态颀长,健壮丰满,浑身上下充满野趣;性情上既有鲜卑人的豪放健朗,不拘一格,又不失汉族大家闺秀的端庄贤淑。温文尔雅。千金公主自幼爱好读书写字,对于经史、诗文、书画、政治、工艺,甚至建筑都有相当程度的研究。

所以,千金公主这朵鲜花开得格外艳丽,格外与众不同。

千金公主的美貌和修养,也得益于名门的造就和熏陶。北周虽然是鲜卑人建立的国家,但生活习惯和文化思想都已相当汉化,北周鲜卑人过的是汉族一般的生活,鲜卑人和汉人甚至通婚。千金公主的母亲就是一位汉族女子,她父亲却是鲜卑人,自然也深受汉族文化的影响,精通诗书,尤其擅长书画。

可惜,她这一朵耀眼的鲜花却开放在动乱年代的狂风暴雨之中。当时,塞外的突厥国已经强盛起来,拥有骑兵百万,跃跃欲试要吞并北周,对北周构成了极大的威胁。北周皇帝为了保全边境安宁,保住国家稳定,就仿效汉代的和亲政策,把侄女千金公主许配给当时的突厥国王沙钵略可汗,想以女人的温柔安抚突厥国。

沙钵略可汗很宠爱这位娇弱美丽的小妻子,在丈夫的帮助下,千金公主的心情渐渐平静下来并慢慢适应了新环境。

然而命运是残酷的,就在千金公主下嫁的第二年,宣帝病死,辅政大臣、国丈杨坚以"禅让"的形式废掉并毒死了年仅七岁的北周静帝,于公元581年2月建立隋朝,史称隋文帝。北周的宗室诸王被斩杀殆尽,千金公主的父亲起兵反对杨坚,被诛灭九族。

噩耗传来,千金公主悲痛欲绝,自己的宇文氏叔伯与兄弟一个个惨死在杨坚刀下,从此,杨坚成了她不共戴天的仇人,深仇大恨已经刻骨铭心,她要报灭族之仇。

复仇公主

隋文帝其实是个心怀大业、志向远大的人,建立隋朝后就有心要统一全国。首先他的计划是吞并南朝,把全国的军事力量都用在对付南朝,因忙于内战,忽略了与突厥的往来,双方关系日益紧张。

千金公主也日夜筹谋,精心策划,在"枕边风"的强大威力下,沙钵略可汗开始向隋朝提要求建立双边市场,以便互通有无,杨坚一口应允了;沙钵略可汗又要求南迁到隋朝的边土白道川,以逐水草进行放牧,杨坚也毫不吝啬地答应了。这得寸进尺、一步步地侵略行径,还只是试探。千金公主使出美女蛇的本领,又泪水婆婆地向沙钵略可汗诉说自己家庭与杨坚不共戴天的深仇大恨,跪地恳请他与隋朝绝交,攻打隋朝。沙钵略可汗不答应,她就不站起来,疼爱妻子的沙钵可沙同意了她的请求,先书后兵,直攻隋朝边关。

沙钵略可汗对隋朝使节说:"我本是北周家的亲戚,如今杨坚灭了北周,自己当上皇帝,如果我袖手旁观,不是太无能了吗?让我以后有何脸面再见我的王后?"公元582年。突厥正式向隋朝宣战。为了实现自己的复国梦想,千金公主亲自跨上战马随军出征,意气风发,斗志昂扬,英姿飒爽。凭她的才能,还亲自谱写战歌以鼓舞士气。40万大军势如破竹,先后攻下延安、天水等6城,长安震动。杨坚采取长孙晟的建议,以离间计挑拨突厥各部落的关系。离间计取得了极大成功,沙钵略可汗的叔侄纷纷反叛,沙钵略可汗前后受敌,陷入困境。

千金公主此时不到20岁,然而过往的经历早已经使她认识到命运的残酷与无奈,她早早地成熟了。她明白杨坚最希望看到突厥内部自相残杀。万般无奈下,千金公主决定暂时将自己的国恨家仇放在一边,先帮助丈夫走出生存绝境。

她向杨坚写去亲笔信,表示自己虽是北周公主,却十分钦佩杨坚的圣明,请求做大隋皇帝之女。杨坚此时也没有足够精力对付突厥,于是顺水推舟,赐公主杨姓。收为养女,改封千金公主为大义公主,希望她深明大义,为隋和突厥安定做出贡献,此后,两国来往不断,取得暂时的安宁。

当然,这样的安宁只是暂时的,杨坚表面上对公主恩宠有加,心中却无法信任;公主忍辱负重,为两国的友好交往也确实做了一些事,但对杨坚灭其宗族的仇恨始终无法释怀,双方都只是利用对方,各藏心机,只要有机会必将对方一口咬死。

明和暗斗

这时的隋文帝正处心积虑地经营着江南一带:趁陈后主新立,派贺若迅出镇广陵、韩擒虎出镇庐江,伺机逼近陈都建康。眼看胜利在望,就在这节骨眼上,北方突厥人又出兵扰境,杨坚当然不愿腹背受敌。隋文帝忍住怒气,以缓兵之计派遣使者前往突厥国,一方面向沙钵略可汗许下许多好处,让他停止进军,重归于好;一方面派人求见千金公主,劝说她以两国关系为重,保持和平相处的局面,以免生灵涂炭。

千金公主答应隋朝使者的请求,让突厥部队撤回本土。千金公主本来身负深仇大恨,其实不信隋朝使者的话,以两国关系为重,保持和平相处的局面,以免生灵涂炭,千金公主暗想,即使此举突厥国获得胜利,那取得统治地位的也只能是突厥人,绝不是她宇文家的人,自己的复国梦还不是竹篮打水一场空。不如趁机退下一步,再做更深入周密的复国准备。

她想:要想恢复宇文家族的北周。必须先找到宇文家族的"皇种"才行。于是,千金公主暗地里派人花了整整两年时间,四处明察暗访,才在隋国的僻野之地,找到了北周皇族幸存的一位宇文氏王子。于是,千金公主在突厥招兵买马,加强训练,企图攻入中原,灭隋复周。当时,沙钵略可汗表示坚决支持千金公主的行动。

正当千金公主的复国计划在逐步进行之际,沙钵略可汗突然病死了。千金公主依照胡人风俗转嫁给继位的业护可汗。不久业护可汗也去世了,千金公主又转嫁给都蓝可汗,千金公主的复国梦就这样,从不不间断地处于争取各任可汗的支持当中。

隋文帝八年,隋朝统一了南方。隋朝的天下已经相当强盛而稳固。这时,隋文帝可以转移精力安定北疆了,隋廷以迅雷不及掩耳之势回师北上,派30万大军屯兵北方边境,以防突厥的骚动。

隋文帝不计前嫌,把大量从南方缴获的珠宝彩缎赐给突厥可汗和千金公主;同时,反复劝勉她以大局为重,以民众祸福为念,协调好中原与突厥的关系。非常可贵的是,隋文帝还把陈后主价值连城的翠玉屏风,赐给了千金公主。

千金公主看到失国的翠玉屏风想起自己的父兄,而自己的复国计划又难以实施,感慨万千,提笔在隋文帝赐来的翠玉屏风上题下一首长诗:

> 盛衰等朝暮,世道若浮萍;
> 荣华实难守,池台终自平。
> 富贵今安在? 空自写丹青;
> 杯酒恒无乐,弦歌讵有声。
> 余本皇家子,漂泊入虏廷;
> 一朝睹成败,怀抱忽纵横。
> 古来共如此,非我独中名;
> 唯有明君曲,偏伤远嫁情。

这首诗后来传到了杨坚那里,成了千金公主与隋室关系彻底破裂的导火线。杨坚看到这首诗自然十分不快,更重要的是,这首诗表明千金公主仍对北周念念不忘。正是这首诗促使隋朝下决心除去千金公主这个大威胁。

隋文帝没有与突厥国正面交锋,而是设法挑拨都蓝可汗与千金公主的关系。

大义公主在突厥虽然贵为王后又先后有几位丈夫,但都是利益关系,很难说有爱情与幸福,在极度的苦闷与寂寞中,她与一个叫安遂家的小官慢慢好上了。

这事被隋文帝的人知道后,四处散布,突厥国人得知大哗。因为突厥一向禁止通奸,公主所为,已成死罪。都蓝可汗得到安遂家的供词,再加上别人的挑唆和鼓噪,不由大怒,他冲入牙帐,一剑将公主刺死,此时是公元596年,千金公主年仅33岁。

亲仇国义

作为封建国家统治者,国家利益与个人利益哪个更重要,这是个问题,我们把千金公主难以成为大义公主的命运作为一个案例来研究一下。

从历史的眼光来看,隋文帝建立隋朝,是统一了处于分裂中的国家,是进步事业,那么一切阻挡这一事业的做法都是不可取的,都是要扫除的。在千金公主之前,隋文帝灭了千金公主所依赖的北周王朝,以及家人,隋文帝灭得理直气壮,所以他又命远在突厥国的千金公主承担起合亲的义务:维护统一的大隋朝的安定,不受突厥国的骚扰。用今天的眼光来看,隋文帝就是要千金公主顾全大局,不要计较自己个人利益,一切以维护国家利益为先。

面对大一统的隋朝,大义公主想成为中原与边族的和亲使者,却无法真正做到,她接受了隋文帝赐给她的大义公主的名号,她想要做到能拥有前世王昭君之名的义和公主,却难以割舍自己丧家丧国的悲痛,作为个人的感情,千金公主无法接受亲情的殆殇,她想的不再是国家,所以她挑起了隋朝与突厥的交战,这在中原统一思想下是不允许的,她自然也就成了隋文帝狠下心的那一刀,最后成了封建王朝更替、两国交易的牺牲品。

是把国家利益放在首位,还是把个人利益放在首位,这是个一直在争论的话题。一方认为:坚持把国家利益放在第一位。当个人利益与国家利益发生矛盾时,应无条件服从国家利益的需要,不能斤斤计较个人的得失,更不能靠损害国家利益去捞取个人的"实惠",在必要时牺牲个人的生命去保护国家整体利益,这就是历史上的大义灭亲。也有人认为"天赋人权",在个人利益之上,不存在另一个更高的准则,政府无论出于多么伟大的动机,都不能侵害个人利益。

千金公主走到了反对国家利益为首的一方。从千金公主到大义公主,这一个身份的转变,千金公主表面上是做到了,而骨子里却没有做到,然而作为一个女性,灭国灭家之恨任谁也是无法释怀,千金公主最后也就无法逃脱厄运。

千金公主的复国壮举随着她的死亡付诸东流。在众多的和亲公主中,千金公主是命运最为悲惨的一个。别的和亲公主,虽然不幸,但背后至少还有国家在支撑着,保证了她们在外国的地位,而千金公主不仅国破而且家亡。她的国仇家恨及其担负起的沉重的人生担子,不能不让人感慨和同情。

平阳公主:开国女帅　女中豪杰

【人物档案】

姓名:李氏

别名:平阳公主、平阳昭公主,后世文学作品中称她为李秀宁、李三娘、李平阳。

生卒:约600～623年

籍贯:邢州尧山(今河北隆尧)人

朝代:唐代

谥号:昭

父亲:唐高祖李渊

母亲:太穆皇后

同母兄弟:李建成、李世民、李玄霸、李元吉。

主要成就:为自己的父亲李渊建立帝业拥兵数万、威震关中。

评价:中国封建史上,唯一一个由军队为她举殡的女子

平阳公主

【泉女本色】

雨中登娘子关

钱世明

乱山微雨间,按剑仰雄关。

娘子今何在? 绵河去不还。

泉声思铁骑,春色想红颜。

一自供游赏,险隘笑登攀。

唐朝的女强人很多,中国第一个女皇帝诞生于唐朝;中国第一个女性首相出现在唐朝;中国第一支"娘子军"出现在唐朝。有人说是唐朝的鲜卑血统决定了唐朝女性的惊人业绩,平阳公主开风气之先,之后,女强人式的公主中又出现了太平公主、安乐公主等,然而只有平阳公主死时,军队擂鼓而葬。她的事迹即使今人读起来,仍让人热血沸腾。

乱世武女

平阳公主,是唐高祖李渊的第三个女儿,也是李渊嫡妻窦氏的爱女。她是一个真正的巾帼英雄,才识胆略丝毫不逊色于她的兄弟们,但她的名字和年龄史载不详细。后世写武侠小说的给她起了个名字叫李秀宁,说她是唐太宗的妹妹,其父李渊起兵时她的年龄是 16 岁,人们觉得如此低龄难以做成那么大的事,于是推测她是李建成的妹妹、唐太宗的姐姐,这样,在李渊起兵时她是 20 到 26 岁之间。

南北朝统一之后不久,中国又一次陷入了大分裂的状态。这次分裂的时间很短,隋文帝的外甥,李渊只用了 7 年时间就击败群雄,再一次统一了天下。李渊能当上皇帝,固然与他个人的条件分不开,更重要的是他培养出了一群杰出的儿女,这群儿女中功绩最大的就是太子李建成、次子唐太宗和三女儿平阳公主。

平阳公主的婚事是父亲李渊一手操办的,平阳公主的丈夫柴绍是一位武将,婚后,柴绍携妻平阳公主定居长安城。

贞观十七年二月,唐太宗李世民为怀念当初一同打天下的众位功臣,命阎立本在皇宫内三清殿旁的一个不起眼的小楼凌烟阁里描绘了二十四位功臣的图像,褚遂良题之,皆真人大小,用以来缅怀功臣,柴绍就在这凌烟阁 24 功臣中排名第 14 位。

柴绍也以谋略出众,善于以少胜多闻名,在消灭薛举、刘武周、王世充、窦建德都有他一份功劳,作为他的妻子平阳公主也毫不逊色,平阳公主在深爱武艺的母亲窦氏的影响下,从小就熟知兵术。

平阳公主的母亲是李渊的原配,窦氏本也是一位爱好武艺的女性,窦氏是京兆平陵人,父亲窦毅是北周的八大元帅之一,母亲是北周武帝的姐姐襄阳长公主。窦氏从小就很聪明,并且喜欢武艺高强的人,于是在出嫁年龄时用了比武招亲的办法,父亲窦毅让人在大门上画了两只孔雀,有意招亲的必须在百步外射两箭,两箭各射中一只孔雀眼睛的,就招为女婿。根据正史记载,李渊是箭法相当高超的人,几十人来应试,只有李渊两箭都射中了,窦氏遂嫁给了李渊,窦氏生下女儿平阳公主后,常常说起此事,让平阳公主甚是羡慕。

娘子挂帅

隋末民不聊生,天下大乱。隋大业十三年(公元 617 年)五月,李渊决定起兵,当时李渊的胜出机会并没有多大。他的地盘在遥远的山西边境,远离首都长安和东都洛阳。手下兵力也不足,不过万人,而且天天要面对突厥的进攻,最要命的是,他的家眷全都在长安,身边只有一个次子李世民跟着。

李渊领兵离开自己的防地时,对外宣称是为了到江都去接应被困在那里的隋炀帝,可是他的行军方向却直指首都长安,这种"掩耳盗铃"当然瞒不过长安的隋朝官员,长安方面立即下令拘捕李渊的家人,逮捕名单中就包括了李渊的三女儿平阳公主和她的丈夫柴绍。

形势危急,平阳公主和丈夫快速商议,决定分头行动,柴绍直奔太原,而平阳公主则在后方进行各种安排。《旧唐书·平阳公主传》记载:"义兵将起,公主与绍交在长安,遣使密召之。绍谓公主曰:'尊公将扫清多难,绍欲迎接义旗,同去则不可,独行恐惧后患,为计若何?'公主曰:'君宜速去。我一妇人,临时易可藏隐,当别自为计矣。'"

平阳公主很快动身回到鄠县(今陕西鄠邑区)的李氏庄园,女扮男装,自称李公子,将当地的产业变卖,赈济灾民,很快招收了一支几百人的队伍。很快李渊起兵的消息就传来了,平阳公主听到这个消息,决心为父亲招募更多的军力。

平阳公主到处联络反隋的义军。一个年纪轻轻的女子,以其超人的胆略和才识,在三个多月的时间里,就招纳了四五支在江湖上已有相当规模的起义军。其中最大的一支就是胡商何潘仁,当时他手下有几万人。平阳公主派家僮马三宝前去游说何潘仁归降。不知道马三宝使了什么手段,势力远远超过平阳公主的何潘仁居然甘愿做平阳公主的手下。平阳公主收编了何潘仁后又连续收编了李仲文、向善志、丘师利等义军,势力大增。在此期间,朝廷不断派兵攻打平阳公主,平阳公主率领的义军不但打败了每一次进攻,而且势如破竹,连续攻占了户县、周至、武功、始平等地。

平阳公主收编的这帮人都是杀人不眨眼的强盗。如果没有几分真本事,就是男人也镇不住他们,何况其兵源还来自原本不相统属的系统。能够在短时间内将收编的乌合之众变为一支百战百胜的劲旅,取得如此大的战绩,足见平阳公主的组织能力和指挥能力的确是出类拔萃的。

这支由女人做主帅的义军,军纪非常严明,平阳公主令出必行,整支军队都对她肃然起敬。在那乱兵蜂起的年月里,这支军队得到了广泛的拥护。老百姓将平阳公主称为"李娘子",将她的军队称为"娘子军"。

娘子军威名远扬,很多人都千里投奔而来。不久,平阳公主的娘子军就超过七万人,平阳公主在军事上的直觉与见地,堪称天才,隋将屈突通就曾经在她手下连吃几场大败仗。

公元617年9月,李渊主力渡过黄河进入关中,这时他很高兴地看到他的三女儿已经为他在关中打下了一大片地盘。他派柴绍去迎接平阳公主。接下来,平阳公主挑选了一万多精兵与李世民会师渭河北岸,共同攻打长安。柴绍属于李世民的部下,与平阳公主平级。夫妻二人各领一军,各自有各自的指挥部(幕府)。11月他们兵打一处,很快就攻克了长安。

攻克长安之后,平阳公主继续领兵作战为大唐打江山。因为李渊当时虽然拿下了长安,但是他只是大致控制了半个关中,他的四周都是敌人。稳定长安后,李渊立刻掉头对付据有陇西之地的薛举和凉州(今甘肃武威)的李轨,李渊命李世民征讨。李世民用了大约两年的时间来扫荡这些势力。这期间柴绍和自己的妻子平阳公主都曾参与。

李世民转战西北扫荡隋朝残余势力时,主要就是依靠平阳公主及其"娘子军"的参战,才能连克强敌。那时平阳公主的主要任务就是防守李家的大本营山西,她驻守的地方叫娘子关。娘子关位于今山西省平定县东北的绵山上,为出入山西的咽喉,原名苇泽关,因平阳公主率数万"娘子军"驻守于此才更名娘子关。山西是中原和关中地区的屏障,无山西则中原和关中不稳,平阳公主率军驻守娘子关,目的就是为了防止敌人从这里进入山西。

平阳公主死的具体时间史上没有明确记载,大约在公元623年二月,但史书上记载了她不同寻常的葬礼,有前后部羽葆鼓吹、大辂、麾幢、班剑四十人、虎贲甲卒。礼官提意见说女人下葬用鼓吹与古礼制不合,平阳公主的父亲李渊则说:"鼓吹就是军乐,从前公主亲临战阵,擂鼓鸣金,参谋军务,古时候有这样的女子吗?以军礼来葬公主,有什么不可以的?"于是特地破例以军礼下葬平阳公主,并且诏命按照谥法所谓"明德有功曰'昭'",谥平阳公主为"昭"。

女性战将

从大禹、项羽、韩信到岳飞、成吉思汗、玄烨、谭嗣同,无不英气浩荡、雄心勃勃。英雄历来几乎就是男性的专长,女性似乎更习惯于仰慕和依恋英雄,但并不意味着英雄就与女人无缘,中国文学艺术中就有人们家喻户晓的女英雄花木兰、穆桂英。

中国女性作战的历史也非常悠久,近来发掘出土的商朝王后——妇好更是一个连男人都望尘莫及的女英雄,春秋时军事家孙武在吴王宫中训练宫女来增加国家的军事力量。中国女性作为真正的英雄,进入历史的女性也不乏其人,唐高祖李渊的第三个女儿,平阳公主就是一位让女性骄傲的女英雄。

平阳公主在古代纤弱、秀美的女子中独树一帜,成为旌旗猎猎之下的威武将军,是一位罕见的女中豪杰。

当自己父亲和兄弟决策起兵,平阳公主见解非凡,让丈夫柴绍速往太原,自己则独立于关中组织武装策应。李渊起兵反隋后,平阳公主乃归县庄所,遂散家资,招引山中亡命,得数百人,起兵以应高祖。并招降了隋朝将领何潘仁上万名队伍,攻占户县、周至、武功、始平四县,队伍扩大到7万余人。李渊渡黄河推进长安时,平阳公主队伍与父汇合围攻京城。平阳公主与兄李世民一起荡平西北之隋王朝残余势力,为唐王朝的建立立下卓越的功勋。

平阳公主带领的女子队伍,被称为"娘子军",平阳公主成为娘子军的挂帅将军。在平定关中高祖因公主独有军功,晋封"平阳公主",每次赏赐,都与其他公主有所不同。唐高祖武德六年,平阳公主薨,李渊打破旧制,以正式军乐军礼为其送葬。按照谥法"明德有功曰'昭'",谥平阳公主为"昭",以彰其"伟烈"。平阳公主就是古代女性的精英。平阳公主打破了"战争让女人走开"的惯例,让人们相信在战争中,女性可以和男性并肩作战。

上官婉儿：宫中孤女 巾帼首相

上官婉儿

【人物档案】

姓名：上官婉儿

别名：上官昭容

生卒：664 年~710 年

籍贯：陕州陕县（今河南三门峡陕县）人。

父亲：唐高宗时宰相上官仪

朝代：唐朝

谥号：惠文

职务：唐中宗昭容

主要作品：《彩书怨》《游长宁公主流杯池二十五首》。

主要成就：设立修文馆，增设学士，处理百司奏表，参决政务。

评价：才华诗文不让须眉男子，其人品功过颇具争议。

墓葬：上官婉儿墓位于陕西省咸阳市渭城区北杜镇邓村北，2013 年 11 月，考古人员已经完成了现场考古发掘。

【枭女本色】

上官昭容书楼歌

吕温

汉家婕妤唐昭容，工诗能赋千载同。

自言才艺是天真，不服丈夫胜妇人。

歌阑舞罢闲无事，纵恣优游弄文字。

玉楼宝架中天居，缄奇秘异万卷馀。

水精编帙绿钿轴，云母捣纸黄金书。

风吹花露清旭时，绮窗高挂红绡帷。

香囊盛烟绣结络，翠羽拂案青琉璃。

吟披啸卷终无已，皎皎渊机破研理。

词萦彩翰紫鸾回，思耿寥天碧云起。

碧云起，心悠哉，境深转苦坐白摧。

金梯珠履声一断，瑶阶日夜生青苔。

青苔秘空关，曾比群玉山。

她的父亲是起草废除武则天皇后位的大臣之一。武则天上台，父亲被武则天诛杀，按照古代株连家族的刑罚，她本也是武则天刀下的一个冤鬼，幸运的是她不仅没死，并且成了武则天手下一位得力的女性助手，她14岁就以奇人之上的才华占据了这个女皇的心，在她一次违背这位暴戾女皇，要处以死刑时，女皇竟然舍不得杀她，只是以黥刑代之。

【风云叱咤】

宫中孤女

上官婉儿是陕州陕县人，唐高宗时宰相上官仪的孙女。麟德元年（公元664年），上官仪因替高宗起草将废武则天的诏书，被武则天所杀，家族全没。尚在襁褓之中的上官婉儿与母亲郑氏被赶进掖庭宫充为宫婢，上官婉儿在掖庭宫狭窄的蓝天下长大。

上官婉儿的母亲郑十三娘是太常少卿郑休远的姐姐，有文学素养，是上官婉儿第一个老师。上官婉儿虽身份为奴，但朝廷把聪明颖悟的上官婉儿送到后宫内文学馆学习，上官婉儿"天性聪明，善文章"，内廷文学馆宦官老师非常喜欢她，器重她。

宫廷老师讲课以武则天的发展为榜样，大讲特讲武则天的伟大、非凡，使幼年上官婉儿内心无限钦佩。

上官婉儿把武则天的故事讲给母亲听，郑夫人落下泪来。上官婉儿不了解身世，把梦想寄托在敌人的身上，"认贼作父"。她又不愿破碎女儿的梦想。她深知上官婉儿的成长需要有梦想支撑，她不能让女儿怀恨武则天，女儿一旦知情而且怀恨，性命便危在旦夕了。

上官婉儿渐渐长大，出落得妖冶艳丽，秀美轻盈，一颦一笑，自成风度，加上天生聪秀，过目成诵，文采过人，下笔千言。因为老师的举荐，上官婉儿14岁时，终于得到武皇后的召见。

武则天当场命题，让其依题作文，上官婉儿文不加点，须臾而成，珠圆玉润，调叶声和，尤其她的书法秀媚，格仿簪花。武则天看后大悦，当即下令免其奴婢身份，让其掌管宫中诏命，此后，武则天所下制诏，多出自上官婉儿的手笔。

上官婉儿由掖庭宫走入朝廷，从此跟随这个伟大、非凡的皇后。于是，上官婉儿作为一个女性开始和政治、权力紧紧牵系在了一起。

朝中秘书

有人说，上官婉儿能成为"巾帼首相"是天生的。传说上官婉儿的母亲郑十三娘怀上官婉儿时，梦见有人送自己一杆大秤，解梦者说："当生贵子，手握天下大权。"新旧唐书的《后妃列传·上官昭容》上有类似的记载，《新唐书》还记载了一个细节：郑十三娘怀孕时梦见巨人拿着大秤说："拿着这秤可以称量天下。"

上官婉儿从一个罪臣孤儿到称量天下，她的成长得自于天赋，得自于环境，更得自于武则天，武则天给了她千载难逢的机遇，她是金子，是武则天让她闪光。

对武则天，上官婉儿是矛盾的，这种矛盾伴随了她一生。武则天是她的"杀父仇人"，她注定要恨她；武则天又是她的"教母"，她身边唯一值得效仿的高贵女皇，又是真正懂她，赏识她，喜欢她的人。

女皇开始她辉煌的帝业，上官婉儿则开始了实际上的"巾帼首相"生涯，但她仍是武则天一个招之即来、挥之即去的近侍奴婢。这年女皇62岁，上官婉儿26岁。和谐甚至美好的君臣关系却因一个失宠的男宠起了波折。

深入权力的中心，上官婉儿如履薄冰，一次男宠薛怀义被武则天厌弃。薛怀义深感失恋之苦，大失所望，他沿着宫中的一条密道想求见女皇，上官婉儿不与通报，将这失宠的"床榻上的君王"拒之门外。薛怀义一气之下，一把惊天大火亲手烧了他为女皇建造的明堂，武则天知道后大怒，认为是上官婉儿逼薛怀义放火，本要杀了上官婉儿，但实在爱惜上官婉儿的才华，只在上官婉儿面上处以黥刑，"忤旨当诛，后惜其才，止黥而不杀也"，从里我们看到上官婉儿是完全以一个女性的才华折服了另一个才华威武的女性。免除死罪后，上官婉儿遂精心侍奉武则天，曲意迎合，更得武则天欢心，从圣历元年开始，武则天又让上官婉儿处理百司奏表，参决政务，权势日盛。

上官婉儿14岁成为武则天的"秘书"，几乎是和皇子们一道长大。美丽可人的上官婉儿，先后被李贤、李显和李旦所爱，但是对上官婉儿来说，政治永远大于爱情，爱情为政治服务。以后的岁月，她同武三思、崔湜，同中宗的关系，都谈不上爱情，她也不眷恋那堪称真爱的关系，都是逢场作戏而已。

公元695年，武则天称女皇的第5年，她重任委派侄子武三思、上官婉儿修周史，为其歌功颂德。上官婉儿凭借聪明和多学，在修史的过程中为武三思提供了大量的帮助，让武三思感激涕零，并对这个女人产生了一种莫名其妙的很深的感情；上官婉儿敏锐地看到了武氏一族的势力正因女皇而迅速发展，越来越大，势不可挡。她在武三思那里找到了安全感。后来武则天把上官婉儿配给武三思，上官婉儿这年已经35岁。

后来中宗复位以后，上官婉儿同时获得了中宗和韦皇后的宠信，专撑诏命，手握大权的上官婉儿为了维护自己现有的权力，逢迎所有喜欢她、需要她的男人，她利用中宗对自己的器重，很快与中宗建立了亲密的关系。并运用自己的控制能力成为中宗的"患难之友"，她自己也在这种给予中获得了"未来"。她不但没有被"一朝天子一朝臣"废弃，反而成了"不倒翁"。中宗封上官婉儿为昭容，封上官婉儿母亲郑氏为沛国夫人，所以史料上又称她为上官昭容。

上官婉儿又经常劝说中宗，大量设置昭文馆学士，广召当朝词学之臣，多次赐宴游乐，赋诗唱和。上官婉儿每次都同时代替中宗、韦后和安乐公主，数首并作，诗句优美，时人大多传诵唱和。对大臣所作之诗，中宗又令上官婉儿进行评定，名列第一者，常赏赐金爵，贵重无比。因此，朝廷内外，吟诗作赋，蔚然成风。

玩火自焚

武则天死后，上官婉儿和韦后又走得非常近，二人各怀心思帮助武三思，使武三思摇身一变，成了李唐王朝的司空，位居三公之一，名副其实的大唐首相；同时，韦后的女儿安乐公主的丈夫武攸暨，也进拜司徒，亦为三公。除太尉之外，三公中便有两席被武家强占了去,而且都是实权岗位。这时中宗的李姓王室已被武家所架空。实际上的大权是被上官婉儿和韦后这两个女人掌握。

上官婉儿处处争取自己的势力。她不断向韦后进言提高妇女在社会和政治中的地位。将韦皇后称霸的野心点燃。上官婉儿还不断请求提高公主们的地位,这既取悦了韦后,又笼络住诸公主的心。上官婉儿让安乐公主坚信她是能够继承皇位的,尽管中宗还有李重俊、李重茂两位皇子,但他们并非韦后所生,这给韦后所生的安乐公主成为皇太女提供了极大的可能。在上官婉儿的帮助下,宫里的权势女人各自拉拢了一批朝官并形成了她们自己的势力。

上官婉儿还心怀叵测贬抑排斥太子李重俊,推举以武三思为首的武氏一族,成功地在朝堂制造吁请废黜太子的舆论。年轻的太子再也不能忍受,公元707年7月,李重俊与左羽林军大将军李多祚等,"矫诏"发羽林军三百余人,当夜突袭了武三思的王府,杀掉了武三思及其子武崇训。

当时,上官婉儿正在中宗的大殿中与韦后、安乐公主一道陪着圣上博戏。见此情形,深知利害的上官婉儿马上说,看太子的意思,是先索取我上官婉儿,依次会索取皇后,最后是皇帝,中宗和韦氏大怒。中宗带上官婉儿和他的皇后匆匆登上了玄武门,观太子李重俊兵势。

中宗首先派右羽林军大将军刘景仁,速调两千羽林兵士屯于太极殿前,闭门自守。当叛军来到宣武门下,他便依照上官婉儿的指令,向门下的叛军高声劝降。叛乱的羽林军当场倒戈,并将太子杀死。

景龙四年(710年)六月,野心勃勃的韦后和女儿安乐公主毒死了中宗,立温王李重茂为帝。这触及了大唐后宫里另一个政治女性,武则天的女儿太平公主,太平公主与韦氏一帮人虚与委蛇,一方面以一代公主的身份牵制、滞缓她们势力的发展,另一方面暗中帮助她的侄儿李隆基。

李隆基本来就一直在姚崇、宋璟等名相的扶助下,羽翼渐丰,现再得太平公主的支持。唐景龙四年(公元710年),李隆基(后为玄宗)发动政变,起兵诛讨韦皇后及其党羽,又处于权力之争中的上官婉儿本是个聪明人物,竟带着宫人,秉烛出迎,并把她与太平公主所拟遗诏拿给刘幽求观看,且托他婉告隆基,期免一死。然而李隆基却说:"此婢妖淫,渎乱宫闱,怎可轻恕?今日不诛,后悔无及了。"遂杀了上官婉儿,此时上官婉儿年仅46岁。

开元初(公元713年),唐玄宗李隆基非常欣赏上官婉儿的才华,指令收集上官婉儿的著作,编录文集20卷,叫大手笔燕国公张说(悦)为其题篇作序。序中称上官婉儿:"敏识聆听,探微镜理,开卷海纳,宛若前闻,摇笔云飞,成同宿构。古者有女史记功书过,复有女尚书决事言阁,昭容两朝兼美,一日万机,顾问不遗,应接如意,虽汉称班媛,晋誉左媪,文章之道不殊,辅佐之功则异。"

玩弄政治

上官婉儿在唐代历史中是个极有魅力的后宫女性,在《旧唐书》《新唐书》的"后妃传"中都有专篇记载。她的一生可谓是坎坷传奇。虽然没有丞相之名,但有丞相之实,据说武则天甚至一度要把她立为女皇,她的确为武则天发展唐朝的经济做了一定的贡献。同时,她先后与唐中宗、韦后、安乐公主、太平公主等不同的利益集团相结合,其权势所至,甚至酿成多次宫廷政变,左右皇帝的废立。

上官婉儿也是一个才气斐然的女性,唐中宗时,她是朝廷里的权威的诗论家,唐玄宗为了追念上官婉儿的才华,下令收集其诗文,辑成二十卷,贞元时,吕温曾做《上官昭容书楼歌》,然而这样一个才华横溢,兼备政治韬略的女性最后还是做了皇权争斗的牺牲品。

而后人甚至从道德的角度上,把上官婉儿称作淫女。正史和野史常把她说得诡诈奸猾、作恶多端、私生活糜烂的女性。

著名女作家赵玫认为上官婉儿是"一个高贵的女性",她说上官婉儿天生的高贵和优雅,使她更钟情于那往来唱和的千古诗篇,和文人雅士的风月清谈。上官婉儿的才智让她永远不会让自己去超越她自己的那个生存的限度。那种难得的清醒和难得的自知之明,在她的头顶总是明镜高悬,在她的身后总是夹紧尾巴。她不停地用智能和身体同有权势的男人做着各种各样的交换。她做得那么娴熟地道、流畅自然,以至看上去总是那么顺理成章天衣无缝。但上官婉儿同时又知道她的这一份份交易有多肮脏多卑鄙,又是多么地不得已而为之。她是在清醒地出卖着自己的身体和智能,她别无选择。

的确,自从进入政治中心后,上官婉儿有她女性特质,以中庸狡黠、八面玲珑、做事融通周旋于血淋淋的皇权斗争中,然而她骨子里强烈的男儿气概,使她具有了杀伐决断、权秉国政的能力,同时也让她过于贪恋权力,玩弄权力而不放手,如果她在武则天之后功成隐退,想必也会寿终正寝。

太平公主：工于心计　权倾人主

【人物档案】

姓名：太平公主
本名：李令月
封号：太平公主、镇国太平公主。
生卒：约665年~713年
朝代：唐朝
职务：公主
主要成就：参与复辟李唐，诛灭韦后。
结局：被唐玄宗赐死
评价：中国历史上第一个女皇武则天的女儿，而且成了"武则天第二"。
墓葬：太平公主墓在陕西省乾县，和章怀太子、懿德太子、永泰公主墓，还有唐高宗李治与武则天的合葬墓（就是乾陵）在一起。

太平公主

【枭女本色】

太平公主美艳而工于心计，能屡屡避祸死里逃生，巧用谋略铲尽韦武集团，为匡定大唐皇室立下了汗马功劳，是有唐一代除她母亲武则天以外，第二个在政治上最为杰出的女性。

随着地位和威望的上升，太平公主的权力欲愈来愈大，不但参与朝政，而且要把握天下。每有军国大事，皇帝总要请她商议；每见宰相有奏，睿宗总要先问一句："这事与太平妹妹商量了吗？"说她"权倾人主"，道她"权震天下"，绝非妄语！

当她密谋废太子，"以窃威权"之际，万万没有想到唐玄宗李隆基发动"七月三日事变"将其赐死，遥望终南留遗恨，撒下了一片扑朔迷离的历史烟云。

【风云叱咤】

武后掌上珠　如意乘龙婿

太平公主是唐高宗之女，武则天所生。在当时少长公主中，只有她耀若明珠，最受宠爱，真算得上金枝玉叶，娇贵无比。

太平公主大约生于高宗总章元年（668年）。咸亨元年（670年），外祖母荣国夫人杨氏病故，武后为给杨氏追邀冥福，便替刚刚3岁的爱女请为女冠，加入道籍。仪凤中（676~679年），太平公主10岁刚过，西戎强藩吐蕃指名太平公主下嫁和亲，武后岂能舍得这掌上明珠？高宗夫妇断然拒绝了这门亲事。同时，他们真的为太平公主修了座道观，号称太平观，并让她像道士女冠一样受了熏戒，以出家为由杜绝了吐蕃的企望之心。

然而，高宗、武后是不舍得让爱女真正青灯孤影、寂寞一生的。日月如梭，太平公主很快长成一个亭亭玉立的少女了。一天，她著紫袍，束玉带，头扎英雄巾，粉砺以具，一副武将打扮，在父母面前翩然起舞。见状，高宗、武后哈哈大笑，问她道："我儿并不是武官，怎么妆成这身打扮呢？"公主在羞怯之余爽然应答："我既不是武官，那么把这身服装赐给驸马如何？"高宗夫妇顿时领悟：该是为爱女寻觅乘龙快婿的时候了。

高宗这次招选驸马是非常慎重的。几经挑选之后，开耀元年，他择定光禄卿薛瓘之子薛绍尚配太平公主。这薛绍，不但年轻英俊，风度翩翩，而且出身河东薛氏，门第极高。河东薛氏起自西晋，当时北地太守薛懿，下有三子，分为三支：恢号"北祖"，雕号"南祖"，兴号"西祖"。其中薛绍所在"西祖"一支，又分五房，族大势众，并有薛稷、薛元超等多人位至公卿，最为显盛。而薛绍小支始祖薛瑚，官为元魏河东太守，又是河东薛氏中最为正宗的一族。帝王之室联姻名门士族，为当时风尚所推，可谓是天作之合。再者，就亲戚关系讲，薛绍之父薛瓘已尚太宗之女城阳公主，薛家早是皇亲国戚，这次婚姻是亲上加亲，在时人看来，也就是好上更好。

精明干练　铲除薛怀义预谋灭二张

随着年龄渐长，阅历渐丰，太平公主表现出与其他公主迥然不同的一面，这就是她杰出的政治才能。

高宗去世之后，武则天掌了大权。武氏不屑于昏庸嚣张的中宗、软弱无能的睿宗，但对女儿却欣赏备至。史书上称太平公主多权略，多阴谋，武后常与之密议天下事。而公主也乖巧得很，看到母后专制，宫廷严峻，她虽然内与谋，却又外检畏，从做母亲助手时她就已充分成熟。

太平公主政治才华的第一次显示是组织除掉薛怀义的密谋活动。薛怀义作为武则天的面首曾经受宠十年之久，但其日生骄恣，滥兴醋波，使武氏转为厌恶，并决意秘密处死他。为此太平公主联络乳母张夫人、建昌王武攸宁等人，并密选宫中健妇百余人，暗中做好防备。证圣元年（695年）二月四日，当薛怀义大摇大摆闯入内宫之时，太平公主一声令下，张夫人等率队冲入殿内，将薛击倒并捆绑起来。推推搡搡拉到殿前树下，刚刚率领武士杀净薛怀义随身僧徒的将作大匠宗晋卿，便将薛拴到树上以绳勒死。之后把尸体丢上垃圾车，偷偷拉回白马寺，外称暴亡，焚尸造塔。此事干得干净利索，不留痕迹。

到武周晚期，多年的参政生涯使太平公主成为影响政局的中坚人物，并在维护李氏政权上起了关键作用，最重要的活动就是预除二张。

说起二张，前前后后都与太平公主有着关系。最初是在薛怀义死后，太平公主看到精力依旧旺盛的母亲寂寞难耐，于是在神功元年（697年），就把人称"白皙美容姿,善音律歌词"的年仅20多岁的张昌宗举荐入宫。张又引其兄易之入侍,二人大得女皇喜欢,他们原本只是伴寝侍宴,但是由于武氏的着意扶植,很快便后来居上,势凌李、武,成为一大乱阶。这张氏兄弟本来就是无赖之徒,既已靠武氏得势,二张从此骄横难制。因为是武则天的情人,就连诸武核心人物魏王武承嗣、梁王武三思都折节而事。朝中势力之辈更是奴颜婢膝,呼之为五郎、六郎,唯恐攀附不及。由此,二张更是趾高气扬,目中无人。大足三年(701年),19岁的皇太孙李重润和妹妹永泰郡主及主婿武延基(武承嗣长子)谈及张易之兄弟出入宫中一事。有人告发,武后勃然大怒,一律杖杀,朝野为之震动。时为宪台名臣号称刚正不阿的宋璟屡欲制裁二张,都由于武则天的阻挠而无可奈何。最关键的是,从圣历二年(699年)武氏为二张特置控鹤府起,由于饵以"附昌宗立取台衡"之利,二张很快发展成包括李迥秀、杨再思、苏味道、李峤等众多宰相在内的当权集团。至武氏年老力衰之际,二张竟能隔断宫廷内外的联系,达到李、武望尘莫及的地步。二张是否有夺位野心,史籍并无明文,但是张昌宗曾遣术人李弘泰占相,说他有天分。更耐人寻味的是,自长安四年(704年)十二月起,武氏病重,不能视事,而太子却不得亲政,宰相数月不得召见,凡事皆决于二张。对此,诸武不安,受二张排挤的李氏宗室更感到了严重威胁。见此形势,太平公主开始站到兄长一边,设法铲除这个莫大的祸患。

神龙元年(705年)正月癸卯日,东都洛阳空气紧张。凤阁侍郎张柬之、崔玄暐和相王府司马袁恕己,会同禁军将领桓彦范、敬晖、李多祚、李湛等,率羽林兵及千骑共五百人攻入玄武门,直捣武则天所居迎仙宫集仙殿,将张易之兄弟斩于廊下,之后入殿请求武氏传位于太子。

看此发动政变的核心人物,似是以张柬之为首的五王(张、崔、桓、袁、敬五人后来同时封王),但是,当时众望所归在于李显、李旦二人,没有李氏兄弟同意,这几个人不但拥复唐室没有目标,而且也不敢轻举妄动。政变过程中,张柬之、桓彦范专派李湛、李多祚去东宫迎请太子李显,李显随之斩关而入。同时,相王李旦统率南衙兵仗以备变故。可见就李氏兄弟来说,事前也已有充分的密谋和准备。史书提到,长安四年(704年)冬天,皇太子每于北门起居,桓彦范与敬晖得以谒见,密陈其计,太子从其谋。作为五王之一的袁恕己亦参与计谋,他的身份是相王府司马。可以肯定,政变后台在李氏兄弟。不过就个人政治才能看,李显昏庸,李旦软弱,都缺乏密谋的胆略,李氏兄妹情深,太平公主干练,在政变核心集团中肯定少不了太平公主的主谋作用。而且只有她所具备的身份和才干才有可能起到这种作用。史书皆言太平公主"预谋张易之有功,进号镇国太平公主",且有极重的封赏,便使一切不言而喻。

巧用谋略诛韦武　堪称武则天第二

神龙元年政变之后,二张虽除,但形势并未转好,反而更为复杂和严峻了。

第一,李唐宗室的劲敌诸武势力依然存在。想当年,武则天登基不久,内侄中魏王武承嗣就以皇储自居,令凤阁舍人张嘉福讽渝百姓杭表陈请。承嗣死后,圣历元年(698年)梁王武三思又求为太子。诸武素有窥鼎之志,但是神龙政变对其处置却大错特错。当时参加政变的洛州长史薛季昶建议:"二凶虽除,产禄犹在,请因兵势诛武三思之属,匡正王室,以安天下。"老谋深算的80岁宰相张柬之也有此意,欲勒兵景远门,诛杀诸武。然而缺乏政治经验的左羽林将军桓彦范却不愿多诛戮,右羽林将军敬晖也向张柬之屡陈不可,张柬之虽固争,却无人附和。结果权归武三思,五王留下了一个大祸根。

第二,又一个新生集团——韦氏集团势力膨胀起来,并与诸武结成联盟。这个以中宗皇后韦氏为核心形成的庞大集团强权和骄横较诸武和二张有过之而无不及。其关键人物,首推韦氏,次为中宗幼女安乐公主,次为宫中一大尤物上官昭容。

韦皇后在早本与中宗同甘共苦,情义甚笃,但到中宗复位后,她却仗此骄恣。因见中宗昏庸,其权力欲迅速膨胀。武则天临朝称制在前未远,这令她心头发痒,跃跃欲试。于是她百般干政,处处要显示出国母的威风来。神龙三年冬,南郊祭天,这本是天子独享的特权,她偏要来个亚献助祭,以抬高其政治地位。更甚者,后来她完全抛却夫妻情分,竟打起推倒中宗,自为女皇的主意。为此,韦氏大肆搜罗党羽,首先拉自己爱女安乐公主入伙,继而把小有伎俩的上官昭容收作亲信。

再说安乐公主,中宗、韦后最小的女儿,生在中宗被废后去房州的路上。因当时中宗脱衣而裹,遂名裹儿,也因此而特加殊宠。安乐有三大特点:一是姝秀辩敏,光艳动天下。二是妖淫豪侈。其夫武崇训犹在,她就与崇训从兄弟武延秀私通,并广纳面首,肆无忌惮。改嫁武延秀之时,僭用皇后车辇,同时中宗夫妇登城临观,安国相王为之障车,安乐身被翠服一出,公卿立刻伏地稽首,荣耀又胜似太平十分。她夺临川长公主宅以为自己的府第,旁居民众怨声嚣然。同时还营造安乐佛寺,一切建筑皆拟于宫掖,而巧妙却过甚。请昆明池为私沼不成,于是自凿定昆池,广延数里,回渊九折,石山峻峭,机关重重,确实"大定"昆明池。三是肖其母,本身无才无德,权力欲却极高。小小公主,竟与母亲合伙做起卖官的生意。授官时,有时她草罢诏书,然后跑到父皇面前,盖住前边,要求他签字画可,娇态一做,作为父亲的中宗立刻微笑而从。更多的时候是母女俩完全包办,墨敕斜封,却也生效。正因如此,不但安乐府内官吏充斥,而且侯王柄臣也多出其门,一时间朋党大盛。后来一发不可收,干脆要求父皇废去太子,让她做皇太女来继大统。叫嚷:"阿武子尚为天子,天子女有何不可?"真是势焰张天。

第三,形势恶化的责任一方面还在于中宗本人。中宗是少有的暗弱之君,刚登帝位,他便要将仅为参军的岳父韦玄贞封为宰相,裴炎谏诤,他恼道:"我以天下与韦玄贞有何不可?"房州被幽时,他与韦后结下深情,为此他竟然许诺:"一朝见天日,誓不相禁忌。"埋下韦后为乱的种子。复位之后,他内由韦后、安乐任意摆布,外用宗楚客、纪处讷一帮奸佞。武三思一言,他草率贬杀忠诚唐室的五王;上官一语,他又轻易除去自己亲生的骨肉,合法的太子。女宠巫师布谎,他深信不疑,言听计从;忠臣直士谏诤,他轻则拒听,重则扑杀。在他为帝之时,宫闱淫乱,官场脏污,社会上下,弊端重重。正是由于这位至尊之主忠奸不分,是非不辨,韦武诸孽才百般嚣张。

随着韦武集团篡权步子加快,到景龙四年(710年)双方矛盾终于发展到白热化程度,形势也随之严峻到极点。因为感到中宗老死尚久,得位遥遥无期,这年六月壬午日,韦后、安乐公主暗中派人在中宗最爱吃的胡饼中下了毒药。毒发之际,太平公主奉命与上官昭容起草遗诏。在太平公主力争之下,立温王李重茂为皇太子,皇后知政事,相王参谋政事。但是,韦后秘不发丧,企图利用这关键时刻大做手脚。

中宗死后的第八天是庚子日,长安城仍然一片死寂,但是这沉寂却分明预示着一场暴风骤雨就要来临了。夜幕落下之时,李隆基带着薛崇睐、刘幽求等人按计划潜入钟绍京所管辖的城北禁苑中。这片禁苑东至灞水,西容长安故城,北枕渭河,南临宫城。此处地势较高,北可外防来寇,南可内控全城,因此历来是重兵屯驻之地。李隆基犹记姑母所指,宫城北面玄武门,羽林禁军左右屯驻,抢据此地,既可先夺军队,又可突袭官掖,自太宗诛杀建成到中宗诛除二张,都是从这里下手,这一局可至关重要啊!二鼓时分,众将聚齐,突有流星散落如更,李隆基大手一挥,众将迅速出击。葛福顺等率先仗剑直入羽林,斩杀韦播诸人,申明大义,将士们踊跃以从。接着兵出苑南,李隆基命葛福顺将左万骑东取玄德门,李仙凫将右万将西取白兽门,自己勒兵玄武门,约合会师于大内东部的凌烟阁前。三鼓时分,噪声大起,三军突入城门,宫内顿时大乱。在太极殿守卫中宗梓棺的武士闻声哗变,韦氏慌忙逃入飞骑营,飞骑将士久恨诸韦刻薄,迎面将她砍翻。安乐公主正在照镜画眉,也被突入的军士斩首。时至天明,内宫肃清,立即迎请相王入宫,以辅政名义下令紧闭城门,缉捕韦武党羽。短短一两日内,这个庞大的集团竟就这样灰飞烟灭了。

几天后,一切都真正平静下来了。其间,由太平公主从宫内传命,封贬了一些官吏。甲子日,太平公主把相王带到宫内。她曾请求相王代少帝继位,结果相王碍于兄弟叔侄情面而推辞,经过多人数日劝促,讲到社稷大义,相王才肯随她入宫。将至太极殿,太平公主让兄长在梓宫旁等候,自带数人先入大殿,对小皇帝说:"把这个位子让给你叔叔,好吗?"李重茂默然。为防延迟,太平公主命人草拟逊位诏书,以少帝名义发出。见小皇帝还傻呵呵地赖在御座上,太平公主走上前去:"天下之心已归相王,这已不是孩儿坐的地方了。"言罢将小皇帝提下座去。相王继位,庙号睿宗,改元景云。骚乱的形势终于安定下来。

从神龙元年(705年)到景云五年(710年),对太平公主来说,这是最受磨难的六年,也是她最为成熟、立勋最著名的六年。尽管倍受压抑和猜忌,但她城府森严,善于周旋,终于不仅能够屡屡避祸,死里逃生,而且巧用谋略,铲尽了韦武,从而也为匡定唐室立下了汗马功劳。不能不说,有唐一代,除去母亲武则天以外,她要算第二个在政治上最为杰出的女性了。

贵盛无此权震天下

从景云元年起,太平公主走上了她人生道路的顶峰。

她的权谋已不用细说,从帮助母亲处理政事起,杀薛怀义,诛二张,除韦武,多次支撑大局,匡正唐室。母亲喜欢她,中宗、睿宗看重她;上官惧怕她,安乐、韦后更猜忌她。剪除韦武之后,太平公主政治作为更远大,威望更崇高。从此,她不但参与朝政,而且要把握天下。由于她频著大勋,加上服侍武后已久,善揣测人主微指,先事逢合,无不中的。睿宗对她佩服之至,言听计从。每有军国大事,睿宗总要请她商议;而每逢她入宫奏事,总得坐语移时。如果她不入宫,不上朝,那么宰相就得跑到她府里请示。一旦太平批示,皇帝只需签字画可就行了。当时李隆基也因干练有功参政,所以每见宰相有奏,睿宗总要先问一句:"这事与太平妹商量了吗?给三郎儿说过了吗?"而她也乐此不疲,军国大政,事事参决。这时候太平公主也更关心官场上下的陟黜进退了。朝中官吏求她推荐,她不摆架子;穷酸士人到她门上,她则慷慨相助。因此,朝野上下,翕然称颂。同时她的才干确实无人能比,太子李隆基为王琚要官,睿宗仅给他小县主簿;而太平有所论荐,不是骤历清官显职,就是一跃而为衙司将相。自宰相以下,进退只系其一言。所以《资治通鉴》说她"权倾人主",《唐书》道她"权震天下",绝非妄语。

阴谋废太子 "易置东宫"遭失利

然而,太平公主却不满足于自己的地位与权力,掀起了一场大风大浪。

应当说,隆基与姑母的关系本来是和好的,并没有什么利害冲突。在六月政变过程中,彼此支持,互相配合。睿宗立隆基为皇太子,是得到大臣包括宗室和太平公主的一致赞同。从现存的史料中,看不到公主反对的迹象。当时政局形势,只能是睿宗当皇帝、隆基当太子。太平公主绝对不可能萌发当皇帝的意愿,哪怕是一时的闪念。公主原以为自己支持过隆基,而太子年仅二十六,没有多少从政经验,总会依照她的意图办事。但是,过了几个月,就觉得不对了。皇太子是很精明的,自有一套政治主张,决不会屈居于姑母之下。拥护太子的一批大臣如姚元之、宋璟等,纷纷以革除"弊政"的姿态活动于政治舞台。鉴于"外戚及诸公主干预朝政,请托滋甚"的历史教训,"璟与侍郎李义、卢从愿等大革前弊,取舍平允,诠综有叙。"这样做,不能不触犯太平公主的私利。因此,太子与公主之间的矛盾不可避免地发生了。"太平公主专权,睹太子明察,恐不利己,仍阴谋废黜。"景云元年(公元710年)十月,废黜太子的流言四处散布,睿宗不得不"制戒谕中外,以息浮议。"这意味着新的斗争序幕拉开了。

公主阴谋废黜太子,有一个冠冕堂皇的理由,就是所谓"太子非长,不当立"。的确,隆基不是嫡长子,按照传统继承法,不该立为太子。但是,当时议立时,诸王、公卿大臣包括太平公主都一致赞同以功建储原则。不到半年,公主自己首先变卦了,打出维护嫡长制的旗号,甚至私下挑动成器说:"废太子,以尔代之。"如此出尔反尔,显然是非法的活动。其实,太平公主也不是嫡长制的真诚的维护者。她替成器争太子地位,完全是为了自己的私利。因为隆基的"明察",不利于她的专权。"太平公主以太子年少,意颇易之;既而惮其英武,欲更择暗弱者立之,以久其权。"也就是说,公主企图立的不是嫡长子,而是"暗弱者"。

为了限制太平公主的势力,宰相张说建议实行"太子监国,君臣分定"。

唐睿宗高兴地采纳了宰相们的建议,二月初二,下制曰:"皇太子(隆)基仁孝因心,温恭成德,深达礼体,能辨皇猷,宜令监国,俾尔为政。"充分地肯定皇太子的品德与能力,令之监国,对于公主集团犹如当头一棒。至此,处于劣势的太子隆基,在姚元之、宋璟、张说、郭元振以及韦安石等支持下,通过一系列的斗争,逐渐地转危为安。二月监国的实现,标志着隆基势力略居上风,初次挫败了公主的废黜阴谋。

然而太平公主并不甘心自己的失利,反而加紧营私结党,安插亲信,排除异己。

首先,把一批私党推举为宰相。公主早就"与益州长史窦怀贞等结为朋党,欲以危太子"。窦怀贞曾经是韦后的帮凶,劣迹闻于朝野。继而依附太平公主,从益州长史调任京官殿中监。景云二年(公元711年)五月,公主回京师不久,窦怀贞为御史大夫、同平章事。九月，以窦怀贞为侍中。"怀贞每退朝，必诣太平公主第。"十月，一度罢政事，左迁御史大夫。同时，根据公主的提议，以崔湜为中书侍郎、同中书门下三品。次年正月，以窦怀贞与岑羲并同中书门下三品。又过五个月，以岑羲为侍中。窦、崔、岑等宰相都是公主集团的核心人物。

其次，把支持太子的韦安石、郭元振和张说等从相位上撤下来。公主以韦安石不附己，故意要睿宗封安石为尚书左仆射，兼太子宾客，依旧同中书门下三品。"虽假以崇宠，实去其权。"不久，将韦安石、张说、郭元振同时罢免相职，分别为东都留守、左丞、吏部尚书。

这样，又出现了"归妹怙权"的局面。李隆基虽以太子身份"监国"，实际上却是渐趋劣势。史称："遇玄宗为太子监国，为太平公主所忌，思立孱弱，以窃威权，太子忧危。"

棋输一着　遥望终南千古恨

人往往在平坦的道路上摔跟头，官场失手同样也常在最得意的时候。太平公主万万没有想到她会在贵盛之巅直跌下来，而且惨到死无葬身之地。

犹如玩棋，她疏忽了致命的一着。

景云之后，太平公主自以为可以放开手脚了：睿宗软弱，让着她；隆基辈小，敬着她；都是自家人，只要是为了大唐社稷，他们有何话说？但是事实就偏偏出乎她的意料，自以为已是必然新主的李隆基早就对她有想法了。

在景云元年立为太子的当月，李隆基就指使黄门侍郎崔日用向太平公主的薛氏本家和心腹助手太子少保薛稷寻找是非，在皇帝面前口角相争。结果睿宗一气之下，双双罢贬。太平公主见侄子年纪轻轻不太听话，于是拿废立太子吓唬他，没想到太子更有借口，两下互争，矛盾一步步激化起来。

为了粉碎废立阴谋，并从根本上消灭公主势力，李隆基及其支持者也时时在密谋策划。

决战的时刻终于来临了。

先天二年（公元713年）秋，"窦怀贞等与太平公主同谋，将议废立，期以羽林兵作乱。"他们决定：七月四日，由常元楷和李慈率领禁兵，突入玄宗朝见群臣的武德殿，窦怀贞、萧至忠和岑羲等宰相在南牙举兵响应，以实现其"废立"阴谋。

宰相魏知古得知此事，立刻向李隆基汇报。因为魏知古表面上是中立人物，故能了解一些密谋情况。在这关键时刻，魏知古立了一大功。后来，唐玄宗赞扬他"每竭忠诚，奸臣有谋，预奏其兆。"

紧接着，玄宗和岐王隆范、薛王隆业、宰相郭元振、龙武将军王毛仲、殿中少监姜皎、太仆少卿李令问、尚乘奉御王守一、内给事高力士、果毅李守德等商量对策，决定抢先动手。七月三日，玄宗和王毛仲、高力士等亲信十余人，取闲厩马及卫兵三百余人，出武德殿，入太极殿左边虔化门，召常元楷和李慈，斩之。这样就实现了第一步"先定北军"，没有引起禁兵骚乱，干得十分利落。第二步是"次收逆党"：在朝堂和内客省分别捉拿了宰相萧至忠、岑羲与李猷、贾膺福，皆斩之。窦怀贞这天似不在禁宫，闻变外逃，投沟水而死，追戮其尸。秦岭连绵，大山丛立；帝王之手，无处不及。谁能逃得出这条条羁绊，谁能冲得出这重重罗网？躲了三天的太平公主凄然地回到了城中的府第。赐死的圣旨立刻传到,又得知太上皇已全部交权,移往幽宫。面对殿梁上垂下的长长白绫,太平公主仰天长叹:韦后要临朝称制,安乐要做皇太女,难道我也会博个皇太妹夺兄弟侄子的皇位的后世名吗?

斜晖脉脉水悠悠,过尽千帆。历史的烟波就是这样扑朔迷离。被杀者往往被加以"谋乱"的罪名,而杀人者却总是贼喊贼,掩人耳目。遥望终南峰峦,蓝烟如织,是否是太平公主千余年的遗恨尚未尽销?

七月三日事变很快就胜利了,而"穷治公主枝党"一直延续到年底。"百官素为公主所善及恶之者,或黜或陟,终岁不尽。"经过半年多的清查与处置,太平公主势力被彻底地铲除了。

诛灭太平方太平

七月三日事件,是李隆基与太平公主之间长期斗争的总爆发。诛灭"太平"方太平,历史揭开了新的一页。

如何认识这场长达三年的激烈争斗呢?换句话说,公主集团代表的是怎样的社会力量呢?

太平公主步武则天的后尘,想当女皇,这种意见似乎缺乏事实根据。诚然,史称公主"多权略,则天以为类己。"这里仅仅说母女在智略与权术方面有很多相似之处,并不能引申出公主有当女皇的美梦。武后称帝,是中国封建社会历史上罕见的政治局面。这个特殊的时代结束以后,有些人鼓吹"韦氏宜革唐命","劝韦后遵武后故事,"结果是彻底地破灭了。历史已经证明,谁想再当女皇,此路不通。经历过诛灭韦后斗争的太平公主,确实没有提出当女皇的政治主张,至少现存的史料中找不到记载。

我们认为,李隆基和太平公主之间斗争的实质,在于要不要改革中宗弊政问题。太子的支持者宋璟和姚元之,"协心革中宗弊政,进忠良,退不肖,赏罚尽公,请托不行,纲纪修举,当时翕然以为复有贞观、永徽之风。"这种新局面也正是太子隆基所向往的。而太平公主及其党羽却竭力维护过去的那种"群邪作孽,法纲不振,纲维大紊"的状况,甚至把被姚元之等废除了的斜封官皆复旧职。景云二年(公元711年)二月,宋璟和姚元之被贬后,有位名叫柳泽的,上疏说:"今海内咸称太平公主令胡僧慧范曲引此辈,将有误于陛下矣。谤议盈耳,咨嗟满街,故语曰:姚宋为相,邪不如正;太平用事,正不如邪。"这番话讲得多么精彩,点出了问题的实质。太子隆基与太平公主的斗争,也就是"正"与"邪"之争。

太平公主及其党羽确实是一股邪恶的社会势力。他们大多是反复小人,阿附权势,好恶任情,是非颠倒。例如,窦怀贞早就以"谄顺委曲取容"而臭名远扬,唐中宗时被称为"国奢"(韦后乳母之婿)。韦后被诛,他左迁益州长史,便"以附会太平公主"。唐睿宗时,为金仙、玉真两个公主修造道观,群臣多谏,"唯怀贞赞成其事,躬自监役"。所以,当时人讽刺说:"前为韦氏国奢,后作公主邑丞。"又如萧至忠,中宗时依附韦后,睿宗即位初出为蒲州刺史。"时太平公主用事,至忠潜遣间使申意,求人为京职。"据说,隆基六月政变时,萧至忠有个儿子任千牛,在禁宫夜战中被杀。"公主冀至忠以此怨望,可与谋事,即纳其请。"萧至忠表面上清俭刻苦,实际上贪得无厌。"及籍没,财帛甚丰,由是顿绝声望矣。"再如,"僧惠范恃太平公主权势,逼夺百姓店肆,州县不能理。"御史大夫薛谦光予以揭发,结果反而遭到公主的打击,被贬为岐州刺史。由上可见,这股腐朽的社会势力,并不是商人地主官僚集团。虽然萧至忠财帛甚丰,惠范家财亦数十万缗,但是这些并不是经营工商业而赢得的,而是通过掠夺与榨取的方式积聚起来的。

总之,太平公主所纠集的亲党,正如唐代张鷟所说:"并外饰忠鲠,内藏谄媚,翕肩屏气,舐痔折肢。附太平公主,并腾迁云路,咸自以为得志,保泰山之安。七月三日,破家身斩,何异鹪鹩栖于苇苕,大风忽起,巢折卵破。后之君子,可不鉴哉!"如此腐朽的社会势力,其失败是不可避免的。

七月三日事变无论是对李隆基个人还是对唐朝历史,都具有深远的影响。

一年前,李隆基虽然即位,但上有太上皇睿宗,还有凶恶的太平公主集团。只有现在,唐玄宗才真正地掌握了政权,一切政事都由皇帝处置了。《新唐书·玄宗本纪》指出:"乙丑(七月四日),始听政。"这个"始"字体现了史家的春秋笔法,颇能说明历史事件的本质。过了八天,唐玄宗下令说:"太上皇志尚无为,捐兹俗务,军国庶政,委成朕躬",希望王公文武百官们"戮力同心,辅相休命,各尽诚节,共洽维新。"十一月,玄宗尊号为"开元神武皇帝"。十二月初一,大赦天下,改元为"开元"。这样,唐朝历史进入了"开元之治"的新时期。

七月三日事变是政局由不安定到安定的转折点。自李隆基出世以来,近三十年,由于皇位继承权的不固定,引起了连续不断的宫廷内争。"天步时艰,王业多难。"虽然六月政变铲除了韦氏、武氏这股动乱势力,但睿宗在位时并没有出现安定的政治局面。后来,隆基以太子身份监国,接着又受内禅,即皇帝位,但他的皇位还是不稳定的,面临着太平公主集团的严重威胁。"必至诛夷太平公主党徒之后,睿宗迫不得已,放弃全部政权,退居百福殿,于是其皇位始能安定,此诚可注意者也。"可见,七月事变具有重要的历史意义,标志着政局安定的开始。

阿盖郡主:夹缝之花　宫廷怨魂

【人物档案】

姓名:阿盖郡主
别名:阿盖公主、"押不芦花"。
生卒:? ～1364 年
朝代:元朝
丈夫:段功
父亲:梁王把匝剌瓦尔密
主要作品:《金指环歌》《悲愤诗》。
主要成就:痴情女子为爱殉情
评价:1942 年,郭沫若以阿盖公主故事为题写四幕悲剧《孔雀胆》,从此蒙古公主阿盖为世人知晓。
墓葬:云南大理

【枭女本色】

吾家本在雁门深,一片闲云到滇海;
心悬明月照青天,青天不语今三载。
欲随明月到苍山,押不芦花颜色改;
可怜段家奇男子,施宗施秀同遭劫。
云清波瀼不见人,泪眼婆娑难自解;
骆驼背上细思量,西山铁豆霜萧瑟。

——阿盖郡主

　　蒙古人称作的"押不芦花",是一种能够起死回生的美丽仙草,这位叫作"押不芦花"的神奇姑娘,有着蒙古女孩特有的鲜红脸蛋,浓浓的眉睫,健美的身体,又有着汉族女孩特有的窈窕身段,再加上她能歌善舞。且有才华,幸运地,爱神也降临到她的头上,她爱上了救父英雄。然而,父亲却给她孔雀胆,命她毒死自己的爱人。

【风云叱咤】

押不芦花

　　元朝末年,群雄烽起。元顺帝二十二年三月,驻守蜀地的武将明玉珍在军师刘桢的谋划下乘机称帝,国号大夏。明玉珍把下一步进攻的方向选在云南。
　　云南除了汉族外,世世代代居住的少数民族主要是白族和彝族。西汉的时候,这里是滇国,唐朝时叫南诏,宋朝时叫大理。到了元朝,始设云南行省,一方面分封蒙古贵族为梁王,统治这里;另一方面设置大理都元帅府,把大理世家段家提任为总管。

梁王的王府在昆明,当时大夏国皇帝明玉珍就把进攻矛头直指昆明。梁王不是明玉珍的对手,急忙率众撤出昆明,赶紧向大理总管求救。此时大理总管就是段功。段功正当壮年,家传武功,本事十分高强,接到求救信后,当即点齐军马,火速出征。先是大战于吕阁关,与明玉珍形成拉锯战的局面,后来段功夜袭古田寺,用火攻打得明玉珍仓皇败逃;明玉珍在回蹬关稍事整顿,本想反扑,却又中了段功的埋伏,只得连夜撤退。段功乘胜追击,在七星关再次大败明玉珍,将云南失地一一收复。

梁王为感激段功相救之恩,表彰段功的功绩,在举行的盛大宴会上,亲自为段功裹伤,并晋封段功为王国的平章,相当于宰相。

梁王的女儿阿盖郡主,被蒙古人称为“押不芦花”,意即能够起死回生的美丽仙草,阿盖郡主是个混血儿,有着蒙古女孩特有的鲜红脸蛋,浓浓的眉睫,健美的身体,又有着汉族女孩特有的窈窕身段,灵活的大眼睛,甜美的嘴唇。再加上她能歌善舞,又研习汉文,不知羡煞了多少蒙古王孙公子。

阿盖郡主听说父亲宴饮抗敌大英雄段功,就悄悄在幕后偷看。她看到段功玉树临风,一表人才,特别是那一双眼睛总带着一种善意的微笑,可偶一抬头,偶一回顾,又放出一种凌厉的光,似乎能穿透人的灵魂;他面容虽然有些疲惫,却掩不住那种勃勃英气。阿盖郡主立即被段功迷住,觉得这就是她梦寐以求的情人、丈夫。

这次庆功宴后,段功就留在昆明,时时出入梁王府中。阿盖郡主知道自己深深地爱上了段功,她总是千方百计地接近他,她积极创造条件和他在一起。如果是看一眼他,哪怕是很远,只要能感受到他的存在,她就能使自己的心平静下来,有一种快慰,高兴几天几夜。

这些,做父亲的梁王自然都看在眼里。一天,梁王有意和女儿阿盖郡主把话题扯到终身大事上,阿盖郡主告诉父亲,她爱上了段功,希望父亲能够同意。梁王对阿盖郡主说道:“段功是一个已有妻室的人,段功前几天来向我请假,他在大理的妻子高氏看到段功大半年没有回家,思夫情切,托人带来了一封家信,催他回去。”

阿盖郡主静静地听完父亲的话,她以很平静的语气对父亲说道:“现在的男人不都是三妻四妾吗?段功在大理有一个妻子,在昆明再娶一个妻子,也并不碍事呀!”

梁王深知女儿的个性,再想到段功如能成为自己的女婿,自己的政权便有了一个坚强的助手,终于同意了这桩婚事。就这样阿盖郡主欢天喜地地成了段功的妻子。

然而,这一切美好和幸福很快就被梁王的昏庸化为乌有。

毒杀并用

段功为了报答梁王的知遇之恩,为了不辜负阿盖郡主的柔情蜜意,他以自己的魄力与才干,为梁王进行了一系列的改革活动,以使梁王的政权日益巩固。段功大刀阔斧地进行改革,严惩贪污,裁减无用的官员,严肃法纪,整军练武,使梁王府的政局气象焕然一新,赢得了大多数人的鼓掌喝彩。

段功成了梁王府的平章,之后又成了梁王的女婿,这本已引起了一些人的嫉妒,同时他的改革损害了极少数人的既得利益,使他们怀恨在心,站到了反对段功的一面上。这些人虽然是极少数的一批人,但在梁王府中多位居要职,是能够随时左右梁王的亲近人物。他们和那些嫉妒段功的人一起在梁王府内外联合起来对付段功,不断地说着段功的坏话。说他的改革是居心叵测,说梁王听任他这样做下去会大权旁落,等等。梁王开始对这些话还不大相信,但谗言听多了,三人成虎,梁王的心中也不免嘀咕起来。

其中丞相车力特穆尔,阴险奸诈,和王妃忽地斤私通,且垂涎阿盖郡主,并有篡夺王位的野心。见段功受梁王宠爱,引起他深深的嫉恨并向梁王进谗,车力特穆尔与忽地斤同谋,借段功给梁王送寿礼之际,毒死王子穆哥,嫁祸段功。梁王不知是计大怒,要把孔雀胆毒酒交给阿盖郡主要她毒死段功。

趁着段功去大理接那里的妻子与孩子的时候,梁王把阿盖郡主召来。梁王先动之以父女之情,再晓之以大义之理,说段功这人貌似忠厚,实际上十分奸诈。他的所作所为都是为了夺取我家江山,我们必须除掉他,心里才安稳,才能保住全家的荣华富贵。说完把一小瓶孔雀胆酒交给阿盖郡主,叫她趁段功不备时让他喝下去,将段功毒死。

阿盖郡主听了这话,她内心万分痛苦,一边是至亲父亲;一边是自己倾心相爱的丈夫,她不愿他们之中的任何一方受到伤害,她也不愿让父亲所计划的事发生,成为事实。阿盖郡主跪在父亲面前,哭着说:"这次段功回大理去,就是为了把自己的妻儿接来,这是心地光明的表现,怎么会是为了夺取我家江山?这一次他锐意改革,成效已经明摆在这儿,广大的百姓都对他充满了信心,并为他的改革而欢欣鼓舞,这并不是要危害您的统治啊!相反他为保全您的基业,为造福滇中人民做出了巨大的自我牺牲,为此他忍受了多少流言蜚语的攻击,别人相信流言蜚语,您可千万不要听信小人的谗言!"

可梁王这时已完全相信了小人的谗言,主意已定,根本听不进女儿的忠告,执意叫女儿去毒死段功。

一面是父命难违,一面是自己始终既敬仰又热爱着的丈夫。阿盖郡主把自己关在房内,怔怔地望着装有孔雀胆的木匣出神,心中犹如利刃直刺。经过了大半天痛苦的煎熬,她终于将乱麻般的头绪理清楚。在丈夫与父亲之间,她选择了丈夫。

段功带着妻儿回到昆明的当晚,阿盖郡主就把事情的真相告诉了段功,并把孔雀胆拿出来给段功看。她把自己的苦楚也毫不保留地告诉了段功,希望段功带着她一起逃离昆明,逃回大理。

段功根本就不相信这是真的。在他看来,梁王正在重用自己,依靠自己,可以说是自己挽救了梁王的统治。梁王应该是明白人,他应该知道自己如果要夺梁王政权的话,早在大夏国皇帝明玉珍进攻梁王的时候,就轻而易举地夺了,何必要等到现在?梁王对自己一直很好,过去自己作战,脚趾受伤,梁王亲自为自己裹伤,后来又把宝贝女儿阿盖郡主嫁给自己做妻子,任命自己做梁王府的平章,支持改革,怎么会突然之间就要杀自己呢?

阿盖郡主要丈夫逃走,段功对妻子阿盖郡主坦然说道:"大丈夫做事自然要光明磊落,怎么可以暗夜私逃,纵有小人从中搬弄是非,等我明天当面解释一切,自然烟消云散,郡主不必担心。"

阿盖郡主把全部的希望都寄托在第二天段功对梁王的当面解释上,但是等来的却是梁王要杀段功的第二套方案。梁王把谋害段功的一切计划布置妥当,派人通知段功,邀请他前往东大寺议事。

阿盖郡主知道了这个邀请便有所警觉,平常早晨都是在梁王府议事,这次却改在东大寺,肯定是一个阴谋。于是,她劝段功不要去。段功为人真诚,也从不怀疑任何人,更何况是自己的岳父大人。他了无惧色,坚决要去,在阿盖郡主的一再要求下,才把自己的两个贴身侍卫——当时云南一带数一数二的武功高手施宗、施秀带上,轻车简从地应邀前往。一路上,段功心里还想着如何向梁王好好解释一下。

从段功的府邸到东大寺要经过通济桥,这是一处比较荒僻的地方,桥的对面是一片茂盛的森林,显得阴森恐怖。车刚到桥上,便听得一阵急促的梆子声响,只见桥下伏兵四起,不由分说挥刀就向段功三人砍来。段功三人施展武艺,打退伏兵。他们驾车刚刚冲过通济桥,又听见一阵急促的梆子声响,从森林中又杀出一队伏兵,这队伏兵的本事显然比前面那队强得多,有的竟是赤手空拳地奔袭,还隔着很远的距离,拳风掌劲就已涌到身上。这些人既有蒙古人中的摔跤高手,也有汉族人中的武功高手,还有西藏喇嘛教中的密宗高手,段功三人虽然浴血奋战,无奈对方高手太多,杀散一层又有一层,三人精疲力尽,同时遇害。

阿盖郡主毕竟是见多识广的皇族贵胄,听到了段功死去的消息,并没有像一般女性那样呼天抢地,锥心泣血,她非常冷静地把段功的一双儿女改装易容,派遣亲信火速地送回大理。

当梁王军队将段功的府邸团团围住,指名强索段功的一双儿女时,阿盖郡主这时已心如死灰。她想到父亲的昏聩,想到父亲的绝情,想到丈夫被亲人所害,她毫不犹豫地吞下了父亲交给她的,本是要她来毒死段功的孔雀胆,以自己的死表示对父亲的不解和抗议,对丈夫的依恋和追随。如今的大理还留着阿盖郡主与段功的坟墓。

宫斗怨魂

阿盖郡主本是梁王的女儿,段功本是梁王的救命恩人,当成为阿盖郡主的夫君后,又是梁王的女婿,然而,在争权夺利的王宫中,梁王轻易地相信了手下大臣,认为自己的女婿段功会夺自己的王位,不顾亲情不顾恩情将段功杀害,逼死自己的女儿阿盖郡主,这是一场何等昏庸的血腥争斗。

阿盖郡主和夫君段功的死也正起于宫廷斗争中常见的宫廷阴谋。古代的宫廷是阴谋滋生的场所,也是阴谋发源地。在古代春秋时期这种宫廷阴谋甚至被倡导,中国的春秋战国时期,是一个诸侯纷争、胜者为王的时代,也是一个阳谋与阴谋混杂不分的时期。这时候的观念是:不管阴谋还是阳谋,只要胜了就是好谋。

大名鼎鼎的晏子是个其貌不扬、身材短小的矮个子,但才智非凡,他不仅留下了一部《晏子春秋》,还因善于劝谏齐王而名垂千古。他屡次出使国外,能够不辱使命,为国扬威,也算难得。但就是这么一位"正人君子",也少不了要搞阴谋。鲁昭公访问齐国时,晏子因觉得齐景公下边站着的三个勇士(公孙捷、古冶子、田开疆)过于高大,一来把自己的气势比下去了,二来认为有他们在,景公就不会认识真正的人才。于是，就用两个桃子使他们三人先后自杀了。这就是历史上著名的"二桃杀三士"的故事。两个桃子杀了三个盖世英雄，非桃之力，乃阴谋之功。英武忠心的段功和美丽善良的阿盖郡主哪里又能逃脱如此狠毒的阴谋。

李白有诗曰："二桃杀三士，诅假剑如霜。众女妒蛾眉，双花竞春芳。魏姝信郑袖，掩袂对怀王。一惑巧言子，朱颜成死伤。行将泣团扇，戚戚愁人肠。"无论是国家功臣还是娇艳女子一旦处于宫廷，往往都逃不脱你死我活的宫廷阴谋和宫廷斗争，公孙捷、古冶子、田开疆三士是，段功也是，悲泣团扇的历代宫女是，阿盖郡主也是。

柏杨说：古今中外，有宫廷就有宫廷斗争，但西方的宫廷斗争，没有中国宫廷斗争来得残酷。中国宫廷斗争不外两项标的，一是"夺床"，一是"夺嫡"。有时候合而为一，有时候分而为二，像赵飞燕，是纯属"夺床"；而戚姬，则纯属"夺嫡"。不管哪一类，最后都是血腥收场。古代的宫廷斗争往往如天气一般风云变幻，没有永远的朋友，也没有永远的敌人，更没有亲人，只有永恒的权力和利益，阿盖郡主和自己最爱的情人段功就被卷入了血淋淋的宫廷斗争中。

李师师:名妓风流　一生传奇

【人物档案】

姓名:李师师

生卒:1060 年~1129 年

朝代:北宋

评价:色艺双绝的名妓,慷慨有快名,号为"飞将军"。又因李师师一身正气,敢爱敢恨,有"红妆季布"之称。

【枭女本色】

极富传奇色彩的名妓李师师幼年不幸,父母双亡,以至沦落风尘。她美艳绝伦,才华出众,善词曲,工歌唱,在京师汴梁高张艳帜,名动京华,连天子之尊的宋徽宗赵佶也忍不住一亲芳泽,著名词人周邦彦躲在床底谱就新词《少年游》,描绘师师与徽宗的一段风流韵事,成为后世词坛佳话;她又一身正气,敢爱敢恨,有"红妆季布"之称,梁山首领宋江潜入她家,为她写下了壮词《念奴娇·天南地北》,至今为人传诵……

李师师

在历经了不尽的风流韵事之后,李师师这个撩动人心的痴情女,最终的结局却众说纷呈,飘游不定……

【风云叱咤】

花自飘零水自流——少女时代的不幸

大宋神宗年间的某日黄昏,汴京东二厢永庆坊染局杂匠王寅的四合院内,忙忙碌碌,人声嘈杂,毫无夜幕初降的静谧氛围。原来,王寅祖祖辈辈以染布为生,赶上太平年间,生意兴隆,财源茂盛,便挂起了永庆坊的牌号,在汴京城里颇有些名气。

王寅的夫人十月怀胎,一朝分娩,今晚突然开始阵痛,王寅急忙请来了接生婆,在经历了九死一生的熬煎之后,王夫人终于生下一个白白胖胖的千金。然而她还来不及看一眼孩子,就因生产大出血,在生下这个女儿后就死了。

看着刚刚落地的女儿,再看看刚刚死去的妻子,王寅心如刀绞,万念俱灰:"妻子啊妻子,你好命苦,竟没能看上孩子一眼。女儿啊女儿,你好命苦,生下来就没了妈妈。苍天啊苍天,你好狠心,赐给我一个孩子,竟然要以夺去我的妻子为代价。"

死者长已矣,存者且偷生。为了苦命的孩子,王寅强忍着悲伤的泪水掩埋了妻子,顽强地活了下来。他拒绝了不少媒婆的提亲,一个人既当爹,又当妈,艰难地带着孩子。这孩子也特别奇怪,从生下来就没有哭过一声,而且特别好喂,一顿能喝一大碗豆浆。爹爹干活的时候,她就一个人瞪着大眼睛出神,街坊邻居都夸这孩子漂亮、乖巧,王寅悲苦的心田中多少得到了一些安慰。

汴京风俗,孩子生下百日之后,父母要带着孩子到寺庙去记名,以求得如来佛的庇佑,好让孩子消灾除难,健康成长,俗称"舍身"。王寅爱女如命,自然忘不了到感光寺为孩子"舍身"。孩子好奇地看着佛门大殿,看着光头和尚们打坐念经,安静异常。方丈手拿佛珠,走过来拍拍孩子的头说:"佛门圣地,法力无边,你小小年龄到此,有何贵干?"孩子忽然放声大哭,哭声嘹亮,响彻整座大雄宝殿,念经的和尚都吃惊地看着她,奇怪这孩子怎会有如此高亢的喉咙。

方丈微微一笑,用手抚摩着孩子的头顶说:"这声哭郁积已有百日之久,今日释出,消灾除难,可保日后平安,她哭声嘹亮入耳,俨然有仙家风范,日后必可出人头地。"孩子仿佛听懂了方丈的话似的,破涕为笑。方丈见女孩如此乖巧,大为欣喜,对王寅说:"此女孩非同寻常,堪为佛门弟子,你要尽心抚养。"王寅点头称是。当时习惯,凡是佛门弟子,都称为师,为了表示亲切,王寅称女儿为师师。

日月如梭,光阴似箭,师师在父亲的抚养下很快成长,八个月上,即会开口说话,十个月便会走路。不到三岁,已把《三字经》背得滚瓜烂熟,在熟人面前,还会晃着小脑袋,抑扬顿挫地背诵李白的"床前明月光"和王之涣的"白日依山尽"等唐诗,更让人称奇的是,师师在音乐方面天赋极高,对音乐有浓厚的兴趣,经常缠着父亲带她到歌楼酒馆听人演唱,小小年纪,已会唱不少歌曲,而且学会了演奏琵琶,一曲《阳关三叠》《平沙落雁》,常常让大人闻之潸然。女儿的聪明活泼给了王寅很大的精神安慰。

但天有不测风云,人有旦夕祸福。

如果不是因一场奇祸,王师师是决不会成为李师师的。

小师师四岁那年,王寅因承染宫内锦绢延期交货之罪,被逮下狱。他本就身体不好,入狱不久,竟一病不起死于狱中。无亲无故的小师师被邻居送到当时收养孤儿或弃儿的"慈幼局"。不久,被到局中物色"摇钱树"的李姥姥抱回,改姓不改名,就叫作李师师。

金钱巷与皇宫后墙仅一街之隔,它却是汴梁城内有名的勾栏林立之地。妓院、教坊,一家挨着一家,镇安坊就是其中一家。

坊主李姥姥,年轻时也是个红歌妓。二十年前她开设这个教坊,苦主经营、耐心教习,生意红火起来。眼下坊院内已经有几十位年轻貌美的姑娘做歌妓、乐妓,加上丫鬟、妓女、护院、杂仆,将近百十来人。

李姥姥把手下的姑娘大致分了三类。

专门卖身拉客的属于三流末等。

二流的,笙歌伴宴,大多陪宿那些有身份的人、远来的客商啦、职位不高的官人啦。

一流的就不轻易抛头露面了。她们被称作"花魁",是教坊里的头牌姑娘,有自己的宴客厢房和贴身丫头,专门接待达官显要、名流文士,轻弹一曲之后,往往与客人评文论画,温酒吟诗,卖艺而不卖身。

如今镇安坊的头牌姑娘叫碧心。

碧心房前,一群丫鬟们走进走出忙着布置厢房。碧心姑娘扭着水蛇似的细腰,嗔怪地朝李姥姥撒着娇。

"周大人也真是的,他早不来晚不来,怎么想起今儿来了。听听,姥姥,我今儿的嗓子可不大好使。"

李姥姥知道碧心这是烧包儿卖乖呢,她做出心疼的样子道:"哎哟,我的儿,那可不妙,来,唱一曲让娘听听。"

碧心推脱了一阵,亮亮地唱了一句。

"行着哩,我的心。"姥姥说罢,乐颠颠进了厢房。

师师默默收回目光,走出大门,来到井台边。

唱歌、跳舞……多少年的梦想,全部在一夜之间变得遥远,陌生了。

爹死后,她不再想唱了。

上午,教坊院里静悄悄的。李姥姥带着姑娘们到郊外赏花,做小婢的趁势溜出去玩耍。师师束发挽袖,在厨房里准备午饭。

她心里怦然一动,闪出一个大胆的想法。她放下手里的活儿,快步来到前院。

就是这儿了——隔着一叶挂帘的宴客厢房。心怦怦跳着,她四下看看,走进厢房。

那把琴静卧在屋中央的檀案上。这是她做梦都想摸一摸的宝贝。心紧张得都要跳出胸口了。她走上前,轻轻拨动。

这时,一位温文尔雅的中年官人走进镇安坊,被琴声吸引。

师师的胆子大起来,那一下拨弄已让她无法再停下来,她的手指不知不觉地运转起来,琴弦变幻出如云似水的旋律。

官人来到厢房外,隔着帘子朝屋里看去不禁惊讶得睁大眼睛。

竟然是个小婢在弹琴。但她的气质面貌如此清雅、美丽。琴声尽管还显稚嫩,却透着不同寻常的细腻、入微和委婉。

怎么从未见过这个姑娘? ——从装束上看,无疑是个小婢。这到底是怎么回事?

这时,师师唱完一曲,官人竟情不自禁地鼓起掌来。

师师吓得叫出声,看着陌生客人不知所措。

"姑娘,"官人撩帘进屋,"你是跟谁学的?"

"我……我……"师师说着,瞅着帘子想逃,无奈被官人堵在门口。

"我不是有意惊扰你,姑娘,我也不是进客套话,你唱得很好,简直是好极了。"他认真而诚挚地看着师师,"告诉我,你是跟谁学的? 你现在在做什么? 我为什么从来没见过你,没听你唱过,你怎么穿着小婢的衣裳?"

一连串的问题把师师弄得忍不住笑了出来,接着她又变得惶惑起来,她知道这儿不是她该待的地方,她又朝门外挤。

"让我知道了再走。"官人着急地说。他太想知道这些了。他觉得眼前是个奇迹。

师师急红了眼圈。"你快让我走！张嬷嬷回来看到，我就没命了！"

这话让官人下意识地闪身，师师逃出厢房。她撒腿跑着。突然，她好像悟出什么似的，心里怦然一动——她停下来，回头看去。

官人站在厢房门口看着她。他的面容清癯智慧，眼睛里带着爱惜、关切与宽怀。

师师大着胆子问道："你是谁？"

官人谦恭地笑笑："我叫周邦彦。"

师师傻了。

这名字如雷贯耳。她愣在那里，看着这位令当今所有歌伎仰慕不已的词圣，不知所措。

周邦彦年轻时曾做过太学生，神宗当政时积极拥护王安石变法，以一首《汴都赋》驰名朝野。哲宗年间因为变法受挫，他被贬出京城。流转数载后，又被徽宗召回，在国子监做一个收税管账的小官。如今，他已无心急进政海弄潮，而是全心投入青楼歌坊，寻求诗词灵感。他的词作精巧华美、绮丽浓艳、婉约伤感，自成一家，早已是声名远扬。

师师的身世及学艺经历令他感慨万分。他每天都从后门溜进镇安坊，指导师师的琴艺和歌唱，为她讲解前人的名词佳作。师师也深深为周邦彦风趣智慧的谈吐、优雅沉着的举止风度、饱经人世沧桑后对生活的真知灼见，以及宽容而善良的内心所吸引，将他视为长者、恩师。在周邦彦的苦心教导下，师师已经能够完整地唱出十几支曲子了。

这天，周邦彦叫了一辆马车，带着师师溜出镇安坊，来到郊外湖边。他让师师坐在石桌旁，打开随身带着的布包。

一把琴，一块叠得整整齐齐的彩布。

周邦彦因激动，声音有些颤抖："师师，拿去吧，这是给你的。"

师师抖开彩布，那是一件鲜艳夺目的舞裳，她把琴搂在怀里，心里一酸。

"周大人……"

"师师，大胆地唱吧。你只要一开口，就会是京城最优秀的姑娘，"周邦彦风趣地笑笑："没有谁能比我更清楚这个了。你是个能在一夜之间响彻京城的姑娘，恐怕你自己都不清楚这一点。"

"大人，你知道教坊的规矩，我不敢……也不可能。"

"我会帮你的，我会在关键的时刻助你一臂之力的。"

师师套上舞衣，快乐地吟唱起来。远山静谧，湖面上泛着蔚蓝的波光。

这是周邦彦就近填写的一首《蝶恋花》。

豆蔻梢头春色浅。新试纱衣，拂袖东风软。红日三午帘幕卷，画楼影里双飞燕……

湖光、春色、少女楚楚动人的身姿，远处映衬着青色山峦——周邦彦仿佛觉得自己变得年轻了，他忘情地看着师师。

这时，在远处一簇树梢下，站着尾随而来的碧心。那情景简直教她不敢相信，却又不得不信。她现在总算明白为什么周大词人很久没到她那里去了。她牙关紧咬，一动不动。

她是个名歌妓,她知道这声音有多大魅力。那一瞬间她只有一个念头,花魁不再是她了。

李姥姥昔日名冠教坊,在烟花中的很多朋友。现在为了调教师师,她不惜重金,聘请名会伎教授师师唱歌跳舞,下棋作画,吟诗写赋。师师天资本来就极高,现又得名家指点,技艺大进,不几年功夫,便把棋画琴书,学得样样精通,尤其是画得一手好梅花,弹得一手好琵琶,同时,人也出落成了婀娜多姿的漂亮姑娘。

就这样,没过多久,师师便已色艺俱佳。李姥姥觉得几年的投资该有结果了,便在一日黄昏把她叫到上房,先给她斟上一杯香茶,聊几句七大姑八大姨的题外话,然后话题一转,笑吟吟地问道:"姑娘,婆婆待你如何?"

师师不解其意,慌忙答道:"我幼年丧父,伶仃孤苦,若非婆婆收养,早化作了尘土或沦为乞丐了。几年来,婆婆对我关怀备至,恩重如山,我就是来世转为牛马,也报答不了您的大恩大德。"

李姥姥依旧笑容可掬,声平调稳地说:"难得姑娘理解我的一片苦心。几年来,为让你吃好穿好,学一身本事,我花干了早年的积蓄,借了不少的高利贷。现在债台高筑,眼看就难以支撑下去,你年龄渐大,应该为我分担些忧愁了。"

那师师是何等聪明之人,马上便明白了李姥姥的用意,她长于烟花之中,深谙卖笑生涯的痛苦,原指望借助自己的才艺找到合意之人,带她跳出苦海,现在李姥姥让她接客,大出意料之外,叩头求道:"姥姥大慈大悲,救人救到底。待师师成家之后,一定把您接过去像亲娘一样地侍奉,现在就放我一条生路吧。"

李姥姥一听师师不愿下海,先就有了三分不快,又听她说希望有个美满的家庭,觉得她又非常可笑,正色说道:"姑娘的愿望虽好,可惜是水中之月,镜中之花,可望而不可即。在这个社会里,要想生活得好必须有钱,有钱能使鬼推磨。但像我们这样的人家,除了卖笑又哪儿挣钱去呢? 即便卖笑,也要趁青春年少之时。俗云好花不常开,好景不常在,待到人老珠黄,又有谁想多看你一眼呢? 傻孩子,别做梦了,在我们这地方,只有卖笑挣钱才是最明智的,最现实的。"

一席话说得师师无言以对心中暗道:"是啊,一个在妓院长大的女人,即便是有闭月羞花之貌,又有谁会真挚地爱你并愿意和你建立一个美满的家庭呢? 就算侥幸碰上了,婆婆不答应,我身在乐籍,又有什么办法可想? 看起来我难逃卖笑的厄运了,爹、娘,您二老若地下有知,是否要为女儿痛哭失声呢?"

李姥见师师沉默不语,知是点到了疼处,十有八九要成功,便再趁热打铁,进一步劝说:"其实,人生一世,草木一秋,怎么痛快就怎么活,卖笑有何不好? 既没有风吹日晒之苦,又可大把大把地花钱,比那些一个钱掰成两半花的穷光蛋强万倍。万事开头难,慢慢就适应了。"

师师无计可想,只得应承李姥姥的要求,但提了一个附加条件:"要我接客可以,不过必须由我来挑客人,不能让客人挑我,我看不中的不接,身体不适时不接,心情不好时不接。"

李姥姥暗骂师师不谙世故,这不接,那不接,还挣谁的钱去。但转念一想,师师心高气盛,强迫不得,下海之后,便由不得她了,于是就满口答应:"姑娘说的极是,只要肯接客,您想怎么样就怎么样,我绝不干涉。"

师师缓缓起身,朝外走,不知为什么,她想回到后院,那儿有她熟悉的柴房、浴室,那儿有她熟悉的气息。

师师来到后院。夜深了,夏日的晚风轻轻吹拂,送来阵阵撩人的树香。师师停下来看看夜空。就要离开这后院了,她有一种茫然、空落的感觉。

自此以后,师师就成了誉满京都的名歌伎。

暗想圣情深似梦——徽宗微服访师师

一个芳年十六、色艺双绝的美人挂牌接客了,消息不胫而走,迅速传遍了汴京城内。一时间,妓院门前车水马龙,川流不息。王子王孙,想一睹她的风采;才子骚人,想一试她的技艺。他们各怀鬼胎,纷纷叶豪斗富,附庸风雅,有钱者一掷千金,有才者斗酒百篇。师师明察秋毫,冷眼旁观,轻易不出闺房,出来了也略坐便走,对谁也没表现出太多的兴趣,愈是这样,风流少年的愈想尽快得到她的青睐,来得更勤,钱出的更多,诗写的更漂亮。"曲罢曾教善才服,妆成每被秋娘妒",师师名冠教坊,成了妓院里红得发紫的新星。

李师师风流玉立,艳冶无匹,而且曼吟低咏,歌喉婉转,余音绕梁,在诸教坊中独领风骚,驰誉京师。《东京梦华录》载:"崇观以来,在京瓦肆伎艺,张廷叟;《孟子书》。主张小唱:李师师、徐婆惜、封宜奴、孙三四等,诚其角者。"

李师师的歌喉引得许多人如痴如醉,词人秦观(公元 1049-1100 年)曾为她写过一首《一丛花》词:

> 年时今夜见师师,双颊酒红滋。疏帘半卷微灯外,
> 露华上烟袅凉飔。簪髻乱抛,偎人不起,弹泪唱新词。
> 佳期,谁料久参差,愁绪暗萦丝。想应妙舞清歌罢,又
> 还对秋色嗟咨。唯有画楼。当时明月,两处照相思。

这首词写作时间不详。从词的内容看,师师因佳期受阻而心神不定,"弹泪唱新词""愁绪暗萦丝",遥望一轮明月,思念有情之人,分明是个怀春的少女。

白花花的银子流进了李姥姥的腰包,她心满意足了。

香车宝马不断地来到这所妓院,一连串的故事由此产生,有的悲哀,有的悲壮,有的浪漫,有的现实。

一日黄昏,李师师正在后面庭院中观花戏鱼。李姥姥提着一个大包裹,脸带春风,笑眯眯地走进来,她一见李师师,就把包裹放在桌上,说道:

"我的好心肝!有四个阔客人还不曾见你的面,就送来这么厚的礼,我们好意思拒绝人家吗?"

李姥姥说完,随手打开了包裹,只见里面有上好的紫绒两匹,锦毡两张,名贵的瑟瑟珠一对,还有二十四两一条的白银二十条,这是何等隆重的见面礼!光从这笔礼物,就可以看出来者是何等阔绰的客人了。

李师师看着这些东西,一再拒绝去见客,但终于拗不过妈妈的软欺硬迫,答应接见一次这几个客人。于是李姥姥挥手叫侍儿香影出去把客人带进来。

说也奇怪,李姥姥分明说是有四个客人的,可是到了香影进来,跟在她身后的却只有孤单单的一个人。这人年纪看似四十来岁,颌下蓄了一把整齐的胡须,广额宽颐,红光满脸,一望而知是出身于豪富之家,他的衣裳穿得很名贵,态度在潇洒之中有几分大方。师师觉得仿佛在哪里见过他,一时却想不起来。

那人进来之后,很客气地向师师道寒暄,师师也粉颈低垂,似有几分羞怯。他

们两人坐在一张矮几之上，谈了一会儿，那客人自称姓赵名乙，住在京师里面做生意。他说他平日的工作很清闲，天天有许多的事要办，但也可以完全不办。最后，他还问师师是否欢迎他常来看她。

师师感到这个客人的问题很难作答，于是从壁上取下一具瑶琴，就在几前为他歌出一曲《万里春》，词曰：

"千红万翠，簇定清明天气。为怜他种种清香，好难为不醉。我爱深如何？我心在个人心里。便相看忘却春风，莫些些欢意！"

师师的歌喉，是汴梁第一的，她的歌句轻柔婉约，中人如醉。那客人听了，不觉为之击节叫绝。

可是，歌声才罢，只听得屋外人声鼎沸，鼓噪不堪。师师从楼窗上望出去，原来这时围墙之外，已布满了殿帅府的大批兵马。

师师看见围墙外的这一派紧张形势，心下登时怦怦乱跳，脸色迅速变得苍白。只听士兵们在外高声吆喝，要李家开门检查。只慌得李姥姥手足颤动，牙关打战，也不知出了什么祸事，就只晓得扑进李师师的房间里来，抱着李师师干着急。

正扰攘间，但闻围墙外霹雳一声，一座上好的乌漆大门，已被推破，一阵嘈杂的人声，跟着蜂拥而进，显然这是士兵们拥进来了。

师师房间里的那位客人，看来似乎很有修养。尽管外面闹得天翻地覆，他还是沉默地坐在一边，随手翻看师师收藏着的字画，半点动静也没有。及至听到大门破裂，这才显得有点蹙然动容，他转过面来对师师说：

"外面吵得这样厉害，到底发生了什么事情？"

师师这时略微定了定神，答道：

"不瞒官人说，我们这些行院地方，常常会有些不三不四兵丁，到来寻事生端，只索他们几两银子，就可无事，官人你且在这儿坐着，让我出去打发了他们再来。"

客人听了她的话，眉宇间流露出一片惊异之色，他带点不平地对师师和姥姥说：

"京城里居然也有这等事情，你们不必给他银子，好在当今的殿帅高俅是我拜把兄弟，让我叫一个人出去替你们赶跑这些生事的兵丁便是。"

说完，他回头吩咐随侍在师师身边的小婢兰儿，让她到外面把他那几个同来的朋友叫进来。

师师眼见这个新来的客人居然有打抱不平之意，心下不禁半信半疑。她不知道这位客人到底实力如何，凭她李师师在京城里的风头，什么达官贵人没有见过？普通的兵士，万万不敢登门生事。这一次他们居然来了，想必是"来者不善，善者不来"。她觉得她不能不当机立断了，于是她匆匆向客人告罪，就径自跑出大厅去。

厅上，这时已经站满了士兵，形势紧张极了。为首的两个人，她依稀认得：一个是汴京里外缉查皇城使窦监，一个是开封府左右二厢捉杀使孙荣，两个都是要命的煞星，如今竟然亲自率队前来搜捕，可见情势的严重。

师师心下暗暗叫苦，耳畔只听得一声吆喝说：

"先把这个小妓女给我拿下来！"

士兵们听到命令，登时一拥上前，就要动手将师师逮住。师师见得来势凶猛，只好把心一横，脸上勃然变色，大喝道：

"姓孙和姓窦的，你们不得无礼！"

中华传世藏书 中华枭雄大传 将帅枭女卷

这孙荣、窦监两人，前些日子也曾追过李师师，可是师师从来不肯假以辞色，所以难免有点怀恨在心，如今得了军令，正是一个报复的好机会。他们相顾冷笑了一声，孙荣就上前假意向师师作了一揖，打趣她道：

"我们的好姑娘，平日我们哪里敢得罪你？可是，此刻却非请姑娘原谅不可了！"

孙荣话犹未了，旁边的窦监，早向兵丁叫道：

"还不动手替我把她拿下，更待何时？"

师师暗想此时已没有转圈的余地，唯有束手就缚。可是，谁也料不到事情到了这个地步，却忽然来了一个一百八十度的大转弯。

原来这时兰儿已经带了一个身穿蓝锦罩袍，腰系银灰丝带，浑身商人打扮的老头子出来。这人一见孙窦两人，就理直气壮地问道：

"光天化日之下，京师禁卫森严，你们率兵闯入民家，意欲何为？"

孙荣看见来人只不过是商人打扮，口气却居然如此凌厉，心下未免为之一愕。但是，他觉得自己不能被人吓倒，便扬一扬手上拿着的令牌，有恃无恐地说：

"我们奉殿帅高太尉手令，前来拿人。你是什么东西？敢来阻挡？"

那老头子中了他的话，不禁发起脾气来，厉声喝道：

"胡说！你们要拿的是什么人？"

"我们要拿的是一个行动诡秘的嫌疑犯，这个臭婊子就是他的窝家！"窦监在旁，忍不住高声代答。

这"行动诡秘的嫌疑犯"几个字，显然大大激怒了那个老头，他戟指指住孙窦两人，暴跳如雷地骂道：

"你们两个斗胆的奴才，难道脑袋不要了吗？这是什么地方，你们敢随便骂人？"

孙荣窦监两人，见他啰唆，便猛然把手一挥，喝令兵丁上前连老头子也一并拿下了。

正在这时，里边又跑出一个人来，向兵士们喝道：

"你们这群混蛋！还不赶快松手？万岁爷在里头休息，给你们吵得发起脾气来了，你们知罪吗？"

孙窦两人定睛看时，认得这人就是殿前最得宠的太监张迪，平日连殿帅高俅也得让他三分，这就使他们不能不战战兢兢，连忙在阶前俯伏下来，口呼死罪了。

两个气势汹汹的武官领着一群士兵罗拜阶下，这情景把个李师师当堂看得呆了，她意料到这是一件什么事情。她没想到自己艳名远扬，而徽宗以万乘之尊，居然乔装微服，到了自己的闺阁中来，这真叫她不知如何是好。照常理说，一个身份低微的歌伎能够上邀帝主的垂青，已是不世的恩遇；然而，师师有她自己的想法：她一向自恃才华，虽则寄身风尘，却无时不梦想着找到一个年少有为的男子，彼此情志相投，携手做一番照耀人间的事业，所以她一向守身如玉，凭着她的天性聪明与手腕圆活，周旋于一班都门权贵之间，把他们玩弄于股掌之上，而自己卓然成为出淤泥而不染的莲花。可是，她过去虽能摆脱达官贵人们的纠缠，如今来的是一个"九五之尊"，她能够逃得出他的掌握吗？

她的心情感到异常矛盾，呆呆地站在厅前，脸上泛出一个生硬的笑。这时，殿前太监在恭敬地走到她的面前，赔着笑向她说：

"李姑娘受惊了！万岁爷还在里面等着你，请你先回去吧！这一批讨厌的东西，可以交给我们发落！"

师师回身谢过张迪，就领着兰儿离开了大厅。

李师师的房间里，这时已经摆上一席名贵的酒菜，宋徽宗含笑坐在筵前，细细从张迪和李姥姥两人拉开的立轴中欣赏李师师手画的一幅《雪海寒梅图》，口中赞叹不绝。他自己原是一个极具才华的画家，生平善于画马，此刻看了师师点染的梅花，不觉技痒，便随口说道：

"此画略嫌枯寂，他日若是我有空闲，为她在上面补上两匹骏马奔驰，那就更妙了！"

旁边侍奉的人，听了这话，无不点头道是。正在这时，兰儿和香影引着李师师回来，就在房帘外俯伏。李师师偷看刚才那一位豪客，觉得他果然眉宇棱棱，别有一种人主的威严，不禁颤声叫道：

"我主在上，臣妾李师师见驾，愿我皇万岁万万岁！"

徽宗猛然听得这样的官式叫声，不觉错愕，连忙跑到房门口把师师扶起，带她到华筵前面赐座，同时薄责李姥姥和张迪说：

"我不是以天子的身份到这儿来的，怎么你们倒教师师行起宫礼来？这样硬生生地，我反而不高兴了。"

李姥姥和张迪两人，慌忙告罪。这时，大家都觉得应该退避了，便由张迪一挥手，带了李姥姥和两个中贵，一齐退出房外，只留兰儿香影两人，在席前侍候。

徽宗在灯下仔细再向师师打量，只见她鬒鬓如雾，笑靥如梨，星眸闪烁间，宛似包孕着人间的梦幻。他举起杯来，向师师劝酒道：

"卿家真是当今都下的第一美人，我在宫里早已听人说到你那红装季布之名，如今见面，果然名不虚传，让我们先干了这一杯吧！"

李师师连忙敛衽离席，屈一膝向徽宗道谢，同时大口地喝干了一杯。徽宗大喜，把她从地上搀扶起来，笑道：

"卿家以后千万不要把我当作天子，我们都是爱写画的，你就把我作为你画中的知己好了。"

师师看到这个皇帝的态度倒还温文，就放着胆子，低头说道：

"臣妾既蒙不弃，许以相知，以后自然不敢过于拘谨。但是，臣妾如果有些什么违拗拂逆之处，也请主上千万开恩包涵才是！"

徽宗听了，连连大笑，伸手托起师师的香腮，叫道：

"好的，好的，你这聪明的女孩子，以后我事事依你便是。"说完，他举盏一连饮了三杯。

当夜，徽宗在师师殷勤劝饮之下，不觉大醉，他睡在师师的绣床上，师师却熏香鼓琴，彻夜为他敲响一曲清越的催眠调。师师的难关，就这样轻轻过去了。

这一天，孙荣和窦监两人，算是大触霉头，他们两人跪在李师师的客厅前面，战战兢兢的受了殿前太监一顿严厉的申斥，以后还罚跪了一个多时辰，直到膝头发酸了，才奉到张迪发下来的谕旨，命令他们立刻收队，同时严禁声张。假使日后外间有人知道皇上曾经驾临镇安坊的李家，那么一切的责任便都要由两人负起。

这两大队浩浩荡荡的皇城逻卒，雄赳赳地列队而来，结果却是无精打采，抱头鼠窜而去。

当晚这消息传到殿帅高俅的耳朵里,只把他吓得屁滚尿流,浑身急出了冷汗。他本来是开封市上的一个流氓无赖,曾经犯罪刺配,后来偶然走通了太监童贯的门路,靠他踢得一脚好球,受了宋徽宗的常识,又勾结上蔡京父子,结纳了聚敛东南民财的朱勔,这才坐稳了殿帅府的宝座。北宋时代的殿帅,职权相当于现代的首都卫戍司令,官衔倒也不小。偏偏他却派了两个部属去冲撞銮舆,这一个罪名,追究起来是非常严重的。所以,他在彷徨无计之余,只得连夜赶到李师师的家里,向张迪和随行的两个中贵人疏通,请他们代为说句好话。一方面厚厚的赏赐李姥姥,赔偿她的乌漆大门,请她不要怪罪。这一夜,他连觉也不敢睡,站在李家的厅堂上,一直等到天明,准备向徽宗当面请罪。

然而,徽宗这时什么都已忘掉了。醇酒美人,这力量是不可抵抗的。在李师师的一颦一笑,一顾一盼之间,他发现了从来不曾见过的美。虽然在三宫六院里面,他有的是大批后妃美人,可是,与李师师比照起来,那些妃嫔宫娥,都不过是庸脂俗粉,木美人,死茶草。若论国色天香,能歌善舞,除却李师师之外,恐怕旷世无一人了。

然而,李师师的性格是那么倔强,志趣是那样高超,而且还有惊人的慧黠。她手段圆滑,在半迎半拒,若即若离之间,把一个徽宗弄得神魂颠倒。世上的事,凡是愈难得的,往往就愈迷人,所以这一夜就成为宋徽宗毕生难忘的一夜了。

到了第二天,鸡声初唱,徽宗这才酒醉醒来,由张迪、高俅等四人拥护还宫。临行的时候,他想起与李师师一场相见,却没有什么传情的信物相赠,便随手解下自己身上一条龙凤鲛绡直系带子,把它送给李师师。

李师师捧着皇帝赐给她的那一幅龙凤鲛绡,感到惘然若有所失。若是平常的女子,能够得到一个帝王的青睐,应该趋之唯恐不及。可是,师师却觉得昨夜的事是自己胜利了。她是一个有思想的女子,她明白自己的地位,她知道和一个身居九五之尊的天子谈爱情,是没有前途的。慢说她以一个妓女之身,不能长期接近帝王;纵使她真个能够入宫做一名妃嫔,然而,禁苑森严,与人生社会相隔绝,永远只做一个人的玩偶,这又有什么幸福可言呢?

马滑霜浓　不如休去——千古艳传的风流佳话

且说大词人周邦彦早就认识李师师,此时他已是年过六十之人。他对花样年华的李师师既是无限倾慕,又引为知音;而师师对他虽谈不上爱情,但钦佩他的旷世才华,喜爱他的文采,有一种情感上的慰藉和艺术上的共鸣。

当周邦彦得知当今天子微服私访师师后,自是不敢再常常去拜访师师,总是小心翼翼地找机会,但时间长了难免会有撞上的时候,结果演出了一段千古艳传的文坛佳话。

这种平静的日子,过了几天。有一个黄昏,周邦彦正流连在师师的寓楼上,吹着一管洞箫,让她试唱一首刚写成的轻松小令。忽然在楼下的花径中,传来兰儿和香影两人的一声唱喏,似是向什么贵人行礼的模样。师师这时是有警觉,连忙向楼栏外探头下望,只见太监张迪提着一盏还不曾点亮的碧纱灯,一马当先地向厅堂这边走过来;他后面似乎还有几个人跟着,可是他们走得太快身影被一座假山挡住,看不清楚。师师心下微感惊慌,口中停掉了歌唱,便对周邦彦说:

"周先生，皇上的车驾大概要来了，你好不好暂时回避一下？"

周邦彦听说徽宗要和他碰面，连连说道：

"还是回避一下的好，还是回避一下的好！"

师师带点难为情地笑道：

"那时就屈驾你暂时躲到床下一会吧，我自然会设法骗开他，让你出去的！"

然而，她的话犹未了，房门外却响起了徽宗呼唤师师的声音。两人这一惊，非同小可。周邦彦无地容身，只有连忙爬进床下躲起来。

周邦彦躲进床下之后，李师师匆匆替他把床前的团花床布拉好，回过身来，就见香影推开房门，把徽宗让进卧室里。她连忙嫣然一笑，表示欢迎。这时，徽宗回身自一个随从手上，接过一个朱漆的盘子，亲自捧到师师的面前，笑嘻嘻地对她说：

"这是广西新近送来的贡品，我特地捡些拿来给你尝尝，不知你可爱吃这种东西吗？"

师师笑着地接过盘子，脸上露出一派欢天喜地的神气，把盘盖打开，只见里面盛着十几个又圆又大的橙子，皮色润黄，使人一望而知是精选过的上品。她连忙屈膝谢恩。徽宗却一手把她搀扶起来，口里说：

"你我何必客气？岭南的果品，横竖多着哪，只要你爱吃，以后我还可以源源拿来送给你，这用得着道谢吗？"

师师一笑连称不敢，便把他招待到师椅上坐下来，然后从抽屉里拿出一柄明晃晃的并州快刀，亲自剖开一颗橙子，撕净外皮，把它一瓣一瓣地掰开。徽宗看着她纤指轻盈，低眉浅笑，似对这种名贵的果品有着无限的爱悦，心下好不受用。正注视间，师师却已把一瓣瓣的橙子，蘸了盐水，送进他的口中，使他平添了一种飘飘然的感觉。于是他从盘上拿过几瓣来，照样放进师师的嘴里。大家细嚼起来，在橙子的鲜味之外再加上一些婉柔的温情，的确虽饶风致。

徽宗满心高兴，说话自然没有什么拘束，便笑眯眯地觑着师师说：

"师师啊！你听过唐明皇和杨贵妃的故事吗？以前杨玉环最爱吃荔枝，每次岭南进贡荔枝，唐明皇总是头一个赐给她吃，所以有人作诗说：一骑红尘妃子笑，无人知是荔枝来。如今江南的一骑红尘，送来的虽不是荔枝，也可以博得你的一笑吧？"

师师听着这位"九五之尊"用这样的话来取悦自己，心下不觉感慨万千。在这四海困穷、民生凋敝的日子，她可不希望徽宗以唐明皇自居，更不愿自己去做杨玉环之续，于是长叹一声，玉容惨淡地对徽宗说：

"臣妾的发，哪里比得上杨玉环？她是唐宫中的贵妃，臣妾不过是开封城下的一个风尘女子。但是，臣妾得近圣颜，也已不敢自嗟命薄。但愿陛下以国计民生为重，那么我们也就能普受天恩了！"

师师说完这番话，一时感怀身世，竟不自觉地流下几滴泪珠来。徽宗见了，好不惊奇，他本来希望博取她的欢心，却不料反而引起她的伤感，心下不禁起了误会，便霍地从椅上站起来，踱到周邦彦躲藏着的床前去。

这时，周邦彦躲在床下，正在屏气敛息，从床帏的缝隙中偷看室内的情形，一见徽宗放步过来，心头禁不住扑通扑通地乱跳，连忙把马床帏拉得更密。幸而徽宗走到床边的一张矮凳旁，只伸手拿了一幅深红色的笺纸，就转身回到师师那边，提起笔来，在纸上飞快地写了两个大字。

师师对于徽宗的举动，初时也猜不透他的用意何在。等到他把笺纸含笑递到

317

她的面前时,这才恍然大悟。原来笺上写着两个斗大的楷书,墨迹在昏黄的烛光下闪闪发亮,师师认出这两个字是:"明妃"。

雷击一样的感觉打在师师的心上,使她顿时说不出话来。她知道徽宗刚才一定误会了自己,以为自己厌倦风尘,羡慕杨玉环那皇妃的地位,所以才立刻册封自己做明妃。但是,她对于这种突如其来的"好运道",只觉得是一种难于逃避的负担。

师师深知,"一入侯门深如海",在皇宫那种勾心斗角,矛盾重重之地,自己将比笼中的金丝雀更加不如。她心中并不愿入宫,然而圣命难违,只好低着头,默不作声。

徽宗见她依然涕泣不止,却益发误会了她,以为她不满意一个空洞的称号,于是便轻晃她的右肩,温言安慰她道:

"爱卿何必如此悲伤?如今我暂时把明妃的称号封赠给你,改日我在宫中安排停妥,再在朝上布置一番,自然就会正式接你入宫,名正言顺,决不会让你长此托迹风尘的!"

师师听他这样一说,知道如果自己再继续悲泣下去,定会逼得他更为提早把自己接入宫中,便连忙抑住内情,破涕为笑,一面循例谢恩,一面表示并不急于入宫,请徽宗不妨从长布置,这样也勉强算是一种缓兵之计。

徽宗见师师已经停了啜泣,为着宽解她的悲哀,便从袖中拿出自己所填的一首新词,叫师师摘下墙上的玉笙来,为他弹唱一遍,希望用一种欢乐的调子来扭转忧郁的气氛。

师师接过御撰的新词,调好弦音,就轻启朱唇,慢声低唱起来。那是一首《探春令》:

"帘旌微动,峭寒天气,龙池冰泮。杏花笑吐香红浅,又还是,春将半。

轻歌曼舞从头按,等芳时开宴。记去年,对着东风,曾许不负莺花愿!"

那文辞之美,韵律之工,加上师师的歌声之妙,自然使得徽宗不胜倾折。良辰易过,转眼到了三更,殿前太监张迪,就在外面轻叩房枕,高声向内启奏道:

"如今城上已敲响了三更,天上降着片片的春霜,万岁爷的车驾,准备回宫吗?"

徽宗听了张迪的奏问,正自沉吟不语,双目注视着师师,似乎要探询她的意见。师师这时敛裳而起,推开朝东的一个小窗,伸手出去,略为探摸了一下,外面果然飘着霏霏的霜片,于是她回过头来,对徽宗说:

"外面此刻正在下着浓霜,夜深路滑,我看你还是留在这儿,度过一宵吧!"

徽宗听她居然自动提出挽留,不觉大喜过望,虽然知道宫中的郑皇后来日也许会大发牢骚,却也顾不得许多,就向房外的张迪下命令道:

"今夜暂不回宫了,你们可以就在楼下憩息,明早再打道回朝便是。"

张迪在门外,高呼一声"领旨",就蹑着脚步退下去了。

师师看见这时的形势,徽宗已没有离去之望,便是若任由周邦彦躲在床下,也不是一个办法,便把兰儿叫来,吩咐她到楼下办点酒菜,就在房中开席,与徽宗对坐。她的意思,是希望把徽宗灌醉,好让周邦彦获得脱身的机会。果然,皇天不负苦心人,徽宗在她殷勤奉酒的中间,开怀畅饮,不久就真的醉倒了。

师师明白这是千载一时的好机会,她推了两下烂醉如泥的徽宗,见他没有作声,便跑上床前,拉开垂在床下的锦幛,把周邦彦放了出来。这时周邦彦已经闷伏在床下过了大半晚，好容易爬将出来，抖抖身上的灰尘，叹一口气道：

"今晚可说辛苦极了，幸而我得见了一幕人间的奇景，早已谱就一首新词，名唤《少年游》，且待明天我再来教给你吧！"

师师连连点头，生怕惊醒了徽宗，就急急把周邦彦送了出去，她想不到这首《少年游》又给她招来许多烦恼。

一夜缠绵之后，次日徽宗起来，打道回宫，对郑皇后只说是出猎上林，傍晚遇到飞霜，所以在离宫歇过一宵；押班太监张迪，也替他在大小宫人面前，打点一番，大家欺欺哄哄，把郑皇后暂时瞒住，也就风平浪静。此后，徽宗每隔三天两日，便移驾到他的"明妃"住处来，享受那种深宫禁苑中间享受不到的温柔滋味。

有一天，正是天气晴和的日子，师师闷倚楼栏，独自低唱着几首格调忧郁的新词，排遣胸中的哀怨。候地里有人在后面拍着她的左肩，她回脸看时，原来徽宗已经不知在什么时候来了。

"师师，抱着琵琶不唱歌，呆想些什么？"宋徽宗上楼来，李师师还没回过神来。

"皇上请恕妾失迎之罪！"李师师连忙收敛神思，脸上荡起一片笑意，站起来作势要下拜。

"嗬嗬！免了免了！"看来宋徽宗今天心情不错，他扶住李师师，踱到几案边，《少年游》嗯？

"并刀如水，吴盐胜雪，纤指破新橙。锦幄初温，兽香不断，相对坐调笙。

低声问，向谁行宿？城上已三更。马滑霜浓，不如休去，直是少人行！……哼！谁写的？"

见宋徽宗读那首《少年游》，李师师好生懊悔没有收起来，见宋徽宗接连几个"嗯哼"，知道大事不好，连忙跪下："这是开封府监税官周邦彦老先生一时兴至……"

"嗯，周邦彦，倒是个词家！"宋徽宗知道周邦彦的名气，也晓得他是个垂暮之年的老头子，还不至于成为自己的情敌，怒气稍稍减了一些。可一转念，宋徽宗再咀嚼一下词句，怒火又升上来了："词中所写，是我与你那天晚上所作所言之事，他如何知道得这样清楚！？"

没有办法，李师师跪在地下，只得把周邦彦来清谈，碰到皇上不敢见驾而躲到床下的经过叙说了一遍。她只想为周邦彦开脱，因为她知道，周邦彦虽有词名。但官小位卑，不敢见驾是很自然的。

"啊，既是这样，那就罢了！"宋徽宗见李师师一脸惶恐，更显得楚楚动人的模样，心中一荡，就把话题转到别的事上去，李师师才松了一口气。

其实，宋徽宗并没有放过这件事。第二天早朝散后，宋徽宗单独留下蔡京。

"开封府可有个监税官叫周邦彦的？"

"启奏皇上，是有个周邦彦，是个大词家，早年先帝就极赏识他的《汴京赋》。"蔡京虽是个奸臣，但于诗词书画上也是极爱且有相当造诣的，只是他不知道，皇上为什么突然关心起这个芝麻官来，想必是赏识他的诗词吧。

"有人奏本，告他玩忽职守，荒废政事！"宋徽宗可没有蔡京那种想法，他只是要找个"莫须有"的罪名，加到周邦彦头上。

蔡京看见他那满脸怒容，心里早已明白了一半，他知道这是皇帝要下令查办周邦彦了，于是连忙复奏道：

"这件事情,容我退朝之后,把京兆尹叫来一问。务必要把这人的劣迹查明,付诸国法。"

徽宗见蔡京的答话很能投合他的心意,也就连连点头。蔡京告辞出来之后,当天就把京兆尹召到太师府第里去,向他宣谕了皇上的御旨,同时说:

"这人莫非真有什么作奸犯科的行为,给圣上知道了?"

京兆尹听了他的话,也顿时感到莫名所以,他说:

"若论廉洁奉公,这周邦彦平日是一芥不苟取的;若说他的工作没有成绩,则整个开封府里,监税官的税收最多的是他。他的成绩,不仅超过别人,而且常常突破限额,怎能说他办事糊涂呢?"

蔡京得了京兆尹的报告,也觉愕然。不过,他是一个聪明人,知道徽宗要查办这个人,定有秘密的原因,于是便正式对京兆尹说:

"这是当今皇上的意思,不管周邦彦办事的成绩多好,你都必须打一个奏报上来,说他课税不登,职务废弛,请求皇上加以应得之罪。知道吗?"

这京兆尹在太师的面前,哪里敢说个不字?只好唯唯而退。当晚就修了一封公文,向尚书省报告监税官周邦彦渎职荒唐,请求查办。

过了几天,尚书省就得了圣旨,说是周邦彦职事废弛,不堪任用,下令革除职务,克日押出都门,不许再在开封城内居留。

开封府尹虽然明知周邦彦是冤枉的,但也不能不执行命令。

徽宗把周邦彦的案子办完之后,觉得浑身轻松。隔了两天,他就抽身到镇安坊去看师师,打算告诉她,以后再不会有人泄露他们的秘密了。

然而,当他到了镇安坊,李师师却没有像往常一样站在楼梯旁边迎接他,这使他失望得很。他问留在房间的兰儿,师师哪里去了?兰儿却推说不知,这就更使他纳闷。好容易在楼上熬过一段寂寞的时间,才见师师带着满脸愁容,匆匆自外归来,徽宗就问她道:

"你今天到哪儿去了?害我苦等了大半天,好不难过!"

师师见他话里带点抱怨之意,一时触动了感情,也毫不隐讳地答道:

"臣妾罪该万死,只因今天周邦彦被押出京,我念他平日替我谱了许多新词,而且又因为替我谱歌词获罪,所以特地到南城门外,略致一杯相送。不知圣驾却巧在此际到临,实在罪过不浅!"

徽宗听了她的回话,心里不禁暗自佩服她的胆识。周邦彦被贬出京,她居然敢于置酒为他饯行,的确不愧为"红装季布"。于是他乘势问师师道:

"你刚才去送他,可听到他发些什么牢骚吗?"

在徽宗想来,周邦彦无端获罪,被贬出都,一定会有许多愤懑的。然而,李师师是何等机警的女子,她知道此时正是替周邦彦说好话的机会,便敛起愁容,化烦愁为微笑,恭敬地答道:

"周邦彦对自己的遭遇,倒也没有什么怨言,他只是即席谱了一首《兰陵王》词,表示他的眷怀京都之意。看情形,他倒真是一个不怨天,不尤人的君子呢!"

徽宗听她这样一说,心中的怨气已平服了一些,便叫师师把周邦彦的《兰陵王》词背给他听听。师师掠鬓沉思,微展樱唇,朗朗地念道:

"柳阴直,烟里丝丝弄碧。隋堤上、曾见几番,拂水飘绵送行色。登临望故国。谁识京华倦客。长亭路,年去岁来,应折柔条过千尺。

闲寻旧踪迹。又酒趁哀弦,灯照离语。梨花榆火催寒食,愁一箭风快,半篙波暖,回头迢递便数驿。望人在天北!

凄恻。恨堆积。渐别浦萦回,津堠岑寂。斜阳冉冉春无极。念月榭携手,露桥闻笛。沉思前事,似梦里,泪暗滴。"

徽宗听了此词,深深感到一种"小雅怨悱而不乱"的情怀,不觉大动怜才之念。他深知师师也不愿意周邦彦离京,于是,便决定赦免周邦彦的罪名,把他召回,而且还要封他做"大晟乐正"。

所谓"大晟乐正",原是徽宗所设中央音乐研究院里的制乐之官。徽宗平日以文采自矜,曾经颁定了一部国乐,名曰《大晟乐》,所以就把特设的中央音乐研究院定名为"大晟府"。"大晟乐正"这一份差事,是说位列闲曹,没有什么煌赫的权势;但是,无论如何,总算地近清贵,强过在开封府衙门那样的地方机关里做个监税官,而且官阶也实在高得多了。因此,对周邦彦来说,这一回他倒真是个"因祸得福"了。

经过这一次风波之后,周邦彦不仅升了官,而且还得了徽宗的默许,准他随时在李师师家里走动,间中还请他一齐参加镇安坊的欢宴,叫他当筵谱曲,以助欢娱。君臣之间,遇合于教坊之家,却反而特别和谐融洽,这不能不说是历史上的一种异数,而一曲《少年游·并刀如水》,也因此而为后人传诵。

借得山东烟水寨　来买凤城春色——宋江与李师师

随着宋徽宗频繁来往于宫中与镇安坊,宫中已经盛传徽宗夜间微服私访李师师。郑皇后听说后,劝谏徽宗道:"娼妓之流,极为下贱,不宜接圣体。况且皇上夜晚微行,容易发生不测,希望陛下自爱。"徽宗点头应允。徽宗也真遵守诺言,自此以后一年多,没有再去李姥姥家,但问候赏赐没有间断过。宣和二年,徽宗又来到李姥姥家,与师师欢乐之后,见自己所赐的画挂在醉杏楼中,观玩良久,忽然回身对李师师笑着说:"画中的美人是不是呼之欲出哇?"说得李师师直撒娇。当日,赐给辟寒金钿、映月珠环、舞鸾青镜、金虬香鼎等物,第二天,又赐给端溪风朱砚、李廷珪的墨玉管、宣笔、剡溪绫纹纸,又特意赐给李姥数千缗钱。

张迪私下对徽宗说:"皇上临幸李师师,必须微服夜行,这样当然不能常去。现在离宫艮岳东边有一片宫地,有二三里宽,与镇安坊相连,如果在那里建一个地道直达镇安坊,皇上再去师师家不就很方便了吗?"徽宗听后大加赞赏,让他赶紧筹划。不久。张迪上疏奏道:离宫的宿卫人员,住处不够完善,应出钱在官地营造数百间房屋,并筑起高大的围墙,以便宿卫。徽宗当即批准。于是,张迪令禁卫军封锁了这个地区,禁止行人往来。招募工匠,日夜不息地大干起来。

宣和四年三月,暗道终于建成。徽宗高兴地从暗道来到镇安坊的李姥姥家,临幸师师,并赐给师师一大批珍宝。李师师生日时,又赐给一批。不久,以灭辽大喜为名,大加赏赐,赏赐的金银物品,总价超过十万。

一次,徽宗与后宫嫔妃一起游玩,韦妃私下问徽宗:"李师师是什么样的美人,令陛下如此着迷?"徽宗回答说:"没什么特殊的地方。不过,你们这些人与她穿着同样的衣服站在一起,我一眼就能认出她来。因为美貌之外,她别有一种幽姿逸韵,这是你们所不具备的。"

徽宗虽然在宫中筑了地道,潜通行院,但毕竟不能每晚都来。因为帝王出行,非同小可,即使是微行,行幸局臣子也必须为之准备一切,叫作排当,以保护他的安全。同时,做皇帝的日理万机,政务繁忙,也不常能抽身出来。

师师虽蒙徽宗册封为明妃,但不过是口头上的一句话,既未成为事实,开封府自然不会为她落籍,只好仍旧在镇安坊行院里操她的贱业。不过她的身体已经皇帝幸御,与以前不同,只能卖艺,不能卖身了。同时她自己也高自位置,不肯轻易接待俗客。

一天傍晚,师师正在暗暗寻思徽宗会不会来,叫丫鬟到厨房里去关照安排酒菜,以免临时措办不及,李姥姥忽然慌慌张张地跑进房来说:"师师,外面有一个黑大汉,头戴寿字宽檐帽,身穿皂罗直裰,外披紫色披风,足登尖耳麻鞋,背挂褡裢,手提包裹,口口声声说要见你,你快出去招呼一下。"

师师皱眉道:"嬷嬷,你也真叫人烦心!你难道不知道我这身子已经圣眷,和从前不同了,怎么还可以接待俗客?你教院子里任何一位小姊妹去招呼他好了,何必来找我?"

李姥道:"我何尝不是这样想,无奈他指名定要见你,不是别的人能够搪塞得了。看他面带杀气,包裹里露出把刀柄,像个强徒模样,不是好惹的。没奈何你且去接待他一下,把他敷衍走了再说。不要惹恼了他,动起武来,害得大家受累。"

师师一笑道:"知道了,我自会对付他,不用你关照。"

李姥姥出去了不多一会儿,便同了个黑大汉进来。师师向那客人一望,不觉暗吃一惊。只见他年约四十多岁,身材虽较常人稍矮,眉宇间却是英气勃勃,猿臂鸢肩,虎背熊腰,脸上虽没有天日之表,却也岳停渊峙,别有一番英武气概,分明是一位绿林豪杰,草莽英雄。师师过去接待的多半是文弱书生,即使是假扮商人的徽宗也不例外,从未接待过这一类人物,心上不禁暗暗生了敬畏。当下不敢怠慢,敛衽向前,深深行了个万福礼,问道:

"客官贵姓?"

客人掀髯微笑道:"你问洒家姓氏吗?洒家和朝廷同姓,姓宋。"

师师心中一跳,暗想:"他说和朝廷同姓,莫非又来了一位皇帝不成?不对,朝廷虽号称大宋,皇帝却是姓赵,况且圣上已经行幸过这里了,怎么会有第二个皇帝到来?"于是又问道:"客官从哪里来?"

"山东!"

这轻轻两个字却赛过雷霆万钧。师师本是个兰心蕙质聪明伶俐的人,不但善于鉴貌辨色,而且富于联想。当时山东的水泊梁山名传遐迩,梁山泊上的头领及时雨、呼保义宋江谁人不知,哪个不晓。宋江人称孝义黑三郎,他的特征一是黑,二是矮,现在眼前那客人的特征完全一模一样,怎能不让师师想到这就是宋江?她心里暗暗思量:"一个风流皇帝来了不算,又来了个草头皇帝,两个皇帝如果碰在一起,那还了得!为今之计,必须先把这位太岁送走。可是进鬼容易退鬼难,眼前这人是个杀人不眨眼的强盗,要是惹恼了他,我的性命很可能也同阎婆惜一样断送在这厮手中。"她一面暗暗祈祷苍天保佑,一面吩咐厨房里安排酒看款待。心里尽管叫苦不迭,面子上却声色不露,反而若无其事地问:

"客官从山东远道前来汴京,未知有何贵干?"

"就是为了久闻姑娘芳名,特地前来拜访。今日有幸得见,果然天姿国色,名不虚传!"客人带笑说着,一面伸手来握师师的玉手,不料握着的竟是一幅裹在手上的鲛绡手帕,面色不由得一变。

原来师师自从接受徽宗幸御后,觉得自己的身子已经圣眷,决不能再和凡夫俗子发生关系。这一点,做起来倒也并不困难,因为身子毕竟是她自己所有,外面又锦围绣裹着重重衣服,只要她自己拿定主意,谁也休想触着她的皮肤,唯有露在外面的两只纤纤玉手,却拿它毫无办法,既不能深藏,又无法避免接触,她苦思冥想,勉强想出了一个办法,就是在万不得已,非接待俗客不可时,用手帕把双手裹起来。现在这办法果然奏了效,可是因此却触怒了那位绿林豪客。

师师察言观色,早已瞧破了客人那不高兴的神气,她在行院中送往迎来,何等善于随机应变,当下立刻盈盈一笑,解开裹在手上的鲛绡手帕,解释道:"贱妾指节疼痛,所以用手帕包着,客官切勿见怪。"

客人用剑也似的锐利眼光盯了师师一眼,并不拆穿她的弄虚作假,见淡淡一笑,却单刀直入地问道:"听说赵官家常常到这里来行幸,可有这回事吗?"

师师吓得一颗心几乎跳出腔来,连忙狡赖道:"没有的话,客官休得轻信谣言。"

客人冷笑一声,劈手把师师刚解下的鲛绡手帕抢了过去,放在鼻端闻了闻,啧啧称赞道:"好香!这不是普通的香气,乃是国外进贡的西域奇香,只有皇帝宫廷里才有。你说赵官家没有到这里来过,请问你一个行院里的上厅行首,从哪里来这西域奇香?"

客人这一席话,句句都好像一把利剑,直刺师师的肺肝,把她隐藏在内心深处的秘密揭露无遗,使她一颗芳心狂跳得几乎无法遏止,真是哭不得,笑不得,这样难对付的客人她还是第一次接着,不知如何应付才好。呆了半晌,方始强颜欢笑地说:

"妾身不幸,堕落风尘,在这烟花下贱的地方,不论张三李四,只要有钱,谁都可以来寻欢作乐,圣驾如果微服私行,妾身也无从辨识,事关禁御,客官还是不必深究为妙。长夜沉沉,无以为欢,且让妾弹起玉筝,唱一阕新词,为客官侑酒如何?"

客人点头表示同意。师师便取过玉筝来,轻扰慢捻,拨响筝弦,她这时心乱如麻,哪里还记得什么新词,但又不得不唱,只好轻启珠喉,曼声唱着柳永的《望海潮》词塞责:

东南形胜,三吴都会,钱塘自古繁华。

刚唱得这三句,客人便摆手阻止她道:"莫唱!莫唱!这柳七官人的词,无非写阳春美景,雪月风花,倚翠偎红,浅斟低唱,实在无聊得很,听了使人厌烦!还是让某家填一阕新词,请姑娘弹筝一唱的好。"

师师深知这客人不大好惹,不敢违拗,忙道:"客官如有佳作,妾身自当雏诵。"于是便命兰儿:"取文房四宝来。"

兰儿当下领命而去,不多一会,便取来笔墨砚放在桌上,却没有纸,代替纸的是一块水牌。原来自从贾奕题词花笺,被徽宗发现,闯下大祸,几乎被充军到海角天涯去以后,师师深怀戒心,房中便不再备笺纸,改以水牌代替,以便随写随抹,不留痕迹。她虽用心良苦,客人却不理解,诧道:

"这小牌子中什么用,某家可写不来小字,快换大幅宣纸来。"

师师皱眉道:"这却没有预备得,客官还是将就一点,就写在这水牌上,字迹潦草点不妨,妾身自会辨认得出。"

客人摇摇头，抬眼仰望着房里的一堵粉壁，忽然笑道："有了，某家就题词在这壁上吧！也算到这里来的一番纪念。"

师师暗暗叫苦，心想："从前贾奕题词在花笺上，藏在妆盒里，还会被圣上发现，现在如果题在墙壁上，一眼就可望到，那还了得！"不过又不敢阻止，恐怕触怒了这黑煞神，祸非小可，只好婉转地说道："客官肯赐墨宝，光辉蓬壁，三生有幸！不过这里人来人往，众目睽睽，恐怕在墙壁上不大稳当，还是请写在水牌上为妙。"

那客人毫不理睬，自顾磨得墨浓，蘸得笔饱，一纵身跳到琴桌上去，在那一堵白粉墙壁上飕飕地写了起来。

师师无法阻止，只好强做欢容，站在一旁观看。这一看，不由得使她大吃一惊，她万万想不到这武夫模样的人竟写得一手好章草。再看那词句时，却是填的一阕《念奴娇》，一面看，一面推详词意，越看越使她惊心动魄，暗叫："苦也！苦也！撞着这黑太岁，也不知是哪儿来的晦气！今晚要不做阎婆惜第二，便是万一千之幸了！"

她这里吓得魂灵出窍，那客人却丝毫没有觉察，聚精会神地写完了最后一个字，跳下琴桌，掷笔大笑，问她道：

"姑娘，这一笔狂草，你可能辨认得出吗？"

"认得出。"师师回答时一颗心还在扑扑乱跳。

"既然认得出，就请有劳珠喉，试唱一下。"

师师重新坐下，勉强按定心神，取过玉筝来，放在膝上，调好弦柱，一面拨动弦索，一面眼望墙壁，慢声唱道：

天南地北，问乾坤，何处可容狂客？借得山东烟水寨，来买凤城春色。翠袖围香，鲛绡笼玉，一笑千金值。神仙体态，薄幸如何销得！回想芦叶滩头，蓼花汀畔，皓月空凝碧。六六雁行连八九，只待金鸡消息。义胆包天，忠肝盖地，四海无人识。闲愁万种，醉乡一夜头白。

师师唱得悠扬宛转，慷慨激昂，恰合那词的豪放风格。客人听着自己作的词从她的樱桃小口里一字一句吐将出来，唱得珠圆玉润，字正腔圆，越听越得意，不觉掀髯大笑，举起刚才搁着未饮的酒杯来，一饮而尽。又拿过酒壶，给自己斟上一杯。

师师唱完，放下玉筝，忽然走到那客人面前，深深行了个万福礼道："不敢动问客官，这词中的'山东烟水寨'，可就是举世闻名的水泊梁山吗？"

这突如其来的问话似乎很有点出于那客人的意外，使他不觉呆怔了半晌，他用锐利的眼光在师师脸上扫视了好一会，似乎发觉她没有恶意，便也豪爽地回答了声："正是。"

"既然'山东烟水寨'就是梁山泊，那么'来买凤城春色'的你客官，一定就是梁山泊上的头领，人称及时雨、呼保义的宋江、宋公明了。刚才客官说贵姓是宋，又说来自山东，妾身就瞧破了几分，不料果然不错。"

客人呵呵大笑，竖起大拇指说："大家交口称赞李师师蕙质兰心，聪明伶俐，果然一点不错！洒家的行藏丝毫瞒不过你的慧眼。事已如此，何必还要藏头露尾。某家行不改名，坐不改姓，正是梁山泊上的呼保义宋江，人称黑三郎者是也。"

师师走到粉壁前，指着上面的一行字说："不过妾身还有些不大明白，请教宋头领，这'六六雁行连八九'，是什么意思？"

宋江笑道："这有什么难解。六六者，三十六也，指梁山泊上的三十六位弟兄，人称三十六天罡；八九者，七十二也，指梁山泊上的七十二位弟兄，人称七十二地煞。'六六雁行连八九'，合起来共是一百零八条好汉。"

师师盈盈一笑道："原来如此。妾身只听说宋头领以三十六人横行河朔、京东，想不到竟有一百零八人之多，怪不得天下无敌了。可是宋头领虽然义胆包天，忠肝盖地，却只身深入京师重地，似乎有点失算。岂不知辇毂之下，禁卫森严，不要以为四海无人识你，万一有所失陷，那时节悔之晚矣！妾身斗胆，敢给这词改一个字，不是义胆包天，而是大胆包天！"

宋江冷笑道："朝廷屡次发动重兵进剿梁山泊，哪一次不被打得弃甲曳兵，四散奔逃，有些识时务的将官干脆投降了梁山，做了聚义厅中的一员。这京师算什么重地，又安能奈何得了我宋江？况且某家此番并不是单身前来，有众家兄弟潜伏在东京城内，即使洒家不幸遭遇什么蹉跌，他们也决不会坐视不救，所以这一点姑娘尽管放心。"

师师暗暗一惊，心想："这一伙天杀星混进了东京城，不知有什么目的企图，想来绝无好事。我此身既受圣上宠眷，理应为主分忧，且让我用言事权做针和线，从中分出是非来，打听他的来意，好先事预防，弭祸患于无形。"于是便道：

"贱妾初次拜识尊颜，就知道是一条好汉。听说贵姓是宋，又说来自山东，当时就曾联想到梁山，不料果然不错。只是问起来意，却答非所问，说什么慕妾芳名，特来拜访，显然不是真话。贱妾烟花下贱，容貌丑陋，岂足垂盼，远劳光顾？现在还是那句老话，请问宋头领不辞远道前来汴京，究竟有何贵干？这词中的'只待金鸡消息'，又是什么意思？"

宋江慨然地道："姑娘慧眼识人，一见便知某家行藏，某家又何敢隐瞒。宋江虽然身处水寨，但耿耿于心，实未尝有一刻忘记报效国家，正所谓身在江湖，心存魏阙。众家兄弟们也和某家一样，陷身绿林，本非得已，无时无刻不在盼望朝廷下旨招安。所谓'只待金鸡消息'，金鸡比喻朝廷，等待的就是招安消息。无奈朝内奸臣当道，六贼横行，区区此心，不蒙鉴察，仍是一意主战，从不招安，宋江等报国无门，忍无可忍，这才和众弟兄结伴潜入东京，准备进行尸谏，定要取得招安。万一不遂所愿，那么说不得，先杀六贼，以清君侧，然后反出东京，重回水泊，再整旗鼓，从此兵连祸结，此乃朝廷负我，非我负朝廷也！"

师师听宋江说明来意，止不住心惊肉跳，坐立不安。她的同情心倾向在宋江一边，觉得这实在是朝廷不该信任奸臣，却把这批义士委之草野，使他们报国无门，情实可怜。但是回天无术，她又有什么办法呢？只好说：

"妾身一介女流，对国家大事，没有置喙余地。不过精诚所至，金石为开，朝廷纵使一时不察，日后必有回心转意的一天。还望宋头领权且忍耐，勿走极端，苍生幸甚！"

宋江不住摇头道："要望朝廷回心转意，降旨招安，好比缘木求鱼，此生没有指望了！除非……"

"除非怎样"师师说到这里，忽然动了疑心，不觉脱口而出道："宋头领莫非在骗我？"

宋江正色道："宋某平生正直，从不撒谎，不知姑娘在哪一方面看出宋某在进行欺骗？"

师师道："宋头领既想举大事，不惜冒险犯难，潜入京师，以求清君侧，邀招安，怎还有闲情逸致到这里来嫖院？"

宋江忍不住哈哈大笑道："姑娘，你错了！你以为洒家到这里来真的是嫖院吗？非也！不瞒姑娘说，洒家这水泊梁山距离东京虽远，却在东京城里密布了细作暗探，朝中的一举一动，山寨无不了如指掌。不久前打听得道君皇帝风流好色，经常微服私行，到镇安坊姑娘的行院里；又打听得姑娘为人兰心蕙质，侠骨热肠，和一般妓女大不相同，有'红妆季布'之称，不觉打动了洒家的心。想如今奸臣当道，圣上被奸臣包围蒙蔽，下情无由上达天听，还在那里调兵遣将，一意主张剿办，哪里了解我们一片至诚盼望招安的心。倒不如抄捷径，从姑娘这里下手，只要姑娘能把区区苦衷代为转达，使圣上知道我山寨众弟兄实在立心忠义，愿意为国驰驱，效犬马之劳，也许招安有望。所以洒家和众弟兄才乔装改扮，混入东京，某家单身一人到这院子里来拜访姑娘，探看虚实，哪有什么闲情逸致来嫖院呢？现在见了姑娘，果然名不虚传，深喜必能如某家所愿，因此才不惜题词粉壁，暴露行藏，刚才某家说'除非'，姑娘问'除非怎样'，某家的意思是除非姑娘一言九鼎，把我们这一片至诚盼望招安的心代为上达圣听，才能使我们拨云雾而见青天，也才能使圣上不再受奸臣包围蒙蔽。念宋江为人素来立身正直，明知如今奸臣当道，贿赂公行，也不屑暮夜辇金，以博这一纸招安。今番所以行险侥幸，一来是钦佩姑娘的为人，二来也深知只有姑娘一言九鼎，才能挽回圣心，希望不要以为某家是想依靠裙带关系而进身加以鄙弃为幸！"

师师听了宋江这一席侃侃之谈，才从恍然里钻出个大悟来，同时也不由得心潮起伏。暗想："如今奸臣当道，圣上受包围蒙蔽是事实；梁山泊众义士一片孤忠，未为主知，报国无门，也是事实。我现在正受圣眷，力能回天，何惜一言，使干戈化为玉帛，倘能使圣上幡然变计，下旨招安，一方面既免得再兴师动众去剿灭梁山，劳民伤财，另一方面又得到一众英雄好汉，为国驰驱，安内攘外，一举两利，何乐不为？"于是便也慨然说道：

"将军报国有心，请缨无路，实足令人扼腕！贱妾何惜一言，挽回圣心。此乃于国于民两皆有利的事，贱妾如能玉成此举，与有荣焉！将军放心，这事全在贱妾身上，请速回水寨，静候好音，不必在京城多留！"

宋江大喜，合掌称谢道："多蒙鼎力玉成，果然红妆季布，一诺千金，那么一切都拜托了。咱们青山不改，绿水长流，后会有期，就此拜别。这一幅鲛绡，本想留作纪念，犹恐旁人不明真相，道我轻薄，谨以奉还。"

说完，便恭恭敬敬地把手帕放在师师面前，戴上宽檐面，系好褡裢袋，回身抱拳向师师一拱，提起放在地上的包裹，大步流星地出院去了。

师师小脚伶仃，赶送不及，同时心里惦记着徽宗不知有没有来过，便也不再送，正要叫兰儿去喊看守地道的两个小丫鬟来问，其中的一个丫鬟却已先进来了，师师忙问她道："圣上来过没有？"

"来过了。"

"来过了，怎么不早来通报？"师师怒冲冲地说。

丫鬟申辩道："姑娘休得错怪，小婢刚才进来通报，看那客人的模样，似乎不是善类，恐怕惊了圣驾，所以没有进房就退出去了。"

师师道："这也罢了！圣上在哪里？是不是因为等不及，从地道回宫去了？"

丫鬟道："没有！由李姥姥招待，在她房里暂歇。看圣上的样子，好像非常恼怒。"

师师小鹿儿在心头乱撞，连忙到李姥姥房里来觐见徽宗。徽宗果然正在大发醋劲，见师师进来，气呼呼地说道：

"师师，你好！又有新欢，忘记朕了！"

师师下跪道："圣上何出此言？贱妾既未落籍，身在行院，岂能不送往迎来？不过自顾此身，已承圣眷，应该自重，所以事实上已闭门谢客。不过今晚来的是一位非常之客，指名要见，无法拒绝，又恐惊了圣驾，所以预先叫丫鬟守候在地道口，暂屈陛下到此，原是出于无奈！臣妾哪有什么新欢？陛下不要错怪了！"

徽宗觉得师师的话句句有理，无话可说，尤其是她那"此身已承圣眷，应该自重"的话，表明她不负自己，并非朝秦暮楚，不觉冲天怒气都云散烟消。不过他毕竟是万乘之尊，未便自认不是，只好勉强问道："是什么非常之客，要劳你亲自去接待？"

师师摇头吐舌地道："一言难尽，陛下且到臣妾房中，自会明白。"

徽宗心里狐疑莫决，但已不再嗔怪师师，便携着她的手一同走进她房里去。丫鬟们知趣，早把桌上的残肴剩酒收拾干净。师师把徽宗引到粉壁前，指着壁上所写的词道：

"陛下请龙目细观，这题词之客能不说是非常之客吗？"

徽宗抬头看壁上所题之词，他本是鉴赏书画的名家，一看壁上那一笔龙飞凤舞的章草，先就止不住吃了一惊，暗暗喝彩，等到读完全词，细加推敲，更不由得拍案叫怪道：

"奇哉怪也！此客何人？从何而来？看他词中说'借得山东烟水寨'，朕想山东水寨，只有梁山泊；又说什么'芦叶滩头，蓼花汀畔，皓月空凝碧'，更是画图中的水泊梁山景色，莫非来者竟是梁山大盗宋江吗？"

师师在旁点头道："陛下猜得一点不错，来人正是梁山泊上的头领，绰号及时雨、呼保义的宋江。陛下试想，臣妾岂能让他惊动圣驾？此时此地，处境实为狼狈，陛下如果再不相谅，臣妾只好一死以谢陛下了！"

徽宗道："这是意想不到的事，确实不能怪你。不过大盗潜入京师，典守者竟毫无觉察，未免太不成话！要这些捕快、御林、禁卫军何用！但不知他来意如何？看他词中，自'来买凤城春色'以下，都是对你的赞美词，可见你芳句远播，连梁山恶贼都为之动心，要来一瞄芳容。只是这'六六雁行连八九，只待金鸡消息'两句，简直像猜哑谜似的，使人无从索解！不知他可曾对你说过没有？"

师师道："臣妾也曾盘问过他，据他说六六是三十六天罡，八九是七十二地煞，隐寓着梁山上的一百零八条好汉。金鸡比喻朝廷，等待的是朝廷招安消息。原来这啸聚梁山泊的一伙盗贼，竟都是些报国有心请缨无路的忠臣义士，他们陷身绿林，情非得已，日夜盼望招安，无奈朝中大臣一意主剿，圣上被包围蒙蔽，把他们都看作乱臣贼子，他们下情无由上达，所以找到臣妾行院里来，题词粉壁，以求上达天听，挽回圣心。臣妾一介女流，未敢妄谈国政，不过觉得目前内忧外患，纷至沓来，干戈扰攘，岁无宁日，如能招安梁山这一伙人马。使他们为王前驱，或者解甲归田，化干戈为玉帛。也未始不是社稷苍生之福。未知陛下圣意如何？"

徽宗又把壁上的词读了一遍，读到后面"义胆包天，忠肝盖地，四海无人识。闲愁万种，醉乡一夜头白"几句时，不觉击节赞叹道："看来宋江这人确有怀才不遇之感。

此贼竟工词如此,宰相何得失此人才？昨天侍郎侯蒙表奏,宋江以三十六人横行河朔、京东,官兵数万,无与为敌,其才必有可用,不若赦过招降,使讨方腊,以此自赎,或可平东南之乱云云,其言颇为有理。朕明天便降诏招安宋江,就着侯蒙赍诏前往梁山,命他们去征方腊便了。"

师师满心欢喜,但她虽对宋江说这事包在她身上,却未敢明目张胆地在徽宗前代宋江求情,所以并不下跪谢恩。徽宗坐下,深情地看了师师一眼,命她在自己身旁落座,挽着她的玉手,不胜爱怜地说:

"难为你了！暴客突如其来,应付确实不易,不知他可曾对你施过狂暴吗？"

师师摇头道:"没有！这人只有英雄气概,毫无儿女私情。他说他此来是因打听得陛下经常微行到此行幸,而他的下情却无由上达天听,所以来托臣妾代陈他一片至诚盼望招安之心,别无他意。"

徽宗长叹道:"朕深处宫中,对外间事情一概不知,惟赖阅读臣下笺奏,被蒙蔽处实所难免。即以宋江而论,朕总以为他盘踞水泊,横行河朔,必是个凶恶狂暴之徒,今见他小词妩媚若此,一手好章草,写得龙飞凤舞,足可与锺王比肩,始信草泽间遗珠多矣！但是你决不能再在这行院里住下去了,正如你所说,这里是送往迎来之地,只要有钱,谁都来买笑寻欢。你既受朕之幸,岂可长此沦落风尘？这都是朕的过失;过失因为怕言官谏阻,虽封你为明妃,却总是犹豫不决,没有接你入宫,现在连绿林豪客都慕名前来访你,若非你先事预防,朕几乎险遭不测,这种情况岂可再任其继续下去？朕现在再不优柔寡断了,过几日便赦令开封府为你落籍,接你进宫。"

师师连忙下跪谢恩。但她心里并不高兴,因为一入宫禁,就好比鸟入樊笼,与世隔绝,再也不能知晓外间情形了。

缕金檀板今无色——李师师归宿之谜

徽宗接李师师入宫之时,大宋已处于风雨飘摇之中,处于北方的金国正如日方升。在这国事蜩螗,社稷危若累卵之时,徽宗赵佶被迫禅位给儿子钦宗,称教主道君太上皇帝,一年以后,金兵攻破东京,后金人携二帝、嫔妃、宗室、大臣三千余人北还,史称"靖康之变"。关于师师的结局,记载师师事迹的书,如《东京梦华录》《贵耳集》《浩然斋雅谈》《墨庄漫录》《青泥莲花记》《汴都平康记》《瓮天脞语》《耆旧续闻》《三朝北盟会编》《续资治通鉴长编拾补》等等,众说纷纭,莫衷一是。大致有以下几种说法:

《李师师外传》:

徽宗禅位后,自号为道君教主,退处太乙宫,也不再临幸李师师了。师师对李姥姥说:"我们母女二人整日欢乐,却不知大祸临头。"李姥姥这才恍然大悟,忙问怎么办。师师安慰道:"不要着急,我自有主张。"当时金人刚开始南下,河北告急。师师便把徽宗赐给她的全部金银财宝呈给开封府尹,作为河北前线将士的军饷,又让张迪代她请示上皇,恩准她出家为女冠。上皇答应了,并安排她到北郭慈云观住下。不久,金人攻破汴京城,掠走徽、钦二帝。金军主帅闷懒因金国的皇帝听说了李师师的名字,下令官兵一定要活捉李师师。可官兵费尽全力,搜遍全城,找了好几天,也没见到李师师的影子。叛臣张邦昌暗中访得李师师踪迹,准备献给金人。

气得李师师大骂张邦昌,说道:"我身为卑贱的娼妓,蒙皇上错爱,已是三生有幸,一死足矣。你们这些人,享受着朝廷的高官厚禄的待遇,朝廷在什么地方亏待过你们,为何总想要彻底灭绝大宋朝呢?叛国投敌,却又想得到新主子的垂青,我怎能去充当你们进身的礼物呢?"说完便拔下头簪,刺喉自杀,没成,又将金簪折断,吞食而死。徽宗和钦宗在五国城,听说师师的死状,不禁涕泪横流。

《三朝北盟会编》卷三十:

金人攻入汴京后,大肆勒索金银,李师师也未能幸免,于是名花堕溷:"尚书省直取金银指挥奉圣旨……赵亢奴、李师师、王仲端,曾经祗应娼优之家并萧管、表陶、武震、史彦、蒋翊五人,筑毬郭老娘逐人,家财藉没"。

《墨庄漫录》卷8:

师师虽非钟鸣鼎食之家,但食前方丈、席丰履厚是肯定的。突然间变生肘腋,一夜之间她从雍容华贵的歌女变成落拓天涯的难民,这个打击是沉重的。一场浩劫使师师变得憔悴不堪,既没有先前那种珠圆玉润的歌喉,也没有当年那种丰姿婀娜的动人风采了。徽宗成为金人的阶下囚后,师师飘零无依,"流落来浙中,士大夫犹邀之,以听其歌。然憔悴,无复向来之态矣。"

我们认为,《大宋宣和遗事》的说法属于比较可靠的一种:

公元1126年冬月,宋徽宗满腹心事地来到樊楼他的明妃李师师处,三盏两盏几杯闷酒喝过之后,对李师师说:"师师,金人攻入内地,不肯讲和,我已下了罪己诏,准备让位太子。唉,我当个不操心的太上皇,与你在一起的日子就长多了!"听得出来,宋徽宗的话里,没有什么高兴的成分。

李师师没想到局势竟变得这样不可收拾,她心里蒙上了一层阴影,口不应心地接着宋徽宗的话说:"但愿如此……"

就在这一年的十二月二十六日,宋徽宗正式退位,太子宋钦宗继位。不到三天,传报金兵将渡黄河,东京城内,掀起一股大疏散、大撤退的狂潮。尽管宋徽宗反复劝说,李师师始终坚持不随皇室转移,如实在要走,就随她自己的意回到乡间,找一小庵,削发为尼。开始,宋徽宗老大的不高兴,堂堂明妃,流于民间,花容月貌,成何体统。后一想,自己也是泥菩萨过江,自身难保,再说她本是青楼女子,散淡惯了的,也只得听任她疏散到民间。

一年以后,金兵攻破东京,宋徽宗父子都做了俘虏,在北上的俘虏队伍里,除了两个亡国之君外,还有赵氏王室和男女百姓共三千多人。在吱吱嘎嘎向北而去的马车里,宋徽宗回首往事,那宫廷的辉煌,衣食的精美,嫔妃特别是明妃李师师的笑靥,历历在目,懊悔之余更添悲苦。在燕山南面一处颓败的寺庙壁上,留下了宋徽宗那"瘦金书"的手迹,记载了他当时的心情:"九叶鸿基一旦休,猖狂不听直臣谋。甘心万里为降虏,故国悲凉玉殿秋。"

至于李师师,这位名噪一时的汴都名妓,自离开樊楼以后,就销声匿迹了。她先是漂泊到了临安,就在旧时好友罗惜惜所设的行院教曲为生,不久高宗也从建康迁都临安。六桥三竺,本是天下名胜之区,如今成了帝都,更为繁华热闹。她起初对高宗存着很大的希望,以为这位九殿下自身既曾为质金营,父兄又被金人所掳,宗社丘墟,亲仇国恨,集于一身,一定会卧薪尝胆,励精图治,以谋恢复,迎娶二帝回朝,使自己得重见徽宗。所以不惜降志辱身,含辛茹苦,隐姓埋名在罗惜惜的行院里留将下来。谁知高宗只图自己安逸享乐,根本不想恢复中原,迎回二帝,把户部支拨的军饷都移来做建设湖山之用,于原有宫殿外,又在凤凰山上造起华丽的离宫数十所,左江右湖,曲尽湖山之胜。又爱西湖之景,在沿湖一带建造了聚景园等六处园亭,岸上多栽桃柳,湖中广植荷花,真个是水木明瑟,亭馆窈窕。高宗每天坐着大龙船,遨游湖上,吹弹歌舞,箫管筝琶,四时不绝,哪里还记得父兄在五国城中受苦,军民无不兴叹,师师更是义愤不平。但她一介女流,沦迹烟花下贱,又能怎样呢?终于徽宗死于五国城的噩耗传来,她最后的一线希望也破灭了。当时她本想自杀,幸赖罗惜惜多方劝慰,她也因惜惜待她亲如同胞姊妹,日常在一起亲密谈笑,排遣了不少寂寞悲伤,便也打消了死志,安心在这行院里度日,不过年华逐渐老大,人老珠黄不值钱,再也不能混在年轻姑娘们队里干卖唱生涯了。到了去年年底,不幸罗惜惜患病身亡,同时坚持北伐的岳飞将军父子也被秦桧害死在风波亭上,曾在黄天荡大破金兵的韩世忠将军夫妇都心灰意懒,解甲辞官,不问国事。她这时才觉得国家事已无可为,只能偏安一隅,苟延残喘,维持宋祚于不坠,再也不能指望中兴了。于是伤心怨恚地毅然离开了这个山外青山楼外楼的临安,漂流到比较安谧的西南地带去。她从西兴渡过钱塘江到金华,从金华到玉山,乘船由信江入鄱阳湖,到南昌,再由南昌一直西进,到达潭州,然后由湘江北上,最后停留在从前叫作巴陵的岳阳城里。

若干年后,有人在湖南洞庭湖畔碰到过李师师,据说她嫁给了一位商人,容颜憔悴,已无当时的风采了,诗人刘子翚翚为此心生感慨,赋诗一首:

> 辇毂繁华事可伤,师师垂老过湖湘。
> 缕衣檀板无颜色,一曲当年动帝王。

柳如是：才情八斗 胆过须眉

【人物档案】

姓名：柳如是

本名：本姓杨，名影怜

别名：河东君

籍贯：浙江嘉兴人

字号：字如是，号河东君，又号蘼芜君。

生卒：1618年~1664年

朝代：明朝

职务：歌妓才女

主要作品：诗稿《湖上草》《戊寅草》，《红豆村庄杂录》《梅花集句》《东山酬唱集》等。

主要成就：明末清初女诗人，与马湘兰、卞玉京、李香君、董小宛、顾横波、寇白门、陈圆圆同称"秦淮八艳"。

柳如是

评价：个性坚强，正直聪慧，魄力奇伟。就文学和艺术才华，她被称为"秦淮八艳"之首。书画也负名气，她的画娴熟简约，清丽有致；书法深得后人赞赏，称其为"铁腕怀银钩，曾将妙踪收"。结局：投缳自尽

墓葬：江苏省苏州常熟市虞山西南麓花园浜、虞山南路南侧路边，钱谦益墓西北侧。

【梟女本色】

柳如是，明末清初秦淮河畔如云佳丽中的一朵奇葩。她天生丽质，一适周道登，再爱宋徵舆，三适陈子龙，最终与钱谦益白头偕老，敢爱敢恨，视封建礼法如无物；豪迈不让须眉，忠心为国，明亡时力劝丈夫殉节，自己投水以殉国；胆识过人，伉俪情深，为救夫君愿以身代死。钱谦益作诗赞颂：从行赴难有贤妻！才华横溢，秦淮名姬中堪称第一，诗文雄建浑达，神奇妙旷，脱尽红粉闺气……柳如是就是一部活生生的传奇！

这位风尘女侠气节铮铮，足以令无数须眉汗颜，如出污泥之白莲，为世间留下不尽清芳。

南乡子·落花

柳如是

拂断垂垂雨,伤心荡尽春风语。况是樱桃薇院也,堪悲。又有个人儿似你。

莫道无归处,点点香魂清梦里。做杀多情留不得,飞去。愿他少识相思路。

明朝灭亡时,她敢以死来抗清,当自己的老夫君不幸入狱。她奔波官差问,愿以妾身换夫君救出自己的丈夫。她死后,大学问家陈寅恪教授花十年的时间给她写传记,然而,她自小却是一个隐入青楼做烟花的女性。

【风云叱咤】

姿韵绝人 历经磨难

吴江盛泽镇,地处江浙两省的交界处,以盛产丝织品而著称天下。绸、绫、罗、纱、绢等品种齐全,做工奇巧。吸引了国内外的富商大贾,往来集会,摩肩联袂。盛泽本一小镇,因天下大贾为利而来,所以熙熙攘攘,日渐繁荣,俨然一都会。随着城市的繁荣,许多文人志士也都会集于此。他们谈论政事,激昂文字。当时著名党派如复社、几社的名流们,诸多聚集于此。盛泽镇除丝织品闻名外,还有一业也十分繁盛,这便是妓院。烟花柳巷,随处可见;美女如云,艳比金陵的秦淮曲院。

群芳之中,亦有一些以文采艺术而闻名者,归家院的徐佛便是其一。徐佛,字云翿,琴棋书画,样样精通。诗词文采,超绝一时。文人墨客,喜聚于此,同徐佛谈诗论画,相互酬答。到归家院来的寻芳客,整日络绎不绝。少女时的柳如是便操业于此。柳如是,原名杨爱,因家中贫寒,10岁便被卖入归家院,开始了漂泊不定的卖笑生涯。徐佛见她聪明敏慧,便教她弹琴作画,吟诗填词。杨爱天资颖慧,不久便掌握了各项技能。

明朝末年,政治腐败,士大夫颓废于政,追杨逐柳,烟花风月,成为他们精神寄托的一种方式。寻妻纳妾,蔚然成风。烟花柳巷,便成为选美的众矢之地。少女杨爱,天生丽质,自然在首选之列。曾位至宰相的吴江人周道登,解甲归田后,闲居于家,不甘寂寞,虽已有"十二云屏坐玉人"的诸多姬妾,但仍不满足,四处寻求美色。杨爱便是买入周府的女色之一。杨爱姿色、才略过人,很快便得到了周道登的专宠。因杨爱娇小可爱,明慧无比,周道登爱之不尽,常抱置膝上,教以文艺。周府藏书甚多,杨爱得以饱读诗书,学识大进。

杨爱小小年纪,便集专宠于一身,自然引起周府众多妻妾的妒忌。加上杨爱性格纵荡不羁,不拘小节,更招致众人的不满和忌恨。杨爱是个有心计的女孩,她曲意奉承周道登之母,得到了老太太的欢心,从而为自己在危机四伏的险恶环境中赢得了靠山。杨爱出于妓门,性自多情,虽集专宠于一身,但周道登毕竟一白首老儿。所谓自古嫦娥爱少年,杨爱更喜与朝气蓬勃的青年男子交往,所以不久杨爱便和周府的一男仆私通。此事不幸败露,从而成为周府众妻妾加害杨爱的把柄。封建社会中,男子三妻四妾合情合理,但女子贞操不保却是天理不容之事,特别是在程朱理学笼罩下的明朝,"饿死事小,失节事大"。杨爱之行自然万劫不复。众妻妾对其恶毒攻击,周道登亦恼羞成怒,几欲置杨爱于死地。幸亏周母怜爱杨爱,曲为祖护,才使她保全性命。周母见杨爱无法在周府立足,便把她再次送入娼门。

脱籍从良,嫁入富贵之家,是当时娼妓们的最大心愿。杨爱轻而易举地实现了,但美梦很快便被打破。这一打击对杨爱来说是非常沉重的,也使她认清了社会的黑暗,封建伦理道德的虚伪性,残酷性,激起了她对封建伦理纲常的强烈不满和憎恨。

杨爱再次沦为青楼艺女后改姓柳,名是,字如是,"扁舟一叶,放浪湖山间,与高才名辈相游处"。

重新流落红尘的柳如是,年纪也不过十四、五岁,但却历经沧桑,远较同龄人成熟。她性情豪迈,常着男装,和男子称兄道弟,慷慨激昂,抨击时政,痛斥伦理纲常,被世人称之为"柳儒士"。

柳如是被逐出周府后,曾彷徨痛苦过一阵,顾影自怜,所以给自己取名为影怜。因她才思敏捷,又在周府博览群书,所以名声大噪,常与复社、几社的名流相交往,成为他们谈诗聚酒的座上嘉宾。几社的陈子龙、宋徵舆、李存问三人同柳如是过往甚密,三人对柳如是的影响也最大。陈子龙的诗词风格是柳如是师从的对象,她又从李存问的书法技巧中得到了很大启示。

柳如是经常同这些几社名流相交往,成为他们的红颜知己。柳如是亦畅所欲言,所发"绝不类闺房语"。有一次同陈子龙、宋子魁等人在白龙潭舟中游会,柳如是在痛述完自己的不幸身世后,挥毫泼墨,自称"李卫学书称弟子,东方大隐号先生"。这一举动使满座震惊,宋子魁曾感慨赋诗道:"校书婵娟年十六,雨雨风风能痛哭。自然闺阁号铮铮,岂料风尘同碌碌"。"妇人意气欲何等,与君沦落同江河"。

随着柳如是艳名流传,许多寻芳客纷至沓来。宰相徐阶的同族中有位徐三公子,久慕柳如是芳名,出30两金子于鸨母,求见上柳如是一面。徐三公子走入船房,见柳如是果然天姿国色,不禁为之倾倒,上前施礼道:"久慕芳姿,幸得一见。"柳如是见他憨态可掬,不觉失笑。徐公子连忙奉承道:"一笑倾城。"柳如是见此人有趣,不觉大笑。徐公子又凑趣道:"再笑倾城。"柳如是大怒,责问鸨母:"你得金多少,令如此奇俗之人来见我。"得知钱已用完,柳如是不得不剪下一缕秀发,付与徐公子道:"以此来补偿你的金子,从此不要再来此地!"徐公子虽遭冷遇,但对柳如是爱之更深,痴情难耐。所以屡以重金相奉,求与之往来。柳如是对所赠之金一概收下,却对徐公子不予理睬。所得银两都用来供陈子龙、宋徵舆、李存问三君子游赏之费。柳如是见徐公子穷追不舍,便同他约好除夕之夜相见。本来她以为徐公子不会在骨肉团圆的除夕来会,但没想到他却如期而至,柳如是叹息道:"我约你除夕来,意味你不会来。你却果然前来,可见你是个有情人。但今夜是骨肉相聚之时,而你反宿娼家,这太不近情理了"。于是不由分说,令人持灯送徐公子回去了。柳如是知徐公子痴情难改,便劝他道:"你不读书,缺乏文气。和我交游的人都是名士,你在其间不伦不类,不如你练习武艺,也算是自成一家,我方可款待。"徐公子因情所困,对柳如是言听计从。从此刻苦习武,考取武官功名。后随军出征,不幸暴死沙场,成为柳如是的情网牺牲品。

柳如是已厌倦了强为欢笑的卖俏生涯,或许是徐公子的痴情换得柳如是的春心萌动,激起了她对真挚爱情的强烈渴望。三位好友中以宋徵舆最让柳如是心动。宋徵舆与柳如是同岁,有"少年美材"之称。在诗酒聚会中,才貌双全的柳如是早就让宋徵舆爱慕不已,只是碍于陈子龙、李存问两友在侧,固不敢造次。柳如是欲以终身相托,但又怕自己为单相思,徒增人笑料。于是便巧设一计,来考验宋公子。一日酒会,柳如是暗约宋徵舆白龙潭舟中相见。宋徵舆欣喜若狂。是日天色刚明,宋徵舆便应约前往。柳如是尚未起床,让人传下话来:"宋郎且勿登舟,若郎果是有情人,诸入水中等候,小姐洗漱完毕,自会相见。"此时天寒地冻,水面上结了一层冰。但宋徵舆为得到柳如是,已置一切于不顾,于是奋力跃入水中,冰破水溅,宋徵舆站在水中,全身湿透,瑟缩不已。柳如是闻之惊喜万分,宋郎果为有情人,自己终身有靠了。同时又对宋郎心疼不已,连忙让人持篙相救,挟之床上,拥怀中为他暖身。

冰水考验之后,两人堕入爱河。柳如是深切体会到爱是自私的,她开始妒忌同行中的貌美者,甚至连自己也顾镜自妒。有人戏谑道:"少妇颜如花,妒心乃无竟。忽对镜中人,扑碎妆台镜。"正当宋柳二人情好甚密时,宋母得知儿子与一位船娘往来,不禁勃然大怒,责令儿子下跪自省。宋徵舆秉性怯懦,在母亲的怒斥下,不敢为自己的感情辩护,只喏喏地说:"柳氏不要儿的钱财。"宋母断喝一声:"财算什么,她不要你的钱财,正是要你的命!"吓得宋徵舆再不敢吭声,从此渐渐同柳如是疏远了。柳如是正沉浸在热恋的甜蜜之中,等待着情郎迎娶的吉日良辰。宋母的阻挠,宋郎的负心,残酷地打破了柳如是的初恋美梦。不久,松江知府整顿治所,责令所有流妓一律迁出境内。柳如是亦在被驱逐之列,她一筹莫展,不知自己将飘向何方。此时她对宋徵舆尚存最后一丝希望,于是请他前来商议。宋徵舆到时,见舟中案上置古琴一张,倭刀一口。柳如是正色问道:"现在形势逼人,请问为今之计,何为上策?"宋徵舆支吾半日,方徐徐说道:"你且姑且暂居他乡,避其锋芒为好。"柳如是被宋徵舆的懦弱所激怒,她痛恨他的绝情,厉声呵斥道:"他人说此话不足为怪,你却不应口出此言。我与你自此一切两断!"遂抓起倭刀,奋力斫琴,七弦俱断,震耳欲聋。宋徵舆震惊失色,羞愧难当,只得狼狈而逃。

半枕轻寒泪暗流——柳如是与陈子龙的苦恋

正当柳如是沉浸在失恋的痛苦之中,吟出"人居天地间,失虑在娥眉。得之讵有几,木叶还辞枝"的感伤诗句时,一个人却在默默地关心、爱慕着她。这人便是几社著名领袖陈子龙。陈子龙学识渊博,享有"鄞下逸才,江左罕俪"之美名。在同柳如是的交往中,早就对她心生爱慕之情,只因友人宋徵舆之故,他只得把这份感情深埋心中。且他又有了妻妾儿女,自然不敢心存奢望。陈子龙知柳如是远非一般妓女可比,所以对她异常敬重。在柳宋关系破裂后,他默默关心、爱护着柳如是,给她以精神上的支持和鼓励,并写下了许多诗句,表达自己的相思之情。如:"已无茂宛千金笑,不许伤春有所思。""各有伤心两未知,尝疑玉女不相思。芝田馆里应惆怅,枉恨明珠入梦迟。"

陈子龙的爱像甘露一样滋润了柳如是孤寂的心灵,给了她生活的勇气和信心,使她很快摆脱了失恋的阴影,又将自己的航帆驶向另一个爱的港湾。

不久,陈约了一些文坛名士,庆贺他俩的美满姻缘。

定情之夕,陈子龙激动地说:"我向你说句老实话,那日在陈眉公寿宴之时,我已为你的才貌所倾倒,但后来你看中了宋辕文,其实我早已料定你们难成终身伴侣,因为他父亲过于迂腐,他如娶你,断然不允!但有道:姻缘劝合不劝分,这种好事，只有劝拢，哪能说散，我若一进忠言，你也好，他也好，定会说我从中作梗，所以我把这番意愿深深地埋在心底，苦得我好多个夜晚辗转难以成眠，纵在梦中，也忆及到你，你若不信，就请看我为你填的这首《忆梦》的词令。"

柳如是接了过来，看上面写道：

梦中本是伤心路，

笑蓉泪，樱桃语。

满帘花片，

都受人心误。

遮莫今宵风雨话，

要他来，来得么！

安排无限销魂事，

研红笺，

青绫被，

留他无计。

去便随他去，

算来还有许多时，

人已去，

愁回处。

这首词，把他恋她之情，洋溢满纸，她读了之后，不由哽咽地说："青楼之女，蒲柳之姿，蒙相公如此深情厚爱，我只怕承受不起！"

"我陈子龙，在此国内风云变幻，国势垂危之时，我是以身许国，万死不辞，纵然天涯海角，耿耿此心，永不负卿！秦观的词不是说得好吗：'两情若是久长时，又岂在朝朝暮暮！'如是，今宵恩垂，乃正式定情之夕，你我今宵之幸，我会永铭心坎享受一生。"

柳如是娇软软地倒在陈子龙的怀里，粉颊绯红，眼睛微眯，朱唇半翕，似有所待，子龙轻轻地把她抱到描金雕花床上……

一宵恩爱，无尽无休，真是"欢娱嫌夜短"，他们情正浓，意正欢之际天已大明大亮，如是起床对镜梳妆之时，妆台上正放着墨迹未干的两首定情诗：

独起凭栏对晓风，

满溪春水小桥东。

始知昨夜红楼梦，

人在桃花万树中。

柳叶初齐晴碧池，

樱桃落尽晓风吹。

如乘春露迷红粉，

及见娇莺未语时。

读了这两首情诗，心潮澎湃，她又是敬佩陈子龙的文才，又感激他的知遇之恩。于是捉笔写了一首小词：

人何在，

人在绮筵时。

香臂欲抬何处坠，

片言吹去若为思,

况是口微脂。

到了崇祯六年(1633年)时,他们已经到了亲不可分的程度了。这一年,陈子龙北上京师,准备应次年的会试。这期间,柳如是给陈子龙写了许多诗词,表达离情别意和相互的关照和慰勉。如柳如是作《送别》诗,其一云:

念子久无际,兼时离思侵。

不自识愁量,何期得澹心。

要语临歧发,行波托体沈。

从今互为意,结想自然深。

其二云:

大道固绵丽,郁为共一身。

言时宜不尽,别绪岂成真。

众草欣有在,高木何须因。

纷纷有远思,游侠几时论。

为了感谢柳如是如此缠绵别思之情,陈子龙也写了答诗四首《录别》,以表离情壮怀。其中一首云:

悠悠江海间,结交在良时。

意气一相假,羽翼无乖离。

胡为有远别,徘徊临路歧。

庭前连理树,生平念华滋。

一朝去万里,芬芳终不移。

所思日遥远,形影互相悲。

我欲扬清音,世俗当告谁。

同心多异路,永为皓首期。

陈子龙此时对柳如是的爱恋之情,已经溢于字里行间,他盼着与她成为"庭前连理树",为柳如是"扬清音",把她从风尘中开脱出来,"永为皓首期",共享人生乐趣。

然而,陈子龙于崇祯七年(1634年)的会试中落第,为国效力的愿望一时成为空想。于是,崇祯八年(1635年)春,陈子龙回到松江,柳如是与他同居为妾。这时柳如是年方18,而陈子龙28。

而陈子龙,是个进取心甚强的人,虽然在会试中落第,但他仍然关心时局,发奋攻读,博览群书,他正在编纂《皇明经世文编》,柳如是就是他的得力助手,为他搜集资料,整理文稿,并誊抄工整,竭尽心力。

本来这对才子佳丽可以"永为皓首"了,但是他们的结合却遇到了许多阻力和麻烦。陈子龙早已有妻妾和女儿,尤其正室张孺人对柳如是格格不久,家庭矛盾激化;再则,陈子龙本是家境贫寒,而会试又落榜,境况窘迫。

所以,同年秋天,柳如是决定割爱离开陈子龙,离去时,她专门写了一篇《别赋》,其中有如下几句话:

"……悲夫同在百年之内,共为幽怨之人。

事有参商,势有难易。

虽知已而必别,纵暂别其必深。

翼白首而同归，愿心愿之坚贞。
庶乎延平之剑，有时而合；
平原之簪，永永其不失矣！
祝君匡扶社稷，挽狂澜于既倒；
施展宏图，博美名于千秋！
远与君别，天各一方，
望君珍重，莫以妾身为念，
妾萍梗飘零，永记知音。”

另外，据说下面这首诗也是专门写给陈子龙的：

自惭蒲柳愧高门，
湖海飘零等此身。
此去烟波千万里，
哪堪长夜伴孤灯。
君有宏才堪济世，
鹏程十万待扶摇。
元元只待春时雨，
泽被苍生我亦豪。

面对越来越深的感情裂痕，两人都努力弥补，但终无济于事。柳如是在发出“留他无计，去便随他去”的悲叹后，与陈子龙含悲而别，重新回到了盛泽归家院，结束了同陈子龙两年的爱情生活。

唯大丈夫能本色——钱柳终成美满姻缘

柳如是在风尘中苦苦求索知音而又屡次碰壁，在崇祯八年晚秋季节与陈子龙分手后，曾到嘉定（今上海嘉定）一游，第二年正月间又去了一次嘉定，返回后到吴江县盛泽镇归家院。她在吴越山水间，仿佛一团草棚，随风飘动，不得长久安身之处，只有又到当初的师母徐佛处暂栖。

柳如是久经挫折，于崇祯十三年（1640 年）冬终于找到了情投意合者。她以一叶扁舟游览于江南山水名士间，得知钱谦益是“当今李（白）杜（甫）”，为晚明文学家、东林党领袖之后，慕名倾心，毅然驾舟来虞山半野堂拜访。

钱谦益，字牧斋，又字宗伯，江苏常熟人，明万历时进士。他见到柳如是诗，十分惊奇，便到柳如是的船上回访，两人第一次相见。柳如是拿出近体七言诗就正，钱谦益十分欣赏其诗与书法，“相与絮语者终日”。这次相见，双方彼此都留下了美好的印象。柳如是在此度过了冬天，后送钱谦益至嘉兴鸳鸯湖，独自回松江。此时柳如是已情有独钟，决心嫁给钱谦益，说：“天下唯虞山钱学士始可言才，我非才如钱学士者不嫁。”钱谦益也非常倾心于柳如是的学识才华与娇姿艳容，欣然表态：“天下有怜才如此女子者乎？我非才如柳者不娶。”两人相见恨晚，来往甚密。次年，即 1641 年 6 月，年至花甲的钱谦益与年方 24 的柳如是于杭州西湖芙蓉舫中结为伉俪。当时钱谦益已丧偶，柳如是虽为钱妾，但深得其爱，“礼同正嫡”。钱谦益不惜挥耗重金，专为柳如是建造了一座绛云楼与我闻室。柳如是经过多年的奋斗，终于改变了任人蹂躏的社会地位，寻得了执意追求的真正的爱情和归宿。

关于柳如是与钱牧斋的初次见面,还有个美丽的传说。

这日钱牧斋正在书房,阅读邸抄,深为当前局势担忧,不由心中烦闷,家人钱升来报:"老爷,有一位书生求见。"

"我已吩咐你们,杜门谢客,不论是谁,一律不见!"

"小人也是如此回复,这位书生也说既然老爷杜门谢客,他也不敢强求,但在门房,写了一首诗,叫小人转呈大人。"

钱牧斋接诗一观,只见一笔娟秀雄劲,笔姿轻妙的行草,一望是出于一个女子的手笔,再看题目:

《庚辰仲冬访牧斋翁于半野堂·奉赠长句》:

声名真似汉扶风,妙理玄规更不同。

一宝茶香开澹黯,千行妙墨破冥濛。

竺西瓶拂因缘在,江左风流物论雄。

今日沾沾试桃李,东山葱岭莫辞从。

"老爷,这位书生是女扮男装而来,她在写诗之时,奴才看见她袍服之下露出三寸金莲。"

"呵!准是她,柳如是! 快派人去找!"

"奴才也觉得有些蹊跷,已经差人暗中跟踪。"恰在这时,派去的人回来了,寻到了她的住处,她在船上,船停泊在南门外的河港。

"赶快备轿,我要去访。"

如是回到船上,脱去男装,换上裙袄,在卧舱梳好了头,重新化妆,轻描眉黛,淡施脂粉,显得幽雅清致,她算定钱牧斋定会回访,果然,不到半个时辰,钱牧斋果然来访,他一登船,如是从舱内迎出,微含娇羞,嫣然一笑道:"宗伯大驾光临,奴妾实在不敢当。"

"高士来访,未倒屣相迎,却拒之门外,罪过罪过!"

"宗伯礼贤下士,不愧一代龙门!"

如是便请钱牧斋进舱叙语,两人对坐相谈,虽是初识,俨如熟悉,倾心置腹,尽情交谈,却有相见恨晚之感。一直谈到黄昏,牧斋邀请如是上岸,住到他的半野堂去,自视极高的柳如是当然不会相从,婉言谢绝,牧斋也不勉强,决定明天为如是在半野堂举行欢迎宴会,邀请常熟的清流名士以及门下弟子作陪。

第二天,半野堂里盛宴宏开,嘉宾云集,柳如是换了一身艳装,满面春风,一一拜见各位贵宾。

牧斋首先举杯:"如是博学高才,诗词清妙,乃我儒林之人,昨日初访半野堂,赠我一诗,我先将她写的诗念给大家听听,然后再献上我的奉和之作。"如是所写的诗经他朗诵,贴切、清新洒脱,把牧斋比拟为汉代的马季长,风流宰相谢安石,王仲宝,不牵强附会,十分贴切,钱牧斋待人誉罢以后,也就吟了他的和诗:

文君放诞想流风,脸际眉间讶许同。

枉自梦刀思燕婉,还将持士问鸿蒙。

沾花丈室何曾染,柳折章台也自雄。

但似王昌消息好,履箱擎了便相从。

大家一听此诗,无不拍掌叫绝,瞿耜举杯笑道:"如是是当今少见的才女,牧斋兄是文坛泰斗,才女名士正风流,牧斋兄,哪日吃你们的喜酒呢?"不由说得如是一脸绯红。

钱谦益另筑新室于拂水山庄之旁，以柳如是的"我闻居士"之号，命名新室为"我闻室"，终于实现了柳如是"金屋藏娇"的夙愿。

自居于"我闻室"，柳钱二人整日游山玩水，诗词歌赋，相互酬合，过得如仙人一般。钱谦益得人面桃花，爱如珍宝。两人年龄体貌相去甚远。钱谦益"黝颜鲐背，发已皤然"，而柳如是则"盛鬋堆鸦，凝脂竞体"。柳如是情性豁达，兴来时挥毫泼墨，"奇气满纸"。还常与男客诗酒聚会，放诞狂傲。钱谦益十分欣赏柳如是，称赞她为："佳人那得兼才子，艺苑蓬山第一流"，并称她为"柳儒士"。在明末封建伦理道德中女子三从四德的约束之下，钱谦益能包容、深识柳如是如此，可谓难能可贵。柳如是能找到这样的知己也算三生有幸。当然，柳如是也是深知钱谦益之心的。在她赠予钱谦益的诗中，赞曰："声名真似汉扶风，妙理玄规更不同。"钱谦益平素自矜洞达禅理，博探佛藏，高出时流。柳如是标举他特异时流之点，便暗合了其深自夸诩之心理。又"竺西瓶拂因缘在，江左风流物论谁。今日沾沾诚御李，东山葱岭莫辞从"。以谢安石、王仲、窦固等风流宰相来比钱谦益，所举诸贤都是钱谦益心中自比之人，真可谓说到他的心坎里了。如此红颜知己，能不让老夫君为之如醉如痴？钱柳两人虽年岁相殊，但因互为知己，所以感情甚笃。

"我闻室"内虽温馨怡然，但毕竟两人没正式举行合卺婚礼，柳钱婚姻不被世人承认。柳如是要改变没有名分的被动局面，确实存在着相当难度。封建社会中，娼妓为贱业，良贱通婚不被社会所允许。且钱府众妻妾对柳如是早就恨之入骨，想尽各种办法要驱之门外。所以公然在家举行婚礼肯定会因众人阻挠而失败。柳如是和钱谦益在费尽心机，深思熟虑后，终于筹定了一个结褵的绝妙上策。

崇祯十四年六月，一场特殊的婚礼在茸城舟中拉开序幕。这天，茸城的缙绅百姓听说钱学士娶亲，纷纷前来祝贺。钱谦益冠带皤发，春风满面，从容接待四方来宾。接新娘的画舫在喧天的锣鼓声中徐徐驶来，舟中合卺花烛，仪礼备具。新娘柳如是头顶红盖头，在喜庆的鼓乐声和众人贺喜声中隆重地进行了，三拜九叩之礼。当整个婚礼结束后，一对新人登舟离岸时，新娘的头巾才被揭开。顿时众人大呼上当，岸上一片哗然。缙绅们愤然攻讦，以为亵朝廷之名器，伤士大夫之礼统，恨不得以老拳相加。无奈舟已离岸，众人只得拾石块瓦砾愤而击舟。一时石如雨下，画舫堆满了瓦砾石片。但纵使缙绅再气恼不已，合卺之礼已经举行，这场婚礼的合法性便不得不被承认。舟外众人的叫骂攻讦，钱柳二人都置之度外，怡然自得。柳如是安坐妆台，描红点翠。钱谦益则痴情相望，并即兴赋《催妆诗》八首。两人终属大礼成婚，婚后柳如是被称为柳夫人。她在访半野堂后已改柳隐为柳如是，此时又易号为河东君。柳如是勇于冲破封建礼法的行为确实让人叹服，她的过人胆识在这场特殊的婚礼上表现得淋漓尽致。

婚后为避免家族纠纷，柳如是提出另筑新室以居，钱谦益欣然相允。钱谦益为才儒，富有藏书，但家底不厚。为了讨得新夫人欢心，只有忍痛将珍藏的宋版前后汉书出售，真可谓用情至深。

崇祯十六年冬，新居终于竣工，取名为"绛云楼"。绛云楼建造的异常奇巧，是个前堂后楼，左右厢房的群体建筑。房栊窈窕，绮疏青琐，穷丹碧之丽。楼上四壁皆书，光宋刻书就有数万卷。大江以南，藏书之家，无富于钱者。绛云楼落成后，柳如是自此深居简出，俭梳靓妆，湘帘裴几，煮沉水，斗旗枪，写青山，临墨妙，考异订伪,间以调谑,过着温馨平静的幸福生活。柳如是帮钱谦益点校图书,她天资聪颖,图史校雠,惟河东君是识,临文或有探讨,柳辄上楼翻阅。虽缥缃盈栋,而某书某卷,随手抽拈,百不失一。或用事微讹,旋为辩证。柳如是的颖慧,深得老夫君的赏悦,从而对她更加怜重。

柳如是秉性清雅,她常以山礬(又名瑒花)自喻,认为"梅花苦寒,兰花伤艳,山礬清而不寒,香而不艳,有淑姬静女之风"。以此花喻已,确实十分贴切。从崇祯十三年直到明灭,是柳如是生活最安逸的时期。此间她还生有一女,给夫妻两人带来了无穷乐趣。此间的诸多诗句,都描写了他们幸福愉快的生活。如"病妇梦回笑空床,笑我白痴中风狂"。"老夫喜失两足蹩,惊呼病妇笑欲噎,垆头松醪酒新热"。可见当时两人确实琴瑟和谐。

他们与那个时代平常的老夫少妾所不同的是,有着真诚的爱情基础,甚至他们的年龄悬殊,也成为相爱的内容之一。钱谦益曾对柳如是说:"我甚爱卿发如云之黑、肤如玉之白。"柳如是则说:"我亦甚爱君发如妾之肤、肤如妾之发。"的确,他们不失为情投意合、才学俱卓的连理枝。

气节如霜　情深似海

崇祯皇帝即位以后,欲励精图治,力挽狂澜。于是着手铲除了魏忠贤阉党势力,改革弊政。但冰冻三尺,非一日之寒。明朝积累到现在,内忧外患,迭起交乘,已呈千疮百孔之势。阶级矛盾日趋尖锐,一场革命风暴最终爆发。李自成领导的农民起义军,所向披靡,大明政权处于风雨飘摇之中。

警讯不断传来,弄得江南人心惶惶。谈兵论战一时成为士大夫的主要话题。但"坐客多谭兵,顾临事无所用"。纸上谈兵者居多,真遇到事有用者却极少。这是多数江南士大夫所犯的通病。钱谦益也是如此。他自识自己有将帅之才,欲在明衰时一展抱负,曾上疏愿以花甲之年领兵出战。柳如是虽身为弱质,但在国家危急时刻,其才智、胆略以及拳拳报国之心令这些须眉男儿汗颜。"闲房病妇能忧国,却对辛盘叹羽书"。虽病若西子捧心,但忧天下之心不缀。对于动荡的时局,柳如是忧心如焚,常与钱谦益"洞房清夜秋灯里,共简庄周说剑篇"。柳如是最敬重的女性是宋代巾帼英雄梁红玉,在金军进犯时与夫君韩世忠大破敌军,捍卫了大宋江山。柳如是以梁红玉自范,要为国家尽忠效力。崇祯十七年二月,钱柳二人前往京口,实地考察了当年韩梁夫妇大破金兵的古战场,以为他日时局变化之预备。站在空旷肃煞的古战场,他们仿佛看到了"蕲王夫人佩金凤瓶传酒纵饮",听到了震撼人心的"桴鼓之声"。钱柳二人被深深震撼,相与感慨叹息许久。在灵岩山下,他们扫积叶,剔苍藓,肃拜酹酒,以表其敬慕之心。京口的跋山涉水,对于病弱弓足的柳如是来说实为艰辛,但却更坚定了她精忠报国之心。

1644年,李自成攻陷北京,崇祯皇帝在景山自缢。全国陷入一片混乱之中。几十天后,形势又变,镇守山海关的吴三桂因农民军掠走其爱妾陈圆圆而大怒,遂开关降清。清军乘势入关,击败农民军,挥师入京,明朝正式灭亡。真可谓"痛哭六军皆缟素,冲冠一怒为红颜"。明朝遗老们逃往江南后,仍不甘失败,立福王朱由崧为帝,改元弘光,史称南明。江南士大夫都把复明的希望寄托在南明小朝廷身上,钱柳夫妇亦是如此。柳如是劝老夫君到南明效力,钱谦益也踌躇满志,欲一展平生之抱负。但令人痛心的是,南明小朝廷不光不积极组织抗清武装,反而畏敌如虎,苟且偷安。小皇帝朱由崧性阃弱,湛于酒色声伎。在清兵压境,危在旦夕之际,还因梨园殊少佳者而愀然不乐。政权落入阉党余孽马士英、阮大铖等人之手。抗清之事不兴,却忙于内部相互倾轧。东林党人与主战名将史可法主张废昏庸的福王,拥立潞王,并坚决主张抗击清军,从而同阉党势力相对垒。以马士英为首的阉党势力大肆剿捕东林人士,以求独揽朝纲。钱谦益为实现其入阁为相的夙愿,竟不顾名节,背叛东林党人,向阉党摇尾乞怜,从而受到人们的斥骂:"谬附东林,以为名高,既以患得患失之心,为倒行逆施之举,势力薰心,廉耻道丧,盖自汉唐以来,文人之晚节莫盖,无如谦益之甚者。"钱谦益之真实面目,可谓暴露无遗。

在钱谦益得到礼部尚书的官职后,柳如是亦随钱到南京赴任。她希望此行能实现做梁红玉的夙愿,为反清复明竭尽全力。一路之上,柳如是意气风发,"戎服控马,插装雉尾,作昭君出塞状"。但令人遗憾的是,南明小朝廷只知"万事不如杯在手,一年几见月当头",苟延残喘,英雄在此无用武之地。柳如是要做梁红玉是根本无法实现的。

钱牧斋偕如是到任仅数月时间,南京沦入清兵之手。

城破之日,钱谦益徘徊不定,以他文坛泰斗,两朝元老,世代簪缨,又是礼部尚书之身份,国亡理应殉节,以示对明王朝之忠,但又舍不得这条性命和如花似玉的柳如是,可是柳如是却身着一品夫人的盛装,端着两杯美酒,表情淡漠地出现在他的面前:"尚书大人,钱郎!国事到了这种地步,来!我们夫妻一同干了此杯,然后双携同登仙界!"

牧斋这时心情更为沉重,一个青楼出身的女子,竟如此深明大义,愿慷慨殉难,视死如归,难道我作为东林巨子,文坛领袖,却降清辱身不成!?他接过酒杯:"人生自古谁无死,留取丹心照汗青!感谢夫人生死相随,成全我的大节,干!"举杯一饮而尽。

这时,柳如是也把自己杯中酒喝干:"老爷,尚书!最后的时间已到,这清清池水可比汨罗,同效屈原,投身水中,老爷,请吧!"

正在这时,身为忻城伯的赵龙闯了进来,大呼不可,并抓住本已就在犹豫的钱谦益说道:

"谦益兄,自古识时务者为俊杰,大明的江山已腐朽不堪,民心丧失,如今大清朝起而代之,我看这是应天顺人。清朝虽是满族人,但他们也是中华民族,炎黄子孙,我们中国自古乃多民族之邦,难道满族人掌权就意味着中华民族的灭亡吗?谦益兄,我劝你不必迂腐,如今的大明江山,尤其是新拥立的福王其实是个大流氓呢!"

这几句话倒是使谦益身心一怔,他不由引起沉思。柳如是见他犹豫,绝望地看了这贪生怕死的人一眼,自己纵身跳入水中!牧斋不由大呼:"来人呀,快救夫人!"

一刹那,众家人均已来到,有几个会水性的投入水中,救起了已经奄奄一息的柳如是,钱谦益吩咐丫鬟,把她抬入房中,好生调治!

而他自己却同赵龙一起,去向豫王投降去了。

柳如是被救起苏醒之后,又是一场恸哭,经侍女百般相劝,才止住了哭声。

国难当头,丈夫变节,给柳如是以沉重打击。在钱谦益以降臣身份到北京授职,力邀柳如是同行时,她断然拒绝,并身着大红衣衫为钱谦益等送行。红色又称朱色,代表着朱明王朝,以此来羞辱这批降臣。钱谦益羞愧难当,在北行路上,他思绪万千,赋诗道:"水击风搏山外山,前期语尽一杯间。五更噩梦飞金镜,千叠愁心锁玉关。人以苍蝇污白璧,天将市虎试朱颜。衣朱曳绮留都女,羞煞当年翟若班。"表达了其羞惭郁闷的心情,同时展示了自己对柳如是的钦佩、思念之情。

是秋,钱谦益降清北上,当上了礼部侍郎、《明史》副总裁。向来与丈夫形影不离的柳如是,这次却没随夫入京,仍留居南京。清顺治三年(1646年)三月,柳如是在当时秦淮名妓之一的顾横波所画墨兰上题诗十绝,其中一首云:"不共青芝石上栽,肯容荆棘与莓苔;根苗净洗无尘土,好待东风送雨来。"这里显然是借兰咏志,表明不与清王朝为伍的决心与情怀。

柳如是对钱谦益的屈节不满意。钱谦益降清后,虽捞了个一官半职,但也不顺心,时间不长便告老还乡。他常发泄不满,说:"要死! 要死!"柳如是毫不客气,说:"公不于乙酉年(1645年)死,现在死,难道不为晚吗?"

在柳如是的影响下,返乡后,钱谦益也暗中参与了一些反清复明的活动。顺治五年(1647年)三月,江阴黄毓祺起兵反清,柳如是与钱谦益到海上犒师。钱谦益因支持抗清斗争而被捕。不愿以官太太入京的柳如是,这次以囚徒之妻的身份,冒死随夫入京,甚至发誓"上书代死,否则从死"。为了救出丈夫,她上下活动,打通关节,据说费30万金而得无罪放还。为此,钱谦益感激至甚,作诗赞颂"从行赴难有贤妻"。

关于柳如是入京救钱谦益,也有一个美丽动人的故事。

钱谦益在柳如是的影响下,参加了一些反清复明的活动,由于钱谦益的影响巨大,不久,他便成了反清复明义士们的偶像,经常有些义士来找他们帮忙。

一个严冬的风雪之夜,突然来了一位不速之客,他便是江阴义士黄毓祺,他此行是受了唐王之命,为江南义军筹军饷,拟图大举,特请钱、柳夫妻出资相助,柳如是毫不犹豫地拿出生平所积蓄的约值白银数千两的金银首饰,钱出捐赠了两千两银子。

黄毓祺奔走于江南各地,与各路义军联络,定于第二年三月十五日,常州五县的义军在郊区揭竿起义,黄本人从海上率水师直奔长江口,驰援攻打常州。同一日,由黄斑卿率领的水师会合义军攻打苏州,把这一消息秘密告诉了柳如是,并约定,如起义成功,则由钱谦益出任主帅,使这支义军有更大的号召力。钱、柳二人都为之兴奋不已,柳如是并化妆为渔妇模样,坐了一条满载慰问品的渔船到海上捞军。谁知天不作美,突起狂风,迫使返航。

几天以后,传来了不幸的消息,由于海上支援为风所阻,起义失败了,又过了几天,传来了更为不幸的消息,黄毓祺被叛徒告密,落入清廷手中,关入南京大牢。

此案牵连甚广,连钱谦益也以有从逆嫌疑之罪,被捕入狱。当他被捕时,钱的子孙都惊慌失措,纷纷携金银细软潜逃在外,唯恐避之不及,被牵连在内。钱谦益当时已是六旬老翁,子孙满堂,看到这些,不禁潸然泪下,默不作声,唯有摇头不止,而其时他心中之痛,何足道哉?

这时,柳如是身着便服,提一素花包袱,从后堂款款走出。来到前来拘捕钱谦益的清将面前,盈盈施礼,说道:

"想我老爷,年老体弱,需要有人照料,妾身愿从行前往,望将军行个方便!"

钱谦益连忙阻拦:"你久病未愈,怎能经长途跋涉之苦,老夫残年余生,蒙冤赴难,死不足惜！不该连累于你！"

"老爷不必多说,妾身主意已定,誓死从行！"牧斋不由老泪纵横,看了儿子、孙子们一眼叹了一声长气,说出："恸哭临江无孝子,临行赴难有贤妻！"

他们一行到了南京之后,钱牧斋被押入原刑部大牢钉镣收监。柳如是则四处活动,了解到负责审理此案的主要官员是曾任过明朝辽东总督的洪承畴,她冒着危险,登门求见,洪是好色之徒,他久慕柳的艳名,立即降阶相迎,几句寒暄之后,如是单刀直入问道："洪大人,说我家老爷有叛逆之罪,不知有何凭据？"

洪承畴乃老奸巨猾之徒,他答道："当然有凭据,无凭无据,怎能拘捕于他？"

"那妾身倒要请问,我家老爷深受新朝厚恩,他原是明朝的礼部尚书,桃李满天下,如大军进逼金陵之时,他要登高一呼,江南忠于明室之人,定会揭竿而起。为何那时他却步总督大人的后尘,效一个识时务者为俊杰,降顺大清,授为了礼部侍郎。如今他已风烛残年,已告假隐居水乡,不问政治,南明的江南义士,都耻他变节,与他断了往来,何况他又非武将出身,不谙兵家之事,光凭他人说他有叛逆之嫌,信口雌黄,这岂不是莫须有之事？大人也是前明封疆大吏,名称一时,荣膺新朝重任,请问大人,在江南一带,所谓欲反我大清者的众人之中,也有大人的旧部和门生,难道他们谋反,大人也该株连在内吗？此地应无三字狱,此事望大人三思！"

如是侃侃而谈,柔中见刚,褒中见贬,把这番话说完,起身告辞而去。

这番话也激起了洪承畴的三思,他不由暗中佩服柳如是的口才,果然名不虚传,他被她一席话说得身如芒刺,这是柳的柔中带刚的厉害之处,他由此愈益对她敬重和垂涎欲滴,他待柳如是走后,冷静思念,也觉仅凭叛徒一句供词,就拘拿钱谦益也未免显得草率,"黄毓祺去过钱家"这句话究竟是真是假？还难以断定,就是去过钱家,这也不足以作为凭证哪！何况严讯黄时,黄曾说过："钱谦益枉负清名,奴颜事敌,我恨不手刃此儒林败类,新朝官僚！"且几次逼供,他都是同样的回话,这样一来,洪承畴对钱谦益之事也不便落案。而这时,他恰又收到钱在狱中写给他的信,声称自己受了清朝厚恩,图报来不及,且现已年逾七旬,走路都要人扶,哪还有其他的念头。兼之,那一叛徒,却在一日深夜,为人刺杀,主犯黄毓祺也在狱中因刑伤过度而亡,死了原告和主犯,没有对证,此官司就无法打下去了,洪承畴也念及旧日同僚之谊,将钱谦益判以无罪开释。钱谦益被无罪开释之时,洪承畴意味深长地对他说："老兄真艳福不浅,娶了这样一位有才华,有胆识的夫人,且好口才呢！我真为您羡慕！"钱被开释,柳如是激动地接他一同回家,重新团聚,钱也深感柳的智慧和勇气,以后对她更加敬重了。

刚心傲骨难摧折　要留清白在人间

柳如是从京城把钱谦益带回南京后,两人相依为命,情投意合,两人决定以诗词为子,共同携手走过余生。

康熙初年,钱谦益的嫡生长子接他进城去住,而柳如是仍旧住在红豆村。

过了两年,钱谦益得病,柳如是听说,便进城去侍候。没有过多久,钱谦益逝世,柳如是便留在城里守丧。

当初,钱谦益和他家族中的人不和睦,钱谦益一死,他们便假说钱谦益以前欠了他们的债,要钱谦益的儿子归还。那些凶悍的家伙,聚集了百把人,在厅堂上争吵不休。柳如是说:"妾还有些资财,留着也没用,愿意拿出来交给你们。"她立即拿出一千两银子给承头的人。但是,聚集在厅堂上的人仍然争吵不止。

柳如是派人问他们:"你们到底要干什么?"

他们说:"嫂子拿出的银子是嫂子的私房,不够供养我们族中之人。长兄漂亮的馆舍接连不断,肥田沃土这样多,为什么不能拿一半出来给大家呢?"

长子害怕,不敢出来应付。柳如是暗想:如果满足他们的要求,那就会像宋国割地一样,地不割完,敌军是不会停止进攻的。于是,她悄悄地请来平素和钱谦益关系很好的亲戚、门人和忠心耿耿的仆人,把自己的安排告诉他们。

柳如是走到厅堂,委婉地劝说道:"妾的资财已经没了,当然不够送给你们。明天,妾一定摆酒设宴招待大家,要多要少,都按你们的意思办。"众人才慢慢散去。

当天晚上,柳如是吩咐家人杀猪宰羊,准备大摆筵席。

到了天明,宗族里的人陆续到来。柳如是请大家入座,又暗暗叫人把大门关上。然后进屋上楼,好像要去拿东西出来的样子。过了很久,柳如是还是没出来,家人感到奇怪,上楼去一看,柳如是已经悬梁自尽,墙上大大地写着:"尽缚饮者而后报官。"长子看了后,和家人相对痛哭起来,然后众人动手,用头天就准备好的绳索,把这些凶恶家伙全部捆绑起来;因为大门已关着,没有一个走脱。

一会儿,县令到了,追根究底得到了实情,便把闹事的元凶关进了监牢,并将这事奏明皇上,对凶徒们绳之以法。

柳如是从一个风尘中的弱女子,找到了依靠。一旦遭到不幸,能够从容殉义,抵御强悍的凶徒,使后代能够得到庇护,因此,当地的人们都尊敬她。她的事迹,在她去世后被人们广为传颂。

柳如是才高名赫,著作丰硕。著有《戊寅草》一集,凡诗1105首,词30首。《我闻室梅花名》3卷,上卷收五言律诗100首,中卷收七言律诗100首,下卷收七言绝句100首,险《红梅集句》七言律诗10首。《湖上草》1卷,凡诗35首。《东山酬唱集》1卷,为柳如是与钱谦益唱和之作,还有《红豆村杂录》2卷,《河东君诗文集》12卷,《我闻室鸳鸯楼词》等与钱谦益唱和之集。《尺牍》1卷,凡文31篇,都是给汪然明的书信。她还编辑整理了大量的历代名媛诗文及小传,即《列朝诗集·闰集》,这是钱谦益所编《列朝诗集》的香奁部分,均由柳如是勘定,并对历代名媛诗作有独到的评论。《古今名媛诗词选》,录入"诗1000余首,词400余阕。历代名媛,聚于一帙。"可见其诗文充栋,著作等身。她的作品中,爱情诗篇占有重要部分,此外多为游览风景篇。主要是在西湖、鸳鸯湖、黄山等风景名胜游览时所创作的吟咏江南风光的诗词。

对柳如是诗文的艺术成就和风格,世人多有评论,美誉颇多。《神释堂脞语》评《戊寅草》,"最佳如《剑术行》《懊侬词》诸篇","每遇警策,辄有雷电砰霍刀剑撞击之势"。七言、近体"乃至独绝。若婉娈鱼龙问才绝,深凉烽火字珊瑚;下杜昔为走马地,阿童今作斗鸡游;小苑有香皆冉冉,新花天梦不濛濛;月幌歌栏寻尘尾,风床书乱觅搔头;洗罢新松看沁云,行残旧药写来禽。此例数联,惝恍朦瞳,传以神丽,鱼薛擅能,兹奇未睹"。陈思评论其诗"神光离合,乍阴乍阳"。清代女作家林雪说柳如是的《尺牍》"琅琅数千言,艳过六朝,情深班、蔡,人多奇之"。总之,柳如是的作品雄健浑达,神奇妙旷,情辞婉丽,脱尽红粉闺气。

柳如是的书法绘画,也为人推崇。当代著名历史学家陈寅恪先生评价说:"河东君之书法,复非牧斋所能及。"可见造诣之深了。

柳如是博才多艺,她有勤奋刻苦的求知精神,加之聪明伶俐的天姿,学识与日渊博。特别是与钱谦益结合后,学识飞进。她 26 岁时,绛云楼建成,这是一座富丽堂皇的宏传楼阁,藏有古今金石文字、历代书画珍品数万卷。"大江以南藏书之家,无富于钱"。柳如是利用这一极佳条件,博览群书,"考异订讹",或"写青山,临墨妙",埋头学问。钱谦益读史阅文,每遇疑问,"唯柳是问"。两人在研讨学问中,需要查找书本时,柳如是在数万卷中,便可随手翻阅,"百不失一"。柳如是在富裕的生活条件下,没有过那种醉生梦死的生活,而专心学问的精神是难能可贵的。

柳如是以自己卓越的学识才气和艺术成就、崇高的爱国情操和敢于追求真正爱情的执着精神而名列于才媛史册上。

钱谦益的墓位于常熟附近的界河沿,墓碑上写着"东涧老人墓",柳如是的墓在钱墓的左边,两座墓紧紧地依傍在一起……

柳如是是她生活的时代造就的奇才。她的一生是不懈追求幸福和自由的一生,是不停息地反抗恶势力和奋斗的一生。她聪颖、美丽、博学、刚烈,是那个时代的骄傲,更是那个时代的悲剧,同时也是那个时代的一颗明星,一颗璀璨的明星。

明星永远在天幕上闪亮。

名姝女侠

柳如是是活跃于明清更替之际的著名歌伎才女,她书画双绝,美艳绝伦,她个性坚强,心怀天下,多情重义,魄力奇伟,非一般青楼女子可比。她的一生中有过多次角色转换,丫鬟、侍妾、风尘女子——"秦淮八艳"之一、尚书夫人,在她同时代的一辈人中,除了陈圆圆、顾横波外,她可算得声势煊赫了。

无论容貌,还是才情,柳如是都是这辈人中的佼佼者,为历代文人所青睐,陈寅恪写《柳如是别传》更使她在文人心目中有了空前绝后的地位。在书中陈寅恪先生称柳如是为"女侠名姝",以景仰的态度说:"披寻钱柳之篇什于残阔毁禁之余,往往窥见其孤怀遗恨,有可以令人感泣不能自已者焉。夫三户亡秦之志,九章哀评之辞,即发自当日之士大夫,犹应珍惜引申,以表彰我民族独立之精神,自由之思想。何况出于婉姿倚门之少女,绸缪鼓瑟之小妇,而又为当时迂腐者所深低,后世轻薄者所厚诬之人哉!"

正如陈寅恪先生所言,柳如是真正的灵魂之处不在于她的美艳和文采,而是她以死殉国的精神。一个出身娼家女子,容貌和文采只不过是为了供男人玩乐,本是处在一个被侮辱、损害的最下层,但是,柳如是并不想一辈子过卖俏生涯,勇敢地纵身跳出火海,为自己挑选夫家,做旧时女子不能做之事,进入封建士大夫阶层后,却仍然独立自己的思想,面对明朝的灭亡,她敢于以死来表示自己的忠义,与那些奴颜媚骨的士大夫截然不同,这是一股民族独立的正义之气,让"婉姿倚门之少女"的柳如是做出,让后人汗颜。

李香君:乱世名姬　柔肠侠骨

【人物档案】

姓名:李香君

别名:李香

字号:号香扇坠

生卒:1624 年~1654 年

朝代:明末清初

职务:才女、秣陵教坊名妓。

主要作品:《南都寄侯公子书》

主要成就:秦淮八艳之一,孔尚任《桃花扇》中的女主角。自孔尚任的《桃花扇》于 1699 年问世后,李香君遂闻名于世。

评价:香君一个娘子,血染桃花扇子。气义照耀千古,羞杀须眉汉子。香君一个娘子,性格是个蛮子。悬在斋中壁上,教我知所管制。如今天下男子,谁复是个蛮子? 大家朝秦暮楚,成个什么样子。当今这个天下,都是骗子贩子。我思古代美人,不至出甚乱子。(林语堂《为香君题诗》)

墓葬:河南省商丘市睢阳区路河乡李吉元村(李姬园)。

李香君

【枭女本色】

李香君体态娇小玲珑,肤色莹白如玉,绰号"香扇坠",在"秦淮八艳"中,她没有顾横波、陈圆圆那样的艳丽妩媚,也没有柳如是、马湘兰那样超群的诗画才情,但传奇剧《桃花扇》一出,"借离合之情,写兴亡之感,"香君忠贞刚烈之名几乎举世皆知,在秦淮八艳和群芳中赢得了最高声誉。

她忠于爱情,矢志为侯方域守贞;忠肝义胆超越男儿,在权臣阮大铖面前公然唱出"干儿义子从新用,绝不了魏家种",岂不教须眉愧然。其凛然正气如寒冬傲梅,足以令杜牧的名句"商女不知亡国恨,隔江犹唱后庭花"由此改写!

【风云叱咤】

妙龄绝色 南国佳人

> 渔樵同话旧繁华,
> 短梦寥寥记不差。
> 曾恨红笺啤燕子,
> 偏怜素扇染桃花。
>
> ——清孔尚任《桃花扇传奇》

　　这是清初著名戏曲家孔尚任《桃花扇传奇》中的两句诗,其中"素扇染桃花"所载的正是剧中女主人公——秦淮名妓李香君的义烈之举。然而这位令须眉汗颜的平康奇女毕竟只是一位卖笑青楼的烟花女子,卑贱的身份决定了她无论如何出色终归要被排斥在封建正统秩序之外,她的事迹并不见录于史籍,只是散见于文人笔记、杂记、传奇中,而《桃花扇传奇》则是对她生平事迹最完整最系统的记录了。孔尚任在《桃花扇凡例》中曾经说过,传奇所载故事大都经过实地考察,全无假借,至于男女主人公的爱情故事虽然稍有所渲染,也不是子虚乌有之笔,因而可以认为《桃花扇传奇》对李香君的描写基本是翔实可信的。

　　李香君,姓李名香,又称香君,是明末秦淮名妓,因为她体态娇小玲珑,肤色莹白如玉,被名士们戏称为"香扇坠"。

　　李香君生活的时代,明王朝已经岌岌可危,然而政局的颓势不仅没有消尽南都青楼的红牙檀板、舞衫歌扇的繁华景象,反而为秦淮艳帜涂上一抹夕阳的余晖。党社之争的激烈,政治前途的渺茫,使文人士大夫们更加醉心于流连风月,陶情花柳。在风尘佳丽的轻歌曼舞、红袖唇颊之中文人士大夫们寻到了疲弱心灵的最好慰藉。他们对青楼殊色的态度已由前代文人单纯的才色赏鉴一转而为寻求共同语言、理想的知己之情。而此时的妓女们,其气质才情较之前代也有了显著的变化,她们不独美貌出众、多才多艺,而且与名士们的交往,赋予她们极大的政治热情、任侠之气。李香君的养母李贞丽就是一位颇有豪侠之气的青楼奇女子,她喜欢结交当世的豪杰之士,尤其与复社领袖陈贞慧关系密切,有一次她与人赌博,一晚上就输掉千金,却依然谈笑自若,这在当时被传为美谈。

　　受当时社会风气及养母的影响,李香君自小便品格高逸,性情豪爽,柔肠侠骨不减须眉。她不但通晓诗书,善于调笑,而且慧眼独具,能辨别士大夫贤德与否,故而颇受文人士大夫们推重。13 岁时,李香君有幸投在苏昆生门下学习唱曲。苏昆生,本名周松如,是明末清初著名的唱曲家,他不仅技艺精深,更兼为人耿直,有古道热肠。李香君在他门下,除了才艺上获益匪浅,性情上也受到相当程度的熏陶。聪慧过人的李香君不久就熟练掌握了师父的拿手戏玉茗堂四梦(汤显祖之《牡丹亭》《紫钗记》《南柯记》《邯郸记》)《琵琶记》,其歌声婉转清越,字字珠玑,尽得老师真传。

　　同时,由李贞丽的情夫杨龙友点拨,她还学习了一些古典诗词的历史知识,对岳飞、文天祥、于谦等一些爱国的民族英雄,特别敬重,她由于歌喉婉转,嗓音甜润,曲唱得极好。她最爱弹唱岳飞所做的《满江红》之词,每弹唱此词时,在旁听者,无不为之震撼而热血沸腾。在1642年，抗清名将袁崇焕蒙冤惨死之时，她悲愤不已，并为之写下了这样的一首诗：

> 悲愤填怀读指南，
> 精忠无计表沉冤。
> 伤心数百年前事，
> 忍教辽东血更斑。

在当时文纲禁锢的情况下，一位年仅14岁的少女——而且是青楼中女子，能写下这样仗义执言的诗，确是难得，因而受到了复社领袖张溥和夏允彝的称赞。

冰肌雪肠原自同　侠肝义胆令人重

公元1643年（明崇祯十六年）三月。

春光明媚，苏昆生闲着无聊，到贞丽家去消遣。进到门里，只见浓浓一院春色，好不迷人，贞丽见苏昆生来到，便把他让到女儿妆楼上去。这时那女儿晓妆才罢，娇娇娆娆地走到苏昆生面前道了个万福，苏昆生不禁赞道："几日不见，令媛愈发标致了。"又道："艳字太俗，《古传》有云：'兰有国香'。就改为'香君'如何？"贞丽道："多谢苏老爷了！"苏昆生又四下打量道："如今连楼名都有了，何不就叫'媚香楼'？"贞丽大喜，拉过香君谢了苏昆生，随即唤人安排酒席，与苏昆生饮酒叙话，赏玩春景。

酒过三巡，苏昆生兴致愈来愈好，说道："香君聪明绝顶，声容皆属上乘，如果有人来梳拢，必定要物色个风流才子与美人相配，才算天然佳偶。在下昨日遇着河南侯司徒的公子侯朝宗，他可称得上是家境殷富，英俊倜傥。侯生年方二十一岁，正在苦寻名妹；在下说起香君，侯生像是很动心，倒不知贞丽肯招他否？"贞丽忙道："这样的公子肯来梳拢，再好不过了，哪有不肯的？还求苏老爷帮衬，成全好事，俺母女自然感谢不尽！"苏昆生听罢，满心欢喜，一力应承，于是告辞而去。

与明政权风雨飘摇、岌岌可危的国势相比，留都金陵（今南京）却呈现出一派畸形的繁荣。特别是秦淮一带，暮春时节，两岸柔柳如丝，杂花生树，河上画舫如织，橹楫咿呀。面对此境此景，侯方域顿时生起"商女不知亡国恨，隔江犹唱后庭花"的感慨。

"嗨，朝宗兄，临岸游秦淮，好别致的雅兴呀！"

侯方域一回头，见是同乡苏昆生，赶忙见礼。

"侯公子，如其临渊羡鱼，何如退而结网？"苏昆生一指画舫穿梭的秦淮河，语带双关地开起了玩笑。

"侯公子，今日媚香楼做'盒子会'，何不去看看？"苏昆生见侯方域笑而不语，只得挑明了意思。

"何谓'盒子会'？那媚香楼不是苏师傅教习的地方吗？"侯方域虽是复社人物，但毕竟是官家子弟，况且少年心性，怀春之心总免不了。尽管他还没有真正对哪一位青楼女子动过情，但与文友们一起挟妓遨游或与歌妓一起吟诗饮酒的次数却不少。

"盒子会吗？便是秦淮旧院一带青楼的歌妓们，结成手帕姊妹，就像香火兄弟一般，每逢时节，便做盛会。赴会之日，各携一副盒儿，都是鲜物异品。会期各呈技艺,或拨琴阮,或吹笙箫,众姊妹深锁闺门,不许男子入内,只许在楼下鉴赏。"苏昆生向侯方域解释,"侯公子要去便快走,边走边说也是一样。时候真不早了,晚了怕不能一睹为快呢!"

听说有这样新奇的场面,侯方域欣然与苏昆生沿秦淮河往旧院方向走去。

"要说我的徒弟,那真是我有福了。教了不知多少歌娘,还没有一个象如今媚香楼的李香君这样聪慧的。她唱《牡丹亭》里《惊梦》中的那一段:'遍青山啼红了杜鹃,荼蘼外烟丝醉软。牡丹虽好,他春归怎占得先。闲凝眄,生生燕语明如翦,呖呖莺声溜的圆。'真是绝了。"苏昆生谈起他的得意学生,兴味盎然,连侯方域也听入了神,浑然忘记了欣赏垂柳如烟、画舫缤纷的秦淮春景。

"这李香君才艺高,悟性好,那容貌更是美如天人,这倒还罢了。烟花之地哪有丑如东施笨如猪豕的呢?难得的是人品。我教此徒三年有余,不消说是把我胸中的一点玩艺儿尽数学了去。可有一桩,她身在青楼,卖笑生涯,却不肯随便对人唱的。遇有如公子这样的人物,她可以温柔婉转,终日不疲;若是骄蛮纨绔,或阉党子孙,她却是冷如冰霜,毫不赐一点颜色的。"

虽然侯方域、苏昆生走得不慢,但毕竟出门太晚。当他们赶到媚香楼时,盒子会已经散了,侯方域好一阵惋惜。

"侯公子不必太惋惜,下次再来鉴赏也是一样。"见侯方域一副惘然若失的模样,苏昆生劝慰他。"盒子会散了也好,这样侯公子倒是可以上楼聚一聚了。会会小徒李香君,听她唱几支新曲,不知公子意下如何?"

听苏昆生介绍李香君不仅才艺双绝,而且人品心性出众。侯方域当然很愿意一睹李香君的芳颜了。

媚香楼是旧院一带有名的妓院,坐落在秦淮河畔离长桥不远的一片翠绿染就的杨柳丛中。媚香楼的鸨妓李贞丽,字淡如,也是秦淮烟花场的名妓。与复社著名人物陈贞慧关系特别好。

"苏师傅,这位公子爷是……"苏昆生带来一位衣冠华美的英俊儒生,李贞丽因不认识,所以露出询问的神色。

"啊,这位是侯司徒的公子侯朝宗,是才高八斗的才子。他是敝乡世家子弟,与陈公子等一起并称南京四公子呢!"苏昆生向李贞丽介绍侯朝宗。

"小生听苏师傅说起盒子会,又闻令媛李香君姑娘才艺双绝,贤淑无双,小生特来一会。"侯方域向李贞丽施礼,说明突意。

"久闻侯公子大名。公子能踏进媚香楼,真是幸事了。香君,香君!"听说是与陈贞慧齐名的贵公子,又是复社社友,李贞丽十分热情。

"妈,孩儿在这里呢!"珠帘一掀,走出一个光彩照人的姑娘。娇小的身材,媚而不妖。丽而不俗的脸庞,全然没有一丝儿青楼卖笑女的气质,倒像是藏之深闺的端庄温柔的大家闺秀。李香君一出来,侯方域看得呆了。这倒不是因为呆在一个色字上,实在是因为风月场中这样气质的女子实在少见。

"香君,过来见过侯公子。"李贞丽见侯方域那一见钟情的样子,抿嘴一笑。

"妈妈,这位侯公子孩儿见过的。"李香君说着。

"说呆话了,你何时见过侯公子?"李贞丽大为惊诧。香君十三岁跟苏昆主学唱曲,艺成至今,只在楼内以歌娱客。再说,侯方域的确是第一次见着香君。

"孩儿读过侯公子的大作的,那不就是见过面了吗?"

"呵,这样就对了! 我说呢,侯公子,香君姑娘这样喜爱公子的诗作,何不今日再吟一首,做个见面礼呢!"苏昆生也看出香君和侯方域这一对青年相互都有倾慕之心,就尽力从中撮合。

盒子会虽然散了,但几个手帕姐妹还没有离开,听苏昆生的提议,都想凑热闹,研墨的研墨,铺纸的铺纸,要见识见识大名鼎鼎的美公子侯方域的文才。这气氛,使侯方域技痒了。他环顾四壁,周遭的粉墙上,除挂有一幅《芍药春睡图》外,另有几处题咏,都是直接写在墙上的。侯方域逐一观去,被一幅《崇兰诡石图》吸引住了。图右侧有小诗一首:"生小倾城是李香,怀中婀娜袖中藏。何缘十二巫峰女。梦里偏来见楚王。"再看落款:莆田余无怀诗,武塘魏子中书,贵阳杨龙友题暗寓了香君品行高洁,如空谷幽兰。

"绝,绝妙,堪称三绝!"侯方域口中赞叹,胸中诗句已成,急不可耐地走到铺着宣纸的案边,提管挥毫,一气呵成:

夹道朱楼一径斜,王孙初御富平车。

青溪尽种辛夷树,不数东风桃李花。

"好,真是倚马可待!"苏昆生拈须点颔直夸奖。

"好,真不愧是名家风范!"李贞丽虽为鸨妓,却与文人长相濡染,也是识货的。

"呀,呀,你们都说好,我们看是偏心眼儿!"那个研墨的歌妓尖声笑着叫。

"是呀,我们都是那不美的辛夷树,独有香丫头香!"铺纸的歌妓笑咯咯地打趣香君。

侯方域向香君望去,只见她粉颊晕红,真如两朵桃花上脸。见侯方域看她,又听姐妹们打趣,香君抬起袖子,遮住那发烧的脸……

从这以后,侯方域就常到媚香楼去。先是借口拜望同乡苏昆生,后来干脆就是找香君,或促膝清谈,或吟诗唱曲。日浸月渐,这一对青年之间感情的温度,开始了明显的上升。这天,侯方域翻了几篇墨卷,又往媚香楼去。

"李姑娘在家吗?"侯方域问开门的小丫头。

"不在。方才来了一位王将军,说是找公子吃酒的。见公子不在,硬是要约李姐姐游秦淮。李妈妈拗不过,也是撇不下面皮——那王将军出手好阔绰呢,就催李姐姐一同去了。这会子还只怕才开船呢!"

听了小丫头的话,侯方域好一阵失望,这失望引起一阵茫然,在茫然中他沿着秦淮河悠悠地走。

这十里秦淮,历史上就是著名的风流渊薮,古人所说的六朝金粉,几乎全都集中在这一带。两岸的沿河人家,鳞次栉比,门卷珠帘,都是所谓"河房"。河泊画舫,豪竹哀丝,呈现一派软玉温香的旖旎风光。每当西山衔日,每每人约黄昏后,两岸房屋灯火通明,与天上的月光、星光一齐映在河面上,闪出一道道五彩的涟漪。晚风里,浮着脂香粉香酒肉香,活脱脱是一个纸醉金迷的销金窟。尽管现在国事日非,边陲吃紧,但秦淮一带,依然杨柳如烟,如烟的绿柳掩映着雕梁画栋的河房,明净的水托着豪华的画舫游艇,婉转的歌和着清丽的乐,全然没有一丝儿国破家亡前的征兆。侯方域叫了一艘小游舫,船家便摆上几碟小吃,逐波寻访泛舟的李香君。

"那不是侯公子吗? 侯公子!"前面不远的一艘豪华的画舫上,一个声音在喊。侯方域一听,知道是李贞丽,便吩咐船家靠上去。

"侯公子好雅兴,怎么独自一人游秦淮? 寻诗吗?"待侯方域上了她的船,李贞丽打起趣来，"香君，快给侯公子斟酒呀！"

李香君因被鸨妈催逼不过，与这位王将军来游秦淮，浑身早就老大的不自在，现在侯方域只身游秦淮，她也知道必是寻自己来的，心里一阵喜欢，忙立起身来，撇下那王将军，笑吟吟地为侯方域递上一杯酒。

"在下姓王，南下公干。闻侯公子当世奇才，不惴愚鲁，竭诚拜谒，幸有此奇遇。"侯方域不转睛地瞧着香君。忘了接香君递上来的酒，而那位王将军却插进来了。

"小生河南侯方域，一介书生，哪里谈得上才？将军谬奖了！"侯方域见李香君樱唇一撅，回到桌边，自己出于礼节，只能与这位不识相的将军周旋，不能过去相劝。

"这位王将军，到公子寓所拜访未遇。寻到媚香楼来了，心可诚呢！李贞丽毕竟是鸨妈，钱在她眼里总是很重要的。再说，这位王将军，一见面就是五十两白花花的银子呢！"

"啊，啊，劳将军青眼，小生真是有幸了。"大家都重新坐下后，侯方域与王将军寒暄，"不知将军寻访小生有何见教呢？"

"哪里谈得上什么见教？只是从圆海公处听得公子才高八斗，他甚是仰慕的，只是无缘常作竟日之谈。在下想，圆海公尚且佩服得紧，我等愚人，更应该拜谒了。"这王将军五短身材，白白的脸子，没有一点儿武人的豪气。

"将军从阮大铖那里来的吗？"突然，默处在一旁的李香君插了一句。

"是，是。在下与圆海公是世交了。"

"哼，那可荣耀了！阮大铖可是个大名人呢！"李香君嘴角一翘，一声冷笑，"又会拜干爹，又能拜干妈，既作阉儿，又当'客氏子'，真正的大名人呢！"说着说着，李香君把脸一别，再也不拿正眼看那位王将军。

"嗯，将军不必介怀。阮大铖原也是极熟的，只是我等复社诸友，都鄙其为人，故绝交已久了。"见王将军经李香君一顿冷嘲热讽，很是尴尬，侯方域只得出来打圆场，他心里对香君的疾恶如仇由衷敬佩，但觉得对这位素昧平生的王将军，也不必太过刺激。

见话不投机，场面尴尬，王将军吩咐船家靠岸。

"侯公子，李香君姑娘，三十年河东，三十年河西，但愿青山常在，绿水长流，后会有期。"临行，王将军抛下这几句不软不硬的话。

"青山一定常在，绿水肯定长流，吓唬谁呢？"待王将军走后香君又如绽开的梨花，笑靥盈腮。"公子，这个什么将军必是阮大铖的说客无疑。公子的耳朵可要长硬点呢。"香君此时完全不像刚才王将军在船的模样。她斟了一杯酒，递给侯方域。

"公子，妾方才斟了一杯酒，给那人搅了没喝成。现在再敬公子一杯，妾方才所说。如有唐突，尚望公子鉴妾之心。"

"李姑娘哪里话。小生只是以为与人交，那温良恭俭让五个字，是少不得的。"

"孔圣人的话自然不错，却也要看是对谁才是。妾虽处青楼，总还明白物以类聚、人以群分的道理。"香君在温柔软款之中，藏着铮铮骨气。"妾早年和假母在一起就识得陈定生君，其人有高义，又闻吴应箕、君尤有铮铮之气，此两君都与公子交好，岂能又与阮大铖之辈相交？且以公子家世名望，又读万卷之书，难道不明白妾都明白的道理！"

"香君,怎么这样说侯公子!"李贞丽担心侯方域不痛快。

"不,不。李姑娘说得极对,对小生真如醍醐灌顶。"侯方域打心眼里佩服,"香君,真吾畏友也!"

才子佳人喜成缘　正邪分明退妆奁

在丁祭的第二天上午,媚香楼的常客杨龙友正坐在楼上与李贞丽聊天。隔壁房里,李香君在苏昆生指导下弹瑟。杨龙友是位书画家,且文武兼修,虽是凤阳督抚马士英的妹夫,但三十而不立,功不成名不就,于是放浪山水,时常流连青楼名场。他是个热心快肠的老好人,既与阮大铖有交往,也与吴应箕侯方域等人很谈得来。昨天他在一位朋友家喝醉了酒,没有参与丁祭。因为听说阮大铖有新作《燕子笺》,很想一观,就到阮大铖家去了。到阮家后,杨龙友知道了丁祭时发生的事,口里没说什么,心里却有心想在阮大铖与复社文友之间调解调解。哪知阮大铖也有此意。杨龙友知道,吴应箕、陈贞慧这几个人,是绝不会宽恕阮大铖的。只有侯方域,既是复社中坚,又生性柔和。再加上媚香楼鸨妈李贞丽托他再三,说李香君至今没有上头,又告诉他李香君与侯方域两两有情,希望他能在侯方域那里说穿,早成好事。

"既然他二人你有情,我有意,我这月老就便宜了。"杨龙友手托茶盅,在观赏侯方域初见李香君题的那首诗,"这真是才子佳人呢。朝宗兄满腹经纶,李香君姑娘是正当其配啊!"

"那倒是。香君这孩子外表娇小温顺,不是叫她香扇坠吗,可骨子里头却硬得很。都破瓜之年了,还不肯轻易梳栊。这侯公子是她真正能看上的。杨先生不知道,他们一谈就是大半天呢!"

正说着,李香君从房里出来了。

"杨老爷好!妈,您和杨老爷谈什么谈得这么热闹呢?讲出来让孩儿也高兴高兴。"杨龙友是常客,能书善画,平日来除了喝酒吟诗,是极规矩的。所以李香君对他印象甚好,说话也就很随便。

"香扇坠儿,可真是让你高兴的事呢,"杨龙友也不掉文,向李香君开起玩笑来,"你妈托我做媒,我向她要喜酒喝呢。"

"妈,你看杨老爷一向挺正经的,今儿是怎么啦"香君走到李贞丽跟前,撅起樱唇,一脸娇羞。

"杨老爷是贵人,是在说正经的呢!"李贞丽见香君眉头一皱,赶忙说明,"孩儿别急,不是别人,就是侯公子呀!"

香君向杨龙友回眸展颜一笑,捂着脸进了里屋。一直在一旁静听的苏昆生,这时也开了口:"杨老爷这可真是法眼呀,这是一对玉人呢!"

杨龙友见媚香楼这边一切满意,就趁热打铁,也不听李贞丽留他吃酒的挽留,当时就兴冲冲地跑到侯方域的寓处。

"哟,龙友兄,今日东风,吹得大驾至寒舍,我这里是满室生辉哟!"侯方域很钦佩杨龙友的才华,倒不像其他社友那样,认为杨龙友是骑墙的角色。

"先慢说生辉二字。你先排上几碟开胃口的菜,开一坛好酒,让我润润喉咙,那样,我说出来的话,还会让你满脸生辉呢!"

杨龙友是有酒必饮、有饮必醉的酒虫。侯方域虽量窄,但奉陪几杯还是没有问题的:"龙友兄,小生客居白下,寓下恐一时难以周备,同上酒楼一醉如何?"

"不好,不好。杨某此来,非为酒也,在乎,嗯,在乎哈哈……"杨龙友卖关子,不愿一语点穿。

侯方域见一向爽快的杨龙友这副模样,知道有要事要说,急忙叫来客店小二:"请费神,嗯,龙友兄,菜由你点的好。"

"嗯,马祥兴的'四绝'? 好,四绝取一,就要美人肝!"杨龙友以其来的目的,想到了这一看绝菜。

"美人肝"这道名菜,还颇有点传奇色彩。一次,一巨贾到马祥兴菜馆订席,一时厨师想破脑瓜子还是差一样菜,配不足菜谱。急切之间,这厨师灵机一动,点子动到平素人们从不做菜上席的鸭胰脏上。这鸭胰脏,南京人称"胰子白"。征得老板同意后,厨师加意爆制,上盘时取名曰"美人肝"。谁料这样从不上席的东西竟获得食客的交口称赞,并从此盛名传播,身价百倍而成为压轴的名菜。其实,这"美人肝"制作并非易事。一鸭一胰,作一盘"美人肝",需鸭四五十只,且鸭既要肥嫩,又要新鲜,爆制也需极谨慎,火候不到,软而不脆,火候过头,皮而不嫩。一盘成功的"美人肝",端上桌是极辉煌的:盘是翠绿的。菜是淡红的,另衬以葱白之类,油光透亮。晶莹悦目,很有点"万绿丛中一捧红"的效果。

不多一会,客店小二带着马祥兴的两名堂倌,挑着一担食盒,抱一坛状元红,匆匆地赶来了。

"嗬,好一桌鸭席!"杨龙友是识货的美食家,待堂倌一铺排开,立即赞不绝口。

"世人谈起学问,多在八股一途,就在下看来,天下之事,无一不是学问。那'世事洞明皆学问'我以为是极有道理的。就说金陵青楼脂粉队,也是大可考究的。也许侯兄会窃笑我,我则有自知之明。怎么说呢,对色,我是好而不淫,就这个好字,我亦常常扪心自省,是不是会亵渎了。"

"杨兄清论,宏旨颇深,小生真真是失敬了。"侯方域有些感动,觉得这位年方三十而鬓毛见斑的读书人不仅有学问,而且对他的境况,油然而生同情之感。"龙友见洁身自好,小生实在佩服。然则饮食男女,人之大欲,淫之为过,好则人之常情也。仁兄不必太过拘泥。"

"朝宗兄有所不知,在下半生落磊,功不成名不就,空有抱负,于国事又有何补?人事纷纷,为人尚且不易,有何兴情去做风流客? 常在风流场中,聊以混日,空负了风流二字。"杨龙友咽下一片鸭舌,把一盅酒一口灌下。然后,他很有点困难地睁开布满红丝的细长眼,盯着侯方域那略带瓜子形的俊秀脸庞。他看见,侯方域那微微上翘的圆圆的眸子布满了担忧的神色。

"朝宗兄,在下知道,不少朋友认为我是个骑墙派。在我,却看不见有什么墙。今天也不是无故讨扰你这一顿酒。我点这'美人肝',就是意在给你送个美人儿。你别打岔,这个美人儿,全南京没人有福消受。你是想问是哪一个? 香扇坠儿呀!你难道不记得了:'生小倾城是李香,怀中婀娜袖中藏。何缘十二巫峰女,梦里偏来见楚王。'我是受李香君之母李贞丽之命来保媒的呢!"杨龙友虽然已经有了七八分的醉意,但他对于自己的使命,却是清醒得很。

听了杨龙友的话,侯方域的眼前,又浮现出李香君那婀娜娇小的身姿,那双飞入鬓的柳眉下秋水盈盈的杏眼,那玉雕般的玲珑的鼻,那熟透了的樱桃般的唇,那疾恶如仇的快语,那温柔款款的情意,不由现出一副神魂出窍的呆模样。

"朝宗兄,点头还是摇头,都可以,就是不能呆呆的!"杨龙友是极机敏的人。于醉眼朦胧中看出侯方域意马心猿的神态,开起了玩笑。

"啊,龙友兄,真真是多谢了。"侯方域自知失态,赶快正容喝下一口酒,"李香君姑娘是脂粉队中不可多得的女子,小生哪有不肯亲近的道理?只是客居金陵,囊中羞涩,一应置办,仓促之间恐难周全。她虽是青楼女子,礼数总还是应该周到的。"

"朝宗兄何必太迂?在下虽不能夸富,一套妆奁,还是奉送得起的,只要朝宗兄不嫌弃就是。"杨龙友爽快地为侯方域解了难。

"既如此,那就不说多谢了!"侯方域本想谢绝,但又担心杨龙友说是瞧不起他,何况杨龙友方才还在感叹自己做人颇难呢。"只是,只是,以何物为表证聘礼呢?啊,有了,有了,香扇坠儿,香扇坠儿,何不将这柄香扇题上前日在媚香楼所写小诗送与她呢……"

当侯方域想好送给李香君的表情之物,正准备研墨题诗时,抬头一看,杨龙友这个大媒人,已经伏在酒汁狼藉的桌上睡着了。

在杨龙友的一力操办下,侯方域与香君这一对钟情已久的青年,终于结成了鸳鸯之好。李香君知道,自己是青楼歌妓,与侯方域的结合,并非从良,但作为豆蔻年华的青春女子,她能得到侯方域的爱,已经是感到莫大的幸福了。

"公子,妾身虽处青楼,可给君的身子,还是洁净的。望君莫负妾一片真情才好。"鸳鸯帐中,两情欢洽之余,李香君真如一块温润娇小的香扇坠儿,偎依在侯方域的怀中。

"小生虽说不上学富五车,可情义二字,那是时刻装在心中的!"侯方域温柔地抚着香君的肩,信誓旦旦。

"公子,你身为富贵才子,何以爱上青楼的妾身?"

"啊,这世上最说不透的,就是这个爱字。如若说透,就不称其为爱……"

且不说侯方域、李香君两情融融,就是鸨妈李贞丽,也是喜滋滋地。香君色艺双绝,是棵摇钱树,但久不梳栊,就是鸨妈的一块心病。如今多亏杨龙友这个凤阳督抚的妹夫,陪送了昂贵丰厚的妆奁,为李香君找了个当今名士,治好了李贞丽的心病。所以,一大早,李贞丽就吩咐小丫头们准备梳妆打扮的一应物件,准备侍候李香君、侯方域起来梳洗打扮,又叫准备安席,好接待侯方域的一班朋友来贺喜。

"李妈妈,恭喜了,恭喜了!"日上三竿的时候,吴应箕人未进门,贺喜声就进了门。他是个细高挑的白面书生。别看高高瘦瘦的,为人却极耿直,说话行事大有儒将气度,那篇刺得阮大铖一类阉党余孽不敢出门的《留都防乱揭帖》,就出之于他的手笔。跟着吴应箕一起来的,还有陈贞慧、杨维斗、刘伯宗、沈昆铜、沈眉生几个人。陈贞慧与李贞丽是老相好,所以陈贞慧只是对她相视一笑,而其余几个儒生,却一改平日儒雅风度,一个劲地嚷着要喜酒吃。正热闹着,杨龙友也来了。

"哟,各位都在,那我就沾光有酒吃了。"杨龙友进门就打哈哈。他知道复社一般文士对他有成见,不得不虚应故事。

"龙友兄这就说反了。你是大月老,坐上席的人物,我们一应都是叨光的。"吴应箕对杨龙友确实有看法,但促成侯李良缘,吴应箕认为他是做了件好事。

"诸位社友仁兄,多谢赏步致贺了!"侯方域从房里出来向各位见礼。李香君跟在后面,向大家福了一福。

"朝宗兄,'春宵苦短日高起,从此君王不早朝'。嘻嘻!"陈贞慧凑上前向侯方域、李香君打趣。

"请各位到客堂入席,一醉方休呀!"李贞丽上楼来邀请众人。

酒席上,复社社友频频向侯方域、李香君敬酒。侯方域担心李香君喝醉,三巡之后,就为李香君代饮,但他酒量本不大,一来二去,就有四五分醉意了。香君喝过几杯之后,脸上桃花,愈益显得娇柔无限。

"香姑娘,梳栊之后,再加如此锦绮绫罗,更是天人无比了。"吴应箕瞧了李香君几眼,由衷地对侯方域说,"朝宗兄,粉妆玉琢,真乃珠联璧合,天缘也。"

"可不是吗!这真亏了杨老爷,从中玉成,还陪送好一套妆奁!"李贞丽接过话,"香君,还没谢过杨老爷呢!"

李香君站起来,斟了一杯酒,袅袅婷婷地走到杨龙友跟前:"杨老爷,水酒一杯,表妾谢忱!"

"酒是要喝的,谢是不能领的,嗯,不能领的。"杨龙友见复社众人谈得热闹,他插不上嘴也不愿插嘴,自顾闷头喝酒,现在,他已喝到九成,醉态可掬了。"对,谢字是不敢领的,要谢,就谢……谢圆海公……公。"

如果不是沉醉,杨龙友是决不会说出"圆海公"三个字的。尽管这三个字说得不连贯,但对酒席上的几位复社文士,已经是如雷贯耳般地震惊了。大家看看杨龙友,又看看李香君,而侯方域,由于已有些酒意,却没有听清楚。

李香君也十分震惊,见众人看着她,尽是询问的神色,她想问侯方域,而侯方域明显地不知道内情。她相信,侯方域决不会骗她。不要与阮大铖之流交往,是她早就叮嘱过侯方域而他也是刻骨铭心记着并称她为"畏友"的。

"杨老爷,为什么要谢圆海公呢?"见杨龙友的酩酊醉态,李香君灵机一动,要套出真情。

"那妆奁,连姑娘身上穿的……戴……的,都是圆海公孝敬公子姑娘的,没别的……意思,他只是想……表白……表白……友情……情。"杨龙友虽说得结结巴巴,意思却十分清楚。

听了杨龙友的话,李贞丽倒是无所谓,但看到众人连李香君在内,都把目光转向侯方域,她就有些着急了。她想说点什么缓和一下气氛,但陈贞慧拿眼光制止了她。她看得出来,众人的目光疑问中夹杂着愤慨和不屑。侯方域这次才听明白了杨龙友的话,也深感吃惊。他明白社友眼光的含义,又一句话解释不清楚,于是,就向李香君示意,叫他再问问杨龙友。而杨龙友,又颤颤地吞下一杯酒。

"杨老爷,请吃这糖醋春笋片。最解酒的。"李香君夹起一块春笋片,放到杨龙友跟前的碟子里。"送妆奁的事,您与侯公子商量过吗?"

"商量……过,不……不过,他只知道是我送的。哈哈,香扇坠儿,你这几天可别告……诉我的朝宗兄……兄!"

李香君深深地吐了一口气,坐了下来。

众人连同侯方域都吐了一口气。李贞丽也感到轻松了。

"春杏,叫辆车,送杨老爷回府!"李贞丽想把杨龙友先送走,让大家彻底轻松一下。

"慢,等等!"李香君沉着脸站起来,转身朝楼上房间走去。当她从楼上下来的时候，已然不是刚才浓妆模样。只见她一身平日衣衫，身后的春杏、秋菊两个丫头，一人拎着个包袱，一人提着个箱子。

"杨老爷，您该回家了！"李香走到杨龙友跟前，杨龙友抬起红彤彤的醉眼，不解地盯着香君。"这是那套妆奁衣物，是谁的您就给谁。妾可要去好好地洗一洗穿戴过这些东西的身子了！"

看着春杏送走趔趔趄趄的杨龙友，看着香君如汉白玉雕成的端庄的脸庞，吴应箕大动感情。他走到李香君跟前，深深地一揖："李香君姑娘，你真是红颜巾帼，不让须眉，让人好生佩服！"

"朝宗兄，我等诸社文友由衷地恭贺你，不独恭贺你得了一位佳人，更恭贺你有了这天字第一号的畏友！"吴应箕转身又对侯朝宗深施一礼。

见大家展颜相贺，李贞丽也劲头十足："来，重换杯盘，开怀畅饮！"

丹心一片如铁石　碧血染就桃花扇

就在李香君在媚香楼却奁的秋天，政局发生了很大变化。

中原一带，李自成、张献忠的农民起义军如星火燎原，以摧枯拉朽之势大败熊文灿、杨嗣昌、丁启睿、吕大器，李自成部所到之处，更是势如破竹，直逼北京。山海关外，清兵压境，正与吴三桂眉来眼去，觊觎北京。歌舞升平的留都南京，也不那么太平了。镇守荆襄一带的明将左良玉见天下大乱，以钱粮短少为借口，欲顺江东下直迫南京。由于侯方域之父侯恂于左良玉有恩，于是侯方域受托以父亲的名义修书左良玉，阻止他进兵南京。哪知凤阳督抚马士英是极其昏庸又承魏忠贤残害忠良一线的，他听了阮大铖夹愤藏私的挑唆，竟以私通左良玉罪名搜捕侯方域。在阮大铖向马士英进谗言的时候，杨龙友在场。杨龙友虽然是马士英的妹夫，又与阮大铖交厚，但要残害复社文友，他也是极不愿意的。所以，当马士英与阮大铖还在深谈的时候，杨龙友匆匆地赶到媚香楼向侯方域通风报信。

"哟，杨老爷，稀客呢！"自李香君却奁之后，杨龙友一直没到媚香楼来，所以，李贞丽称他为"稀客"。

"侯公子在吗？"杨龙友无心客套，单刀直入。"请快转告侯公子，有人告他私通左良玉，最迟明朝，就要捕拿他了。叫他速速避祸，越快越好！"不等坐下，杨龙友匆匆说完，转身就走。

夜深沉。秦淮河上，秋月惨淡。

媚香楼里，侯朝宗与李香君灯下相对，离情别绪，使他们好长一段时间相对无言。

"我该走了，免得连累你，连累诸社友。"侯方域艰难地吐出这句话，站起来抚着香君柔弱圆润的肩头。

"阮大铖是记了妾的却奁之仇。公子放心地走，妾从今不下此楼一步！"香君玉齿咬唇，忍住那汪汪的泪水不让流下来。她转身打开箱子，取出侯方域送给她的那把香扇。这把扇子上，多了一个晶莹剔透的小巧扇坠儿。

"公子远走，归来无期，这扇坠儿就请带在身边。见了它，就如同见了妾身一般……"说着说着，那两汪清泪，终于涌出了李香君的星眸，她终于控制不住自己，忘情地扑到侯方域的怀里，柔弱的双肩，抽抽搭搭地抖动着。

早春二月,春寒料峭。

夜幕四合,黄河这不知名渡口的小镇沐浴在一弯残月惨淡的清辉里。临近渡口一家简陋客店的客房里,儒服素冠的侯方域负手临窗而立,久久寂然不动。清白的月光,映出了他清俊而又憔悴的面容。

这是公元1645年的早春。自侯方域避祸离开南京后,已经一年多了。这一年多的时间对于历史,本是极短极短的一瞬,但是,历史却在这极短极短的一瞬中发生了翻天覆地的变化。

去年五月,清兵在吴三桂的接应下,进入山海关,攻入北京,崇祯皇帝缢死煤山,江山改姓,再也不复称作明朝了。清兵挥师南下,势如破竹。受史可法派遣到高杰军中协助防守黄河的侯方域,因高杰刚愎无能兵败而不能存身,乘舟沿黄河东下,欲回南京。他知道马士英这个奸臣容不得他侯方域,他也知道,当年的福王朱由崧如今建都南京的弘光皇帝,是绝对没有希望的。况且,在马士英当年议立福王写信征求史可法的意见时,侯方域代笔写了福王"三大罪五不可立"的回书,弘光帝岂能饶过他。但是,侯方域实在太想回南京了。他之想回南京,实在是想见香君,这种想念红颜知己的心情,促使他恨不得一步就能来到她的身边。哪知就在白天,在这兵荒马乱的黄河渡口,侯方域意外地遇见了浑身泥泞、衣衫褴褛、狼狈不堪的李贞丽和苏昆生。他们身上,带着香君给侯方域的信和那把作为定情物的香扇等物。尽管千里辗转,香扇馨香如故,诗句墨迹如故,只是诗行落款的左侧,添了一支猩红灵活的桃花。桃花扇旁,香君的素笺摊在桌上,桌上摇晃不定的烛光,照亮了香君那娟秀的手迹:

……落花无主,妾所深悲,飞絮依人,妾所深耻。自君远赴汴梁,屈指流光,梅花二度矣。……妾之处境,亦如李后主所云:终日以眼泪洗面而已。……远望中州,神飞左右,未裁素纸,若有千言,及拂红笺,竟无一字,回转柔肠,寸寸欲断。附寄素扇香囊,并玉玦、金钿各一。吁!桃花艳褪,血痕岂化胭脂,豆蔻香销,手泽当含兰麝。妾之志固如玉兰,未卜公子之志,能似金钗否也?

弘光元年二月,香君缄。

"侯公子,天时不早,请歇息吧!"

"香姑娘是女中人杰,公子想开些。"

李贞丽和苏昆生换洗毕,进来劝慰侯方域。侯方域转过身来,脸上依然一片忧戚。

"苏师傅,李妈妈,请坐。"侯方域剔亮烛光,招呼苏昆生和李贞丽,他想从他们嘴里,知道别后香君的一切。

自侯方域离开南京后,李香君即不事脂粉、不扫蛾眉,不仅不出媚香楼一步,而且轻易不出房门。开始李贞丽看不过眼,先是旁敲侧击叫她接客,然后是催逼她浓妆娱宾,都被香君搪塞了过去。随着时局的变化,李贞丽也就不催逼香君了。香君素妆安处,除为鸨妈做些针指活计之外,就是对着那把香扇出神。这样度日,也算安稳。哪晓得树欲静而风不止。一天,杨龙友又来到媚香楼,香君没出房门,李贞丽接待了他。

由于是马士英的姻亲,加上议立福王时他投了赞成票,半生不得志的杨龙友居然得了个礼部主事的芝麻官。对于杨龙友,这说不上是喜还是忧,但对于李贞丽,如今的杨老爷真成了老爷,而且杨龙友每次来,必有大事,正如俗语说的,他属于

"成也萧何,败也萧何"那类人。所以,李香君可以避而不见,作为媚香楼的主人,却是非见不可。

"杨老爷,恭喜呀,恭喜。"因为杨龙友大小是个官,所以李贞丽再也不像原来对他那般随和,而是堆起了生意人惯有的那种笑脸。"升了官啦,该接妾身喝杯喜酒才是呢。"

"恭喜什么?官就是管,管就是官。在下既不想管人,也不想被人管。"杨龙友还是老性子,对李贞丽明显的冷淡做出了反应。

"官总是官,杨老爷管我们,哪还有不服的?"

"在下今日来,不是来管的,是受人差遣说媒来的。"杨龙友见话不投机,只好早早地切入正题。"在下的亲戚马士英先生的亲戚也是我的亲戚叫田仰的,现任淮扬巡抚,听了圆海公的介绍,闻了李香君姑娘的芳名,硬是托我来当这月下老呢。"

"杨老爷,香君这丫头亏了你当月老,与侯公子梳栊,自侯公子走后,她是足不出户,脸不见笑的。您这第二遍月老恐怕当不成呢!"李贞丽是实情实说,"杨老爷也该晓得,自今皇帝登基,秦淮歌舞,又哪一天歇过,可又有哪一处见到过我的香丫头?"

"是的的的。李香君姑娘为侯公子守节之事,在下早有耳闻,只是,只是这差事怎生消得?"杨龙友很是为难。

"杨老爷,妾身这厢有礼了!"正在杨龙友搓手为难之际,珠帘一掀,李香君款款地走了出来,手中是那把香扇。

现在的李香君,温柔娇弱的风范依然还在,只是在这温柔娇弱之中,另蕴含着一些庄重,全然一种使人一丝儿也不能生出狎近念头的模样。

"杨老爷,您的话妾身都听清楚了。自侯公子去后,妾心也已不在躯壳之中。眼下就这副躯壳尚且不得安生,又连累老爷为难,妾身也是不安。也罢,让杨老爷交差去吧!"

李香君话音刚落,还没等杨龙友和李贞丽醒过神来,她几个碎步奔向楼柱,一头撞在那红漆的楼柱上!

"啊!"杨龙友与李贞丽同时一声惊呼。

李贞丽快步抢上,扶起李香君鲜血淋漓的头,只见李香君脸色如纸,呼吸急促,忙唤春杏秋菊抬进房里。

杨龙友呆呆地站在楼柱前,盯着地板上斑驳的血迹,然,他注意到了那把散开在地板上的香扇。这把记载着侯方域与李香君爱情历史的素扇,侯方域诗的墨迹新鲜如昔,那落款的左侧,醒目地一朵殷红。毫无疑问,那是李香君的血,是这位青楼烈女的鲜血!

杨龙友捧起那把香扇,看着那滴表示李香君抗争权贵而付出的代价的尚未全干的血,一时心潮难平。忽然,丹青高手的杨龙友灵感突至,疾步趋向桌边,抓起笔,几笔点染,勾出一支猩红的傲骨桃花,待墨迹血迹稍干,杨龙友捧着桃花扇,进到李香君的房内。

此时李香君正躺在床上,头上沿额一匝包着素帕,素帕上沁出点点殷红,那是沁出的血。杨龙友进来,香君正待别过头去,但一见他手中捧着那把香扇,就没有移动受伤的头。

"香君容颜已毁,杨老爷正好以此交差,还要怎样呢?"李香君启动着没有血色的嘴唇，下了逐客令："妈妈，把扇子递给我！"

"啊，桃花！"香君看到了杨龙友点染的那支桃花，眼睛一亮。

"李香君姑娘，在下心意，全在这支桃花中了。就是将来朝宗兄归来，想必也能理解的。"杨龙友此时的语气极为诚恳，"李香君姑娘，在下一生落魄，然胸中报国之志未失。姑娘的为人气节，更令在下胸中难平。姑娘保重，但愿后会有期，在下再不是今日这般模样！"

听得出来，杨龙友的话语中，有一些悲壮的味道。

骂权奸身陷深宫　家国破重做聚首

听完李贞丽的叙说，侯方域抚着那殷红的桃花，一声沉重的叹息之后，他抬起头来："香君怎么又进了宫的呢？又是阮大铖那阉儿子捣的鬼吗？"

苏昆生点点头，也长长地叹了一口气，对侯方域讲了李香君进宫的始末——

1645年正月，正是一年一度的新春佳节，这福王弘光最爱的是羯鼓琵琶，吹箫引笛，便与马士英、阮大铖等人商议，想召进一批艳妓，在宫中排演一场新创作的《燕子笺》，马、阮当然从命，于是强行逼索秦淮艳丽，前去献艺。

给皇帝演出，非同小可，必须先行排练成熟。卞玉京闻听此讯，悄然远去当了道姑，有名的妓女中，色艺双全的，再难找出第二人，阮大铖不由想起了李贞丽，于是派人强行征索，而这时李贞丽已代香君随田仰去了，派的人见了香君，也不问青红皂白，就把刚刚病愈的她给拖去了。

李香君这时正待着苏昆生捎来侯朝宗的回信，而苏昆生到扬州，偏偏侯朝宗陪同史可法去巡视江防，他只好等待。

这时李香君被阮大铖派的人错当是李贞丽被他抢去排演《燕子笺》，她满怀怒火，"好，我正要找你们这班奸臣，痛骂一番，以解心头之恨，"也就登轿而去。

到了阮府，阮大铖正陪着马士英在后花园中一座名叫赏心亭的暖阁饮酒，杨龙友也在一旁奉陪，他一见香君，猛地一惊，可又不便与她说话。香君进得园去，见到马士英与阮大铖昂然高坐，递盏传杯，不由心头火起，她此时利舌不饶人，对着他们说道："如今国破家亡，金陵已在清兵的威胁之下，你们这些身为邦国的重臣，都对国事不闻不问，反而有心在此饮酒作乐，怡情遣兴，还要为皇帝征妓演出，真不知是何居心？"

杨龙友知香君的脾气，见她如此发作，急得六神无主，只拿眼神示意她制怒息言，免遭杀身之祸，香君这时国恨家仇，怒火攻心，哪顾许多。这马士英并不认识她，以为她是李贞丽，就命她先唱一曲，听听她的嗓音，这下正中了她的心意。

便说："这几日我的嗓子有点变调，唱旦角只怕不大适宜，唱生角倒还可以对付，只怕不中相爷的意。"

"好，你竟生旦俱能，真不愧秦淮一艳，龙友，听说她还是你的心上之人，小心舍妹会揪掉你的胡子哟！"马士英哈哈大笑地说着。

这时，杨龙友如坐针毡，不知她会唱出什么来，只好说："既然嗓子不舒服，不能唱，也就不须勉强了！"

"无妨！我的兴趣来了，倒要好生些唱！"原来，李香君经苏昆生调教，也学会了几出有名的生角戏，尤其是《精忠魂》中岳飞就义时的那段唱，她极为热爱，于

是,她放开了嗓子,纵声唱着这出《岳侯死狱》中的那段"越调引":

> 昼长夜悠,
> 痛忠良番为楚囚。
> 叹笼鸟何日出头?
> 望燕云,空思唾手,
> 指望出樊笼,纾国耻。
> 不肯死前体,
> 我一息尚存,还望中原,
> 却怪壮心难收!
> 何忧? 便终教名遂功成,
> 管什么藏弓烹狗,
> 怎教我,便等不到当烹时候!

这分明是指着和尚骂秃驴,阮大铖是个工于戏曲的行家,知道她是借戏中岳飞之口,来讽刺他们,不由把手一拍:"住口! 谁要你唱这样的戏!"

香君不理睬他,竟指着马、阮骂起来:"你等堂堂公卿,半壁江山,全望你们扶持,正应统兵选将,报仇雪恨,才不失为忠臣义士。而你们却只知道征歌选舞,以媚悦朝廷为能事;只知道拿我陪酒作乐,图一时快乐,可恶,可恨!"马士英等人回过神来,不免大怒,纷纷呵斥香君。香君索性不顾一切,骂个痛快,揭了马、阮二人的老底:"干儿义子重新用,绝不了魏家种!"。阮大铖怒道:"好大胆,快快拖下去丢在雪中。"随即下席去将香君痛踢一顿。马士英喝道:"这样奴才处死她有何难,只怕失了俺宰相的风度。来人,把这奴才送入内庭,拣最苦的活叫她做!"从那以后,再没有人见过香君。

侯生听罢,悲痛不已,忙问:"香君几时才能出来? 小弟一定要在此等候。"苏昆生叹道:"香君出宫遥遥无期,这里也不是可以久留之地,公子还是另寻佳丽为好!"说罢匆匆离去。

侯生无可奈何地离了旅店,穿街越巷,竟遇到复社挚友陈定生、吴次尾。众人欢喜不尽,便聚在书铺里喝茶、叙话。这时,突然有一班人闯进来,说是奉阮大铖之命捉拿复社逆党,把侯生和陈、吴三人捉了去。急得苏昆生连夜奔向襄阳,求左良玉搭救侯公子。左良玉闻讯大怒,写下檄文声讨马士英等人,随后出兵讨伐,不料援兵不至,左良玉大败,一气之下吐血身亡。这时清兵大进,江北四镇本来连成一片,但其中三镇被马士英调用,于是黄河一线,千里空营,无人防守。清兵渡河入淮,扬州成了一座孤城,南明天下已分崩离析,不可收拾。史可法率部下孤军奋战,死守扬州,见城破已在旦夕,便乘夜潜下城池,想奔往南京,保护皇帝,再图恢复明朝天下。史可法走到半路上,从一名逃难军官那里得知:皇帝听说清兵渡河,逼近南京,已携带嫔妃,开了城门,逃得无影无踪;朝中文武官员已鸟兽散。史可法绝望,大哭一场,然后纵身一跳,自沉于长江之中。

当南京城破之日,香君也随同逃难的人群,到了南京栖霞山的葆贞观,找到了先到的卞玉京,削发为尼,暂避凶险,而南京城破之日,由于监狱也无人看管,侯朝宗也跑了出来,在栖霞山一带隐藏。

很快到了七月十五中元节,栖霞山白云庵要设经坛追祭崇祯先帝,附近各庵道众、村野乡民纷纷前来焚香祭奠。正巧,香君随着已出家的卞玉京正在那里;侯生跟着已做了道人的丁继之,也去到白云庵随喜。那侯生正心不在焉地听坛上法师讲道,忽然看觅人丛中一个女子衣妆素淡,体态清丽,引人注目。侯生不免定睛细看,自忖道:"那女子真像俺香君呢。"他想想,取出桃花扇,向着那女子把玩。香君先前并不曾注意侯生,等见了桃花扇,不由一惊,禁不住大声询问:"那人莫不是侯郎?"侯生听了,两眼泪下,问道:"你莫不是俺香君?"二人情不自禁,不顾道场肃静,也不顾众目睽睽,费力扒开拥挤的人群,向心上人扑去,两人紧紧抱住,哭诉离情,不肯放手。坛上法师见下面嘈杂,大喝道:"何处俗物男女,竟敢在法坛之下调情! 快快下去!"丁继之急忙将他们领出庵门。二人抱头大哭,诉说离情别绪和无限的思念。

这对情人,在患难浩劫后重新见面,当然喜出望外,相互抱头恸哭。卞玉京对他们也非常同情,建议他们就在尼庵附近,觅一民居,过着艰苦与共的生活。

他们同居不过一年,江北已经平定,侯朝宗携带香君,回到商丘原籍,侯朝宗之父侯恂,已被清廷拘禁,当时兵火劫后,侯家家私已荡然无存,幸亏香君在告别卞玉京之时,卞玉京把她仅有的一点金银珠宝首饰交给了她,赖以维持生计。

侯生无意求取功名,便一直闲居在家中。侯生与香君都活到了八十多岁。

像李香君这样一位出身卑贱而又志气颇高的弱质女流,生活在那样一个动荡的时候,其命运注定是淹蹇多舛的,然而她的远见卓识、柔肠侠骨却在秦淮残照中投下一抹亮丽。

秦良玉：卸裙易冠　红颜将军

【人物档案】

姓名：秦良玉

别名：秦贞素

字号：字贞素

生卒：1574 年～1648 年

籍贯：四川忠州（今属重庆忠县）人

朝代：明朝

职务：光禄大夫、忠贞侯、少保、太子太保、太子太傅、四川招讨使、中军都督府左都督、镇东将军、四川总兵、提督、一品诰命夫人。

主要成就：参与平定播州杨应龙之乱及奢崇明叛乱

评价：中国历史上唯一单独载入正史——将相列传（非列女传）的巾帼英雄。唯一凭战功封侯的女将军

墓葬：重庆市石柱县城之北的三教寺山冈上的秦良玉西墓

秦良玉

【枭女本色】

学就四川坐镇图，鸳鸯袖里握兵符；

由来巾帼甘心受，何必将军是丈夫。

蜀锦征袍自剪成，桃花马上请长缨；

世间多少奇男子，谁肯沙上万里行。

露宿风餐誓不辞，忍将鲜血代胭脂；

凯歌马上清平曲，不是昭君出塞时。

凭将箕帚扫匈奴，一片欢声动地呼；

试看他年麟阁上，丹青先画美人图。

——明崇祯皇帝

在中国的封建史上，女性能进入正史的常常寥若晨星，好不容易进入的女性。大都是皇族外戚，就是进入史册也往往三言两语作结，但是明末女性秦良玉却堂堂正正地进入《明史》，被史学家详细的记载，秦良玉到底是怎样一位非凡女性，能让

古代男性史学家大力书写呢？

【风云叱咤】

卸裙易冠

说起女将，人们往往会想起《杨家将》里的穆桂英，想起《木兰辞》里的花木兰，然而这些女英雄都是文人笔下的人物，明末的秦良玉却是真正进入正史中的女英雄。这位巾帼不让须眉的女性武将，因她训练的"白杆兵"更是威震四方。

秦良玉，苗族人，明万历二年（1574年）出生于四川忠州（现重庆市忠县）鸣玉溪。父亲秦葵是位具有爱国思想的岁贡生（相当于现在的研究生），"丁乱世，喜谈兵"，从小培养孩子们学习文韬武略，勉励他们长大后，执干戈，以卫社稷。

秦良玉有兄弟三人，父亲尤其钟爱她，认为虽是女孩子，也应习兵学武，以免在兵火战乱中"徒为寇鱼肉"。因而秦良玉自幼除了学经史外，还得以和兄弟一起随父习武。她不但学得一身骑射击刺的过人武艺，而且熟读兵史，精于谋略，显露出非凡的军事才能。父亲感慨地说："惜不冠耳，汝兄弟皆不及也。"秦良玉并不因为自己是女儿家而感到自卑，她年少怀大志，经常用历史上爱国名将、民族英雄的业绩激励自己，她豪迈地表示："使儿掌兵柄，夫人城、娘子军不足道也。"

秦良玉及笄之后与石柱宣抚使马千乘结为夫妻。马千乘是东汉名将伏波将军之后，因承袭祖上战功，被封为石柱宣抚使。因石柱地处偏远，民风剽悍，时有叛乱兴起，他的任务就是训练兵马，维护安定。

秦良玉嫁到马家，可谓是英雄找到了用武之地，她一身文韬武略派上了用场。几年时间，她就帮着丈夫训练了一支骁勇善战的"白杆兵"。马千乘就靠着这支数千人马的白杆兵，威镇周遭四方，使石柱一带长年太平无事。

万历二十七年（1599年），播州（今遵义）宣慰使杨应龙，割据地方，鱼肉乡里，朝廷调他东下抗倭援朝，他非但拒不出师，反而乘机煽动叛乱。次年二月朝廷集结重兵，兵分八路围剿叛军，马千乘亦率五百精兵参战，秦良玉也随夫从军。在平叛战争中，秦良玉初露锋芒，"连破金筑七寨，取桑木关，为南川路战功第一"。

万历四十一年（1613年），马千乘被太监邱乘云诬陷，冤死狱中，朝廷因秦良玉屡立战功，遂令她承袭丈夫的职位，为石柱宣抚使。从此秦良玉卸裙钗、易冠带，侍女卫队皆戎装雄服，南征北讨，声威远震。

战场奇女

秦良玉得掌兵权的时候，正值女真族在东北一带崛起，这对明朝廷构成了严重的威胁。万历四十七年（1619年）明军在萨尔浒惨败于努尔哈赤的后金军队，举朝震惊，以至于辽东官兵"一闻警报，无不心惊胆战"，"装死苟活，不肯出战"。

朝廷急调永顺、保靖、石柱、酉阳等土司兵赶赴辽东救援。秦良玉奉令，派遣其兄邦屏、其弟民屏率兵数千奔赴前线。天启元年（1621年）"白杆兵"和酉阳土司配合明军，渡浑河与后金军血战。这场战役因寡不敌众，邦屏阵亡，未能取胜，但却在极艰苦的条件下杀敌数千，重创后金军，被誉为"辽左用兵以来第一血战"。

浑河血战之后，秦良玉让人赶制一千五百件冬衣抚恤士卒，整顿余部，自己则率三千精兵直赴山海关。山海关是清兵进窥中原必经的咽喉要道。秦良玉坐镇山海关，一方面救济关内外饥民，安定民心；同时加强武备，勠力守卫，有效地遏制了清兵南侵的气焰。在秦良玉的主持下，山海关固若金汤。

不久，秦良玉奉令回到四川扩增兵力，适逢永宁宣抚使奢崇明反叛。奢崇明的党羽樊龙占据了重庆，秦良玉乃挥师西上平叛，奢崇明慑于"白杆兵"的威名，马上派人携金银厚礼与秦良玉联络，想请秦良玉共同举兵。

秦良玉大怒道："我受朝廷厚恩，正思报效国家，岂能与叛贼为伍！"当即斩了来使，火速发兵赶到重庆，出其不意地打败了樊龙的部队，攻下重庆。紧接着，她又率兵直赴成都，赶走了围攻成都的奢崇明部众，平定了川黔一带的分裂叛乱势力。

据说，当地巡抚为其庆功，秦良玉与当地高官开怀畅饮，酒酣之际，一位邻座的巡抚署官员，被秦良玉迷住，竟忘乎所以地从桌下伸过一只手拉住她的衣角抚弄不放。秦良玉悄悄抽出佩刀，猛地割下被牵的衣角。在座的无不大惊失色，秦良玉却依然谈笑风生，那官员羞愧不已离开席位。

崇祯二年（1629 年）十二月起，后金军来犯，形势极为严峻，崇祯皇帝匆忙征调大军抵御。秦良玉闻讯，火速"出家财济饷"，两次率"白杆兵"兼程北上。当时各地先后赶来的十余万官军，均畏缩不前，互相观望。唯独秦良玉的部队率先奋勇出击，在友军配合下，奋力收复永平、遵化等四城，解除了后金军对北京的威胁。

为此，崇祯皇帝特在平台召见秦良玉，赐一品服、彩币、羊酒，并亲自赋诗四首褒奖，其二云：

蜀锦征袍手剪成，桃花马上请长缨。

世间多少奇男子，谁肯沙场万里行？

1646 年 8 月，南明隆武政权赐秦良玉"太子太保"爵，封"忠贞侯"，调"白杆兵"抗清，秦良玉以 70 多岁高龄毅然接受"太子太保总镇关防"铜印，奉诏挂帅出征，但因南明政权旋即灭亡，而未能成行。

秦良玉晚年在石柱地区实行屯垦，保境安民。当时四川地区战祸连连，赤地千里，凄凉残败，附近州县避难归附的百姓十数万家。至 1648 年秦良玉去世时，在城东南五十里万寿山仍屯有大批粮草。

侠之大者

秦良玉几乎包揽了古今史学界对女性的最高褒赏：《明史》中这样称赞秦良玉："（其）为人饶胆智，善骑射，兼通词翰，仪度娴雅。而双下严峻，每行军发令，戎伍肃然。"

清末女英雄秋瑾更是不惜笔墨：其一，古今争传女状头，谁说红颜不封侯。马家妇共沉家女，曾有威名振九州；其二，执掌乾坤女土司，将军才调绝尘姿。花刀帕首桃花马，不愧名称娘子师；其三，莫重男儿薄女儿，平台诗句赐娥媚。吾骄得此添生色，始信英雄曾有此。

梅毅先生评女名将秦良玉更是赞叹连连："世态炎凉，尔虞我诈，勾心斗角，忠奸泯渝，就是在这样一个大伪季世，大汉民族勃勃不屈的精神，仍旧在不息地脉动。而秦良玉、夏完淳，正是这种精神承继者的典范，一妇人，一孺子，忘身忘家，殉宗赴国,其大义凛然与坚定不屈的事迹,数百载之后思之,仍旧能使人拍案叫奇,目眦皆裂。"

直到今天北京宣武门外当年秦良玉驻兵之处,仍保留有"四川营胡同""棉花胡同"一类的地名,供人追思。秦良玉不愧是历史上真真正正的女将军、女英雄。

"谁说女儿只爱花,不爱红装爱武装。"对于秦良玉这位女性,我们无法用上历代对女性评价的词,因为她虽是女儿身,却有着男儿的武艺和将才,不是以贤内助进入史书,也不是以美艳出现人们的眼里,而是以她赤心忠胆、绝妙武艺、保境安民出名,她不愧是万人敬仰的女英雄,不愧是历代女性的学习典范。

秦良玉戎马一生的经历证明了英雄不论男女的可能性,在随后的反清反封建反帝国主义的斗争中,中国更是涌现了大批女英雄。1962 年,郭沫若在为宜宾赵一曼烈士纪念馆题诗时,在称颂这位女烈士的同时也高度肯定秦良玉的这个英雄人物,"蜀中巾帼富英雄,石柱犹存良玉踪。"同年 7 月,郭沫若撰写《关于秦良玉问题》一文,再次肯定了秦良玉的英勇事迹:"一位女性,出于爱国热情,能够万里请缨,抗击侵略,这行动是令人感动的。""像她这样不怕死、不爱钱的一位女将,在历史上毕竟是很少的。"

正如古人所言,为国为民,侠之大者,作为一个女人,秦良玉当之无愧。

赛金花:晚清名妓　倾倒西方

【人物档案】

姓名:赛金花

别名:赵灵飞、赵彩云、三宝、洪梦鸾。

生卒:1870 年或 1864 年~1936 年

籍贯:安徽黟县

朝代:清朝

职务:妓女

主要成就:与八国联军统帅瓦德西有过接触。一方面赛金花为联军筹措过军粮,另一方面又劝阻瓦德西不要滥杀无辜,保护北京市民,在历史上起到了积极的作用。

评价:以修建克林德碑牌坊的方式来了结克林德被害一事。京城人对赛金花多有感激,称之为"议和人臣赛二爷"。

墓葬:北京市西城区的"陶然亭公园"内

赛金花

【枭女本色】

赛金花名噪大江南北,更倾倒西方,是晚清大名鼎鼎的人物。她一生姻缘分分合合,极富传奇色彩,由妖冶风流的妓女,到状元郎之妾,钦派公差夫人,又沦为青楼名妓,可谓几度浮沉。

国家危难之秋,八国联军打进北京烧杀淫掠,赛金花凭着自己高超的手腕,用美色制服联军主帅瓦德西,以一己之力拯救斯民,誉满京华,达到一生辉煌的顶点。然而天妒红颜,在阅尽人间冷暖之后,叹别苦影,孤守余生……

【风云叱咤】

傅彩云喜嫁状元郎　赛金花芳名动异邦

赛金花,原名傅彩云,其父原是徽州一名太守,洪秀全太平天国起义时,太平军攻占徽州,赛金花的父亲被义军杀死。其母便化妆带赛金花及其姐姐迁到苏州,以帮佣收入为生。不久,赛金花的母亲因惊吓、劳累,一病不起,魂追夫婿去了,仅留下年幼的赛金花和稍长的姐姐傅秀云。不得已，傅秀云看着年幼的妹妹，想起母亲临去时让她照看妹妹的遗言，无奈进入娼门，以卖笑所得，养活妹妹傅彩云。

彩云生性放荡、性急、好强，有心计，她小小年纪便和城北洪员外的独子洪文卿相好，两人一有时间，便去外面野合，翻云覆雨，却也不亦乐乎。

然而，彩云知道，这样不是长远之计，要想发达，必须先中功名。于是一天，她郑重和洪文卿计："文卿，我们不能这样了。你要想娶我，必须考中状元，否则今生永不相见。"说完，便一个人去了。文卿在后面又急又恨，却又知道彩云的脾气，于是一发狠，决定回家读书备考，从此，两人互不见面。

几年以后，洪文卿学成，参加当年的秋试。不久结果报出来，洪文卿中第了，并且是鳌头独占，头名状元，殿试之后，出巡各地，春风得意，家里当然得到了喜报，这下洪府更是门第生辉，声价十倍。公元1894年春天，洪文卿返回北京，忽闻父丧，乃告假归来，守孝百日之后，将阿四找来。

这个阿四，本是洪文卿的一名小书僮，在洪文卿闭门读书期间，便是阿四在洪与傅彩云间传递信息，但久而久之，阿四对傅彩云倒生出许多情愫。

苏州河畔一排华丽诱人的画舫，入夜更是灯火辉煌，成为狎客、妓女的会集地。

其中一艘"彩云舫"，高悬一对大红灯笼，上书"彩云画舫"字祥，室内陈设与众不同，豪华而艳丽，进入如登仙境，名妓傅秀云、傅彩云两姐妹，便是这画舫的主人。

酉时刚过，这座画舫的正舱花厅中，高朋满座。这时的傅彩云，更为成熟了，15岁的年华，一口吴依燕语，委婉动听，亭亭玉立，仪态万千。她正在妖姿媚态的应酬宾客，笑容可掬，忽地，她的贴身丫鬟湄娘进来，与她悄语了一句，傅彩云立即对在座的客人们说：

"各位嘉宾稍坐，我有点事稍误片刻，立即就来。"

原来是一名河南绸缎商人用一千两银子把她包了。傅彩云一个人在等他，然而，过了许久，也未见他来。

过了一个时辰，河上灯火稀少了，预定的遣宾却不见人影。子时又过声，傅彩云倚窗凭座，皓月当空，若隐若现的无数星座与皎皎的玉兔，投影于河面荡漾的清波，星光闪烁，水影婆娑，天上万里无云，清风徐徐，显得异常的宁静。

楼梯响了，声音清晰，只有一个人的脚步声，傅彩云却突然紧张起来，坐在床沿，像花独之夜的新娘子，在心情激动地等着新郎，内心忐忑不定。

客人掀帘而入，修长的身材，使阁楼看来很矮狭，却见他略一巡视，便向床沿走过去，傅彩云所坐之处背光，且灭了灯光，看不见来人的面孔，但显然发现来客领下，有五缕胡须，判断年龄大约在三十以下。客人止步，沉声说："为什么灭灯？"

傅彩云冷冷地说："我丑得很，见不得人！"

"哈哈！花国状元，岂是浪得虚名！"

傅彩云大吃一惊，这声音是何等的熟悉，她全身像一股电流漫透，浑身颤栗，诧然间，不料对方突然伸出手，又说："彩云，可唤三声彩云吗？"

"呀！果然是他！"傅彩云惊喜若狂，一头拥入对方的怀里，饮泣起来。

自然，这会儿的所谓阔绸缎商人，但是当今的状元——她的旧情人洪文卿了，他欣然将她抱起，走近窗口，月光照在傅彩云妖媚的脸上，梨花带雨，楚楚动人："小妖精，你害得我差点中不了榜，夺不了魁！"

他缓缓地吻在她的唇上，和两年前那晚上一样，久久，他放下她，深情地说："我好想你,简直瑰梦不安!你告诉我,你是不是因为我才入娼?"

她哇的一声哭了,哭倒在文卿的怀中,他为她揩拭泪痕,并轻轻拍着她的臀部,只听她断断续续的哭诉着:"我等了你一年,姐姐满身是债,我不得已入了乐籍。"但是,她忽地玉腰一耸,两手搂着他的脖子,勾着他深情地一吻,破涕为笑,"我并不难过,因为我最宝贵的贞操,已奉献给你!"

窗外月色渐趋幽暗,不知何时已阴云四合,远远传来阵阵春雷。倏地,一声惊人的霹雳,吓得她紧紧地依偎着他,像吃奶的婴儿贴近母亲的怀中,文卿轻轻地拍着她:"别怕!雷不打人的!"她媚然一笑,纤纤玉手还紧扣着胸口,显然怕又一声霹雳袭来,刹那间,河上落下纷纷细雨。他挽着她的纤纤玉手,共入罗帏,并为她轻轻褪卸春衫,娇姿裸露,他尽情地抚摸着她的柔腻玉润的肌肤,一种强烈的性感使他炙手灼人,全身震栗,他自己也赶紧脱衣,他们重温旧梦,云雨同欢。

翌晨,洪文卿回到家,做了一番安排,使傅彩云脱籍,并赠给傅秀云一万两银子,同时将"彩云画舫"卖掉,让他们在苏州安居下来。从此大郎桥巷,就做了文卿的外宅。二人打得火一般热。

当文卿服满以后,曾几次打算将他和彩云之事告诉夫人,却又难于启齿。于是与彩云商议之后,决定自己先到京城,再找机会接她去相聚。他到了京城,即进宫进服销假。这日宫门召见下来,他被授了内阁学士。文卿离京已五六年,时局发生了很大变化。朝中虽然歌舞升平,而海外却在不断失地失藩,琉球、安南、缅甸都先后被日本、法国、英国掠夺,中国斗争不力,还摆着个"天朝"的空架子,处处以上国自居。但外交方面却不敢怠慢,对那些通达洋务的人员非常看重。恰好一些外交官,有的要放派,有的任满需人接替,有的又因别事派出,朝廷正觉人不够用。也是文卿时来运转,兼之又有显贵要人替他帮衬,朝廷就派他去出使俄罗斯、德国、荷兰和澳大利亚四国。旨意下来,文卿便赶忙修折谢恩,拜会各国公使。他奏保次芳为参赞,戴伯孝为随员。之后,便请假回苏州修墓。

却说文卿回到苏州,夫妻相见,自有一番欢庆。文卿提出要夫人随他一起出洋,夫人道:"当公使夫人就得按照外国风俗,见客赴会,握手接吻,妾哪里弄得惯那一套?"夫人还告诉他,她早已知道老爷已讨妾在外,正好做个贴身侍候之人。她正吩咐家人收拾新房,准备择吉迎回新人。文卿见夫人已将事情说破,便放了心。在夫人周到的安排下,彩云被接入府中,与文卿正式成亲。这一日夫人身着盛服,当着满堂亲友宣布:因她体弱,不能随文卿出洋,今日所娶新人就代替她的职分。公使夫人与一国观瞻所系,草率不得,她决定将诰命服饰,暂时借与彩云,待将来复命还朝时再还给她。这番言语立即受到亲友们称赞。行礼毕,彩云叩见文卿夫妇,大家送入洞房。夫人的安排,把文卿喜得心花怒放,对夫人感激万分。

洪文卿在苏州又停留了半月,偕同彩云返回北京。刚刚回京,新命发表了,奉旨出任德、俄、奥、荷四国钦差大臣。

官宦出身的傅彩云,本来便养成良好的气质,又聪明慧黠,为了适应丈夫的外交生活,对语言颇下了一番功夫,因此很快地能操俄、德、英三国的语言,应对之间,颇为得体,周旋在国际外交场合,更是雍容华贵,名重异邦。

有一次,洪文卿临时出任英国的钦差大臣,驻节伦敦,维多利亚女王举行一次宫廷宴会,邀请各国大使参加。

"彩云!"洪文卿满面肃然地说:"英国是个礼仪之邦,最注意礼节,女王年高位尊,雄长欧洲数十年,千万不能失礼。"

"文卿!"彩云笑着说:"中国才是真正的礼仪之邦,尽管维多利亚是位雄才大略的女王,我们身为外交大使,也不能过于卑恭,你放心,我会知道如何应付的。"

这天,傅彩云打扮得极为明艳,传统式的中国套装,高领宽袖,全身雪白锦缎,嵌绣着一簇簇淡红雏菊,云髻后垂,须边斜插一朵深红海棠,三寸金莲,走起路来摇曳生姿,看来婀娜动人。

洪文卿的装束,也显得很特殊:长袍马褂,项上悬着一串玲珑透明的朝珠,圆帽缕顶,左旁插着一只彩色羽翎,脑后拖着一条长辫,身形移动,左右闪摆,看来特别庄重而斯文。

这对郎才女貌,在宫廷石阶前一出现,便引起各国大使们的瞩目,并纷纷议论。

进入宫殿,维多利亚女王高高在上,内宫侍奉,循例要唱呼名衔,俾让女王知道是何国大使觐见。按照一般外交礼仪,男子必屈膝为礼,仕女应低首跪叩。

"中国大清皇朝钦差大臣洪文卿先生和夫人!"

内侍唱着,众人循声看去,只见傅彩云挽着洪文卿的手臂,缓缓走入,随即引起一阵惊呼!

按照年龄,彩云与洪文卿相差十余岁,洪文卿的步履,在稳健中略显迟缓,但彩云艳光照人,年轻美貌,莲步轻移,依靠在洪文卿的身旁,俨如父女,满脸闪耀迷人的稚笑。

女王举目一看,不禁双眼一亮,近臣立即在女王的耳边悄悄私语,女王亦不时点点头。

这时,洪文卿抢前一步,单膝一屈,恭身低首,不想傅彩云却左足后移,两腿交叉,略一屈身,双手交握,置于腰胁,仅仅做了个万福,姿态优美,实令人有耳目一新之感。

然而,众国大使夫人,亦不禁相互愕然,没料到这位年轻的大使夫人,居然未能向年高位尊的女王施行叩拜,连洪文卿本人,亦略显诧然神色。

果然,女王的双眉一皱,似乎不悦,但仍然做了个手势,暗示免礼。

宫宴之后,循例有一场宫廷舞会,尚未开始之前,女王突然单独宣召彩云。

洪文卿大为一愣,彩云向丈夫笑了笑,便随内侍进入内宫。

女王正在内寝换装,彩云应呼走入,仍如法炮制,施了万福,女王对着菱镜说:"这是贵国庄重的礼仪吗?"

"不!"彩云以流利的英语说:"敝国君臣朝觐,需三拜九叩,大礼参拜,但也仅限于自己的国家,同样大礼,施于其他君王,必失于忠贞之心!"

女王悟然了一声,立即转身过来,并笑容满面地说:"你是位可爱的淑女,今后有空,请常来宫中相聚。"

女王说着,顺手自玉指取下一只翠绿环戒,为彩云套上。

"洪夫人!"女王又说:"为了出入方便,有了这枚戒指,宫廷禁卫不会再为难你了!"

"谢谢女王!"

"来!舞会快开始了,我们一道出去。"

彩云有点意外,掩饰不住内心惊喜,微笑点头,便跟随女王身后。

当女王偕彩云进入大庭,各国大使夫人,无不投以羡慕的眼光,洪文卿更注意到,彩云中指上的那枚环戒,内心更是暗暗欣喜。

舞会开始了,彩云成为各国大使争邀的对象,洪文卿本来就不善言谈,也对这种宫廷舞并无兴趣,反而落个清闲。

音乐中止,彩云像蝴蝶般地飞了过来。

"文卿!下一个曲子陪我。"

"我不太喜欢,彩云!你年轻,多玩玩,也是国民外交呀!"

"不!"彩云娇嗔地说:"免得别人说我冷落了你。"

"怎么会呢!"洪文卿拾起彩云的手,学着外国人轻轻一吻,并说:"彩云!我以你为荣。"

音乐又起,忽地,一名年轻的德国军官走了过来,礼貌地问彩云躬身说:"夫人!我有这个荣幸吗?"

彩云一愕,望着丈夫,洪文卿笑着说:"彩云!他是德国驻英国的武官,瓦德西中校。"

彩云嫣然一笑,并说:"中校!我跳得不好!请指教。"

瓦德西立即高兴地说:"夫人!我知道,你的舞,可以当我的老师。"

这是一首华尔兹,音乐优美,节奏明快,瓦德西的舞,确实精湛,只见俩人在舞池中旋回不已,尽管彩云穿着窄裙,但三寸金莲,却有芭蕾舞的灵巧,快速的轻步移转,如凌波虚度一般,瓦德西一点也不吃力,翩翩飞舞,更有心怡神驰之感。

这次的舞会,傅彩云不但受到女王的殊荣,并大出风头。从此以后,彩云时常出入英宫之中,女王不但喜欢她,并和她合影留念,这在英国宫廷中,也是很少见的事。

瓦德西露水姻缘　与阿四共效于飞

四月,春暖花开,朝阳已自英伦海峡缓缓上升,浓雾渐渐散开,海上已能清晰看到点点舟航,古老的伦敦宫殿,巍然出现在阳光之下,靠海岸有一栋蓝白相间的别墅,屋前一片花圃,百花齐放,门前喷泉正喷着水柱,这里是中国钦差大臣洪文卿的私邸。

傅彩云的贴身侍女湄娘,这时悄悄地走入内寝,见女主人仍沉睡不醒,吁了口气,摇摇头,便打算离去。

"湄娘!"

湄娘一怔,却见彩云仍闭着眼睛,以为是梦呓。

"什么时辰了?"

这会儿听得清楚,湄娘微微一笑,便说:"什么时辰!唉!这把我弄糊涂啦,在外国,不着与时辰,大概过九点钟了吧!"

湄娘说着,便欲将窗帘拉开,不想彩云睡眼惺忪地说:

"还早呢!让我再睡会儿。"

"小姐!你昨天回来很晚?"

"嗯!"

"可是和瓦德西中校在一起。"

彩云忽然双眼一睁,眸子转了一圈:"怎么啦,有什么不对?"

"我是想，相公和阿四都到德国去了，和瓦德西在一起，会惹来闲言闲语。"

"胡说！"彩云略显不悦地说："这就是外交吆！你不懂！"

"小姐！"湄娘显然很委屈地："我只是说说而已，您现在是一品夫人！"

"我懂得你的意思！"彩云仍然不高兴地说："别在唠唠叨叨的好吗？"

湄娘又吁了口气，径自走出，将房门掩上。

等湄娘一走，彩云反而全无睡意了，也不知想什么，脸上绽放起甜蜜的笑容。

自从宫廷舞会之后，瓦德西便常邀她参加交际宴会，彩云拒绝了好几次，瓦德西却一点也不放松。

瓦德西，是一位迷人的德国军人，英姿焕发，兼具彬彬有礼的绅士风度，他有男子的豪放和热情；也有儒雅的谈吐和风趣。

十多天前，当洪文卿因公偕阿四离开伦敦，她无法抗拒瓦德西每天好几个电话的邀宴，终于接受了昨晚的约晤。

在伦敦郊区，瓦德西偕同彩云，游遍了所有的名胜，最后在一家乡村小店共进晚餐，醉人的苏格兰音乐，使得两人又翩翩起舞，昏暗的灯光下，她依偎在瓦德西宽阔的胸膛，几乎被他的热情所溶化，一直到小店打烊，瓦德西方送她回家，在门前花圃旁，瓦德西大胆地向她吻别，并说："亲爱的夫人！如果我的衷情尚不能感动你，我明晚会再来，我知道，你的卧室在那座阁楼中。"

瓦德西也不等彩云回答，露出痴迷的微笑，轻松而写意地，转身跨上马车，扬长而去。

德国虽然是个保守的国家，但德国的男士，却有着热情而开放的胸襟，除了保持绅士的礼貌，亦肯表现自己的坦率的挚爱，这和中国绅士是截然不同的。

异国的风情，使得彩云在灿烂的外交生活中，经不起瓦德西的诱惑与挑逗。

于是，这天晚上，彩云情不自禁地，接受了瓦德西的巫山盟约。男女贪欢，一直到正午，瓦德西才翻窗而去，偏巧被一人所窥见，那便是刚刚奉命回英，打算接夫人前往德国的阿四。

阿四自然认识瓦德西，他做梦也没想到，彩云会背着主人和德国情人幽会。

垂涎彩云，阿四已非一日。但自从作了状元夫人，他只好放弃了这个念头。

现在，机会来了，阿四眼珠一转，终于有了主意，为了怕惊扰湄娘，阿四仍自窗门翻入。

"谁？"彩云惊叫着。

"我！"阿四沉声说。

"阿四！"彩云大吃一惊："你和相公什么时候回来的？怎可以翻窗进入我的房间。"

阿四嬉皮笑脸地走近床沿，并说："别人能翻窗进来，我为什么不能。"

彩云一听，暗暗叫苦，眼看阿四一付色眯眯的眼睛，向她上下打量，更是惊魂失魄，不住地拉着棉被，往床里躲，并一面叱喝："放肆！还不给我出去！"

"嘻嘻！你不用担心，公子仍在德国，只有我一人回来，彩云妹妹！你就成全我吧！"

阿四说着，冷不防拉开棉被，阿四一时惊愕如呆，眼睛冒出了火焰，心跳也加速起来。

敢情，彩云全身赤裸，雪白的肌肤、玲珑曲线的胴体、高耸的乳房、起伏的小

371

腹……。

突地,阿四像一只凶猛的野兽,扑在彩云的身上,疯狂地吻着。初期,彩云尚作挣扎,终于,她静止下来,双眸泛现着泪水,任由阿四摆布。

"请原谅我,彩云妹妹!"阿四无比愧疚地说:"你知道,我想你是在公子之前,可是,我该死,我对不起公子,我……我走,我回国去。"

阿四满面懊丧,说完之后,竟然伏在一旁,饮泣起来,像一个做错事的孩子,刹那之间,彩云忽然发现,他那憨傻之态,却有几分可爱,忍不住伸出玉手,轻抚他的后脑,并缓缓地说:"你怎么回来的。"

阿四感到全身一震,抬起头,看到彩云表情温和,喜出望外,并且立时感到在她面庞上,似乎散发出一种母性的慈辉,怯羞地说:"是公子叫我来接你的。"

"到德国?"

"嗯!"

"起来吧!我们快收拾,免得湄娘闯进来!"

"是!是!彩云……夫人!"

一忽儿,阿四感到妹妹两字叫不出口,彩云嫣然一笑,在他面颊上轻轻一吻,便翻身先下了床。

阿四一喜,急忙穿妥衣服,在彩云耳旁悄悄地说:"夫人!我先出去。"

阿四打开房门,略一巡视,便悄然离去。

由英国到德国,水陆交通方便,但彩云选择了轮船。主仆二人,换了装束,俨如夫妇,彩云愈来愈发现,阿四天赋异禀,完全能满足她在性饥渴上的需求,短短旅程中,几乎须臾不分,这是彩云万万意料不到的事。

在德国和丈夫会合后,没有停留多久,洪文卿夫妇便偕阿四回到英国,由于洪文卿出使几个国家,外交事务忙碌,一向跟随着丈夫的傅彩云,却借故留在英伦,并设法促使阿四留在身边一段时日,好彼此苟合,久而久之,甚至连贴身的湄娘也不避讳了。

又过两年,洪文卿奉旨返国,拜兵部侍郎,回到京城,洪府耳目众多,阿四不敢明目张胆,只好暗地往来,终于,主仆二人的不轨行为,被洪文卿发觉。

一天深夜,洪文卿正打算宽衣就寝,彩云满面兴奋地对丈夫说:"文卿!我们成婚几年了?"

"三年多了。"洪文卿漫不经心地说。

"你想不想要个儿子?"

洪文卿略略一怔,便笑着说:"怎会不想呢,不孝有三,无后为大,洪家总要有后人承继香火的。"

彩云内心一喜,忽低下头,羞然地说:"文卿!我们可能会有个儿子,我已经有身孕了。"

洪文卿却并未表现预期的惊喜,反而脸色一沉,默然地自床上站了起来,缓缓地走向窗旁去。

彩云大感意外,亦披衣而起,走近丈夫的身旁,讶然地说:"怎么?你不高兴?"

"几个月啦?"洪文卿头也不回,冷冷地说。

"快三个月了。"

突地,洪文卿猛然回头,一把抓住彩云的双肩,使足手劲,目中暴出愤怒的火焰,全身颤抖,竟然是那样的激动,难以自制,似乎要活生生地将彩云捏死在面前。

彩云吓坏了,感到全身澈心肺腑地疼痛,咬着牙,双眸泛现了泪水,凄凄地说不出一句话。

一瞬间,彩云楚楚可怜模样,使得洪文卿的双手卸去了力量,眼睛也趋向温和,随后叹了口气:"唉!孽缘!快告诉我,是谁下的种?"

彩云一听内心起了一阵战栗,黑澈的双眸流转,忽然低泣着说:"你为什么这样冤枉我?"

洪文卿像一只斗败的狮子,神情黯然,痛苦地说:"彩云,不要骗我,坦白告诉你,我是不能生育的。"

彩云头顶一轰,不禁愕然失惊,原是一件喜事,反而弄巧成拙,暴露了自己的行藏,终于,她哇然一声,转身疾扑在床上,放声大哭起来。

洪文卿愣住了,半响方走近床沿,坐了下来,用手轻抚自己的妻子,满面凄苦地说:"孩子会要他,我一定要知道,谁是孩子的父亲。"

彩云哭得更厉害,猛摇着头,洪文卿将她翻过身子,却见彩云像一朵带雨的梨花,哭得那样伤心。

"快告诉我,是谁?"

"阿四!"

洪文卿大为一愣,双目怒火渐渐升起。

"在你去德国的那年,你派阿四回来,我尚未起床,他……"

"不用说了!"洪文卿怒吼着:"这畜牲!"

洪文卿拿起衣服,拉开房门,拂然而去,将彩云独自抛在房中。

这一晚,洪文卿未再回到卧室,他宿在书房之中。彩云辗转反侧,无法成眠,更不敢偷偷地去通知阿四。

天亮之前,彩云在模模糊糊中睡着了,等醒来,已是日上三竿,湄娘悄悄地走了进来。

"小姐!小姐!"湄娘低声说:"大清早阿四来告我,他说,他被老爷放逐了,希望小姐今后多珍重。"

彩云一听,不禁流下眼泪,凄凄地说:"他有没有说去哪里?"

"回原籍。"

彩云默默地起床。湄娘照例为她梳妆,主婢二人似乎都有着无尽心事,未说一句话。

忽然,彩云冷冷地说:"湄娘!我们去见洪文卿!"

"老爷上朝去了。"

"哼!我才不稀罕什么状元夫人,湄娘,我们回苏州。"

湄娘大感意外,怔然半响方说:"小姐!你要三思啊!老爷一向待你不错呀!"

确实,洪文卿除了暗暗逐走阿四,对彩云的挚爱,丝毫不减。

第二年,彩云产下一男,洪府举家庆贺,洪文卿更是喜笑颜开,视如己出。可惜,洪文卿的命不长,到第三年,终于一病不起,临终之时,洪文卿似乎预知彩云不会为他守节,因此以恳求的语气说:"彩云!我不期望什么,万一你要离开洪家,请把孩子留下来。"

彩云含泪点点头,洪文卿方欣然瞑目而逝。

正如洪文卿所料。彩云在洪文卿去世之后,守孝百日,便偕湄娘离开了北京。

青楼名妓声震京都　状元夫人名动太后

苏州寒山寺的山麓下,有一户瓦房人家,多年以前,住的是已脱籍的名妓傅秀云。去年的冬季,傅秀云因疾而终,为她主办丧事的,是从北京赶回的妹妹傅彩云。

现在,这楼瓦房已焕然一新,人们都说,当年"彩云书舫"的名花,又将重操旧业了。然而,彩云并未复出,和她生活在一起的,竟是状元府中的童仆阿四。

彩云离开洪府,并未带走多少财产,除了一些细软,便是她的过房婢妇湄娘。

傅彩云的出身本是官宦之家,但从小就沦落风尘,虽然一度攀升为状元夫人,如今却和自己喜爱的仆人生活在一起。

"或许是我的命不好。"彩云有天无限感慨地说。

"听说寒山寺来了一位游方和尚,算命很灵,小姐想不想去试试。"

彩云并不迷信,却很相信命运,就在当天,领着湄娘去算命,这一次,对她的一生,有决定性的影响,游方和尚给她的评语是:"终身命犯桃花,不可明媒正娶,否则克夫!"

一点不假,原本身体健壮的阿四,就无缘无故,在一天深夜死在傅彩云的身旁。

这件事给彩云很深的刺激,心一横,决定重张艳帜,使用本名曹梦兰,将旧居重新装修,并打起"状元夫人"的旗号,一时王孙显要,趋之若鹜,但因此也惹恼了地方乡绅,由于洪文卿也是苏州人,便群起反对。彩云被逐往上海,同样遭太守府驱逐。

这时,彩云相识的一名恩客,他是浙江巡抚德晓峰,一名标准的满洲显要。

德晓峰很欣赏彩云的才华,更为她的美色所吸引,便打算收纳为姿,但彩云拒绝了。

"不是妾身不愿,只是命中带克,以免损了大人的前程。"

德晓峰很感动,便说:"好!我要到津山,我们抛弃名义,作为外室如何?"

彩云答应了。

在津山,德晓峰未停留多久,便偕彩云北上京城,但不久奉旨出巡河南,这次,彩云不愿再走了,德晓峰便留下一笔巨款,赠给彩云,酬谢她相知之情。

这时候的京师,因受南方佳丽的影响,北国胭脂的声誉,已趋向没落,恰好有一座颇负盛名的"金花班"妓院出让,彩云灵机一动,决定将"金花班"顶了下来,并重返上海,物色一班能操吴侬软语的雏妓携往北京,聘请老师教习歌舞重整旗鼓。

"金花班"开业了,拥有娇小玲珑的苏州美女,更响亮的招牌是"状元夫人赛金花"!

一时,"赛金花"的名号,震动九京,甚至连座驾皇宫的西太后,也时闻其名。

有一天,西太后早朝归来,对太监总管李莲英说:"小李子!你有没有听说,咱们北京城有个赛金花的女人。"

"禀太后老佛命!"李莲英小心翼翼地说:"听说原是兵部尚书洪文卿的夫人!"

"洪文卿不是死啦!"

"前年子去世的。"

"敢情倒是名副其实的状元夫人,小李子!有人禀奏!这赛金花的小曲唱得不错!"

李莲英大吃一惊,想到当年西太后,便是以一出小曲,赢得先皇的临幸。于是,他一点儿也不敢大意,立即躬身说:"禀太后!尚无所闻!"

"哪天她宣进宫来,让我瞧瞧!"

"这……"

"怎么啦?"

"启禀老佛爷!这赛金花不过是一名乐户的名妓,以老佛爷之尊,召她进宫,万一传出去,恐怕……"

"嗯!"西太后点点头,又说:"当年传闻,她在英伦颇出风头,又能操好几国语言,咱们现在受外国人的气,指派一个人去探听,如有必要,可旨派她和外国人打打交道。"

太后老佛爷口中的打交道,李莲英自然懂。但是,由于义和团的首脑们,正想走李莲英的门路,向西太后进言,因此,李莲英一时无法回奏。不想,西太后又说:"你看,谁能当这个差?"

"刑部主事吉同钧!"

"好吧!交给你办,三天内呈奏。"

"遵旨!"

刑部主事吉同钧,也是一位满人,说起来更是皇亲国戚,一向风流自负,诗词歌赋,也极为擅长,但和李莲英却是沆瀣一气,李莲英在情急之下,想到他,果然太后同意了。

次日黄昏,金花班来了一位贵宾,正是刑部主事吉同钧,尽管他是奉旨而来,但李莲英曾对他耳提面命说:"务必不能据实呈报。"吉同钧因常闻赛金花的艳名,也就乐得来逛逛这久未涉足的金花班,并希望借机和赛金花相晤,一亲芳泽。

金花班还有部分老人,都认识吉同钧,立即派人通知赛金花,在陈设雅致的花庭,赛金花摒除了左右,单独和吉同钧见面,吉同钧愣住了。

真是名不虚传,赛金花不但人如其名,更没想到,这位状元夫人,年龄看来不过二十许,娇艳动人,婀娜多姿,使得吉同钧大觉意外。

自然,赛金花并不知道他是奉旨而来,但倾谈之下,居然文采风流,大有晚唐名仕的遗风,真是惺惺相惜,彼此都有相见恨晚之感。

吉同钧当晚宿在金花班,基于权势和政治的因素,他没有再和赛金花见面,但一夕风缘,却使他终生难忘。

如果当时不是李莲英作梗,也许赛金花的命运,又进入另一个转捩点。但,赛金花的才华,被李莲英抹煞埋没了。

不久,西太后果然听了李莲英所进谗言,引进了义和团;同一时期,李莲英更饬令京师禁卫,严格取缔设在内城的乐户,赛金花不得不率领全班,移师天津,盛名仍然不衰。

弱女流甘霖洒京城　瓦德西拜倒石榴裙

光绪二十六年(公元一九〇〇年),义和团创导扶清灭洋,荒淫昏庸的西太后,听信邪说,猛力排外,发起暴动,焚教室、杀洋人、掘铁路、毁电信、整个京师,闹得不可收拾,导致八国联军之乱,破京师,逢陷保定、张家口、山海关等地,西太后偕光绪帝逃往西安去了,指派奕劻、李鸿章与各国议和。

联军初期只是一项军事行动,但入京师之后,军纪败坏了,奸房淫杀,无所不用其极,采取全面报复行为,一时北京成为恐怖之城。同时封锁水陆交通,使粮食断绝,饥饿与病疫接踵而起,京师一带,民不聊生,居住在京师贤良寺内的和谈代表李鸿章,更是一筹莫展。

天津同样被占领,金花班的雏妓们,被联军捉去大半,大门紧闭,人心惶惶不安。

"夫人!"管事对赛金花说:"京师的情况,更为严重,据说:联军统帅,怎么也不肯妥协。"

"德国是一个很顽强的民族,蛮不讲理。"一名雏妓,犹有余悸地说。

"这也怪不了外国人,都是白莲教害的。"

"偏巧又是德国人当统帅!"

众人你一句,我一句,赛金花却沉思不语。

"市面上的店铺都被外国人抢光了,城头上到处都是死尸,城门上还贴着联军统帅的布告呢!"

"怎么说?"

"凡是反抗联军的,一概格杀。"

"那个统帅叫什么来着的?"

"瓦什么的?"

"瓦德西!"赛金花双眸一亮地说。

"对!对!夫人!你怎么知道这个名字?"

赛金花脸上浮起笑容,双眸一轮,随即说:"准备车辆!"

"夫人!"管事讶然地问:"您要去哪里?"

"北京!"

"不成!不成!出去不得,从天津到北京,都是德国兵。"

"不要紧,给我纸笔。"

大家相视一愕,但众人都知道,他们的夫人,向来有神通广大之能。因此,有人将纸笔准备好,赛金花提笔一挥,谁也不认识这螃蟹爬的字。

"夫人!这是什么意思?"

"驻德国公使夫人傅彩云!"赛金花缓缓地笑:"把它悬挂在马车上。"

管事有点相信了,立即备妥马车。说也奇怪,赛金花的马车一出现,德国兵纷纷让开,并向坐在马车上的赛金花,频频致敬,万劫余生的百姓们,无不啧啧称奇。

没想到这几个螃蟹爬的字,赛金花居然畅行无阻,一路上耀武扬威地到了北京,整个北京城都轰动了。

马车进入皇城,一名德国军官走了过来,向赛金花敬了一礼!用德语问:"夫人!你要见谁?"

"瓦德西将军!"赛金花以纯正的德语说:"他是我的老朋友!"

德国军官立即躬身肃手势并说:"请到仪銮殿。"

"谢谢你,少校!"

赛金花向德国军官嫣然一笑,只见他立时喜形于色,浑身都有点轻飘飘之感。

　　仪銮殿中,瓦德西早已接获通报,他做梦也未想到,当年的旧情人,会在这个时候,出现在北京禁城,立即命侍卫,领赛金花直接进入内室。

　　六年了,两人终于又见面,瓦德西略略一怔,她乃是那样的美丽、高贵、如一朵盛开的玫瑰;艳丽、娇媚、吐露着芬芳,瓦德西忍不住张开双臂,赛金花如蝴蝶般投入他怀中,彼此拥吻,紧紧不放。

　　斗室春暖,在充满戏剧性场合下,一对久别重逢的异国鸳鸯,再度相聚。一个是意外的惊喜,燃起复炽的旧情了;一个是蓄意的挑逗,献上无限的娇媚和奉承。两人在一阵缠绵之后,拥卧在曾经属于帝王之尊的龙床上,彼此都有一种说不出的喜悦和感触。

　　这和英国伦敦别墅的偷情,是截然不同的;现在,瓦德西是八国联军的统帅,赛金花则是退职的公使夫人。但是,她的美艳、娇媚,比六年前,丝毫不见逊色,而且更成熟、更温切,使得瓦德西,在重逢欢乐中,带来如醉如痴的感受。

　　"曾经想过我?"赛金花躺在瓦德西的臂弯里,偏过头,如小鸟般低唱着问。

　　"想过!"

　　"你知道我已更名为赛金花?"

　　"不难想象,人们传说北京有位赛金花,拥有状元夫人的头衔,我一猜,便知道是你。"

　　"为什么不来找我?"

　　"来了,可惜是率领八国联军!"

　　"后来呢?"

　　"所有的妓院,没有赛金花的影子。"

　　"你就算了?"

　　"不!"瓦德西深情地说:"我下令烧掉北京城所有的妓院。"

　　赛金花无言了,望着瓦德西,双眸显出一片激情地神来,突然,她眼角浮现了泪光,不纯是感动,而有着一股隐藏的凄恨和悲怨。

　　"小心肝! 你怎么啦?"

　　赛金花忽然闭上眼睛,长长的睫毛之下,掉下几颗泪珠,摇着头,似乎感慨地自语着:"是我甘愿的。"

　　"何以这样说?"瓦德西显然不解。

　　"中校!"她亲切地喊着以往的官衔:"我是中国人,一个既平凡、又卑贱的残花败柳。可是、我仍然有自尊和羞耻之心,而我最钟爱的人,却有不同的观念和想法。"

　　"你是说我吗? 小心肝! 我从来不曾想到你是尊荣贵妇,或者是什么残花败柳,我只知道,你是我心目中的女神,我爱你!"

　　赛金花一愣,破涕为笑,笑得那么迷人,笑得那么自在,一骨碌翻过身子,散乱的秀发,垂落在他的前额,以无限热情和期盼说:"爱人! 如果我要作点小小的要求,你可答应?"

　　"我会答应的!"瓦德西如中邪般,深蓝色的眼睛里,显出一片痴迷:"小心肝! 无论你要求什么。"

　　"撤军!"

　　瓦德西一怔,脸上的痴迷,已渐渐消失,换来一股凛然的严肃,并想挣扎起身。

赛金花在他身上的腰肢一闪，突然他感到如触电般似震撼，一直传进他的心房，刹那间已失去了一切力量。

"答应我？"

瓦德西又恢复刚才痴迷的表情，进一步，双眸中凝聚着强烈的欲火，赛金花认为是时候了，缓缓低下头，樱唇落在他灼热的嘴上，瓦德西发挥了他男性的潜力，猛然将她紧抱，一股热力透过她的舌尖，穿越他的喉头，冲向他的丹田，感到如热潮般的滋润。

久久，赛金花方从他的身上滑了下来。

"听我说，小心肝！我说答应，一定答应但是，我可以降低和议的条件，把时日往后延续下来，这样，我们可以有更多的时间住在仪銮殿，过一段帝王生活，这是一生难忘的日子，以后可能永远也享受不到。"

赛金花心头一喜，却面不改色，以一种嗔怨的语调说："我们可以安乐，但是，占领地区的中国老百姓，受到蹂躏、贫困、饥饿，中校！我如何安心与你，共效于飞之乐。"

瓦德西笑了："军纪败坏，是主帅的纵容，我会找两个替死鬼，砍他们的头，杀一儆百，我保证，撤除一切不利禁令，中国百姓，可以恢复以往的秩序。"

"真的！"

"但是，小心肝！"瓦德西采取了主动，伸手抚向她的玉颈、脸颊……，使得赛金花发出忍俊不禁的娇笑。

"但是什么？贪婪鬼！"

"你要答应我一个小小要求。"

"做你的情妇！"

"不！中国人应供给一切军需品；食物和蔬菜，由你负责，不然……"

"不然怎样？"赛金花以挑逗的语气说。

瓦德西没有讲话，滑动地手掌一动。

"哎唷！"赛金花娇呼了声，也不知道搔了何处。

"我会饶不了你。"

赛金花也不说什么，两条玉臂如灵蛇一般，绕着瓦德西的脖子。

一会儿，俩人又纠缠在一起。

自古以来，英雄难过美人关，尽管瓦德西也不是省油的灯，但是，自十三岁就懂人事的赛金花。以她玩弄男人的丰富阅历，和深晓男人心理的爱欲经验，终于降服了天性顽固的德国佬——瓦德西。

这期间，一名风尘女子，表现了出奇的爱国情操，白日折冲于清朝和议代表与联军之间，并网罗地方人士，供应联军的食品；到晚上，她又必须以另一种柔情的姿态，使得瓦德西在石榴裙下称臣，作若干难以妥协的退让。

北京城在和议气氛中，渐渐恢复往日的繁华，人们感到赛金花的奔走和牺牲，没有一个人，轻视她曾经是一名乐妓，如今又以色相，迷惑一名侵略者的首领。

绛袖朱唇两寂寞　桑榆晚景甚凄凉

赛金花凭着和瓦德西的私人关系，使中华民族最大限度地减少了损失的事，不胫而走，人人皆知。

这一下赛金花的名声，更是震动朝野，她在关键时刻挺身而出，为朝廷立了大功，为人民做了好事，是个了不起的女人，人们奔走相告，街头巷尾，酒肆花楼，纷纷传诵这一新闻。地方人士，募集了一笔巨款，打算捐给赛金花，希望她安享晚年，但无人能知赛金花藏在何处，她销声匿迹了。

西太后命人寻找赛金花，结果四处寻找，杳无踪迹，她愠然地大骂李莲英："混蛋奴才！她上了天？真没用！唉！我大清王朝，如不是一名妓女投身相救，险些葬送在你们这批奴才手上！"

其实赛金花仍在津门，已改名隐姓。后来巧遇当年北京的老狎客，落魄的陕西绸缎商人黄三郎，与他结好，在上海又重开旧业，名怡香院，但这黄三郎又与院内玉菁发生了关系，被赛金花看见，黄三郎出走，玉菁畏惧而自杀，赛金花被累及人命官司而入狱。

不久，京师派刑部主事吉同均，循例审理旧案，偏巧他二人有一夕之缘，而吉同均已知这位被累及人命大案的老鸨就是赛金花，心里感到怅然，当然想为之开脱，恰巧这时黄三郎又不忘旧情，他又回到了怡香院，供承一切经过，为赛金花洗尽责任，于是真相大白，吉同均当场开释赛金花，并向她转达西太后一直派人找她之意，希望她能进京见见西太后，朝廷有意奖赏于她。她摇头拒绝了，还说："我作为一名炎黄子孙，一个中国人，这是我应该做的事，当亡国奴不论那一个中国人都是不会情愿的，我何功之有！我不希望得这笔赏金，我还是靠我的特长去生活吧。"

赛金花出狱，看破风尘，决心改嫁黄三郎，不再经营妓院，从此结束她的风月生涯。

三年后，黄三良无疾而终，赛金花四嫁上海魏姓商人。不久，又被克死！这下她克夫的名声比她的艳名还要显卓了，人们一谈起娶她而色变，她将近50岁的时候，仍风韵犹存，具有特有的女性魅力，不少男人仍想娶她，但都怕她相克，于是只好忍痛割舍，人还是想多活几年，这克夫一论，对赛金花却是一个大忌，或许她的身上，埋藏有一种克夫的潜在因子和微波元素，使人难以解释。

等她再移居苏州，已一无所有，身边仅仅只湄娘相伴，她与阿四的结晶——她的亲生儿子也已夭折，人说她不但克夫，而且克子，真叫人毛骨悚然！她平时爱济困扶危，所以手头的积蓄花尽，直到民国二十年，垂垂已老，无以为生，幸得大军阀吴佩孚获悉，曾予救济。

由于赛金花的一度爱国表现，京沪各报，曾发起募捐，所获能度余年。

抗战期间，有人根据曾孟朴的著作"孽海花"，改编为话剧，名噪一时，香艳生动。刘半农亲访赛金花，著有《赛金花本事》。

为写成那本定名为《赛金花本事》的传述，刘半农与她长谈过多次，还从书局预支了不少钱款作车饭费资助费。刘半农不同于那些一心从她那里猎奇换钱沽名钓誉的人。他对她多有同情，写书动笔之前就确定了一个原则：以"我"——即彩云作叙述人，尽量忠实于她本人的回忆。这是为了让她自己向社会发出点自己的声音，她明白。

她没料到刘半农急病暴卒，商鸿逵来报了凶讯。

她痛哭了一场。

晚间，她以那盘干瘪葡萄作供品，点了三炷香，洒了三盅酒，祭奠了她所敬重的刘教授。

刘半农的丧仪在北京大学景山二院的大礼堂内举行时,彩云献上了一副挽联:

君是帝旁星宿,下扫浊世秕糠,又腾身骑龙云汉

依惭江上琵琶,还惹后人挥泪,谨拱手司马文章

旁注:

不佞命途崎岖,金粉铁血中几阅沧桑,巾帼须眉,愧不敢当,而于国难时艰,亦曾乘机自效,时贤多能道之。半农先生,为海内文豪,偶为不佞传轶,其高足商鸿逵君助之,未脱稿而先生溘逝,然此作必完成商君之手。临挽曷胜悲感。魏赵灵飞拜挽。

这副挽联虽有可能由别人代作,但还是极为真切地表达了她对刘半农的敬重和哀悼。

在中国的近现代历史上,很少有像她这样的人,尚未离世就不但有许多人为她写书作传,而且还可以或誉或毁,随心所欲,并足以各取所需,借题发挥。在她生命的最后一年里,由于日军的不断进逼,抗日战争濒临爆发,两个著名的剧作家,一个是夏衍,一个是熊佛西,英雄所见略同地几乎同时,以她在庚子年间活动的史实作素材,编写出了同为《赛金花》题名的多幕剧来。夏衍的那个本子写得早些,一面世就由当时极为活跃的"四十年代剧社"搬上了舞台,据说为了争演女主角赛金花,好几个当红女星还闹得不可开交,其中包括后来成为中国历史上风云一时的那个艺名"蓝苹"后改名"江青"的女人在内。夏衍写此《赛金花》,意在用一个"以肉体博取敌人欢心而苟延性命于乱世"的女子,对比那些"高踞庙堂之上,对同胞昂首怒目,对敌人屈膝蛇行的人物",创作的基本思维,循的是莫泊桑之《羊脂球》的轨迹,结果自然是不见容于当时的"高踞庙堂之上"的人物了:"四十年代剧社"在南京上演赛剧时,那位后来当了宣传部部长的张道藩带人捣乱,一个茶杯砸向台上"如花似玉的姑娘"赛金花,演出只好中止。不但如此,因为该剧为了突出"国防文学"的主旨,对女主人公的历史作用免不了多有艺术加工,还惹得当时提倡"民族革命战争中的大众文学"而与"国防文学"有"两个口号"之争的鲁迅先生大不满意,写了文章讽刺道:"作文已经有了'最中心的主题':连义和团时代和德国统帅瓦德西睡了一些时候的赛金花,也早已封为九天护国娘娘了"。一时里,有关赛金花的争议,升温到了白炽化的地步。

彩云对这些已无甚兴趣。数年前,她为了报复在《孽海花》中首创她种种艳闻的曾惠照,向媒介公布了曾惠照吊她膀子的逸事,弄得那儿孙满堂桃李满天下的曾老先生狼狈不堪,逢有机会就极力为自己声辩。她像个玩过恶作剧的幼童,暗暗高兴过许久。后来传来消息说,曾惠照死了,她心中却又免不了产生了点负疚。

"唉,说到底,人家也是个读书人,当年出入洪府,怎么说也算个朋友啊,"她对顾妈说,"我把他年轻时候的事这么一抖搂,还添了油加了醋,就好像往他的脸上甩了一把狗屎,实在也有点过了分了。"

顾妈劝慰道:"太太你也别太懊恼了,那本书把你糟蹋得这么厉害,你就是说他几句,也是他自找的!"

"我跟他的这段公案,就像我跟瓦德西之间到底有过什么事一样,恐怕是永远也说不清楚的了……"

"太太,"顾妈笑了起来说,"说不清楚不是更好吗?让那些喜欢管闲事嚼舌头

的人去争去,去查去,去闹去,去写去——来这里探望和送点东西来的人,不也就格外地多了吗?"

"倒也是……"彩云说。

她想起了那笔拖欠已久的高达数百元之巨的房租,心事重重,发炎的喉头,好像立即令她窒息了。

除了生存,她还能有什么其他想法?

为她申请免交房捐的呈文,只起了重新将她从历史的沉淀中挖掘出来的作用,嗣后不久,房东还是因她积欠房租而向法院起了诉。法庭判决很快下达:

被告务于民国二十六年(公元一九三七年)旧历端午节前迁出。

她有幸死于那个被逐上街头流离失所的端午节之前。

她死于公元一九三六年。那一年死了好几个名人,其中有革命家章太炎,一代文豪鲁迅,政治风云人物段祺瑞,还有就是她这个中国娼妓史上的最后一个红倌人。

她死得很不安详。

她上吐下泻。她呛咳不断。她数日不进粒米,顾妈喂她几匙汤水也尽数呕出。她时而清醒,时而昏迷。她清醒时常常闭口无言,闪闪的目光凝视着乌黑破旧的帐顶似要洞穿而去;昏迷时则喋喋不休,枯干皲裂的嘴唇不停地蠕动着,像是总在与人诉说着什么,倾吐着什么,或者是争执着什么。守在她身边的只有顾妈,还有痴呆的阿方。他们都听不懂她。

民国二十五年(1936年)十二月四日凌晨两点半,赛金花凋谢在北平天桥居仁里十六号中!

小凤仙：侠骨柔情　深明大义

【人物档案】

姓名：朱筱凤

别名：小凤仙、筱凤仙、张凤云、张洗非。

生卒：1900 年～1954 年

籍贯：浙江的杭州

朝代：民国

职务：近代著名侠妓

主要作品：调寄《柳摇金》、调寄《帝子花》和调寄《学士中》。

主要成就：1915 年帮助反帝将领蔡锷逃离北京

评价：不信美人终薄命，从来侠女出风尘（蔡锷语）

墓葬：沈阳市皇姑区塔湾舍利塔附近

小凤仙

【枭女本色】

小凤仙因与护国运动名将蔡锷的传奇经历而名载史册。她天生丽质，性情孤傲，不公世道使她沦落风尘，在北京八大胡同高张艳帜，成为南都翘楚。结识革命党人蔡锷是小凤仙一生命运的转折点。深明大义、侠骨柔情的她与蔡锷将军情投意合。互为知音，而小凤仙帮助蔡将军历尽艰险逃脱虎口，更成为人们津津乐道的话题，一代侠妓的芳名自此长存。

【风云叱咤】

世道人心险　名花坠凡尘

　　小凤仙是满族后裔，于 19 世纪 80 年代末出生于杭州一个没落的八旗武官家庭。在小凤仙十三四岁的时候，父亲去世，后母将她卖于一对夫妻，因此小凤仙的姓名也无从知晓，这对夫妻给她取名小凤。

　　小凤没有落到正经善良人家的枝头。买回她当婢女使唤的这对男女。据说男的是在宣统年间写过一本庸俗的自传体小说《鲁男子》的风流文人，叫曾孟朴。此人以寻花问柳为乐。女的叫彩鸾,是曾孟朴在上海清和坊"媚莲小榭"狎妓时宠爱的一个雏妓。后来曾孟朴花了一大笔赎身钱从鸨母手上赎她出来,娶回家中。这两个男女成婚后双双来到杭州,在官场上谋了一个差事。

小凤在曾孟朴家里当了一年婢女后,已是一个十五岁的少女了。尽管吃的残羹剩食,而又重活劳累,她仍然发育成熟了,出落得十分标致。当初买她时就不怀好意的曾孟朴,迫不及待地要摧残这支刚刚含苞的小花,他时常拿贪婪的耳光在小凤身上扫来扫去。天真纯朴的小凤尚不谙人事,对这些浑然不察。

这日一大早,小凤见主人曾孟朴和彩鸾忙着梳妆打扮完毕,便有说有笑地出门去了。她料想他们一时片刻不会回转,便想把自己身上穿的衣裳换洗一下。她走进自己的小寝室,刚刚闭门解了衣扣,便听见男主人急促地敲着她的门叫她。她以为主人突然转回来必是忘了带上什么物品或忘了吩咐什么事,急忙应声掩了衣襟开门出去。谁知男主人一头闯进门来,把她也拽进去,闩了门栓便行非礼之举。可怜小凤一个奴婢,哪敢有任何反抗?只得在惊慌和恐骇中任由男主人凌辱……偏偏这时女主人彩鸾不迟不早赶回家来,撞见了男主人的丑行。

原来,曾孟朴乃是故意骗彩鸾一同外出,然后借故甩脱彩鸾溜回家来的。但他却瞒不住彩鸾这个风流场所里滚出来的泼辣女人,她早就在暗暗提防他的言行举动。当初她花银子买下小凤是另有打算,想使唤她几年,再转手卖给鸨母赚一笔银子。她自然不容曾孟朴去狎昵一个婢女而冷落她。她急急忙忙赶回家中,拿着了把柄便醋劲大发又哭又闹。

小凤也挨了女主人的痛骂。听了一番不堪入耳的污言秽语后,她才知道自己宝贵的童贞被男主人强夺去了,不禁失声痛哭。

男主人恼羞成怒,索性公开地一再蹂躏起小凤来。小凤的身心遭此摧残,从此形成忧郁寡欢的性格。

正巧,这时上海清和坊"媚莲小榭"的那个鸨母忽然来杭州进香。她顺路到曾孟朴家看她过去的"女儿"彩鸾,撞见了这对男女的闹剧。

鸨母见小凤姿色不凡,暗忖可从这个年龄正合适的女孩子身上捞一把。便打定主意,故作半真半假的语气对曾孟朴说:

"当初老身为了成全你,狠狠心把老身最疼爱的女儿给了你,也是指望你们恩恩爱爱的过日子。你如今也该寻一个孝顺的女儿还给老身才好……依老身之见,不如让老身把这个小凤带回上海去。她一走,你们两口子也没事了。"

彩鸾一听正中下怀,自然是抢先满口应承。曾孟朴也不便再说什么。

鸨母回上海时,便像花钱买小羊羔似的把小凤牵走了。

小凤被带到上海,从一个火坑里被推进另一个火坑,被迫入了清和坊"媚莲小榭"为妓。她开始痛恨这世间的不公正,性格更忧郁而冷漠。鸨母给她易花名凤云,逼她立即接客。尽管小凤哭泣不从,怎奈老鸨冷眼凶脸,威逼利诱,她已是身不由己了。

从此,小凤(凤云)在上海沦落风尘。

那正是"二次革命"失败时期。革命志士或远逃他乡或亡命国外。官僚、巨贾、豪绅们却洋洋得意。一时间,冠盖京华,挥金如土。上海的名妓,也趋炎附势,纷纷北上"淘金"。凤云(小凤)也随着这股潮流漂泊到北京。

北京八大胡同,是达官贵人醉生梦死,妓女们强作欢颜的青楼之地。

八大胡同的兴起，是民国前后一、二十年的事。前清禁止官吏狎妓。但不禁"男风"，俗称"相公"，士大夫选歌征色，都重在那些扑朔迷离、难辨性别的戏班"歌郎"，也就是扮花旦扮得惟妙惟肖的俊俏小生。这些"歌郎"名为郎君，实则视同女身。到了光绪中叶，北京内城口袋底一带出现了歌妓，与戏班相区别，称为小班。庚子年间，八国联军进犯北京，京城大乱，内城的歌妓班子也都逃散躲避了。等到局势平定以后，歌妓小班渐渐集中到八大胡同：陕西巷、石头胡同、皮条营、王广福斜街、百顺胡同、韩家潭和后来名存实亡的胭脂胡同、万佛寺湾共八处。

小班，全称是清吟小班，表示她们卖艺不卖身，流品不同，是娼寮中身份等级最高的。清吟小班，又分南帮和北帮。两帮界限划分极严，本来南不北侵，北不南扰。但自从上海和南方各地的艺妓歌女纷纷入京以后，使南帮的势力扩大了，尤其是南帮中的苏帮，地盘向北帮占据的东段延伸。原先是北帮天下的陕西巷，渐渐由南北两帮平分秋色。陕西巷在八大胡同中名气最大。据说当年赛金花就曾在此高张艳帜。

凤云来到京城，就入在陕西巷南帮的云吉班。她改叫艺名小凤仙，度卖艺生涯。

小凤仙的身姿、容貌可谓天生丽质。但在美女如云的八大胡同，她的相貌并不特别突出。她是凭自己非凡的气质而迅速引人注目的。命运对她不公道的摆弄和折磨，倒使她在生活中熬得性情孤傲。她很不善于侍候客人，尤其不愿逢迎巴结，为此不知遭到鸨母多少次叱骂讥讽，可她仍我行我素。她很聪慧，颇能识文断字，癖好读书。这使她在艺妓群中超人一等。她本一口吴侬软语，进京后很快又说得好一口京片子。她擅长作歌缀词，更兼博览群书，很有思想，且有一副侠义心肠，被人称作侠妓。

所以，小凤仙在陕西巷挂的牌子很快名噪京城，成为南帮翘楚。

将军爱美人　美人重英雄——侠义情侣

民国初年，北京官僚狎妓成风。革命党人也以烟花胡同作掩护，从事秘密活动。

蔡锷闻得小凤仙的名气，便到陕西巷云吉班探访，结识了小凤仙。这是在 1913 年至 1914 年之间（民国二年至民国三年）的事。当时小凤仙约十七八岁。

小凤仙与蔡锷交往的背景很复杂微妙。

蔡锷是北洋军阀的滇系将领。年轻有为，军事才干卓著，深得云南将士的拥戴。以当时蔡锷身为云南都督的实力地位和影响，加之他敬重梁启超师长，被一心策划称帝复辟的袁世凯视为大隐患。袁世凯便用民国大总统委以组阁重任或派往湖南率军的名义，骗蔡锷入京。蔡锷尚在进京途中，袁世凯已背信弃义，宣布了另外的组阁和治湘军人选。等蔡锷到京后，袁世凯委他以参政院参政员、全国经界局督办等重职，并赠予梅花胡同 66 号豪华公寓和一万元金，以示大总统爱才重才，"上马赐金，下马赐银"。其实，封给蔡锷的都是空衔，他被软禁起来了。袁世凯专门指使长子袁克定，派出众多党羽，严密监视蔡锷的一举一动。

这些都是小凤仙和蔡锷深交之后才得知的。

蔡锷是一个爱国的热血壮士。他出生在湖南宝庆县（今邵阳市）一个清贫的农家。这个寒门学子，从小就立志救国，长大留学日本，寻求真理。后来投笔从戎，从重九起义到督军云南，屡建奇功。蔡锷的政治抱负，是巩固刚刚建立的民国基础，结束军阀割据的局面，安定天下老百姓的生活；训练一支强大的军队，用以对付日益贪得无厌的帝国主义列强尤其是日本。蔡锷对袁世凯的认识，经历了一个过程：由全心拥护、寄予幻想，到半疑半信、提高警惕，直至彻底失望，认清了窃国大盗的狰狞面目。

蔡锷遂与其师梁启超密谋反袁大计，极其隐蔽地与云南将士频繁联系。为了迷惑袁世凯，蔡锷宣称与其师梁启超政见不同，公开签名拥护帝制。并进一步麻痹袁贼，终日混迹八大胡同，纵情声色，不问公务，表现出一副沉沦壮志的庸倦形态。评价这段历史的人称之为"醇酒妇人计策"。

自然，此时的蔡锷。目睹令人作呕的拥帝派丑行，叹满京城的文武官吏、学者名士中，竟难觅知音，也不无索性遁身歌楼酒肆，借以排遣积淤满胸的忧愤愤懑之心境。

一天，蔡锷易戎装为商贾服来访。他自称是商人，出言谨慎，对自己的身份来历讳莫如深。小凤仙很善于察言观色识别人物，一眼看出蔡锷气宇轩昂，仪表非凡。凭直觉，她感到此人绝非一般拉皮条的官绅富贾、无聊文人之类，像是一个身负有重大使命的人。

小凤仙置酒款待蔡锷。应酬交谈中，小凤仙更见这人谈吐不凡，便说道：

"我自堕于风尘卖艺，几年来也接待了各色各样的客人。未尝有丰采似君，令人钦仰，今日可谓仅见斯人了。"

蔡锷忙答道："都门繁盛，游客众多。王公大臣，不知凡几；公子王孙，不知凡几；名士才子，不知凡几。我贵不及他人，美不及他人，才不及他人，怎得谓仅见斯人？"

小凤仙摇首道："如君所言，均非我意。试想当今举国萎靡，国将不国，贵乎何有，美乎何有，才乎何有？我独重君，因见君眉宇间有英雄气，不似那寻常人醉生梦死的模样。"

说得蔡锷半晌不言，暗暗赞叹小凤仙果然是娼寮中的特色女子，不愧侠妓名声。但他毕竟不放心直言自己的来历，只好言不由衷地应付别的话儿。

小凤仙见蔡锷似有难言之隐，遂离席抚琴，奏一曲《高山流水》。委婉真切，情意淋漓。蔡锷为歌曲所动，也离席聆听。一曲罢了，他还愣在那里若有所思。

小凤仙见状，又为蔡锷满斟一杯酒。递给他说："细观君态，外似欢娱，内怀忧结。我虽弱女子，倘蒙不弃，或许能替君解忧。请勿视我仅为青楼浅薄女郎！"

蔡锷听罢，对小凤仙更为赏识，他接过酒，一饮而尽。这才仔细打量小凤仙，见她确实妖媚动人，衣饰装扮却淡雅，眼神天真中透着孤傲和深沉，显得格外端庄清秀，全然没有青楼脂粉气。

小凤仙被他的眼光逼得垂下眼睑。但她很快迎眸对望过去。两人心里都有了一种碰撞般的震荡。

蔡锷看到小凤仙的箱头柜面上堆满了书籍和许多卷轴。他信手展阅卷轴，见多是文士赠联，便笑着问小凤仙：

"对联如许，何联最适卿意？"

小凤仙答道："我略谙文字，未通三昧。但觉赠联中多是泛词，不甚切合。不知

385

君肯赏我一联否?"

蔡锷概允不辞。小凤仙当即取出宣纸,磨墨润笔。蔡锷不假思索,挥毫疾书,但见一联跃然纸上:

　　不信美人终薄命
　　自古侠女出英雄

小凤仙十分欣慰。当她看到蔡锷署下款"松坡"二字时,略微思忖,猛悟道:"君莫非蔡都督吗?"

蔡锷神情漠然地点点头。

小凤仙欲问又止。犹豫片刻,仍旧问道:

"如今这都门系龌龊地方,君本在云南率军,何为轻身到京?"

蔡锷一惊,毕竟不敢轻易道出实情,便试探说:"现在袁总统要做皇帝,哪一个不想攀龙附凤,图些功名。就连女界中也组织请愿团,什么安静生,什么花元春,都趁机出风头。我为你计,也不妨附入请愿团,借沐光荣。何必甘落人后?"

小凤仙却正色答道:"你们大人先生,应该攀龙附凤,似我命薄,想什么意外光荣?君且休说得肉麻。"

蔡锷并不在意,又问道:"你难道不赞成帝制?"

小凤仙反问道:"帝制不帝制,与我无涉。但问君一言:三国时候的曹阿瞒,人品如何?"

"也是个乱世英雄。"

蔡锷的话音刚落,小凤仙立刻声色俱厉地接道:"君去做华歆、荀彧罢,我的妆阁,不配你立足!"

蔡锷又是半响不语。他对面前的小凤仙已是钦佩不已,不禁在心底吟诵起唐代诗人高适的名句:"莫道前路无知己,天下谁人不识君。"一时竟有此番入京,不虚此行之慨。

从此以后,小凤仙赢得蔡锷的爱慕和信赖。

蔡锷对小凤仙推心置腹,视为知己。小凤仙也爱蔡锷的将军风采和才华胆识,尤其敬佩他反袁护国的英雄壮志。他俩相见恨晚,两情缠绻。

一时间,满京城流传开将军狎美人的风流韵事。

局外人却绝少知道,这是一对侠义情侣。小凤仙在大胆、机智地配合掩护蔡锷秘密筹划的反袁护国行动。小凤仙的妆阁内室,成为蔡锷收集情报、拟发密电、隐秘与反袁志士会见接头的安全掩所。

佯狂避乱世　　义助金云麓

小凤仙与蔡锷形影相随,外界的议论沸沸扬扬。蔡锷的家里也风波迭起,夫妻反目。蔡夫人与他狠吵了几回,哭闹着要回老家去。蔡锷也不劝阻。风声都传到袁世凯的耳朵里去了。流言对蔡锷颇有贬责。其实,蔡夫人很贤惠而晓大义,她是在配合蔡锷演"苦肉计"。这是蔡锷巧妙筹划的"佯狂避世"迷惑袁世凯计谋的一部分。

起初,小凤仙尚不知蔡锷与夫人演的"双簧"。当有人指责蔡锷"宠妓灭妻"的同时,针对她的各种飞短流长也纷至沓来。这对小凤仙的为人是一大考验。她难堪，为蔡锷夫妇的不和而愧疚不安。她确实倾心于蔡锷这位英俊勇敢而又温文儒雅的将军，但为蔡夫人考虑，她准备痛苦地提剑斩断情丝。她采取了理智、大义而富于同情心的行动，大胆去拜访了蔡夫人并博得蔡夫人的好感。

小凤仙拜访过蔡夫人之后，才把见夫人的经过，告诉蔡锷。

这天中午，蔡锷又来见小凤仙。小凤仙自与蔡锷结识后，虽未摘"牌子"，实际上已不再接待别的客人。所以蔡锷每次来访也不再通报，可以排闼直入，毫无顾虑。

小凤仙起床不久，刚刚梳妆完毕。见蔡锷进来，两人便手拉手来到套房，套房里有一张很舒适的小床，蔡锷喜欢在这里睡午觉。蔡锷往小床上一坐，把枕头垫到背后靠起来。小凤仙先向窗外望了望，然后挨着蔡锷坐下。她见蔡锷似无要紧事待开口，便握起他的一只手合在自己的掌中，若有所思地说：

"我到府上去过了，见到了蔡太太。"

蔡锷未免有些惊讶，说："我怎么不知道？"

"我特意瞒着将军去的。"小凤仙说，"我是忍声吞泪去的。见了面才知蔡太太的大贤大德。"

接着她说了去见蔡夫人的经过。她决意去见蔡夫人表明心迹，事先打电话给蔡夫人道明了身份，说有话要跟太太谈谈，请太太约一个见面的地点。太太表示欢迎她直接到家里来说。

一见了面，小凤仙很坦诚地表示，她不愿意看到蔡将军与太太闹家庭纠纷，但也不能立刻与蔡将军绝交，以免激得蔡将军与太太之间产生更大的裂痕。她希望太太信任她，给她一段缓冲时间，让她设法慢慢地与蔡将军疏远。

小凤仙说着便流泪了：

"将军猜蔡太太怎么说的？真令人感动。她拉着我的手说：'好妹妹，别这么说，蔡将军不得志，正要靠你的安慰和帮助。你是聪明人，别的话我就不便多说了。'我回来整整想了一夜，才知将军的良苦用意。"

她哽咽着说："听太太说，趁袁世凯还没有看破，她近期就准备从京城这虎穴脱身回老家去。太太若一走，我得承担起照顾将军身体的担子……从此我追随将军也更无顾虑了。"

蔡锷默默听着，一直不语。待小凤仙说完，他慢慢抽出捧在小凤仙掌上的手，去抚着他的肩膀。两人挨得紧紧地，他都听到了她的心跳。

小凤仙这一番披肝沥胆的表白，使蔡锷进一步认识到她可亲可敬，有一副炽热而善良的心肠。

小凤仙巧妙地帮助蔡锷的反袁行动，很精彩的一幕，是智送热血青年金云麓投奔上海革命运动。

大学生金云麓，是小凤仙的云吉班姊妹雅梅的痴情恋人。他发誓要解救雅梅跳出火坑挣个自由身，雅梅也情深意笃地将终身大事期许在他身上。不料，金云麓因事暂离北京不久，袁世凯的爪牙突然闯进云吉班来捉雅梅进宫。

袁世凯的爪牙为什么要来云吉班捉雅梅？起因是这样的——

袁寒云是袁世凯的二公子，以风流自许。又喜舞文弄墨，自命清高，常以曹植自诩。他与一心巴望袁世凯做了皇帝自己便好做皇太子的大公子袁克定不合，对父兄二人常有讥讽。这一日袁寒云又与某文人唱和了几首诗，被袁克定偷看了，便去向袁世凯告状说，家里有人造反，反对帝制。袁世凯听了大怒，令袁寒云搬到北海公园里去住，不准随便出入，"禁与当代名士唱和"。并派兵警卫，软禁了袁寒云。

袁寒云倒无所谓，说不如趁此机会潜心研究古钱，但他那"非正式"的夫人薛丽清却被激怒了，她对袁寒云说："我本没有做王妃的命，犯不着跟你一起被人关起来！今日正要与你好说好散！"

这薛丽清原来也是八大胡同清吟小班的艺妓。她被袁寒云相中，接回宫里同住了一年多，已给袁家生下了一个男孩，而她的身份却一直未被袁家认可。虽说袁寒云倒还温柔，不似其父其兄那么霸道，但她嫌他酸气太重，又受兄长挟制……凡此种种，使薛丽清这个个性很强的女子总觉此身如在金丝笼中飞不出去。她一直忍耐着。如今袁寒云竟被关进北海，她再也忍耐不住了，便不顾袁寒云百般劝阻，撇下孩子，毅然决然离宫出走了。

此事本来也就罢了。不料薛丽清走后年余，袁世凯庆贺他的生日大寿，提前三日举行家宴，儿女、孙子都去给他磕头。临到一个老妈子抱着一个襁褓里的婴儿去磕头时，袁世凯一问才知是二公子新添的少爷，便再问孩子的生母何在？老妈子搪塞说，"孩子的生母住在府外，未奉皇上恩准不敢入宫。"谁知袁世凯这天兴头很好，随口就说："叫她搬进宫里来住，等候传见。"

这就难倒了袁寒云和几个管家。那薛丽清早已出走去了上海，据说又在那里重张艳帜。这事千万不能传到袁世凯耳朵里。几个管家便给袁寒云出主意说，不如赶紧到胡同里随便寻一个来充数，反正皇上并不认识孩子的生母。袁寒云说只好如此了。管家便随口报出八大胡同几个名角的花名叫袁寒云挑。连报了几个袁寒云都不中意，报到"小桃红"雅梅时，袁寒云便中意了。他以往到八大胡同去混时，识得雅梅小巧玲珑如香扇坠，很是喜爱。于是厄运落到雅梅身上：进宫去为袁二公子李代桃僵，给薛丽清当替身蒙混袁世凯。

管家们马上吩咐军法处到八大胡同去要人。当军警们闯进云吉班气势汹汹地指名道姓要雅梅快快入宫时，雅梅慌忙从侧门溜进小凤仙的房里。小凤仙把她拉进里间藏起来。鸨母知道雅梅藏在小凤仙房里。她起先也装作不知道，假意诘问军警凭什么要抓人？其实她是在要价，当随后赶到的管家拿出五千银洋时，她的冷脸立即变作笑脸，帮着军警把雅梅从小凤仙房里拖出来。小凤仙气得满脸通红，却无力相助。雅梅悲痛欲绝，也无可奈何。她临走留下信物，委托小凤仙转交金云麓。金云麓从关外回京，看到雅梅留下的信物，悲愤交加，陷入不可自拔的苦楚中。

这天中午，小凤仙约了蔡锷一起，到东交民巷西口一家僻静的俄国餐馆，与金云麓交谈。小凤仙真诚地劝慰、开导金云麓。蔡锷鼓励他振作起来，去干一番事业。金云麓透露出他是革命党人，并说他有意南下，去上海投入反袁革命运动，只是犹豫会荒废了学业。

小凤仙和蔡锷都建议他以报国为重。他这才打定主意立即南下。谈到动身日程时，金云麓支晤其词，似有难言之隐。蔡锷猜到他必是囊中羞涩，没有盘缠又好面子，不以实相告。

偏偏蔡锷身上只带了些零钱。小凤仙打开手提包，取出三百元整扎的钞票，不容推谢地赠给金云麓。

他们当即商定，金云麓次日启程经天津坐海船赴沪。蔡锷有一密件要托金云麓带到天津。约定当晚六时，金云麓再来此处与小凤仙接头。

等金云麓照嘱换了一身漂亮西服按时赶到时,早候在此的小凤仙却取出两张舞票,邀他去六国饭店跳舞。上了车,小凤仙在金云麓耳边低语一声:"靠紧我坐",然后故用亲昵的语态与他调情说笑。到了六国饭店,小凤仙给了司机小费,叫他不要等,还故意关照司机:不要对蔡将军多说什么。果然蒙蔽过了一路上竖着耳朵偷听,并从反光镜中盯着他们的司机。事后,小凤仙听蔡锷说,司机倒劝他别太痴情,何苦大把洋钱给人去倒贴小白脸。两人忍俊不禁。

刚进入舞厅坐定,金云麓急切要小凤仙交代正事。小凤仙却谈笑风生。直到音乐声起,两人随众旋入舞池,她才低语道:

"座位上有可疑的人在偷听。我已放了一张纸条在你上衣左面口袋里。这曲舞罢,你借故去寻个地方赶紧记熟了便销毁。"

金云麓一摸,果然衣袋里不知何时有了一张纸条。他躲进一间单人房展开纸条,是写的一串阿拉伯数字,四个数一组,显然是电报密码。金云麓也很机灵,他把数字化作简谱,谱成一首曲子,顷刻背熟了。

他再返回舞台时,小凤仙才将收件人梁启超的地址告诉他。

金云麓很感激小凤仙和蔡锷的关怀、信任,自知受托事关重大,也急于早日投奔血与火的革命新天地,以斩却私情烦恼,他低沉、急促地告诉小凤仙:

"我决计提前启程以防不测,连夜搭货车走。"

小凤仙默默点头嘉许。两人旋出舞池。她再次打开手提包,将剩下的五十多元倾囊塞给金云麓:

"一路保重!"语毕,她凝望着他义无反顾的背影,直至他消失在夜幕中。

侠女谁知小凤云　美人挟走蔡将军

1915 年(民国四年)秋。八大胡同里,依然日日是欢声笑语,轻歌曼舞。似乎在这繁华的京都,官僚富豪们能挥金如土、寻欢作乐,便能证明天下是一派歌舞升平景象。真所谓:"商女不知亡国恨。"

然而小凤仙知道,袁世凯登基称帝的日子越来越迫近。在水深火热中煎熬的中国人民,面临着一场更为巨大的灾难。形势逼人,刻不容缓,蔡锷必须立即离京赴滇,率领将士们发动反袁护国的军事行动。

小凤仙还知道,蔡锷除了已与梁启超和各省反对帝制的人士有过周密计划外,早在九月间,还与革命党领袖黄兴秘密接上了头。蔡锷返滇向袁贼发难,时机也成熟了。

令小凤仙焦虑的是,怎样才能帮助蔡锷甩脱密探的监视离京呢?她看到,蔡锷成天陷入苦思冥想。有时她深夜一觉醒来,见蔡锷还坐在灯下反复思量,她也睡意索然,披衣起床,给他煲上红枣莲米香粥,或重新沏上一杯浓茶,然后,默默地陪坐到天明。

在小凤仙的慨然允诺下,蔡锷终于拟定了一条脱身妙计。

那是 1915 年(民国 4 年)11 月 11 日。

小凤仙精心梳妆完毕,着一身格外惹人注目的华贵服饰,让蔡锷搂着她,二人卿卿我我地离开陕西巷云吉班,坐车来到中央公园(今北京中山公园)。小凤仙大声招呼司机把汽车开回去,她娇媚地说,"今日妾陪蔡将军在公园里好好散心。"

入得园来，两人徐徐散步。踱到大松柏树下的"来今雨轩"露天茶社前，便停步饮茶。

坐定以后，蔡锷将手上提的银丝网袋放到茶桌上，只听哐当一响。网袋里白花花的银圆十分显眼。

小凤仙又招呼蔡锷摘下巴拿马草帽，帮他脱下长衫。两人这才开始品茶。蔡锷点燃一支烟徐徐吐着烟圈，听小凤仙眉飞色舞地说着一件什么趣事。

跟踪而来的密探们见状，便松了一口气，都充作游客，坐在距离不远的茶座上。

少顷，蔡锷起身对小凤仙说：

"我去解手即回，你不要离开。"说着，便向厕所走去。密探们交换了一个眼色，见蔡锷身穿短衣去厕所，衣帽、钱袋都留在茶桌上，尤其是一向形影相随的小凤仙还坐着没动，断定他必然会很快转回来，所以没跟上去。

蔡锷佯作解手，绕过厕所，迂回走出中央公园，疾步直奔府石街石板房20号曾鲲化府中。

曾鲲化，时任民国交通总长。他是辛亥革命的前驱。从日本留学归国后，在袁世凯政府中任职。曾鲲化先生也是一位支持反袁斗争的志士。不过蔡锷在京两年，与他往来甚少，他便不为袁世凯的党羽们所注意。

早等候在家里的曾鲲化，急忙帮蔡锷换上曾夫人刘灿华的蓝衫和黑裙。男扮女装的蔡锷，钻进事先备好的轿子里，由曾府的一个湘籍厨师和一个北京籍的马车夫，一前一后抬着，径直抬到崇文门火车站。

当时北京火车站军警宪兵林立，严密盘查进出站的乘客。只有崇文门火车站是专供外国人和高级官员使用的，检查不甚严格。加之曾鲲化以交通总长之衔亲送家眷，轿上的"女客"便顺利登上了开往天津的火车包厢。

在"来今雨轩"茶社，一直盯着小凤仙守候蔡锷的密探们，见他迟迟未从厕所转回，慌忙去把厕所周围、公园内外搜寻了个遍，这才知道上当了。密探们气急败坏地返回茶社，围住小凤仙，逼问蔡锷的下落。

小凤仙由此判断，蔡锷必是安然脱身了，她一直惴惴不安的心情顿时宽松下来。她嘲笑地反诘密探们：

"各位大人一直在此监视小民，莫非哪位能证明小民藏匿了蔡将军吗？"

密探们面面相觑。

这时，蔡锷已安全抵达天津。袁世凯闻讯惊慌失措。

小凤仙首当其冲地成了重点审查对象。密探们把她抓去盘问了一整天。她镇定自若。从她口中得不到一句有价值的线索。密探们不得不把她放出来。

为了推诿责任，密探们便向袁世凯荒报军情，说小凤仙坐马车去丰台，车内掩藏了蔡锷。蔡锷离京前一天，曾去密友哈汉章家里打牌，哈汉章为避嫌疑，也趁机大肆鼓吹说，小凤仙如何勇敢侠义，冒险走丰台，故意混淆视听。于是，小凤仙挟走风流将军的美谈，成了京城的街谈巷议。刘成禺在《洪宪纪事诗》中，有一首专叙此事：

当关油壁掩罗裙，

侠女谁知小凤云。

缇骑九门搜索遍，

美人挟走蔡将军。

送走蔡锷后，小凤仙的心境是复杂的。京城的议论使她欣慰，但她仍很不安。她想，蔡锷到了天津并非就是脱险，赴滇的路途上必伏满杀机。她还有一种强烈的失落感。两年来，蔡锷与她朝夕相处，心心相印。使她有希望，有寄托，生活富有了光彩。如今斯人一旦离去，她感到孤寂和无聊。

她只知道，蔡锷到天津后将住进日本人办的共立医院。她仔细从报纸上寻找蔡锷在天津的消息。报载，蔡锷称喉疾，向袁世凯请假赴日治病，袁世凯已照准。她思忖，蔡锷确乎喉部有小恙，但事态绝非如此简单，其中必有险诈。她带着满腹的牵挂和思念，悄悄离京赴津，去寻蔡锷。

袁世凯果然是一方面假意照准蔡锷东渡治疾，一方面密令日本和云南等地党羽，不惜一切代价堵劫捕杀蔡锷。蔡锷早有防范，他与梁启超密商后决定，绕道日本返滇。并事先派专人到云南向唐继尧报告，同时与正在海外的孙中山、黄兴取得联系，以期沿途布置人接应保护。

小凤仙赶到天津，在蔡锷离津前夜，为他把盏饯行。别离愁绪，语重心长的叮嘱，都倾注在满杯满盏的送行酒中。

饮到酣畅之际，小凤仙起身趋前，哽咽道：

"将军此去，任重道远。本欲为君高歌饯行，但恐袁贼耳目甚近。愿拟歌词几阙赠别。"

当即找了笔墨来，蔡锷取出怀里揣着的一个笔记本，小凤仙便舒开纤腕，一字一句地默写着——

〔柳摇金〕丽歌一曲开琼宴，且将之子饯。（将军呵！）你倡义心坚，不辞冒险。浊着一杯劝，料你食难下咽（蔡郎蔡郎！）你莫认作离筵，是我两人大纪念。

〔帝子花〕燕婉情你留恋！我这里百年预约来生券，你切莫一缕情丝两地牵。（如壮志未遂啊，）化作地下并头莲，再了生前愿。

〔学士巾〕（蔡将军呵！）你须计出万全，力把渠魁珍。（若打不倒袁贼呵，）休说你自愧生前，就是侬也羞见先生面，妄要见，到黄泉。

写着写着，涌满小凤仙眼眶里的泪珠断线而落，砸得满纸湿痕斑斑。蔡锷轻轻地为她拭泪，但自己的眼眶也通红了。

这是 1915 年《民国 4 年》12 月初的一天深夜。寒风呼号，残月惨淡。小凤仙依依送别蔡锷，默望着他换上一套灰色西装，手提简单的行李，大步流星向塘沽港而去。

那里泊着一艘日商"山东丸"轮。即将启锚东渡日本。

将军仗剑起天南　美人相思望秋水

小凤仙怀着沉重的心情回到北京，回到陕西巷云吉班，竭力保持平静地挨过一天天时光。

但她的心一直激动难宁。这次蔡锷离京，她本愿跟随他去，哪怕山高路远，风吹雨打。想前一段时间，满京城里"风流将军狎美人"的议论沸沸扬扬的时候，曾风传蔡锷欲"置金屋以藏娇"。事实上，小凤仙与蔡锷之间，确实就小凤仙的归宿有过打算。蔡锷有心助她跳出风尘。她虽知蔡锷已有妻室，也愿以终身相许。有一次，小凤仙陪蔡锷去中学看望他收养的阵亡部下的孤女胡小静时，三人交谈中，蔡锷已有携小凤仙带了养女东渡日本的主意。

不料蔡锷因形势险迫而仓促离京,行前局势不允许他与她从容商计小凤仙的日后事。两人都是欲言又止,将万语千言滞留在胸臆。蔡锷只能反复叮咛,嘱咐她自珍,待他完成壮举重返京城时,再来相会。他认为这段时间不会很长……

而今斯人已去,在这严寒的冬季,小凤仙独守孤灯长夜。空空的妆阁里,将军的音容笑貌骤然消失了,但那宛若昨日的缱绻情谊又难以忘怀。小凤仙常常彻夜思念挂牵。每到天色微明,她就推窗遥望天津塘沽方向,眼前立刻浮现她与蔡锷挥泪而别的一幕。这时,她心里总有一种似担心又不只似担心的不祥怕意,于是便联想起古人易水送别荆轲的悲壮场面,不禁默吟:"风萧萧兮易水寒,壮士一去兮不复返"。

小凤仙每天清晨做的第一件事,就是将京城所有的报纸都找来翻阅。其时,蔡锷已是全国景仰的人物,有关他的报道,相当详细。小凤仙将关于蔡锷的每条消息都剪下来,贴在本子上,不放过一鳞半爪——

蔡锷安全到达云南。

蔡锷与唐继尧等人致电袁世凯作最后通牒:取消帝制,惩治重要罪犯即拥护帝制派十三人。

最后通牒到期这天,云南通电独立。组成护国军。蔡锷任护国军第一军总司令。

……

护国军兵分三路北上。蔡锷率中路直取川南重镇泸州,声势壮大。广大革命党人同时掀起强大的反袁革命浪潮。各省纷纷响应,通电独立。

但报道毕竟不能涉及蔡锷更具体的状况,而这是小凤仙更为关注的。

一天,小凤仙接到从袁府出走的雅梅的电话,约她去六国饭店见面。

见面后,雅梅告诉小凤仙:"我准备与袁寒云分手。等我与他的事了结,我们一起先去上海,我帮你去找蔡将军。"

小凤仙初觉这个主意好,但细细一想,又觉不妥,便说:

"我还是守在北京的好。他正在忙着打仗,我不能再拿不相干的事去扰乱他。"

"怎么不相干?这可是你的终身大事。"

"比起他的大事业来,我的事太小了。等到仗打完了,他一定不会忘记我。我相信他。"

雅梅不语了。其实,她偶然从别人口里听到了蔡锷的消息。蔡锷目前正在泸州、叙府一带作战。他的生活极其艰苦,经常几日几夜不能好好睡一觉,一身军服,从出师以来从未换洗过。原本不好的身体,益发瘦弱了。雅梅不忍将这些告诉小凤仙,免得她担惊受怕。

让小凤仙平静地期待战事平息的那一天吧,她想。

小凤仙期待的日子,到底来临了。

1916年(民国5年)6月上旬。袁世凯在全国人民的唾骂声中一命呜呼。黎元洪继任总统,段祺瑞组阁。护国军罢兵。

小凤仙开始急切地盼望蔡锷派人来,或者至少写信来。可是一天天过去了,她望眼欲穿,依然是音讯渺茫。她的一颗心,忐忑不安,滋生出无穷的忧愁和疑虑。

她竭力宽慰自己说,蔡锷还羁留在硝烟未散的前线,他眼下还没有功夫派人或写信来。

到了7月下旬，消息说，蔡锷到达成都，就任四川都督。小凤仙更为期待而焦虑了。他怎么仍无信来呢？他该想到天涯有人魂牵梦绕的呵！

小凤仙终于盼来了一个人。这人便是她和蔡锷资助、鼓励赴沪投入革命运动的金云麓。他五天前由四川到上海，又匆匆赶来北京。原来，他自从离京南下后，一直受命往来于沪蜀之间，联络各地的反袁护国行动。

金云麓告诉小凤仙，他是二十天前与蔡将军分手的。将军郑重委托他来看望小凤仙，还捎来了口信："将军说，对不起你。请你不必惦念他。"

小凤仙听了此话，感到很费解。她欲再问详情，却见金云麓向陪她而来的雅梅递了个眼色，便匆匆起身说今日另有要事，要告辞。

不祥的预兆猛地袭向小凤仙的心头。她明白，他有些不便说的话，转而委托雅梅来对她说。她便不挽留他，只约改日再见。

金云麓一走，雅梅并不等小凤仙催问，主动按照金云麓的嘱咐说起来：

"蔡将军说，他不能派人来接你。他也拿不出一些钱来托金云麓捎给你。蔡将军和他的弟兄们苦得很，几个月发不出饷，伙食钱是找地方上的绅士东拉西借的……"

"难道我指望他给一大笔钱发财？"小凤仙听得不禁恼怒起来。

雅梅愣了愣神，迟疑着说下去："蔡将军的反袁壮举是成功了，却没人管他的事。弟兄们要解散，要补发欠饷，他拉了两三百万的亏空。"

小凤仙听了也一惊："竟拉了这么大的亏空？"

雅梅点点头，无意中又冒出一句："蔡将军的病，也更加治不好了。"她立即知道失口了。金云麓关照过，暂不要对小凤仙说蔡将军的病情。

小凤仙立刻惊讶变色，接二连三追问道：

"蔡将军何时患上了病？是什么病？有没有危险？"

雅梅惶惑地摇摇头，她不敢再说，也说不清楚。

小凤仙赶紧向她问清金云麓的住址，向他挂通了电话，请他连夜赶到她的住处再谈。

雅梅陪小凤仙回到家里，表示要再陪她等金云麓到来。小凤仙谢绝了，她想独自静一会儿，理理纷乱的思绪。

送走雅梅，她虚掩大门，点燃煤油灯，仰头靠在窗前，紧闭双目。她凝听窗外，西风乍起，尖利的扯叫着，吹打起落叶，哗哗啦啦地，不知卷向何处……

金云麓很快赶来了。他见已隐瞒不住，便将真相和盘托出。

"……蔡将军率军入川时，只领了四个月的饷……他以三千饥卒，与北军四万为敌……与张敬尧在合江、纳溪之间，一连交战二十多天。他未曾好好睡一觉，未曾好好吃一顿饭，终致病倒了。不断发高烧，军医诊断不出病因，束手无策……

"幸亏当地有一座天主教堂，法国神父精通医理，诊断蔡将军咽喉部位的细胞畸形发展，蔓延极快，已属不治之症。若再不好好休息疗养，则最多只有半年时间了……"

金云麓已泣不成声：

"将军恶衣废食，自戕其身，瘦得脱了形。说话要拿耳朵贴在他的嘴上才听得见。就这样，他还不躺下休息。我从未见过这样的硬汉子，一步一步往死里走，自己也知道,可决不泄气……"

小凤仙听得心如刀绞。但她还没流泪,她忘了哭,只顾死死盯着金云麓的嘴巴,不放过一字一句地听着。直到他说完,她还目不转睛地望着他,但她的双眼已失了神,她的一颗心,早已飞到成都,扑到蔡锷身上。

她明白了蔡锷千里迢迢捎来的话的意思。将军必是在深夜病痛发作,剧疼失眠时,通前彻后地想过了,对他和她的恋情姻缘绝望。便托金云麓带信来,让她早早忘掉他,好减免许多痛苦。

体察到蔡锷之心,越发勾起她刻骨的思念。她痛苦地想象着蔡锷被病魔缠身的身影,也不知金云麓何时辞去了。

她终于涕泗滂沱。整整一夜,悲啼压倒了凄厉的风声。

将星陨落红颜飘零

蔡锷的病情日益恶化。8月9日,他被从重庆送到宜昌。一艘军舰全速驶来,载着他顺长江急下,沿途所经武汉、南京均不停留,直抵上海。他的行踪极为隐秘,以防有人去探望反而打扰了他。

但小凤仙还是打探到了蔡锷的消息,并知道他住在上海哈同花园。她急切地邀金云麓马上同她一道去上海,她要去探望、护理蔡锷。

金云麓以为小凤仙不去为好。但他一时难以劝说,便推说有急事要办,三日后再会面商量启程日期。小凤仙则催促他有事赶紧料理,三日后便启程。

金云麓陷入了沉思中。他早料知,蔡将军所托此行,使命艰难。而今小凤仙的念头果然难倒了他。从蔡锷考虑,以他危重病状之身,他感情上的负担,本已断然抛开。如果又玉人亲面,古并重波,对需要绝对静养的他来说,何堪承受这番巨大波澜的刺激?为小凤仙设想,一旦去见了蔡锷,目睹他形容枯槁,失音难语,连一吐相思都不能够。除了平添摧肝裂胆的巨大痛苦,于小凤仙的今后又有何益?

……我不能让小凤仙去上海见蔡锷!他考虑笃定。可是,怎样劝阻她呢?他搜遍枯肠,猛然想起一句话来。这句话,足以打消小凤仙的念头。但这句话也会像一把利刃,深深刺伤她的心……别无选择了,他狠心对自己说。

第二天,小凤仙突然接到金云麓约她去明湖春吃饭的电话。她想,他提前找她见面,必有要紧话说,便准时赴约。

见面后,她见金云麓的表情很紧张,果然似欲相告要紧事的神态,便也不催问他赴沪的准备如何,听任他闲聊起他的故乡和出身。

"我的故乡徐州,是当年楚霸王项羽镇守之地,古迹名胜甚多。有个燕子楼,不知凤姐听说过否?"

小凤仙答道。"是不是关盼盼绝食的地方呢?"

"正是。"他趁机接着讲起,白居易如何应邀到张尚书家做客,如何见面认识了关盼盼。张尚书死后,关盼盼怎样誓死不嫁人,怎样在燕子楼独居十余载。她苦吟了思念张尚书的三首诗落到白居易手里的经过。

小凤仙伤感地说:"我闲来读书时,也读过这三首诗,确实催人泪下。"说着,她不禁小声吟哦起来:

"楼上残灯伴晓霜,夜眠人起合欢床;相思一夜知多少,地角天涯不足长。"

"这一首是说寂寞恨更长，纵天高路远，也不比一夜思念更长。第二首说是张尚书葬在洛阳北邙，她去谒墓：

"北邙枕柏锁愁烟，燕子楼中思悄然；自埋剑履歌尘散，红褪香消二十年。"

她闭目略为思忖了一会儿。第三首写得更是凄凉：

"适看鸿雁岳阳回，又睹玄禽逼社来；瑶瑟玉笛无意绪，任从蛛网任从灰。"

金云麓说："这三首诗落到白居易手上，他依韵和了三首。你可曾读过？"

"未曾。你记得吗？"

"我只记得第三首。"他说着吟道：

"今春有客洛阳回，曾到尚书墓上来；见说白杨堪作柱，争教红颜不成灰。"小凤仙听了惊疑地问："白居易要叫关盼盼去死？"

"白居易另外有一首诗赠关盼盼，说得更明白：'黄金不惜买蛾眉，拣得如花四五枝；歌舞教成心力尽，一朝身去不相随！'"

"岂有此理！"小凤仙勃然变色："难道教成歌舞，就应该身去相随死吗？"

金云麓并不停嘴，依然说下去：

"关盼盼看了白居易的诗便绝食而死。但她未绝食前，有一番解释的话。她说张尚书故世时，她不是不肯殉节，是怕人贬议张尚书重色，所以有姬妾愿意跟他一起死。这不是损害了张尚书的名誉？"

说到这里，他顿了顿，终于脱口说出最后一句话：

"我觉得，关盼盼的想法很对。这样爱惜张尚书的名誉，才是真正与张尚书好。"

小凤仙默然。她不再说话，只是低着头沉思。她完全明白了金云麓引出这个话题的用意。

好一会儿过去，小凤仙才猛然昂起头：

"上海，我不去了。蔡将军本是大人物，如今更是全国景仰，一举一动，都有人注意。我这个风尘女子去找他，被人传说开去，不是对将军不合适吗？"

她的话骤然而止，浑身的血都奔涌到脸上。她确实也悟到了，此时去见蔡锷，会使他激动，对他的病体不利。但她心中翻腾着更多的感慨。

"去不去上海，请凤姐再从容考虑……我断无意语伤尊敬的凤姐……"金云麓深抱歉意地说。

"我的主意已定。"小凤仙面色惨白，却很豁达地说。

小凤仙不去上海是绝望的决定。但她对蔡锷的期待还没有绝望。她默默祈祷他康复。

她依然仔细地从报纸上寻找蔡锷的消息，小心地剪贴在本子上。这时全国都关注着蔡锷的病情，报纸上的消息较为详细。报载——

蔡锷于9月初由上海东渡日本，在神户登岸转道福冈。一路由他在日本陆军士官学校时的老同学蒋百里护送。

福冈医科大学病院的医师们对蔡锷的病症进行会诊，一致认为：蔡锷的病已属不治之症。只能安慰病人使之保持良好的心境以拖延时间。

小凤仙对这残酷的诊断结论惊讶失色之余，仍在心里暗自祈祷：但愿蔡锷能因护国成功而感到宽慰。她想，这种宽慰能使蔡锷避死回生，天不应绝此救国救民的良将。

　　然而蔡锷的心境是难以宽慰的。他不顾医嘱执意要看报了解国内政局。护国战争的告捷并未带来他预期的结果。军阀割据之势已形成。袁世凯死后继任大总统的黎元洪与总理段祺瑞勾心斗角，致成府院对峙……这一切对蔡锷都是刺激。

　　这些坏消息，折磨得小凤仙柔肠寸断。但她的心里还是抱着苦苦的希望。

　　11月中旬，一个噩耗从上海传到日本：黄克强以四十三岁的英雄年华，忽于一天傍晚口吐狂血，致当夜2时气绝身死。蔡锷闻讯顿足捶胸，痛呼国家于用人之际失却一栋材。他由此愁闷益增，病势更为沉重……

　　小凤仙泪流满面地读到这些消息：

　　至11月8日，蔡锷感觉天旋地转，自知死神临近了，他以低得几乎听不见的声音对蒋百里说：

　　"我不死于保卫国家的疆场，死有余憾……古来大臣临终，必有遗奏。人之将死，其言也善……我要尽最后的言责，请你代我拟遗电。"

　　他艰难地口诉起来，一字一句都凝聚着满腔的爱国情义。这就是历史上著名的蔡锷四点遗电。其中有一点就是要求北京政府令饬四川有关当局，将护国军将士在四川作战的阵亡及有功人员，核实请恤请奖。他临死尚念念不忘他的将士。

　　他喘不成声地口诉完最后一句遗电，说他"以短命未克尽力民国，应以薄葬。"

　　护国运动的主将，一颗耀眼的将星，陨落了。

　　蒋百里急电回国报告噩耗："……公恶衣菲食，以戕其身……临终之际，犹以未能裹尸为恨，然蔡公身虽未死于疆场，实与阵亡者一例也……"

　　急电传到北京，传遍全国。

　　小凤仙彻底绝望了。她痛不欲生。她摘掉云吉班门前她那块早已是虚挂的"牌子"，几日几夜把自己反锁在内室卧床不起，拒食拒饮。

　　蔡锷的灵柩于1917年（民国6年）元旦的第二日运回国。扶送到湖南长沙。依照不久前公布的"国葬法"，蔡锷获当时民国的最高哀荣，国葬于巍巍雄峙的岳麓山。

　　不久，在北京举行了隆重的追悼会，公祭蔡锷灵堂四壁挂满了政界军方文坛名流的挽联祭文。而小凤仙的一副挽联，却特别引人注目：

　　不幸周郎竟短命；

　　早知李靖是英雄。

　　此联运典浑成，而又以红拂自拟。于极简十四字之中，凝注了无穷无尽的感慨和悲哀，使参加悼念的人赞议、叹息不已。

　　但人们并未看到小凤仙参加追悼会。挽联是小凤仙请人送去的。新闻记者由短命的英雄联想到飘零的红尘，急忙赶到陕西巷云吉班去采访小凤仙，谁知早已是人去楼空了……

　　此后，小凤仙行踪成谜，不知所终。

秋瑾：鉴湖女侠　巾帼英雄

【人物档案】

姓名：秋瑾

原名：秋闺瑾

外文名：Qiu Jin

别名：闺瑾、乳名玉姑、鉴湖女侠、秋千、汉侠女儿、白萍。字号：字璿卿（璇卿），又字竞雄；号旦吾，又号鉴湖女侠。

生卒：1875 年～1907 年

籍贯：祖籍浙江山阴（今绍兴市），出生于福建厦门。

故居：绍兴市区塔山西麓和畅堂

朝代：清末民国

职务：女权运动家、民主革命家。

主要作品：《秋瑾诗词》《秋女士遗稿》《秋女烈士遗稿》《秋瑾集》。

主要成就：中国女权运动的开创者之一，近代中国女性革命的象征，"辛亥三杰"之一。

评价：秋瑾工诗文，有"秋风秋雨愁煞人"名句，能跨马携枪，曾东渡日本，志在革命，千秋万代传侠名。（宋庆龄）

墓葬：浙江杭州西湖西泠桥畔的孤山脚下

秋　瑾

【枭女本色】

对酒

秋瑾

不惜千金买宝刀，貂裘换酒也堪豪。

一腔热血勤珍重，洒去犹能化碧涛。

"每闻鼓鼙声，心思辄震怒。"谁会想到这英气十足的诗出自女性之手？谁又会想到这个本出身官宦之家，嫁入官宦之门的优裕女性会弃家离国？是什么样的"鼓鼙声"促使一个女性做出这样的决断？

鉴湖女侠

秋瑾(1875~1907),原名闺瑾,字玉贞,小字玉姑,号竞雄,别名鉴湖女侠等,原籍浙江绍兴山阴人,1875年11月8日出生在父亲做官的福建。

秋瑾家原为山阴地方的望族,几代官宦。秋瑾自幼喜好诗文,尤其羡慕剑侠,年纪稍长,她便随四表兄习棍棒拳术、骑马击剑,小时的生活是那样无忧无虑,光明灿烂。

秋瑾及笄之年,她的父亲调升为湖南湘潭知县,她随父亲到了湖南。不久由媒人说合,父亲把她许配给湘潭的富绅王家。光绪十八年(公元1893年),18岁的秋瑾正式嫁到王家,成了王廷钧的妻子,新婚宴尔,鱼水和谐,3年中生下一子一女,儿子叫沅德,女儿叫灿芝。王家颇富资财,王廷钧更醉心利禄,他到北京纳资谋到了一个部郎的京官。秋瑾随着丈夫一齐来到了京城。

秋瑾随丈夫到北京是光绪二十一年春,即1895年春,此时中日甲午战争刚刚结束,清政府被迫签订了丧权辱国的《马关条约》。条约签订时,清政府正进行科举考试,一千多个举人云集北京,在康有为的领导下,集体上书反对签订《马关条约》。之后以康有为为首办起《中外纪闻》《万国公报》介绍条约签订中清政府的腐朽无能,分析条约对中国的危害。养在深闺的秋瑾读了这些报纸,潜藏在内心深处的那一份侠烈性情,不断地在胸中涌动。

随后维新变法运动以北京为中心在全国迅猛展开,《时务报》《国闻报》《湘学报》这些关于变法思想的先进报纸只要能找到,秋瑾都如痴如醉地拜读。"物竞天择,适者生存"的生物进化论她闻所未闻,"君主立宪"的政治观点使她茅塞顿开,她觉得复兴国家有希望了,她为之欢欣鼓舞。可是不久就听到慈禧囚禁了光绪,康有为、梁启超流亡海外,谭嗣同等人在菜市口被杀。

有人把谭嗣同就义时说的话讲给秋瑾听,谭嗣同临刑前说:"不有生者,无以图将来;不有死者,无以酬圣主。""各国的变法成功,都有献出生命的;中国变法的失败,就缺少敢于牺牲的人,要有,就从我谭嗣同开始。"这样的话大大激励了秋瑾,秋瑾还找来谭嗣同写的变法文章,边读边抹眼泪,而她的内心更是坚定了为国尽匹夫之责的决心。

维新变法失败的第二年,义和团运动风起云涌,不久八国联军攻进北京,烧杀掳掠,清政府完全屈服在外国人的淫威之下,《辛丑条约》使中国完全陷入半殖民地半封建社会的深渊,秋瑾在北京亲身经历了这一巨变,义愤难已,决心以实际行动挽救祖国的危亡。

在北京,秋瑾也结识了一些新女性,加入解放女性的大潮中,她时常和这些女性一起看《苏报》《新民晚报》《罗兰夫人传》《东欧豪杰》等,这些书让秋瑾眼界大开,思想起了翻天覆地的变化,她开始认识到男尊女卑的封建信条是束缚妇女的枷锁,意识到女性必须自立和自救。

秋瑾以解除封建女性的裹脚布为解放女性的第一步,她以为小脚女人形同残废,行动维艰,为了和男子并驾齐驱,女子必须放脚。遂在京城成立"天足会",鼓励更多的女性放足。并在 1903 年中秋节大胆地穿上男装到戏院看戏,这一举动在京城引起了轰动。

此时,秋瑾的丈夫王廷钧仍然热衷名利,趋跑于权贵之间,酬应于歌楼酒榭。两人志趣不投,思想和言行渐渐相远,感情也出现了裂痕,最后在亲友的干预下,秋瑾和丈夫分居。

东渡日本

分居后的秋瑾决定东渡扶桑,到日本去寻找志同道合的革命同志。1904 年 7 月秋瑾冲破封建家庭束缚,毅然变卖自己的首饰自费留学日本,并以赋诗《泛东海歌》来抒发自己东渡日本的目的:因之泛东海,冀得壮士辅。

秋瑾到达日本东京,正是樱花怒放的季节,日本有许多革命的同志,秋瑾的心情就像那盛开的樱花。她先入中国留学生会馆日语讲习所,埋头苦学日语,并常常参加留学生大会和浙江、湖南同乡会集会,每遇大会,秋瑾必登台演说革命救国和男女平权道理。

在此期间,秋瑾与陈撷芬发起"共爱会",作为开展妇女运动的团体;和刘道一、王时泽等十人结为"十人会"。至此,秋瑾最终打破了桎梏在身上的封建枷锁,以反抗清廷、恢复中华为其理想。同时创办《白话报》,以"鉴湖女侠秋瑾"署名,发表《致告中国二万万女同胞》《警告我同胞》等文章,宣传反清革命,提倡男女平权。后又参加冯自由在横滨组织的"三合会",受封为"白纸扇"(即军师)。1905 年 7 月,秋瑾由冯自由介绍,在黄兴寓所加入中国同盟会,秋瑾成为浙江省加入同盟会的第一人。这时她起名"竞雄",这时的秋瑾生活中充满了激情,在留日学习期间,她写下了许多充满强烈爱国思想和饱满革命热情的诗篇,慷慨激昂地表示:"危局如斯敢惜身? 愿将生命作牺牲。""拼将十万头颅血,须把乾坤力挽回。"

不久,中国留日学生的革命活动遭到沉重的打击,清廷驻日公使唆使日本文部省,颁布取缔中国留学生规则,使得中国留日学生的言行受到极大的限制,留学生随时有遭逮捕的可能。《猛回头》《警世钟》的作者陈天华跳海自杀,表示抗议。秋瑾不得已,于 1906 年春天回国。回国后的秋瑾是否能一展自己复兴祖国的愿望呢?

巾帼英雄

秋瑾回到上海,由徐锡麟介绍,她加入了蔡元培、章太炎等人组织的"光复会",她一面创办中国女报宣传女权,一面在虹口租界租屋与陈伯平制造炸弹。由于炸弹不慎爆炸,租界将她视为"危险分子"。

于是,秋瑾又在"马足车尘知己少,繁弦急管隆谊稀"的情况下,回到祖籍绍兴,主持大通学堂的校务。

为办大通学堂,光绪三十三年初,秋瑾回到婆家索要银两。王蕴琏在《回忆婶母秋瑾》一文中说:"我家原住湘乡荷叶神冲。我四五岁时,看见秋瑾婶母来我家,她每天在我母亲房里看书,不出大门。她在湘乡住了一个月,便回湘潭去了。听我母亲说,秋瑾婶母曾向她家娘要钱,家娘不理她。秋瑾婶母就把刀子向桌上一砸,扬言要杀一个人。她家娘家爷见她这样凶猛,就要管家拿了四千元给她。"于此,可见秋瑾刚烈的一面。

大通学堂表面上是开展新式教育,实际上是培养革命军事人才的学校。1907年1月至1907年6月间,秋瑾一面与教员王金发、竺酌先等,在和畅堂秋宅制定反清武装起义的秘密计划;一面派亲信去诸暨、嵊县、新昌、义乌、金华、丽水等地联络会党。

秋瑾多次往来于上海、杭州,在浙江新军和杭州武备学堂、弁目学堂中发展同盟会组织,吸收光复会员,将会党人员编为"光、复、汉、族、大、振、国、权"八个军,统称"光复军",并亲拟《光复军军制稿》、《光复军起义檄稿》,推徐锡麟为首领,自任协领,商定7月浙、皖联合起义合攻南京。

然而,此次起义却因事机不密,致使清政府有所警觉,开始搜捕光复党人,7月6日,徐锡麟在安庆仓促起义,刺杀安徽巡抚恩铭失败,被捕牺牲,清政府军很快查明秋瑾是这次起义的主要策划人,于7月13日,派兵包围大通学堂,秋瑾被捕入狱。

敌人用严刑拷打审问秋瑾,让她招认同党时,秋瑾指着审问她的人说道:"我的同党就是你!"吓得审问人面无人色。当审问者问她有什么遗言时,已经被打得肢体成残的秋瑾,趴在地上用血手艰难地写下:

秋风秋雨愁煞人!

是年7月15日,秋瑾就义,还不满33岁。在打扫她的牢房时,狱吏看到了她留在墙上的绝命诗:

> 莽莽神州慨胸沉,救时无计愧偷生;
> 搏沙有愿兴亡禁,搏浪无锥击暴秦。
> 国破方知人种贱,义高不碍客囊贫;
> 经营恨未酬同志,把剑悲歌涕泪横。

秋瑾死后,草葬于府山之麓。第二年,秋瑾生前好友吴芝瑛、徐寄尘女士集资迁葬于杭州西泠。不久,秋瑾的儿子将她的遗骨取出,归葬王氏祖籍湖南湘潭。辛亥革命胜利后,1912年,革命党人复将她的遗骨移回西湖孤山,隆重安葬。

身不得男儿列,心却比男儿烈! 平生肝胆因人常热,俗子胸襟谁识我? 英雄末路当磨折,莽红尘何处觅知音? 青衫湿!

秋瑾抒发其澎湃心胸而写的一首词中的一部分

革命先驱

秋瑾,无疑是一位有着血性男儿的刚烈女子,她少时在家习拳练武,穿着男装,掷刀逼婆家出资建大通学堂。周作人在谈到秋瑾时说过一段话:"秋瑾与鲁迅同时在日本留学,取缔规则发表后,留学生大起反对,秋瑾为首,主张全体回国,老学生多不赞成,因此这些人被秋瑾在留学生会馆宣告了死刑,有鲁迅、许寿裳在内,鲁迅还看见她将一把小刀抛在桌上,以示威下。"一个女性武枪弄刀,并不少有,但是,如果她把此项爱好转移到为祖国的救亡图存上,那么她已突破了一个刚烈女子的小限,进入了"巾帼英雄"的尊位。

秋瑾以自己的才识,不拘于封建女性的斗室,识清末的风云变幻,辨自己所处的政府不过是一个腐朽的空架子,而自己作为女性所受的礼制,则完全是束缚人性发展的牢狱。光意识到这些是不够的,如果不起来反抗,这些腐朽的政府和牢狱还是凌驾在人民的头上,而这种带有武力性质的反抗运动,向来都是男性社会的事,秋瑾这个弱女子却也不甘示弱地承担起来。她放足,着男装,以身作则鼓励女性也参入到社会生活中来,"算弓鞋三寸太无为,宜改革"。

改革又何止是女子的小脚,于是秋瑾毅然抛弃自己舒适、安稳的妇家日子,漂洋过海,学革新思想,参加并创立一系列的革命学会"共爱会""十人会""三合会""同盟会""光复会",在光复会里建立武装组织,这是秋瑾作为一个知识女性大胆向武装革命人士的转变,显示出了她非一般的巾帼英气和谋略。所以,周恩来说:"在反帝反封建的口号还没有喊出来之前,她敢于仗剑而起和黑暗势力战斗,真不愧为一个先驱者。"

然而,英雄似乎就得身先死,如"戊戌六君子"一般,秋瑾一腔救国于水深火热的爱国情怀还没来得及抛洒,就被腐败的清政府杀害,面对敌人的屠杀,秋瑾大义凛然,尽显英雄之气。

英雄是值得纪念和书写的,秋瑾被杀后,著名的文学家鲁迅用"夏瑜"隐喻秋瑾,写成了小说《药》,以此来纪念自己钦佩的这位女英雄。同时,作为一个女流之辈,秋瑾的英勇牺牲是对当时中国人的棒喝,是唤醒沉睡中的大多数中国人的警笛。

由此,郭沫若说:"秋瑾烈士是中华民族觉醒初期的一位前驱人物,她是一位先觉者,并把自己的生命奉献了反封建主义和争取民族解放的崇高事业,她在生前和死后都起了很大的推动作用。"

1912年中华民国成立后,中华民国开国领袖孙中山特别为秋瑾亲书"巾帼英雄"。我们可以这样,秋瑾的确是一个彻底的英雄,她具备了男性世界才会有的英雄之志,英雄之魂,所以,不光是中华女性乃至诸多男性都钦佩她,瞻仰她,肯定她。孙中山给她建墓,周恩来给她建纪念馆,鲁迅写小说纪念她。作为一个女性,秋瑾也决不虚于"巾帼英雄"之名。

川岛芳子：乱世艳谍　死有余辜

川岛芳子

【人物档案】

姓名：爱新觉罗·显玗

别名：川岛芳子、金碧辉。

字号：号诚之

生卒：1906年~1948年

毕业院校：松本高等女子学校

父亲：清朝末年肃亲王

母亲：善耆第四侧妃

继父：川岛浪速（日本浪人，满蒙独立运动策划者）

朝代：民国

职务：间谍、（伪满洲国）安国军总司令。

评价：该犯罪大恶极，一切侵华的情报均由她供给。"九·一八事变"时，曾经游说马占山，企图不用一枪就将东北占领。失败以后跑到上海，勾结流氓土匪布置间谍网，刺探我国各地情报，无恶不作。（《日本重要战犯名单》）

墓葬：被枪决后的骨灰一半被一个日本僧人古川带往日本松本安葬，一半由爱新觉罗后人安葬。（待考证）

【枭女本色】

川岛芳子本是清末皇族的一位公主，地道的中国人，幼时被其父送给东洋人作养女，在日本军国主义教育熏陶下，蜕变成为二十世纪三十年代的乱世艳谍，在日本红极一时，享有"帝国之花"的美誉，一度成为那一代日本青年的青春偶像。

川岛芳子在日本侵华的十五年间，以中日两国军、政、财界为舞台，周旋于东京、东北、北京、上海、'南京等地，利用娇艳的身躯猎取情报，在暗杀张作霖，接走婉容皇后拥立满洲国以及制造事端发动"一·二八事变"中，干下了许多敌人用枪炮也做不到的罪恶勾当，日本人称赞"她足以抵挡一个精锐的装甲师团"！日本投降后，川岛芳子被国民党当局以汉奸叛国罪枪毙于北京，结束了可耻的一生。

【风云叱咤】

生逢乱世　东渡日本当养女

1906年，也就是满清末代皇帝宣统登基的前两年。满清王室家族中居于首位的肃亲王善耆,喜得千金,因这个小生命在公主中排在第 14 位,所以被称为 14 公主,取名为爱新觉罗·显玗。算起来她应该是宣统皇帝爱新觉罗·溥仪的堂妹。

然而,显玗公主偏偏生不逢时,本应该是天真烂漫的童年时代,却适逢中国内忧外患,清朝统统岌岌可危。清王室的王公贵族,整日为江山社稷之事忧心如焚,谁还来得及关心这个漂亮可人的小公主呢。

虽然,肃亲王为维持和恢复大清王朝的统治殚精竭虑,但体虚气弱的王朝已是强弩之末,内力已无法抵挡来自各方面的进攻。在此情形之下,以"匡复清室"为己任的肃亲王,梦想借助外力恢复昔日的荣光,巩固清王朝的统治。

1900 年,八国联军攻占北京城。慈禧太后仓皇逃命,肃亲王护驾到西安。川岛浪速作为日军先遣队司令福岛少将的翻译官,到了北京。围攻紫禁城时,他只身来到神武门,用一口流利的中国话劝降了清王朝守军。肃亲王受命回京视察情况,见紫禁城里并非谣传所说的"血流成河。"当他得知这功劳应归于一个会讲中国话的日本翻译时,便亲自拜访了住在东四三条日军宿舍的川岛浪速。第二天,川岛浪速又回访了肃亲王。一个为了借助日本"匡复清朝",一个主张满蒙独立,两个目标都少不了一个主题:中国版图。两人谈得十分投机。

从此,满清王室肃亲王与日本浪人川岛浪速便结下了不解之缘。

1912 年,宣统帝下诏退位,肃亲王终日为之殚精竭虑的清王朝终于垮掉了。肃亲王一家流亡旅顺,住在白玉山西侧山岗上。在丘陵起伏的一片密林中,有一幢二层红褐色砖造楼房,这幢楼房原本是俄国人的别墅,日俄战争后,归日本人所有,将这幢楼房辟为肃亲王府。

肃亲王"匡复清朝"的痴心不改。在流亡旅顺期间,他与川岛更加打得火热。

恰值此时,日本新近就职的总理大臣明确表示了反对袁世凯共和政府的立场,同意帮助清王朝实现复辟美梦,并电告清王朝选一名谈判代表。

绝望中的肃亲王又看到了曙光。他毫不犹豫地选择了川岛浪速作为自己的谈判代表,负责与日方交涉。

但川岛是一介浪人,没有任何官方职称,日本方面显然不能接受这样一个谈判对手。

于是,肃亲王心生一计:何不将自己的孩子送一个给川岛做养子,这样,就能证明清王朝与川岛有密不可分的亲属关系,川岛作为谈判代表也就名正言顺了。

按清朝皇室典律规定,不允许将皇族的男孩送给皇族以外的人做养子。

肃亲王决定送自己宠爱的第十四公主爱新觉罗·显玗给川岛。时间是 1913 年,那一年显玗公主 7 岁。

川岛浪速在得到肃亲王赠送给他的养女之后,欣喜异常。辞行那天,他拉着养女显玗的手,走进了肃亲王的书房,感慨万千地说:"亲王兄弟,今后无论遇到什么样的困难,我一定要把养女造就成伟大的女性,让她光宗耀祖,显赫门庭,为光复大清江山出力。"

肃亲王含泪说道:"川岛弟,把显玗交给你,我是放心的。我只希望这孩子长大后能继承我的志愿,为匡复清室而奋斗。今后,望你对她严加管教。"

显玗公主的哥哥宪立至今对妹妹临别时的场景记忆犹新。他说:"妹妹去二楼父亲的房间辞行时,穿着中国服装,头发上系着一个白色丝带,哭闹着说:'我不愿意去日本。'母亲不住地哄着她说:'好孩子不要哭。'我永远不会忘记生母那一天的痛苦样子。"

从此,漂亮迷人的显玗公主离开了自己的家庭和祖国,漂洋过海,来到了一个充满浓厚的军国主义气息的国度——日本。

痛失贞操　以"匡复满清"为己任

显玗跟随养父川岛浪速来到日本东京,川岛浪速在东京的赤羽有一处豪宅。宽大无比的庭院中栽种着二百多棵樱花树,每年春天,绯红的樱花在空中漫天飞舞,极富浪漫情调。然而,显公主无暇享受这些,她仿佛与生俱来就背负着某种特殊的使命—匡复清朝。

养父川岛把她带回日本以后,便开始了对她的特殊教育——日本的军国主义教育。

为适应日本的生活,川岛浪速首先给她取了一个日本名字:川岛芳子。

生父肃亲王为匡复清朝,养父川岛浪速梦想满蒙独立,芳子作为日中关系的一个证明,她日后的命运便沿着生父与养父的梦想而展开,在 30 年代的亚洲舞台上,演出了一幕又一幕情感与政治,情感与战争的活报剧。

少女时代的芳子是优越的。她那如花似玉的美貌,高贵冷艳的神态,洒脱开放的做派,令许多男人倾倒。她的邻居山家亨少尉以及蒙古喀喇沁王的儿子甘珠尔扎布都是她的追求者。

芳子时常用挑逗性的语言撩拨起这两个男人的欲望,然后又拒绝他们,使这两个追求者饱受爱情的折磨,十分苦恼。

芳子在这爱情的角逐中,越发漂亮了。姣美的容颜、成熟的身段、丰满的乳房,让你直感到那浓郁的青春气息扑鼻而来。

这时,有一个人也在暗中打着她的主意,盘算着如何与这美女同床共眠。

这个人不是别人,正是芳子的养父、年过花甲的川岛浪速。

1924 年 10 月 6 日,芳子像往常一样,做完川岛给她规定的功课便早早躺下了。川岛悄悄推开芳子卧室的门,当他看见躺在床上的芳子那曲线形的身段,按捺不住的欲火越燃越旺。但他没有急于下手。他让芳子起来,说要教她鉴别几幅清室名画。芳子对川岛一向言听计从,她十七岁的心灵压根没有去想养父会对自己怎样。芳子走进了川岛的书房,川岛悄悄把门锁死。川岛没有与芳子谈画,而是问芳子对婚姻有什么打算。芳子沉吟良久,非常坚定地说:"目前尚未考虑这件事,等实现了生父与养父的愿望后,再说吧!"

川岛面对这样一个沉静、美丽,浑身散发着青春气息的姑娘,兽性大发。他几乎是突然地用力抓住芳子的手,另一只手紧紧搂住芳子的腰,芳子根本来不及做出任何反应,便被川岛抱向暖阁。芳子拼命挣扎,苦苦哀求,但无济于事。

这一天,她被自己的养父奸污了。时间是夜里 9 时 40 分。

日本作家村松梢风在其所著的小说《男装丽人》中有过这样的感叹:

"若说坎坷,恐怕世间很少有比这更坎坷的命运了;若说传奇,恐怕世上再没有比这更传奇的一生了。不幸啊……不幸……这是一个多么悲惨的身世啊!"

川岛芳子在这一时期的手记,对这一事件有简短而隐讳的记录:

"1924 年 10 月 6 日夜 9 时 40 分,我永远清算了女性。我不愿意写得过于坦率。"

清王室后裔,以贞操为美德的古老中国的青春少女,就这样被日本军国主义者——一个披着养父外衣的狼所玷污。

芳子的痛苦可以想见。第二天早晨,她拍了两张与少女时代诀别的照片,便跑到郊外的理发店,剪成了一个典型的男式分头。

这一年,芳子十七岁。

她的哥哥宪立曾十分痛切地说:

"不错,芳子的性格是有些独特,但一个妙龄的少女,肯把青丝剪掉,难道不是有她的难言之隐吗?"

1927 年 11 月,芳子在旅顺的大和旅馆,与甘珠尔扎布举行了婚礼。

此前,日本人曾想要芳子给张学良当偏房,但终未实行。原因是,日本人觉得张作霖态度强硬,不好收买,即使是芳子的卖弄风情,也很难说就能俘虏张大帅。

与甘珠尔扎布的这场婚姻十分短暂,只简单维持了三年,芳子便出走了。

关于这场婚姻破裂的说法很多。有一种说法认为:芳子之所以不能与甘珠尔扎布这个家庭和睦相处的原因是,在结婚的第二天早晨,芳子没有能拿出初夜证明贞洁的腰垫,惹怒了丈夫和姐姐,导致了家庭不和,再加之芳子性格乖张,经常不辞而别,甘珠尔扎布深感难于驾驭。芳子强行出走后,甘珠尔扎布每天都把家里收拾得整整齐齐,干干净净,等待芳子早日归来。

芳子自出走以后,就再没有回过大草原。有趣的是,她还给甘珠尔扎布撮合了一个绝代美人——蒙古扬王的孙女,并在他们举行婚礼的那天到场祝贺。

短暂的婚姻没能给芳子带来幸福,且由于贞操问题再一次刺伤了她的心灵。

尽管如此,芳子从没有忘记肃亲王的夙愿——匡复清朝。她在寻找机会施展自己的才华,满足自己的野心。

美色当武器　暗杀张作霖获美名

1928 年的一天,留着男式发型、身着男装的川岛芳子,突然在上海出现在哥哥宪立面前。面对怪异的男装妹妹,宪立目瞪口呆,忍俊不禁,不知如何安顿她。接着,川岛浪速的信也跟踪而至,大意是:"割断难以割舍的思念,将芳子还给你。"

从 7 岁起就到日本去生活的芳子,说话、做事已经完全日本化了。她的中国话讲起来已十分生硬。

男装打扮、"割断思念"而送还之类,都是假象。芳子此次到上海找哥哥宪立,真实的用意是为日本刺杀张作霖做准备工作。

芳子告诉哥哥宪立,此次回来的主要目的是到旅顺去"省亲。"

十年别离,回家"省亲",实在是一件非常正常的事情。

宪立对此深信不疑,并且在川岛芳子的要求下,还提供给她一笔数目可观的款子。

有了"省亲"的名分,手中又有一笔钱的芳子并不急于前往旅顺,她滞留大连,一面打电话给家里人声称因风寒感冒,不能预期抵达;另一方面,却四处活动,与奉军军部谍报机构的年轻人亲密有加。结果,她相当轻松地从这些年轻人的手中,获得了张作霖在北京的消息。

日本关东军稽查处急令川岛芳子迅速弄清张作霖返辽的具体路线和日程安排。

她仗着曾经是张学良少帅的偏房候选，只身独闯奉天张作霖私邸，执意与张少帅密谈。

帅府不便拒绝也不能拒绝。但张少帅此刻忙于处理后方事务，迎接父亲安全抵奉，无暇顾及芳子的求见。碍于曾经的一段姻缘，加之芳子毕竟是王室后裔，不好降低接待规格，便派贴身侍从副官郑某代表少帅接待，并全权处理此事。

郑副官对芳子的美艳早有所闻，能亲眼目睹其绰绰丰姿并与之交谈真有受宠若惊之感。

第一次见面，芳子便对郑副官眉目传情，搔首弄姿，惹得郑副官心痒难熬，欲火中烧。但芳子很能把握分寸，她知道鱼儿还没上钩是不能收杆的。而且她断定，郑副官这条鱼儿已经闻到鱼饵的味道了。于是，她装作一副粘稠而缠绵的样子说：

"好吧，郑副官，我们今天就谈到这里吧，我看你也有些累了，下次……"

没等芳子说完，郑副官赶紧接过话茬说："下次见面的时间地点就按我们刚才说好的，你一定要来哟。"

芳子笑而不答。但单是这一笑，已足以令郑副官销魂。

郑副官虽有些失望，可一想到下一次，心里就充满甜蜜之感。

第二次见面，芳子允许郑副官亲吻并拥抱了她。郑副官激动得彻夜不眠。

第三次见面，芳子已与郑副官亲密无间，同床共枕了。

短短几天功夫，芳子散发出来的女性魅力，已将郑副官彻底征服，郑副官被这个妖艳的女人搞得神魂颠倒，唯命是从。

芳子看到时机业已成熟，便在一个幽静的月夜，轻描淡写地提出了自己的要求。

"郑副官，你说你那么爱我，你说我是你今生最爱的人，那么……，"芳子故意用一种沙哑而具有性感的声音说道。郑副官早已被撩拨得难受，忙问："那么，什么？"

芳子用眼睛直勾勾地看着郑副官，然后贴着郑副官的耳朵说："我向你要一样东西。"

"什么东西，我整个的人都是你的啦，你还要什么。"

"我要……"芳子仍然用她那沙哑而极具诱惑的声音说道。

"我不是都给你了吗？"郑副官以为自己听出了芳子的弦外之音。

"你这男人，成天都想那等好事。我会给你的，但你必须给我一样东西。"芳子含情脉脉地望着郑副官。

"说吧，要什么我都给你。"郑副官相当果决地说。

"我要张作霖返辽的具体线路和日程安排"。芳子毫不含糊地提出了自己的要求。

郑副官取出绝密文件袋，也不管芳子拿这东西去有什么用，像送一件小礼物似的送给了她。

芳子亲密地挽着郑副官回到了住处。这一夜，芳子好好地侍候了郑副官。同时，也将这份"绝密礼物"拍摄了下来。

当时，为瞒天过海，掩人耳目，外界披露的消息是张大帅随军返辽。实际情形是：张作霖将乘慈禧太后的花车，先于奉军返辽。

川岛芳子立即把这绝密情报传送到了日军总部。

日军总部得悉情报之后，命令关东军做好在途中刺杀张作霖的准备。

1928年6月4日凌晨30分，当张作霖乘坐的特快列车驶过皇姑屯站，正要抵达奉天站时，一颗炸弹突然爆炸，张作霖被炸成重伤，4小时后，在奉天帅府内离开人世。

川岛芳子此时早已离开张作霖私邸，回大连"省亲"去了。至于那位神魂颠倒的郑副官恐怕对这位美艳绝伦的男装丽人只有望眼欲穿的份了。

但在日本军界，芳子的表演天才和个人才华，却使她落得一个"东方的玛塔·哈丽"的美名，为她以后的出人头地、野心膨胀奠定了基础。

放浪勾引　征服田中做人梯

1930年6月，闲极无聊的芳子搭乘日本商船返回日本。

在船上，她与日本关东军谍报员、炸死张作霖事件的主谋大村骏的弟弟大村洋好上了。

他们的感情发展得相当快，在船上的寝室就公开地颠鸾倒凤，巫山云雨。

芳子没有回她在松本的养父家，而是直接到了大村洋在日高乡下的一处别墅。

大村洋外表英俊潇洒，谈话幽默风趣，学识渊博，同时又是个谍报高手。这样的男人，在年轻浪漫的芳子眼中，无疑是标准的男子汉。

日高的乡间别墅，整天都有阳光照射，四周是无边的田野。每到夜晚，芳子便挽住大村洋的手臂，款步行走于乡间的小路上，头顶是美丽的星空，微风轻拂着柔发，芳子感到惬意而舒坦。

虽说只有短暂的两个月，却被芳子视为她的"浪漫时光"。

大村洋的目的却相当明显。

在船上的接触中，他就发现芳子是可造之才，加上芳子诱人的青春气息和无与伦比的美色，更加唤起了他要培养芳子的万丈豪情。

他教会了芳子各种各样的床笫技巧，使芳子对自己的肉体有了新的认识，芳子服服帖帖地听他摆布。

他强化了芳子"把美色作为炸弹"的间谍意识。

他灌输给芳子的是：日本是亚洲的主人，满蒙是日本的弟弟，弟弟是必须听从哥哥的指挥，按照哥哥的意思建立"美满"的大家庭。

他鼓励芳子：男人能做的事，女人也能做。男人不能做的事，女人有办法做。你比我们男人还强。只要是为了满洲的独立大业，什么事情都是对的，你都应该去做。

在日高乡间别墅狂欢了两个月之后，经过推荐，芳子重新回到了她的谍报岗位，负责在中国的军政界收集情报，成了日本侵略者侵略中国的谍报员。

不久，芳子到了繁华都会上海。

1930年10月，37岁的日本陆军少佐田中隆吉到上海就职，任日本驻上海公使馆武官辅佐，主要任务是收集情报。

田中隆吉被称为军中暴君，对下属要求极严，而且不近女色。但搞谍报却是老手。

这种人,正合芳子的胃口。她发誓要征服他。

恰巧,日本的三井物产公司要为田中隆吉的到任举行一个招待酒会。川岛芳子的初恋情人山家亨与田中是好朋友。山家亨答应芳子在招待会上介绍她与田中认识。

我们从芳子在这次宴会上的打扮便可看出她的良苦用心:浅红色小碎花绸旗袍,胭脂口红,日本文金高岛田式发髻,酷似一朵娇艳欲滴的水仙。

实际上,还在芳子很小的时候,田中隆吉就见过她。大约是1921年,川岛浪速在东京的音羽护国寺,为祭奠同蒙古将军巴布扎布一同战死的日本士兵,举行盛大的慰灵法事时,少女芳子与川岛浪速并列出席,田中隆吉也在场。那时候芳子15岁,还是个含苞欲放的小姑娘。

现在的芳子与10年前相比,已判若两人。丰满的身段,含情的眸子,入时的打扮,整个儿一个滋润而成熟的少妇。田中隆吉内心非常喜悦。但他表现出来的,却是另一番滋味。

"噢,到我的机关来工作,那得好好干才鞋那得好好干才行。"

虽然话语生硬,但总算同意了。

越是如此,就更加激起了芳子的欲望。这期间,芳子耍尽花

虽然话语生硬,但总算同意了。

越是如此,就更加激起了芳子的欲望。这期间,芳子耍尽花招,百般勾引,都未使田中上钩。1931年元旦,芳子独自来到田中隆吉的房间,见房间里只有田中一人,再次要求与"田中共赴巫山"。田中严正警告她要尊重满清王室与公主的身份,弄得芳子十分尴尬,只好作罢。半月过后,各国驻上海武官在上海四川路舞厅举行舞会,芳子特意赶去,专等田中跳舞,在芳子的柔情蜜意下,田中终于束手就擒,当晚,便在饭店共度春宵。

芳子对田中隆吉渴慕已久,终于能如愿以偿,这一夜自然是疯狂无比,激情澎湃。田中正值壮年,精力旺盛,阳刚之气十足,加之性格暴烈,虐待成性,干柴烈火,相互焚烧,相互满足。

一夜风流之后,此二人便结下不解尘缘。

芳子又一次用鲜嫩欲滴的青春胴体,换来了自己在上海这个大舞台上尽情表演的入场券。田中也以得到如花似玉、体贴入微、性欲旺盛的芳子而喜悦。

事隔不久,田中便在上海替芳子购得一处住宅,做起金屋藏娇的美梦。

但芳子岂是等闲之辈。一方面,她需要男人,需要男人的抚爱、怜惜,需要男人满足她那强劲的性欲本能;另一方面,她出人头地的野心始终如一。表面上看来,芳子是凡男人皆不拒绝,实际上,她选中的猎物皆是对她出人头地、升官发财有帮助的男人。她之所以不厌其烦、苦苦缠绕田中,是因为她看中了田中耀眼的职位:日本驻上海特务机关长。她要借助这把梯子飞黄腾达。

棺材送活人　接走婉容成少佐

"九·一八"事变以后,日本侵华战争全面爆发,中国东北三省沦陷。中国人民尤其是东北三省人民,团结一致,奋起抗日。从世界舆论范围来看,日本的侵略行径也遭到欧美各国的谴责。日本侵略者陷入孤家寡人的境地。但侵华之心不死,军国

主义气焰极为高涨,愈燃愈烈。为了给侵略行径披上一层金灿灿的外衣,日本人把早已垮掉的中国末代皇帝溥仪从天津接到旅顺,妄图拥立他为满洲国的傀儡皇帝。

1931 年 11 月 13 日,在日本驻沈阳特务机关长土肥原贤二的精心策划下,溥仪戴着礼帽、墨镜,带着身边的遗老遗少,在日本关东军的护送下逃到旅顺的大和旅馆。狡猾的日本人想把溥仪包装一番之后,让其登上伪满洲国皇帝的宝座,从而为自己的侵略行为寻找一个轻飘飘的借口。

由于走得匆忙,溥仪钟爱的婉容皇后给扔下了。当婉容皇后知晓溥仪已离开静园,逃到旅顺的消息后,大吼大叫,几近疯狂,最后得了歇斯底里综合征。溥仪这边,自出走静园以后,对婉容也是万般思念,更无心做什么皇帝了。

日本人慌了手脚,着急盘算如何将婉容皇后接到溥仪身边。

当时的静园,风声很紧。周围有国民党特务昼夜监视,而且当天津的老百姓听说末代皇帝溥仪到旅顺做了日本强盗的儿皇帝时,义愤填膺,声称要组织一帮人马,杀死狗皇帝家的鸟男女。

进入天津静园绝非易事。

日本关东军考虑再三,最后选定肃亲王的第十四公主川岛芳子担纲接送任务。

1931 年 11 月 28 日午后,天津日租界宫岛街静园,婉容皇后正对镜梳妆。窗外枯黄的秋叶随风而逝。皇后看见镜中日渐憔悴的容颜,深感韶华流水,不觉泪湿衣衫。这时,房门吱嘎一声开了。面前站着一个着装入时,楚楚动人的女子。再细看,这精心打扮的女人气度不凡:胭脂色高开衩旗袍,旗袍表面绣有龙状花纹,脚上穿着精工制作的布鞋;薄施粉黛,口涂进口法国口红。

婉容皇后先是专注于这一份青春与美丽,但当她回过神来,立刻有些紧张。谁? 这陌生美人怎么进得到静园里来?

善于察言观色的芳子读懂了婉容瞬间的表情,缓慢而平静地说:

"我是肃亲王的第十四公主,爱新觉罗·显玗。"

婉容皇后对川岛芳子这些年的绯闻耳熟能详,在她的眼中,当时亲王的第十四公主(也是她的堂妹)是一个"天才的说谎者"。

所以,当芳子说出自己的真实身份后,婉容皇后目光里的内容相当复杂:不信任、轻蔑、嫉妒等等。短暂的对视过后,芳子先开了口。

她说:"我是奉我堂哥溥仪之命前来接你的。我堂哥溥仪在旅顺得了相思病,对你朝思暮想。希望你尽快到达他的身边。"

婉容皇后担心一出静园,便生死未卜。她怯生生地问:"我在静园虽显得孤单,但至少可以平安度日,如果出去,万一有个……"

没等皇后把话说完,芳子立刻拍着胸脯说:"出去的事儿尽管包在我身上,如果出了意外,我愿意以头谢罪。"

皇后见芳子如此豪爽,也就放心了。

前面说过,自溥仪被日本人挟持到旅顺之后,静园封锁得十分严实。国民党特务化装成"皮匠""铁匠""小商小贩"成天在静园周围转悠,驻天津的日本兵也对此严加看护。要使婉容皇后顺利出逃,芳子颇感棘手。

经过几天的冥思苦想,周密策划。芳子终于想出一计:棺材送活人。

芳子先是对外界放风,说肃亲王第十四公主带来的朋友百病缠身,不幸病逝于静园。

接着便在静园里搭设灵堂。芳子跪在棺材前痛哭流涕,悲切万分;婉容皇后也为堂妹的朋友不幸病逝叩头致哀,成群结队的仆人们更是将悲悼气氛推向高潮。这一切,都是想要向外界证实:芳子的朋友真的死了。芳子的朋友是谁呢? 就是前面讲的那位男扮女装的美男子。

那么,按照中国人的旧习惯,叶落归根,人死了必须送回老家。

于是,浩浩荡荡的送葬队伍在芳子的布置安排下,走出了天津城。棺材里装的不是别人,正是婉容皇后。

当婉容皇后乘坐经过伪装的日本兵舰,平安到达大连,并见到她日日思念的皇帝时,她对这次成功的冒险表示满意。为表达她对芳子的感激之情,她把母亲遗留下来的传世之宝一副翡翠耳坠儿送给了芳子。

日本军界对芳子在这次行动中的表演非常满意,为嘉奖她,特授予她陆军少佐军衔。

身着戎装的川岛芳子,喜悦之情溢于言表,这一年,她25岁。

色迷孙科 "肉体炸弹"没有干不成的事!

日本发动"九·一八事变"之后,占领了东北三省,日军所到之处,烧杀抢掠,无恶不作。世界舆论纷纷谴责日本政府,一时间,日本成了众矢之的。日本政府为了转移世界舆论视线,决定在东三省以外制造事端,混淆视听。

1932年1月10日,日本关东军以参谋板垣征四郎的名义给上海的田中隆吉发去电文,指使田中去租界云集、繁华热闹的上海挑起事端,吸引舆论视点,并提供两万元活动经费。

一直想在侵华战争中有所作为的田中隆吉得到指示和款项后,加紧活动。川岛芳子完成了接送婉容任务后,已返回上海。当田中把这一任务告诉芳子时,芳子仿佛早有预谋似的说:"这事好办,我们要让中国人先打日本人,要让很多人看见中国人在打日本人,理亏的是中国人,我们有理由进行还击,事端也就挑起来了。"

田中点头赞许,暗想:这姑娘进步大呀! 他交给芳子一万元钱作为活动经费。

是夜,芳子一个电话把上海地痞吴金宝召到住处。吴金宝原本一文弱书生,由于吃喝嫖赌恶习甚深,赌完家产之后,迫于无奈,便在上海滩干起了杀人越货的勾当。

芳子与吴金宝相识于上海美乐舞厅。吴金宝除了对芳子的美貌垂涎欲滴之外,还特别佩服这男装丽人的豪爽、气度。

"我有要事与你相商。"吴金宝刚一坐下,芳子便直奔主题。她特意穿了一件白色的薄型睡袍,在屋子中间走来走去,两条白嫩嫩的大腿在吴金宝眼前展示无遗,吴金宝本是好色成性,对芳子又久向往之,能有此温馨氛围,他两眼都发直了,心想,就是赴汤蹈火,我吴金宝也在所不辞。

"芳子小姐的事,就是我的事,尽管开口吧!"

"白林路上有个圆宗寺院你知道吗?"

"知道,是日本和尚住的地方。"

"昨天下午,我去白林路一个朋友家,在圆宗寺附近,碰见两个僧侣,我对他们客客气气,可他们竟然……"芳子欲言又止,似有难言之隐。

"他们怎么啦? 骂你啦? 打你啦?"

"他们对我非礼。"芳子边说边撩起袍襟,雪白的乳房上面果真有道红印,像是被人掐过。

金宝的眼睛睁得更大,怒火也在心头燃烧,而芳子却百般妩媚,故意把她那一对丰乳放在金宝的眼皮子底下,好半天才将袍襟放下。

"大胆秃驴,竟敢在我的地盘上对小姐要无赖,且让我去把他们抓来,听凭小姐处置。"说着,吴金宝起身要走。

"其实那两个和尚是谁倒不要紧,气的是他们居然在光天化日之下,在繁华的白林路上对我这样。"芳子说着,又摸着自己受伤的乳房,"如果这次不教训他们,以后他们就更张狂了。"

"行,我先去圆宗寺把他们教训一顿,替小姐出一口恶气。"吴金宝拍着胸脯说。

第二天傍晚,赤脚修炼的日本和尚在白林路上遭到了吴金宝手下人的袭击,3人被打成重伤,其中一位叫水上秀雄的,于第二天死亡。吴金宝见势不妙,赶紧逃之夭夭。但祸端一起,在田中隆吉预谋下早有准备的日本浪人,挥舞棍棒大刀,以追"杀人犯"为借口在白林路上行凶。前去干涉的中国警察也遭到殴打⋯⋯不明真相的人传播着骇人听闻的谣言,一会儿是"日本浪人杀了中国人",一会儿又是"中国警察杀了日本侨民",谣言又煽动起更多不明真相的人。一时间,上海滩乱成一团。

更为严重的是,日本人趁机纵火焚烧有排日倾向的三友毛巾厂。他们把整瓶汽油浇向工厂板壁,把油浸透的报纸抛向屋顶,向屋顶投掷手榴弹,工人们奋起救火,相互之间冲突不断,势态在进一步扩大。

当天下午,1000多日本侨民在公共租界日本人俱乐部召开上海日本人居留大会,决定电请日本政府增派陆海空三军,压制上海的排日运动。会后,他们又分两批前往日本领事馆及海军陆战队司令部请愿示威。这些手持木棒的日本人,气势汹汹,狂呼口号,见到贴有反日标语的商店,便用棍棒击碎商店门窗、玻璃,有10余家中国商店遭到袭击。

如此一来,中日两国关系更趋紧张,箭在弦上,一触即发。

世界各国的注意力也由东北的满洲转移至上海。

"日本和尚遭到袭击事件"之后,日本驻上海领事馆即刻向上海市市长吴铁城提出四项要求:

一、向日本人道歉。

二、处罚肇事者。

三、负担伤亡者的治疗费、赡养费。

四、立即解散抗日团体,取缔抗日活动。

日方限上海市政府10天之内给予答复。与此同时,田中隆吉电告日本政府,谎称在上海的日本侨民的生命财产受到威胁,上海已掀起轰轰烈烈的排日运动。

软弱的上海市政府于1月28日午后3时,屈辱地接受了日本领事馆提出的四项要求。

尽管如此,日本军界并没有停止进攻上海的行动。1月28日深夜,日本第一先遣舰队司令盐泽幸一少将,命令陆战队,开进上海日本警备区外的闸北,做好了进攻上海的准备。

而盐泽幸一之所以敢如此嚣张,还得归功于川岛芳子。

芳子以"日本和尚事件"挑起事端之后,又在田中的授意下,潜入吴淞口炮台,查清了该炮台的炮数,并将此军情报告给了日本军部。

当时,守卫上海闸北的是广东精锐部队第十九路军,军长蔡廷锴对日本侵略者恨之入骨。

所以,当日本陆战队开进闸北以后,我十九路军奋起抵抗。这就是震惊中外的"一·二八事变。"

此时的芳子,已是上海"美乐舞厅"的常客。跳舞成了她每夜的功课,而且由于她那优美的华尔兹舞步,她在一次跳舞比赛中获得一等奖。

也就是在这家舞厅,她捕捉到了她在上海时期最大的一个猎物——国民党行政院院长孙科。

孙科斯文潇洒,进过洋学堂,酷爱华尔兹。很快,川岛芳子用她一贯的做法,俘虏了这位行政院院长,以至于孙科愿意把贴身秘书的位置给芳子,两人的缠绵程度可想而知,芳子高超的手法可想而知。

这段风流韵事发展到极致时,孙科的夫人寻着踪迹,到芳子的闺房去捉奸,结果被抓了个现形,孙科极其狼狈,芳子却泰然自若,大声对孙科夫人说:"有什么好闹的,连自己的男人都管不住。"

从孙科那里,芳子获得了蒋介石准备下野的消息。

在当时,这可算得上绝密中的绝密。但本事超群的芳子,仍然用肉体把它得到了。

日本内阁得知这一绝密情报后,先是震惊,然后迅速调整其对华政策,重新制订其侵华方案。

随后的事实证明了芳子的情报的准确性。"一·二八事变"后,由于推行不抵抗政策,蒋介石遭到各方责难,深感形势不利,主动提出下野,以平衡各方心态。

芳子的谍报才华再一次得到日本军方的赏识,大有中国方面的情报非她莫属。侵华日军中也掀起了一股不小的芳子崇拜热。许多年轻的士兵以收集芳子的照片为乐,以谈论芳子的风流韵事来解馋。就连第九师团长植田廉吉中将也十分动情地说:

"芳子小姐,足以抵挡一个精锐的装甲师团。"

芳子自己更是得意之极,经过这些年的磨难和尝试,她相信这颗"肉体炸弹",无孔不入,没有干不成的事情。她的野心也在急剧膨胀。

肉体换官位　当上"安国军"总司令

1932年3月1日,在日本人的预谋下,发表了"满洲国"建国宣言,宣统皇帝爱新觉罗·溥仪的头衔是满洲国的"执政"。

1928年8月,田中调任大阪野炮第四联队任队长,归国途中,他专门去大连与芳子相会,并相当慎重地把芳子介绍给了满洲国第一任最高军事顾问多田骏少将,并请求多田对芳子多多照顾。多田骏是田中在日本陆军士官学校的同学,碍于同学的情谊,多田骏答应帮忙。

芳子正为失去田中这座靠山而苦闷,没想到来了一座比田中更大的靠山,她自然是满心欢喜。

多田骏也不是盏省油的灯。尽管从年龄上看去,多田骏完全是芳子的父辈。

而且事实上,多田骏早年曾常常出入于川岛浪速家,对川岛的这位公主早就认识。很多年之后再见到的川岛芳子已出落得玲珑剔透,甚是可人。芳子制造的一连串风流绯闻更使多田骏痴迷。

他以一段平和的对话发起了攻势。

"啊咦,中国古话说得好,女大十八变啦,芳子都变得快叫我认不出来啦。嗯,你还记得在你很小的时候,我去你家的情形吗?"

芳子一听多田骏这亲热的口气,知道有戏,她情深意长地望着多田骏,娇滴滴地说:"记得,记得,我那时常坐在你的腿上,搂着你的脖子,听你给我讲故事。那时,我父亲让我认你做干爹。现在,我身在异乡,无依无靠,你愿意做我的干爹吗?"说着,芳子便十分自然地坐到了多田骏的腿上,搂住了他的脖子。

虽说多田骏对这位风流女子已渴慕多时,但芳子如此大胆和开放是他所没想到的,他的脸微微红了一下,但很快恢复正常,在芳子的嘴上亲了一下,说:

"行啊,我有这么漂亮的干女儿,我会睡不着觉的。"老奸巨猾的多田骏想以此来试探芳子。

"我陪你睡嘛。"芳子动情地说。

当夜,芳子便钻进了这位"干爹"的被窝。但她没法相信的是:年近花甲的多田骏床上功夫竟能使她酣畅淋漓,销魂不已。

有了这么一座大靠山,芳子在"满洲国"可谓肆无忌惮。最后发展到,她要求多田骏给她一帮人马,她来组织所谓的"安国军"。

多田骏为笼络住芳子的心,答应了她的要求。

川岛芳子为取得"满洲国"老百姓的信任,将自己的名字改为金璧辉。

不久,我们即看到一支以金璧辉为总司令的部队活跃在"满洲国"内。

这支被称为"满洲安国军"的部队,实是一群乌合之众,毫无战斗力可言。

然而,多田骏为了从形式上满足芳子的虚荣心,还特意给她刻了一枚一寸见方的官印。

1933年2月,身穿军服、马裤,头戴军帽的金司令率领她的安国军参加了热河战役。

日本的《朝日新闻》当即对此做了报道,报道称:"男装丽人川岛芳子小姐,被任命为热河自卫团总司令,威风凛凛地站在讨匪第一线。"川岛芳子的巨幅戎装照随文刊登,一时间,《朝日新闻》被抢购一空,芳子的戎装照成为那一代日本青年的青春偶像,被广为收藏。

事实是,这支部队根本不能作战,只是跟在日本军的后面,烧杀抢掠,像一群饥饿的土匪。金璧辉司令却忙于在戎装照上签名,送给那些崇拜她的少男少女。

日本舆论却利用这一机会,绘声绘色地对这支传奇式的"安国军"进行宣传,川岛芳子也成了日军鼓舞士气的榜样。

这一点,大概是芳子本人始料不及的。

在这期间,芳子又替日本人做了一次间谍工作。

1932年,苏炳文占据了呼伦贝尔盟。10月1日,苏炳文在海拉尔宣布独立,并监禁了三百多名日本侨民。为救出这些人质,日本人一方面安抚苏炳文,采取怀柔政策。另一方面,关东军将芳子招到身边,询问她有何妙策。芳子不假思索地说:"我直接去谈。"

芳子之所以出此计策,完全基于她对自己色相的信心。日本人对此也深信不疑,在他们看来,丽人芳子一定能俘获苏炳文。

但苏炳文在海拉尔宣布独立以后,呼伦贝尔盟周边已派重兵把守,且根本不能强攻,否则,三百多日本人质将有生命危险。

芳子要求用飞机将她直接空降到呼伦贝尔盟,她要与苏炳文面谈。日本关东军参谋长小矶国昭和多田骏少将同意了这一方案。

于是,一个训练芳子空降技术的计划在伪满洲国内秘密进行。日本报界没有放过这一特大新闻,芳子作为传奇式人物再一次轰动日本本土。报道说:英勇的川岛芳子单身乘降落伞进入了苏炳文的控制区,并通过自己独特的女性魅力和智慧的头脑,劝降了苏炳文。

实际情况是,芳子根本就没有去,也没有采取任何行动。

但芳子在这一段时期发表了不少演讲确是有据可查的。这些矛盾百出的演讲中,她也表达了对日本人的不满情绪。

更为糟糕的是:她在这一时期对男人的渴望已达到登峰造极的地步。她不分场合、地点与男人亲近。

为劝降苏炳文,多田骏曾带着她到了齐齐哈尔,她的哥哥宪立当时任齐齐哈尔市市长,他们就住在宪立家。到了晚上,多田骏拉着芳子的手,当着宪立的面说:"小芳,我们睡觉去了。"芳子便跟着多田骏上了二楼的卧室。她的手下,原安国军副司令方永昌她也不放过,宪立曾十分痛苦地说:"我亲眼见到芳子与方永昌睡在一个被窝里。"

日本关东军的将军们,在把芳子玩弄以后,深感再这样下去,日本军人的名誉会受到损失。他们决定送芳子回日本。

1933年底,芳子被送回日本本土,暂住在多田骏少将的住所。

从此,芳子脱离了日本军界,过着一种平民化的生活。

死有余辜 "帝国之花"入地狱

1937年7月7日,卢沟桥事变爆发,中华民族进入全面抗战时期。

1941年,日军偷袭珍珠港,太平洋战争爆发,日本在兵源、战争物质等问题上深感不足,迫切要求与国民党政府和谈,以缓解战争困难。

闲居东京的川岛芳子听到这一消息后,认为自己出人头地的机会又来了。她立即打电话给东条英机首相的夫人胜子,迫不及待地说:"有一件重要事情,请一定让我见东条阁下。请一定把我护送到日军的最前线。关于蒋介石军队方面,有许多将军是我的熟人,你就不用担心了。我一定要使日中和谈实现。"胜子如实地把川岛芳子的想法转告给了东条英机。东条英机一听,脸色骤变,他对妻子说:"日本还没有落到非这种女人不可的地步……"

这只是表面情况,实际上,东条英机对芳子的来报才华和行动计划非常赏识,只是觉得派这样一个女人去谈判有伤大和民族的面子。他决定用另外的方式让芳子施展才华。于是,一纸电文发到北京宪兵司令田中宫佐手中,告知他要保护川岛芳子的安全,并为她的活动提供方便,随后,日本军部的命令将跃跃欲试的芳子派到北京,让她以东兴楼饭庄女老板的身份与国民党在京要员广泛接触,收集有关和谈动向的情报。

北京时期，川岛芳子周围网络了一大批国民党的军政要员、社会贤达、梨园名旦。她在这些人中间，如鱼得水，游刃有余，收集了大量有关中日战争的情报。

而这一时期，她最出色的作品是与国民党特务头子戴笠的接触。

早年，戴笠就十分仰慕川岛芳子的才华。尤其是她在上海的"一·二八"事变中表现出来的超级间谍手段，那种暗布机关、搬弄是非的本事，被戴笠视为经典。所以，当大汉奸周佛海、陈公博等人介绍戴笠与川岛芳子接触时，戴笠欣然应允，并派亲信唐贤秋扮成北京大药商行老板的身份与川岛芳子直接磋商。

川岛芳子希望在日中和谈问题上，戴笠能助她一臂之力，作为答谢，川岛芳子愿意将南京伪政府的特务网和日本人在北平的谍报人员名单交给戴笠。但这种"合作"因为日军进攻缅甸，陷中国远征军于绝境而暂时中断。狡猾的芳子为维持与戴笠的关系，在征得日本驻华北方面军参谋部的同意后，将一些非战略性信息透露给了戴笠，让戴笠能随时感觉到她的存在。

事隔不久，日本军方与国民党政府秘密达成了"和平共处，共同剿共"的协议，川岛芳子在北京的使命似乎已宣告结束。

日本军方在进攻中国时，视川岛芳子为宠儿，因为她能提供准确的情报；日本军方要鼓舞士气时，把川岛芳子树为榜样，因为她是王室后裔、世纪美人。现在，日本军方不需要她了，她孤独地离开中国，没有鲜花，也没掌声，她回到了日本的福冈，在那里，有她新近结识的男友小方八郎。

她住在福冈的山王饭店里，无所事事，目光忧郁而散淡。她特别喜欢小动物，从浅草买来一对猴子。这对猴子又产了四仔，芳子分别给它们取名为：阿蒙、阿福、小锛儿头、小不点儿。

这多多少少证明了，芳子的一生没有至爱亲朋，只好以并无功利色彩的猴子为伴了。

但不久，芳子觉得在日本呆不下去了，便搬到了北京的东四九条 34 号。日本人早已把他们的"帝国之花"遗忘了。

然而，中国人民没有忘记她。1945 年 8 月 14 日，日本宣布无条件投降。

1945 年 11 月，国民政府开始在北方肃奸。

1945 年 11 月 14 日，川岛芳子在北京她的住处以汉奸罪被捕。

狱中的三年，芳子似乎无所畏惧，审讯时，她还向法官要烟抽。而她所做的一切努力，都是企图证明自己是日本人（她要川岛速浪给她弄一个伪造的日本户口来），以及自己的年龄只有 32 岁。这样，她就能够摆脱"汉奸罪"的罪名。

没有人替她做这样的证明。她的罪恶早已写进了日本侵华战争的历史中，她那惊人的表演天才、天才的说谎本领、阴险的色情勾当永远无法从这一段历史中抹去。

1948 年 3 月 25 日，晨光曦微中，一位披头散发、面容憔悴的女囚犯，缓步走向中国北平第一监狱刑场。"呼"的一声枪响，这位憔悴的女人当场毙命。

她就是在 30 年代的日本红极一时，享有"帝国之花"美誉，一度成为当时日本青年偶像的川岛芳子。

当天，全世界的新闻机构竞相播出这样的消息：乱世间谍川岛芳子在中国北平第一监狱刑场被枪决。子弹从后脑打入，从右脸穿出，血肉模糊，无法辨认。

一代佳人川岛芳子，就这样结束了她可耻的一生。

陈璧君：伪廷慈禧 雷山老母

【人物档案】

姓名：陈璧君
字号：字冰如
生卒：1891年~1959年
籍贯：广东新会荷塘三丫乡泰通里人。
出生地：马来西亚槟榔屿乔治市
父亲：南洋巨富陈耕基配偶：汪精卫
毕业院校：璧如女校
朝代：民国
结局：1959年6月17日，病死上海监狱医院，尸体由其在上海的儿媳之弟收殓火化，骨灰送到广州。第二年，由在香港的子女派人到广州认领。次年秋，陈璧君的骨灰由其子女撒入香港附近的大海里。

陈璧君

【枭女本色】

陈璧君原本南洋华侨富商之女，巧遇汪精卫后在铁窗内结成"患难姻缘"。抗日战争全面爆发以后，她夫唱妇随，成为汪伪政权的"第一夫人"。

陈璧君秉性爱出风头，派头脾气十足，汪精卫的"政事"，没有她的干预，也会常常办不成。汪精卫白天在会上决定的事情，圈内人都知道这不能作数。晚上回到家中，汪夫人一反对，第二天开会再议，汪先生保准推翻。陈璧君生性泼辣，连蒋介石也敢骂，被人称为"雷山老母"。

日本投降后，陈璧君被国民党当局诱捕入狱。她竟然恬不知耻，大呼小叫，"母后"变成了"老娘"。后被判为终身监禁，于1959年6月17日病死在狱中。

【风云叱咤】

一见倾心慕美男

1891年（光绪十七年）11月5日，祖籍广东新会的马来亚槟榔屿橡胶业巨富陈耕基的妻子卫月郎产下一女，取名璧君，字冰如。

该女后来常常跟在兄长后边去英文学校念书,回到家中则由国内聘到马来亚的国文老先生教习汉语。10多岁时,陈璧君受加入革命党的母亲影响,开始阅读家中收藏的中外名著和各种杂志。谁也没有料到,陈璧君成人后竟变成了一个神态傲然,目空一切的大汉奸汪精卫的结发妻子,在抗日战争时期名噪一时。

汪精卫本名汪兆铭,出身书香门第。14岁父母双亡后,在他的长兄汪兆镛的严厉督促下,奠定了深厚的国学基础。19岁中秀才,不但文笔优美,而且长得一表人才。后来有人把他和梅兰芳、顾维钧一起称为中国三大美男子。

1903年,21岁的汪精卫考取日本法政大学的官费生,东渡留学。1905年8月,又参加了孙中山在日本组成的中华革命同盟会,被推选为评议部部长。与胡汉民、廖仲恺、陈天华等为同盟会出刊的《民报》撰写文章,从此才以"精卫"为笔名而行世。

一次,汪精卫、胡汉民二人赴南洋宣传革命、筹募经费,汪精卫在公共场所做演讲,他那潇洒的仪态,雄辩的口才,到处受到欢迎。当他在槟榔屿演讲时,当地富商之女陈璧君为他的风采所倾倒,不但到处追随捧场,还请他到家中,怂恿母亲,捐了一笔巨款,补助革命经费。陈璧君自己不久也到了日本,参加革命。

先是,陈璧君成年以后,她父母曾把她许配给她的表兄梁宇皋。表兄妹两人本是青梅竹马的相知,两人对这桩婚事,相当满意。当陈璧君受到汪精卫鼓吹革命的影响,决定远赴日本留学后,曾和梁宇皋在海滩散步,说出了她的志愿:"我要到日本去得些更高深的学问,结识革命党人,参加革命,驱除鞑虏,恢复中华!"

梁宇皋以为革命是危险的,要抄家灭族。再说,一个女子也不必抛头露面地去搞革命,陈璧君却豪气干云地向他表示:"正因为我是女性,所以我更要去参加革命;不但要争取汉族男性同胞的自由,而且更要争取汉族女性同胞的自由!中国历代有的是女英雄!"

他送她上船,临别依依的时候,向她说:"不管你何时回来,我总等着你;如果你有不幸,我就终身不娶!"

陈璧君听了并无激情感伤的表示,反而落落大方地说:"我们虽说已经订婚了,但何时才能结婚,是很难预期的。我如果参加革命,更不愿早早结婚。如果你另外有合意的对象,我赞成你和她结婚,不必痴心等我。但是,你对我的深情,我会永远记在心头的。"

两人互道珍重之后,船开了。她回到船舱,打开梁宇皋送她的一篓水果,却意外地发现了里面还有一封信,向她吐露心声:"将去英国留学,为未来的中国法治,尽绵薄之力。"

她看过后,不胜感慨,才知道她的未婚夫,虽说不赞成她参加革命,但也是个有志之人。和她相配,并没有委屈了她。但在她的心中,已经有了汪精卫的影子了。

落花有意 流水无情

陈璧君到日本后,参加了革命组织,与何香凝、郑毓秀等人住在一起,从此尽量找机会和汪精卫接近。可是汪精卫对陈璧君却并不热络,也许因为他和刘子贞只

417

是形式上退了婚约,事实上并未断绝情义吧。

然而,陈璧君每当看到汪精卫那风流洒脱的仪表,听到他那口似悬河的演说,不由得勾起她过去爱慕的初衷,于是又加强了对汪精卫的进攻。常常拿了文章请汪修改,拜汪精卫为师,请汪教她作诗填词。以此为由,常常到汪精卫的寓所去。汪精卫起初不知她的用意,总是认真教她。相处的时日一多,彼此之间自然增进了感情。本来当时见了女人还有点腼腆,拘谨的汪精卫,也被一个聪明而热情的南洋女郎所软化,渐渐地与陈璧君有说有笑,不拘行迹了。

陈璧君为了将友情转变成爱情,就不断地约汪精卫同游名胜之地。他因为工作很忙,往往婉转推辞。一天,她见汪精卫有空,又约他去游富士山,他只好奉陪了。

到了一处日本男女殉情的地方,陈璧君用言语试探汪精卫说:"凡是能以生命殉情的人,是最神圣的。"

汪精卫不赞成陈璧君的看法,正色道:"殉情是两人的事,一死了之,可说是纯真的,但不能说是神圣;只有为国家同胞殉身取义的人,才算是神圣。"

陈璧君听了有点不安,只好改口道:"你不但教我诗文,同时也教导我人生大道理了。"

汪精卫再次强调他的见解说:"我以为一个有思想抱负的人,不能为殉情而死,应当为国家大义而死。"

当时的陈璧君对汪精卫更加敬佩了,因而也就愈是企望能得到他的爱。从此不是找机会请他吃饭、相处,就是读书。渐渐地,汪精卫对此有了警惕。当时他是一个热血青年,反清志士,正准备进行一件惊天动地的行动,并决心牺牲自己,觉得决不能陷入儿女私情。他曾经致书胡汉民,申说他排除万难的决心:

兄主张军事行动,无大款何以能举,海外奔走,为效甚微;不有剧烈举动,何以振起人心,弟又不长于军事,既决心牺牲,只有唯此自择。

不久,汪精卫和黄复生就离开日本前往香港,作"剧烈行动"的准备去了。这样也就摆脱了和陈璧君的感情纠葛。

铁窗内订下"患难姻缘"

1909年2月1日,郑毓秀利用洋人的掩护,将装炸弹的两个大皮箱,从铁路运往北京,交给汪精卫。汪精卫查勘什刹海旁的一座无名小桥,是摄政王每日进宫的必经要道。于是,由黄复生等二人潜往桥下掘坑埋炸弹,因为犬吠声,惊动民政部侦探,前往搜索查看,黄复生、汪精卫被捕。

汪被捕后,抱必死之心,曾赋诗四首以明志,中有两首云:

慷慨歌燕市,从容作楚囚;
引刀成一块,不负少年头。
留得心魂在,残躯付劫灰;
青磷光不灭,夜夜照燕台。

清廷以案情重大,派肃王善耆审办。他看到汪精卫的仪表和气度,动了怜才之意。遂不同意法部尚书绍昌做出的"大逆不道、应立即处斩"的结论,认为是"未遂"罪,请旨改为永远监禁。

汪精卫被关进刑部大牢以后,少有敢去探望者,唯恐株连到自己。此时,陈璧君却对汪精卫关切备至。她用金钱买通狱卒,送衣送食,长久不断。汪见她如此殷勤,益感患难中同志友爱的珍贵,遂于长夜寂寞之时,赋《怀故人》一诗,托狱卒转交陈璧君。诗云:

> 落叶空庭夜籁微,故人梦里两依依。
> 风萧易水今犹昨,梦度枫林是也非。
> 入地相逢虽不愧,擘山无路愿何归。
> 记从共洒新亭泪,忍便啼痕又满衣。

陈璧君读到情郎的诗,非常感动,特地绣了一对枕头,送给狱中受难的意中人。更借送寒衣的机会,附上情书小束,直接向汪精卫表达爱意,有"虽然不能生前同衾,也望能死后同穴"等语,并明确提出希望汪精卫答应和她先订婚约,还勉励他"忍死须臾以等待美好的将来",一片痴情,要求汪精卫立即答复。

身处铁窗的汪精卫对于陈璧君的一往情深,不得不报之以"不论生死契阔,彼此誓为夫妇"的承诺,并且填了一首《金缕曲》赠她。陈璧君得到他同意订婚的答复和这首《金缕曲》,几年来向汪精卫的苦心追求,总算有了结果。

未几,武昌起义,旬日之间,东南各省相继独立。两广总督张鸣岐,专电奏请开释汪兆铭等人。于是,汪精卫和黄复生于1911年11月6日被释出狱,重获自由,暂住北京骡马市大街泰安客栈。陈璧君喜出望外,与汪精卫朝夕相处,情投意合。

1912年,民国成立,陈璧君向汪精卫提出正式结婚的要求。汪精卫因为早年曾与刘子贞订婚,虽说形式上已退了婚约,但那不过是一时的权宜之计。同时,汪精卫是非常尊重他的长兄汪兆镛的,他和陈璧君结婚,必须回到广州先征求兆镛的意见。

汪兆镛倒也开明,以为陈璧君既然是与汪精卫共过患难的大家闺秀,自然应当是他们两人结合。但得事先通知刘家一声,免得耽误了刘小姐的终身。不料刘子贞却是个多情种子,当时已经中学毕业,明知此事在感情上已无法挽回,但仍把汪精卫当作想象中的"白马王子",立誓不再嫁人。

汪、陈二人从香港回到广州,在汪精卫家中举行新式婚礼。由李晓生做介绍人,何香凝做女傧相,大摆筵席。时任广东都督的胡汉民也赶来参加,即席发表演说,对他们的"患难姻缘"大加称颂。

汪、陈结婚后,随即回到南洋陈家。陈璧君的双亲,眼见佳儿佳婿联袂归宁,当然大为高兴。地方父老更以迎接革命英雄的感情,为之举办盛大的招待会。陈璧君那位同她订过婚约的表哥梁宇皋,居然拿得起放得下地即席致辞:"我很光荣,有这样伟大的表妹和表妹夫。今天,我以亲友和同志的身份,向他们表达忠诚的敬仰和祝福。他们功成不居,要到法国读书,更是难能可贵的历史佳话。在功业上我是追随不上了,但可以在学问上追随他们。所以,我也要到英国去研究学问,准备将来回国为大家服务。"

一片掌声中,陈璧君不禁宽下心来。她与汪精卫小做居留,便前往法国度蜜月去了。

夫唱妇随踏上伪"第一夫人"的卖国之路

婚后，陈璧君认为革命业已告成，建国大业当由饱学之士来承担，以前为革命中途辍学，现在应趁年轻，为建设国家多学知识，遂与汪相约去法国留学。汪、陈先去约在福州的方君瑛、曾醒，然后夫妻双双来到槟榔屿陈璧君的家中。不久，方君瑛带着妹妹方君璧，曾醒带着儿子方贤淑和弟弟曾仲鸣，前来南洋汇合，汪精卫、陈璧君及幼弟陈昌祖加上方君瑛一行，一共8人齐赴法国。

"二次革命"爆发前，孙中山急电召汪回国，陈璧君辞学伴夫东归。讨袁战役失败，夫妻再赴法国求学。1915年，袁世凯有称帝迹象，夫妻商议回国，但回来数月之内不见动静，才又双双返回法国。1917年孙中山成立军政府，在广东揭起"护法"大旗，汪精卫、陈璧君停止学业，先后回国，汪遂成为孙中山的得力帮手。

孙中山从1922年开始考虑改组国民党，倡导国共合作。但是当时党内经济非常困难，孙于是准备派人出国到华侨中募捐，考虑到陈璧君出身华侨，很早就投身革命，在华侨中颇有影响，孙中山决定让陈璧君去美洲活动。经过半年多的艰辛奔走、宣传，陈璧君筹集了30万元回国，被作为创办黄埔军校的经费。积极投身革命的陈璧君，在国民党"一大"上被选为中央监察委员。

1927年末，汪精卫在与蒋介石的权力斗争中败北，陈璧君随汪去了法国，积极参与谋划"改组派"的各种反蒋活动。1932年蒋汪合作，陈璧君也弄了一大堆委员的头衔，最重要的应算是国民党中央政治局委员会委员。可惜好景不长，作为国民政府行政院长的汪精卫，推行亲日邦交，先后多次主持和批准对日妥协的条约，招来国人忌恨。1935年11月，在国民党四届六中全会上，汪精卫被爱国青年枪击受伤倒地，血流了不少，陈璧君自认深知党内矛盾，疑是蒋介石下的毒手，居然当面点名怒骂蒋介石。她自恃早年参加革命、贡献不少，居功自傲，连蒋介石都敢骂，在家中党内，没有谁不敢训斥。无怪乎早早就得了个"雷山老母"的封号。

全面抗战爆发之后，汪精卫等鼓吹"战必大败，和未必大乱"。夫唱妇随，陈璧君对子女和亲友，说起抗战，总不免要嘲笑和讥讽一番。只要听说要与日本"和谈"，她就来劲，话头之多，谈锋之健，论调之怪，常常令人瞠目结舌，以她的脾气、性格，听者还不能不听信她的。比如，她说只要能够从日本人手里拿回黄河以南的地方，就该满足了。黄河以北，甚至东北都想收回来，谈何容易！再说中国以前又何尝有东北？奉天本来就是满清带来的嫁妆，现在不过是把他们自己的嫁妆带回去就是了。还振振有词地说：有什么理由反对呢？

1938年10月，梅思平从香港来到重庆，将日本方面的意思通过周佛海汇报给汪精卫，汪怕羊肉吃不成反惹一身膻气，没敢马上答应。陈璧君却在一旁大包大揽：只要日本政府承认"和平运动"由汪先生领导就行。11月中旬，梅思平回到重庆，带来"重光堂密约"，要汪表态决定，汪精卫秘密召来周佛海、陶希圣等多次开会，反复讨论，仍犹豫不决，陈璧君又"挺身而出"，催促汪精卫签字同意。梅思平要离开重庆找日本人"回话"之前，汪精卫设家宴为他饯行，饭后送梅思平到客厅门口,陈璧君又厉声对汪精卫说:"梅先生明天要走了,这次你可要打定主意,不可反悔!"汪精卫连连点头"决定了! 决定了!"

可是要让汪精卫这个国民党的副总裁顺利逃出重庆也不那么容易,"敢作敢为"的陈璧君就去昆明打前站,探龙云的态度,最后做通了龙云的工作。然后,同汪精卫一起,借道昆明,飞往河内。踏上了通往伪"第一夫人"的卖国之路。

坐镇羊城俨然伪廷慈禧

汪伪政府成立后,陈璧君担任伪"中央监察委员"一职,其实无具体事情可干,但身为"第一夫人",秉性又爱出风头,因此凡能出头露面的事情都少不了她,其派头和脾气也愈发见长,汪精卫的"政事"没她的干预,也会常常办不成。用周佛海日记里的话来说,这是汪精卫的"椒房之害也"。

陈璧君生性泼辣。汪精卫白天在会上决定的事情,圈内人都知道,这不能作数。晚上回到家中,汪夫人一反对,第二天开会再议,汪先生保准推翻。

汪精卫出生在广东,这里是国民党人历来搞西南独立的据点,又紧邻香港、澳门,是汪伪统治下的一块重要地盘。日军占领广州之后,扶植过彭东原做头目的"广东地方治安维持会",俟至汪伪政府成立,彭东原自知汪精卫、陈璧君肯定会插手广东,便很有自知之明地把伪政权改称"广州市市政公署",想保住广州市这一小块地盘,而把广东全省让给伪中央政府。

1940年4月汪伪政府成立,陈璧君就想让弟弟陈耀祖当广东省长,但陈耀祖毕竟资历太嫩,汪精卫只好公布"立法院长"陈公博兼任广东省长。谁都知道陈璧君的脾气,陈公博当然不会去做广东省长,所以始终不曾赴任,而一直由陈耀祖代理"省长"(1944年陈耀祖被军统特务刺死,陈璧君又让侄子陈春圃做了这个倒霉的"省长")。

可是,伪廷"第一夫人"对广东仍放心不下,怕弟弟镇不住局面,硬是给自己弄来一份伪"中央政治会议主席"手谕,明令由陈璧君指导西南党政军事务,兼任广东政务长,作为"中央代表",坐镇广州。陈璧君开始逐一收拾彭东原一伙,换成自己的亲信,把个广州城牢牢抓在她自己手里。广东海军的头目招桂章颇有微词,陈璧君来个明升暗夺权,让招桂章去南京做海军部次长,吃闲饭去了。

除金钱之外,陈璧君最爱古玩,凡是能"献"出奇珍异宝的,就可以成为广州汪公馆的贵宾,各色人物为此专门向她进献古董,以求捞取一官半职或升官发财。不过也有倒霉的,伪广州市长关仲羲,花了600元买了个古瓶当宝贝敬献"慈禧",十多天过去,好消息没有,花瓶被陈璧君倒退了回来,说是"假货",关仲羲这个伪市长当然也就"真"不了,没多久便被撤了职。

汪精卫在世时,陈璧君还南京、广州两头跑跑,大部分时间在广州,可心里还"关心中央",尤其是人事安排。汪精卫去日本治病最终送命以后,陈璧君更是抓着广东不放。陈耀祖死了,陈春圃没多久又说不肯干"广东省长",气得陈璧君大骂,只好向南京提出让妹夫褚民谊到广东来做"省长"。谁知此时陈公博开始不买陈璧君的账了,回电说褚民谊还要"借重"。当惯了"慈禧"的陈璧君还在等褚"省长"来上任,一见陈公博的回绝电文,当下淫威大发,吓得左右不敢吱声,只好按她的吩咐弄来机票,将她送去南京。陈璧君直入陈"代主席"办公室,将"代主席"臭骂一顿,直缠得"代主席"心烦意乱,赶紧答应让褚民谊走人,去广州主政,她才罢休。不过,陈璧君心中经此一事,明白她横行伪府上下的时代已成过去,所以更要牢牢抓住广东这块地盘。但在嘴上,她仍以"领袖夫人""正统角色"自居,临回广州,还强作傲气地对人说:"我现在回广州看看,让公博、佛海在这边干着,如果三个月后他们干得不好,我再回来革命。"

诱捕入狱　"母后"变"老娘"

1945 年 8 月 14 日,日本天皇发布投降诏书当天,陈璧君几次打电话都找不到褚民谊,好不容易熬到夜里,除了惊慌和绝望之外,想不出什么好的办法,决定还是找褚民谊商量。于是她便径自出了公馆,穿过马路来到斜对面的褚公馆,褚民谊慌忙穿衣蹬鞋,只见陈璧君哭丧着脸问道:"如何退路,你到底有没有办法?"

褚民谊赶紧安慰:"听说重庆方面已电令招桂章为广州先遣军司令,近日可到广州,请他设法疏通,是自家人好说话。不要发愁……"

"招桂章?我不去求他!"陈璧君气呼呼的。

"要么直接向重庆……"褚民谊猛然想起招桂章正是被"第一夫人"逐出广州的,对此双方都有些耿耿于怀,所以赶忙改口,可是又不知"夫人"的意图,唯恐再说走了嘴又遭呵斥,说了半截子的话又吞了回去。

"我想只有这条路可走。"想不到陈璧君还真有这个意思。"听说老蒋已任命周佛海为军委会上海行动总队总指挥,任援道为南京先遣军司令,丁默邨也做了浙江军事专员。广东方面该由你省长出面,与重庆联络,明确一下我们愿再效犬马之劳……"陈璧君又在一厢情愿地进行"人事安排"。

陈璧君如坐针毡,苦苦熬过两个多星期,始终不见动静,每天都等到深更半夜,盼有消息传来。这天夜里 10 点,她还在收听广播,猛听得女佣大呼:"夫人,褚先生来了。"陈璧君急急披衣开门,一把拖着褚民谊进入房里关上门。

"夫人,刚才郑介民又来过,说是老蒋要我们去重庆,商讨善后各事,这是电报。"褚民谊未及坐下就报告。

陈璧君抢过电报,是"蒋介石"直接拍给褚民谊的:"重行兄:兄于举国抗战之际附逆通敌罪有应得。唯念兄奔走革命多年,自当从轻议处。现已取得最后胜利,关于善后事宜,切望能与汪夫人各带秘书一人,来渝商谈,此间已备有专机,不日飞穗相接。弟蒋中正印。"

去重庆?莫不是个圈套;不去?老蒋要是真心,岂不坐失良机?陈璧君拿着电报横看竖看,左右为难。

褚民谊看着陈璧君的脸色:"郑介民还说,专机后天可到,要我们早做准备。"陈璧君还是放心不下。褚民谊自觉已经拍上蒋介石的马屁,急于想去重庆效劳,见"夫人"犹豫不决,又自告奋勇地说:"夫人如认为去重庆不合适,我可一人先去,探探情况。"

陈璧君还是不置可否,自言自语:"电报纸上附有密码,该不会是假的吧?"

"不可能,绝对不可能。"褚民谊急忙一口否认,极力怂恿陈璧君去重庆,"若是不去,我们会更加被动。"褚民谊又催促道。

"我也考虑这一点。"陈璧君终于下定决心,"我是应该去重庆走一趟,那儿的不少朋友,对汪先生的和平运动有误解,使他们明了真相,明了汪先生的良苦用心。重庆如真的派飞机来,即日登程。至于个人荣辱安危,用不到多顾忌了。"到这时,陈璧君还死要面子。褚民谊不便说穿,只是大灌迷魂汤:"那电报上头以'汪夫人'相称,措辞极是婉转,不可不说是友好的表示。再说蒋委员长与汪先生都是为救国,殊途同归嘛,又都是总理的忠实信徒,共事多年,谅会念及旧情的……"

9月12日大早,郑介民通知褚民谊:"重庆专机已到,请午后到省政府等候,3时出发!"

褚民谊赶到陈璧君处,准备了一下,提前一小时到了省政府门口等着。将近下午3点,郑介民带人乘车赶来,载上陈璧君等人疾驶而去。

"等一等,郑主任,这是去哪里?"陈璧君发现方向不对,惊疑地问:"怎么不去白云机场?"时常飞来飞去的陈璧君自作聪明。

郑介民欠了欠身体,平静地说:"噢,刚才忘了告诉夫人,重庆派的是水上飞机,须先上船,过渡登机。"陈璧君听了,放心地舒了口气,又仰靠在座位上。

车到珠海大桥附近停下,岸边果然有一艘汽船,还有武装人员看守。待陈璧君等上船之后,郑介民突然发话:"兄弟还有公务留穗,由何先生陪你们。"说着手指一位佩戴中校军衔的军官,自己离船跳上岸,钻入汽车疾驶而去。

汽船离岸,何中校即说:"汪夫人,褚先生,为确保旅行安全,不能带武器,请马上交出由我们代为保管。"

"我们谁也没带武器,"陈璧君抢先回答,但听对方的口气,感觉事情已经不妙。

"抱歉得很,各位应接受例行检查。"像似有过专门交代,谨防"老娘"淫威突发,何中校命令武装特工,对陈璧君一行严加搜查,陈璧君的胖脸都被气歪了,但还努力克制,怕小不忍要乱大谋。

搜身完毕后,何中校从腋下公文包里掏出一份"电报",不再怕那老太婆发威出什么意外,开口已经带上威严:"上司指令,蒋委员长因公赴西安,四五日内不能回渝,陈璧君一行此时来渝,殊多不便,应先在穗移送安全地带,以后待命。"

陈璧君大呼:"上当!骗局!"强忍多时的怒气,立时发作了:"既然老蒋不在重庆,我们也不去了,回家最安全,你们靠岸,送我回家!"

何中校板起面孔:"去哪里已有安排,不能随夫人所欲。"

"我自己的事,用不到你们安排。"陈璧君已是双目圆瞪,歇斯底里。

"我们是奉命办事,请夫人原谅。"何中校看这"汪夫人"不好唬弄,口气转向缓和。

"我不管,只要回家!"陈璧君的声音越来越高。

吵闹之中,船到市桥,慢慢靠上一艘小汽艇。何中校伸手做请状:"汪夫人,褚先生,请过去!"

陈璧君扶着汽船的栏杆,不肯挪动,大声说:"不去,除非把我打死!"随行的特工一齐把枪口对准她一个人，四面围住。陈璧君见状，破口大骂："你们是什么东西？敢这样对我？老蒋也知道老娘我的脾气，老实告诉你们，他也不敢得罪我的。"

何中校一帮人还真拿"老娘"没有办法，劝不住，吓不走，这如何是好？可别弄出什么事情，对上头也不好交代。何中校急忙向褚民谊求助。

褚民谊暗忖，这么僵持下去，解决不了问题，且绝没什么好处，硬顶更不是办法，也就开口解释："他们奉命行事，吵也没用，假使重庆真的与我们过不去，也没办法，夫人还是过去吧。再说，自己家里也不一定安全。"说完，还带头先爬上了小汽艇。

"你们这些畜生，欺侮我一个寡妇。"陈璧君骂骂咧咧地跟着上了小汽艇。前些天，日本人刚投降，第二天就有一伙人，闯进伪"复兴军"总司令欧大庆家里，将其打死。陈璧君想到这事，也就不再坚持回家，反觉得褚民谊说得在理。

最终，陈璧君被送到了伪师长李辅群宅邸，在二楼与女佣同住一室，吃用虽说一应俱全，可是何中校临走说："不准下楼。"李宅内外，昼夜都有特工巡查、看守，不准任何人进出，陈璧君知道自己已成了囚犯，成天发愁，消磨时光。

原来，戴笠接到蒋介石捕捉陈璧君的指令后，知其秉性傲悍，闹不好会武力拒捕甚至潜逃或自杀，便与郑介民策划，借着褚民谊这个糊涂虫，制定了周密的诱捕方案。陈璧君虽说狡诈，只可惜求生无路，更没想到军统还敢捏造委员长给褚民谊的"电报"，最终还是上当入套。军统局的诱捕居然顺利告成。

10月14日上午，一架美国军用飞机，载上陈璧君及长女汪文惺、次女汪文娣、外孙女何冰冰，腾空而起，从白云机场直飞南京。褚民谊与伪广东省府4个汉奸厅长同机前去。

到了南京，一群人被塞进囚车，呼啸着来到宁海路25号大院，与先期收捕的汪精卫长子汪孟晋、女婿何文杰相见，母子凄惨之状，无可排解。

进入看守所第一天，陈璧君就给看守们一个"下马威"。只因当时送来拘押的汉奸有数十人之多，按规定先后唱名验收。看守喊到"陈璧君"时，无人应答。"陈璧君！"看守加大嗓门，谁料突然传来一声怒斥："陈璧君这个名字是你叫的吗？"

陈璧君越发气盛，训人兴致勃发："你凭什么直呼老娘大名？蒋委员长见了我，也要颔首致礼称一声'汪夫人'。哼，你敢这样对待老娘？真是一介武夫，不知礼貌，你没有资格和我讲话，去吧。"

一连几月，狱中也无良方治这"老娘"的心病。忽一日，陈璧君心情开朗，面带笑容，食量也明显增大，是何道理？打听再三，只说是"老娘"已抱定必死的"决心"，忧惧而死，有辱声名，倒不如来个"视死如归"做鬼雄去的好。从现在开始，得过且过，乐一天是一天，做鬼也快活。真正实现了从伪廷"母后"到"老娘"的角色改换。

恬不知耻大闹法庭

1946年初春，军统局将关押在南京的陈璧君连同褚民谊、陈公博等巨奸，一齐押解苏州，交江苏最高法院侦讯、审判。

审判长孙鸿霖、检察官韦维清、首席推事石美瑜、推事陆家瑞、书记官秦道立等鱼贯入庭，升座之后，传令带被告。胖"老娘"终于亮相，只见她鼻架眼镜，身着蓝布旗袍，头发花白而有序，襟插派克水笔一支，左手戴玉镯，右腕夜光表，神色从容，一脸傲然。上庭之后，先是恭听检察官念起诉书，共有五大罪状：1.残害地下同志；2.取决粤政，断绝重庆政府外援物资来源；3.与汪逆同恶相济；4.主持特务；5.用人行政，仰敌鼻息。

检察官陈述完毕，孙庭长问被告有无答辩？陈璧君说，起诉书中所列各点，是"欲加之罪，何患无辞，强加于人"。"本不想答辩，因我并没想要求免罪"。可是，不知什么时候，从什么地方，她摸出了一叠写好的纸张，开口即若悬河一般，滔滔不绝，傲慢骄横。目中无人之状，愈发明显。

"说汪先生卖国？重庆统治下的地区，由不得汪先生去卖。南京统治下的地区，是日本人的占领区，并无寸土是汪先生断送的，相反只有从敌人手中夺回权利，还有什么国可卖？日本攻粤，广州高级长官闻风先逃，几曾尽过守土之责？我们赤手把沦陷区收回，而又以赤手治理之，试问我们收回后，怎样才能交还重庆？重庆又怎样能来接受？"陈璧君慷慨激昂地答辩，竟然引来了旁听席上的笑声，有几个干脆鼓起掌来，因为人们一向不满蒋介石消极抗战，现在却来起劲地"劫收"，大家敢怒不敢言，由"老娘"来代为发泄，却也感到痛快。

说到"取决粤政"，陈说"我老家在广州，家里尚有70岁的老母，还有儿子、孙子，我不能不回去看看他们，这不过是人之常情。"说她与汪精卫"同恶相济"，陈璧君道是"同善相辅"，激起听众的阵阵嘲笑。

到了法庭辩论开始时，听众席上的嘲笑声就不只是针对被告一人了。辩护律师高溶老头子，眼见陈璧君肆言无忌，理歪可是舌利，也不用自己操心费舌，白得一笔"公设辩护人"出场费，乐得悠闲自在地端坐在辩护席上看热闹。

"老娘"的精神渐渐进入亢奋，处于临战状态。与检察官短兵相接，精彩纷呈。竟说到"汪先生倡导和平运动，赤手收回沦陷区，如今完璧归还国家，不但无罪而且有功。汪先生大有学问，具大智大勇，是值得钦佩的伟人！"

"嘘……"陈璧君恬不知耻的诡辩，激起听众们的愤慨，报以鄙夷的嘘声。

整个审判前后进行了2个多小时，实在是不能再继续下去了。陈璧君昂然走出法庭，忽然又将手中的答辩纸张，向一个记者递过去，谁知其他记者见状，一拥而上，齐来争抢，可惜了那份答辩，顿成纸片，即便如此也没有一个人肯放弃自己手中的那一点。

接连几场审判、旁听，足足让苏州的市民大饱了眼福、耳福、口福。街头巷尾，茶余饭后，到处都可以见到和听到人们议论纷纷。说怎么这法庭好像变成了戏场子，前几天审缪斌，他说自己身在沦陷敌区，好比那苏武被困，心还是向着本国的，不管唱得像不像，也算是一场戏——《苏武牧羊》；后来，听审陈公博，那劲头有些像《秦琼表功》；接着是自称"老娘"的陈璧君，这老太婆来势汹汹，好比那老旦登台，唱了一出《贺后骂殿》。

其实，大多听众的心态，也是本着凑热闹，看好戏来的。

终身监禁病死狱中

无论陈璧君要什么花招,也终究逃不出法律的审判。

4月22日下午,法警将陈璧君带到审判庭上,庭长孙鸿霖从座案前拿起判决书"三十五年度特字第四一〇号",刚开读,陈璧君脸上便呈现恐惧之色,垂着的双手也微微发抖,可见"老娘"平时虽嘴硬,真的死到临头还是吃不住劲儿的。不过最后孙鸿霖念出"处无期徒刑"一句时,她出了一口长气,脸上再现冷笑,鼻子里又哼哼了起来。

法官又说:"被告不服,可以上诉。"

"我对判决绝对不服,但也绝对不提上诉。"陈璧君又换上一脸的凛然之气,"所谓上诉,形同儿戏,只能骗3岁小孩。这一点你们清楚,我比你们更清楚!"接着,让法官啼笑皆非的事情又来了,"老娘"对判决的感想是:本人有受死的勇气,而无坐牢的耐性,所以,希望法庭改判死刑……

直到1959年6月病死,陈璧君在人民政府的监狱中呆了10年,其中八次住院抢救,在医院中倒住了60个月。每次住院,总是得到医护人员尽力医治,细心护理,还给她增加营养,改善饮食,帮她洗澡换衣,侍候大小便;回监狱,她自订的报纸,总是准时送到,有什么合理要求,狱方也尽可能满足。

1959年5月2日,陈璧君诸病并发,第八次住进了市监狱医院。她离开监狱时就说:"我自知病入膏肓,阳寿已尽,毋需再住医院了。"管教干部劝她:只要有一线希望,还要努力救治,你不是说要知难而进吗? 要振作精神,增强信心,配合治疗。

住院一个多月,院方对陈璧君尽力抢救,先后作过2次心电图检查,3次X光透视,7次重病情报告,15次血液化验,多次请中西医专家会诊。陈璧君深为感动:"你们已尽到责任了,只有共产党,才能开设这样一个有史以来真正的人道主义监狱。"

拖延到6月17日,陈璧君终因各病并发引起大叶性肺炎,在监狱医院身死。

宋美龄:耀眼女人　风靡一时

【人物档案】

姓名:宋美龄

外文名:Soong May-ling

生卒:1897 年~2003 年

籍贯:海南文昌

出生地:上海虹口朱家木桥(今东余杭路)

毕业院校:韦尔斯利学院

父亲:宋嘉澍

母亲:倪桂珍

宋美龄

职务:中华民国前第一夫人,中国国民党中央评议委员会主席团主席、中国国民党中央妇女工作委员会指导会议指导长、辅仁大学董事会前董事长与名誉董事长。

评价:宋美龄绝顶聪明,是"近代中国找不出第二个来"的人物。"西安事变"之后,我之所以没有被杀,是因为蒋夫人保护了我。(张学良)

结局:2003 年 10 月 24 日,宋美龄在美国纽约曼哈顿家中去世,享年 106 岁。

【枭女本色】

宋美龄这位曾风靡一时的"第一夫人",横跨三个世纪的时代女性,一生究竟有哪些未经披露的内幕秘史?一生究竟经历了多少命运转折?一生究竟负载了多少荣誉毁辱?承受了多少光明与黑暗?一生究竟彰显了多少美丽与哀愁?

从大时代的观点来看宋美龄无疑是一个悲剧人物。由于她的家世和婚姻加上独特的个性和才貌,一度成为中国最耀眼的女人。她参与朝政,干预蒋介石,穿梭于国际国内政治舞台。一时间有关她的传说像神话一样遍布世界。而她毕竟是个女人,也有女人的需要和女人的情怀,女人的个性和女人的弱点……江河日下,流水无情,随着蒋家王朝大厦的倾塌,她个人的悲剧也就不可避免。

【风云叱咤】

美国教育塑造出来的独特性格

宋美龄于 1897 年,出生于上海,她的父亲宋耀如一个早年留学美国,笃信美以美教派基督教的买办阶级——但是,和一般的买办阶级不同的是,宋耀如富有强烈的爱国主义精神,所以,在他结识了革命党的领袖孙中山后,他成为这位的改革的爱国主义者最大的财务支持者。

在这样的一个复杂特殊的家庭中成长,宋美龄自幼就感受到时代的强烈震撼。

事实上,宋美龄的家庭,自始就是和中国这个贫穷落后的国家发生着尖锐的矛盾的。

在宋美龄出生的年代,中国的反西方意识发挥到了极致,但是,宋家却是一个不折不扣的洋化家庭、基督教家庭。

当时的中国已经是西方资本主义国家剥削的主要对象,中国人一穷二白,在不平等条约的压制下,没有翻身的日子,可是,宋家由于宋耀如的贸迁有术,财富日渐积累,并且成为上海最负盛名的资本家家庭。

尽管,宋耀如是中国少数早期的留美学生,可是,据说他的子女教育方式,还是中国传统的那套模式———种最保守的斯巴达式的教育,理论上,这种教育方式和宋耀如受的美式教育,两者是尖锐矛盾的。

纠集了这么多的矛盾背景,宋美龄在如此的环境中成长。

宋美龄在美国待了十年时间,宋耀如把美龄的几个兄姐和她,送到美国,最大的理由,就是认定中国传统那一套教育制度,是无法符合宋家子女需求的。

由于宋美龄在美国受教育的时间,是她成长最重要的一段时期,而美国教会学校的教育,也在宋美龄人格成长过程中留下深刻影响,在日后的岁月当中,美式教育对她人生历程与奋斗,也起了最远大的作用,并且塑造了宋美龄独特的性格。

宗教对宋美龄的影响可以说是无可比拟的。

在宋美龄的婚姻上,宋美龄的母亲倪桂珍女士坚持,她的女婿必须是一个基督徒,基于这个承诺,蒋介石在婚后,成为一个基督徒,而在蒋介石政府里头,乃至宋美龄生活圈子里,到处是和基督教有关的一群人,基督教不仅深深制约着蒋介石和宋美龄,也深刻地影响着蒋介石领导的国民党政府,并且在早期国民党政权的政治运作中,扮演了一个十分重要的角色。资本家的家世背景,美国的教育过程,基督教的意识形态,形成了宋美龄的整个人生态度,也为宋美龄编造了一个人事脉络,更为她的这一生,结下最深刻的人生阅历。

蒋宋联姻 一桩非同寻常的结合

12 月 26 日,上海许多有影响的报刊纷纷刊登了一则引人注目的《结婚启示》。新郎是国民革命军总司令蒋介石,新娘是上海最大的资本家宋耀如的小女儿宋美龄。

《结婚启示》中写道:"中正奔赴革命,频年戎马驱驰,未遑家室之私……兹定于12月1日,在上海与宋美龄女士结婚,爱拟撙节婚礼费用,宴请朋友筵资,发起废兵院……欲为中正与宋女士结婚留一纪念。"

蒋宋联姻,确实是一桩非同寻常的结合。

在1927年12月1日之后的上海报纸上对这场婚礼进行了充分报道:"这是近年来一个壮举,是一个显赫的结婚仪式……""昨天下午,当仪式举行时,大华饭店的舞厅里足足有一千三百人。"在《李宗仁回忆录》中,李宗仁说:"我和内子乘汽车去谒见蒋先生夫妇于其住宅,也照例说几句道喜吉利话。只见满客厅都是各界赠送的丰厚礼物,琳琅满目,光耀照人。"12月2日的《上海时报》在报道这次婚礼盛况时称:"这是近年来的一次辉煌盛举,这次婚姻使得南京军队过去最强有力的领导人和新娘的哥哥宋子文博士的家庭以及国民党的创始人,已故孙中山博士的家庭联结成一体。"

对蒋宋联姻最权威的,最为一针见血的评价,莫过于《大公报》的创始人胡霖的评述:"蒋介石的婚姻是一次精心预谋的政治行动。他希望通过成为孙夫人(宋庆龄)和宋子文的妹夫来赢得他们的支持。此外,如果宋美龄成为他的妻子,他便在与西方人打交道时有了'嘴巴和耳朵'。"

显然,人们不难看出,蒋介石与宋美龄结婚是有着十分明显的个人目的。宋家大少爷宋子文是当时宋家的中流砥柱。宋耀如留下的富足的产业并没有在他手中衰败。《大英百科全书》称他"享有世界上最大的富翁的名声"。

宋霭龄一手策划的蒋宋联姻,又无形中使蒋、孔两大家族紧密地联系在一起。孔祥熙是孔子第57代裔孙。早年丧失了结发妻子。1914年与宋霭龄再婚。世间流传着一种说法,称宋氏三姐妹各有所爱:宋霭龄爱财,宋庆龄爱国,宋美龄爱权,这种说法很有道理。

总之,蒋宋联姻和客观上四大家族的形成,对中国当时各派势力的影响极为深刻,为日后蒋介石的重新复出铺平了道路。

参预政事　导演"新生活运动"

1928年,蒋介石在南京建立了他的国民党政府。最初,南京政府的官员们还不太习惯,大多没有把家从上海迁过去,因为南京的条件要比上海差得多。他们隔三岔五地跑回上海与老婆孩子团聚。

倒是宋美龄,终日陪伴着她的总司令丈夫,出现在各种的宴会和招待会上。

开创美龄事业的起点是她创办了"国民革命军遗族学校",对宋美龄初办学校,蒋介石给予了极大关注,据说每周至少二人要去学校三次以上。每次视察,都要向校方管理人员详尽提出各种问题,以及许多必须落实的意见和要求。谁都明白,只要有宋美龄一句话,蒋总司令就得来。因此,从事学校工作的人谁也不敢松懈和怠慢,学校办得很有起色。

宋美龄把美式的教育与蒋介石在日本学到的日式教育思想以及军队的强化性教育有机地结合在一起,自成体系,制定了独自的教学纲要。

1934年初,一场闹闹哄哄的"新生活运动"开始了。在这样一种旨在以"礼义廉耻"为中心内容的让人民接受一种全新的生活方式如此浩大的运动中,宋美龄又唱起了主角。

为了使这个运动再次取得成功，宋美龄再次启用了基督教会的力量。当然蒋介石又是名义上的头面人物。1934年2月19日，为了使这个运动从一开始就造出声势，宋美龄等人在南昌举行了一次5万人的群众大会，"新生活运动"正式开始。在大会上，蒋介石想起他前不久发现了一个10岁的小男孩在街上抽烟，非常震惊，执意下车令人把孩子的父母找来进行了批评的故事。他号召要在全国开展禁烟运动。他从德国讲到日本，说中国人应该像战败国德国那样，忍受在不平等条约所带来的耻辱，要像日本人那样遵守斯巴达式的纪律。要讲"礼义廉耻"，还把这四个字的内涵以他的理解方式进行拆解。正当蒋介石演讲时，一个蓬头垢面的青年摄影师正在为他拍照，蒋介石突然指向这个倒霉蛋，当着5万人的面说："看这个人，多么典型。对这种人来讲，什么秩序、整洁，会有什么意义呢！"这个摄影者吓得拔脚逃跑了。

尽管，在这场声势浩大的"新生活运动"中，也有许多不尽蒋介石和宋美龄之意的地方，但宋美龄对自己的成功还是津津乐道。她无不得意地说："我们在江西可以找到教会和政府的合作成绩。在全国卫生事业方面，也可以看出教会与政府的合作精神。中国最先成立的卫生机构，如卫生局、新生活运动会、医院、学校和礼拜堂的合作，人民种过牛痘的已有六万多人。广州最近成立了一个妇女祈祷会，会员达一千多人，各会员每天同他们的家属和中国的领袖做祈祷。这是表现爱国思想的一种方式。"

处变不惊　在西安事变中冒险救夫

1936年12月12日发生"西安事变"的当日下午3时，南京政府便接到了张学良派人发来的电报。当时的财政部长孔祥熙首先想到的就是赶快通知正在上海养病的宋美龄。

此时的宋美龄已全然步入了国民党政坛，可以说日理万机。前不久一直陪同蒋介石在外地视察，几乎形影不离。只因宋美龄近日身体偶染疾病，才不得不到上海暂时调养。即便此时，她也并未真正得以休息，正以航空事务委员会主任的身份，召集有关人员商讨关于改组全国航空建设会的有关事宜。当这个不幸的消息传到她的耳际时，特别是听说"蒋委员长生死不明"时，犹如一声霹雳，竟使得没有丝毫思想准备的蒋夫人昏厥过去。

在众人的极力安抚之下。她平静之后出现的第一个念头便是后悔万分，哽咽地说："年内，委员长出巡各省，余必相随，此次独因病未果，深觉怅然。盖余每自信，倘余在西安，局势当不致恶化至此。"

宋美龄到底不是普通孱弱女人。她见多识广，最近几年又跟随蒋介石四处作战，出生入死，在政治旋涡和军事战场上久经考验，更显得日臻成熟。宋美龄镇定下来后，即刻返回南京，召集亲信和家人商讨对策，并力排众议，决心冒死前去西安与张学良、杨虎城谈判。

22日宋美龄及宋子文、端纳、蒋鼎文、戴笠等乘专机前往西安。飞机起飞时，宋美龄还有顾虑，尽管她已告诫洛阳空军司令，没有得到委员长的命令，切勿派飞机近西安,但他们真的会服从吗?飞机着陆时,宋美龄特意把自己的左轮手枪交给端纳,嘱托她如果士兵真的抓她,就开枪把她打死。端纳平静地点点头说:"我不会这样做。"他非常自信,少帅与端纳的感情绝非一般,而且了解少帅是十分讲义气重感情的人,他决不会伤害蒋介石。

在飞机场,张学良、杨虎城正在那里迎候。宋美龄请求暂时先不要告诉蒋介石她已来到西安。

但当天下午夫妻俩就见面了。蒋介石非常惊讶,他没想到这么严峻的形势下,她还是"冒万险而入虎穴"。蒋介石"感动悲咽,不可言状"。宋美龄的这一举动使夫妻双方的感情更加深厚了。宋美龄在日后的回忆录中说:"余入吾夫室中,彼惊呼曰:'余妻为耶?君入虎穴矣!'言既,愀然摇首,泪潸潸下……目睹吾夫,负伤床第,回念初遇劫当时,黑夜攀登山巅,手足为荆棘与山刺破,遍体鳞伤之状况,余实情不自禁,对于事变负责者,不能不深加痛恨矣。"彼此相见后,相互通报连日来的各种情况。蒋介石首先把他那本随身带的《圣经》拿起来,告诉她今天早上读了《耶利米书》的一章,其中写道:"耶和华现在做的一件新鲜事,他将让一个女人保护一个男人。"双方此时显得都很激动。

宋美龄安抚蒋介石入睡后,即刻找张学良,明确表示可以会见任何人,对蒋介石不想见的人,由她代表。23日,宋美龄与宋子文代表蒋介石同西安方面和中共方面的代表进行谈判,从而缓和了紧张局势,最终促成了西安事变的圆满解决。25日下午,宋美龄护送蒋介石飞回南京。

西安事变不仅使中国共产党赢得了广泛信誉,而宋美龄则收获颇丰,通过在事件中的出色表现,她在国民党政权中的影响力大大加强了。她成为当时的风云人物。事迹之后,美国《时代》杂志封面,刊登了蒋介石和宋美龄的合影照片,被选为"新闻人物伉俪",在国际上出尽了风头。

"飞虎队"荣誉队长

中国空军的历史非常短,直到抗战前夕,国民党政府的军队才有了部分飞机。蒋介石在西安事变前就已经册封因领导募捐购买飞机而立功的宋美龄为"航空事务委员会"秘书长。从那时起,宋美龄又把权力的触角伸向了空军部队。由于中国无力制造飞机,这些先进装备只能从美国、意大利等西方国家进口。这恰给宋子文、孔祥熙两个家族提供了绝佳的机会,因为他们本身就是军火商。蒋介石也只能依靠宋美龄去操办这些事务。

尽管宋美龄掌管了中国空军大权,但处在初创阶段显然步履维艰的。于是,宋美龄又利用她的特殊关系网,把美国空军英雄陈纳德请到中国实地指导。陈纳德来到中国不久,便提出了一个重要方案,就是招募一批外国空军飞行员,组成一个志愿航空队对日作战,宋美龄同意了这个计划。

由于宋美龄在关键时刻,把陈纳德邀请到南京协助中国空军的创建和作战,又适时组建了"飞虎航空队",并成为"荣誉队长",致使她在空军有了绝对控制权,宋美龄本人也不隐讳,经常以"我的空军"而引以为豪。

为了不失时机地促进美国对华的援助。宋美龄于1942年11月18日代表蒋介石赴美,公开理由是去"治疗皮肤病"。但根本目的是向美国介绍中国抗日战争的情况和英勇抗敌的事迹,以唤起美国人民的同情和支持,劝募更多的物质援助。宋美龄还给罗斯福总统带来了蒋介石的亲笔信:"内子非仅为中正之妻室,且为中正过去十年中,共生死、同患难之同志,对中正意志甚明了,当作他人所能及。故请阁下坦率畅谈,有如对中正之面罄也。"透过此信,足见蒋介石对宋美龄的充分信任和极高评价。此次出行,宋美龄完全是以国民政府代表及蒋介石的特使身份对美国进行的国事访问。所以,在对外交往中,宋美龄可以随心所欲,蒋介石可以让她全权代表,不必有什么顾虑更用不着在什么事情上再临时征询蒋介石的什么意见。所以宋美龄尽情发挥,在美国刮起了"宋美龄旋风"。

初到美国,宋美龄在纽约哥伦比亚长老医学中心全面进行了身体检查和疗养。罗斯福总统的夫人埃莉诺还亲往医院探望了她。其中她对宋美龄说了句话,致使她日后多次向人们提起:"我真想帮助她、照料她,把她当作我自己的女儿一样。"不久,罗斯福总统把宋美龄接进了白宫住下,还安排她到参议院和众议院演讲。随后,在罗斯福总统陪同下,宋庆龄在白宫的办公室举行了有200多名新闻记者参加的招待会。不久她成了美国社会的热点人物,各大报刊、广播网对她的演讲进行全文转载和现场直播,她成为第一位在美国国会发表演说的中国非官方身份妇女,也是第一位到美国国会殿堂演讲的"国家元首夫人"。此时,宋美龄声名鹊起,成为全美最风靡的人物。她再次成为《时代》杂志封面人物。

有一份材料把宋美龄全美巡回演讲直至远涉加拿大的行程做了如下记载:3月1日,出席纽约市长主持的欢迎会,并接受荣誉市民的称号;3月2日,在纽约麦迪逊广场演说,美国东部九个州的州长均到会参加,一万八千名纽约市民到会聆听;3月3日,在纽约的中国侨胞在卡奇尼大会堂举行欢迎大会,虽然风雨交加,会场内外仍挤满近万名听众,盛况空前;3月6日,离开纽约,由美国战时海军妇女辅助团团长、前韦尔斯科学院院长麦克菲女士陪同回母校访问。次日在委卡尔斯科学院校友会上向全体师生发表演说,同时由无线电波向全美广播;3月19日,抵达芝加哥,该市市长向她赠送金钥匙;3月22日在芝加哥体育场,对两万七千名来宾发表演讲,呼吁拥护罗斯福总统倡导的"四大自由",并声明中国将为世界文明而抗战到底;3月31日,在洛杉矶市政厅演讲;4月4日,在好莱坞影城举行盛大的欢迎会。此间,加拿大首相也专程赴纽约,会见宋美龄,并邀请她赴加拿大。4月14日,宋美龄自纽约赴加拿大首都渥太华作三日访问。4月16日,在加拿大国会发表演说。从加拿大返回纽约,于6月25日第三次被邀访问白宫;6月25日,赴乔治亚州,接受宋家三姐妹的共同母校魏斯里安学院赠予的荣誉博士学位。

美国新闻界评论说:"蒋夫人到处受欢迎,演讲的效果是动人的。这位头发乌黑,身材娇小的女士,穿着黑色紧身的长礼服(旗袍),下摆开衩到膝盖,黑发披肩,佩戴贵重的翠玉首饰,她的机智、美丽、风度与流畅的英语,不能不使人们对她发出惊叹!"

宋美龄于6月19日离开美国,7月4日抵达重庆,结束了她愉快的取得了始料不及的圆满效果的长达7个多月的访问。蒋介石发出了"她的价值相当于20个师"的感叹!

1943年末,美、英、中三巨头罗斯福、丘吉尔、蒋介石在开罗举行会议,又使"宋美龄旋风"再起。她直接为蒋介石担任翻译,更确切地说是高级政治顾问,她不断周旋于三国要人之间,再次成为焦点人物,并为国民党政府争得不少实惠。当时,罗斯福称她为女杰,丘吉尔对蒋介石并无好感,但对宋美龄却十分赏识,说"这位中国女人可不是弱者"!宋美龄给他们留下了极为深刻的印象。

在这次会议中,蒋介石夫妇与罗斯福、丘吉尔的一张合影照片非常生动、自然、亲切。蒋介石也十分欣赏,日后他命人大量加印,分赠部属,并被编入中学课本插页之中。

赴美求援　辅助丈夫打内战

1941年在独裁野心的驱使下,蒋介石终于与共产党再次决裂。

与此同时,国民党政权内部派系纷争,严重腐败,贪官污吏占据了党内的主流。大批的财富流入了国民党军政长官的私人腰包。当时的中国经济,已经是七零八落,危机四伏。中国货币与美元的比价已从抗战时期的20∶1发展到了50∶1。黄金储量价值从9亿美元迅速下降为不足一半。物价飞涨,民众怨声载道。

到了1948年,中国人民解放军势如破竹。辽沈战役,使中国东北的地盘全部置于共产党收复之下,奠定了战胜国民党的基础。而此时的国民党内部更加分崩离析,许多将领纷纷率部起义,投奔了共产党。一些稍有远见卓识的人也看透了国民党的失败已是大势所趋,所以有意保存实力,决不积极参战,这样更加加速了蒋介石失败的步伐。

尽管已近乎绝望,蒋介石却决定孤注一掷,此时,他又想到了美国,打算再次从那里得到一些援助。当然,再次赴美求援的重任非宋美龄莫属。

这次赴美的结果当然是一无所获,宋美龄始终在尴尬的境地中度过与白宫要人数日的周旋。她的脸上从未有过发自内心的笑容,中国"第一夫人"从来没有受过这种冷漠,她难过万分。

不过有一点给了她一丝慰藉。大概是来自于她的文化界朋友们的一种安慰,她被全美艺术家协会公布当选了"全世界十大美人之一",还特别强调她的鼻子列为世界最美。

总之,宋美龄显得悲愤之极,在屈辱中愤愤地离开了华盛顿。她觉得也没什么脸面回到南京那座即将倾倒的国民党政府,便悄然隐居在孔祥熙在美国的别墅里,从那时起,再也没有回到大陆,直至今天。

夫唱妇随　退出大陆经营台湾

蒋介石一退再退。从凭长江天险欲图再进,到溃败重庆,最终退居孤岛台湾,真是无可奈何花落去。

为了在台湾岛上营造强固的政权堡垒,以图反攻大陆的伟业。蒋介石夫妇开始了一系列建政新举措,经蒋介石首肯,宋美龄于1950年4月17日成立了一个妇女团体,名为"中华妇女反共抗俄联合会"(简称为"妇联会")适时开展了一些带有实质内容的活动。

这个"妇联会"的核心层主要是国民党上层的一些"官太太",比如行政院长陈诚的太太陈谭详、台湾地区主席吴国桢的太太黄卓群、海军总司令桂永清的太太何相钦、空军总司令周至柔的太太王青莲、装甲兵司令蒋纬国的太太石静宜、保安司令鼓孟缉的太太郑碧云、保密局局长毛人凤的太太毛向新、金门防卫司令胡琏的太太肖广瑜以及蒋经国的俄国太太蒋方良等都是"妇联会"的积极分子,或者是分会的主任委员。

宋美龄为了能使她的这个妇女组织和运动见到成效,扩大影响,她还以身作则,亲自带上身边的几名"爱将",比如当初"励志社"总干事现已成为将军的黄仁霖作陪同,到台湾各个重要的"国军"驻扎地进行慰问。但是客观上慰问劳军活动成了劳民伤财的事情,所到之处声势浩大,摆摆样子让记者拍照,登报,上电台。属下单位为迎接慰劳,弄得苦不堪言。

"妇联会"真正的效果并不理想,许多工作人员只是利用能和宋美龄接触的时机,尽献殷勤,并对其大搞个人崇拜,以捞取好处。一些人还经常胡乱吹捧工作政绩,只是为了向上邀功。"妇联会"虽然维持的时间较长,但早已是名存实亡。

随着中国改革开放的进行,共产党的中国政府国际地位的日益强大和巩固,蒋介石的孤岛显得日益孤零凄惨。终于在 1975 年 4 月 5 日带着未尽的"反攻大陆"的妄想含恨而世。

4 月 9 日,蒋介石的遗体向民众开放瞻仰。经过防腐处理的遗体安放在大理石石棺内,停放在"慈湖行馆"正厅,连接正厅的厢房仍然保持着蒋介石生前卧室的原样。室内的一个茶几上放着一张蒋介石生前用红铅笔写的四个字:能屈能伸。

他在孤岛上屈了 25 年,做梦都盼望重新在大陆伸展他的权力。如今他只是伸直了躺在棺材里。

蒋介石的逝去,也决定了宋美龄政治生命的终结。

美丽与哀愁伴随她横跨三个世纪

中国近一个世纪以来的苦难,和宋美龄本身的客观遭遇,把宋美龄塑造成独具"美丽与哀愁"的人物。而长寿,却延长了这种"美丽与哀愁"的过程。

从微观的角度看,宋美龄对她的丈夫蒋介石造成了深远的影响。蒋介石是留日的,这位影响近代中国至深的历史人物,最喜爱的是阳明理学,然而,留日时期,日本的武士道精神,却在他的心中,扬起巨大的波涛,中国的阳明哲学以及曾国藩的思想、日本武士道精神,让蒋介石成为一个道貌岸然、心藏霸气的"东方绅士"。

和宋美龄的婚姻,其实是蒋介石生命的另一个转折点。

宋美龄的父亲,是美国南方美以美教会基本教义派一位著名的中国牧师。美国南方教会原本就是美国比较保守的一个支派,在他们的观念里面,世界上只有光明与黑暗两个极端,没有中间地带的存在。正如大家所知道的,蒋介石和宋美龄结婚之前,宋美龄母亲有个条件,就是希望蒋介石日后能够成为基督徒。蒋介石答应了这个条件,从此,蒋介石受到宋母和宋美龄的影响,在北伐以后,亦成为一位"虔诚"的美以美教派的基督徒。

儒家阳明哲学、武士道加上美以美教派的基督徒,杂糅成蒋介石北伐以后一直到他晚年的意识形态主流,至此,宋美龄正式"参加"了蒋介石的生命。

许多人认为,蒋介石和宋美龄的结合,是一种政治婚姻。或许,宋美龄早年是一个强烈的英雄崇拜者,在众多追求者当中,她会挑选蒋介石作为她终身伴侣,是有她主观上的因素的,而对蒋介石能够统帅势如破竹之兵,北伐到上海、南京,宋美龄在心中自有一份仰慕之情。然而,议者和当时舆论所以批评蒋介石和宋美龄的婚姻,主要亦是由于蒋介石多次的婚姻记录的关系,再者,认为蒋介石是想觊觎孙中山逝世后国民党党内的领袖地位,所以才娶孙中山妻子宋庆龄的妹妹宋美龄为夫人,而非基于男女感情。

没有必要去争论这种议论的是与否,尔后的事实证明,蒋宋联姻,给当时的中国带来了很大影响。

无疑,蒋介石除了略读中国古书,对国际事务的了解是极其欠缺的。这一点,就当时中国与国际社会日益接触的客观环境来讲,蒋介石若是没有宋美龄及时的辅佐,是很难在日渐复杂的国际环境中周旋。

宋美龄丰富的国际知识,特别是早年在美国成长求学的渊源,使得蒋介石的国民党政府在1928年以后地拉近了与美国的关系。

可是,从坏的一方面来讲,蒋介石和美国的逐步接近,却激怒了少数对中国有野心的国家——日本就是一个最明显的例子。和宋美龄结婚以后,日本深知蒋介石领导的政府有明显迹象显示正和美国拉近彼此的关系,而他的夫人就是一个最鲜明的例证,1928年的"五三惨案"是日本帝国主义对蒋介石领导的军队一次试探性的攻击,而1931年的"九一八事变"占领中国东北,则是日本畏惧中国和美国进一步加强关系,唯恐美国影响日本在中国利益,因而做出的一次军事冒险。

在当年日本军阀的眼中,宋美龄背后的家族与其说是上海最大的资本家,不如说是亲美华人一个最典型的代表。

抗战,把宋美龄带进一个新的人生阶段。1943年,当她以治病为由,到美国访问时,她接受了美国国会参众两院的演讲邀请。宋美龄成为有史以来第一位在美国国会殿堂演讲的外国"第一夫人"。当这个全世界传播媒体最发达的国家,把宋美龄在国会演说的影像,传到每一位美国人民眼中时,美国民众发现,这位中国"第一夫人"脱口而出的英文使用辞藻,甚至比他们还要典雅生动,而且举止落落大方,十足大国风范。那时,日本已经发动了珍珠港事变,美国人对日本恨之入骨。当他们从宋美龄在美国各地讲述的内容中,得知了中国人民抗日战争的英雄事迹,无不兴起对中国人民惨烈牺牲的强烈同情,从而更对宋美龄留下了深刻而美好的印象。

宋美龄的美国之行,赢得了个人形象,也赢得了美国对中国这个苦难国家的实质援助。

当年的美国《时代》杂志,把她选为那年的年度风云人物,并且几度成为该杂志的封面故事人物。

从1927年以来,到蒋介石撤退台湾初期,蒋介石领导的"政府",应该有许多施政方针都是经过蒋介石和宋美龄密切协商得来的结果,尤其是在"外交"工作上,宋美龄更是扮演了一个不可或缺的角色,可谓是药中甘草。

但是,人毕竟不是神,宋美龄还是有她的局限性,还是有她偏颇的一面,例如,在蒋经国死后，国民党党内核心骨干，在为谁应继承"主席"大统争论不休之时，她在党内元老建议下，连夜写了一封密函，要当时的国民党"中央委员会秘书长"李焕，以集体领导的方式，暂时过渡国民党的权力整合期。（也有人质疑，宋美龄的那封信，是她的外甥孔令侃建议她写的。）

当然，宋美龄是国民党的元老，她有充分的权力去写这封信，可是，这封信却演变成轩然大波，并且造成时人对她的争议根源之一。

据说，当时的"行政院长"俞国华，本来受命在"中常会"中提案支持推举李登辉，不料在那次"中常会"前一天晚上，俞"院长"接到一通来自官邸的电话，要他暂缓提案。这件事情深深困扰着俞国华，并且造成第二天"中常会"上，宋楚瑜当众发言冲撞并且拂袖而去的不快情况。

据说，俞国华会后，有一次向"行政院"高层幕僚诉苦时说：夫人从我年轻时代就培植我，教我怎能拂逆她的意思？我并不是不愿提案，而有那么多位"中常委"，为什么偏偏一定要我来提案呢？

就宋美龄而言，台湾已经不是她的战场，台湾也不再是值得她留恋的地方，可是，当时的她没有审度时势，她周围的孔家家族，也没有充分掌握客观环境，一念之间，竟陷宋美龄于窘境，加之在野势力对蒋家的深度误解，更加速迫使宋美龄必须离开台湾，远走美国。宋美龄曾经是国人美丽的偶像，可是，时间是残酷的，政治是丑陋的，岁月剥夺了对宋美龄美丽容颜的加冕，亲人如蓬草飘零，膝下空虚给宋美龄留下浓浓的哀愁。终其一生，宋美龄真可说是集"美丽与哀愁"于一身。